정신분석 작업의 신비

융과 비온의 만남

03
AMOR
FATI

정신분석 작업의 신비

융과 비온의 만남

바바라 스티븐스 설리반 지음 • 박종수 옮김

The Mystery of Analytical Work: Weavings from Jung and Bion

정신분석 작업의 신비
융과 비온의 만남
The Mystery of Analytical Work: Weavings from Jung and Bion

초판 1쇄 인쇄 2014년 11월 20일

지은이 | 바바라 스티븐스 설리반
옮긴이 | 박종수

펴낸이 | 임말희
인쇄 | 문성인쇄
펴낸곳 | 눈 출판그룹

출판등록 | 2012년 5월 23일 제321-2012-000122호
주소 | 서울특별시 서초구 서초동 효령로 60길 23-11 서전빌 3층
전화 | 02-3394-4745
팩스 | 02-3394-4749
이메일 | malheeklarayim@gmail.com
홈페이지 | www.nun.or.kr

값 28,000원
ISBN 978-89-94347-38-7(93180)

 이 책의 국립중앙도서관 출판시도서목록(CIP)은 e-CIP 홈페이지(www.nl.go.kr/ecip)에서 이용하실 수 있습니다. (CIP 제어번호 :2014030573)

정신분석 작업의 신비

이 책은 정신분석과 분석심리학의 임상적 실제의 탐구를 제공한다. 그것은 정신분석가들과 다른 임상가들이 환자들과의 직접적인 정서적 연결을 회피하기 위해 지도 받은 방식들을 탐구한다. 설리반Sullivan은, 관계성이야말로 정서적 건강의 기초라고 제안하면서, 진실을 추구하는 사회적으로 지향된 에너지와 거짓말 속에 피난처를 찾게 하는 자기애적 충동 사이의 보편적인 투쟁을 살핀다. 그녀의 주장에 의하면, 해석을 만들어내기 보다는, 관계성을 중요한 요인인 임상적 만남으로 가져올 수 있는 것이 임상가의 능력이다.

융과 비온의 작업을 살피면서, 설리반은 정신과 무의식의 본질에 대한 그들의 생각 사이에서 공통된 부분을 이끌어 낸다. 이 책은 이런 관점들이 치료자들에게 시사하는 바를 조사하기 위한 임상 사례들을 사용한다.

논의되는 특별한 영역들은 다음 사항을 포함한다.

- 창조적인 무의식
- 자기애의 구조
- 분석작업에서의 변형

분석작업을 깊게 하고 변형적 변화를 크게 강화하는 듣기와 관계하기에 대한 새로운 형태들이 따라가기 쉬운 언어로 묘사된다. 그것이 치료자로 하여금 환자의 넓은 영역에 새롭게 접근하는 법을 발견하게 할 것이다. <정신분석 작업의 신비*The Mystery of Analytical Work*>는 융학파뿐만 아니라, 정신분석가들과 분석작업에 관심 하는 모든 사람들에게 흥미로울 것이다.

"이 책은 하나의 놀라운 통합 작업이다. 저자는 널리 읽히는 융학파 분석가로서 심층심리학과 윌프레드 비온의 공헌 사이에 다리를 창조했을 뿐만 아니라, 관계성의 모체 안에 그들 각자를 연결시켰고, 현재 진화 중인 분석상황의 2인 모델을 확장시켰다. 관계성은 생기 있게 되는 필수 요소이며, 결국 분석 효과에 대한 실제적 해결책이라는 점을 저자는 보여준다. 분석가와 피분석가 모두는 정서 앞에서 '환자들'이며, (동일하지는 않지만) 서로에게 영향을 준다. 나는 이 책을 모든 정신건강 전문가들에게 추천한다."

James Grotstein, *A Beam of Intense Darkness: Wilfred Bion's Legacy to Psycho-analysis*의 저자
캘리포니아의 정신분석센터와 로스앤젤레스의 정신분석새센터에서 훈련분석가 및 수퍼바이저로 활동

"정신-분석과 정신-분석적 치료에서 가장 간과되었던 이론 및 임상 경향의 하나는, 치유가 두 사람 사이의 관계를 통해 일어난다는 단순한 사실이다. 심리치료는 어떤 물건a thing이나 기계가 아니라, 두 사람 사이의 살아있는 관계다. 치유는 정서적 접촉을 통해 발생한다. 이 접촉은 창조적이며 치유적이다. 바바라 설리반은 이것을 자신이 세운 건물의 모퉁이 돌로 만들었으며, 그것을 분명하고도 용감하게 해냈다. 내가 이렇게 과감하게 말하는 것은, 그녀가 존경받는 저자들에게 도전하면서 그들 특유의 묘사들이 어떻게 개인성을 말살하는가를 보여준다. 이것은 경이로운 책이며 심리치료자들과 환자들에게 보물이 될 것이다. 또한 심리치료가 다가올 수십 년 동안 어떻게 발전할 것인가에 대한 새롭고도 총체적인 비전을 열어 보인다."

Neville Symington, *A Pattern of Madness*의 저자
영국정신-분석학회 선임연구원, 호주정신-분석학회 전 회장

"설리반은 융과 비온이라는 난해한 두 분석가들의 이론을 탐구하면서, 그들의 사고를 명료하게 설명할 뿐만 아니라 그들 각자의 관점이 서로를 어떻게 풍요롭게 하는가를 보여준다. 자자의 세밀한 임상 자료는 그녀로 하여금 생각하기를 생기 있게 하며, 어떤 관점을 지닌 임상가라도 자신의 작업을 깊게 하도록 돕는다."

Marjorie Nathanson, 샌프란시스코 융연구소 전 회장, IAAP 실행위원회 위원

역자 서문

융과 비온은 살아있는 동안 오직 한 번 만난 적이 있다. 비온은 융이 인도했던 세미나에 자신의 피분석가와 함께 참석한 적이 있다고 술회한다. 그럼에도 비온은 자신의 저서에 융에 대한 언급은 거의 하지 않는다. 융보다도 20년 젊었던 비온은 융을 알고 있었음에도 불구하고, 그의 사상과 임상경험을 자신의 이론에 적용시키지 않았다. 오히려 자신의 관점에서 고유한 사상을 전개해 나갔다. 융 역시 프로이트와 결별 한 이후에는 자신만의 독특한 아이디어를 유감없이 발휘했다.

융에 매료되어 십여 년을 정신없이 보내다가, 나는 정서의 중요성을 깨닫고 최근에 정서분석에 대한 작은 책자를 펴낸바 있다. 치료에서 정서적 관계가 정신분석의 핵심이라는 사실을 어렴풋이 깨닫기 시작했을 때, 비온이라는 사람이 내 눈에 들어오기 시작했다. 융의 사상이 비온의 사상과 거의 일맥상통함을 느끼는 순간 나는 전율을 느꼈고, 두 사람이 걸어간 길은 내가 가야할 새로운 길임을 직감했다. 프로이트와 융이 해어진 이후, 비온에 의해 융과 프로이트가 다시 만나고 있다는 생각이 들었다. 비온에 의해 정신분석학과 분석심리학이 확대된 무의식의 공간에서 다시 만나게 되는 획기적인 사건이 곧 비온의 출현이다. 앞으로 전개될 새로운 정신분석의 세계는 융과 비온의 제자들이 함께 만들어갈 공동의 장이 될 것이다.

비온에 눈을 돌리면서 그의 저작을 보는 순간 나는 현기증이 날 정도로 난감했다. 비온의 글은 난해하고 일관성이 없으며, 마치 이론만 있고 임상적 사례는 없는 복잡하고 해괴한 글처럼 보였다. 난해한 비온의 글은 사실 융학파에 속한 나의 눈으로 재해석 되어야만 이해될 수 있었다. 서로 거의 만난적이 없는 두 사람의 사상이 어떻게 불편함이 없이 왕래할 수 있단 말인가? 그 일이 어떻게 가능할까? 그것은 두 사람 모두 하나의 뿌리에 그 근거를 두고 있기 때문이다. 융의 집단무의식과 비온이 말하는 O의 세계는 개인적 정신세계뿐만 아니라 우주적 정신세계를 모두 담아내고 있다. 집단무의식의 원형의 세계와 비온의 O의 세계는 모두 플라톤이 말한 일종의 이데아의 세계로서 원초적 정신세계의 전체성을 드러낸다. 무의식을 무한의 세계로 확장시킨 비온의 사상은, 개인과 우주를 하나로 묶어내는 융의 자기개념과 일치한다. 개인적 자기the self는 우주적 자기the Self와 동일한 토대를 지닌다. 그것은 비온이 말하는 O가 개인적이며 동시에 무한한 우주에 속한다는 것과 그 맥락을 같이 한다.

융과 비온의 만남을 추구하다가 정말 기적적으로 발견한 책이 바로 이 책이다. 누군가는 그 작업을 했으리라 생각하고 책을 뒤지다가 바바라 스티븐스 설리반이, 정신분석 작업의 신비: 융과 비온의 만남*The Mystery of Analytical Work: Weavings from Jung and Bion*이라는 주제로 책을 쓴 것을 알게 되었다. 사실 "융과 비온의 만남"이라는 한국어 번역은 원제의 맛을 제대로 전달하지 못한다. 책의 부제인, "Weavings from Jung and Bion"은 "융과 비온의 베짜기" 혹은 "융과 비온의 종합" 등으로 번역될 수 있을 것이다. 그러나 원래의 의미는 융과 비온이 씨줄과 날줄이 되어 하나의 옷을 만들어내는 작업이다. 이 책에서 융과 비온은 두 사람 가운데 그 누구도 앞서가지 않는다. 두 사람 모두 일대 일의 관계며, 마치 치료관계의 2인1조로 된 짝처럼 그렇게 함께 굴러간다. 수레의 양 쪽 바퀴처럼 어느 한 쪽이 없으면 전체 수레는 기능할 수 없다.

융과 비온이 서로 다른 분명한 사고를 지녔음에도 불구하고 어떻게 그렇게 자연스럽게 함께 갈 수 있을까? 그것은 일단 융과 비온 모두 보편적 진리에 그 토대를 두고 있기 때문이며, 바바라 설리반과 같은 정신분석을 사랑하는 진실한 열정의 소유자가 있기 때문이다. 사실 설리반의 정신분석 사랑은 정신분석 이론을 사랑한다기보다는, 인간의 존엄성과 생명에 대한 지극한 애정을 보여준다. 이론이 중요한 것이 아니라 생명을 살리고자 하는 진실한 마음이 치료의 핵심임을 강조한 책이 바로 이 책이라고 할 수 있다.

그러나 나는 이 책을 번역하는 동안 심각한 좌절과 무력감을 경험할 수밖에 없었다. 비온 못지않은 설리반의 난해한 글쓰기 스타일은 나의 영어번역 능력을 의심하게 했다. 끝날 줄 모르는 긴 문장과 지나치게 세심한 감성적 표현들은 분명한 이해를 가로막는 최대의 장애물이었다. 몇 번이고 번역작업을 중단하다가 한 줄 한 줄 인내심으로 버티면서, 나는 놀라운 경험을 하게 되었다. 아하, 이것이 바로 비온이 말하는 베타요소구나! 설리반과 나 사이의 소통을 가로막고 있는 것은 그분의 글쓰기 스타일도 아니고, 나의 부족한 영어실력도 아니고, 그것은 오직 설리반의 마음을 담아내려고 하지 않은 나의 완고함 때문이라는 것을 깨달았다. 글은 이렇게 써야 하는 거야! "글은 일단 사람들이 쉽게 알아듣고 이해할 수 있어야 하며, 일단 긴 문장은 잘못된 글"이라는 나의 신념과 편견이 두 사람 사이의 정서적 관계를 가로막고 있었던 것이다. 이제 나는 번역을 잠시 멈추고 설리반과 만나기로 작정했다. 세심한 정서를 조심스럽게 담아내면서 긴 문장으로 이어지는 까다로운 글이 출현하면, 일단 나는 나의 방식으로 이해하기 전에 설리반에게 정서적 주파수를 마췄다. 그리고 저자의 진실한 의도를 물었다. 그 질문은 물론 책을 통해서다. 그분에게 직접 편지를 써보고 연락을 취해볼까도 생각했지만, 그러기 전에 나는 책에 담겨있는 그분의 진실과 소통하고 싶었다. 장벽이 높으면 높을수록, 이해가 되지 않으면 안 될수록 그분에게 가까이 가보기로 했다. 왜 이렇게 힘들고 어려운 글을 써야만 할까? 여전히 사라지지 않은 의문은 있었지만, 이 책은 얼마가지 않아서 나에게 다가왔다. 나와 책, 내 마음과 설리반의 마음이 하나가 되어 O 안에서 정서적 관계가 형성된 것이다. 번역 초기의 짜증과 답답함은 사라지고 나도 모르게 설리반과 2인1조가 되어 있었다. 그때야 비로소 이 책이 내 눈에 들어오기 시작했고 나의 심층을 뒤흔들었다.

지금도 가슴에 아련하게 자리 잡고 있는 슬프고도 짠한 이야기가 있다. "우는 낙타 이야기"가 바로 그것이다. 설리반은 이 책에서 베타요소가 알파기능에 의해 알파요소로 바뀌는 과정을 "우는 낙타 이야기"를 통해 전하고 있다. 어미 낙타가 처음으로 낳은 새끼 낙타를 거부함으로써 새끼 낙타가 죽음 직전까지 간 사건이 몽골의 한 가족공동체에 발생한다. 전통적인 제의뿐만 아니라 여러 가지 방법을 모두 동원하여 어미 낙타가 새끼를 돌보도록 유도하지만 모두 실패하고 만다. 결국 가족들은 먼 곳에 있는 악사를 부르기로 한다. 아주 오랜 동안 몽골에서 행해지고 있는 낙타 심리치료법을 시행하기로 한 것이다. 악사가 첼로와 비슷한 악기를 연주할 때, 낙타를 돌보아 왔던 며느리는 어미 낙타를 어루만지면서 그가 소화시키지 못했던 베타요소를 담아낸다. 며느리의 건강한 알파기능은 낙타가 방출한 베타요소를 담아내어, 그것을 알파요소로 바꾼 다음에 다시 그에게 돌려준다. 생명에 대한 며느리의 진실한 사랑이 얼어붙은 낙타의 마음을 녹여, 새끼 낙타가 스스로를 담아낼 능력을 회복한 것이다. 이제 어미 낙타는 더 이상 베타요소를 방출할 필요가 없다. 자신의 알파기능이 회복되었기 때문이다. 새끼에게 젖을 먹이는 동안 흘린 낙타의 물방울만한 눈물은 곧 나의 눈물이 되어, 그들과 내가 동일한 O 안에 있음을 경험했다. 다큐멘터리로 제작된 "우는 낙타이야기"를 보면서 나는 한없는 감격과 환희에 가슴이 벅찼다. 동시에 너무나도 잔잔하고 평안한 몽골 가족, 특히 낙타의 목을 어루만지며 그를 위로하는 젊은 며느리의 잔잔하고도 진실한, 아무런 꾸밈과 욕망도 없는 편안한 얼굴은 그 주변에 있는 다른 낙타들과 온 가족들의 마음을 대변하고 있었다. 그녀에게 이미 어미 낙타와 새끼낙타를 이어주려고 하는 간절한 소망은 있었지만, 그것은 결코 낙타 한 마리의 손실을 우려하는 이기적 욕망은 아니다. 그들은 모든 것을 하늘에 맡긴 채, 순전히 자연 그대로의 진실에 마음을 열고 생명(O)과의 연결을 추구하고 있었다. 그래서 그 어떤 불안이나 두려움은 없다. 오직 생명을 살림으로써 자신의 생명이 산다고 하는 자연의 가르침에 순응하면서, 베타요소가 알파요소로 변형되는 순간에 숨죽이며 몰입한다. 나를 초월하여 생명의 우주에 나를 맡기는 거룩한 순간이다. 30대 중반으로 보이는 젊은 며느리는 삼대에 걸친 대가족의 모든 일에 책임자로 있다. 그러나 그녀는 자신의 위치를 드러내지 않으면서 손길이 필요한 모든 곳에 세밀하게 접근한다. 급하게 서두르거나 자신이 세운 계획에 떠밀려가면서 결코 다그치지 않는다. 아직 세상의 경험이 부족한 그녀가 어떻게 그렇게 안정적으로 대가족을 보살필 수 있을까? 아무런 욕망이 없어 보이지만, 결코 유약하거나 무기력하지 않은 그녀의 얼굴은 곧 자연의 얼굴이다. 순하고 부드럽지만 그 안에는 진실한 생명의 역동이 살아 숨쉬는 자연은 우리에게 한없는 감사와 사랑의 숨결을 불어넣는다.

융을 알아가면서 놀라운 세계를 경험한 것은 나에게 큰 축복이다. 나는 성서학을 통해 학문의 세계로 들어와서, 융을 만난 이후에는 마음의 세계로 오게 되었다. 정말 무지한 상태에서 융의 분석심리학을 경험한지 십년이 흐르면서 어느 날 비온을 만나게 되었다. 정서적 관계만이 진실하다는 비온의 의도는, 자기 안에서 마음의 온전성을 추구했던 융의 사상을 보완하는 보기 드문 짝으로 보인다. 오직 관계만이 치료의 열쇠라고 주장하는 설리반은 융학파 분석가면서 동시에 정신분석의 유산을 감사하게 수용하는 현대 정신분석의 선구자로 여겨진다. 나는 관계로 시작하는 설리반의 책을 번역하면서 정서적 관계의 중요성을 온몸으로 체험했다. 이 책은 그녀가 밝힌 대로 융의 사상이나 비온의 사상을 단순히 소개하는데 그치는 것이 아니라, 자신이 이해한 융과 비온이 씨줄과 날줄이 되어 하나의 멋진 옷을 만들어내고 있다. 그 사이공간에 그녀가 있다. 자기the Self와 O 안에서 설리반은 그 두 사람을 동시에 만나고 있다. 시공을 초월한 무한한 무의식의 영역에서 가느다란 의식의 끈으로 융과 비온을 연결하면서 그녀 또한 O의 일부가 되고자 한다. 여러분과 나도 이 책을 통해 그들의 O에, 우리 모두의 O에 그리고 우리 자신의 O에 참여하고, 그 O가 되는become 놀라운 경험을 하게 되길 바란다.

이 책은 처음부터 끝까지 오직 여전히 부족한 역자에 의해 번역되었음을 밝히고자 한다. 그것은 앞으로 발견될 오역이나 미숙한 번역들은 오직 역자에게 책임이 있다는 것을 의미한다. 여러 선생님들의 따뜻한 지적이 보다 개선된 책을 출간하는 데 큰 도움이 될 것이다. 이 책을 출판하는 데 큰 도움을 주신 눈출판그룹 임말희 대표님께 감사말씀을 드린다. 정신분석을 사랑하고 수많은 사람들의 독특한 생명력을 온몸으로 겪어낸 임대표님의 열정이 이 책을 세상에 내놓게 한 것이다. 번역한 원고를 우리말에 보다 가깝게 접근하도록 세밀하게 검토해주신 오진령 박사님께 감사드린다. 번역한 원고를 따뜻한 마음으로 읽어주고 수정해준 사랑하는 아내 박조례와, 내 딸 선형이, 그리고 그동안 갈고 닦은 뛰어난 영어실력으로 아버지의 번역작업을 꼼꼼하게 점검해준 내 아들 박성에게 특히 감사의 마음을 전하고 싶다.

2014년 강남대학교 교정에서

역자 박종수

목차

감사의 말씀 Acknowledgments

많은 사람들이 나를 지지해주었으며, 이 책의 탄생에 공헌했습니다. 나는 Linda Schmidt와 Neville Symington으로부터 이 책에서 제시된 분석적 정향에 대해 엄청난 양을 배웠습니다. 그들 각자는 나로 하여금 나의 진실을 충분히 찾음으로써 다른 사람들의 흥미를 끌 수 있는 방식으로 그것을 표현할 수 있을 것이라고 상상하도록 도와주는 방식으로 나의 말을 경청했습니다. 나의 발달을 가능하게 함으로써 이 책이 나오게 한 제 삼자의 관심과 정서적 안아주기는 바로 나의 남편 마크Mark에게서 온 것입니다. 그가 없었다면 나는 단순히 한 달라진 인간이었을 것입니다.

몇몇 친구의 헌신과 유용함은 나의 창의적 노력을 위한 자양분을 제공했습니다. 이 작업을 하는 도중에, 나는 거의 도달할 수 없는 이제 막 떠오르는 형태로 내가 지각한 전체 비전과 더불어 작업할 희망을 상실했습니다. Beth Barmack, Hidle Burton, Majorie Nathanson, Ruth Palmer, Tom Richardson 그리고 Dorothy Witt가 나에 대한 믿음을 갖고 나에게 이 작업을 통한 정서적 지지를 제공했습니다. 나를 안아준 그들의 우정망이 없었다면, 나는 이 작업이 완성될 때까지 그 일과 함께 머무르지 못했을 것입니다.

Beth Barmack, John Beebe, James Grotstein, Candy Siegle, Neville Symington, Dorothy Witt 그리고 Bryan Wittine 모두가 반 정도 끝난 작업을 읽어주었고, 그들의 피드백은 내가 스스로 확인하지 못했던 수많은 어려움들을 통해 작업하도록 나를 도왔습니다.

마지막으로, 그리고 무엇보다도, 나는 자신의 영혼으로 나를 매우 너그럽게 신뢰해준 익명의 환자들에게 감사드립니다. 특히 이 책 안의 우리 작업에 자료를 사용하도록 허락해준 정말 용기있는 개개인에게 특히 감사드립니다. 샌프란시스코와 버클리에서 열린 많은 세미나에 참석해준 나의 학생들 또한 내 사상의 발전에 엄청난 도움을 주었습니다.

이 모든 사람들에게, 진심으로 감사드립니다.

1. 관계성으로 시작하기 Beginning with relatedness

성장과정은, 성장하는 인간처럼, 결코 충분히 설명될 수 없는 하나의 신비다. 이 책은 그런 신비에 대해 생각해보는 나의 시도다. 한편으로는 그 주변을 돌면서 여러 유용한 관점에서 조사하고, 다른 한편으로는 분석가[1]들이 어떻게 성장과정에 건설적으로 영향을 줄 수 있는가를 탐색하는 작업이다. 대부분의 문헌은 임상가가 환자에게 영향을 미치기 위해 말할 수 있는 것에 집중한다. 여기서 나는 치료자의 해석이나 주석들의 강조점centrality에 대해 과감하게 의문시하는 어떤 관점을 제시할 것이다.[2] (비록 분석가의 감정과 사고들이 자신이 말한 것에 분명히 영향을 줄 것임에도 불구하고) 그의 감정과 사고뿐만 아니라 존재being는 그가 환자에게 말한 것보다 더욱 중요한 것으로 드러난다.

분석가의 첫 작업은 환자의 충만함fullness을 수용하기 위해 자신을 개방하는 것이다. 분석가는 이 사람이 누구인가에 대해 항상 진화하는 지식knowledge을 추구한다. 이 책의 중심적 초점은 결국 듣는 과정이다. 치료자는 환자가 자신도 인식하지 못한 상태에서 말하려고 노력하는 것을 어떻게 들을 수 있을까? 앞으로 탐구할 것이지만, 분석가가 자신의 작업에서 "*해야*do"할 것에 대해 정확하게 염두에 두어야 할 유용한 충고는 별로 없다(여기서 "한다doing")는 "듣기listening"보다는 "말함speaking"을 의미한다. 그러나 꽤 많은 것들은 어떻게 듣고 환자를 수용할 것인가에 대해 언급될 수 있다. 심도 있는 듣기 과정은 상당한 수준으로 이해를 확장시킨다. 이해에 대한 새로운 차원은 임상가로 하여금 당면한 각각

---

1) 나는 "치료/치료자"와 "분석/분석가"를 서로 구별 없이 사용한다. 이는 환자가 단순히 자기 자신에 대한 지식을 위해 오기보다는, 분석의 목표인 치유healing나 치료therapy를 위해 온다는 나의 믿음을 반영한다. 그러나 이 장에서 내가 나중에 강조하겠지만, 나의 주제는 그 가운데 물론 어떤 것들은 확실히 도움이 되는 "치료therapy"라고 부를 수 있는 다른 많은 과정이기보다는 오히려 심층 치료작업이다.

2) 뉴욕의 윌리암 앨리슨 화이트William Allison White 연구소 중심의 대인관계학파 출신의 분석가들 또한 해석 중심의 초점에 대한 비판을 해왔다.

의 독특한 상황에 대한 창조적 접근법을 발견하도록 도울 수 있다. 그런 접근들은 거의 해석을 포함하지 않아도 된다. 사실 임상가들이 훈련지침을 따르려고 노력하는 한 그들이 말한 대부분의 것들은 비생산적이다. 예를 들면, 환자들은 선한 심성을 지닌 선의의 치료자들에 의해 수행된 해석을 공격이나 비판 혹은 승리에 찬 겸손으로 은밀하게 경험할 수 있다. 임상가practitioner에게 환자가 치료자의 말을 어떻게 듣고 있는가를 조만간 이해할 수 있게 되는 방식들이 있다. 그 결과 치료자는 자신의 행동을 적절한 방식으로 변화시킬 수 있다. 안타깝게도 각종 문헌들이 흔히 권장하는 종류의 해석은 환자로부터 자신이 은연중에 비판의 대상이 된다고 경험하게 할 뿐만 아니라, 실제로 초기의 긍정적인 발전들을 저해한다. 정신의 자연적인 성장과정을 다르게 이해함으로써 이런 불행한 발전 가능성을 최소화한다.

문헌의 충고는 관계성을 철저히 무시한다. 어떤 종류의 해석이 도움이 될 것인가에 대한 많은 아이디어들이 있다. 그리고 그 대부분은 "타이밍"을 해석하는 중요성을 언급하면서 정서적 연결 차원으로 쏠린다. 종종 이론가들은 타이밍에 대한 틀formulas을 제공하기 위해 노력해왔다. 아마 해석은 환자가 '이번' 회기에 가지고 온 자료만을 포함시켜야 한다는 안내서로 제안하면서 말이다. 이런 식의 안내는 나쁘지 않다. 다만 환자가 오해하거나 혼란스럽게 느낄 가능성을 최소화할 뿐이다. 그러나 그런 안내의 번거로움은 치료기법에 대한 이론들이 치료작업과 정서적 건강 측면에서 관계성의 일차적 역할을 분명하게 알리는데 실패한다는 사실을 부각시킨다.

(다른 모든 인간들을 향해 긍정적으로 수용되어야 할, 그러나 누군가와 관계 안에 있는 단순히 그런 사람들이 아닌) 하나의 관계적 접근은 자기 자신뿐만 아니라 *다른 사람의* 관점까지도 떨어뜨리거나 우월하게 하지 않고, 있는 그대로 유지할 것을 요구한다. [만약 어떤 이가 다른 사람의 관점을 마음에 둔다면, 그는 관계하기보다는 흡수되며, 마치 자기 자신의 관점만을 보았던 것처럼 한 폭의 그림과도 같은 단조로운 상태로 남게 된다. 만약 어떤 사람이 오직 자기 자신의 관점으로만 세상을 본다면, 일상적 언어로 그를 '자기애적narcissistic'이라고 부른다.] 보다 취약한 사람이 지배적인 구성원과 정겨운 관계를 맺게 되면, 치료나 가족생활처럼 심각한 힘의 불평등 관계에서 그의 요구needs는 빈번히 다른 사람의 요구를 압도할 것이다. 그

러나 그가 자신의 감정을 따로 떼어 놓더라도, 관계적인 치료자는 (비관계적인 방식으로 규칙을 따르는 사람과는 대조적으로) 그 감정들을 알아차릴 것이다. 자신의 환자가 증오적일 때, 치료자는 환자를 우스꽝스럽고 조롱받을 행동으로 몰아넣은 상처들에 대해서 알게 된다. 그 뿐만 아니라 치료자 자신 역시 어떤 상처를 느낄 것이며, 비록 전형적인 방식으로 이를 표현하지는 않을 것이지만, 결국 그에 대한 반응으로 적어도 약간의 분노를 느낄 것이다.

관계성은 내외부적으로 정서적 건강의 기초다. 심리적 건강은 다시 내외부적으로 행동behavior을 현실reality과 조정할 능력을 암시한다. 사실 이런 두 기본적 현실들은 서로를 반영한다. 사람들은 자신의 아동기 관계로부터 내재화된 방식으로 다른 사람들을 대한다. 마찬가지로 그들은 다른 사람들을 다루는 방식으로 자신들을 다룬다. 내적 세계는 유아의 외부세계의 복제물로 발전한다. 그가 성인이 되었을 때, 그 유아는 그런 초기의 관계형태를 반복하는 외부환경들에 이끌릴 것이다. 자신의 발전과정에서 그 외부환경들은 개선되고 진보한다. 조화로운 외부 환경이 발견되지 않는다면, 사람들은 그 결과가 아무리 고통스럽다고 할지라도 그런 조화로운 환경을 창조한 방식으로 행동한다. 환자가 세상에 대해 피학적 성향masochistic orientation에 사로잡혀 있을 때, 그는 치료자의 가학적 잠재능력을 부추길 것이다. 그가 다른 사람에 대해서 조소적이고 경멸적인 태도를 취한다면, 치료자는 자신의 일상적인 존재방식과는 상관없이 열등감을 느끼는 경향이 있다.

내외부적 현실이 결코 알려질 수 없는 방식들을 탐구하게 될지라도, 불확실한 상황에 대한 두 가지 관점들은 그 그림에 깊이를 더할 일종의 쌍안경 비전을 제공한다. 다양한 관점을 수용할 능력은 개인에게 자신의 행동에 대한 여러 선택들을 제공할 뿐만 아니라, 그로 하여금 강박적 행동에 빠져들지 않게 한다. 내가 나의 제한된 의식적 자기conscious self의 눈을 통해서만 보고 있는 한, 나에게 어떤 선택도 없다. 나는 오직 어떤 것이라도 내가 원하는 것을 추구할 수 있을 뿐이다. 나는 나의 행동에 의해 영향 받을 다른 사람들을 인식할 수 있는 것 이상으로 내 자신의 다른 부분들의 요구나 욕망을 기억하지 않을 것이다. 한 가지 선택을 하기 위해서는 가능성 있는 하나의 길 외에 선택할 더 많은 것이 있어야 한다. 마음에 있는 자신의 의식적 욕망을 지닐 능력과 얼마간 떨어져서 그것을 탐구할 수 있는 능력은 다른 관점들을 동등한 가치로 상상할 수 있는 능력에 달려있다. 이것이야말로 자신에게나 다른 사람들에게 관계성의 기초적 구성요소building block 다. 그것은 다른 관점을 염두에 두는 능력이다.

그러나 아무도 "관계된 적"이 있거나 "관계된 적이 없었던 적"은 없다. 우리는 모두 항상 서로 갈등 속에 있는 어떤 관계된 측면이나 관계되지 않은 측면을 포함한다. 누군가 관계될 수 있는 한, 그는 자기 자신보다는 자신의 상황을 보려는 다른 방법들을 상상해낼 수 있을 것이다. 그는 하나의 대상을 원할 것이며, 동시에 그 밖의 다른 것을 원하는 자신의 다른 부분들을 기억할 것이다. 그는 자신의 선택들에 의해 영향을 받을 다른 사람들을 주목할 것이며, 그들의 관점들은 그의 관점을 완화할 것이다. 이제 살펴볼 것이지만, 누군가 관계상태에 머물 수 있는 한계는 그가 안전하다고 느끼는 정도에 의해 결정될 것이다. 그가 위험하다고 느낄수록 그는 자신의 요구와 안전성만 중시되는 어떤 비관계적인 위치로 내던져질 것이다.

심층심리학의 세계는 이제 백년을 약간 넘겼다. 우리의 정서적 심층은 너무 두려워서 심리학자들은 역사적으로 철저히 이론들과 기법들로 무장해 왔다. 그 이론들과 기법들이 환자들을 우리가 이런 위험들을 깨닫지 못하게 할 정도로 거리감을 두게 한다. *환자*는 분석을 받고, 치료자나 치유자는 *훈련분석training analysis*을 추구할 수 있지만, 치료적 분석을 필요로 하지는 않는다. 환자가 조급하게 중단하거나 그렇지 않으면 치료자를 거부하거나 포기할 때, 수퍼비전을 위한 토론은 종종 환자의 신경증적 갈등들에 유난히 집중한다. 이는 치료자의 어떤 부적절한 것이 그런 파국을 초래했는가를 무시한 것이다. 우리는 단지 우리 자신의 일에 내재된 불안요소들을 이제야 약간 이해하는 단계에 있다. 우리가 탐구하는 내적 세계의 근본적 위협은 우리 영역을 구성하는 데 중요하게 취급되었던 깊이 관여하지 않은 에너지들을 상기시킨다. 정신분석 연구가인 피터 개이Peter Gay 에 의해 기록된 분석의 효과적인 행동에 대한 극히 일부의 묘사를 보자. 이런 묘사는 20여 년 전에 나타났으며, 그 영역은 확실히 그 이후에 발전되었다. 그러나 개이의 묘사는 우리가 여전히 극복할 필요가 있는 우리 역사의 방해물들에 대한 어떤 주목할 만한 것을 말해준다.

> 정신분석 상황은 일종의 대화다. 분석가는 대체로 말이 없는 상대자를 통해 피분석자가 아마 자신의 문제에 도달 할 수 없었던 해석을 제공한다. . . . 환자는 과대성grandiosity에 부풀어 있거나 죄책감으로 고개 숙인 채 세상과 그 안에 있는 자신의 위치를 왜곡시키는 반면에, 분석가는 칭찬하거나 비난하지 않으면서 피분석자가 실제로 말하고 있는 것을 간결하게 지적하면서 현실에 대한 치료적 암시를 제공한다. 아마도 더욱 중요한 것은 분석가가? 비교적 아무도 모르는, 그리고 주의 깊은 수동적 태도로 – 자신을 피분석자가 자신의 열정, 사랑과 증오, 애정과 적대감, 희망과 걱정을 투사하는 일종의 스크린으로 제공한다. 대부분의 치료적 작업이 의존하는 이런 전이transference는 당연히 두 사람 사이의 상호작용이다 (Gay, 1988, p. 97).

개이가 이것을 "두 사람 사이의 상호작용"이라고 불렀을지라도, 그가 묘사한 분석가는 실제적으로real 보이지는 않는다. 개이의 이미지 안에서 "과대성grandiosity에 부풀어 있거나 죄책감으로 고개 숙인" 환자는(비록 이런 사람은 가장 가련한 상태에 있을 지라도) 자신의 심층에 흐르는 알 수 없고 복잡하게 엉켜있는 온전한 인간이다. 다른 이미지는 치료자의 "아무도 모르는, 그리고 주의 깊은 수동적 태도"이다. 분석가는 자신의 심층들depths을 상담실로 가져오지 않는다. 그는 자기 자신에 대한 어떤 무의식적인 갈등도 없기 때문에 말해진 것을 정확하게 들을 수 있다. 그는 자신의 환자가 혼란스러워 하는 동안 그것이 무엇인지 알고 있는 우월한 위치에서 "실제reality"를 지적한다. 그는 자신의 피분석자가 "실제로really" 말하고 있는 것을 안다.그것은 마치 환자의 의식적 의도가 이치에 맞지 않거나 "실제적이지real" 않은 반면에, 그의 무의식적 의도는 일차원적이며unidimensional 확실히 조사 가능한ascertainable 것과 같다. 오직 주의 깊게 듣는 자의 애매한 표정opaque surface만이 그 어리둥절한 환자를 건드린다. 분석가의 억양tone보다는 말words이 자신의 메시지를 환자에게 더 잘 전달한다. 분석가가 환자에 의해 동요되는 것보다, 환자는 분석가의 심층에 의해 더욱 동요된다. 그 과정은 이런 단정한 이미지로부터 현실적인 상담실의 복잡한 실제들realities로 향하는 매우 기나긴 여정이다.

임상훈련은 우리에게 치료적 관계는 어떠해야 되는가를 말해줄 수 있다. 그러나 현장에서 전이 관계는 두 사람이 서로 자제하거나 서로 차단할 때라도 함께 드러나고 전적으로 참여하는 두 사람 사이에서 발전한다. 우리는 결코 우리 자신의 심층들depths로부터 편하게 떠날 수 없다. 그 심층들은 물을 진흙탕으로 만들며, 우리가 알고 있는 것 같지만 모르는 것들을, 배우고 있어도 그것을 모르는 사람들에게 전달한다. 그들의 깊은 자기들selves은 이런 새로운 이해들을 자신들이 모르거나 거의 알지 못하는 자신의 일부에 비축해 둔다. 더 나아가 어떤 관계는, 엄마와 새로 태어난 아기 혹은 치료자와 환자 사이라도, 상호 의존적인 경험이다. 비록 한 사람이 다른 사람보다 훨씬 더 무기력하고 조절불가능한 상태일지라도 말이다. 무엇보다도 분석가는 자신이 분석가가 되어야 할 때 환자를 필요로 한다. 그리고 환자는 자신이 환자가 되어야 할 때 분석가를 필요로 한다. 관계는 결코 온전히 해부될 수 없으며, 무한한 영역에서 각 참여자 영혼의 알 수 없는 내적 영역들로 뻗어간다. 성장 과정처럼, 관계는 항상 어떤 신비를 포함하며, 우리가 이해하고 있다고 결코 확신할 수 없는 내외부의 현실들에 대한 우리의 취약성vulnerability을 부각시킨다.

전이관계는 분석작업의 중심heart에 놓여있으나, 치료자 자질의 주고받는 반응에, 즉 치료자의 관계성에 부적절하게(적어도 그렇게) 참여하려는 뜻밖의 경향이 있다는 것을 심층심리학의 모든 학파가 알고 있다. 그러나 확실히 가장 강력한 방식은 치료자가 임상관계의 본질에 영향을 미치는 것이다. 초기의 환상은 환자의 내적 상황이 발전적 유대를 채색할 유일한 요인이라는 그런 중립적인 방식으로 치료자가 행동할 수 있다는 것이었다. 우리는 이제 어떤 주석이나 침묵도 결코 단순히 중립적이지 못하다는 것을 알고 있다. 살펴보겠지만, 인간들은 항상 정서의 강emotional river에 살고 있다. 그리고 환자는 임상가가 말한 것이나 말하지 못한 그 어떤 것이라도 그에 관한 감정들을 지니게 될 것이다. 치료관계에 대한 피터 개이의 왜곡된 서술에 구현된 유산에 사로잡혀, 훈련 프로그램들은 치료자에게 어떤 표준화된 접근법이 있을 수 있다고 상상하는 경향이 있어왔다. 환자가 임상가에게 이런 "올바른correct" 접근에 대한 어떤 일상적 방식을 변경하도록 요구할 때, 지배적인 이론적 경향은 종종 치료자가 자신을 호기심에 열어놓기 보다는 임상적으로 적당한 위치를 유지하는데 가치를 두는 것 같다. 이런 환자가 왜 이전의 자기 자세를 지키는 대신 지금은 일어나거나 앉기를 원하는가? 치료자가 필기를 하는 것을 멈추라는 환자의 요구에 동의한다는 것은 어떤 의미일까? 그것은 치료자가 휴가 중일 때 전화할 시간을 정하는데 합의하기 위해 부서지기 쉬운 틀에 문호를 개방하는 것일까? 아니면 지금 당장 다룰 수 있는 가장 좋은 방식으로 깨지기 쉬운 연대를 지속시키는 것일까? 분석가는 심리치료사보다도 더 적게 어떤 관계 방식으로 그런 요구들을 저울질하려고 하지 않을 것이다. 더욱 일반적으로 그들은 환자의 소망에 상관없이 "올바른" 자세를 유지하려고 한다.

확실히 분석틀analytic frame을 유지하는 것은 중요하다.[3] 그리고 이와 마찬가지로 치료자가 공손하거나 사회적으로 적절한 방식으로 관계를 맺는 것에 사로잡히지 않는 것 또한 중요하다. 분석틀은 치료자에게 자신의 반관계적 에너지를 위한 배기판escape valve을 제공한다. 치료자는 이렇게 말할 수도 있다: "이제 중단할 시점이죠." 혹은 "지난 달 상담료를 지불하지 않았군요." 치료자가 여기서 분석틀을 고수할 때, 그는 환자가 치료자의 요구를 어떻게 경험하고 있는가에 의해 동요되지 않는다. 당신은 나에게 상담료를 지불해야 하죠. 당신에게 상담료를 지불할 일만 남았죠. 당신은 상담시간을 어긴 시간에 대한 상담료까지도 지불해야 합니다. 위니컷(1947)은 이것이야말로 치료자의 증오가 배출되는 출구outlet였다고 생각했다. 내 생각에 그 이슈는 치료자의 이기심을 위한 출구 이상의 의미가 있다. 치료자의 입장이 환자에 대해 분명히 고통스러운 것이라고 할지라도, 그것과 소통할 관계적 혹은 비관계적 방식들이 있다. 그것은 마치 환자의 요구가 수용될 수 없을지라도, "전문가들experts"은 환자로 하여금 듣고 이해한 것을 알게 하려고 노력하는 것보다, *비*관계적인 반응을 더욱 "분석적analytic"이라고 판단하는 것 같다.

최근에 나는 정신분석 모임에 참석했는데 거기서 한 선배 분석가가 방문차 참석한 어떤 저명한 정신분석가 앞에서 몇 번에 걸친 임상회기를 발표했다. 그가 묘사한 회기 가운데 한번은 그 주에 행해진 세 번째 분석시간에 참여한 환자

3) "틀frame"이라고 말할 때, 나는 일상적으로 고정된 분석틀에 대해서 언급하고 있다: 만남에 있어 일정한 시간과 장소, 일정한 상담료, 확고한 취소 규칙, 환자가 치료작업을 중단할 준비가 될 때까지 환자와 함께 일할 것을 약속할 뿐만 아니라 신뢰와 더불어 프라이버시에 대한 헌신. 이런 요소들 가운데 어떤 것도 완전히 지켜지지 않을지라도, 치료자가 그렇게 하려고 노력하는 것은 가능하다.

가 지쳐있었는데, 분명히 이전의 두 분석시간이 자신을 지치게 만들었다는 것이다. 그 환자가 이제 상상할 수 있는 모든 것은 집에 가서 얼굴에 이불을 뒤집어쓰는 일밖에 없었다는 것이다. 분석시간 내내 분석가는 자신의 환자가 효과적인 도움을 얻기 위해 분석가를 사용할 능력이 없는 것에 대해 말했다. 그 저명한 전문가는 오히려 발표자의 공격적인 해석경향에 대해 의문을 제기했다. 클라인 학파 사람으로서 자신은 그 환자의 중심적 불안에 대해서 해석하려고 했다는 것이 발표자의 설명이었다. 이 경우, 그가 덧붙이길, 그와 같은 불안은 전이에 중심이 있다고 판단했기 때문에 그는 거기서 그렇게 해석하고 있었다. 나는 자신의 인간관계를 능가하는 그 분석가의 이론적 훈련방식에 충격을 받았다. 그는 들을 수 없었고, 분명히 환자의 진술은 더더욱 들을 수 없었다. 이전의 두 분석시간은 환자를 몹시 지치게 만들었다. 그는 더 이상 작업할 것이 없었다. 분석가 또한 그 *환자*에게 응답할 수 없었다. 그가 받은 훈련이 그에게 그 핵심적 불안을 해석하도록 했다. 심지어 환자가 자신은 아무것도 들을 수 없다고 매우 분명히 (비록 무의식적이라도) 말하고 있었음에도 불구하고, 분석가는 계속해서 말할 필요가 있었다. 분석가의 이런 특별한 훈련은 그에게 그 핵심적인 불안에 대해서 해석하기를 독려했다. 또 다른 분석가의 훈련은 그에게 현재의 어려움이나 분석 시간에 발생하는 이미지에 대한 원형적 의미들의 일반적 근원들을 해석하라고 말한다. 문제는 클라인 학파의 문제가 아니다. 그것은 한 인간의 문제다. 우리 자신을 보호할 어떤 전문적인 갑옷armor과 같은 것 없이 다른 사람과 함께 한다는 것이 얼마나 놀라운 일인가.

4장과 5장의 정서적 건강에서 관계의 중심역할을 살펴보자. 그 때 우리는 우리의 반관계적anti-related 에너지들의 구조적이며 역동적인 측면들을 보게 된다. 나는 여기서 사람들은 나면서부터 애착을 추구하는 피조물들임을 염두에 두고 싶다. 우리 모두는 유아들이 자신이 필요한 것들을 알아차릴 수 있는 양육자들과 만나길 요구하면서 그들에게 적응한다는 것을 알고 있다. (물론 얼마 지나지 않아 이런 적응은 100%보다는 약간 부족한 어떤 것이 될 필요가 있다. 그러나 오랜 동안 그 적응은 두 사람가운데 더욱 더 무기력한 멤버를 선호하는 쪽으로 기울 것이 분명하다.) 다른 사람들과 삶에 대한 자기중심적인 나-나-나me-me-me 식의 접근은 사회로부터 질타를 받을 뿐만 아니라, 현존하는 정서적 상처를 보여주는 어떤 병리적 관점이다. 그러나 관계적 접근은 상처를 받기 쉽지만, 반면에 이기적 입장은 안전에 대한 환영illusion을 제공한다. 자신의 관점을 다른 사람의 관점과 공유하는 것은 자신이 서있는 토대인 세상은 결코 신뢰할 수 없다는 사실을 수용하는 것을 의미한다. 내가 이러이러한 것such-and-such을 기억하거나 믿거나 인지할 때, *당신*이 그러이러한 것thus-and-such을 말한다면, 일종의 관계된 응답은 알지 못함으로 번져간다. 나는 나의 눈이 분명하게 보는 동안, 당신이 구름에 가려있다는 가정 속에서는 안식을 얻을 수 없다. (우리 가운데 열 명이 하나의 사물과 또 다른 열한 번째를 본다면, 아마 그 일반적인 인식은 믿을 만하다. 그러나 이것까지도 항상 참되지 못하다.) 관계적 접근은 위험하지만 이기적 입장을 취한다는 것은 마치 요새 안에서 사는 것과 같다. *나의* 눈이 왜곡되지 않았기 때문에 외부에 무엇이 있는지 안다면, 나는 안전하고 확실하다. *당신은* 미칠 수도 있다. 그러나 나는 그렇지 않다.

따라서 정신의 무시무시한 심층들depths을 접하고 그런 심층들을 담아내서 그것들을 변화시키라고 요구받으면서, 치료자가 마치 구명대life preservers처럼 보이는 자신의 이론적 교본들에 매달리는 것은 그리 놀랄만한 일이 아니다. 고통당하는 환자를 단순히 나와 다른 한 사람으로 대하는 것은 위험하다. 거기서 우리 둘 모두는 혼란과 실책에 노출되어 있다. 그리고 치료자의 "정신 건강"은 어떤 순간이라도 더 우월하다고 여겨지지 않는다. 비록 이런 평가가 현실에 대한 방어일지라도, 밋밋한 관계는 매우 단순하게 보인다. 임상가에게 환자의 고통을 변형적 해석으로 없애버릴 수 있다는 것을 상상하는 것보다, 환자와 함께 앉아 그의 고통을 나누는 것이 더 어렵다. 조용히 앉아서 환자의 고통을 듣는 것은환자의 고통과 같은 정서적 고통이 또한 자신을 극복하는 것이라는 점을 확인하는 것을 의미한다. 그것은 또한 고통을 당할 때 임상가는 그것을 제거하기 위해 아무것도 *할 수*do 없다는 것을 받아들이는 것을 의미한다. 어떤 널리 알려진 이론서theoretical bible에 매달리거나, 자신을 강하고 능력있고 정신적으로 건강하다거나, 심란하거나 욕구에 찬 환자를 치료하는 사람이라고 여기는 것이 훨씬 더 편안하다.

이 책의 핵심에서 나의 시도는 관계성의 본질과 중요성에 대한 치료자의 의식을 불러일으키는 것이다. 심층적 이론 세계에서 자기self는 오직 관계 안에서 존재한다는 것은 널리 받아들여지고 있다. 위니컷(1952)에 의하면, 엄마가 없는 상태에서 그 어떤 것도 유아와 같은 존재는 없다. 이 책에서 살펴보겠지만, 인간은 홀로 생각하거나 (자기의 존재를 위한 필수요소를) 느낄 수 없다. 자기는 오직 관계 안에서 존재하며 자기는 하나의 관계에서 다른 관계로 변화한다. 나는 내가 가장 친한 친구나 내 딸 혹은 어떤 기존의 환자와 함께하는 것보다 내 남편과 있을 때 다른 사람이 된다. 따로 떨어진 "나"는 결코 없다. 각각의 관계에 대한 본질은내가 어떤 존재가 될 수 있는 구조를 갖추는 것이다. 치료적 관계의 본질은 환자가 얼마나 많이 내면에서 그것을 담을 용기container를 성장시킬 것인가를 결정한다. 부모의 자녀와의 연대감이 지닌 질적 수준quality은 잠 잘 시간을 정해주거나 딸에게 화장을 허락하는 나이와는 비교할 수 없을 만큼 더욱 중요하다는 것을 우리는 알고 있다. 자기 학생의 특유한 학습 스타일에 적응하려는 선생님의 방식은 학생의 지적인 발달을 촉진시키는 데 훨씬 더 성공적일 것이다. 그것은 모든 학생들을 한 가지 표준화된 방식으로 접근하는 교사보다 낫다. 왜 어떤 표준화된 분석적 접근 보다는 오히려 분석적 연합analytic bond의 본질이 심리치료에서 역시 가장 중요한 요소임을 확인하는 도약이 있어야 하는가?

나의 사전(Gove, 1993)은 "관계하다relate"와 "관계성relatedness"을 오히려 유아적solipsistic 용어로 정의한다. "관계하다"는 "관계 안에 존재" 하거나 "의미있는 사회적 관계들을 맺는 것" 이다. "관계성" 은 "관계된 상태나 성격" 혹은 "관계됨의 특별한 방식 혹은 관계들에 의해 구성됨의 특별한 방식"이다. 이러한 자기지시적self-referential 정의들은 이런 용어들이 얼마나 포착하기 어렵고 미묘한가를 지적한다. 왜냐하면 그 용어들은 마치 공기나 물이 몸을 위해 존재하듯이, 어떤 것을 정신에 대한 기본적인 것으로 언급한다. "관계된related" 이라는 용어의 정의는 약간 더욱 제안적이다: "관계를 가진," "동종에 의해 연합된," 혹은 "유사한 성향properties을 지닌." 마지막 구절이 관계됨의 위험한 양상을 음미하도록 부추긴다: 나의 환자와 내가 "유사한 성향"을 지닌다면, 그것은 정서적 틈과 상처들이 환자뿐만 아니라 *나에게도* 존재한다. 분석상황 안에서나 밖에서 관계적인 접근은 우리를 다른 사람의 고통에 자신을 열게 하며 그것은 동시에 자신의 고통을 불러일으킨다. 관계성은 상처를 준 다음에 자양분을 제공한다. 우선 체현된 존재의 고통이 경험되며, 다음으로 관계성에 대한 온정적인 분위기가 그 고통을 누그러트린다. 그러나 종종 고통에 대한 임박한 두려움은 건강한 관계 에너지를 거부하고 정신의 자기애적이고 비관계적인 세력들을 배치한다.

"관계하다"의 어원은 또한 흥미있다. 그 용어는 라틴어 *relatus, re*-(뒤로, 다시)와 *latus[ferre*(나르다)의 과거분사로부터 유래하여, "옮겨진carried" 혹은 "밀려난borne back"을 의미한다. 그와 유사한 형태로, "관계relation"의 요소인 *relationem*은 "상기하거나 회복시킴"을 의미한다. 따라서 관계relationship는 두 요소가 분리된 이후에 함께 상기(회고)하는 상태를 암시한다. 비록 우리가 낯선 사람들과 함께 이룬 관계들이 실제로 이전에 한번은 존재했던 연결들일지라도 말이다. 나는 이런 특별한 어원이 우리가 다른 사람과 관계 안에 있을 때, 우리가 접촉을 단절했던 우리 자신의 일부들이 우리들과의 연결을 위해 뒤로 물러난다는 사실로부터 발전되었다고 믿는다. 그리고 물론 라틴어 latus와 연계된 이런 그리스어 *talantos*("고통, 참아냄")를 추가한다면, 우리는 다른 사람과의 관계는 고난suffering－극심한 정서적 고통distress－을 유발한다는 암시를 얻게 된다. 왜냐하면 관계는 우리로 하여금 우리가 지니지 못했던 우리 자신의 요소들과 대면하게하기 때문이다.

비록 "관계성"은 다른 사람의 주관적 경험에 대한 민감성sensitivity에 달려있을 지라도, 치료작업에서 그것은 다른 사람을 위한 "좋은nice" 경험을 창조하려는 시도를 의미하지는 않는다. 특히 다른 사람의 무의식적인 즉각적 경험은 현재에 대한 분석가의 이해 안에 포함되어야하기 때문이다. 그러나 가능한 대부분의 관계방식에서 다른 사람의 경험에 적응하려는 시도는 임상가의 접근에 있어 가장 중요한 차원이다. 치료관계의 유일한 담는 것container 안에서, 소위 "사랑의" 접근("loving" approach)은 다른 상황들 안에서 매우 반-사랑적*un*loving으로 보이는 행동들을 유발할 것이다. 그러나 관계적인 치료자가 자신의 환자가 불편하다고 느끼는 것과 같은 방식으로 행동할 때, 그에 대해서 말하기 위해, 적어도 환자의 고통에 대한 핵심적 중요성을 자신의 인식 안에 두기 위해서 그 혼란스러움을 완화시키려고 노력한다. 매우 흔히 심층적으로 안내된 임상가의 훈련이 강화될수록, 스스로 이런 차원에 주목하지 않은 반면, 더욱 더 특별한 학파의 이론적 방향에 매달리는 임상행위에 더 가치를 둔다. 이런 특별한 환자의 수용적 채널들에 그 자체를 적용시키는 행동은 분석을 받는 것보다는 오히려

"비분석적인unanalytic" 것으로 비판받을 수 있다. 이런 개별적 순간에 치료자의 비일상적 행위가 어떻게 *이런* 사람의 치료과정에 영향을 끼치게 될까? 그와 같은 행위가 종종 무언가 어려운 것을 덮어버리거나 피하는 동안, 아마 이제는 주의를 요구하는 무언가를 열어 보인다.

이 책에서 나는 정신의 본질에 대한 다양한 관점들을 살펴보고자 한다. 정신은 정서적 경험을 어떻게 진행시키며, 어떻게 발전하는가? 나의 중심적 초점은 상담실에서 임상가의 효율성을 강화시키기 위해 우리가 불러낼 수 있는 그 어떤 이해라도 활용하는데 있다. 분석가를 건설적으로 사용하는 환자의 능력에 대한 가장 근본적인 결정이 관계의 질에 달려있기 때문에, 이 책이 묻고자 하는 하나의 핵심 질문은 이렇다: "무엇이 치료관계를 치료적으로 만드는가?" 여기서 나는 그것은 임상관계가 관계성으로 침투하는 정도에 달려있다고 제안한다. 물론 분석가는 방정식의 반에 불과하다. 분석가가 어떤 방식으로 관계를 맺을 수 있느냐는 치료자 자신의 역량뿐만 아니라 환자가 어떻게 관계를 맺을 수 있느냐에 달려있다. 관계성은 분석적 상담실에서 어떻게 보일까? 그리고 그것은 사회적 관계성과 어떻게 다를까? 우리는 깊은 동정compassion과 사랑이 발전할 수 있는 존경심respect으로 사람들에게 어떻게 접근할 것인가에 대해 알고 있는 모든 것을 잊지 않고 우리의 환자들을 치료적으로 접근할 수 있을까?

이 책의 첫 단락은 인간 정신의 본질을 본다. 그 밖의 모든 것이 의존하고 있는 토대인 무의식에 대해서, 결코 그 무의식에 직접적으로 접근 할 수 없다면, 우리는 어떤 예감들hunches을 발달시킬 수 있을까? 처리되지 않은 정서들은 이성적 사고의 가능성을 파괴한다는 사실을 기억한다면, 우리는 정신이 정서들을 어떻게 처리할 것인가에 대해 무엇을 말할 수 있을까? 어떤 중요한 틀들templates이 우리 모두가 짊어진 정서적 상처성woundedness을 구조화할 수 있을까? 그리고 그 긴장이 어떤 이의 건강하게 성장 중인 측면과 저항하고 상처입은 측면 사이를 어떻게 견딜 수 있을까? 이런 이슈들에 대한 발전적 사고들은 우리가 관계적 형태로 환자들에게 접근할 수 있는 토대를 제공한다. 이 책의 두 번째 단락에서 우리는 이런 이해들이 어떻게 환자들과 상호작용할 수 있도록 우리를 안내할 것인가를 세밀히 보게 될 것이다.

금세기 초에, 코스타리카에서 휴가를 보내는 중에 나는 네빌 시밍턴Neville Symington의 <광기의 형태 *A Pattern of Madness*>(1983)를 읽었다. 물론 나는 여러 가지 방식으로 나 자신에 대해 작업하고 있었다. 그래서 시밍턴의 아이디어들은 옥토에 뿌려졌다-나는 그것들을 위해 준비되었다. 그 책은 하나의 책이 어떻게 그럴 수 있는 지 결코 상상하지 못한 방식으로 나의 정신을 확 열어 보였다. 아마 이런 지성적 경험이 나를 내 작업에서 새로운 통합 차원으로 인도한 일련의 풍요로운 발달로 인도했다. 시밍턴의 자기애narcissism에 대한 영감있는 작업으로부터 나는 영국의 정신분석학자 W. R. 비온Bion의 작업으로 빠져들었다. 비온의 관점은 시밍턴의 관점에 대한 정보를 제공했다. 비온의 상당한 창의적 관점은 이제 나의 사고에 강한 영향을 끼치고 있다. 내가 비온의 창의적인 관점을 요약할 수 있다면, 그가 나로 하여금 사람들은 명사noun보다는 동사verb라는 사실을 보도록 도왔다고 나는 말할 수 있다.[4] 실제reality는 동사다. 그리고 진실truth도 동사다. 우주와 같이 살아 있거나 죽은 존재거나 모든 대상은 항상 발전하든지 혹은 악화되든지 항구적인 움직임 속에 있다. 비온은 자신의 작업을 밝히는 새로운 질서 안으로 헤엄쳐 들어가는 능력을 전한다. 그것은 끝없이 신비하며 항상 움직이는 세상에서 물 위로 자신의 머리를 내놓고 머무는 능력이다. 나 자신은 매순간 변화한다. 나의 역사는 알 수 없으며, 그에 대한 나의 이해는, 내가 발전하거나 그것을 들여다볼 새롭고 유용한 관점을 찾아낼 때, 한 국면에서 다른 국면으로 이동한다. 다른 것도 이처럼 덧없는 것이다. 우리는 우리의 현실이 그 어떤 것으로 구성되었는가에 대해 사고하는 새로운 방식들을 찾아야 한다. 왜냐하면 우리가 알고 있는 모든 "사실fact"은 기껏해야 실제reality의 근사치에 불과하기 때문이다. 아마 우리는 보스톤 대량학살Boston Masscare이 발생했던 년도에 대해 확신할 수 있다. 그러나 그것이 어떻게 발발했는지, 어떤 정서적 혹은 물질적 요소들이 그것을 "유발했는지cause" 우리는 그 어떤 정확한 의미를 알 수 없다. 모든 사물과 모든 사람은 항상 움직이며 변화한다. 우리는 다음 장에서 이런 과격한 관점에 대한 많은 측면들을 살펴볼 것이며, 그것이 개인적 환자들과 함께한 작업에 어떻게 영향을 미치는지 상상하게 될 것이다.

---

4) 나는 존재의 본질에 대한 이런 비온의 직관적 감각에 대한 개념화를 이렇게 형성시킴에 있어 나의 남편인 마크 설리번Mark Sullivan 박사에게 빚지고 있다.

그와 같은 탐구의 한 가지 요소는 비온의 관점을 융의 관점과 통합하려는 나의 시도를 포함한다. 왜냐하면 두 사람은 정신의 본질nature과 실제reality에 대한 공동의 비전을 깊이 공유하기 때문이다. 비온처럼 융 역시 과학의 법칙들, 역사나 정치학의 사실들, 그리고 가장 특별하게 그것들을 이해하려고 노력하는 인간들이 그 안에서 어떤 분명한 의미로 알려지지 않은 저 거대하게 흐르는 우주를 묘사한다. 대신 실제를 탐구하는 것은 무한히 매혹적이다. 신비한 것들은 확고한 해결책이나 이해로 인도하기보다는 탐구를 위한 새로운 길을 열면서 증식한다. 비온의 작업은 융의 임상 상황에 기초하고 있다. 왜냐하면 비록 융이 심리학에 대해 수많은 글을 남겼을지라도, 그가 심리치료에 대한 것은 거의 쓰지 않았으며, 분석 상황1946에 대한 그의 가장 가치 있는 작업은 이해하기 어렵기 때문이다. 비온의 작업이 융의 연구를 확대시킨 것처럼, 융의 관점은 비온을 조명함으로써, 이 불가해한 저자를 이해가능하게 만든다. 결국 두 사람의 철학적 관점들을 통합하는 것으로부터 발전된 위치를 점유함으로써 임상 상황을 드라마틱하게 열게 된다. 임상가의 들을 수 있는 능력은 놀라울 정도로 향상되며, 환자의 자료에 있는 새로운 암시들과 수준들이 드러난다. 그 결과 관계성에 대한 치료자의 능력은 확장된다. 물론 이런 두 천재들은 서로 차이가 있다. 종종 그들의 차이점들은 분석 혹은 치료적 상황에 대한 우리의 생각을 풍요롭게 할 수 있다.

이 책에서 나는 심리적 성장에 대한 나의 이해를 토대로 하나의 임상적 관점을 발전시킨다. 50분 동안 치료자는 환자의 고통에 응답해야하는 지속적인 압력 아래 있다. 비록 그 고통이 수면 아래로 완전히 가려질지라도 말이다. 두 인격들이 첫 순간에 함께 만날 때, "일종의 정서적 폭풍"이 계속해서 발생한다(Bion, 1979). 환자가 정서적 폭풍에 사로잡혀있다는 것을 우리는 알고 있다. 만일 환자가 그렇지 않다면, 그는 치료자를 찾지 않았을 것이다. 아무리 "철저히 분석했든지" 간에(그것이 무엇을 의미하더라도), 치료자나 분석가는 자신이 상상한 것보다도 더 알지 못하는 요란한 것들tempests에 의해 내적으로 출렁거린다는 것을, 비록 종종 잊고 싶지만, 우리는 그것을 물론 알고 있다. 우리 모두는 깜짝 놀라게 하는 방식으로 행동하는 우리의 동료들을보아왔다. 우리 자신에 대해 우리가 정직하다면, 우리는 우리 자신의 임상적 선택들에 대해 알아야 한다. 아마 그 선택들은 상당한 사고를 통해 선택된 것들이며, 돌이켜 보건데 무의식에 물들었거나 가끔 놀라울 정도로 창조적인 본질을 지닐 뿐만 아니라, 때로는 파괴적인 무의식에 의해 지배되어 왔던 것으로 판명 난 것들이다. 치료자의 인식 바깥에 있는 요인들에 의해 결정되어 왔던 회상을 입증하는 이런 "선택들"은 치료자가 자신의 것을 알지 못했던 변형적인 해석들로, 혹은 분명히 문제가 되는 규칙들enactments로, 혹은 미묘하거나subtle 무의식적인 방식들로 드러날 수 있다: 정확하게 제 순간에 하는 중얼거림의 "음umm"과 그 "음"이 요구될 때의 침묵은 서로 대조된다. 어떤 분명한 자료에도 의존하지 않은 환자의 정서적 상태에 대한 직관적인 이해와 질문이 요구될 때, 환자의 결정을 수용하는 것은 서로 대조적이다. 우리는 어느 순간이라도 우리가 알고 있거나 느끼는 것에 대해 거의 알지 못한다! 사실 그것은 마치 치료자가 지진의 진앙지 가운데 하나가 자신의 핵심에 있는 이중지진a double earthquake 기간에 뇌수술을 수행하도록 요구받은 것과 같다.

아무도 자신의 사고 능력 안에 있는 심각한 왜곡들에 대한 면역기능을 가지고 있지 않다. 모든 치료자들과 분석가들은 어떤 치료적 모험에서라도 심각한 실수를 저지를 수 있다. 그 이슈는 기술적으로 완벽을 성취하려는 시도로 보여서는 안된다. 오히려 자신이 잘못한 것들과 지속적으로 씨름하는 것으로 보여야 하며, 그것은 부스러기가 금으로 변하는 과정이다. 심층치료 세계에서 널리 수용되는 것은 환자는 (하나의 범주는 항상 외부 환자뿐만 아니라 치료자 안에 있는 환자를 포함한다) 두 종류의 경험을 통해 성장한다는 점이다. 한 경험에서 치료자는 잘 기능한다. 반면에 다른 경험에서는 치료자는 자신이 좋지 않게 기능했던 상황에 대해 개선하는 방향으로reparatively 기능한다. 위니컷(1965)을 따라 우리는 이것을 "충분히 좋은good-enough" 치료라고 부른다. 그것은 그나마 유용한 표현이다.

우리가 단지 미미한 인식을 하게 되는 내적인 정서적 혼란들upheavals에 의해 우리의 임상적 사고가 왜곡될 수밖에 없다는 사실을 수용해야 하듯이, 임상작업에 어떻게 접근할 것인가에 대해 이 책을 쓰면서, 나는 나의 생각들이 의식적인 고려뿐만 아니라 나의 인식 바깥에 있는 압력에 의해 형성되어 왔다는 것을 인정함으로써 시작해야 한다. 내가 말하는 그 어떤 것도 내가 치료작업에 "적합한" 방식을 묘사하고 있다는 것을 암시해서는 안된다. 나는 치료작업에 어떻게 접근할 것인가에 대한 나의 생각들을 서술하고 있다. 각각의 임상가는 자신의 고유한 사고들을 풀어내야 하며, 나의 사고들이 독자가 무엇을 생각하는지 정리하는데 도움이 된다면. 그것은 내가 바랄 수 있는 모든 것이다. 나는 확실하게 충분히 좋은 것으로 그것을 받아들일 것이다.

그리고 이런 *경고*caveat를 넘어, 내가 묘사하고자 하는 것은 *나의* 접근 방식이다. 그것은 내가 누구인지에 대한 반성reflection이며, 각각의 치료자는 바로 자기 자신이 되어야 한다. 기술technique에 대한 모든 의문을 넘어서야 진실로 자신이 되는 이슈가 어렴풋이 보인다. 융이 강조한대로, 자신이 지닌 기술보다는 오히려 분석가 개인이 핵심 이슈다. 분석가 *개인person*에 대한 강조가 상담실의 거친 바다에서 자신을 지지할 "규칙rules"을 향한 치료자의 열망에 대한 하나의 중요한 균형추counterweight이다. 그러나 기술적 경쟁력에 관계없이 치료자 개인 혼자서도 충분하다고 상상하는 것은 이런 좋은 아이디어에 대한 왜곡이다. 내가 치료작업에 대한 나의 접근방식만을 기술할 수 있는 한, 나는 나의 사고가 다른 사람에게 유효할 것이라는 희망을 강하게 갖는다. 확실히 어떤 "올바른right" 방식도 없는 반면에, 단순히 틀리지 않더라도, 깊이 문제가 될 만한 방식들이 있다.[5] 나는 우리가 하는 일에 대하여 어떻게 생각할 것인가에 대한 나의 관점이 다른 사람으로 하여금 *그들이* 생각하는 바를 결정하는데 도움을 주기 바란다.

이전에 언급한대로, 치료작업의 가장 중요한 요소는 문헌에 최소한의 관심을 갖는 것이다: 정작 치료작업에서 가장 중요한 요소는 바로 환자와 치료자 연합의 본질이다. 융1946은 사랑이 전이관계에서 중요한 부분이며, 우리 모두 사랑은 결코 쉽게 획득하지 못한다는 사실을 언급한다. 치료작업의 일상적 과정에서, *사랑*은 두 개인 사이에 배치된다(비록 수십 년 동안 문헌은 자기 자신의 고유한 사랑을 경험할 분석가의 능력을 파괴하기를 원했던 것처럼 보이며, 그것은 계속해서 분석가로 하여금 환자의 애정affection은 "실제적real"이 아니라고 믿도록 경고했을지라도 말이다.) 그러나 가끔 사랑은 드러나기를 거부한다. 우리는 사랑을 조절할 수 없다. 그러나 어떤 형태의 증오*dislike*가 부과될 때라도, 우리 자신으로부터 헌신을 요구하는 것은 가능하다. 그 헌신이 사랑(혹은 애정일지라도)을 불러일으키는데 실패할 때, 놓친 요소에 대한 우리의 호기심에 초점

---

5) 프로이트(1912)는 이와 동일한 관점을 기술technique에 대한 자신의 논문에서 밝힌다.

을 맞추면서 헌신적으로 환자에게 계속 참여하는 것은 가능하다. "나는 왜 이 사람에 대한 사랑을 느끼지 못하는가?" 치료자는 자신에게 물어야 한다. "환자에게 방해요소는 무엇인가? 나에게 방해요소는 무엇인가? 내가 사랑스런 관심 대신에 격정- 무관심 혹은 경멸-을 느끼는 것은 도대체 어떤 기류인가?"

주목해왔던 사실은 사람들은 분석가의 놀라운 해석들이 자신들의 분석에서 중요했다고 거의 말하지 않는다는 점이다. 환자의 초점은 보통 정서적 관계의 질에 있다. 그리고 환자가 자신의 치료를 성공적으로 간주할 때, 그런 평가에서 가장 큰 요소는 거의 항상 보호받았다는 느낌과 자신의 혼란스런 불완전함 속에서 수용되었다는 느낌이다. 심리치료 연구결과들은 치료자의 이론적 관점과 치료효과 사이의 상관관계를 찾아내는데 항상 실패한다. 치료작업이 잘 될지 혹은 실패할지에 영향을 주는 것은 관계의 질이다(Blatt, 2007). 이에 대해 어떤 놀랄 일도 없다. 각각의 다른 상황에서 한 사람의 성장은 자신이 다른 사람에 의해 수용된 방식에 달려있다. 자신은 그렇게 하지 못하면서 자녀에게 자기가 말한 대로 하기를 강요한 부모는 결코 자신의 시도를 성공시킬 수 없다. 자녀는 부모가 원하는 대로 하지 않을 수 있다. 그는 심지어 부모가 원하는 것과 정반대되는 것을 행하기도 한다. 그러나 그는 확실하게 부모가 말한 대로는 하지 않을 것이다. 정서적 "건강"을 측정하는 대부분의 방식들은, 직장에서도 적용되지만 가정에서는 특히, 성공적인 관계를 수립할 능력에 주목한다. 분석적 문헌이 치료적 연합의 질적 수준의 중요성에 대해 거의 언급하지 않는 것은 이상하지 않은가? 대다수 주목거리는 전이를 해석하는데 바쳐진다. 그러나 관계를 증진시키는 것은 대체로 언급 없이 지나간다.[6]

나의 이전 책, <여성적 원리에 기초한 심리치료 *Psychotherapy Grounded in the Feminine Principle*>(1989)는 치료작업의 비해석적인 측면들-치료자의 안아주는 능력-에 중점을 두었다. 내가 믿기는, 그 책이 감정 차원에 중점을 둔 점이, 정신의

---

6) 우리가 계속해서 "전이"에 대해 말하는 사실조차도 이런 문제에 대한 징후이다. 이제 우리는 전이가 모든 관계에 나타나며, 분석가와 환자 사이의 "화학작용chemistry"은 그들 관계의 생존능력viability 안에서 중요하다는 것을 안다. 그러나 우리는 계속해서 마치 치료관계가 우선적으로 왜곡되거나 비실제적인 것처럼 치료관계를 전이관계로 부르고 있다. 우리가 이렇게 하는 것은 과거로부터 파생된 전이들은 항상 드러나는 반면, 치료자와 환자는 서로 가장 개인적 차원에서 알고 있으며, 애정 어린 방식으로(비록 반드시 긍정적이지 않지만) 실제 다른 사람에 대해 주목한다는 사실을 노골적으로 인정하는 것으로부터 우리 자신을 보호하기 위함이다.

역동성을 해석하고 분석하는 방법에 관한 많은 책과 논문을 읽었지만, 결국 자신이 알고 있었던 것들이 환자들에게 얼마나 중요한지에 대해, 혹은 환자들이 분명히 가치 있게 여기는 것에 관해 아무것도 발견할 수 없었던 치료자들에게 인기를 끌었다. 나는 그 책에서 대상관계 사상가들이 욕동이론을 그 정점에서 되돌린 방식을 서술했다. 욕동이론이 관계가 기본적인 신체 욕동("나는 그녀가 성적으로 지속적으로 유용하기 때문에 그녀를 사랑한다.")에 어떻게 봉사할 것인가에 기초하여 그 관계relationships를 설명하는 반면, 관계 이론들은 사람들이 사랑의 관계를 형성하고 지속시키기 *위하여* 생물학적 쾌락을 *사용하는* 방식을 묘사한다("나는 그녀를 위한 나의 사랑을 표현하기 위한 방식으로 그녀와 섹스를 하기 원한다"). 욕동 이론의 대체로 진부한 접근에서, 임상적인 희망사항은 통찰이 환자로 하여금 본능적인 충동들에 대한 자신의 의식적인 통제를 확대시킬 것이라는 점이다. 관계 이론들은 아마도 환자 자신에 대해 정서적으로 친밀해지는 능력을 배양함으로써, 정서적으로 친밀한 관계를 위한 환자의 능력을 확장하고 심화시키기를 희망한다.

전이 관계의 중요성이 20세기 초반에 빠르게 인정받은 반면에, 욕동이론은 그 *자체*로 이런 강력한 유대tie가 어디로부터 유래한 것인가에 관해 많은 것을 설명하지 않았다. 비록 정신분석가들이 새로운 부모나 연인에 대한 환자의 억눌린 요구가 건설적인 결과로 *해석될 수 있다*는 사실을 빠르게 알게 되었을지라도, 그들은 환자의 심리 안에 있는 어떤 건설적인 것이 자신의 욕구, 즉 유아적 자기infantile self에 대한 요구를 불러일으키고 있다고 상상할 수 있는 방식을 견지하지 못했다. 전이는 환자가 성인됨의 부담을 거절하기를 원하기 때문에 발생하지만, 결국 좋은 결과로 이어질 수 있는 일종의 저항으로 여겨졌다. 또한 치료결과는 환자의 깊은 정신구조에서 발생한 무의식적인 변화보다는 의식적인 통찰에 의존하기 때문에, 사랑의 연결에 대한 핵심적 중요성을 상상할 수 있는 그 어떤 방식도 없었다.

그와 반면에, 관계적 치료에서[7]는 치료적 관계의 중심성을 설명하는 것이 용이하다. 이런 후대의 관점으로부터, 상호인격적인 경험들은 우리 내부에서

---

7) 관계적 치료자들은 융뿐만 아니라 위니컷Winnicott, 설리반Sullivan, 로저스Rogers, 그린버그Greenberg, 미첼Mitchell, 옥덴Ogden, 그리고 페로Ferro를 포함한다. 그들은 (종종 역설적인) 사고들에 대한 광대한 스펙트럼을 펼쳤다.

다른 사람들과 관계할 수 있는 방식을 구조화하는 틀들templates을 형성해 왔다. 치료 환경에서 관계는, 환자의 아동기 연대와 유사하기도 하고 동시에 다르기도 한, 환자와 치료자 사이에서 발생한다. 이 두 사람을 융(e.g. 1946)은 두 사람 모두에게 (다른 수준으로) 영향을 주는 "화학적 결합chemical combination"으로 불렀다. 관계가 진화되고 발전하면서, 상호인격적인 형태들은 둘 모두에게 새롭게 두 사람 사이에서 발생한다. 비록 이런 형태들은 두 사람의 역사적 경험들에 뿌리를 두고 있지만 말이다. 서로의 개체가 함께하는 이런 새로운 방식들은 자신들과 타인을 이해할 수 있는 새로운 방식들을 열어 보인다. 치료에 대한 효과적인 조치를 지나치게 단순화시킨 묘사는 환자를 관계성의 새로운 패턴들을 점차적으로 내사하거나 정신 내부의 기본적 틀들을 바꾸는 존재로 묘사할 것이다. 그때 환자는 이런 새로운 패턴들을 자신의 외부 생활로 가져온다.

나의 이전 책에서, 나는 조셉 캠벨(Joseph Campbell, 1949)이 "원형신화monomyth" 구조를 모든 성공적 분석에 대한 치료과정을 밝혀주는 것으로 여겼음을 지적했다. 보편적인 영웅 신화의 골격인 이런 원형신화는 어떤 공적을 성취하도록 부름 받는다. 분석에서 이런 공적은 고난 받는 영웅의 영혼에 대한 치유다. 그 신화는 영웅에게 여정을 위한 첫 준비를 보여준다. 그 준비는 분석 환자의 꿈에서 일종의 정화purification로 묘사될 수 있다. 심리치료에서 이런 "정화"는 환자로 하여금 새로운 태도를 지니도록 부추긴다. 그는 온전히 설명될 수 없는 어떤 신비한 과정에 복종해야하며 자신을 초월하는 목표를 포기해야만 한다. 그는 자신을 완벽하게 하려는 자기애적 시도를 포기해야 하며, 자신의 강점뿐만 아니라 약점과 부적함까지도 포함하는 그 어떤 것, 즉 자신의 진실한 자기true self가 되고자 하는 목표를 향해 더욱 깊은 영혼의 몸부림을 쳐야 한다. 이런 새로운 태도는 결코 수용될 수 없다? 거기에는 또한 항상 기를 쓰는 노력이 있을 것이다. 그러나 환자가 자신의 가슴에 부과된 치료적 관계의 요구를 포기할 때, 그는 이미 하강descent을 시작한 것이다. 원형신화의 영웅은 지하세계로 하강한다? 현대의 환자는 도시의 게토ghetto에서 위협을 당하거나 지하철에서 길을 잃어버리는 꿈을 꾼다. 영웅은 자신이 대적해야 할 위험한 요소들을 만난다. 신화에서 이것은 히드라(hydra, 헤라클레스가 퇴치한 머리가 아홉인 뱀. 머리 하나를 자르면 머리 둘이 돋아남. – 역주)가 될 수 있다. 동화에서 사악한 마녀나 현대의 꿈에서 우리는 나치추종자 혹은 칵테일 속에 스며든 향정신성 약물을 발견한다. 영웅이 수행할 궁극적 시련이 있다. 이어서 일상의 세상으로 돌아와 자신이 얻은 보물을 자신의 가족, 부족, 인류와 함께 나누기 위해 가져온다. 분석에서 이런 최종적 시도는 유아적 전이를 포기하는 것이다. 이것은 피해자가 희생제물이 되는 꿈에 의해 드러나거나 (피해자의 역할과 동일시되려는 환자의 목표를 상상하게 하는), 혹은 환자가 고통을 극복하기보다는 자신에게 부과된 합법적인 고통을 수용하는 태도를 받아들이는 의식적 변화에 의해 드러난다.

세 명의 융학파와 세 명의 신프로이트 학파에 속한 여섯 분의 정신분석학자[8]의 작업을 보면서, 나는 그들 모두가 분석과정을 어떻게 원형신화의 기본적 형태를 추적하는 것으로 묘사하는지를 보여주었다. 환자는 자신에게 적합한 적응적 페르소나를 토해내며, 발린트(Balint, 1968)가 "기본적 허물basic fault"로 불렀던 것과 연결시킨 더욱 유아기적인 발달수준으로 퇴행한다. 치료자와 환자는 두 개의 합보다 큰 어떤 것, 즉 한 쌍이 되어 융(Jung, 1946)이 말한 "연합conjunction"을 창조한다. 바랑거스와 맘(Barangers and Mom, 1983)은 이것을 "영역field"으로, 그리고 옥덴(Ogden, 이전의 내 책 이후인 1994년에 쓴)은 "분석적 삼자the analytic third"로 불렀다. 비록 이런 용어들 모두가 각자의 고유한 취향을 드러낼지라도, 그것들은 모두 상호인격적인 혼돈에 대한 경험을 언급한다. 그 혼돈 안에서 인간의 "내부에서 inside" 발생한 이미지나 정동affect은 그 자신보다는 다른 사람의 주체성 측면을 더 분명히 표현할 수 있다. 치료자-환자 짝pair.은 이미 일상적 세계를 떠나 예측할 수 없으며 혼란스런disoriented 방식이 작용하는 알려지지 않은 법칙과 함께하는 장소로 하강한다. 치료작업의 이런 중심적 단계 – 영웅의 하강과 지하세계 안에서의 그의 노력 – 는 융(Jung, 1946)에 의해 "일종의 안개fog로 덮힌" 상황으로 묘사된다. 거기서 그 커플couple은 "헤아릴 수 없는 혼돈chaos 속에서 자기 자신들을 발견한다.. . .환자를 악마처럼 사로잡는 포착하기 어렵고, 현혹시키는deceptive, 항상 변화하는[예를 들면, 두 개인이 결합된 무의식] 것이 이제는 환자로부터 의사에게 흘러간다.. . ."(para 383). 이때 "그 환자는 당황하면서 자신의 인격이 어디에서 시

8) 그 분석가들은 칼 융Carl Jung, 도날드 샌드너Donald Sandner, 실비아 브린톤 페레라Sylvia Brinton Perera, 위니컷D. W. Winnicott, 마이클 발린트Michael Balint, 그리고 하인즈 코헛Heinz Kohut이다.

작하여 어디에서 끝나는지를 알게 된다. 그것은 마치 그림자의 계곡을 통과하는 것과 같다"(para 399).

분석가가 이런 패턴이 발전하도록 허용할 수 있다면, 그 역시 길을 잃거나 놀란 상태가 될 것이며, 자신의 인격이 어디서 시작하여 어디서 끝나는지 알 수 없게 될 것이다. 개시된 하강을 방해하는 내적인 압력은 환자 못지않게 치료자 안에서 강력하다. 그 결과 담는 것container 뿐만 아니라 그 과정을 수용하는 작업은 그것을 방해하는 것보다 훨씬 더 항구적인 위협이 된다. 이는 치료자의 정신뿐만 아니라, 환자의 저항에서도 유래한다. 각 사람은 무의식적 투쟁에 사로잡혀 있다. 그들 각자가 누구인가에 대한 진실을 이해하려고 더욱 가까이 자신들을 불러들인 정서적 풀림unraveling을 향해 그들을 독려한 에너지들과 그들 각자를 자신들에 대한 소중한 공상들에 매달리기 위해 그 과정을 거부하도록 밀어붙인 에너지들은 서로 대비된다. 아마 점진적으로, 그렇지만 오히려 갑자기, 환자의 콤플렉스들은 그 통제grip를 누그러뜨리며, 환자는 캠벨(op. cit.)이 "상부세계the upper world"로 부른 것으로 돌아간다. 그 세계에서 커플 멤버들은 자신들을 정리하여 우아하게도 단순한 법칙들에 의해 정돈된 뉴턴의 우주에 대한 환상으로 돌아가기 시작한다. 20년 전에 내가 제안한바 대로, 정서적 성장에 대한 이런 기본 패턴은 인간의 정신 내부에 있으며, 분석가의 핵심 과제는 이런 과정을 수용하고 지지하는 것이다. 그 과정은 발달과 치유를 향한 무의식적 욕동에 의해 *발생되고trying to happen*, 안내되며 촉진된다.

1989년, <여성적 원리에 기초한 심리치료 >가 처음 출현했을 때, 해석에 있어 문헌이 강조된점은 거의 절대적이었다. 그것은 확실하게 여전히 중요하게 여겨지고 있다. 그러나 이제 많은 비해석적인 강조를 포함하는 "해석들interpretations"에 대한 이미지를 발달시켜온 저명한 분석가들이 있다. 이탈리아 정신분석가인 안토니노 페로(Antonino Ferro, 2002)는 특히 흥미있다. 그는 "빈약한 해석들weak interpretations"을 말하는데, 그것은 환자의 정신이 무의식적으로 창조하는 은유 안에 머무는 언급들comments을 의미한다. 따라서, "오, 그 선생이야말로 *너무so* 위압적이지"와 같은 진술은 공감적이며 반영하는 견해라기보다는 "빈약한 해석"이다. 왜냐하면 그 분석가는 환자가 자신을 어떻게 위압적으로 경험할 것인가에 대해 조용히 생각하고 있기 때문이다. 우리가 "해석"이라는 단어를 환자 자신이나 분석커플에 대한 어떤 것을 환자에게 직접적으로 말하려고 시도하는 개입만을 의미한다면, 우리는 해석들이 이전에 생각되어진 것보다 덜 중요하다는 사실을 알게 될지 모른다. 오늘날 많은 사상가들은 캠벨의 원형신화가 그리는 치료나 분석과정을 존중할 필요가 있다는 것을 인정한다. 이런 내적인 과정은 치료작업에 어떤 성공적인 결론을 이끌어낸다. 이런 과정이 배치되지constellate[9] 않으면, 세상에서 가장 좋은 해석들도 선을 이루지 못할 것이다. 그와 더불어 무의식적으로 해로운 것으로 경험하는 해석들이나, 객관적으로 부정확한 해석들은 거의 해를 입히지 않을 지도 모른다. 원형신화가 그리는 치료나 분석과정이 즉시 배치되지 *않으면*, 임상가의 관심은 방해요소가 무엇이든지 그 쪽으로 향하고자 한다. 치료적 전이관계는 이러한 내적인 성장으로부터 출현하며, 그것은 중요한 과정이 된다.

대부분의 치료적 시간들의 기본구조는 미니원형신화mini-monomyth를 따라간다. 환자는 상담실 밖의 일상적 세상을 남겨둔다. 그의 정신은 풀려나가, 그는 자신이 분투할 필요가 있는 놀랍고도 두려운 정동과 사고들로 가득 찬 내적인 지하세계로 하강한다. 치료자는 정서적 참여자로서 무의식적으로 환자가 심층에 빠진 상태에서 주시한다. 치료자는 환자의 연상들과 그의 비언어적 행동들을 살핀다. 치료자는 모든 상상적, 언어적, 정서적, 그리고 신체적 측면에서 자신의 고유한 레브리reverie를 주시한다. 차갑게 느끼거나 개인적 꿈이나 어린 시절의 고통스런 경험을 기억하는 것은 관계적 순간, 특히 환자의 직접적이며 무의식적인 정서적 환경에 의해 야기된 영역의 일부다. 치료적 용기container를 보호하고 지속시킴으로써, 임상가는 환자의 정신이 풀려나가는 것을 지지한다. 분석가의 개입은 대체로 그러한 풀어내기unwrapping에 주로 집중한다. 분석가는 두 사람에 의해 창조된 영역에 대한 느낌을 통해 환자 내면을 느끼도록 노력한다. 가끔 분석가는 어떤 실제적인 해석을 할 수 있다. 그러나 종종 분석가의 초점은 환자와 함께 있는 자신의 방식에 적응하도록 노력하는 데 있어야 한다. 이로써 자신이 듣고 있는 고통을 조절하기 위한 작업이 직접적으로는 환자로부터,

9) "배치하다constellate"는 흔히 상호작용이나 어떤 상황이 개인 안에서 일련의 정서적이며 행동적인 반응들과 함께하는 어떤 특별한 에너지 패턴을 불러일으키는 융학파의 담론에서 사용된다. 마치 내적으로: "어떤 나이든 남성 독재자와 함께 있는 것은 그녀의 아버지 콤플렉스를 배치시킨다."

그리고 간접적으로는 자기 자신의 무의식적 정신으로부터 이루어진다. 분석 작업은 분석가 *자신*을 변화시킴으로써 환자의 필요에 응답하는 것이지 그를 변화시키는 것은 아니다.[10] 환자는 현재 자기 자신의 모습으로 항상 수용되어야 하며, 그것은 오직 *그*가 성장할 수 있는 현재의 장소에서 시작함으로써만 가능하다. 무엇보다도 치료자는 관계상태로 머물기를 원한다. 그것은 항상 환자의 경험이 무엇인가를 알기 위한 작업과 더불어 시작한다. 그것은 환자의 살아있음에 대한 기본적 경험과 이런 특별한 순간에 대한 경험을 포함한다.

1989년의 나의 대부분의 생각은, 더욱 원시적 형태로, 내가 이 새로운 책에서 더욱 자세하게 발전시킬 사고를 묘사한다. 치료자는 알아감knowing이 아니라 알지 못함not-knowing으로 시작해야 한다. 치료자의 가장 중심적인 과제 가운데 하나는 "우리 머리에 있는 모든" 비물질적 정신non-material psyche의 실재성을 옹호하는 것이다. 재탄생한 환자에 대한 우리의 희망은 *그*가 "정상적normal"이어서는 *안된다*는 것이다. 우리의 고유한 비틀어짐과 선회, 재능과 취약성, 우리의 개인적 옹이와 상처들의 놀라운 패턴과 더불어 우리가 진실할 때, 우리 각자는 독특하다. 치료자가 환자의 내적 실제를 보고 그것을 환자에게 되돌려 회고하려고 노력함으로써, 환자는 내적 실제를 볼 수 있으며 그것을 믿게 된다. 치료자는 우리가 고통을 극복하기를 요구하고 고통과 친밀해지기를 요구하는 문화 속에서 그 고통의 가치를 옹호하기를 원한다. 환자를 위해 무언가를 *하려고* 노력하기보다는, 환자와 함께함으로써 임상가는 그의 고통에 대한 자신의 수용성을 살려내며, 환자의 고통이 발전을 위한 엔진에 힘을 실어주는 작업을 하도록 허용한다. 그 안에서 자신의 합당한 고통에 대한 증가된 질적 수준을 대면할 수 있는 용기container를 환자에게 제공함으로써, 우리 각자 안에서 작동하고 있는 성장과 전체성에 대한 충동impulsion은 지지받는다.

이제 나는 완전과 치유를 위한 아폴로적Apollonian 위치로부터 더욱 부드러우면서도 전체성에 대한 보다 덜 확실한 가치들, 즉 포괄성inclusion과 불확실성에 이르는 나의 개인적 변화의 시작을 보여주는 꿈을 인용하면서, 오늘날에도

10) 당연히 그래야 한다는 분석가의 이론을 심리적으로 적용할 수 없는 환자의 말을 듣기 보다는, 치유에 대한 자기 자신의 이론들을 추종할 필요가 있는 한 클라인 학파 분석가에 대한 이전 사례에서, 우리는 환자의 필요에 응답하기 위해 누군가 자신을 변화시킬 수 있다는 것이 얼마나 어려운 일인가를 볼 수 있다.

여전히 적절하게 보이는 나의 1989년 사고의 양상들에 대한 이런 요약을 끝내려고 한다:

> *나는 내 양아버지와 이야기를 하고 있다. 그는 나의 분석가를 닮은 꿈 인물이다. 나는 고등학교를 마치고 간호학을 공부하고 싶은 대학에 가기 위해 준비하고 있다. 나는 머시와 홉 자매the Sisters of Mercy and Hope에 의해 운영되는 반야드 대학[Barnyard (sic) College]에 가고 싶다. 내가 깊이 사랑하고 그의 동의를 강하게 추구하는 양아버지는 나에게 내가 간호원이 되기에는 너무 영리하다는 것이다. 나는 의대에 가서 의사가 되어야 한다. 후회스런 어떤 가냘픈 전율과 함께, 나는 하바드 의대에 갈 것을 동의한다.*

내가 꿈에서 깨어났을 때, 나는 무척이나 간호원이 되기를 원한다고 느꼈다. 저들의 영혼과 연결 없이 그들을 수술하려는 사람보다는 고통 받는 사람들과 함께하며, 그들의 슬픔을 통해 그들을 안아주려는 사람인 간호원이 되고 싶었던 것이다. 20여년이 지나서, 나는 그 꿈과 내가 쓴 책을 되돌아볼 때, 그 책은 당시에 꿈의 소망과 일치하게 보이는 심리치료적 접근을 기술하고 있다. 그리고 나의 많은 이전 아이디어들은 여전히 나에게 새롭고 흥분된다. 비록 그것들이 비온과 융의 작업을 결합시키고자 하는 나의 현재 관심이 밝혀왔고 심화시켰던 새로운 생각들일지라도 말이다. (물론 지금 나에게 구식으로 보이는 그 예전 책에 유용한 아이디어들이 있지만, 나는 여기서 그것들을 언급한 적이 없다.) 그러나 이제는 단지 내가 관계성을 심리건강의 중심 이슈로 설명할 수 있다는 사실뿐이다. 관계성의 위험과 우리를 그로부터 끌어내서 안전한 자기애성으로 이끈 타고난 정서적 저항들은 이제 내가 그것들을 탐색하기 시작하는데 분명히 충분하게 보인다. 통달과 지배를 거부하고, 그 자체를 알지 못함unknowing, 혼돈, 신뢰와 인내에 중심을 두는 수용적 입장을 견지하는 것은 엄청나게 어려운 일이다. 우리 서양 문화는 우리 각자에게 잘못되기보다는 바르게 되기를, 잃는 것 보다는 우뚝 서기를, 혼란스럽고 상처받은 불완전성 속에 있는 누군가를 수용하기보다는 치료하기를 강하게 요구한다. 개인적 차원에서 나는 계속해서 우리 문화의 승리에 대한 지배적 이상에 사로잡히는 것보다, 오히려 이런 알지못하는 태도로 살려고 노력한다. 더욱 집단적 차원에서 나는 <정신장애의 진단 및 통계 편람*Diagnostic and Statistical Manual of Mental Disorders*>과 지배적 현실을 추구하는 그런 관점들의 빈약함을 탐구하는데 흥미 있는 관리의료의 촉수들tentacles을 탈피하려고 노력하는 치료자들이 충분히 있기를 희망할 것이다. 우리는 확실성certainty의 마른 사막에서 살기 위해 물 밖으로 나오기보다는, 우리의 상실성lostness의 어두운 바다에서 수영하는 방식들을 찾을 필요가 있다.

이것 외에도 이 책에서 나는 20년 전에 관심을 기울이지 않았던 어떤 영역을 볼 것이다. 그 때 내가 언급한 대로, 정서적 건강에는 어떤 형식formula도 없다. 전체wholeness로 가는 길은 사람들만큼이나 많이 있다. 그러나 이제 보건데 상호인격적인 관계 없이 전체로 가는 길은 존재하지 않으며, 건강을 위한 모든 길은 개인을 삶에 대한 관계적 위치로 안내한다. 나의 관계성이 지닌 형태는 당신들이 지닌 형태와 많이 다를 수 있다. 그러나 누구라도 관계적일 수 있을 때, 그것은 항상 다른 사람뿐만 아니라 자신의 고유한 정서적 경험에 대한 깨달음을 포함한다. (살펴보겠지만, "다른 사람"은 외부대상이면서 동시에 내적 타자일 수 있다.) 인간 본성에 대한 이런 근본적 사실은 역사를 통해 분명히 언급되어 왔다. 한 가지 제안적 사실은 신God은 사랑이라는 서구의 믿음이다. 비록 제도적인 종교는 역사적으로 결코 사랑스럽지 못한 것처럼 보일지라도, 그 이론은 우리를 이런 긍정적인 방향으로 인도한다. 신God은 사랑이다. 관계성은 가장 높은 선, 즉 가장 고차원적인 가치다.

이런 진술은 매우 단순하게 보이는 반면, 관계성의 취약성에 대항하여 동원된 수많은 내적인 세력들이 있다. (따라서, 제도화된 종교의 실제 역사, "기독교"의 덕과 잘 조화를 이루지 못한 역사.) 사고하기thinking에 대한 비온의 작업은 우리로 하여금 보고, 듣고, 생각하는데 있어 부족한 것들을 밝히도록 한다. 그는 우리가 어떻게 이런 실패들이 깊은 관계 안에서 환기된 강한 정서에 이르지 못한데 뿌리를 두고 있는지를 보도록 돕는다. 모든 인간의 사고는 실패한다 – 드물지 않게. – 그래서 치료적 모험의 초점 가운데 하나는 사고에 있어 환자와 분석가의 실패를 인정하려는 어떤 시도를 포함한다. 그 실패는 서로 관계를 맺는데 어려운 두 사람에게 달려있다. 동시에 치료는 분석상황에 의해 야기된 강한 정서를 소화시키는 두 사람의 능력을 성장시켜야 한다. 이는 결국 두 사람으로 하여금 더욱 생각하게 하고,

아무 생각 없이mindlessly 덜 반응하게 하는 것이다. 누구라도 정서를 소화시키는 것이 얼마나 어려운 가를 고려하면서, 나는 임상가에게 환자의 정신 과정에 있는 방해요소들을 확인하고, (환자의 선택이나 행동에 반하는) 이런 방해 요소들의 근원을 이해하기 위한 하나의 방법을 제공하기를 희망한다. 우리는 그것들을 확인하는 것을 쉽게 하는 방식들로 볼 때 – 확실히 다른 사람들에게서, 아마 또한 우리 자신 안에서 – 이런 지극히 작은 수준micro-level의 방해요소들을 개념화할 수 있다. 그리고 그때 그 왜곡들이 접근되도록 하는 방식들로 우리 자신의 자세를 바꿀 수 있다. 문제가 되는 사고를 확인하는 것은 적어도 분석가로 하여금 환자의 거짓된 무의식적 원리들axioms에 사로잡히는 것을 피하도록 도울 수 있다. 그리고 자신의 사고능력을 확장시키고 반동 영역을 감소시키도록 도움을 받을 수 있는 한, 환자는 자신의 진실된 모습에 대한 표현을 촉진시키는 방식으로 자기 행동을 선택하는데 보다 자유로울 것이다. 그는 자신의 진실된 모습으로 자유롭게 성장할 것이다.

분석짝analytic pair의 두 멤버에 의해 창조된 분석 영역의 힘을 인정함으로써, 우리는 분석가의 *사고하기thinking*가 그 영역에 미친 영향들을 깨닫게 된다. 그것은 단순히 분석가가 말한 것은 아니다. 그 영역은 각자의 모든 것 – 자신의 무의식적 심층, 공개적 발언과 언급되지 않은 비밀스런 사고들 – 을 포함한다. 1989년에 내가 말할 수 있었던 모든 것은 분석가가 환자를 안아줌으로써 환자로 하여금 성장하도록 허용한다. 그것은 마치 씨앗에 물을 줌으로써 그 타고난 가능성이 발아되도록 허용하는 것이다. 그러나 우리가 깊은 무의식에 대한 융의 이해를 받아들이고 그것을 비온의 "O"[11]에 대한 작업과 통합시킨다면, 우리는 분석가로 하여금 그 안아줌의 내부에서 발생하는 것에 대한 우리의 이해를 심화시킬 구조로 환자를 안아주도록 돕는 어떤 구조framework를 발전시킬 수 있다. 이 책은 임상가에게 그가 환자를 안아주듯이 자신을 안아줄 수 있는 구조를 제공할 것이다. 그 구조는 분석가의 마음을 풍요롭게 함으로써 분석의 영역을 풍성하게 할 것이다.

이 책은 안아주는 차원보다는 듣고 듣는 것을 이해하는 방식에 대한 질문에 더욱 주목한다. 분석가로서의 나의 정체성이 지난 20여 년간 발전하면서, "안아주기holding"에 초점을 두는 것은 치료자 쪽에서 부모역할과 일치되는 방향으

11) 비온의 "O"는 대략 융이 말한 원형들의 보편성과 상응한다. "O"에 대한 확장된 토론을 위해 제 2 장 "O"에 대한 서술을 보라.

로 매끄럽게 흘러갈 수 있다는 방식에 대해 나는 점진적으로 깨닫게 되었다. 확신reassurance과 충고에 대한 미묘한 형식들이 강조될 수 있다. 그러나 그것들은 환자에게서 자신에 대한 모든 것을 경험할 공간을 빼앗는다. 자신이 부모의 역할을 재현한다고 상상하는 치료자는 중립적으로 남아 있을 수 없다. 그는 환자의 "진보improvement"에 이해관계가 성립되면 , 환자를 "도우려고" 노력할 것이다. 이것은 그에게 무의식적인 압력을 줌으로써 자신의 어두운 측면을 차단하게 할 것이다. 분석가의 중심적 초점이 듣기에 있을 때, 그는 더욱 조용해지며, 역설적으로 자신의 조용한 수용성은 환자에게 더욱 강하고 큰 안아주는 용기holding container를 제공할 것이다.

듣기를 통해 치료자가 무언가 의미 있는 것을 이해하게 된다고 믿을 때, 그는 그것에 관해 무언가를 말할 수 있다. 자신의 새로운 이해에 반응하여 *무언가what*를 말할 것을 지시할 아무런 방법도 없다. 그러나 환자는 임상가의 *전체성entirety*에 의해 영향을 받는다. 분석가가 자신이 들은 것을 어떻게 이해하느냐가 자신이 창조한 분위기에 근본적으로 영향을 끼친다. 그리고 분석가와 환자를 지탱해온 분위기는 세상에서 모든 차별성을 드러낸다. 우리는 이 작업과정에서 듣기와 이해에 대한 많은 측면들을 살펴볼 것이다.

분석가가 환자의 연상이나 사고를 방해하면서 말하려고 할 때, 그의 견해는 보통 인지적 관점에 머문다. 그러나 가장 무미건조한 해석은 또한 광대한 감정적 정보를 가져온다. 치료자의 음성 음악이 그 내용보다 더욱 중요할 수 있다. 환자 자신이 보여지고 이해되도록 하는 해석 양식은 환자로 하여금 자신이 이전에 이해하지 못했던 어떤 것을 보게 하도록 인도하는 그 어떤 것보다 더욱 중요하다. 모든 합리적인 치료에서 발생하는 한 가지 사실은 환자는 자신의 모든 의식적 에너지를 환자를 이해하는데 헌신하는 누군가 앞에서 대체로 45분 혹은 50분을 보낸다는 점이다. 치료자의 위치는 가능한 (자신에게처럼) 비-판단적이다 not-judgmental. 분석가는 자신의 환자를 좋아하게 되기를 희망하고 있다. 그는 환자의 눈을 통해 사물들을 보려고 노력한다. 유아기에 자신의 엄마가 그와 유사한 시도를 했던 개인은 사실 매우 다행스럽다. 유아기 이후 우리는 치료 이외의 그 어떤 곳에서도 이런 종류의 일관된sustained 시도를 접할 수 있다고 생각되지 않는다. (그리고 물론 때때로 치료현장에서도 그렇지 못하다.) 우리에게 이런 헌신적인 관심의 영향력을 측정할 길이 없다. 그러나 직관적으로 그것은 광대하게 보이기도 한다. 그러나 그것은 미묘하기에 – 우리가 하는 어떤 것보다도 우리가 숨 쉬는 공기처럼 – 문헌은 그것을 무시한다. 우리가 듣는 것을 어떻게 듣고 생각할 것인가에 대해 말하면서, 나는 (다른 사람들처럼) 임상가가 환자를 공감적으로 볼 수 있는 능력을 극대화하기 위해 자신을 자리매김할 수 있는 방식을 묘사하도록 노력하고 있다.

내가 논의하고 있는 많은 아이디어들은 비온의 이론들에서 유래한다. 내가 여기서 기술하는 접근법이 내 자신의 것이며, 전체적으로 얕아지거나, 다른 치료자의 상담실에서 되새겨질 수 없는 것처럼, 여기서 내가 제시하는 비온 또한 나의 비온이다. 그는 한 어려운 저자요, 악명 높을 정도로 조밀하고 애매하다. 나는 간결하고 이해할만한 형태로 자신의 임상적 아이디어들을 제시하고자 시도하는 몇 권의 책들뿐만 아니라 그의 임상 저작물의 대부분을 읽어왔다. 죠앤과 네빌 시밍턴(Joan and Neville Symington, 1996)은 비온에 대한 가장 이해력 있는 요점을 저술해 왔다. 그린버그, 솔과 비아체디(Grinberg, Sor and Biachedi, 1977) 또한 비온의 작업을 설명하는 독보적인 일을 수행해 왔다. 제임스 그롯슈타인(James Grotstein, 2007)은 가장 최근에 비온의 사고를 그의 개념들이 암시하는 것들에 대해 미묘하고도 원대한 탐색을 통해 요약했다. 이들 각자의 저자들은 나보다도 훨씬 오랜 동안 비온을 연구해 왔으며, 그들은 소위 "전문가들"[12]로 간주될 수 있다. 그러나 비온의 난해한 아이디어들에 대한 그들의 영어 "번역들translations"은 항상 서로 일치하지 않는다. 예를 들면, "성취의 언어Language of Achievement"는 비온이 <주의와 해석, *Attention and Interpretation*, 1970>에서 소개한 용어다. 그롯슈타인은 그것을 비온의 중심 아이디어들 가운데 하나로 간주해서 성취의 언어를 엄마와 유아 사이에 통하는 이해처럼 비언어적인 정서적 소통으로 정의한다. 시밍턴 부부는 그 용어를 취급하지도 않는다. 그것은 그들이 그 용어를 한 중심적 아이디어로 간주하지 않는다는 것을 암시한다. 그린버그와 그와 함께한 사람들은 그 용어를 정신증적 사고psychotic thinking에 대한 구체적 언어와 대조적인 상징적 언어로 간주한다. (후자의 경우에 어떤 이름은 대상에 대한 개인의 인격적 감각보다는 오히려 외부

12) 미록 내가 샌 프란시스코에서 열린 비온 컨퍼런스에서 최근에 논문을 발표했을지라도, 그리고 의장이 얼마나 많은 사람들이 비온의 사고에 처음 접하고 있는 지를 거수해달라는 요구를 했을지라도, 얼마나 많은 사람들이 그의 작업에 친숙하며, 얼마나 많은 이들이 자기 자신을 전문가로 간주할 것인가? 그 어떤 발표자를 포함해서 아무도 자신을 한 "전문가expert"로 감히 부르지 못할 것이다.

대상 그 자체를 의미한다.) 비온이 의미했던 것을 상상하기 위한 나 자신의 시도 가운데 나의 대부분의 외피들cuticles을 곱씹어본 후에, 나는 그가 전문가적 의견이나 연역적인deductive 지적 활동으로부터 온 진술과는 대조적인 정서적 경험들로부터 획득된 지식을 표현하는 견해들을 언급하고 있었다는 결론을 내렸다. 이런 이해들 가운데 하나는 "올바른가"? 아마 이런 번역들 각각은 동일한 것을 다른 유용한 관점에서 기술한다. 각각은 비온의 함축적인 형식pithy formulation에 대한 어떤 다른 암시를 지시한다.

나는 비온이 "실제로really" 의미했던 것을 이해하려고 노력하는 것이 그 이슈라고 믿지 않는다. 그는 자신의 작업 전반에 걸쳐 그가 생각한 것을 독자에게 말하려고 노력하지는 않는다고 계속해서 역설한다. 그는 독자로 하여금 자신의 고유한 창조적 사고들을 사고하도록 인도할 씨앗들을 심기를 원한다. 나의 목적은 비온의 사고를 서술하는데 있지 않다. 그것은 그의 사고가 나에게 무엇을 의미하며, 그것이 나 자신의 관점에 어떻게 영향을 끼쳐왔는지를 서술하는 것이다. 비온은 자신의 개념들을 다양한 방식으로 사용한다. <경험에서 배우기, *Learning from Experience*, 1963>에서 "K"가 의미하는 것은 <주의와 해석, *Attention and Interpretation*, 1970>에서 의미하는 것과 어느 정도 다르게 보인다. 내가 사고하기는, 비온이 자신이 의미했던 것은 중요하지 않다는 것을 우리에게 말한 가장 첫 인물일 것이다. 중요한 것은 우리가 의미하는 것이다. 어떤 사람이라도 어떤 순간에 의미하는 것은 (바라건데) 그가 어제 의미했거나 내일 의미할 것과는 다를 것이다. 나는 비온이 사용했던 방식과 다를지 모르는 방식들로 그가 발전시킨 개념들을 사용한다. 이 책을 비온에 대한 안내서로 사용하지 말기를! 그것은 단순히 나의 현재 관점에 대한 진술이며, 나는 비온의 아이디어들을 나 자신의 방식으로 사용한다.

비온을 읽는다는 것은 나에게 흥미진진한 경험이 되어 왔다. 내가 보다 젊은 여성일 때, 융[13]은 나를 위해 마찬가지의 신성한 질적 수준을 제공했으며,

13) 사실 내가 여기서 비온에 대해 말하는 모든 것은 또한 융에게도 적용된다. 융 또한 한 어려운 저술가이며 불확실한 사람이다. 그는 어떤 상상적imagistic 관점으로부터 정신을 이해하며, 정신의 본질과 성장을 묘사하기 위해집합적 신화converging myth의 풍부함에 의존한다. 어떤 사람들은 이런 시poetry를 자연스럽게 여기지만, 우리 가운데 많은 사람들은 그의 언어에 유연해지기 위해 매우 힘들게 작업해야 한다. 나는 융의 아이디어들을 비온의 것처럼 내 자신의 방식으로 사용한다. 가치 있게 보이는 측면들을 강조하면서, 그리고 시대에 뒤지거나 나에게 왜곡된 것처럼 보이는 것들을 무시하면서 말이다.

자기애에 대한 시밍턴의 책 또한 그 같은 영향을 끼쳤다. 비온과 융은, 프로이트와 클라인처럼, 정신에 대한 자신의 탐구 안에서 예전의 패러다임을 뒤집었던 위대한 심리학적 천재들이었다. 시밍턴 또한 심층에 대한 특별히 통찰력 있는 해석가로서 우리 시대, 자기애, 그리고 반-관계적인 태도 등에 대한 핵심적 병리들을 이해하고 지도를 그렸다. 그렇게 함으로써 그는 우리 자신과 환자들의 이해에 있어 어떤 널리 퍼진 사각지대에 빛을 주었다. 그의 작업은 또한 심층심리학 영역에서의 관계성에 대한 무관심, 분석가에 의한 자기애적 행동을 이상하게도 승인approval 해주는 것을 조명하고 있다. 우리는 4장에서 정신질환과 정신분석에서 만연된 자기애의 영향을 살펴볼 것이다. 거기서 우리는 반-관계적인 에너지들의 구조적 차원을 연구한다. 비온과 융의 전작*oeuvre*, 그리고 시밍턴의 <광기의 형태*Pattern of Madness*>는 정신의 근본적 층들과, 광기와 변형이 각자의 팔 안팎으로 스며드는 장소를 깊이 있게 살펴보는 누군가 앞에서 나에게 존재감을 제공한다. 이런 모든 책들은 어렵다. 그것은 적어도 부분적으로 그것들이 묘사하는 무의식의 층들에 대한 깊이depth 때문이다.

일반적으로, 이런 책들은 또 다른 특성quality을 공유한다. 그것들은 A에서 B, C로 이동하는 선적인 논쟁을 발달시키기보다는 그 주제들을 회자시킨다. 시밍턴은 서론에서 독자에게 자신의 책을 두 번 읽으라고 주문한다. 그는 말하길, 자신은 하나의 단일한 사고를 묘사하고 있으나, 그렇게 하기 위해서 자기 아이디어를 부분들로 나누어 왔다는 것이다. 오직 전체의 책이 읽혀질 때만, 그 시작은 참되게 이해될 수 있다. 비온이나 융은 이런 종류의 친절한 충고를 우리에게 제공하지 않는다. 그러나 그들이 쓴 모든 것은 한 번 이상 읽음으로써 유익함을 준다. 그리고 그들의 작업의 대부분은 적어도 독자에게 소량의 이해를 허용하기 위해 두 번의 독서를 요구한다. 나는 이 책이 두 번의 독서를 요구한다고 생각하지는 않는다. 나의 재능은 복잡한 아이디어들을 단순한 언어로 제시하는 방식인 것 같다. 그리고 나는 어떤 의미로도 천재는 아니다. 그러나 나는 많은 나의 생각들이 그런 넓고 다양한 이슈들에 대한 정보를 주기 때문에 내 생각들을 체계화하는데 주저해왔다. 그것들은 A에서 B, C로 가지 않는다. 왜냐하면 정신이나 치료작업은 그런 방식으로 진행하지 않기 때문이다.

그러나 우리가 시작하기 전에, 중요하게 여겨지는 것은 내가 생각하기에 심층적으로 진행된 임상작업-분석-은 무엇인가에 대해 묘사하는 것이다. 가끔 단순히 어리석게 보이는 정의들이 제공되어 왔다. 마치 의자에 앉기 보다는 카우치에 눕거나, 일 주일에 세 번보다는 네 번 오는 것이 결정적인 요인이라도 되는 것처럼 말이다. 정신 안에 있는 의미와 내용substance을 분명하게 추구하는 과정을 위해서는, 의미와 내용을 다루기를 회피하는 정의들은 의미가 없다. 그러나 내가 말할 수 있는 것은 그 모든 분석적 시도에서 제기되는 무한히 증식하는 이슈들을 포착할 수 없다는 것이다. 한편으로는, 분석가나 치료자는 일관되게 환자와 함께하는 규정화enactments에 빠지지 않는 것을 즐긴다. 다른 한편으로는, 규정화들은 도처에 있으며, 하나의 규정화를 풀어내고 정리하는 두 사람의 작업은 종종 가장 극적인 변형적 작업이다. 그러나 여전히 치료자는 환자와 더불어 고려되지 않은 패턴들을 규정화하지 않도록 노력해야 한다. 나는 여기서 분석가가 노력해야 할 입장에 대한 나의 생각을 제시하려 한다. 어떤any 입장이라도 장악하고자 하는 시도는 언제나 어느 때라도 실패할 것이다. 분석의 실패들을 통한 작업은 임상 작업에서 발생하는 가장 기름진 과정이다.

어떤 사람은 주관적으로 정서적 고통에 사로잡혀 있기 때문에, 치료자나 분석가에게 상담을 요청한다. 그 두 사람은 처음 45분 혹은 50분을 보내면서 서로 이야기하는 것이 환자에게 정서적 안정을 가져올 수 있는 잠재력을 지닌다고 믿을 건지를 결정한다. 그 가능성에 대해 충분히 희망적으로 강하게 느낀다면, 그들은 약속을 위한 정규 일정을 정하고, 두 사람 사이에서 발생한 언어적이며 비언어적인 대화 양상들에 기초한 서로의 관계를 발전시킬 과정에 들어간다. 결과를 초래하는 관계는 관계성relatedness에 기초하거나 비-관계적인 에너지들에 의해 깊이 스며들 것이다. 전이와 함께하는 작업의 가장 근본적인 목표는 반-관계적인 분투들이 관계성으로 변화하는 것이다. 치료자가 전이에 접근하는 주요 방식들 가운데 하나는, 반-관계적인 에너지들이 이런 특별한 2인 1조dyad에 배치될 때, 주의를 기울이면서 분석가 자신의 반-관계적인 에너지들을 다루는 작업에 의해 이루어진다. 행동보다 언어는 분석 작업에서 오직 상호작용 형태로 남아 있어야 하는 반면, 환자에게 차 한 잔, 물 한 컵, 악수하거나, 그와 유사한 소소한 비-언어적 연결 형태는 분석에서 무엇이 발생하고 있는지를 결정하지 않는다. 개별적 임상가는 이런 영역에서 자신의 취향대로 일한다.

분석 회수frequency, 마음가짐posture, 혹은 임상가의 자격증이나 회원자격 그 어떤 것도 주어진 치료관계가 분석인지 아닌지를 결정하지 못한다. 내가 기본 이슈들로 고려하는 것을 반영하는 두 영역이 있다.

상징적 태도를 취하기Taking a symbolic attitude

상징적 태도는 치료자가 꿈에 드러나는 방식으로 환자의 전언을 이해하는 것을 의미한다. "나는 그가 마치 인간이라기보다는 즐거움을 주는 장난감처럼 자기 어린 아이를 대하고 있는 것을 보았다"라는 표현은 환자가 지하철에서 본 아버지와 아이를 우선적으로 언급하는 것은 아니다. 그것은 환자가 자기 자신을 다루는 방식에 대해 무언가를 표현하기 위해 일상의 삶으로부터 가져온 일종의 이미지다. 그것은 그가 자신의 삶 속에 있는 다른 중요한 사람들에 의해 그렇게 취급되고 있다고 느끼는 방식이다. 그리고 그것은 또한 그가 자신의 치료자나 분석가와의 관계에서 이 순간에 하는 경험에 대한 것이다. 그러나 이런 가상적 예에서 우리는 그의 이미지가 치료적 상호작용에 대해서 무엇을 의미하는지 모른다. 아마 그는 무의식적으로 자신이 치료자를 하나의 사물로 대하고 있다고 느끼고 있다. 아마 그는 다른 치료자에 의해 객관화되고 있다는 것을 느낀다. 아마 그는 치료자에게 인간 종족 안에서 자신의 회원권을 확인하기 위해 도움을 청하고 있다. 우리는 그것이 환자에게 어떤 의미가 있을 것인가에 대한 어떤 확고한 예감을 얻기 위해 이미지가 마음에 떠오르는 순간에 표현되어야 할 것으로 보이는 정서적 흐름을 감지할 필요가 있다. 환자의 외부생활에서 중요한 사람들을 언급하는 전언들communications은 사실 자신의 상호인격적인 관계 안에 있는 자신의 경험을 언급한다. 그러나 그것들은 또한 환자의 내적 세계를 묘사하는 상징적인 이미지들이며, 그가 바로 그 순간에 치료자에 대한 관계 안에서 자신을 경험한 방식에 대한 어떤 것을 포착하는 상징적 이미지들이다. 분석가에 대한 환자의 경험은 왜곡된 만큼이나 당연히easily 정확한 것이 될 수 있다. 아마 분석가는 환자에 대해서 인간으로보다는 하나의 사물a thing로 생각하고 있다.

치료자가 자신의 환자가 말하고 있는 "사실들facts"을 구체적으로 듣게 될 때, 문제는 치료자가 합리적인 시간 안에서 상징적 태도로 자신을 후퇴시킬 수 있느냐이다. 환자와 더불어 그의 발전의 가장 인격적이고 민감한 층들에 참여함으로써, 모든 치료자들은 환자 이야기들의 분명한 정서적 의미 속으로 들어가게 된다. 그것이 또한 치료자를 상징적 사고로 끌어들일지라도, 이것이야말로 환자의 삶에 필요한 연결점이다. 우리는 확실히 환자의 객관적인 외부 환경에 대한 관심으로부터 우리 자신이 벗어나기를 원하지 않는다. 우리는 또한 조만간 그 순간에 이야기의 상징적인 의미에 대해서 궁금해 할 공간을 만들기를 원한다.

이에 대해 생각하는 또 다른 방식은 "증상들에 대한 임상가의 태도는 무엇인가요?"라고 묻는 것이다. 치료자는 환자에게서 증상들을 제거하려는 노력에 초점을 두는지, 혹은 그 증세가 고통당하는 개인에게 무엇을 말하고 있는지 들으려고 노력하는 것에 초점이 있는가? 상징적 태도는 우리가 삶의 가상적 구체성에 사로잡히지 말 것과, 아무것도 "단지 이것만"이 아니라는 사실을 기억하도록 요구한다. 모든 것은 이것*과* 저것이며, 아마도 그 밖의 어떤 것도 역시 마찬가지다. 그것은 결코 완전히 헤아릴 수 없는 영원한 차원들을 암시한다.

그러나 그 질문에 대해 생각할 또 다른 방식은 이렇게 묻는다: "분석가/치료자는 환자를 돕기보다는 함께하고 이해하려고 노력하는가?" 환자는 소위 "도움받기를" 원하며, 임상가는 의심할 여지없이 사람들을 돕기 위한 무의식적 소망으로 이런 일을 선택해 왔다. 그러나 초보 치료자가 성숙해지고 어떻게 사람들이 어떻게 발전하는 가를 더욱 배우게 되면서, 그는 사람들이 *그들의 모습 그대로* 보여지고 수용될 때 성장한다는 것을 알게 될 것이다(Sullivan, 1989). 자기 아이를 이런 저런 모습으로 강요하려고 격렬하게 시도하는 여성은 치료자를 놀라게 하거나 공포스럽게 할 수 있다. 치료자로 하여금 자신이 보다 좋은 부모가 되도록 돕도록 하게끔 유도하면서 말이다. 그러나 엄마를 파괴적 상태로 몰아붙이는 공포들이 치료자에 의해 확인되고, 수용되고, 참을성 있게 받아들여질 때까지, 엄마는 지속적인 변화를 이루어낼 수 없을 것이다. 겉으로 보기에 그것은 마치 치료자의 충고가 그 부모를 돕는 것처럼 보일 수 있다. 그러나 이것은 속임수라고 나는 믿는다. 치료자가 무의식적으로 수용한 정서적 압력을 *단지 부분적으로 인식할지라도*, 깊은 애정으로 엄마의 고통을 안아줄 때 비로소 그의 충고는 수용될 수 있다. 달리 말하면, 객관적 현실 속에서 치료자의 충고가 아직 온전히 의식적이지 못한 자신의 공포를 방출하는 것이라면, 그 어떤 긍정적인 영향은 결코 없을 것이다. 반면에 치료자가 자신의 고통distress을 안고 공감적으로 엄마의 고통을 이해한다면, 진정한 충고가 되는 아동-양육child-raising에 대한 충고는 도움이 될 것이다. 그러나 환자의 부모역할을 개선시키는 것은 결코 심층적 관점의 핵심 주제가 아니다. 분석 작업은 그 사람으로 하여금 가능한 충분히 자기 자신이 되는 것을 돕는데 있다. 분석가의 일은 환자에 대해 알게 되는 것인데, 그 작업은 결코 완성될 수 없다. 살펴볼 것이지만, 우리가 누군가를 "안다know"고 상상할 때, 놀랍고도 측량할 수 없는 뒤틀림과 역전으로 무장한 그 사람의 무한한 심층에 대한 호기심을 지속시킬 공간을 이미 차단한 것이다. 반면에 그를 알아감으로써, 치료자의 호기심을 지지하는 끝없는 과정이 바로 심층 치료자의 그the 일이 된다. 이런 과정이 드러날 때, 우리 자신을 대하듯 다른 사람을 대하기 때문에, 우리 사례에 드러난 놀라울 정도로 어려운 엄마는 반드시 더 좋은 부모가 될 것이다. 환자가 자신을 향한 치료자의 호기심 많고 애정 있는 태도를 받아들일 수 있다면, 그 환자는 자녀들뿐만 아니라 다른 친밀한 사람들에게도 자신을 개방할 수 있을 것이다.

이런 핵심적 태도가 위니컷(Winnicott, 1971)에 의해 기술되었는데, 그가 분석을 환자가 가져온 것을 오랜 기간에 걸쳐 그에게 다시 돌려주는 것이라고 묘사했을 때이다. 심층 치료사는 환자를 "치료cure"하려고 노력하지 않기 때문에, 충고는 요구되지 않는다. 치료자는 사람들이 틀을 갖추어야할 어떤 바람직한 모형이 존재한다는 사실을 인정하지 않는다. 오히려 치료자는 이런 특별한 사람이 자신에게 유일한, 그리고 자신의 삶을 지속시키기 위해 필요한 본래의 모습을 지닌다고 여긴다. 이것은 우리가 정서적 건강에 대한 모든 사고를 포기하는 것을 실제로 의미하지 않는다. 내가 이전에 언급했듯이, 이런 특별한 환자를 통해 자신의 고유한 관계능력에 초점을 맞춤으로써, 치료자는 환자와 치료관계를 창조하기 위해 작업을 지속한다. 이런 관계가 발전하는 한, 내가 위에서 요약했던 정서적 성장의 원형적 과정은 시동을 걸 것이며, 환자는 성장할 것이다. 환자는 자기 자신의 모든 것이 되려는 방향으로 움직일 것이며, 자기 자신의 진실과 관련되는 것을 선택할 더 많은 능력을 발전시킬 것이다. 우리는 우리가 누*구인가*에 대해 말할 것이 아무 것도 없다. 그러나 우리가 어떻게 행동하는 가에 대해 말할 수 있는 많은 것을 가질 수 있다. 그래서 위니컷의 시도는 현재 모습 그대로의 환자를 돌이켜 회고하는 것이다. 환자가 그와 관련되어 무엇을 원하는 가에 대한 판단을 하지 않은 채 말이다.

이런 입장에 대한 구체적인 예는 쇼핑을 통해 정서적 긴장을 상투적으로 제거한 한 환자를 생각나게 한다. 이런 상황에서 치료자는 환자에게 그런 행동은 자신의 성장에 좋지 않다고 말하려는 유혹을 받을 수 있다. "많은 고통스런 자료가 이 시점에서 발견되지 않았습니다." 아마 이렇게 말하면서, "그리고 당신이 당신의 고통과 머무르는 대신 쇼핑으로 고통을 제거하려는 것에 저항할 수 있다면 그것은 좋은 일일 것입니다." 라고 말할지도 모른다. 이것은 반-분석적 anti-analytic 주석이다. 환자를 붙잡고 있는 반-성장적 에너지들에 대해 수용적 태도로 말하는 것은 전적으로 다른 동물적 감각animal이다. "나는 이런 고통스런 요소가 당신이 나를 떠나 철저히 혼자일 때 당신이 홀로 견디어내는 것을 어렵게 할지 모른다고 생각합니다. 그리고 나는 당신이 고통 중에 있을 때, 가끔 쇼핑하는 방식에 대해 이야기한 사실을 기억하고자 합니다. 당신이 오늘 나를 떠날 때, 당신의 고통으로부터 멀리 달아나고 싶은 유혹을 받을 것이라고 당신은 생각하십니까?" 이런 식의 대화는 매우 다른 주석이다. 임상가는 환자에게 행동방식을 말하지 않는다. 그는 환자가 이전에 논의된 어떤 연결a link을 인식할 수 있는가를 의심하고 있다. 그 연결이 이전에 이루어지지 않았다면, 이런 말이 그 연결을 만들 기회가 될 것이다. "나는 이 새로운 자료가 당신에게 얼마나 고통스러운지 나는 알 수 있습니다. 가끔 나는 당신이 고통가운데 있을 때, 스스로를 위안하기 위해 쇼핑에 눈을 돌린다는 것에 대한 인상을 가지고 있습니다. 그곳에 어떤 연결이 있다고 생각하시나요? 당신이 여기를 떠날 때 당신의 고통을 어떻게 다룰 것인가에 대해 아마 우리는 함께 주목할 수 있을 것입니다." 치료자가 어떻게 자신의 환자를 돕고 싶지 않을 수 있단 말인가? 그러나 환자는 자신을 치료하기 위한 치료자의 시도를 통해 성장하지는 않을 것이다. 자기 자신에 대한 호기심의 불꽃이 점화될 수 있다면, 그는 성장할 것이다.

많은 치료자들과 분석가들은 이런 견해들에 동의하지 않을 지도 모른다. 많은 임상가들은 이해하기보다는 도움이 되기를 더욱 중점적으로 노력한다. 내 견해로는 도우려는 시도들은 이 순간에 환자의 충만함을 수용할 임상가의 능력을 필연적으로 제한할 것이다. 성장하기 위해서 우리는 파괴적일 수 있는 공간과 우리의 실수로부터 배울 공간이 필요하다. 결혼을 파괴시키는 불륜행위affair는 "하나의 실수a mistake" 일 필요가 없다. 개인이 실수로부터 배우고 성장할 수 있다면, 그것은 발전과정에서 건설적인 단계로 판명날 수 있다. 확실히 어떤 행위는 결혼을 끝내는 가장 좋은 가능한 방법이 아니다. 그러나 가끔 그 결혼은 끝날 필요가 있으며, 이 순간에 이 사람에게 유일한 가능성 있는 출구가 될 수 있다. 지식knowledge은 전수된다. 그러나 지혜는 개개인에 의해 새롭게 얻어져야 한다. 그리고 지혜는 우리의 잘못들을 회고하는데서 출현하는 것이지, 일을 "올바르게right" 하도록 도움 받는 것에서 나타나지 않는다.

관계가 중심적이다 The relationship is central

비록 내가 이 작업에서 "치료therapy"와 "분석analysis"을 구별하지 않을지라도, 심층과 표층의 방향성orientation 사이를 구별하는 것은 중요하다. 표층 밑에 놓여 있는 것을 엿보거나 어떤 이해상황에서 그것을 포함하기 위해 항상 추구하는 상징적 태도에 더하여, 분석적 관점은 임상가와 환자 사이의 관계가 환자 발전을 위한 *바로 그the* 핵심 용기container라는 사실을 확인하는데 모아질 것이다. 치료관계에 대한 현대의 이해는 우리는 단일한 자기들unitary selves로 존재하지 않는다는 사실을 확인하면서 시작한다. 내 환자를 알기 위한 작업에서, 나는 나 자신을 알아가기knowing로 시작한다. 그러나 그런 알아가기는 과거에 형성된 고착된 이해를 암시하지 않는다. 토마스 옥덴(Thomas Ogden, 1994)의 "분석적 삼자the analytic third" "는" 우리us"를 묘사한다. 그것은 환자와 치료자가 공유하는 무의식적인 삶life이다. 환자와 치료자 각자는 작업을 시작하기 전에 존재했던 것보다 자기 자신에 대한 더 많은 것들을 찾기를 희망한다. 이런 유일한 치료관계에서 태동한 "우리us"를 알기 위해, 그리고 자신을 그로부터 정리하기 위해 임상가가 작업할 때, 그는 자신의 환자가 어떤 존재일 것이라는 것에 대한 생각들을 발전시키기 시작한다.

이것은 분석가가 가능한 대부분의 시간에 전이관계를 마음에 두는 것을 암시한다. 이런 초점은 임상가가 환자에게 반드시 *말해야say* 하는 것과 거의 관계가 없다. 관계에 대한 주석이 두 사람을 정서적으로 더욱 가깝게 할 잠재력이 있을 때, 그 언급은 요구된다. 그러나 종종 그 이슈는 무엇이 문제인가를 환자에게 말하는 것을 포함하지 *않은not* 더욱 관계적인 방식으로 환자에게 접근하는 방식들을 찾고자 하는 치료자를 위해 존재할 것이다. 치료자에게 관계에 관해 너무 많은 것을 말하도록 허용하지 않는 치료적 상황에서는 관계의 중심성을 확실하게 포착하려는 것은 어려울 수 있다. 그러나 그 밖에 무엇이 발생하더라도, 그리고 대화 가운데 드러난 내용이 무엇일지라도, 상호인격적 관계의 정서적 경험은 매 순간 진화한다. 그런 정서적 경험은 논의된 그 어떤 인지적 내용보다도 더욱 강력하게 환자에게 영향을 끼친다는 사실은 직관적으로 피할 수 없는 것 같다. 상징적 듣기는 분석가로 하여금 환자의 정서적 경험이 어떤 것일가에 대해 상상하도록 돕는 하나의 관점이다. 자신의 고유한 정서적 경험이 분석가로 하여금 환자가 그 순간에 작업하고 있는 것을 상상하도록 단순히 돕는다.

분석가는 자기 자신의 감정들에 대해 책임을 지도록 노력해야 한다. 이것은 분석가가 자신의 정서적 상태가 "동조적 역전이syntonic countertransference" (Fordham, 1978)라는 항목rubric 아래로 떨어지는 것을 즉시 결정하지 않을 것을 의미한다. 동조적 역전이는 치료자를 환자의 내적 정신 구조에 대한 직접적 응답으로 불러들이는 주관적 상태다. 나의 관점에 내가 시기를 느낀다면, 그것은 내가 환자 엄마의 시기 상태를 반복하고 있는 것이다(동조적 역전이 반응). 그러나 나 자신의 시기에 대한 나의 관계는 또한 이런 임상 관계에서 시기와 더불어 발생하는 것에 영향을 줄 것이다. 치료자는 겸손한 태도를 지녀야 하며, 자신 내부에서 움직이는 정서적 흐름이 무엇이든지 그것을 부정하려고 시도하기보다는, 거기에 자신을 열기 위해 작업해야 한다. 그리고 치료자는 환자의 주관적 상태를 직관적으로 포착하면서 집중할 수 있는 자신의 주관적 상태에 대한 그 어떤 이해라도 사용하기 위해서 작업해야 한다. 임상가는 자신의 필요성, 자신의 인격적인 고통, 자신의 판단들을 포함하도록 노력해야 하며, 그것들을 행동으로 내려놓지 않고 의식 안에서 자신의 감정들에 대한 인식을 유지해야한다. 그렇게 완벽하게 하는 것은 결코 가능하지 않다. 그것을 매우 잘 하는 것조차 불가능하다. 우리는 그것을 충분히 잘 다루기를 바랄 뿐이다.

치료자는 "올바르게correctly" 행동하려고 집착하기 보다는 환자에 영향을 주는 자신의 행동에 대해서 호기심으로 머무르기를 원한다. 치료자는 자신의 "잘못들errors"을 제거하여 그 효과를 없애려는 놀라운 시도들에 빠져들지 않고, 그 잘못들을 확인할 수 있는가? 치료자는 자신이 저지른 "실수들mistakes"에 대한 방식들을 궁금해 할 수 있으며, 자신의 노력을 포함한 모든 것이 항상 잘못 가고 있다는 것을 기억할 수 있는가? 사람들은 완전한 분석가와 더불어 무균의 용기sterile containers 안에서 자라지 않는다. 그들은 자기 환자들에 의해 최선을 다하려는 분석가들과 함께 복잡한 인간관계 안에서 자란다. 그러나 환자들의 최선은 흔히 그들이 창조해왔던 어려움에 대하여 보상적인reparative 노력들로 구성되어야 한다.

심층적 관점은 분석이 상호적 노력이라는 점을 인정한다. 분석이 환자로 하여금 자신보다 크게 되고 더욱 온전하게 살도록 돕는지는, 보다 풍요로운 삶은 우리가 단지 예감들hunches로 여길 수 있는 신비한 요인들에 의존한다는 점을 보면 알 수 있다. 전이 관계에서, 각 사람은 누구도 확실히 강요할 수 없는 방식들로 성장하거나, 오히려 그 반대로 성장을 거부한다. 발전 과정의 심층들은 무한한 신비다. 이 책의 나머지는 그 신비를 탐색한다. 그것은 한 관점에서 다른 관점으로 이동하면서 탐구된다.

I

이론적인 고려사항들

THEORETICAL CONSIDERATIONS

2. 창조적 무의식과 자기 The creative unconscious and the Self

치료자들이 어떻게 임상 상황에 접근할 수 있는 가에 대해 생각할 수 있기 전에, 우리는 인간 정신의 심층들의 본질을 탐구할 필요가 있다. 무의식에 대해 프로이트가 의도했던 기존 의미는 성과 공격성의 근본적 본능을 담는 창고로서의 기능에 초점이 맞춰졌다. 무의식은 원본능Id으로 시작한다. 그것은 사람은 억압하는 법을 배운다는 생물학에 근거한 주장들을 담고 있는 일종의 펄펄 끓는 가마솥seething cauldron이다. 분석은 문명화되어서 적절한 상태가 되기를 원했던 합리적인 사람과 그를 성적인 행동과 공격적인 행동의 큰 소용돌이 속으로 끌어들이길 원했던 그의 무의식 사이에 있는 전쟁을 탐구하기 위해 이루어졌다. 이런 초기 모델에서 무의식의 제한된 측면들이 강조되었다. 무의식은 분석가의 해석이 발굴하곤 했던 억압된 자료의 저장소repository였다. 분석에 대한 기존의 낙천적 목표는 우리의 본능적 욕구들에 대한 전적인 인식을 통해 무의식을 비워낼 수 있는 가능성을 상상했다. 의식적 깨달음은 인간에게 원하지 않은 격정들passions을 건설적 채널들로 승화시키도록 허용하고자 했다. 무의식에 대한 이런 바로 초기 이해는 더 이상 심층치료자의 이론들을 반영하지 않는다.

무의식이 경계가 있으며 제한적이라고 믿기 보다는, 많은 심층 심리학적 사고자들은 이제 무의식을 본질적으로 무한한 것으로 인식하는 비온의 안내를 따르고 있다. 현대 분석가들은 완전을 향한 소망에 대항하는 노력을 기울이며 분석의 목표나 삶의 목표로 "완결completion"을 포기하기 위해 노력한다.

비온이 말하길 :

> 인격의 영역은 너무 광대해서 철저히 조사할 수 없다... . '완전한complete' 혹은 '온전한full'과 같은 형용사들은 '분석'을 질적으로 제고하는 그 어떤 위상도 가지고 있지 않다. 조사가 거의 완전할수록, 그러나 장기적인 정신-

분석a psycho-analysis 이라도, 그것은 오직 조사의 시작만을 드러낼 뿐이라는 것이 더욱 분명해진다. 정신-분석은 조사하는 영역의 성장을 자극한다... .

(Bion, 1970, p. 69)

분석에 의해 조사된 영역은 무한히 알려지지 않은infinite unknown 영역인 무의식이다. 융은 무의식의 끝없는 본질을 하나의 은유로 그린다. 그것은 의식적인 "나I"[1]를 무의식의 바다에 있는 하나의 섬으로 묘사한다(1946, para 366). 의식의 영역이 성장할수록, 그 섬의 해안선은 점점 커진다. 보다 광대한 무한히 알려지지 않은 것이 우리의 유한한 의식에 의해 접촉된다. 마찬가지로, 알려지지 않은 것the unknown에 참여하는 것이 의식의 성장을 자극한다는 비온(1970)의 진술은 알려지지 않은 것에 대한 알려진 영역의 비율이, 분석의 결말에서 보다는 오히려 분석기간 동안에 더 작다는 그의 결론을 의미 없게 만든다. 의식처럼, 무한히 광대한 알려지지 않은 것에 대한 유한한 알려진 것의 비율은 "무의식" 처럼 항상 수학용어로 0zero에 근접한다. 그것은 결코 더 커질 수 없다. 심리적으로 그 개념은 의미가 없다. 의식은 제한되어 있는 반면, 무의식의 영역은 무제한적이다. 우리의 내적 실제의 알려지지 않은 영역들은 항상 영원히 뻗어나간다.

비온이 완벽하고 온전한 분석의 불가능성에 대해 말한 바와 같이, 융은 완전함보다는 전체성wholeness을 분석이나 발달의 목표로 말했다. 분명히 "전체성"은 완벽성처럼 더 이상 성취할 수 없는 것이라는 것을 인정한 것이다. 우리는 결코 완벽하지 않다. 무의식은 우리가 그와 연결될 때 움츠리기보다는 확장되는 것 같다. 무의식은 결코 비어있지 않다. 연금술의 은유를 들어, 융은 "[전체성]에 대한 목표는 단지 생각idea으로만 중요하다. 본질적인 것은 그 목표로 인도하는 작업work, opus이다. *그것은 일생동안의 목표다*" (1946, para 400, 이탤릭체는 원전에서 강조)라고 말했다. 인생의 목표는 온전히 살아내는 삶에 의해 자신이 보다 풍부해지려는 일생동안의 시도다. 그러나 그 작업을 완성하고자 하는 그 어떤 소망도 포기되어야 한다.

정신분석은 20세기 후반에서 21세기에 걸쳐 발달하면서, 이런 무한하고도

1) 이 책 내내 가능한 나는 독자를 묘사된 경험들로부터 멀어지게 하는 기술적 언어를 피한다. 따라서 나는 "이것이 나다."라는 주관적 의미를 하나의 기술적 용어로 사용하기 보다는 오히려 "나I" 로 부른다.

그 형태를 알 수 없는 무의식 안에서 파괴적인 것뿐만 아니라 건설적인 것을 점진적으로 확인했다. 무의식은 부정하고, 억압하며, 없애버리고 분열시키지만 *only*은 않는다. 그것은 또한 지적하고, 유발시키며, 함께 잡아당긴다. 의문시 되는 주장이 너무 강력해서 억압장벽이 그에 대항하여 지탱할 수 없기 때문에, 무의식적으로 본심을 드러내는 실언("Freudian" slip)은 의식에 슬며시 침투하는 것으로 보여질 수 있다. 그러나 이런 특성은 그 실언에서 어떤 희망적인 것도 보지 못한다. 정신은 또한 사람을 더욱 온전하게 만들기 위해 도움이 되는 시도로 향하는 경향이 있다. 어떤 환자는 나를 혐오하는 수퍼바이저 혹은 존경하지 않는 동료라고 한다. 환자의 정신이 그를 당황스럽게 하거나 놀라게 하는 동안, 그로 하여금 나와의 관계에서 깊이depth와 본질substance을 제공할 부정적 감정을 수용하도록 돕는 것이 더욱 근본적인 노력이다. 그것은 원하지 않은 감정들이 돌파구를 찾는 것일 뿐만 아니라, 그 감정들이 환영받을 때, 우리의 작업을 풍요롭게 하고 나 역시 성장하도록 돕는 것과 마찬가지로, 환자를 더욱 풍요롭게 하고 그에게 더욱 위대한 실체substance를 가져올 것이다.

집단무의식에 대한 융의 개념과 비온의 "O" 개념은 무한하고 창조적인 삶의 원천에 대한 두 가지 관점을 제시한다. 그들 각자는 자신들이 본질 상 발화되기 쉽고volatile 비물질적인 것으로 말했던 정신의 지도를 그리려고 노력했다. 비록 그들의 강조점은 다르지만, 그들이 제시한 정신에 대한 최종적 이미지들은 호환성이 매우 큰 것으로 드러난다. 그들은 우리에게 확실성보다는 신비감을 제공한다. 그것은 결코 알려질 수 없는 항구적으로 이동하는 잠재적 실제an ever-shifting potential reality에 대한 감각이다. 이 장에서 나는 두 개념, O와 집단무의식을 탐색함으로써 그 둘 사이의 차이점뿐만 아니라 근원적인 일치성을 보여주도록 노력하겠다. 융과 비온 모두는 그들이 포착할 수 없는 정신의 신비를 조사하려고 시도할 때, 궁극적으로 프로이트의 논리적 실증주의positivism[2)]를 거부했다. 한 세대 떨어져서, 그 둘 모두는 의사로 훈련받았고 처음으로 전통적인 과학적 관점으로부터 작업에 접근했다. 그 과학적 관점에서 구체적인 자료들data, 실험들, 그리고 사실들은 결론들을 위한 결정적인 자료가 되었다. 그러나 이 두 천재들

2) 수학에 대한 방법론과 정확성을 철학에 가져오려고 시도했던 철학의 한 학파-이 경우에 심리학에 도입됨.

이 형용할 수 없는 정신의 실제 속으로 깊이 빠져들면 들수록, 그들은 정신에 대한 연구는 몸에 대한 연구와는 다른 접근을 요구한다는 사실을 깨닫게 되었다.

융 생애 후반 몇 십 년은 그가 고대 연금술 문헌에 점차 강박적으로 빠져드는 시기였다. 그는 연금술사들이 무의식적으로 자신의 정신을 작업하고 있는 재료에 투사했다고 가정했다. 그들이 찾았던 금은 현대의 분석 환자의 희망이었다: 그것은 *자신들themselves*의 내적 변형transformation으로서, 연금술사들의 형식들formulas은 문헌과정을 묘사할 수 없었다는 인식으로부터 그가 도달한 하나의 결론이다. 어떤 형식은 작업자로 하여금 매춘부의 용매로부터 시작하여, 그것을 관통할 수 없는 용기container에 봉합하고, 건조해서 마르고, 모래 색 같고 검게 될 때까지 그것을 가장 깊고 어두운 바다에 수장하라고 일러줄지 모른다. 이런 종류의 지시는 구체적 현실에서 적용될 수 없다. 우리는 그것을 연금술사가 작업한 재료에 대한 그의 정신의 투사로 이해할 수 있다. 연금술적인 과정들과 이미지를 탐색하는 융의 많은 책들은 연금술이 정신의 성장과정 현상을 보는 하나의 방식이라는 생각에 기초하고 있다. 그러한 성장과정에 대한 무의식적 심상imagery을 연금술사들의 생경한 문화에서 연구함으로써, 그리고 그것을 사람들이 우리 자신의 심상 안에서 발전시킨 것과 비교함으로써, 융은 심리발달의 보편적 형태를 기술하기를 희망했다.

그러나 융이 의존했던 문헌들의 유별난 성향은 그의 작업에 반영되었다. 그가 연금술사들을 감싸고 있었던 보이지 않으며 비물질적인 심리 과정들을 해석하려고 시도했을 때, 마치 연금술사 자신처럼 소리내기 시작했다. 주류 심리세계에서의 그의 위치는 이미 프로이트와의 결별로 인한 비통함으로 어긋났지만, 증가하는 자신의 신비한 취향으로 인해 더욱 희망적이 되었다.

비온은 융보다 20년 젊었다. 비록 그가 융에 대해 약간의 흥미를 지녔다고 우리는 알고 있지만, 그는 자신의 저작에 융을 결코 인용한 적이 거의 없다.[3] 그는 또한 단어word에 대한 정형적 의미에서 엄격하고도 "과학적인scientific" 시도로 보이는 것으로 시작했다.[4] 그는 멜라니 클라인에게 분석을 받고 클라인학파의 일원이 되었다. 정신증과 사고하기thinking에 대한 그의 초기 분석 작업

3) 그가 융의 타비스톡Tavistock 강연을 듣기 위해 자기 환자인 사무엘 베케트Samuel Beckett를 데리고 갔기 때문에(Grotstein, 2007).

은 (그것으로 그가 정서 경험의 과정을 의미했던) 상당히 "감각적인sensible" 억양과 관점을 유지한다. 그것은 대부분의 클라인 학파 문헌에 만연된 취향이다. 그문헌 안에 있는 무의식적 환상들phantasies과 그 과정들에 대한 사색적 생각들은 마치 구체적 사실처럼 표현된다. 그러나 1960년대 중반에 이르러, <변형들>*(Transformations, 1965)*과 <주의와 해석>*(Attention and Interpretation,* 1970)에서, 신비함이 그의 작품에 스며들기 시작한다. 그는 불가지성unknowability에 대해 더욱 집중했으며, 형이상학에 대한 논리적 실증주의의 거부에 분명하게 도전한다. "논리주의자들logicians"은 논리적 엄격함rigour은 *필수불가결한 것sine qua non*이라고 믿는 경향이 있다고 비온은 말한다. 따라서 뉴턴의 신학적 신비적 전제들을 완전히 무시하는 것은, 예를 들면, 마치 그 전제들이, *광학Opticks*의 기원에서 어떤 부분도 차지하지 못했던 것처럼 보인다(1965, p. 109, n. 2). 비온의 운명은 융에 비해 보다 부드러운 측면이 있었다. 비온의 그룹과 정신증에 대한 초기 작품을 가치 있게 여기는 많은 정신분석학자들은 그의 후대의 더욱 신비한 작업을 무시하거나 심지어 멸시하기까지 한다.

여러 저자들 가운데 독특하게도, 비온은 *자신의* 사고를 독자들과 소통하려고 노력하지 않는다. 그의 생각들은 애매하고도 전보처럼 간결한telegraphic 묘사들로 전개된다. 그는 독자가 자신의 사고를 받아들이기를 원하지 않는다고 계속해서 말한다. 비온은 독자가 그의 생각을 자신의 고유한 생각을 구성하는데 사용하기를 원한다. 독자에게 자신의 고유한 것을 제공하기를 요구하면서, 그는 사례묘사를 거의하지 않는다. 그는 "L," "H," "K," 그리고 "O"와 같은 "불포화된unsaturated"[5] 개념들을 창조해냈는데, 이는 그것을 설명하거나 합리화시

4) 나는 여기서 과학자의 일반적인 이미지를 언급한다. 그것은 측량할 수 없는 자료들에 대한 조절된 실험을 수행하는, 어려운 과학들에 기초한 하나의 이미지다.

5) 비온은 "포화된saturated" 혹은 "불포화된unsaturated" 해석들과 용어들에 대해 말한다. "사랑Love"은 포화된 용어일 것이다. 왜냐하면 그 용어는 청자나 화자가 자신의 삶의 과정에 흡수해온 일종의 자욱한 암시들에 의해 둘러 쌓여있기 때문이다. "L"은 불포화된 것이다. 그것은 청자의 과거로부터 온, 현재의 의미를 모호하게 하는 그 어떤 의미도 없는 중립적인 상징이다. 마찬가지로 포화된 해석은 그것이 무엇을 의미하는지 상세히 설명한다. "당신은 당신 딸의 복통에 결부되어 있습니다. 왜냐하면 당신은 내 말을 소화하는데 어려워하기 때문이죠." 어떤 불포화된 해석은 환자로 하여금 자신의 고유한 방식으로 그 의미를 채워 넣을 수 있도록 그를 자유롭게 둔다: "오, 복통은 매우 고통스럽지요."는 불포화된 것이다. 환자는 오직 자신의 아이의 고통을 의미하는 것으로 분석가의 말을 들을 수 있다. 혹은 공감이 환자로 하여금 이 순간에 고통 안에 있는 자신에 대해 생각하는 요인이 될 수 있다.

키기보다는 신비를 그 안에 두기를 선호한 것이다.

프로이트의 관점과 융 또는 비온의 관점 사이에 있는 격차를 이해하기 위해 우리는 이들의 관점들을 뒷받침하는 이치들axioms을 이해할 필요가 있다. 프로이트는 유물론자materialist인 반면에 융과 비온 두 사람은 물질주의자와 이상주의자 모두의 관점들을 균등하게 마음에 두려고 노력한다. 나는 일상적인 대화에서 사용하는 단어로서의 "유물론materialism"에 대해서 말하고 있지 않다. 우리 모두는 유물론적 이론들에 함몰되어 자랐다. 그 이슈는 욕심 많은 탐욕과 아무런 관계도 없다. 유물론은 이상주의와 대조되는 한 철학적 구조다. 이상주의는 다시 우리의 일상적인 개념인 "이상적idealistic" 가치들과는 아무 관계도 없다. 이상주의는 생각이나 어떤 다른 비물질적인 영적인 실제를 감각적 세계의 토대로 상정한다. 신God이 존재하게 하는 사고만으로 세상을 창조했으며, 자신의His 숨결을 진흙 아담에게 불어넣어 인간에게 생기를 주었다는 종교적 생각은 하나의 잘 알려진 이상적인 관점이다. "나는 생각한다. 고로 나는 존재한다."는 또 다른 차원이다. 그 자체를 생각하는 것만으로 육체를 실존으로 인도한다고 믿는 것은 대단히 극단적인 형태다. 반면에, 유물론자들은, "내가 내 몸을 보고, 만지고, 냄새를 맡을 수 있기 때문에 나는 존재한다는 것을 내가 알고 있다: 뇌와 신경단위 조직으로 된 이런 실체적 몸이 나로 하여금 사고하도록 허용하는 것이다."고 말한다. 유물론적 관점에 대한 우리 문화의 의심할 여지없는 수용성은 우리 모두가 생각할 수 있다는 것을 왜곡시킨다. 그것은 바로 우리의 심리학 이론들이 우리가 볼 수 있다는 것을 왜곡시키는 것과 마찬가지다. 이전 세대들이 실제에 대한 그들의 이해 속에서 상당히 흠집이 났던 것을 우리는 알고 있다. 역사의 이런 특별한 순간에 왜 우리가 인간들이 갑자기 올바르게 이해시키고 있다고 상상해야 할까?

이제 알게 되겠지만, 물질적인 몸을 보고, 느끼고, 냄새를 맡는 것들은 모두 비물질적인 심리적 요인들이다. 우리는 이런 요인들을 물질적 뇌에 의해 수집되고 해석된 메시지들에 기초하는 것으로 이해할 수 있다. 그러나 그런 이해 역시 심리적인 해석 자료로부터 온 것이다. 물질세계에 직접적으로 접촉하는 것은 불가능하다. 모든 것은 불가해한intangible 정신을 통해 침투된다.

이 순간 미국에서, 정신에 대한 유물론적인 접근이 상승세를 타고 있다. 뉴런neurons, 시냅스synapses, 유전자genes, 생화학: 이런 것들이 심리학적 개입의 추앙받는 관점들이다. 주류의 압박은 정신분석의 소위 "진부한outmoded" 접근을 조롱한다. 약물치료와 "증거중심의" 간결하고도 인지 행동적인 치료들이 사이언스 타임즈*Science Times*나 뉴욕 타임즈*New York Times*와 같은 매체 수단들에 의해 치료를 위한 황금 표준으로 알려지고 있다. 이런 접근은 물질세계를 "실제real" 세계로 보려는 이론적 믿음에 근거한 것이다. 그것은 정신을 육체와 *독립적인 것으로* 보기 보다는 우선 육체에 *의존적인 것으로* 보는 것 같다. 물질의 우선성에 대한 가정을 시험할 그 어떤 방식도 없다. 뇌의 전기적 그리고 화학적 활동이 우울증을 유발할 수 있다는 사실, 혹은 화학적 개입이 우울증을 경감할 수 있다는 사실을 아무도 부인하려고 하지 않을 것이다. (비록 많은 심리치료사들은 화학물질이 우울증을 "치료"할 수 있다는 생각에 의문을 가질 수 있지만.) 그러나 수많은 사례들은 정서적으로 고통을 주는 사건(아마 죽음을 알리는 전화)이 정서적 혼란upheaval을 동반하는 뇌 안의 전기 화학적 활동을 일으키는 상황들이 있다는 것을 보여준다. 정신분석의 창시자인 프로이트는 유물론 철학의 전망에 함몰되었다. 몸이 제 일 원인이다. 덧없는ephemeral 정신은 그 자체의 일차적 실제라기보다는 몸의 고통에 대한 하나의 반응이라는 것이다.

정신의 우선성The primacy of the psyche

융과 비온은 모두 정신 그 자체로 시작한다. 그들 각자는 정신과 몸을 어느 쪽도 지배적이지 않은 동전의 양면, 즉 하나의 단일체a unit로 보았다. 두 사람은 우리 모두가 실제로 심리적 정보들을 가지고 있다는 사실을 강조한다. 외부 현실에 대한 우리의 지식은 비록 매우 강력하게 "실제적real"으로 느낄지라도, 사실 하나의 주관적인 경험이다. 그 경험은 우리 뇌에서 진행되는 정신적 신호로부터 파생된 것이다. 프로이트의 기본적 관점은 현대의 지적 유행과 견줄 수 있다. 융과 비온의 접근은 본질적으로 유행하는 세계관과 한 단계 떨어져 있다.

융의 작업과 친밀하게 되면 비온을 읽어내는데 어떤 놀라운 경험을 얻는다. 그것은 마치 비온이 개인 정신의 심층에 대한 융의 견해를 받아들여, 그것을 두 사람 사이의 임상 상황으로 변역해 놓은 것 같다. 융의 관심은 그 자체로 분석 작업은 아니다. 그는 정신과 그 신비한 심층에 의해 이끌렸다. 젊었을 때 융은 정신병원에서 정신분열 환자들과 함께 일하면서(융은 취리히 부르크휠츨리 정신병원에서 브로일러와 함께 일한 적이 있다. –역자 주), 그들의 꿈과 환상에 대한 상징성symbolism을 이해하는 능력을 발전시켰다. 그는 자신과 환자의 무의식적 정신 사이에서 어떤 대화를 창조하는 상징 언어로 그들의 환상적인phantasmagorial 창조에 응답했다. (비록 많은 경우에 "무의식"은 개인을 압도하거나 세상을 접하게 한 페르소나가 되었지만 말이다.) 그러나 이 일을 한 지 거의 10년 후에, 그는 비교적 신경증 증세가 덜한 사람들과 더불어 외래 환자 일에 몰두하기 시작했다. 정신증 환자들과의 작업에서 그를 사로잡았던 놀라운 심상은 그가 신경증 환자들과 작업할 때 계속해서 그의 관심을 불러일으켰다. 무의식의 심상은 그에게 신화연구와 더불어 결국은 연금술 연구로 인도했다. 거기서 개인 꿈의 상징성과 유사한 것들이 발견될 수 있다.

융은 정신적 상처들을 치유하는데 도움이 되고 싶었다. 그러나 의존적 전이에 대한 퇴행적 개입은 좋아하지 않았다. 그래서 그는 사람들이 심층의 상징들과 더불어 자신의 고유한 것에 대해 작업할 수 있는 방식들을 고안했다. 그는 환자로 하여금 자신의 신경증적인 어려움들로부터 벗어나도록 돕고자 했으며, 그들에게 자신의 방식으로 계속해서 성장해 가는 방식을 가르치고자 했다. 그에게 환자들은 인간 원형의 유일한 운반자들이었다. 보편적 정신이 그들의 삶에 드러내는 예측할 수 없지만 창조적인 방식을 탐구하는 놀라운 모험에 그들이 자신과 동참해주기를 기대하고 격려했다. 많은 경우에 타당하게 보이는 그의 믿음은 그들의 상호적 탐구는 치유될 것이며, 자기 자신에 대한 작업을 계속함으로써 사람들의 치유는 확고해질 것이라는 점이다. 그러나 특히 개인적 치유보다는 그 보편적인 측면에서, 정신 자체는 그의 중심적 관심거리였다. 분석적 상호작용에 대한 그의 한 깊은 연구인, <전이의 심리학 *The Psychology of the Transference*>은 선견지명의 걸작이다. 그것은 1946년으로 거슬러 올라가 치료경험의 상호주관적 기초를 기술한다. 그러나 내가 믿기에, 그 논문은 프로이트와의 결별에 따른 정서적 실패로부터 자신을 구해내기 위한 그의 경험에 기초하고 있다. 또한 그는 자기 환자들과 함께 자신과 동일한 수준의 작업에 참여하는데 거의 흥미가 없었던 것 같다. 반면에, 비온은 임상적 상황 자체에 거의 절대적으로 중점을 두었다. 그것은 환자와 분석가의 정신이 두 사람의 복합체를 관통하는 저 무한한 신비스러움 안에 나타나는 방식을 연구한다(Balint, 1968). 깊은 무의식의 본질과 정신의 본질에 대한 융의 비전은 그 자체에 의해 촉발된 채 진행된다. 상담실 안에서 그런 과정들이 드러내고 펼치는 방식에 대한 비온의 관점과 함께 말이다. 이 두 천재를 결합하는 작업은 임상 상황에 대한 우리의 관점을 크게 확대시킨다.

반복해서, 비온은 정신은 비물질적인 "것thing"이며, 몸이 될 수 있는 방식으로 접근될 수 없다고 말한다. 약과 분석의 차이를 논의하면서, 비온은 이렇게 적는다:

> 환자가 육체적 고통이 아닌 정신적 고통에 대해 불평했다고 생각해보자. 아무도 불안의 존재를 의심하지 않으며, 그것을 치료하도록 돕는 데 있어 어떤 불일치도 보지 못할 것이다. ... 차이점을 가장 분명하게 보여주는 관점은 감각적이지 않은 경험에 의존하는 정신-분석가와 대조적으로 내과의사physician는 감각적인 경험을 실현하는 것에 의존한다. [예: 감각적인 경험은 5각을 통해 들어온다] 내과의사는 보거나 만지거나 냄새를 맡을 수 있다. 정신-분석가가 다루는 현실들[요소들이나 정서적 경험들]은 보이거나 만져질 수 없다. 불안은 어떤 모양도, 색깔도, 냄새나 소리도 없다(1970, pp. 6-7).

우리의 언어–어떤 "물질thing"로서의 정신–는 그것이 외부세계의 본성에 의존하기 때문에 실제reality를 왜곡한다. 우리는 불안의 신체적 증상sequelae을 본다: 땀이 찬 손바닥, 흥분된 동작들 등. 그러나 불안 그 자체는 "분위기vibes"를 통해 오직 직관적으로만 알게 된다. 무의식은 종종 마치 어떤 장소처럼 묘사된다. 그러나 무의식은 어떤 실체적 본질은 아니다. 집단무의식은 인간 본성을 "담아낸다contain". 그러나 컵이나 상자를 불러일으키는 단어는 오해를 불러일으킨다. 계몽Enlightenment의 관점으로 포화된 상태에서, 우리는 불가해한 정신에 대한 강력한 실제reality를 기억하기 위해 뻗어 나가야 한다.

융은 분석가의 일은 정신의 실제를 마음속에 단단히 붙잡는 것이라고 반복해서 강조한다.

> 인간의 무의식은… 세계의 전체성을 반영한다. … 의식의 관점에서 바라볼 때, 이 세계는 실제이자 바로 그 반영이다. 그러나 그 반영은 바로 살아있고 실제적이며, 크고도 복잡한 것과 같다. 외부 세계는 무의식의 반영이라는 관점도 있다. … 전체 동양은 우리가 실제라고 말하는 것은 바로 그들이 마야의 베일veil로 부르는 일종의 퇴행적 환상이라고[믿는다]. 이것은 플라톤의 생각이다. … (Jung, 1984, p. 447).

융과 비온이 택한 철학적으로 이상화된 관점은 심층 심리학 관점이다. 그 이상화된 관점을 아무리 담아두더라도, 우리는 계속해서 그것을 놓칠 수밖에 없다. 다음 장에서 우리가 보다 자세히 살펴볼 것이지만, 분석가는 환자의 연상을 상징적으로 듣도록 노력해야 한다. 그것은 이 순간에 활성화된 콤플렉스들과 씨름하는 그 자체에 대한 그림을 그리기 위해, 우리가 외부 상황에서 순서대로 사용한 것처럼, 정신의 운동을 따라가기 위함이다. 그러나 가끔 분석가는 환자 이야기의 구체적인 의미 속으로 빠져든다. 사실 구체적인 의미 역시 실제적real이다. 그리고 종종 그것을 무시하는 것은 환자를 유기한 것이 될 것이다. 그러나 구체성으로 빠져들기 위해, 상징적 의미를 잃어버리는 것은 환자를 그 영혼[6]의 결정적인 수준으로 떨어트리는 것이다.

"O"

비온과 융 모두 불가해한 내적 우주의 신비에 접근하려고 노력했다. 비온은 제일의 실제a primary reality를 "O"라고 불렀는데, 그것은 융이 원형의 무한한 용기container인 "집단무의식the collective unconscious"으로 불렀던 것과 대략 일치하는 개

6) 세속적인 독자는 이 단어에 대한 어려움을 가질 수 있다. "정신psyche"은 "영혼soul"을 의미하는 그리스 단어이다. "마음mind"은 대부분 사람에게 사고thinking를 암시하는 훨씬 좁고 냉랭한 개념이다. 일반적으로 (우리 문화에서) 우리는 마음을 뇌나 머리에 내재된 것으로 그린다. 내가 보는 동의어사전(Chapman, 1992)은 "영혼"에 대한 동의어로 다음 단어들을 제안한다: 열정passion, 가슴heart, 내부interior, 삶의 활력소, 인격, 본질, 내적 본성, 특별함, 개인 그리고 정신. "영혼"을 사용함에 있어 나는 불멸, 신God, 혹은 어떤 종교적 이슈를 암시할 의도는 없다.

념이다. 많은 저자들이 언급한 바와 같이, 비온의 저작은 불투명하다. 나는 여기서 "내가" 사용하는 비온의 O개념을 제시하려고 한다. 나는 그 용어를 다양한 방식으로 사용하면서 비온을 읽어낸다. O는 논의하기가 어렵다. 왜냐하면 그것은 무한하기 때문이며, 그것을 탐구하기 위해서 유한한 인간의 마음은 O를 유한한 것으로, –적어도 덜 무한한– 부분들로 나누어야하기 때문이다. 다음 몇 쪽에서 나는 개인의 O, 혹은 분석 커플의 O, 혹은 상담회기의 O에 대해 말할 것이다. 마치 이런 O의 측면들이 구별될 수 있을 것처럼 말이다. O가 모든 실제를 포괄하는 나뉘어 질수 없는 영역이라고 할지라도, 비온 역시 상담실에서 펼쳐지는 드라마를 "진화하는 O와 또 다른 진화하는 O의 교차점으로 간주하는 것에 대해 이야기한다(1970, p. 118). 각 개인이 하나의 진화하는 O인 것처럼 말이다. 우리가 O를 하나의 연속적인 세포막으로 상상한다면, 지구와 태양계의 O뿐만 아니라 나의 O와 너의 O는 이런 세포막의 모든 측면들이다. 우리 모두는 서로에게 관계되어 있으며, 존재의 모든 요소에 관계되어 있다. 우리의 운명은 어떤 충만함 속에서도 이해하기를 기대할 수 없는 방식으로 서로 얽혀있다. 우리 모두는 하나의 위대한 O의 부분이다. O는 결코 밝혀질 수 없다. 나의 논의는 일종의 O에 대한 *감정feeling*을 전하려는 데 있지, O에 대한 정확한 지도를 그리는데 있지 않다.

O의 영역은 절대자the Absolute, 궁극적 실제Ultimate Reality, 혹은 궁극적 진리Ultimate Truth, 존재의 토대 혹은 신God이나 신성godhead과 같은 이름 아래 철학자들이나 신비가들에 의해 탐구되었다. O는 플라톤의 이데아ideal 형상들, 칸트의 물자체들things-in-themselves, 비온의 전-개념화들pre-conceptions, 클라인의 타고난 환상들inborn phantasies, 그리고 융의 원형들의 세계이다. O는 실제에 대한 우리의 의식적인 관점으로부터 배제된 무한한 진리의 대양을 향해 말한다. 그것은 알파 기능α function[7] 혹은 자아 방어들ego defenses처럼 삶을 생동감 있게 만드는 무의식적 능력들 아래[8] 놓여 있다. 밀턴(Milton, 1968)은 <실낙원*Paradise Lost*>에서

7) 알파 기능은 상징화를 조절하기 위한 기능이다. 우리는 그 기능을 다음 장에서 심층적으로 탐색할 것이다.

8) "아래beneath"가 비록 질료matter를 암시하더라도 말이다. 우리는 정신의 실제에 대한 정당성을 부여할 수 있는 언어를 가지고 있지 않다. 우리 언어는 경험을 시간과 공간의 용어로 정의한다. 무의식은 그 자체의 관점에서 무시간적으로 보인다. 과거, 현재, 미래를 쉽게 혼합시키며, 우리가 보아왔듯이, 공간에 존재하지도 않는다.

"공허하고 형태 없는 무한함"에 대해 이야기한다. 비온은 밀턴의 말을 O의 묘사로 제안한다.

그러나 그 개념에 대한 비온의 사용은 유동적이며 어느 정도 변화한다. 그것은 상징이지, 기호가 아니다. 하나의 상징은, 융이 말하길, "모든 이해 가능한 설명들을 초월해 있는 어떤 것을 의미한다. ... 그것은 아직 알려지지 않은 어떤 심리적 본질에 대한 이해할 수 없는 사실을 표현한다. 이미 알려진 것을 의미하는 표현은 단순히 기호로 남는다"(Jung, 1971, para 815-17). O의 본질은 그 자체의 불가지성unknowability이다. 우리는 그 충만함 둘레에 우리 생각을 휘감을 수 없다. 우리의 개인적인 비존재성personal nonexistence처럼, 그것은 상상할 수 없다. 집단무의식은 이런 불가해한 성향들을 공유한다. 그러나 융과 그의 후학들은 그 무한한 신비보다는 유한한 현현들에 더욱 주목한다. 그래서 O에 대한 비온의 작업은 원형적 토대의 본질에 대한 융학파의 이해를 심화시킨다.

여기에 비온이 <주의와 해석, 1970>에서 제시한 O에 대한 "정의들definitions"이 있다:

O는 "경험(물자체 thing-in-itself)"이다(p. 4). "물자체"라는 구절은 인간 정신을 통해 여과됨 없이 존재하는 있는 그대로의 사물the thing as it exists을 의미하며, 그것은 인간의 마음(정신)에 대해 분명하게 알 수 없는 어떤 것이다. 이런 정의 안에서 O는, 내 마음의 이해나 그 자체에 대한 표상과는 관계없이, 그 순수한 형태로 내가 경험하는 것이다.

O는 궁극적 실제, 절대적 진리, 신성, 무한, 물자체와 같은 용어들로 표현된다. O는 우연의 경우를 제외하고는, 지식 혹은 배움의 영역으로 들어오지 않는다. 그것은 '되어갈become' [원문그대로임] 수는 있으나, '알려질known' 수는 없다(p. 26). 우리는 바로 그 순간의 경험 속으로 들어감으로써 어떤 주어진 유한한 실제 뒤에 있는 무한한 진리를 직감할 수 있다. 그러나 우리는 구구단이나 영국 왕의 계승에 대한 역사를 알 수 있는 감각으로 그 진리를 결코 *알 수know* 없다. 비온이 O는 "되어감become"이 될 수 있다고 말했을 때, 그는 우리가 우리 자신을 O에 열어 보임으로써 현재의 경험에 대한 기본적 본질을 지각할 수 있다고 생각한다. 이런 후에, 마음은 경험했던 것을 표현하려고 노력할 수 있다. 그러나 이런 표현은 경험의 전체성에 대한 온전한 정당성을 결코 부여할 수 없다.

이런 생각은 누군가가 바로 *그런as such* O가 "될become 수" 있다는 뜻은 아니다. 우리는 단지 이 순간의 O가 "될become" 수 있다. 안토니노 페로Antonino Ferro는 이것을 단순한 용어들로 묘사했다(2002): 분석가가 "O 안에in O" 있을 때, 그 중심적 경험은 환자와 공감적으로 – "가슴을 통해" – 연결되어 있다는 점이다. 그는 이것을 분석가가 마음을 통해 환자와 연결된 상황과 대조하면서, 환자의 연상들associations에 대한 의미를 이해하려고 노력한다. 여기서 독자는 아마 관계성을 구체화시키려는 페로의 시도를 느낄 수 있다. 그러나 분석가와 환자 사이의 인간적 연결은 대부분의 문헌에서 상당히 무시되어 왔기 때문에, 그는 이것을 단순하게 말할 어떤 방식을 가지고 있지 않다. 그는 기술적 언어로 자신의 관점을 위장해야 한다. – O와 같은 난해한 용어를 사용하면서 – 분석 세계에서 그것을 존중받도록 하기 위해서 말이다.

비온의 정의는 계속된다. "O는 어둠과 형태없음formlessness이다. 그러나 그것은 경험에 의해 얻어진 지식을 통해 알려질 수 있는 곳으로 진화할 때, K영역으로 들어간다. ... 그 실존은 현상학적으로 추론된다"(p. 26). "K영역"은 바로 보편적이거나 혹은 개인적 삶의 경험적 측면이다. 그것은 우리가 개방적이고 수용적인 마음 구조 안에서 O와 상호작용을 통해 알게 되기를 기대할 수 있는 경험이다. 여기서 비온은 결코 O를 드러낼 수 없는 교과서 배우기에 관해 말하고 있지 않다. 우리는 우리 경험 속으로 빠져듦으로써, 그리고 우리의 삶의 경험을 통해 그 자체를 알려지게 하고 있는 불가해한 근본적인 실제를 지각할 때까지, O로 하여금 우리를 흡수하게 함으로써, O를 지각한다. 이것이 우리로 하여금 O를 알도록 인도하지는 않을 것이다. 우리가 바랄 수 있는 것은, O가 물질적 존재로 진화할 때, O의 앞 가장자리에 대한 지각a sense of the leading edge of O이다. 비온은 <주의와 해석>에서, 독자에게 자신이 읽고 있는 책을 이해하려고 노력하는 것은 중요하지 않다고 되풀이하여 말한다. 중요한 것은 그 책의 O에 대한 직관적인 이해를 통해 그가 말하고자 하는 것을 인지하는 것이다. 그 직관적 이해는 자신의 불완전하고 제한된 단어들로 전하기 위해 노력하는 본질적 진리에 대한 이해이다. 이와 같은 "아하!" 순간은, "오! 그것이 바로 그가 의미하는 것이야"로 드러나는 반면에 독서나 임상 작업은 그의 개념들에 대한 의미와 가치를 드러낼 것이다. 그 때 독자는 자신의 고유한 경험으로부터 비온이 의미하는 것을 *알게know* 될 것이다. (물론 바로 이런 전형적인 비온학파의 안내는, 독자들이 비온이 의미하는 것을 자신의 것으로 만들 때, 서로 다른 독자들은 그가 의미한 것에 대해 적어도 약간의 다른 이해들을 제거할 것이라는 것을 의미한다.) 오직 체험적 경험lived experience으로부터 온 지식만이 O의 본질에 대한 믿을만한 지각sense을 가져올 수 있다. 우리는 O의 존재를 입증할 수 없다. 그것은 하나의 이론이다. 우리가 직접적으로 접해왔던 현상들로부터 우리는 그 존재를 추론한다: "O[는] 알려지지 않은 것이며 알 수 없는 것이다. … 인간에 의해 알려지거나 알 수 있는 모든 대상은 자신을 포함하여 O의 진화가 되어야 한다"(p. 27).

O는 "모든 대상 안에 있는, 그리고 모든 대상의 절대적 진리다"(p. 30). "모든 대상에는, 물질적 혹은 비물질적이든, 알 수 없는 궁극적 실제, 물자체thing-in-itself가 주재한다. 대상들은 인간의 인격을 현상들phenomena로 치부하는 감화력emanations 혹은 드러나는 특성emergent quality, 혹은 진화하는 성격을 지닌다. 그것들은 궁극적 실제와는 다르다"(p. 87). 문구를 넘어갈 때마다 그는 하나의 지각을 전하려고 노력한다 – 그가 말하고 있는 것에 대해 단순한 "정의definition"를 내리는 것은 불가능하다. 그는 구체적인 세계 뒤에 서있는 비물질적인, 영적인 실제의 개념에 대한 서구인의 시각을 열기를 원한다. 무의식처럼 이 실제는 공간과 시간 안에 제한되지 않는다. 그 실제는 이해 가능한 실체가 아니며, 그것은 마치 과거, 현재, 미래를 그릴 수 있는 밤 시간의 꿈과도 같다. O의 세계는 모든 시간을 포함한다.[9] 우리가 알고 있는 외부와 내부 현실들은 이런 형언할 수 없는 우주로부터 드러난다. 아마 빅뱅Big Bang은 이런 존재의 비물질적인 토대로부터, 즉 "무nothing"로부터, 폭발했을 것이다. (엄청난 밀도와 열로 된 태초의 우주가 대폭발, 즉 빅뱅을 일으켜 팽창우주가 되었다는 것이 현대 우주론의 주장이다. – 역자 주)

> 형상들Forms에 대한 플라톤의 이론과 기독교의 성육신Incarnation 교리는 내가 '공황,' '불안,' '사랑,' 등과 같은 현상의 우주적 특성으로 상정하기 원하는 궁극적 본질을 암시한다. 간단히 말해서, 나는 O를 정신-분석이 접해

9) 비온은 O의 비물질적인 특성nonmaterial quality에 대해서 말한다. 그러나 나는 그가 O의 무시간성timelessness에 대해서 말하고 있는 것은 알지 못한다.

야할 모든 상황의 이런 중심적 특성을 드러내기 위해 사용한다(1970, p. 89).

성육신에 대한 기독교 교리는 신성이 나사렛 예수의 유한한 형상을 지녔다고 말한다. [그 신성은 과학적인 서구인들이 "빅뱅"이나 살아있는 우주 에너지로 간주할 수 있는 어떤 것인 반면, 동양 신비가들은 그것을 존재의 토대the Ground of Being 혹은 궁극적 요소the Ultimate Source로 생각할 수 있다.] 신성을 "궁극적 본질absolute essence"로 명명하면서, 비온은 이것이야말로 불안이나 사랑과 같은 정서적 경험들의 원천stuff이라고 말한다. 임상 상황에서, 비온은 분석가가 만나는 모든 정서적 실제는 O로부터 진화하거나 발전한다고 제안한다.

비온은 정신의 본질을 묘사하기 위해－이 경우에 기독교 신화인－한 신화를 사용하고 있다. 프로이트는 미신으로서의 종교를 거부했으며, 종교는 사람들이 합리적인 삶을 살기 위해 충분히 의식화 될 때 사라질 것이라고 주장했다. 그 자체의 분명한 비합리성 때문에 종교를 멀리하기 보다는, 비온과 융은 종교를 정신 본질의 투사로서 연구했다. 융이 "신god"이라는 단어를 종교적 이미지의 의미를 분석하는 데 사용하는 곳에서, 그는 가정된 외부 현실에 대해서가 아니라 논증 가능한 *내부* 실제에 대해서 자주 반복해서 말한다. 반면 비온은 중립적인 용어, O를 창안한다. 융을 읽다보면 그가 어떤 신적인 의식의 외부 존재를 믿었다는 것을 쉽게 상상할 수 있다. 비록 그가 자신은 신의 객관적인 존재에 대한 이슈에 대해 어떤 진술도 제공하지 않는다고 계속해서 언급하지만 말이다. 비온은 결코 신을 믿는 것처럼 보이지 않는다. 그는 O를 믿는다.

비온의 모델에서, 내적 실제는 외부를 앞선다. 우리가 보통 "실제reality"라고 부르는 현상들은, 그것이 외부에 있건 내부에 있건, 최초의 실제the primary reality이자 본질상 형언할 수 없고 알 수 없는 O로부터 유래한 방사물들emanations이다. 비온은 우리가 상상하기를 외부 세계의 점, 선, 그리고 모양들에 토대를 둔 기하학geometry은 내적이며 상상적인 공간에 대한 모습들을 이해하기 위한 시도에서 처음 출현했다는 주장도 한다(Bion, 1965, p. 105; 1970, p. 10).

성숙해진 비온은 정신을 의식과 무의식으로 나누지 않았다. 그의 초점은 유한 대 무한에 있었다. 정신분석가들이 "무의식the unconscious"으로 표기한 것은 유한한 측면들과 무한한 측면들을 모두 포함한다. 그러나 무한한 것들은 항상 무의식적이다. 왜냐하면 유한 한 인간의 마음은 무한을 이해할 수 없기 때문이다. 마음은 이렇게 물을 수밖에 없다: "무한에 일을 더하면 무엇이 될까?" 비온이 최초의 실제인 O를 묘사하기 위해 사용한 모든 용어들은 무한의 용어들이다: 절대자the Absolute, 궁극적 진리 등. 이것은 우리 모두에 의해 공유된, 즉 아무에게도 개인적이지 않고 모두에게 근원적인 정신의 기본 층이다.

개인의 O, 즉 존재의 무의식적인 토대, 밀턴의 "형태 없는 무한formless infinite"에 대한 생각으로 시작하라. 이미지들이 그로부터 진화되기 이전에 말이다. 이런 끝없는 확장은 인간의 본성human given, 즉 인간 잠재력의 전부를 포함한다. 그것은 동물적 본성animal given과 삶 자체의 본성과 상당히 겹친다. 우리가 보게 되겠지만, 이것이 융이 말하는 원형의 우주다. 마치 각각의 나무는 나무들의 원형/이데아 형상ideal form/물자체thing-in-itself의 진화인 것처럼, 각 개인은 인간 가능성들의 저 대양이 진화한 것이다. 이 사람은 더 작거나 혹은 더 크다. 그이나 그녀는 더 영리하거나 혹은 더 둔하다. 다소간 음악적이거나/감사가 넘치거나/수학적이거나, 그 모든 것은 우리 종족의 영역을 정하는 한계들 안에 있다.

우리 각자에 대한 개인적 O 또한 존재한다. 그것은, 아직 출현하지 않은, 나에게 특별히 주어진, 인간 가능성의 보다 작은 조각, 그러나 역시 그자체로 무한한, "나me"에 대한 형태 없는 무한성이다. 우리의 유물론적인 문화는 이것을 "인격의 유전적 성향the genetic givens of the personality"으로 부를지 모른다. 더욱 신비한 문화는 영혼이나 어떤 다른 종류의 인간 본성의 비물질적인 운반자라는 관점에서 생각할지도 모른다. 나의 음식물과의 상호작용을 보면, 나의 유전자들은 내 뼈가 어떤 특별한 골격으로 진화하도록 할 것이다. 내 정신의 잠재력역시 유사하지만 그것을 정의하거나 측량하기에는 더욱 어렵다. 우리 각자는 달콤하거나 시거나, 부드럽거나 딱딱하거나, 다소 관계적이거나, 사랑하거나, 관통할 능력이 있는 방향으로 기우는 어떤 기질과 더불어 태어났다. 많은 정신분석학자들은 위니컷(1960)을 따라, "참자기a true self"와 "거짓 자기a false self"의 존재를 가정한다. 그것은 분명히 "참true" 자기는 타고난 기본적 실제an inborn underlying reality로부터 발전한 것이라는 점을 제안한다. 이런 실제, 즉 알 수 없는 O는 그로부터 개인이 진화하는 내적 우주이다. 우리가 얼마나 본질적이 되든지 간에, 거기에는 항상 무한히 더 큰 심층과 아직 발견되지 않은 폭breadth이 있다.

우리는 여전히 더욱 특별한 용어 안에서 개인적(환자나 분석가의) O에 대해서 생각할 수 있다. 어느 순간에라도 우리가 그에 대해 모든 것을 알지 못하는 내적인 실제가 있다. 이것은 심층심리학자들의 기본적 이해다. 지루한 환자들은 무서운 재료를 피한다. 격분한 환자는 자신의 취약성을 경험하는 것에 대하여 방어한다. 분석가는 전화답변을 해주는 것을 잊거나, 환자와 잡담하거나 충고를 한다. 그는 자신이 집중할 수 없는 것을 알아차리거나, 기면발작narcolepsy과 싸우거나, 저것보다는 이런 해석을 제공한다. 모든 추이와 선택은 자신의 인식 바깥에 놓여있는 많은 요인들에 의해 결정된다. 이런 요소들의 유한한 세부항목들은 O로부터 출현한다. 자기 자신의 본질적 진실truth인 O는, 그에 대한 많은 세부적 측면들이 포착되었을지라도, 결코 알려질 수 없는 본질essence이다.

비록 O는 궁극적으로 알 수 없지만, 항상 O가 우리로 하여금 그와 함께 작용하도록 강요하면서 우리를 대항하여 압박하기 때문에, 우리는 O의 본질을 지각한다. O에 대한 우리의 지식은 부분적으로 예감에 제한된다. 왜냐하면 O의 무한성은 항상 유동적이며, 결코 고정적이지 않기 때문이다. 어떤 일련의 해석이 임상가의 마음에 떠오를 때, 그것은 그가 함께했던 패턴들이 직관적이 되기 위해 어떤 확고하고 충분한 모양새를 택했기 때문이다. 그러나 이 시점에서 비온은 이렇게 제안한다. 임상가는 "어떤 형식formulation으로 부여된 경직성rigidity이, 다시 그 형식으로 드러난 O의 유동성에 의해 거부되기를 기대한다" (1970, p. 85). 당신이 O의 어떤 측면을, 그것을 서술함으로써, 고정시키려고 하자마자, 당신이 고정하려고 애쓰는 그 실제는 사라진다. 그것은 마치 항상 당신의 이해 밖으로 미끄러지는 수은 방울과도 같다. O는 실체 경험의 세계로 항구적으로 진화한다. 우리는 그 윤곽을 한 순간만 잠깐 본다. 그러나 우리가 그 모양을 지각하기 시작하면, 그것은 이동하고 변화한다. [그리고 물론 그 "모양shape"은 은유다. O는 공간과 시간의 세계 밖에 존재한다.]

비온 관점의 극단성은 치료자가 상담실로 인도한 환자는 단지 어제 한번 그를 보았더라도, 이전에 결코 만난 적이 없는 어떤 사람someone이라는 점에 그가 주목함으로써 강조된다. 만약 모든 회기의 목표가 그 안으로 들어오는 계속 진화하는 사람의 어떤 알려지지 않은 측면을 알기 위한 것이라면, 당신이 지금 보고 있는 사람을 알고*know* 있다고 믿는 것은 모순이다oxymoronic. 치료자가 자신의 환자를 알고 있다는 믿음은 "알려지지 않은, 일치하지 않은, 형태 없이 텅 빈, 그리고 진화하는 O의 요소들에 의한 박해와 관련된 지각의 출현을 방해하려는 의도이다"(ibid., p. 52). 비온은 O가 단지 무섭고 두려운 재료를 내포한다고 제안하지 않는다. 다만 O는 알려지지 않았으며, 그 이유로, 처음 접할 때 그것은 무섭게 느껴진다. 실제의 알 수 없는 본성은 무섭게 하는 것이지, 실제reality 그 자체는 아니다. 실제는 일단 알려지면 부정적인 것만큼 긍정적이 될 수 있다. 그 행동을 내가(적어도 어느 정도) 예측할 수 있는 내 남편이나 아이가 누군가someone가 되는 고정되고 확실한 세계 뒤에는, 항상 움직이거나, 성장하거나 수축하지만 덧없는ephemeral 실제가 놓여 있다. 그래서 내가 "알고 있는know" 사람은 항상 나를 자신의 알려지지 않은 측면들로 놀라게 한다. 이런 놀람들은 아마 깊이 불안감을 줄 수 있으며, 친숙함에 대한 환상은 환경이 배치한constellate 불안으로부터 우리를 보호한다.

여기서 비온의 입장은 너무 극단적이다. 그러나 그의 입장은 임상가로 하여금 환자를 고려할 때 알려진 것The Known에 의존하려는 경향을 보상하도록 돕는다는 점에서 유용하다. 책 전체를 살펴보겠지만, 특히 2부의 임상작업 회기에, 항구적인 위험이 있다. 그것은 치료자가 이전에 발전된 이해들에 매달릴 것이며, 그와 같은 이전에 "알려진 것들knowns"과 깔끔하게 들어맞지 않은 놀라운 새로운 요소들을 모른 체 하는 위험이다." 우리는 매 시간마다 새로운 사람을 만나기 위해 노력한다는 비온의 제안은 도움이 된다. 그러나 그것은 관계성에 대한 중심적인 어떤 것을 배제시킨다. 매시간 나는 독특한 감정으로 나의 기다리는 환자를 데려오기 위해 대기실을 향한다. 최근의 작업 일에, 나는 매 회기를 돌이켜볼 때, 내 자신이 무언가 긍정적인 것을 느꼈다. 왜냐하면 그 날 나는 내가 좋아하고 함께 있는 것을 즐긴 사람이 잇따라 서있는 것을 보았기 때문이다. 우리는 그런 긍정적인 감정을 " 연결linking"이라고 부를 수 있다. 그러나 그것은 각각의 경우에는 다른 감정이다. 나는 캐롤 혹은 마이크 혹은 샌드라와 관계된 특별한 기억들이나 개념들에 대한 내 생각을 비우기 위한 작업을 할 수 있다. 그래서 그들 각자가 오늘 가져온 특별한 모양을 수용할 수 있게 된다. 그러나 내가 그들 각자와의 유대bond를 기억하지 않는다면, 확실히 어떤 것은 놓치게 된다. 잘 알고 있는 환자를 새로운 누군가로 보는 것에 대해 이야기하는 것은 고무적이다. 그것은 우리로 하여금 환자는 명사noun가 아니라 동사verb라는 것을 기억하도록 돕는다. 그러나 우리는 우리가 함께 구축한 관계를 잊는 것을 바라지 않는다. 종종 두 사람 모두에게 고통스럽고 어려웠던 상황 속에서 더욱 그러하다.

융은 다양한 동화, 신화 그리고 연금술 문헌들의 심상을 따라, 무의식을 메르쿠리우스 영The Spirit Mercurius으로 의인화함으로써 (예 : 그림Grimm의 "병 속의 영"), 무의식의 항상 움직이는 특성에 대해 말한다. 그는 이렇게 묘사한다:

> 악마처럼 환자를 사로잡은 그렇게도 이해하기 어렵고, 현혹하는, 항상 변하는 내용이 이제 환자로부터 의사에게 돌아다닌다. 마치 동맹에서 제 삼자가 가끔 버릇없고 짓궂게, 가끔은 실제로 사악하게 그 게임을 계속한다. 연금술사들은 그것을 적절하게 교활한 계시의 신, 헤르메스Hermes나 메르쿠리우스로 의인화한다. ... 만일 내가 내 자신을 메르쿠리우스의 버릇없는 해학들, 그의 지칠 줄 모르는 개입, 그의 암시들, 그의 난해한 생각들과 구조들, 그의 양가성 그리고 –종종– 그의 실수 없는 악의들에 대한 부정적인 묘사로 한정한다면, [그]것은 전체적으로 어떤 정당화할 수 없는 진리의 억압suppression of truth일 것이다. 그는 또한 정확한 대극... 가장 높은 영적 특성을 가능케 한다(Jung, 1946, para 384).

무한한 무의식, 즉 O에 대한 어떤 이해를 고정시키는 것은 불가능하다는 것은 이 과정에서 분명하다. 융이 그 알 수 없는 무한함을 어떤 이방 신pagan god으로 의인화한 방식은 확실히 비온의 O와는 다른 취향을 부여한다. 내가 융의 자기the Self에 대한 이해를 논의할 때, 그 차이점을 보다 상세하게 탐색할 것이다.

O는 이성적으로 이해될 수 없다. 그것은 일종의 신앙행위에 의해 이해된다. 신앙은 환자를 O의 유동적 실제 안에 있게 하는 분석가의 작업으로 옮겨진 사고방식이다. 그 신앙은 고정된 물질세계로부터 철수하기 위해서, 그리고 끊임없이 이동하는 궁극적 진리로부터 온 메시지들을 수용할 수 있는 전달자가

되기 위해 작업한다. 그동안 분류된 환자의 역사와 진단적 범주에 대한 사실들은 여기서 아무 타당성이 없다. 지식?예를 들면, 환자의 역사에 대한-을 염두에 둘 때, 그것은 예측할 수 없고 알 수 없는 O에 대항하는 일종의 방어다. 신앙 행위는 무의식적이고 알려지지 않은 어떤 것에 접근하기 위해 필요하다. 아마 그것이 아직 발생하지 않았기 때문일 것이다. 개인은 그 순간의 O를 직감하는 자신의 최종적 능력에 대한 신앙을 필요로 한다. 신앙은 우리가 "실제"라고 부르는 O에 대해 수용적인 마음 상태다. 비온의 겉으로 드러나는 무신론atheism은 결코 완고하지 않다. 그는 모든 세상의 근본적인 영적인 실제, 곧 O에 대한 믿음이다.

신앙은 또한 분석가의 권위나 위엄을 보존하기 위한 작업이라기보다는, 분석가로 하여금 환자에게 관계적 방식으로 자신을 개방하도록 하기 위한 토대다. 권위나 위엄을 보존하려는 작업은 상당히 비관계적이다. 그것은 마치, 임상가가 (비언어적으로) 이렇게 말하는 것과 같다: "나는 분석을 받아온 전문가이고 당신은 당신의 마음 작용들에 대해 진짜 거의 알지 못하는 문제가 많은 사람입니다." 혹은 이렇게 말할 수 있다: "우리 둘은 여기서 고통에 속한 문제 많은 사람들입니다. 우리 중 아무도 앞으로 무엇이 전개될 것인가에 대한 많은 것을 알지 못합니다. 나는 인간 정신에 대한 약간의 전문성을 가지고 있으며, 당신은 당신 자신의 정신에 대한 약간의 전문성을 가지고 있습니다. 우리의 관점들을 결합해서 우리가 무엇을 정리할 수 있는지 봅시다." 나는 평등주의자의 접근을 위한 호소를 하지 않는다. 두 개인의 역할은 매우 다르다. 거기에 두 사람에 의해 수용되어야 할 심각한 힘의 차이가 있다. 그러나 관계적인 접근은 개방된 마음을 테이블로 가져온다. 두 사람이 각각의 방식 (사실 작업의 모든 순간을 망라하는 어떤 형식) 으로 문제를 느낀다면, 치료자는 환자에 대한 것처럼 (항상 거의 조용히) 자기 자신의 고유한 어려움과 무지에 대하여 의문을 가져야 한다. 치료자는 이런 입장을 견지할 수 있는데, 그것은 두 사람 사이에서 그들이 그 상황에 대한 어떤 의미를 창출할 것이라는 신앙을 그가 가지고 있기 때문이다. 모든 혼란, 그리고 알지 못함과 무기력감에도 불구하고, 둘의 혼합이 환자 발전을 위한 가치 있는 것이 되기에 충분히 헌신적인 신앙은 분석가에게 충분히 좋을 것이다. 분석가가 환자의 요구를 접하기 위해 충분히 성장할 수 있는 신앙이 요구된다.

집단무의식 The collective unconscious

O의 개념은 인간의 마음에 원형적으로 주어진,융의 집단무의식 개념과 매우 유사하다. 집단무의식은 융의 자기the Self에 대한 이론들과 관련이 있다. 그 이론들은 비온이 의식의 경험세계로의 "진화evolution"라고 불렀던 것에 O가 다가오는 방식을 묘사한다. 융은 원형들(집단무의식의 내용들)을 선재하는 유전적 형상들로 정의한다. 그러나 그는 계속해서, 그것들은 "*내용 없는 형상들forms without content*로서 단순히 인식과 행동에 대한 어떤 형태의 가능성을 나타낸다"(1936/37, para 99, 이탤릭체 원전 강조). 원형들은 "본능 자체들의 무의식적 이미지들이며, ... *본능적 행동의 형태*들이다"(ibid., para 91, 이탤릭체 원전 강조). 원형의 "형상은 ... 아마 수정의 축구조axil system에 비교될 수 있다. 그 축구조는 말하자면 비록 그 자체의 물질적 존재를 가지고 있지 않더라도, 모체 액체 안에 있는 수정 구조를 미리 형성한다"(Jung, 1938, para 155). 비록 융과 그의 후학들이 다양한 원형들의 본질에 대해 상당히 많은 양을 저술해 왔지만, 동화의 원형적 심상을 분석한 폰 프란츠von Franz의 많은 저작들(예: 1974) 안에서, 혹은 융의 작업을 설명하기 위한 에딘저Edinger의 다양한 시도들(예: 1996) 안에서 논의된 것은 묘사할 수 없는 원형이 아니다. 그것들은 *보통 말하는 식의as such* 그러나 "의식의 경험자료"로 채워진 더 이상 비어있지 않은 원형들이다(Jung, 1938, para 155).

원형들은 고정된 실체들이 아니다. 우리는 얼마나 많은 원형들이 있는가를 말할 수 없다. 그 개념은 단순히 "우리의 상상, 인식, 그리고 사고는... 타고난, 그리고 보편적으로 드러난 정형적 요소들이다"(1936/37, para 92). 융은 어머니, 어린이, 노현자와 같은 어떤 일상적 원형들(혹은 원형적 이미지들)에게 이름을 부여한다. 그러나 여기서 우리의 목적을 위해, 분명한 실체들로서의 원형들에 대한 생각보다는, 일종의 유동적인 우주로서의 타고난 원형의 세계에 대해 생각하는 것이 더욱 도움이 된다. 그 세계에서 이름이 있든 없든 원형들은 각자에게 스며들어 우리 인간 삶의 근본적인 반응을 배치한다constellate. 마음의 이런 기질은 행동, 인식, 그리고 형상화되지 않은 상태에서의 경험 패턴들을 "담아낸다 contain." —이 말은 다시 오해를 불러일으키지만—.

> 우리는 무의식을 '아무것도 아닌 것nothing'으로 부른다. 그러나 그것은 가능태에 있는*in potentia* 하나의 실제다. 생각해야하는 사고, 해야 할 행위, 심지어 내일 슬퍼해야할 운명, 이 모든 것은 우리의 오늘에는 무의식 상태로 있다. ... 무의식은 야누스의 얼굴을 지닌다: 한 쪽에서 그 내용은 전의식적preconscious이고 유사이전의prehistoric 본능세계로 돌아가는 것을 드러낸 반면, 다른 쪽에서 무의식은 잠재적으로 미래를 기대한다-정확하게는 인간의 운명을 결정짓는 행동요소를 위한 본능적 준비 때문이다(Jung, 1939, para 498).

이런 요소들은 원형들이다. 그것들은

> [실]로 완전히 묘사할 수 없으며, ... 완전히 비어있으나, 어떤 매우 다양한 종류의 재료material를 통합할 수 있다. 그러나 항상 어떤 원형적 특성을 지시한다. 예를 들면, 집, 오두막, 동굴이나 사원 같은 원형이 있다. 이런 것들은 모두 매우 다르다. 그러나 당신이 그것들을 무엇이라 부르건 상관없다. 왜냐하면 이 모든 이름들이나 개념들은 단순히 정말 묘사할 수 없는 기본적인 것에 대한 속성들이기 때문이다(Jung, 1984, p. 525).

비온은 마치 아가미의 갈라진 틈, 일종의 물고기 조직 기호들, 혹은 흔적만 남아있는 꼬리와 같은 우리 조상의 남아있는 부분들과 유사한 원초적 마음a primordial mind에 대해 말한다(2000, p. 247). 무명의 한 세미나 참가자가 그에게 그가 말하고 있는 것은 융의 원형개념과 유사하냐고 묻자, "나는 그 역시 동일한 것에 대해 이야기하고 있었다고 생각한다"고 대답했다. 우리 모두 안에 변하지 않은 채로 남아있는 것으로 보이는 어떤 것, 즉 어떤 근본적 마음이 존재한다ibid.

우리가 어머니의 원형적 이미지에 대해 생각한다면, 자, 그 개념은 유아는 여성부모와의 관계에 대한 기대, 가슴과 우유에 대한 기대와 더불어 태어난다. 비록 유아가 "기대한" 이런 요소들이 외부 현실에서 만나게 될 때까지 어떤 형태도 지니지 않을지라도 말이다. 각각의 문화는 폭넓은 관계형태를 창조하기 위해 원형적으로 주어진 것을 기반으로 한다. 그 관계형태는 어머니가 자신과 아이의 관계를 어떻게 주도하는지, 그리고 나서 결국 아이가 그들의 삶의 관계를 넘어 어머니와 어떻게 관계할 것인가를 구조화한다. 각각의 독특한 어머니는 자기 아이와의 상호작용에서 "어머니Mother" 역할을 위해 원형적이며 문화적으로 주어진 것이 고유하게 실현된 것을 발견할 것이다.

> 삶에서 전형적인 상황들이 있듯이, 많은 원형들이 있다. ... 주어진 원형과 일치하는 어떤 상황이 발생하면, 그 원형은 활성화되어 어떤 강박성이 나타난다. 그것은 마치 어떤 본능적인 욕동처럼 모든 이성과 의지에 대항하여 자신의 방식을 얻는다(Jung, 1959, para 99).

예를 들면, 프로이트의 "오이디푸스 콤플렉스"는 인간 존재의 보편적 딜레마로 가정된다. 우리는 이미 형성된 그룹이나 2인1조의 경계 안팎에서 누구라도 느끼는 모든 상황에서 그 징후들을 본다. 융은 모든 인간이 처리해야할 이런 종류의 보편적 삶의 문제를 "원형적인" 것archetypal으로 불렀다.

우리는 질문할 수 있다. 선재하는 형상들에 대한 융의 우주가 비온의 "형상 없는 무한formless infinite"과 어떻게 대동소이할 수 있을까? 비록 비온이 O의 무형상formlessness에 대해 자주 언급함에도 불구하고, 그는 또한 O를 형상Forms에 대한 플라톤의 이론에 암시된 "궁극적 본질absolute essence"로 구성된 물자체들 things-in-themselves로 묘사한다(1970, p. 41을 보라). 우리가 형상들이라는 용어에 대한 모순된 용례에 집착하는 것을 피할 수 있다면, 우리는 융과 비온 모두가 동일한 영역에 대해 말하고 있음을 쉽게 알 수 있다. 사실 융은 플라톤의 형상Forms을 [원형들]에 대한 철학적 설명으로 묘사했다(1960, para 388). 비온은 융이 되고자 했던 것보다 더욱 확실히 신비적이다. 그는 O를 융이 결코 암시하지 않은 어떤 경험적 실제에 대한 일종의 영적인 배경으로 상정하는 것 같다. 그러나 비온은 "경험적 실제empirical reality"에 대한 자신의 생각이 실제로 하나의 *심리적* 요인이라고 지적한다. 예를 들면, 그는 마치 자신이 집에 관심이 있는 것처럼 말한다. 그러나 보다 중점적으로 그는 집에 대한 인간의 경험 뒤에 무엇이 놓여있는지를 묘사하고 있다. 그 사람은 특별한 집에 대한 경험이 있다. 그 정서적 개념 뒤에 집에 대한 플라톤적인 형상Form이 서있다. 그것은 물자체이며 집 원형이다. 그 사람이 외부세계를 경험하기 이전에, 아직은 완전히 비어있더라도 그 사람의 인식을 형성할 잠재적 "이미지들"로 구성된 집단무의식은 내용이 없는 모체a matrix로 구성된다는 점을 기억한다면, 우리는 비온 학파가 서술할 수 있었던 것과 같이 O에 대한 훌륭한 묘사를 하게 된다. 집단무의식은 O보다는 오히려 좁은 개념처럼 느껴진다. 왜냐하면 집단무의식은 실제의 모든 것을 언급하기 보다는, 매우 분명하게 인간 정신에 대해 말하기 때문이다. 그러나 이것은 본질보다는 강조점에 대한 문제다. 비온은 O를 분석이 주목하는 정서적 경험의 비물질적인 요소를 우선적으로 묘사하기 위해 사용한다. 융의 가장 우수한 학생 가운데 한 사람인 야코비Jacoby는 집단무의식을 "전체로서의 세계에 대한 내적 소통correspondence"으로 부른다(1959, p. 60). 그 개념들은 서로 스며든다.

인간생활의 모든 것은 인간 본성을 정하는 알 수 없는 원형들에 의해 구조화된다. 무의식은 문화와 시간을 관통하는 우리 종들species의 항상성을 설명하려는 일종의 가설적 개념이다. 예를 들면, 고대 이집트 문헌과 확충작업을 한 현대의 꿈 이미지에 대해 말할 때, 융은 이렇게 묻는다:

> 비교할 수 없을 것 같은 당신의 특별한 꿈과 피라미드 사이에 어떤 연결이 있습니까? 그럼에도 당신은 동일한 상징을 포함하는 이집트 문헌에서 당신의 꿈과 가깝게 일치하는 것을 발견할 수 있을 것입니다. ... 그리고 이렇게 생각합니다: 그것은 이집트며, 이것은 내 꿈이야. 그리고 그 둘을 비교한다는 것은 어리석어. 거기에는 아무런 공통점이 없어. 그러나 *그 문헌을 생산했던 서기관은 대부분 측면에서 정확하게 당신 자신과 같은 한 인간이었다. –머리, 두 눈, 하나의 코, 두 귀 그리고 두 손, 동일한 본성적 기능들, 그 역시 행복했고, 슬퍼했으며, 태어나고 죽었다.* ... 미분화된primitive 종족들은 우리처럼 그와 동일한 정서에 의해 감동받았다. ... 우리의 무의식은 거의 국제적인 언어로 말한다(1984, p. 70 강조점 이탤릭체 추가).

무의식을 상정하는 것은 "인간 본성"과 같은 그런 것이 있으며, 그것은 비교적 무시간적이라고 말하는 방식이다. 야코비(op. cit.)는 언제 원형들이 발전하느냐는 물음을 제기할 수 없다고 말한다. 원형들은 일종의 생물의 특성이며, 그와 더불어 출현했다.

비록 융이 그것을 탐구하지 않았지만, 그의 이론의 한 측면은 오늘날 비온의 관점을 반영한다. 그것은 "무의식"을 일종의 저장소 혹은 그 자체의 무의식성이 없는 바로 그 의식의 재료와 같은 무한한 재료의 샘으로도 보지 않는 것이다. O와 집단무의식 둘 모두 어떤 정의로도 그 본성을 알 수 없는 하나의 무한한 우주를 묘사한다. 이런 요소로부터 발산된 에너지는 의식으로 들어올 때, 이해 가능한 형태를 띤다. 우리가 알 수 있는 그 무의식적인 모든 것은 달라져야 한다는 것이다(Jung, 1971 , para 838). O 혹은 집단무의식은, 외부 현실의 지각적 세계 뒤에서 움직이는, 우리가 어둡게 인식하는 플라톤의 동굴의 비유에 반영된 끝없는 우주다. 우리는 이것을일종의 약칭인 "가장 깊은 무의식"으로 부를 수 있다. 그러나 어떤 명사도 그것을 묘사하기에는 당연히 부적절하다.

우리는 다음 장에서 꿈 과정에 대한 비온의 개념을 살펴볼 것이다. 그는 꿈 과정을 정서적 경험이, 지속적이며 일생동안 계속되는 인간에 대한 새로운 의미와 목표를 생산해낼 수 있는, 상징적 형태로 변형되는 것으로 표현한다. 그의 이론은 삶의 경험의 전부를 *소유하기*는 불가능하다는 것을 강조한다. 우리의 정서적 삶은 항상 감당하기에는 너무 광범위하다. 알 수 없고 묘연한 자기self의 잠재적 요소들은 항상 존재한다. 정확하게 "무의식" 안에 주재하지 않으면서, 자기self의 의식적 경험에 포함된 채 그것들은 존재한다. "의식이 거부했던 요소들의 쾌쾌한 저장소 대신에, 무의식은 결코 끝나지 않은, 항상 진화와 변화의 과정에 있는 일종의 가능성들의 세계다"(Andrade de Azevedo, 2000, p. 85).

이것이야말로 융이 자신의 모든 작업에서 묘사한 무의식이다. 비록 그 작업이 프로이트와의 결별을 예고했지만 말이다. 창조적인 무의식은 "끝이 없으며, 생물의 풍요로움을 스스로 보충하는, 우리의 이해 너머의 부요함" 을 생산해내는 바다와도 같다(1946, para 366). 그는 다음과 같이 말한다:

> 사물이 존재하기도 하고 존재하지 않기도 하는 무의식 안에 여전히 존재하는 어떤 것들에 대한 이해할 수 없는 상징성... 그것들은things 긍정이면서 부정이며, 좋으면서 나쁘고, 검으면서 하얗다. ... 그것은 둘 모두가 될 수 없지만, 어느 한 쪽은 가능하다. ... 이것은 실제로 어떤 새

로운 발견은 아니다. 영지주의자들은 그런 생각을 지녔으며, 그것을 플레로마Pleroma로 표현했다. 그것은 대극의 짝이... 함께 있는 충만한 상태다. 두 대극이 무언가 "되어갈become" 때, 그것은 낮 혹은 밤이다. '약속promise'의 상태에서, 그 대극이 되어가기 전에는 비존재nonexistent다. 거기에는 백도 흑도 없으며, 좋음도 나쁨도 없다(Jung, 1984, p. 131).

이것이 이전에도 있었으며 앞으로도 있을 모든 것이 존재할 영원한timeless "장소"다. 그것은 죽은 사람이나 아직 태어나지 않은 사람이 실제하며 살아있는 존재로 살아가는 하나의 우주다(op. cit., para 529). 내가 위에서 언급한 대로, 무의식은 메르쿠리우스로 의인화될 수 있으며, 그것은 꿈과 환상에서 기본적으로 이중적으로 나타난다. 어떤 "친구, 괴물, 야수, 그리고 동시에 만병통치제panacea," 신의 무한한 지혜, 우리의 살아있음에 대한 개현성을 감독하는 성령 등으로 나타난다(ibid., para 389).

융은 그것들로 거의 인정받지 못했다. 그러나 비온의 영향을 받은 현대의 정신분석학자들은 융의 견해와 현저하게 유사한 무의식에 대한 이미지를 발전시켜왔다.

...어떤 생명체... 나누어질 수 없는 *신성한 현존들, 환영들, 악마들*, 혹은 일정기간 계속되는 일련의 무의식적 드라마를 영원히 펼치는 *영들spirits*, 그렇지 않으면 환상들phantasies로 알려진 것들에 의해 서식하는 어떤 거주지. 그것들은 어떤 진정한 영화의 '혼면실mixing room'에 있는 일상적 삶의 '일간지들'로부터 온 우리의 존재론적인 주제들을 밝혀주고 즐긴다(Grotstein, 2004a, p. 101 이탤릭체 원전 강조).

흉한 고물을 위한 창고라기보다는, 무의식은 "우리의 삶에 침투한, 그리고 우리의 정서적 경험들에 의해 유지된, 역동적인 정신 활동의 한 형태로 이해되었다"(Andrade de Azevedo, 2000, p. 86). 그 자체의 작용으로 개입하는 무해한 무의식의 독약을 흡수하고 표현하는 의식의 상image 대신에, 우리는 "의식을 이전에 무의식적인 내용들... 과의 대면을 통해 계속해서 확장된 것"[으로] 묘사한다(Jung, 1916, para 193). 비록 융이 "무한infinite"이라는 단어를 사용하지 않았지만, 무의식을 "막연히 큰 것indefinitely large"으로 묘사한다(1950a, para 634). 그의 이미지들은 본질적으로 무한하다. 그의 성숙한 작업에서, 비온은 무한함에 대해 말했다. 왜냐하면 "무의식"은 적어도 이론상 완전히 탐구될 수 있는 경계가 정해진 장소처럼 들리기 때문이다.

융은 "실제" 세계에 살고 있는 한 감각적이며, 합리적인 사업가 환자를 묘사한다.

> 갑자기 그는 자신을 무의식 안에서 발견한다. 그곳에서 모든 것은, 가장 상충되는 충동들과 의견들과 더불어, 위아래로, 앞뒤로 있다. ... 그는 방향을 잃고... 이런 특별한 경험이 주요 사안thing이라는 것을 이해할 수 없다. ... 무의식 안에서 그는... 일종의 고문에 복종해야 한다. 어느 날 당신은 어떤 분명한 결정을 하게 되었다고 생각한다. 다음 날 그것은 사라진다. 당신은 바보처럼 느낀다. 그리고 이런 것이 대극의 쌍이라는 것을 배울 때까지 그것을 저주한다. 그리고 당신은 그 반대가 아니다. 그것을 배운다면, 당신은 이미 당신의 교훈을 얻었다(1984, p. 149).

유한한 "나I"는 그 자체를 융이 말한 "무의식"인 무한한 정신으로부터 분리시켜야 한다. 이런 불가능한 과제를 수행함에 있어, 예를 들면, 개인은 자신의 탐욕스럽거나 욕정적인, 혹은 미워하는 성향을 알게 될 수 있다. 우리 작은 개인들은 바람과 조수에 대해 책임적이지 못한바와 마찬가지로, 자신의 실존*existence*에 대해 책임적이지 않다. 그 개인이 바로 내부에서 소용돌이치는 영향력들이라고 누군가 상상하는 한, 그를 여기저기로 떠밀면서, 그는 그 영향력들의 손아귀 안에 있게 된다. 이런 무자비한 삶의 에너지들이 어느 정도 확인되면, 개인은 부끄러움으로 가득 찰 것이다. 무한한 내적 심층들에 대한 어떤 관점을 획득함으로써, 그리고 그것들의 주관적 본질보다는 객관적 본질을 확인함으로써, 그는 자신이 누구인지 알기 시작한다.

자기 The Self

프로이트의 무의식은 원초적이며 신체에 기초한 욕구들을 만족시키기 위해 투쟁하는 에너지의 혼란스런 덩어리a chaotic mass다. 그 맹목적이며 통제되지 않은 목표는 프로이트가 말했던 "쾌락"이다: 그것은 열반nirvana의 완전한 평화와 유사한 자극받지 않은 상태며 안식 상태다. 반면에 융의 무의식은 본능적인 만족보다 훨씬 더 많은 것을 얻기 위해 노력하는 주로 *의도적인* – 유념하고 조화를 이루는 – 에너지의 원동력energic force이다. 융은 이런 힘을 "자기the Self"라고 부른다.[10] 자기는 우리의 본능적 요구뿐만 아니라 가장 영적으로 발달된 삶의 측면들 – 그리고 그 둘 사이의 모든 것 – 에 관심한다. 예를 들면, 융은 "무의식적 관점에서 의식에 영향을 주기 위해 무의식 편에서 의식을 관통하려는" *시도*들로서의 꿈에 대해 말한다(1984, p. 524). 자기에 의해 조직되고 안내되는 무의식은 맹목적이지 않다. 그것은 균형을 유지함으로써 인간을 완성하려고 노력한다. 임상사례에서 융의 묘사에 의하면, 문제가 되는 충동들이 비교적 일상적인 선택이나 태도라고 할지라도, 개인의 꿈에 나타난 방식들은 그 일방적이며 의식적인 충동들과 그 밖의 다른 부분의 감정들과의 균형을 통해 그 자체를 완성하려고 한다.

제임스 그롯슈타인James Grotstein은 "O의 우주적 무관심the cosmic indifference of O"에 대해서 말한다(2007). 자기는 개인을 O와의 인격적 관계로 불러들이기 위해 작업하는 원형적 원동력이다. 융학파 관점은 그런 존재 – 각각의 사람, 각각의 바위, 각각의 생명체 – 가 취할 수 있는 각각의 특별한 형태는 우주의 조화로운 전체인, O의 일부라고 제안한다. "O의 우주적 무관심"은 우리가 그 일부인 전체로서의 O로 변한다. 마치 우리 몸 안에 있는 각각의 신장 세포는 하나의 통합된 기관의 일부이듯이, 우리 각자는 O의 한 요소다. 전체로서의 몸이 기존의 세포에 어떤

---

10) "자기self"를 대문자로 시작할 것인가에 대해 융학파 내에서 상당한 불일치가 있다. 그 용어가 "나 됨me-ness"에 대한 주관적 의미를 지시할 때, 그것은 결코 대문자로 시작하지 않는다. 그러나 그것이 정신의 조직 중심을 언급할 때는 영어에서 종종 대문자로 시작된다. 모든 명사가 대문자로 시작되는 독일어로 글을 썼기 때문에, 융은 이런 이슈를 다루지 않았다. 융전집Collected Works의 편집자들은 큰 자기the big self/Self를 대문자로 쓰지 않기로 결정했다. 그러나 영어의 경향은 점차 그런 방향으로 가고 있다. 이제 살펴보겠지만, 작은 자기the little self는 결국 큰 자기로 바뀌므로 종종 그 용어를 대문자로 시작할 것인가를 결정하는 것이 어려울 수 있다. 그러나 나는 가능한 범주에서 구별하기 위해 큰 자기를 대문자로 시작할 것이다.

특별한 관심을 가지고 있지 않더라도, 각각의 세포는 전체 리듬과의 조화 속에서 살고 죽으면서 각자의 일을 한다. 자기의 개념은 O의 분명한 우주적 무관심 뒤에 우리가 결코 이해하거나 측량할 수 없는 어떤 독립적인 조화로움harmony이 놓여 있다. 우리 각자는 하나의 지극히 작은 요소지만 전체의 중요한 부분이다.

모든 정신분석학자들은 "자기self"의 개념을 설명하기 위해 노력한다. 융의 아이디어는 정신과 그 신비에 대한 그의 이해에 모아진다. 융의 생각은 이해하기 어렵다. 그것은 부분적으로 주류 정신분석 개념과 매우 다르기 때문이다. 융은 자아ego를 —내가 "나"로 부르는 것— 단순히 의식으로 정의한다. 융학파의 자아는 자기self[11]에 대한 대부분의 정신분석 개념들과 유사하다. 그것은 "나me"에 대한 자각이다. 반면에 자기the Self는

> 의식과... 무의식의 통합union이다. ... 자기the Self는... 자아("나")와 비자아, 주관적인 것과 객관적인 것, 개인적인 것과 집단적인collective 것 모두다. 그것은 대극의 전체적 연합을 요약하는 "통합적 상징uniting symbol"이다(Jung, 1946, para 474).

융의 무의식은 자기the Self에 의해 *구성되어* 있기 때문에 O와 다른 성향이 있다. O는 비인격적이며 달랠 수 없다implacable. O에 대한 어떤 의도성도 전제되지 않는다. 그것은 일종의 비관계적인 힘unrelated force이다. O와 충돌하는 사람은 O에 대해 알려고 분투하거나, 아니면 아예 알려고 하지 않으려 한다. O의 능력은 그 자체의 진리의 덕에 의해 도달한다. 그 반면에, 융에게는 궁극적 실제의 신비는 각 사람에게 진정한 자기 자신인 개인, 즉 (개인적) 자기the individual, the self가 되도록 의도적으로 압력을 가하는 (보편적) 자기the Self에 의해 전달된다. 다시 자신이 원하는 사람이 되려는 의식의 시도를 압도하는 것은 맹목적인 진실truth보다는 자신의 존재에 대한 진실이다. 융은 정신을 어떤 에너지에 의해 주로 추진

11) 하인즈 코헛Heinz Kohut과 마수드 칸Massud Kahn은 예외다. 그들은 각각 융의 자기Self와 유사하게 보이는 자기self에 대해 가끔 이야기한다. 코헛은 자기를 정의하는 것은 근본적으로 불가능하다고 말하는데, 그것은 우리가 알 수 있는 모든 것은 자기의 현현들manifestations이기 때문이다. 그리고 칸은 오직 상징들을 통해서만 자기를 알 수 있다고 말한다. 칸에게 상징들은 자기의 이미지를 형성하며 자기의 구성요소들이다.

되는 것으로 이해한다. 그것은 진실을 만나고자 시도하며 의식적 인간을 그 진실에 복종하도록 압력을 가하는 에너지다. 진실을 피하려고 하기보다는, 그 진실을 만나기 위해 시도함으로써 제공될 수 있는 진화적 이점을 상상하는 것은 분명히 쉽다. 비록 어떤 상황(예: 젊은 사람들이 자신을 영원불멸하다고 믿는 방식으로)에 대한 진실을 부인하는 것이 때로는 이익을 제공할 수 있다고 생각하는 것 역시 쉬운 일이지만 말이다. 알고자 하는 것과 알고자 하지 않는 두 인간적 충동은 모두 필요하다. (5장에서 우리는 이런 갈등적 열망들에 대해서 보다 자세히 살펴볼 것이다.)

우리가 자기the Self를 우리 이해 안에 포함시킨다면, 우리는 무의식적 정신이 사람과 *관계를 맺고 있다*는 것을 알게 된다. 그것은 우리 자신들과의 연결을 구성하는 타고난 관계적 에너지를 시사한다. 이런 내적인 인간 에너지는 관계를 위한 우리의 필요성에 근간을 이룬다. 치료자가 이런 필요성을 무시할 때, 환자에게 제공해야 할 좋은 음식은 부적절하게 처리된다. 그것은 아마 소화불능이 될 것이다.

의식은 그것이 기반을 두고 있는 무한한 심층에 비해 훨씬 작기 때문에, 자기the Self는 우리 삶의 중심이자 둘레로서 알 수 없는 특성, 즉 일종의 타자라는 감각a sense of otherness을 지닌다. 우리의 전체성에 대한 무한한 접근을 아우르면서, 자기는 "마치 번개처럼 예상하지 않는 방식으로 의식을 강타한다. ... 자기는 "나I"를 한 쪽으로 밀어붙이며, 어떤 초월적 요인, 즉 한 사람의 전체성을 위한 자리를 마련한다..."(Jung, 1950b, para 541). 에너지 측면에서 자기는 삶의 에너지에 활력을 불어 넣어 우리를 인도하는 채널이 된다. 그러나 그것은 거의 우리의 의식적 소망과는 일치하지 않는다. 그것은 결코, "내"가 계획하거나 선택한 것이 아니다. 그것은 뜻밖의 일이며 적어도 부분적으로 달갑지 않은 것이다. 왜냐하면 개인으로 하여금 내부와 외부에 존재하는 본성Nature에 직면할 때 자신의 왜소함을 직면하도록 강요하기 때문이다. 자기는 우리의 계획을 뒤집어엎고, 우리를 방해하기도 한다. 자기는 우리를 살아있음aliveness과의 연계로 몰아붙인다. 그 활동은 생명력의 힘에 복종할 것을 요구한다. 자기는 사람을 겸손하게 하며, 심지어 굴욕감을 주기도 한다. 개인에 대한 자기의 관계는 어떤 의미에서 환자에 대해 최선을 다하는optimal 치료자의 관계성과 유사하다. 치료자는 나이스하지 않으며, 함께하기가 그리 쉽지 않다. 그러나 치료자는 결코 환자의 정서적 주관성에 끼친 영향의 흐름을 놓치지 않는다.

아마 자기the Self가 왜 우리의 신God이나 신들gods에게 투사되어 왔는지 아는 것은 쉬운 일일 것이다. 자기를 경험하는 감각은 사도 바울의 경험에서 포착된다. "내가 아니요, 내가 아니라 내 안의 그리스도입니다." 그것은 이사야가 신의 음성으로 묘사한 여전히 작은 내적인 목소리다. 어떤 세속적인 사람은 그것을 [판단하는 초자아superego와 혼돈하지 않기 위해] 자신의 의식의 소리로 부를 것이다. 여기서 O에 대한 비온의 가정들 가운데 하나는 신God이나 신성godhead임을 기억하자. 그것은 "신God"이라는 용어를 사용할 때, 비온은 융이 그 용어를 통해 의미했던 것과는 다른 어떤 것을 의미한다는 것을 암시한다. 그러나 나는 그런 관점에 동의하지 않는다. 내가 믿기에, 두 사람 모두 우주를 창조하고 인도하는 어떤 외부 존재를 언급하기 위해 그 용어를 사용하지 않았다. 오히려 두 사람 모두 어떤 유한하고 정확한 묘사 안에서도 표현이 불가능한 인간의 심리적 경험을 붙잡고 있는 하나의 개념이나 상징으로 그 용어를 사용한다. 아마 그들은 "신God"이라 부를 수 있는 어떤 통합된 존재가 외부세계에 존재하느냐에 대해 동의하지 않을 가능성이 있다. 그러나 나는 그들 중 어느 한 사람이라도 이런 관점에서 자신의 주관적 믿음을 공개적으로 논의했는지 알 수 없다. 융이 계속해서 강조한 것은 종교적 유효성이나 허구성에 대해 이야기하지 *않고* 있다는 점이다. 그는 인간의 종교적 믿음들의 심리적 의미를 묘사하고 있다. 예를 들면, 하늘에 대한 개념을 "상식을 벗어난 것preposterous"으로 불렀던 비온은 신학적 생각들에 대해 융이 했던 것보다 훨씬 더 회의적으로 보인다. 두 사람을 읽을 때 비록 어떤 다른 감정이 발생하더라도, 그들의 생각들은 실제적으로 유사하다.

치료나 분석이 작용할 때, 자기the Self가 배치된다 – 자기가 활성화되면서 그 에너지의 활동이 느껴진다. 사람들이 제거해버리고 싶은 개인의 정서적 삶에 대한 두서없는 말을 따라갈 때, 우리는 자기의 활동을 따라가게 된다. 그런 정서에 수치, 결핍, 의존성, 무기력한 동경, "어리석은" 희망이나 두려움들이 포함된다. 자기는 우리의 정서를 구성하는 요소로 생각될 수 없다. 그러나 우리의 정서들은 자기가 취하고 있는 길을 추적한다. 그 정서들은 우리의 관심을 포착하고 우리에게 우리 자신에 대한 진실을 말해주는 자기의 시도다.

전형적으로 자기는, 환자들이 보통 사람보다 더 위대한 매혹적일 정도로 인상적이고 놀라운인물로 보기 시작하는, 치료자에게 투사된다. 효과적인 치료과정에서 자기는 의식적 환자를 붙잡고 인식과 우선성recognition and precedence을 요구한다. 가끔 어려운 결정이 드리워질 때, 자기는 분명히 꿈의 건축가가 될 것이다. 앨리슨은 치료자를 붙잡기 시작하는 바로 그 순간에 분석을 끝내기를 원했다. 그녀는 나에 대한 애착에 의해, 그리고 분명히 자신의 자율성을 위협하는 방식의 분석과정에 의해 사로잡히는 임박한 위험 속에 있었다. 분석으로부터 도망치려는 앨리슨의 바램에 도전하기 보다는, 나는 그녀의 소망이 하나의 중요한 생각idea이라고 말했다. 아마 우리는 그녀의 꿈으로부터 조언을 얻을 수 있을 것이다. 다음 시간에 그녀는, "바로 거기서 머물러." 라고 말하는 권위적인 음성만을 담고 있는 꿈을 가져왔다(한 두 주 후에 물론 그녀는 그 꿈을 "잊고서" 분석을 끝낼 생각을 다시 하게 되었다. 그러나 분석작업을 포기하는 것은 그 효능을 상실하는 것이었다. 충동은 사라지고, 그녀는 이후 수년간 계속된 강력한 변형과정으로 자신을 끌어 내렸다.)

자기the Self에 대한 인식은, 우리가 4, 5장에서 탐구하게 될, 자기애와 갈등을 일으킨다. 심리학에 대한 하나의 보편적 콤플렉스는 자기애를 어떤 바람직한 상태로 고양시키지만, 그 병리를 보지 못하게 하는 방식으로 우리의 현대문화에 침투해 있다. (우리가 보게 되겠지만, 이런 근본적 콤플렉스는 정신분석의 비관계적인 접근 요소가 되고 있다.) 우리는 다른 사람들을 향한 행동보다는 "우리 자신을 돌보도록" 강요 당한다. 누군가가 자신의 (선천적이고 무한한) 욕심과 가까운 가족 외부에 있는 사람들의 요구 사이의 균형을 유지하기 보다는, 자기 자신을 화려한 품목들로 채울 수 있다면, 그것은 건강의 신호로 간주된다.[12)] 거대한 "기독교" 교회들은 덕virtue이 아마 엄청난 양의 부요함을 가져오고, 대저택과 화려한 차들이 소유자의 의로움을 증명한다는 개념을 중심에 두는 어떤 복음서 주변에서 성장해 왔다. 융은 자기의 내적 에너지는 이런 경향에 반대하여 개인으로 하여금 자신의 선택에서 자신의 사랑과 궁극적 가치들- 그와 관련된-에 대한 관심능력을 포함시키도록 압력을 가한다고 믿었다.

우리 문화는 "나I"의 환상적 잠재력an illusory potency을 강조한다. 바로 *해* 봐,

12) 4장에서 보겠지만, 자기 자신에게 결코 향한 적이 없는 사람은 항상 자신으로 향하는 사람과 실로 다른 형태다. 어느 쪽 접근이든 자기애적 성향의 조직에서 출현한다.

나이키Nike는 우리를 압박한다. 의지가 있는 곳에 길이 있다고. 살을 빼려는 당신에게, 더욱 강하고, 영향력이 있으며, 자신감 있는 당신에게 30일이 있지 않소. 자기에 대한 융의 개념은 변화고 싶은 내 자신의 여러 측면에 대한 나의 의지력에 집중하기 위한 나의 시도와는 관계없이 나는 "그것it"을 *할 수* 없을 지도 모른다는 사실을 강조한다. 사도 바울의 "내 안의 그리스도"는 긍정적으로 보인다. 그리스도(적어도 기독교세계에서)는 환영받는, 일종의 바라고 신뢰할만한 사랑하는 내적 힘을 가리키는 것처럼 보인다. 그러나 우리가 우리 자신의 집의 주인이 아니라는 사실에 직면하는 것은 언제나 환영받지 못한다. 예를 들면, 사람은 외향적인 사람이 되려고 *결심할* 수 있다. 그러나 타고난 수줍음은 그로 하여금 실수하게 하며, 자신을 위한 의식적인 소망과는 관계없이 그의 진짜 본성인 내향적 성향을 인식하도록 몰아간다. 그는 자신을 자신되게 하는 내적인 신god에게 먼저 감사하지 않는다. 그의 첫 선택이 전체성all-ness은 부정적이라는 태도를 취할 때라도, 결국에는 그가 그 자신의 모든 것이 되도록 밀어붙이는 이런 에너지에 대해 실로 감사하게 될지라도 말이다.

인지행동치료CBT는 오늘날 미국에서 정신분석보다 훨씬 더 관심을 받으면서, 인간은 자신이 원하는 인물이 되기 위한 의식적 태도로 일할 수 있다는 생각을 체계화한다. 그것은 아마 우리가 자기나 O에 대한 표현으로 간주하는 그런 심층을 그려내는 것과 관계없이, 정신의 내적 심층을 우회하면서 진행되는 것 같다. 단기간의 CBT는 몇몇 특별한 경우에 분명하게 부각된 증상을 변화시키는데 효과가 있음을 보여줄 수 있다. 그 경우 개별적 어려움들이 누군가에게 확고하고 성숙한 "나I"로 나타난다. *다른 어떤any* 치료적 접근과 마찬가지로, 장기간의 CBT는 보다 깊은 변화를 조성할 수 있다. 그러나 분석적 치료자는 그 변화가 치료자의 기술이나 이론보다는 환자와 치료자 사이의 상호인격적 관계의 무의식적 심층에 뿌리를 두고 있다고 이해할 것이다. 치료적 과정은 치료자와, 환자와 그리고 그 둘 안에서 자기를 배치시킨다. 그 활성화된 자기는 각 사람의 정신에 질적인 변화를 초래하는 근본적인 삶의 에너지가 펼쳐지도록 체계화한다. 연구가 일관되게 보여준 바 심리치료의 결과를 결정하는데 중요한 요소는"치료동맹therapeutic alliance", 즉 관계의 질이다(Blatt, 2007). 치료자가 누구인지, 환자와의 대면에 스며있는 일종의 무의식적 태도, 그리고 두 사람 사이의 화학작용은 결과를 결정하는 가장 중요한 요소로 인정된다. 왜냐하면 이것들은 자기the Self가 그 경험의 근본적인 O를 중재할 때, 자기의 운동을 반영하는 요인들이기 때문이다.

정신분석학자들이 역사적으로 -우리에게 위대한 이점을 안겨주면서- 분석가의 기술적 경쟁력에 중점을 두는 동안, 융과 그의 추종자들은 기술보다는 측량할 수 없는 요소들, 즉 개인적 임상가의 발전에 대한 심층들을 반영하는 요인들에 더욱 관심을 쏟았다. 효과적인 치료와 분석을 강화하는 곳에는 전이가 배치되며, 임상가는 치료자뿐만 아니라 환자 안에서 올라오는 무의식 재료의 엄청난 소용돌이로 빨려 들어간다.

> 전문적인 과정을 넘어서 곧바로 나아가는 진실한 참여가 절대적으로 요구된다. 물론 그렇지 않으면 의사는 자신의 고유한 문제들, 즉 더욱 더 주장이 강화되는 문제들을 회피하면서 전체 과정을 위태롭게 하려고 할 것이다. 의사는 자신의 주관적 가능성들의 한계에 도달해야 한다. 그렇지 않으면 환자는 잘 따라오지 못할 것이다(Jung, 1946, para 400).

분석 도구는 임상가의 의식과 기술적 선택보다는 그 정신의 전체성을 반영한다는 사실에 대한 융의 계속된 주장은 그로 하여금 분석가가 되기 위한 우선적 요구는 지적인 훈련이 아니라 개인분석이 되어야 함을 제안하게 한다. 프로이트는 즉시 동의했다. 그러나 가끔 정신역동적 프로그램들은 피교육자의 효용성을 위해 저 영원히 애매모호하고 조절 불가능한 표준을 슬그머니 넘어가거나, 그 대신 위대한 문헌들에 대한 지적인 통달에 의해 제기된 잘 정리된 이슈들에 사로잡힐 수 있다. 융학파들은 다른 정신분석가들보다 다른 문헌들이나 영역(예: 상징들의 확장)까지도 더 많이 살펴볼 수 있다. 그러나 어떤 인간이라도 작업에 대한 열쇠로 확실한 지적인 통달을 염원한다. 왜냐하면 정서적 개입의 심층은 단지 너무 모호해서 결국 임상가의 조절능력 너머에 있을 수밖에 없기 때문이다.

O의 무한한 확장이 진화하면서, 결코 *알려질known* 수 없으면서도 알려지기를 압박한다. 왜냐하면 그것은 인간이 투쟁하고 있는 진실한 실제이기 때문이다. 자기의 개념은 개인의 생존을 지배하는 에너지는 인격화될 수 있다는 것을

암시한다. 이런 에너지가 적극적으로 인간을 자신의 경험에 대한 진실truth로 데려온다. 이런 인격화personification는 우리의 주관적 실제를 다양한 내적 실체들 사이의 갈등으로 그려내는 꿈의 자연적 언어와 일치한다. 융은 그 자체의 진실, 분리된 개별성, 그리고 상호인격적이며 공동의 상호관계성을 실현하기 위한 정신의 욕동을(예: Jung, 1963, para 778), 개인의 체험적 경험 안에서 깨닫기를 요구하는 자기the Self와 자신의 제한된 내적 대상들에 매어있는 "나I" 사이의 투쟁으로 묘사한다. 그 "나"는 일종의 작은 자기a little self로서 고통과 변화에 대한 거부에 저항한다. 의식 바깥에 뿌리를 두는 내적인 자기Self는 그 자체에 대한 일방적 견해로 향하는 "나"의 성향을 보상하기를 추구한다. 왜냐하면, 정신의 전체성을 구성하고 우리 각자를 연결하는 인간 유산의 모든 것을 포함하는, 자기의 관점은 우리의 보잘 것 없는 의식보다 훨씬 넓기 때문이다. 자기는 그 안에서 대극들이 연합하는 하나의 전체성과 통일성으로 인격화되며, 꿈이나 환상에서 "왕, 영웅, 예언자, 구원자 등"의 특별한 인물 형상으로 나타난다(Jung, 1971, para 790). 영웅이나 예언자는 대극을 포함하는 어떤 이보다 완전하게 보일지도 모른다. 그러나 그들은 평범한 개인을 초월한다. 그들은 상황에 대해 새와 같은 안목처럼 어떤 것을 가지고 있다. 그들은 바로 코앞에 놓인 작은 것보다는 오히려 현재 곤경에 대한 숨은 신비들을 볼 수 있다.

정신은 자기를 어떤 종류의 보다 넓은 계획에 따라 "나"를 다스리거나 다스리려고 시도하는 것으로 그려낸다. 그것은 내적인 "나라nation"의 방향성을 위한 것이든, 새롭고 진보된 도덕 질서를 위한 것이든, 혹은 소망하였으나 어려운 새로운 성취를 실현하기 위해서다. 자기에 대한 이런 이해는 융으로 하여금 내적 과정으로서의 무의식의 개현성unfolding —비온이 O의 진화라고 불렀던—에 주력하게 했다.

비온은 O로부터 온 어떤 것을 "쟁취하는 나"에 대해 말한다. 융의 언어는 보다 일상적으로 "나"를 의식의 통합inclusion in consciousness을 요구하는 어떤 것에 대해 굴복하는 것으로 그린다. 융의 관점은 그 자체의 놀랍고도 엄청난 측면에서 경외심을 불러일으킨다. 그것은 융으로 하여금 삶의 주기를 의식적 인간이 세상에서 자신을 세우기 위해 인생의 첫 국면에서 영웅의 위치를 차지해야 하지만, 인생의 두 번째 국면에서는 "이 사람이 바로 당신이야"라고 말하는 자기로부터 온 타고난 추진력에 굴복하는 것으로 인식하게 한다. 자기의 에너지는 욥의 하느님God of Job으로 의인화 될 수 있다. 그것은 궁극적으로 병약함과 죽음과 씨름하도록 함으로써 인간의 잠재력에 대한 자기애적 감각을 약화시킨다.

융의 이론은 진실truth에 대한 개인의 피동적 탐구를 이해하기 위한 개념적 조직을 제공한다. 비록 진실과의 만남은 사실 정의상 불안정하고 유쾌하지 못할지라도 말이다. 이런 개념을 통해 융은 무의식의 창조성을 논의한다. 그가 말하는 무의식은 이기적인 만족감을 맹목적으로 추구하지 않는다. 그것은 전체성에 대한 심리적 조직의 요구에 의해 점화되며, 성이나 공격적 발산을 향한 욕구보다도 훨씬 더 넓은 본능적 욕동이다. 융은 전체성에 대한 이런 추구를 근본적인 심리적 충동을 반영하는 것으로 이해했다. 자기는 O를 더욱 인격적이고 더욱 신성하거나 신적인 것으로 단번에 만든다. 그것은 자기를 짊어지는 개인의 관심 안에서 인격적이며, 인간의 잠재력보다 훨씬 큰 측면에서 신적이다.

자기는 정신 안에 있는 질서를 유지하고 방향성을 제시하는 하나의 원리다. 히브리 성서에는 그것이 하느님God으로 의인화되며, 자기의 지지적 기능은 종종 다음 시편에 묘사된다:

> 나의 도움이 하늘과 땅의 창조자이신 주께로부터 온다.
> 주님은 네가 헛발을 딛지 않게 하신다.
> 너의 수호자는 졸지 않을 것이다(시편 121: 2-3).

그러나 자기는 또한 구태의연하거나 존재에 대한 유연하지 않은 방식에 대항하여 일하는 일종의 *질서를 해체하는* 원리다. 이 분은 홍수와 바빌론 유배를 촉발했던 천둥과 분노의 신이다. 융은 죽기 전 2년쯤 되어서 자기에 대한 두 측면에 대해 말했다. 그 때 그는 신에 대한 자신의 믿음을 다음과 같이 묘사했다.

> 내가 "알고"있기 때문에 나는 신을 믿을 필요가 없다고 말할 때, 나는 일반적으로 혹은 특별히 신 이미지의 존재를 알고 있다는 것을 의미한다. 나는 그것이 우주적 경험에 대한 문제임을 알고 있다. 내가 예외가 아닌 한, 나 역시 내가 신God으로 부르는 그런 경험을 가지고 있다는 것을 알고 있다. 그

> 것은 또 다른 것에, 그리고 매우 자주 더 강한 의지에 대항하는 내 의지에 대한 경험이다. 그것은 내 지식과 의도에 상관없이, 종종 나의 길을 가로질러 겉으로 보기에 재앙적인 결과를 초래하며, 이상한 생각들을 내 머리에 넣는가 하면, 가끔 내 운명을 가장 바람직하지 않은 코너에 몰아세우거나, 그 운명에 예상하지 않은 흥미로운 꼬임들을 부여한다. 내 의식적 성향들에 대항하거나 호의적인 그 이상한 힘은 나에게 잘 알려져 있다. …그런데 왜 당신은 이 존재를 어떤 "신"과 같은 어떤 것(something "God")으로 불러야 하죠? [어떤 이는 이렇게 질문할지 모른다. 그러고는 '내가 대답할 거요' 할 것이다]. "왜 그러면 안됩니까?" 그 존재는 지금껏 항상 "신God"으로 불리었다(Jung, 1959b, pp. 522-3).

내 의견에, 이것은 정확하게 이런 힘을 "신"으로 부르는 것이 도움이 안되는 이유다. 고유명사인 "신God"은 "신God"에 대한 융의 어둡고 경계심 많은 태도와 깊은 차원에서 다른 의미로 가득 채워져 있다. 일종의 자기의 투사로서의 "신"에 대한 융의 심리적 저술은 그의 종교적 성향에 의해 소외되기보다는 신 이미지에 대한 그의 묘사의 가치를 인정하게 한다.

비록 얼핏 보기에, 왜 융이 이러한 내적 힘을 "자기"로 부르려고 했는지 의문이다. 자기를 쉽게 발견하거나, 혹은, 우리가 보게 되겠지만, 자기를 이런 살아있는 강력한 힘과 동일시하는 것을 바람직하게 여기기보다는, 우리가 자기를 "나I"보다는 오히려 생소한alien, 즉 내가 아닌not-I 존재로 알게 된다. 자기를 발견한다는 것은 *내I*가 책임적 위치에 있지 않다는 사실을 발견하는 것과 같다. 이런 형태에서, 자기는 일종의 고통스런 경험이다. 그것은 무의식적으로 우리에게 친숙하지만, 속어로 "헤드쉬링커"(headshrinker: 정신과 의사, 자른 머리를 수축 가공하여 보존하는 야만인을 의미함 – 역자 주)를 생산해 왔다. 그 "나"는 성숙할 때 나의 팽창을 포기한다. 그 "나"는 땅으로 내려와서, 보다 위대한 정신의 놀라운 힘을 자신의 것으로 취하기보다는, 그 자체의 한계와 왜소함을 인정한다. 배를 조정하는 것은 "내"가 아니다. "나"보다는 훨씬 더 위대한 어떤 존재가 내가 누구인가에 대한 진실한 본성nature을 결정하며, 그 결과 내 삶의 과정을 결정짓는다. 개인이 더욱 자기 자신이 될 때, 동시에 심층과 본질substance을 획득할 때, 그 개인의 "나"는 보다 작아지고 보다 겸손해진다.

집단무의식과 원형의 개념은 다음과 같은 사실에 대하여 사고하게 하는 하나의 용기container를 제공한다. 개인의 숨결이 한 사람의 행위일 뿐만 아니라 모든 인간과 모든 고등 생명체들에게 공통적인 어떤 것인 것처럼, 정신은 개인적이면서 동시에 개인보다 훨씬 더 위대한 것과 관련되어 개인을 모든 인간성과 생명 자체에 연결시킨다. 자기the Self는

> 자아ego보다 밝고 어두우며, 따라서 자아로 하여금 피하고 싶은 문제들과 대면하게 한다. 결국 운명이 결정지을 때 까지, 우리의 도덕적 용기courage나 혹은 통찰력, 아니면 그 둘 모두 실패한다. ... 당신은 당신의 머리에 의해 만들어졌거나, 가슴의 반항 속에서 만들어진 결정의 피해자가 되었다. 여기로부터 우리는 자기의 신성한 힘을 볼 수 있다. ... 이런 이유로 해서 *자기에 대한 경험은 항상 "나"를 위한 굴복이다*(Jung, 1963, para 778, 이탤릭체 원전 강조).

"나"의 손아귀로부터 고삐를 붙잡고 있는 자기에 대해 생각하는 하나의 방식은 다음과 같은 사실을 인정하는 것이다. 우리가 "인간의 본성human nature"이라고 부를 수 있는 어떤 것은 우리가 되고 싶은 존재에 대해 지닐 수 있는 그 어떤 의식적 소망보다 강력하다. 가끔 우리는 완전해지려고 –항상 선하고 친절하고 사랑스러워 지려고– 노력하는 누군가에게서 이것을 본다. 여기서 자기는 그 사람으로 하여금 계속해서 실수하게 만들며, 그가 그보다 덜 완전한 방식으로 자신의 인간성에 직면하도록 인도한다. 다른 경우에, 한 개인의 정신병리적 행동은 자기로 하여금 그를 끌어들여, 자신을 몰락하게 하는 규정을 만들게 한다. 이런 규정화들을 인간의 "어리석음"에 대한 표현으로 간주하기 보다는, 융학파의 관점은 고유한 정신의 심층이, 적어도 몇몇 사례에서, 오히려 그런 경험을 획책해왔다는 사실을 지적한다. 그 경험 안에서 자신의 부족한 도덕적 나침반이 자신의 인간성에 의해 무의식적으로 보상된다. 인류 종족과 인류 유산과의 연합–그것은 자기 자신 뿐만 아니라 절대 타자the Other에 대한 관심을 포함하는 인간성이다.

융과 비온 모두는 신화(예: 종교적 이야기)를 인간의 근본적인 내적 드라마로 해석한다. 비온에 의하면, 기독교 신화는 "인간의 인격이 대략 드러나는 방식을 드러낸다"(1970, p. 115). 융에 의하면, 그리스도는 자기the Self/self를 대변한다: 그

것은 시간 안에 있는 유일한 개인적 삶의 형태the self와 어떤 인간의 삶이나 인격을 초월한 영원한 형태the Self다. 신화를 심리적 용어로 번역하면서, 융은 다음과 같이 말한다:

> 신God이라는 용어를 사용하는 대신, 당신은 "무의식을," 그리스도 대신에 "자기Self/self"를, 성육신 대신에 "무의식의 통합"을, 구원이나 구속 대신에 "개성화"를, 십자가에 달림이나 희생 대신에 "전체성의 실현"을(1958, para, 1664).

이 인용에서 전체성의 실현에 접근하는 방식에 포함된 융의 고통에 대한 감각을 인지하는 것은 중요하다. 그것은 개인이 "자기 자신"으로 알고 있는 친밀하고 수용적인 상태로 남아있기를 원하는 마음과, 배제하고 싶은 자신의 진실한 전체성에 대한 이상스럽고 경시된 요소들을 수용하라는 자기the Self의 압력 사이에서 찢기는 십자가의 경험이다. 자신에 대한 이런 새로운 측면들을 흡수할 때, 개인은 그것들을 매우 가치 있게 여긴다. 그러나 우선적으로 새로운 측면들의 생소함unfamiliarity은 그것들을 불편하게 만든다.

자기는 무의식의 무한한 에너지의 전체성을 구현한다. 그것은 정신의 중심이요, 둘레며, 전체며, 이성적으로 어떤 "의미sense"도 없기 때문에 일종의 역설적 실체다. 자기의 중심적 목표를 묘사하는 한 가지 방법은 그것을 육화incarnation —자기self의 경험 안에 보존되고 살아있는—로 생각하는 것이다. 반복해서 융은 강조하기를, 개인 내부에서 발생하는 충동들은 지배적이기 보다는 관계적인 객관적 요인들로 이해되어야 한다는 것이다. 이런 충동들이 우리의 경험에 의해 형성되는 반면, 핵심적인 추구들은 그 특별한 형태가 개인적일 때라도 본질상 보편적이다. 그러나 충동 자체들은 "내 것"이 아니다. "나"는 그 충동들의 피해자다. "나"는 충동들에 속해있다. 내 안에서 발생하는 그 충동들을 포함하고 함께 일하는 것이 나의 책임이다. 그러나 충동들은 실제적으로 더욱 내 것이 아닌 다른 것으로 인식된다. 우리는 우리의 본성을 바꿀 수 없다. 우리가 우리 자신의 어떤 측면들을 억압할 수 있는 반면, 억압된 것은 어떤 다른 곳에서 솟아오른다. 그때 억압된 것은 그 자체의 정당한 존재를 부인하려는 "나"에 대한 적개

심으로 채워질 것이다. 우리는 개인적 자기self 안에서 스스로를 드러내는 형식 안에 있는 자기Self의 내용물contents에 대한 책임이 없다. 우리는 그 내용물로 무엇을 할 것인지에 대한 책임은 있으나 그 존재에 대한 책임은 없는 것이다.

자기에 대한 이런 이론은 치료 환경에서 관계성에 대한 근본적 요구에 대한 생생한 확신을 제공한다. 자기의 기본적 목표는 의식적 인간으로 하여금 자신의 보다 큰 자기self와의 관계로 인도하는 것이다. *자기의 중심적 목표는 관계성을 조성하는 것이다.* 그것은 다음과 같은 사실을 주장하기 위해 작용한다: 자기self 내부에 있는 모든 다른 경향들, 우리의 꿈이 다른 인물들로 그려내는 경향들이 우선 배정된다. "나"는 내 안에 있는 동요하는 유아나 냉혈한 과학자들 보다 더 특별하지 않다. "나"의 일은 여유 공간을 만들어서, 그 "나"를 대항하여 밀어붙이는 *모든all* 충동들을 존중하는 것이다. 자기는 그 "나"를 고압적인 방식으로 접근한다. 그러나 그 목적은 관계적 방식으로 작용하는 내면 사회다. "나"에 대한 자기의 부담스런 접근은, 분석 구조가 환자의 가슴을 아프게 파괴하는 것처럼 보일 때라도, 그 분석 구조를 유지하고자 하는 분석가의 필요를 정당화하는 것으로 보일 수 있다. 자기의 목표 –잘 기능하는 위원회의 상호 존경하는 분위기– 는 깊이 관계된 방식으로 그 구조를 유지하는 것은 중요하다는 주장을 지지한다.

보편적 자기와 개인적 자기The Self and the self

내가 이전에 언급한 퍼즐로 돌아가 보자. 융은 왜 정신이 신God으로 그려낸 이런 놀라운 힘을 "자기Self"라고 부를까? 그것은 우리가 알고 있는 주관적 경험과는 매우 다르다. 그것은 "내"가 되어간다는 의미며, 심층심리학자들처럼 우리가 환영illusory으로 알고 있는 전체성에 대한 어떤 경험이다.

환자가 자신의 그림자[13] –수용할 수 없었던 자신에게서 제거된 부분들– 와 작업하기에

13) 내가 이 작업을 통해 강조하려고 할 때, 개인은 자신의 그림자가 수용될 수 없음을 발견한다. 그러나 이것은 그가 배제한 특성들이 일반적으로 부정적인 것으로 간주될 수 있다는 것을 의미하지 않는다. 사람들은 특별한 자기 이미지와 어울리지 않은 자신들의 측면들을 밀어낸다. 가끔 그런 이미지들은 부정적이며, 우리로 하여금 우리 대부분이 객관적으로 "선한 것" 으로 간주하려는 특성들을 부인하게 만든다.

충분할 만큼 나아갔을 때, 그는 자신에 대한 어떤 객관적인 것을 경험하기 시작한다. "나"는 친절하고 사랑스럽기를 원한다. 그러나 종종 그 사람은 악하고 증오하는 방식으로 느끼거나 행동한다. 그가 자신의 진실한 본성에 대해 하나하나 경험해 갈 때, 두 가지 것들이 발전하기 시작한다. 이러한 예에서, "나"는 자신의 악하고 증오하는 충동들을 점차 깨닫게 되면서 행동 면에서 더욱 친절하고 사랑스럽게 될 것이다. 그리고 그 사람은 자신이 실로 누구인가를 깨달을 때 고통을 느낄 것이다. 성장하는 의식의 확장은

> 그럼에도 불구하고 하나의 다양성 혹은–다양성이었던–일종의 연합체a unity를 드러낸다. 이전의 자아는 더 이상 가장make-believes이나 인위적 수단과 함께하지 않는 대신 또 다른 즉, '객관적인objective' 자아가 된다. 그것은 이런 이유로 해서 '자기self'로 더 잘 불려진다. 객관적인 자아는 더 이상 적당한 허구를 단순히 선택하지 않은 대신, 우리 모두 짊어질 십자가 혹은 우리 자신인 운명을 함께 만들어갈 일련의 힘든 사실들과 함께 한다(Jung, 1946, para 400).

"내"가 확장되고 깊어지면서, 나됨에 대한 개인적 지각은 점차 자신이 친숙한 방향으로 되고자 하는 인간으로 나아간다. 대형 회사의 CEO는 자기 비서나 남편 혹은 자녀가 취하는 방식보다 더 많이 자신을 보기 시작한다. 그리고 포춘지Fortune의 칭송하는 리포터가 취하는 방식보다는 자신을 덜 본다. 그의 개인적 자기 –작은 자기–는, 비록 자신의 그림자를 수용하더라도, 보다 작게 느낀다. 그는 실제로 보다 본질적이 된다. 고통에 참여하는 것은 위대하다.

로즈메리 고든(Rosemary Gordon, 1985)은 세 부류의 자기가 있다고 여긴다. 첫째, 원초적 자기a primary self, 즉 출생 시의 유아가 있다. 새로 태어난 상태는 발달된 인간에게도 마찬가지의 관계에 있는 분화되지 않은 전체성 가운데 하나로서, 그것은 원래 영양가 많은 알egg이 복잡성과 관계를 맺는 것, 즉 그로부터 성장하는 태어날-준비가-된-아기ready-to-be-born baby와 같다. 바로 그 알이 함의 형태로 유아를 포함하고 있듯이, 원초적 자기는 그로부터 궁극적으로 발달할 사람을 포함한다. 구별된 자기의 발달은 융학파 분석가인 마이클 포댐(Michael Fordham,

1978)에 의해 해체(해체의 두려운 상태라기보다는 일종의 형태 없음의 쾌락상태)와 재통합의 반복적 과정으로 묘사되었다. 원초적 자기, 즉 전체성의 초기 상태는 해체된다. 그것은 아마 처음 태어나는 경험 속에서 떨어져 나가거나 조각난다. 그런 후에 그 원초적 자기는 유아가 자신을 "자기self"로 알기 시작하는 존재의 경험 속으로 재통합된다. 이렇게 해체되고 재통합하는 것으로부터 점진적으로 분화되는 심리 조직은 성장한다. 출생 시에 시작하여 인생 주기를 통해 계속되는 이런 나선형적 과정은, 우리가 다음 장에서 살펴보겠지만, PS↔D[14]에 대한 비온의 이해와 유사하다.

다음으로 고든이 작은 자기, 즉 "내가 바로 이런 존재다" 혹은 "이것이 나의 모든 것이다"는 주관적 감각으로 부르는 것이 있다. 이런 자기의 견고한 구조는 우선 자신의 최초 양육자(들)와 함께한 유아의 경험에 의존한다. 이런 경험들이 충분히 좋을 때, 그 사람은 내가 묘사해왔던 큰 자기the big Self와 충분히 잘 상호작용할 수 있게 하는 토대를 가진다. 이런 상호작용이 지속적으로 진화하는 O를 나됨에 대한 지속적 확장 감각과 통합시킬 수 있는 발달적 자기를 창조한다. 융에 의하면, 보편적 자기the Self는 일종의 선험적 *실존a priori existent*으로서 "나" 혹은 개인적 자기self의 예시prefiguration다. 자아는 그 선험적 실존으로부터 진화한다. 이것은 다음과 같은 사실에 대해서 말한다: "그것은 나 자신을 창조하는 내가 아니라, 오히려 내 자신이 될 나다"(Jung, 1940/1954, para 391). 보편적 자기the Self와 개인적 자기the self 사이의 관계를 다음 페이지에서 보다 자세히 살펴보자. 그 때 우리는 자아-자기 축the ego-Self axis에 대한 개념과 그 작용을 보게 될 것이다(Edinger, 1972).

마지막으로, 고든은 내가 위에서 언급한 보편적 자기the Self —객관 정신의 전체성을 지칭하는 융의 초심리학적 개념—를 "큰 자기the big self"로 부른다.

내가 위에서 지적한 것처럼, 우리는 우리가 "나"로 경험하는 주관적 자기self는 불완전하다는 것을 지적으로 알고 있다. 그것은 실제로 "내"가 아니다. 그것은 "나"의 일부다. 전 일생뿐만 아니라 매일 매일 차원에서도 주관적인 경

14) "PS"라는 용어는 편집-분열 자리로부터 왔으며, "D"는 우울자리를 지칭한다. 비록 PS↔D 상징에서 그 철자들은 클라인의 자리들positions과 약간 다른 의미를 가지고 있을지라도 말이다.

험은 변화한다. 우리는 분석이나 치료에서, "이것이 나," 이어서, "아! 이것 또한 나"라는 반복적인 경험을 본다. 주관적 자기는 인간의 자기 자신에 대한 감각을 극적으로 바꿀 수 있는 다양한 분위기로 떨어진다. 어느 날 개인은 자신을 선하고 강한 사람, 자격 있고 가치 있는 존재로 느끼는가 하면, 또 다른 날은 연약하고, 부서지기 쉽고, 못났으며, 부적절한 존재로 느낄 수 있다. 많은 경험들은 "나"처럼 보인다. 고든은 이렇게 제안한다:

> 개인이 자신의 여러 자기들과의 화합과 상호관계성을 확인하면 할수록, 그는 큰 자기the Self에 대한 경험에 더욱 가깝게 접근한다. 그리고 완전히 반대되거나, 생소하게 보이거나 심지어는 자신이 경험할 수 있는 것들에 대해 달갑지 않는 것처럼 보이는 저 작은 자기들에 대한 느낌을 또한 얻을 수 있고, 그것을 자신의 것으로 인정할 수 있다면, 그러한 현상은 점차 증가할 것이다. 달리 말하면, 자신의 그림자 측면들에 더욱 더 좋게 그리고 더 가깝게 접촉할 수 있는 능력이 그로 하여금 큰 자기와 더욱 좋게 그리고 더욱 가깝게 접근하게 할 것이다(Gordon, 1985, p. 266).

대부분의 환자들은 초기에 이런 과정 안에서 작업한다. 하지만 (개인적 자기에 반대되는) 보편적 자기에 대한 경험들은 그렇지 않은 것처럼 보인다. 결국 보편적 자기는 꿈에서 발달의 궁극적인 목표를 암시하는 것으로 드러난다. 4장에서 소개할 환자인 페니는 수년 동안 자신은 개인적 자기self를 *가지고* 있지 않다고 느꼈다. 그녀는 자신을 형태가 없는 것처럼 느꼈으며, 다양한 무드와 경험 속으로 움직이지만 어떤 근본적인 연속성과 함께하는 고유한 개인에 대한 감각은 없었다. 자기를 가져야 한다는 기본적 감각이 나타나기 시작하는 치료 시점에서, 그녀는 중앙에 완벽하게 둥근 까만 돌이 있는 매우 아름다운 직사각형의 도자기 접시를 선물 받은 꿈을 꿨다. 꿈속에서 그녀는 그 선물이 귀한 것이라는 것을 알았다. 비록 깨어나서 그녀는 왜 그래야하는가에 대한 어떤 의미도 발견하지 못했을지라도 말이다.

그 완벽하게 둥근 검은 돌은 페니를 위한 개인적 자기의 탄생을 위해 산파 역할을 할 수 있는 보편적 자기the Self의 상징이다. 그것은 변하고 부패하고 죽는 생물학적 과정과 정반대되는 것처럼 보이는 비교적 파괴될 수 없는 하나의 통합체다. 설로트(Cirlot, 1962)는 그 돌은 "통합과 강함unity and strength"을 상징한다고 말한다(p. 299). 그리고 그는 원시시대 사람들은 일상적으로 돌들을 숭배해왔다고 주장한다. 이슬람교 예배의 거룩한 대상으로 남아있는 메카의 카바 신전에 검은 운석이 있으며, 고대 세계에서 태모Great Mother의 성육신으로 믿어진 페시누스의 검은 돌(Black Stone of Pessinus, 페시누스는 프리기아인들이 거주했던 터키의 고대 도시다. –역자 주)이 있다. 창세기 28장 22절은 이렇게 기술하고 있다: "그리고 내가 기둥으로 세운 이 돌은 신의 집이 될 것이다"(Fox, 1983). 이것은 신이 돌 안에 거주하거나 그 돌이 신을 포함하고 있다는 것을 암시한다. 그리고 또한 연금술의 *라피스lapis*가 있다. 그것은 기본적 인간 존재가 신이나 자기의 황금 용기로 변하는 작업의 목표를 표상하는 돌이다. 자신의 꿈에서, 페니는 보편적 자기의 선물을 받고 있다. 그 선물은 또한 그녀에게 보편적 자기the Self –그녀 자신her self–의 특별한 육화incarnation를 제공할 것이다. 그러나 잠에서 깨어난 페니는 왜 그 선물이 그렇게 고귀한 것인지 알 수 없었다.

개성화 과정에서 페니가 그 꿈을 꾼 것보다 나중 시점에서, 나는 보편적 자기the Self로 그려지는 꿈을 꾸었다. 내가 나의 발전으로 더 멀리 나아가고 있었기 때문에, 나의 의식적 자기–나의 "나I"–는 페니보다 더 충분히 꿈 이미지를 경험할 수 있었으며, 그 이미지는 삶의 의미를 위한 시금석이 되었다. 내 꿈에서 나로 하여금, 페니에게 여전히 부족한, 자기가 되는 고유한 감각을 발전시키도록 도왔던 나의 첫 분석가가 등장했다. 외부 현실에서, X박사는 몇 년 전에(내 분석이 끝난 지 한참 후) 아주 갑자기 세상을 떠났다. 그 꿈에서 나는 놀라웠고 그를 본다는 것이 감격스러웠다:

> "오, X 박사님," 나는 말하길, "당신이 죽음에서 돌아오셨네요! 나에게 말씀해 주십시오. 죽음이 뭐 같습니까?" 나는 그가 삶의 근본적 신비에 대한 비밀을 소유하고 있으며, 나에게 그것을 드러내 보일 수 있는 것을 알고 있었다. 내 질문에 대해, X박사는 왼쪽으로 넓게 제스처를 취했고, 그 꿈은 밝게 빛나는 성운과 빙빙 도는 은하계의 놀라운 아름다움으로 가득 찬 우주 이미지, 즉 하나의 무한한 광대함vast, 전적으로 어두운 넓은 공간이 되

었다. 나는 경이로움에 압도되었다.

깨어있는 동안의 삶에서, "나"는 내 육체가 죽은 후에도 존재할 것이라고 믿지 않는다. 비록 X 박사께서 지금 여기서 그 자신 – 그는 그의 "나I" 안에 있다 – 으로 나타난다고 할지라도, 나는 그 꿈을 죽음 이후의 삶을 믿거나 갈망하는 내 자신의 무의식적 측면을 묘사하고 있다고 이해하지 않는다. 내가 X박사와 분석 작업을 시작했을 때, 나는 어렸다. 그 때 나는 미숙한 사람만이 할 수 있는 방식으로 보편적 자기the Self를 그에게 투사했다. 그는 무한히 지혜롭고 자기를 포함하고 있는 것처럼 보였으며, 나는 그의 전능에 대한 나의 믿음에 대해 의식적으로 주목하지 않았다. 그에 대해 생각하지 않고, 나는 그가 나에 대한 모든 것을 이해했다고 믿었으며, 우리의 상호 과정은 나의 고유한 선을 위한 어떤 것이지, 그가 나를 알려고 한다면 그가 얻었던 그 어떤 것은 아니라고 믿었다. 그와의 상호과정에서 나는 대부분의 시간 동안 연상했고associated, 그는 가끔 어떤 심오하고 계시적인 주석을 제공했다. 비록 나는 그 이후 오랜 동안 내 분석가에 대한 이런 순진한 이미지를 수정해왔지만, 나의 유아적 정신 안에서 그는 이런 신적인 형태로 계속 존재했다. 꿈속에서 그가 돌아온 것은 내 정신 안에서 인간적 의미보다는 훨씬 더 큰 것에 대한 기능이다. 그것은 내 자신과 같은 단순한 사람이 예상할 수 있는 어떤 것에 대한 주석은 아니다.

신(god, 우주로서의 나의 세속적인 자기에 의해 묘사된 신)으로부터 온 전령으로 그가 출현한 것에서, X박사는 나에게 지상의 삶 이후 – 혹은 너머 – 에 있는 인간적 경험으로 직접 묘사된 영원성의 이미지를 보여준다. 그것은 영원eternity의 이미지며, 창조의 모든 것을 포함하는 끝없는 원형적 무의식의 이미지며, 존재하는 모든 것의 이미지다. 빙빙 도는 은하계는 그것을 *살아있는 것alive*으로 표현한다. 이런 그림의 전체성과 완전성이 바로 보편적 자기다the Self. 내가 생각하건데, 비온 학파는 이것을 O라고 부른다. 그것은 마치 X박사가 나에게 이렇게 말하는 것과 같다. 우리가 외부 현실 – 우리가 알고 있는 제한된 사차원의 세계 – 에 사로잡히지 않을 때, 우리는 무한하게 된다.

피터Peter라고 부르는 환자는 나에게 한 대중 잡지에서 블랙홀에 대한 기사를 읽었다고 했다. 그가 그것에 대해 이야기할 때, 그는 우주의 거대함과 그 거대함 속에 있는 자신의 지극히 작은 처소에 의해 난장이처럼 작아짐을 느꼈다. 그는 고통스러웠고 화가 났다. 그러나 그는 자신의 관점이 어설프게 변화됨을 느꼈으며, 하찮은 감정 대신 그는 갑자기 몰아치는 놀라움을 경험했으며, *그가 그 한 부분을 차지하고* 있는 이 무한한 우주에 의해 경이로움을 느꼈다. 우리가 나이가 들어 청소년기와 중년기의 일을 뒤로하고 떠나갈 때,–우리가 그 끝을 잠깐 보기 시작한 우리 경력의 원주만큼 충분히 살았을 때, 그리고 우리가 양육했던 아이들이 새로운 가정을 꾸미기 위해 세상으로 흩어진 것을 주시할 때, 우리는 우리 자신의 실존과의 동일시를 유연하게 할 필요가 있다. 그리고 우리 종족, 인간 가정, 그리고 지구the Earth의 전체성-피터의 경우, 우주의 전체성–을 향해 더욱 나아갈 필요가 있다.

작은 자기에 대한 다양한 대극적 경험들이 점진적으로 개인적 자기에 대한 본질적 감각으로 모아질 때, 고든에 의하면, 개인은 큰 자기와 공감하는 감정a feeling of rapport에 더욱 가깝게 간다. 인간은 자신의 더 위대한 확장성을 알게 될 때, 그 인격적 영역을 통해 기본적인 인간 경험과 연결되기 시작한다. 이것은 피터가 자신의 작은 자기보다는 우주와 더욱 일치하는 순간에 느꼈던 것이다. "[인간]이 [보편적 자기the Self]와의 공감에 가까이 가면 갈수록, 다른 사람과 자기 자신에 대한 이해와 열정을 위한 자신의 능력이 보다 크고, 깊고, 넓어지는 것 같다" (Gordon, 1985, p. 267). 그림자 하나하나의 면모가 자신에 대한 감각 속으로 들어 올 때, 인간은 이기심, 오만, 그리고 정신병리는 *다른 사람*들에게만 속한 것이 아니라, 바로 자신의 일부라는 것을 진실로 깨닫기 시작한다. 개인은 재규어, 달 표면의 모습, 작은 곤충에 대한 꿈을 꾼다. 꿈속의 모든 이미지는 꿈 꾼 사람의 일부다. 그러나 그것을 진실하게 내면으로 받아들이는 것은 인간적인 모든 것은 모든 인간에게 속할 뿐만 아니라, 창조의 모든 것은 시간과 공간의 저 유한한 조각에 걸려있는 아주 작은 조직 안에 존재한다는 것을 인정하는 것을 의미한다. 나는 "바로 나다." 그것은 우주의 모든 것 안에 있는 하나의 극미한 씨앗이다. 그러나 작고 개인적인 자기는 무한한 외부 세계의 거울보다 더 크다. 그 작고 인격적인 자기는 실제로 무한한 외부 세계의 거울을 포함한다. 그것은 마치 각각의 프랙털(fractal, '불규칙하고 조각난'이라는 의미를 지닌 프랙털은 부분이 전체를 닮는 자기 유사성self-similarity과 관련되어 사용된다. –역자 주)은 (적어도 대체로) 그로부터 발생한 전체적으로 불규칙적인 기하학적 몸체와 그 형태에 있어 (크기는 아니지만) 동일한 것과 같다. 고든은 이런 과정의 목표를 다음과 같이 묘사한다: 개인은 "홀로 고유하며 책임적인 존재지만, 동시에 우주의 한 입자에 불과하다"는 사실을 인정하는 것이다(ibid., p. 270). 나는 좀 더 나아가, 각 사람인 저 작은 입자는 우주를 *반영한다고*reflects 말하고 싶다. 마치 카오스 이론이 브라질에 있는 나비의 펄럭임이 극동에서 태풍의 원인이 될 수 있다고 말하듯이, 각 사람, 즉 전체에 속한 각각의 작은 조각은 전체로서의 우주에 영향을 끼친다. 우리 각자의 성장과 발달은 전체를 향상시킨다. 반면에 우리의 반성장anti-growth 기류는 전체를 빈약하게 한다.

"나"와 보편적 자기 사이의 관계 The relationship between the "I" and the Self

융학파 분석가인 에딘저(Edimger, 1972)는 "나"와 자기 사이의 관계에 대한 폭넓은 작업을 해왔다. 새로 태어난 원초적 자기a primary self는 보편적 자기the Self와의 혼합 상태에서 존재한다. 그 자기를 융학파에서는 원형적 정신으로 부르며, 정신분석학자들은 본능적 정신으로 생각한다. 이것은 멜라니 클라인이 우리에게 그에 대해 많이 가르쳐왔던 유아의 전능한 방어들을 생산하는 것과 동일한 것이다. 그것은, 예를 들면, 나는 내 대변과 소변으로 너를 파멸시킬 수 있다는 믿음이다. 그것은 나이가 들면서 나의 분노는 내 분석가를 파멸시킬 수 있다는, 혹은 다른 사람들의 도움 없이 나는 자율적으로 내 인생을 살아갈 수 있다는 환상으로 변한다. 자기와 병합된 자신의 유아적 경험 안에서, 인간은 전능함all-powerful을 느낀다.

인간은 자라면서 일상적인 하루하루의 경험들은 이런 전능감을 약화시키기 시작한다. 그리고 그 아기의 "나"는 자기the Self와 분리되기 시작한다. 이런 발달에 두 가지 측면이 있다: "나"와 자기는 분화되기 시작하며, "나"와 자기는 에딘저ibid.가 "자아-자기 축the ego-Self axis"으로 불렀던 관계를 발달시킨다. 아기가 고통스럽게 자신의 전능감을 포기하면서, "일종의 격변하는 정신적 상처는 창조된다. ... 그는 낙원으로부터 추방된다"(ibid., p. 12).

분화와 연계라는 이런 두 과정은 전 삶을 통해 계속된다. "나"는 자기로부터 결코 완전히 구별될 수 없다. "나"의 약간의 팽창inflation은 보편적이다. 나이가 들면서 우리는 자신의 전능감을 점차 조정하는 법을 발전시킨다. 그러나 그것은 결코 사라지지 않는다. 그리고 우리가 기억해야 할 것은 팽창은 부정적일 뿐만 아니라 동시에 긍정적인 측면도 있다는 사실이다. 약간의 팽창 없이, 누구도 그 어떤 책도 쓸 수 없다. 예를 들면, 내가 쓰고 있는 책은 이런 책 홍수 세계에서 확실히 하나의 팽창된 아이디어라는 개념에서 그렇다. 그러나 팽창은 또한 파괴적이며 고통스럽게 될 수 있다. 나는 4장에서 그 파괴적인 속성을 살펴보고자 한다. 거기서 나는 원형적이며 반관계적인 콤플렉스와 "나"와 자기와의 병합이 유지되는 전능한 방어들에 대해 살펴볼 것이다. 팽창은 또한 고통스럽다. 왜냐하면 우리가 팽창되었을 때, 너무 자주 불시착하기 때문이다("교만은 패망의 선봉이다"). 치료나 분석에서 우리는 부드러운 착륙이 임상가의 자애로운 담아주기를 통해 제공될 수 있다는 희망을 갖는다.

"나"와 자기사이의 관계는 단순한 둘의 병합과는 다르다. 오히려 그것은 어떤 연령대라도 발전하는 사람에게 중요하다. 자아-자기 축은 그 관계를 이론적으로 구성하는 표현이다. 그 축이 손상되면, –관계에 대한 "나"의 능력이 제대로 발휘되지 못하면–, 의식과 무한한 무의식인 O 사이의 연결은 악화된다. "나"는 그 본능적 뿌리, 그 창조성, 그 기본적 생명력으로부터 잘려 나간다. 인생 주기를 통해, 자기는 주로 투사에서 경험된다. 이것은 특히 아동기에 더욱 그렇다. 부모가 보편적 자기the Self를 아기나 성장하는 아동에게로 가져올 때, 수용되지 못한 경험들은, 그것 자체가 이해되기보다는, 신이나 우주로부터 거절당한 감정과 동일하다. 그것은 유한한 인간의 결함들이다.

내가 위에서 언급한 대로, 심리치료나 분석에서, 자기는 전형적으로 임상가에게 투사된다. 임상가는 생명보다 더 크게 느껴진다. 융은 전형적인 전이관계의 발전과 해결을 추적하기 위해 일련의 중세 목판화를 사용하여 이런 과정을 묘사한다. 이 그림들은 옷을 벗고 함께 목욕탕으로 들어가는 왕과 여왕의 만남을 보여준다. 거기서 그들은 성관계를 통해 연합하고, 머리가 둘 달린 한 사람으로 용해된 후에 죽는다. 그들의 한 영혼은 하늘로 올라가고, 시체에 치유적인 이슬비가 내린다. 이제 그 영혼은 돌아오고, 개인은 전체성에 대한 상징들로 가득 찬 한 폭의 그림 안에서 자웅동체로 다시 태어난다. 융은 왕과 여왕을 분석가의 "나"와 환자의 "나," 그리고 각 사람의 무의식적 자기self에 대한 상징들로 해석한다. 그리고 이 드라마의 "나"보다 큰 원형적 본질은 일반 시민보다 왕과 왕비를 사용함으로써 강조된다. 융은 이 드라마의 전개 – 전이관계의 전개 – 를 그 안에서 여섯 관계들이 암시되고 각각을 반영하는 하나one로 묘사했다. 분석가의 "나"와 환자의 "나"는 의식적 수준에서 관계한다. 두 사람의 무의식적 정신은 또한 서로 상호작용 한다. 각 사람의 "나"는 자신의 고유한 무의식과 다른 사람의 무의식에 또한 역동적으로 연결된다. 콤플렉스의 이런 상호연결은 환자와 분석가 모두의 성장을 향상시킨다.

치료자의 수용과 소중히 여김은 환자에게 낙원으로 돌아온 것과 같은 느낌을 줄 수 있다. 그리고 치료시간은 마치 그들이 환자 주간week의 중심에 있으며, "희망과 낙관주의에 대한 감각을 가져다주는 삶과의 활기찬 접촉"을 제공하는 것처럼 보통 그렇게 느낀다(Edinger, 1972, p. 40). 왜냐하면 "나"와 자기 사이의 강력한 연결은 인간에게 "에너지, 흥미, 의미 그리고 목적"에 대한 감정을 부여하기 때문이다.

인간에게 심할 때는 자살이나 살인을 초래할 수도 있는 실망과 희망 없음에 대한 감정들은 자아-자기 축에 대한 손상으로 생각될 수 있다. 그러나 이런 의미 없는 공허함의 감정들은, "나"를 허무한 일 속으로 보내지 않을 때, 또한 자기와의 주관적 만남을 위한 단계를 마련한다. 종교문헌에는 신과의 만남이 사막이나 광야에서 발생하는데, 그것은 인간이 자신의 자원을 모두 소진했거나 희망을 포기할 때다. 신과의 만남 이전에 있었던 성 요한의 십자가의 "영혼의 어두운 밤"은, 사막에서의 예수나 성 세례 요한의 여정처럼 하나의 예가 된다. 마틴 루터 역시, "인간은 자기 자신이 철저히 버림받았다고 믿을 때, 빛은 중단된다"고 말했을 때 그와 같은 것을 이야기했다(Bainton, 1950, p. 83에서 인용). 우리는 줄기차게 이것을 치료작업에서 본다. 환자는 자신의 인생이 희망 없는 교착상태에 빠졌다고 느낄 때 치료에 참여하며, "자신이 매달린 구명줄 끝에 있다"고 말할지도 모른다. 우리의 팽창된 개인적인 문화에서, 도움을 청하는 것은 항상 마지막 수단이다. 환자가 치료자에 의해 환영받고 보살핌을 받는다고 느낄 때, 전이는 형성되며 그에게 빛은 비춰진다. 환자는 종교적 문헌들이 복되다고 부를 어떤 것을 느낀다. 치료자는 지금껏 최고로 보이며, 그와의 연결은 마치 모든 고통과 고난을 치유할 수 있는 것처럼 마술적으로 강력하게 느끼게 된다. 임상가가 자기the Self를 운반하는 전이관계에서, 손상된 자아-자기 축은 복구된다.

O와 자기the Self는 모두 분석가 안에서, 환자 안에서, 그리고 대부분의 경우 특히 두 사람 안에서 작용한다. 이런 두 개념은 그 사람의 "내부에서"보다는, 그를 *둘러싸고 있는* 비물질적인 정신적 힘에 대한 감각을 불러일으킨다. 비온과 융 모두는 O와 자기의 개념이 모두 개인의 내부와 외부 모두에 있다는 의미에서, 그 개념들에 대해 묘사할 때 애매해진다. O는 모든 대상의 절대적 진리다. O는 내부에 있건 외부에 있건 인간 정신에 의해 중재되지 않은 물자체thing-in-itself다. 자기the Self는 전형적으로 세상이나 우주와 동등하게 느껴진다. X박사가 나에게 살아있는 우주의 이미지를 죽음 이후의 우리 운명으로 보여준 꿈을 기억해보자. 우리의 운명은 외부 실제에서 우리가 알고 있는 시공의 유한한 세계를 초월해 있다. 나는 그것을 자기에 대한 이미지로 묘사했다. 여기서 나의 강조점은 전체 세계나 우주로 느껴지는 자기에 대한 이런 인간 경험이 공감적 경험 사실을 지지할 수 있는 하나의 심리적 실제에 대한 모델을 제공한다는 점이다. "나의" 정신이 나를 둘러싸고 있는 힘의 영역이라면, 나는 그것을 다른 정신과 혼합된 상태로 상상한다. 그것은 분석과정이 의존하고 있는 무의식의 소통을 강화한다.

"나의" 정신은 근본적으로 부정확한 개념이다. "나"는 "나의" 정신에 속해있지, 나의 정신이 나에게 속해있는 것은 아니다. 우리에게 밤의 꿈에 나타나는 정신 자체에 대한 정신 고유의 이해 안에서, 정신은 나를 둘러싸고, 나는 정신의 법칙들에 속한다. 정신이 나에게 속한 것은 아니다. 비온에 의하면, 오이디푸스 신화와 "기독교 종교에서 아버지됨과 아들됨을 간단히 언급하는 요소들 모두는 그것들이 대표하는 근본적인 그룹을 제시하는 형태configuration를 지닌다. 나는 이런 '궁극적 실제'를 표현하기 위해 O라는 기호를 사용해 왔다" (1970, p. 81). 달리 말하면, 비온은 어떤 특별한 "형태-인간 관계성과 정서의 주어진 패턴-은 그 자체를 이런 두 신화 안에서 자신을 표현한다고 주장한다. 이런 "특별한 형태들"을 융이 원형들이라고 불렀던 것이다. 그 두 개념은 나에게 동일하게 보인다.

진실과 거짓들 Truth and lies

O는 모든 상황의 절대적 진리다. 자기the Self는 자신을 속이는 어떤 거짓을 포기하도록 강요하며, 동시에 자신이 실로 누구인지를 깨닫기를 – 자신과 관계 맺기를 – 주문한다. 그러나 인간들은 우리 모두가 알고 있듯이 진실한 관계성을 회피하고 자신에 대해 과도하게 거짓말을 한다. 우리 모두는 적어도 어떤 때는 우리 자신을 알지 *않기* 위해 작업한다. 우리가 모든 상호의존적인 측면에서 우리의 진실한 실제를 알고 싶은 욕망과 우리의 왜소하고 무기력함에 대해 알지 않기를 바라는 마음 사이의 보편적인 인간적 갈등을 탐구할 수 있기 전에, 우리는 사고과정이 어떻게 작용하는지 이해해야 한다. 어떤 사람은 어떻게 자신의 진실한 경험을 확인하며, 어떤 요인이 자신이 바라거나 원하는 인물로 보이기보다는 자신을 정직하게 대면하도록 가능하게 하는가? 다음 장에서 우리는 사고 과정에 대한 비온의 이해를 살펴볼 것이며, 4장과 5장에서 우리는 각자의 영혼 안에서 작용하는 우리 자신의 관계적인 측면과 비관계적인 측면 사이에서의 갈등을 살펴볼 것이다.

3. 삶의 작업 The work of life

2003년 영화 <우는 낙타 이야기 *The Story of the Weeping Camel*>는 여러 날 계속된 힘든 작업 후에 한 마리의 새끼 낙타를 낳은 몽고의 한 낙타에 대한 이야기를 전한다. 낙타 주인이 어미 낙타로 하여금 새끼를 돌보도록 격려하려함에도 불구하고, 어미는 새끼가 가까이 오려고 할 때 의도적으로 떨어지면서 새끼 낙타를 거부한다. 낙타를 소유한 가족은 사람이 땅을 소유하는 방식에 초점을 맞추는 일종의 종교의식을 거행한다. 참가자들은 세상의 조화를 온전하게 유지하는 좋은 영들을 소환하기 위해 자신의 탐욕에 대한 반성을 드러내 보인다. 낙타는 계속해서 새끼를 거부한다. 그러자 가족은 그들 가운데 두 소년을 상당히 먼 거리에 있는 읍내로 보내 음악가를 불러오게 한다. 음악가가 도착해서 첼로와 유사한 악기로 슬픈 멜로디를 연주할 때, 낙타를 돌보는 여인이 어미 낙타를 그 악사에게 데려온다. 낙타 돌봄이는 낙타의 목을 사랑스럽게 어루만지면서, 악기에 맞추어 슬픈 노래를 한다.

익숙한 생명체가 친절한 목소리로 고통당하는 다른 생명체를 안아주고 위로한다. 여인이 참을성 있게 노래하고 낙타를 어루만지는데 상당한 시간이 흐른다. 약간 떨어진 곳에서 낙타 무리는 움직이지 않은 채 응시하고 있으며, 심지어는 되새김질도 하지 않은 채 주시하면서 전개되는 드라마에 의해 최면에 걸린다. 천천히 어미 낙타의 눈에는 눈물이 가득 찬다. 어미 낙타는 자신의 새끼 낙타에게 다시 나타나 돌보기를 시작한다. 천천히 음악은 멈춘다. 이제 어미와 새끼는 일상적인 낙타 방식으로 연합한다.

우리는 어미 낙타의 정신psyche[1] 내부에 어떤 일이 발생했는지 알 길이 없

1) 낙타의 정신이라는 생각에 대해 반대 의견이 제기될 수 있다. 인간이 아닌 동물들은 정서를 경험하지 않는다는 생각은 동물들이 생각하지도 않는다는 아이디어처럼 잘못 이해한 것처럼 보인다. 동물들의 정서적 영역은 우리의 그것보다 덜 넓으며 덜 복잡한 것 같다. 마치 동물들의 사고 능력이 덜 복잡한 것처럼 말이다. 그러나 그것은 무로부터 전면적으로 발생한 인간의 정신은 다른 포유동물들에게 나타나는 어떤 것으로부터 진화한 것이라기보다는, 천지창조설을 입증하는 것이라고 생각하는 것이다.

다. 그러나 나는 낙타로 하여금 자신의 새끼를 거절하게 하고, 나중에 수용하게 한 정서적 경험들에 대해 생각해보고자 한다. 오래 걸린 출산에 대한 외상trauma은 글자 그대로 어미 낙타에게 참을 수 없었다. 어미는 자신 안에서 발생한 경험인 정서들을 견딜 수 없었다. 어미 낙타는 그 정서들을 따라가거나 붙잡을 수 없었고, 오직 할 수 있는 것은 그것들로부터 도망치는 일이었다. 자신의 고유한 정서로부터 도망치는 한 가지 방식은 그것을 촉발하는 모든 것-이 경우에 어미의 고통을 유발한 새끼-과의 접촉을 회피하는 것이다. 일과 출산의 외상은 어미 낙타로 하여금 자신의 본능적 본성과의 접촉을 깨버렸다.

악사의 음악이 모든 양 떼와 목동들을 포함한 몽고인의 가족 세계를 에워쌌을 때, 그는 여성 목자에게 하나의 형식을 제공했다. 그것은 자신의 목소리와 손길로 낙타를 담아 낸 것처럼 자기 자신을 있는 그대로 담아 낼 수 있는 것이었다. 그 여인의 친절, 동정심, 그리고 인내는 인간의 돌봄을 감지하게 한다. 내가 가정하기는 그 낙타 역시 이런 특성들을 경험했다. 그리고 그것들은 여성 목자로 하여금 상처로부터 강박적으로 도망치기보다는, 자신의 외상에 대해 슬퍼할 수 있게 하는 방식으로 그녀를 붙잡았다. 정서적 고통이 경험될 때-우리가 심리치료에서 "훈습working through"이라고 부르는-, 엄마의 모성적 본능은 자기 자신을 다시 강화함으로써 자신의 아기를 거절하기보다는 환영할 수 있게 된다.

정서적 삶을 경험하기Experiencing emotional life

비온의 꿈에 대한 작업은 인간이 정서적 경험을 어떻게 처리하는 가에 대해 집중한다. 아직 형성되지 않은 원정서적 에너지들로 포화된 삶에 대한 가공되지 않은감각들은 매 순간 우리를 괴롭힌다. 우선 이것들은 뇌를 향해 나아가는 뉴런의 충동들이다. 마음은 어떻게 이런 원초적 자료를 사고가 가능한, 그리고 느낄 수 있는 어떤 것으로 바꾸는가? 비온(1962)은 이런 기본적 과정을 "알파 기능α function"으로 부르며, 그것은 모든 고등 동물(그리고 아마 다른 피조물 또한)이 성취해야 할 과제를 수행한다고 나는 제안한다. 낙타 이야기는 우선 알파기능의 실패를 보여준 것 같다. 이후 그 조력자의 지지를 통해, 어미 낙타로 하여금 매우 힘든 출산에 대한 원초적 정서(슬픔)를 처리하게 한 낙타의 알파 기능이 강화된다.

비온의 이론은 혁명적이다. 그것은 인간이 정서적 경험들을 아는 것에 대항하여 방어하는 방식보다는, 개인은 자신의 정서적 경험들을 *지니는 데have* 실패하는 방식에 주목한다. 이 이론은 우리가 정서적 삶을 다루기 위해 지녀야 할 하나의 가정적인 내적 "장치apparatus"를 묘사한다. 그것은 인생 주기를 통해 발전하는 장치로서, 점진적인 건강한 수준으로 나가고자 한다. 그러나 결코 완전한 신뢰를 얻지 못한다. 비온 작업의 암시는 보편적인 심리적 어려움은 자신의 경험에 대한 *진실을 알아가기knowing the truth*보다는, 삶을 *경험하는* 일 둘레에서 뱅뱅 돈다는 점이다. 그의 이론은 심리치료나 분석에서 치료적 요인들에 대한 하나의 별다른 관점으로 안내한다. 비온학파의 관점, 특히 현대 이탈리아 분석가인 안토니노 페로Antonino Ferro에 의해 발전되어 왔던 관점은 치료작업은 자기 자신에 *대한about* 증가한 지식보다는, 자기 자신이 *되는be* 증가한 능력을 목표로 한다는 점이다. 이것은 우리가 치료관계와 근본적으로 새로운 방식에서 치료자/분석가의 일을 상상해야함을 제안한다.

억압된 무의식이 여전히 정신에 대한 기본적 이해로 존재하는 동안, 그 위상은 빠르게 변했다. 프로이트는 처음에 이런 한 때 의식적이었던 퇴적물을 무의식으로 보았던 반면, 비온은 그것을 융의 개인무의식에 대한 이해와 유사한 위치로 떨어트렸다. 개인무의식에 "개인적 삶의 획득물들, 즉 잊고 억압되고, 잠재적으로 인식되거나 사고되고 느꼈던 모든 것"이 보존된다(Jung, 1971, para 842). 억압된 무의식은 유한한 개념으로서, O나 집단무의식, 혹은 삶의 잠재력의 무한한 우주와는 매우 다르다. 비온에게 억압된 차원은 자각하지 못하는 상태로 격하시키기 전 한 때 경험한 개인적 측면들을 포함한다. 억압된 것들은, 그것이 얼마나 광범위하든지 간에, 인간에게 경험할 수 없고 사고될 수 없는 상태로 남아있는 진실truth의 무한한 광장expanse과는 대조된다.

정서적 경험을 처리하기 Processing emotional experience

우리에게는 실제와의 어떤 접촉도 없다. 세상은 *정서적emotional* 경험으로서의 우리 정신의 중재수단을 통해 자신을 우리에게 드러낸다. 하나의 사건에 대한 다양한 증언들은 "사실들"에 대한 넓은 범위를 "보게" 한다. 비록 그 사건이 확실히 정서적으로 문제가 되지 않을 때라도, 두 사람 사이의 이전 만남에서 서로 다른 내용들이 말해졌거나 행해진 사실을 두 사람이 분명히 확신하는 것은 삶 속에서 흔한 일이다. 역사적으로 분석가들은 자신의 기억들이 환자들의 기억보다 더 믿을 만하다고 상상해왔다. 그것은 그들이 정서적으로 물질적인 것에 덜 얽매인다고 가정하기 때문이거나, 분석을 받아온 그들이 "더 건강하거나" 환자들보다 덜 왜곡되었다고 가정하기 때문이다. 프로이트(1914)는 이전에 말해진 것에 대한 불일치가 존재할 때, 분석가는 거의 항상 옳은 것으로 보여 질 수 있다고 생각했다. 그러나 어떻게 그것이 가능할까? 기록이 없는 상태에서, 분석가는 자신의 관점에 대한 논리적 근거들보다 앞서갈 수 있다. 그리고 환자들은, 의존적이고 취약한 위치에서, 분석가의 확신에 당연히 응하고(혹은 적어도 그에 굴복하거나) 그것을 확신할 수 있다. 그러나 옳다는 주장은 분석가의 기억에 대한 타당성을 "입증한다고" 상상하는 것은 사실 자기 고양적self-serving이다. 의문 가운데 있는 사건들이 중립적으로 보일 때라도, 다른 기억들이 도처에 널려 있다는 것은 우리로 하여금 분석가를 포함한 모든 인간들은 규칙적으로 실제reality를 왜곡한다는 사실을 인정하게 한다. 사실, 실제 그 자체는, 이런 관점에서 볼 때, 우리가 어떤 확신으로도 결코 강요할 수 없는 어떤 것으로 판명난다.

이런 상태의 문제점들은 우리의 경험들은 항상 본질적으로 정서적이라는 사실을 반영한다. 우리는 외부 세계와 직접적인 접촉을 하지 않는다. 비록 내가 앉아있는 책상이 매우 딱딱하고 "실제적real"이라고 느낄지라도, 나는 실제로 그 *책상desk*을 볼 수 없다.

> 우리는 물질의 본질에 대한 가장 흐릿한 이론적 추론만을 할 수 있을 뿐이다. … 눈에 포착된 파동의 운동이나 태양 광선은 나의 인식에 의해 빛으로 번역된다. 세계에 빛과 소리를 부여하는 것은. … 나의 마음이다. … 마음 자체 없이 직접적으로 경험되는 것은. … 아무것도 없다. 모든 것은 마음에 의해 중재되고 번역되고, 걸러지고, 유비적이 되고, 뒤틀리며, 심지어는 마음에 의해 조작된다(Jung, 1926, para 623).

인식perception에 대한 오늘날 작업은 우리가 "보는"것 가운데 불과 몇 퍼센트만이 뇌에 의해 진행된 빛의 파동으로부터 온다는 사실을 보여준다. "보는 것sight"의 반 보다 훨씬 더 많은 것은 마음이 뇌에 의해 판독된 시각 형태에 의미를 부여하는 기억들로 구성된다. 세계에 대한 모든 정보는 정신을 통해 오며, 거기서 그것은 번역되고 모양을 갖춘다. 경험은 뇌를 범람하게 만드는 감각자료의 쇄도avalanche로 시작한다. 동시에 이제 시작 단계인 정서 상태가 발생한다. 나는 *책상으로서의qua* 책상을 보지 않는다. 나는 나에게 무언가를 의미하는 책상을 본다. 그것은 추하거나 기분 좋게 보일 수 있다. 그것은 그 책상이나 다른 책상들, 논문작업, 예술작업 혹은 컴퓨터 작업들에 대한 긍정적이거나 부정적인 기억들을 불러일으킨다. 하나의 책상인 물자체는 본래 나에 의해 알려질 수 없다. 나는 단지 나와 관계 안에 있는 사물에 대한 개인적 경험을 알게 되기를 희망할 뿐이다.

처음에 가공되지 않은 감각적 정서적 경험은 비정신적 상태다. 행복감은 피부 위에 스치는 잔잔한 산들바람, 수영복 밑에 달라붙은 모래층의 무게, 어제 벼룩에 물려 생긴 약간의 가려움, 가슴을 흘러내리는 땀방울에서 생긴 차가운 물방울과 함께 온다. 이를 위해 그 순간의 원정서적 경험을 용해시키는 시각, 청각, 후각, 미각 등의 감각과 더불어 뇌를 침수시키는 수많은 작은 피부 감각들을 끌어들인다. 비온은 이런 종류의 상징화되지 않은 경험을 베타 요소ß element라고 불렀으며, 배고픔에 대한 유아의 경험을 상상함으로써 그 본질을 묘사했다. 아기는 소위 "나쁜 젖가슴bad breast" —즉 원하는 그곳에 없는 젖가슴—을 경험하며, 엄마는 아기가 빨 수 있는 문자 그대로의 젖가슴을 제공한다. 이런 육체적 가슴(혹은, 병bottle)은

> "사고thought"와 구별될 수 없다. 그러나 "사고"는 입으로 들어가는 어떤 대상에 대한 경험에 의존한다. ... 가슴은 물자체로서 마음 속의 어떤 생각과 구별될 수 없다. ... 정서적 경험과 물자체가 혼합된 이런 대상을 아직 분화되지 않은 두 존재two being로 여기면서, ... 우리는 어떤 베타 요소와 매우 가깝게 닮아가는 대상에 이른다. 마음 속에 있는 대상에 대한 인식(예를 들면, 외부 사건)과 그 표상representation은 구별되지 않는다(Bion, 1962, pp. 57-8).

유아의 "사고"는 가슴에 *대해서about*가 아니다. 그것은 어떤 가슴이며, 이것이 두 가지 이유에서 문제가 된다. 첫째, 유용한 생각은 반영중인 경험의 부재에서 발생할 수 있어야 한다. 고려중인 구체적 외부대상의 출현에만 존재할 수 있는 하나의 "사고"는 만족시키고 완화시키는 젖가슴, 혹은 거부하고, 무시하며, 양육하기를 거절하는 젖가슴에 대해서 생각하는데 유용하지 않다. 둘째, 젖가슴과 젖가슴으로서의 젖가슴breast-qua-breast에 대한 유아의 정서적 경험은 구별되지 않는다. 이런 종류의 "사고"는 아기에 대한 어떤 자기self 감각도 발달하지 않는다. 그곳에 어떤 자기도 없다. 그곳에 선한 *젖가슴*만 있으며, 현재 경험하고 있는 "*나*"는 없다. 비온의 근본적 질문 가운데 하나는, 그가 베타 요소라고 불렀던, 생각할 수 없는 경험 가운데 어떻게 이 작은 조각이 무의식의 정신에 의해 추진되고, 상징화되며, 그 자체가 없는 상황에서 어떻게 반영될 수 있으며, 그에 대해 자신이 느끼는 다른 존재들(혹은 물건들)로부터 분리되거나 관계되는 정서적 삶을 한 인간에게 부여할 수 있는 어떤 것으로 변화하는지 의아해하는 것이었다.

베타 요소 자체는 어떤 방식으로도 심리적으로 유용하지 않다. 이런 철자화 이전 상태에서, 그것은 정서적 성장을 위해 사용될 수 없다. 감각적 요소들은 무의식적으로 도태될 수밖에 없다. 왜냐하면 그것들은 직접적으로 경험하기에 너무 방대하고 비조직적이기 때문이다. 그와 마찬가지로 비조직적이며 아마 그와 대등하게 광대한 그 순간의 정서적 측면 역시 말로 표현할 수 없는(비상징적인) 상태다. 의문시되는 정서가 고통스러울 때, 어떤 종류의 무의식적인 심리작업이 그것들을 생각할 수 있도록thinkable[2] 수행되어야 한다는 것을 쉽게 알게 된다. 그러나 이것 또한 긍정적인 측면에 해당된다. 사랑 혹은 즐거움은 상실과 두려움처럼 붙잡기에는 너무 과다할 수 있으며, 우리를 무의식적으로 무책임한 활동으로 몰아갈 수 있다. 비온이 가정하는 알파 기능(철자화, alphabetization)은 베타 요소를 알파 요소로 바꾼다. 알파 요소는 상징화되고 인간의 발달적인 자기

---

2) "사고하기thinking"에 대한 비온의 개념은 융의 개념과 매우 다르다. 융은 그 단어를 일반적 의미의 조작하거나 발전하는 아이디어로 사용한다. 반면에 비온은 그것을 경험에 대한 어떤 심리적 과정을 언급할 때 사용한다. 그것은 융과 구어체 영어에서 "감정feeling"에 대해 말하는 것을 포함한다.

의 일부로서 채택된 감각적 정서적 경험의 원자들atoms이다. 이런 요소들은 정서 작업을 구성하는 모든 심리활동(사고하기, 느끼기, 꿈꾸기, 혹은 기억하기 등) 안에서 정신에 의해 저장되고 사용될 수 있다. 젖가슴을 하나의 절대적인 대상으로 자리매김하기보다는, 알파 요소는 젖가슴을 상징화함으로써 그것과의 정서적 관계로 자기self를 창조한다. 젖가슴 그 자체는 항상 알 수 없다. 왜냐하면 우리는 우리의 정신을 초월해서 존재하는 객관적인 실제에 접근할 수 없기 때문이다. 유아가 아마 어떤 이미지로 자신의 경험을 상징화할 때, 그것은 분명히 한 단어로 이루어지지 않지만, 사고가 가능하게 된다. 유아는 그것에 대한 꿈을 꾸거나 기억한다. 그 부재 속에서 나에게 – 무언가 – 의미하는-젖가슴에 대한 생각이 떠오른다.

하나의 알파 요소는 육체의 경험과 정신의 경험 사이의 연합의 산물이다. 우리의 알파 기능이 의문 가운데 있는 베타 요소들을 조절하기에 충분히 강할 때, 그 베타 요소들은 무의식적이고 알 수 없지만, 대개는 그림문자로 상상되는 알파 요소들로 변화된다(비록 다른 감각들 또한 이런 기본적으로 상징적인 조각들을 형성하지만 말이다). 어떤 구체적인 외부 사실이나 사물, 즉 칸트가 말한 "물자체thing-in-itself" 대신에, 상징의 구성요소, 즉 내가 본 바로 그것thing-as-I-see-it이 부상한다. 융학파 사람들은 이런 종류의 연합(여기서 육체와 정신 사이의)을 합일a *coniunctio*이라고 부른다. 그것은 우리가 정서적 상처라고 부르는 정신 내부의 거대한 분열들을 치유하는 큰 연합을 향한 첫 걸음이다. 육체와 정서적 경험의 이런 연합은 이전의 말이 없고 이미지가 없는, 그리고 생각할 수 없는 가공되지 않은 상태의 경험에 형태를 부여한다. 개인은 자신의 경험을 소유한다. 그것은 *자신의* 것이 된다. 왜냐하면 그가 *그것과의 관계*를 발전시켰기 때문이다. 계속해서 우리가 심리학 이론의 이런 저런 부분들을 볼 때, 우리는 성장과 발전의 기초는 관계성이라는 것을 알게 된다.

비록 비온이 베타 요소들이 알파요소로 변화되는 과정을 사고의 발전에서 첫 걸음이라고 묘사했더라도, 이것은 분명히 개인이 의식적으로 생각한 어떤 것은 아니다. 그것은 우리가 직접 접근할 수 없는 완전히 무의식적인 사고 과정이다. 비록 융은 정신의 꿈꾸는 능력의 기원들을 탐구하지 않았지만, 그것들로부터 알파 요소들을 창조하고 상징들을 만들어내는 과정을 묘사한다:

[무의식적인] 정신mentality은 일종의 본능적인 것이다. ... 그것은 '사고하지 think' 않는다. ... 그것은 단순히 의식 상황에 대하여 응답하는 이미지를 창조할 뿐이다. 이런 이미지는 감정과도 같은 사고를 포함하며, 이성적인 반성에 의한 결과물이라기보다는 그 모든 것anything이다. 그와 같은 이미지는 아마 예술가의 환상으로 더 잘 묘사될 수 있을 것이다(1953, para 289).

그러나 융은 이런 이미지들이 *어떻게* 창조되는지에 대해서 묻지 않았으며, 사람들이 자신의 의식적 경험에 대한 무의식적 이미지들을 창조하지 않은 사례들에 대해 회고한 것 같지 않다. 그는 본능적이고 우주적이며, 학습된 것보다는 내적인 것이 되는 과정을 택했다.

베타 요소들의 원정서적protoemotional 측면이 알파 기능에 의해 처리되지 않을 때, 그것은 무의식적으로 방출된다discharged. 가장 희망적인 시나리오에서, 이것은 다른 사람이 문제시되는 베타 요소들을 처리하여, 그것들을 격정에 휩싸인 개인에게 사고가능한thinkable 형태로 되돌리는, 충분한 알파 요소를 가질 것이라는 희망 속에서 발생하는 투사적 동일시를 통해 다른 이에게 그 경험을 제공하는 것을 의미한다.

그렇지 않으면, 베타 요소들은 정신질환, 고통, 메너리즘, 그리고 틱 현상을 통해 몸으로 방출될 수 있거나, 우리를 행동화acting out로 알려져 있는 행위들 안으로 내던진다. 그 행위들은 인간에 의해 선택되기보다는 인간을 사로잡는다. 방출에 실패한 베타 요소들은 무의식 안에서 이물질, 즉 일종의 정서의 변방에 고착된 소화되지 않은 경험 조각으로 머무를 것이다. 위니컷(1949)이 베타 요소에 대해 이야기 할 때 다음과 같이 제안했다. 외상 안에서 개인은 압도하는(생각할 수 없는) 경험을 "기억한다." 그 경험에서 "기억하기memorize"는 의식적 행위가 아니라, 정신의 심층에 있는 가공되지 않은, 생각할 수 없는 형태로 그 경험을 보관하는 방식이다. 개인은 무의식적으로 다음과 같은 내용을 바란다. 그는 어느 날 자신이 결국 그런 경험을 할 수 있게 하는 방식으로 자신을 정서적으로 붙잡아줄 충분히 관계적인 파트너를 발견할 것이다. 그것은 그가 생각할 수 없고 단지 복종할 수만 있는 행동 패턴들로 밀어붙이는 냉동 창고 안에 그 경험을 보관하기 보다는, 오히려 그로 인해 고난을 받기 위한 것이다.

융의 이론에서 이런 소화될 수 없는 정서 경험의 조각들은 콤플렉스와 접합된다. 콤플렉스들은 인간의 상호인격적 관계에서 반복적으로 작용하는 내적인 드라마들이다. 우리 콤플렉스들의 모양은, 관계방식들이 계속해서 소화될 수 없는 방식으로 반복되는, 아동기에 정해진다. 예를 들면, 부모는 습관적으로 감질나게 하며 예측불가능하다. 아동은 피할 수 없는 고통을 참을 수 없다. 그것은 무기력함이 자신을 노출시킴으로써, 부모의 행동을 알-수-없고 기억할-수-없게 만드는 고통이다. 자신의 기억하지 못함을 – 억압repression과 같은 – 이전에 겪었던 어떤 것으로 사고하기 보다는, 비온의 이론은 (능력의 부족으로 인해) 그가 실행에 *실패했던* 어떤 것이 있다고 제안한다. 그의 실패는 기대감에 젖은 정서적 경험을 우리가 해리dissociation 라고 부르는 기억할-수-없는 상태에 둔다.

융의 콤플렉스 이론은 비온이 나아가고자 하는 상태를 묘사한다. 우리가 "콤플렉스 안에" 있을 때, 우리는 거의 알지 못하거나 전혀 모르는 내적인 정서적 실제에 의해 사로잡힌다. 콤플렉스에 지배당하는 개인은 자신이 도망치고 싶은 내적 실제에 대한 두려움을 우선적으로 말하는 자포자기와 같은 강하고 절박한 정서들을 느낄 수 있다. 그렇지 않으면 그는 단순히 다른 사람들이 볼 때 어리석고 자기-파괴적이지만, 자신에게는 가장 적절한 선택을 하게 된다. 감질나게 한 부모가 아이 자신이 추진 할 수 없는 방식으로 고통을 주었던 그 아이로 돌아가보자. 그는 감질나게 하거나 혹은 애먹게 되는 대인관계 속으로 빨려 들어감으로써, 자신이 경험할 수 없는 대인관계 패턴으로 살게 된다. 그 결과 자신이 실행할 때, 그 패턴의 본질을 인식하는 데 실패한다. 한편으로, 그는 자신이 전달할 수 있는 것 보다 훨씬 더 많은 것을 약속할 수 있다. 그는 자신의 행동을 실제reality의 잔인한 세계에서 필요한 것으로 합리화하거나, 생각을 단순히 바꿔버리거나, 반복적인 패턴을 인식하지 못할 수 있다. 그와 반면에, 그는 자신이 실제로 하는 것보다 훨씬 더 많은 것을 제공할 준비가 된 것처럼 보이는 사람들에게 끌리는 자신을 발견하기도 한다. 감질나게 하는 사람들은 *매우so* 매력적으로 보일 수 있으며, 그들의 믿을 수 없는 성향은 그것이 표현되는 매 순간 어떤 놀라움surprise이 될 것이다.

여기서 희망적인 관점은 개인은 자신이 상처를 다룰 수 있도록 도와줄 수 있는 누군가를 찾으면서 자신의 외상들을 끝없이 반복한다는 것이다. 무엇보다도 그가 상처를 경험할 수 있도록 도와주는 사람을 찾는다. 종종 심리치료나 분석은, 비록 그로 인한 긍정적인 발전이 자신의 고난을 감당할 수 있는 능력의 증가로부터 온 것이라기보다는, 자신이 새로 발견한 이해로부터 온 성장으로 잘못 이해 될 수 있더라도, 그에게 자신의 경험을 할 수 있게 할 것이다. 자신이 감당할 고난은 자신과 치료자가 함께 창조하려고 노력해온 관계성에 대한 내사introjecting로부터 발전해온 것이다. 그와 대조적으로, 일상적 삶의 상호인격적 관계는, 정서적 반응들이 자신을 소유하기보다는, 자신이 그것들을 소유할 개인적 능력을 더욱 확장시킬 수 있다. 그러나 우리가 삶의 고통스러운 경험들을 통해 일하는 것에 실패할 때, 그리고 우리가 그 경험들을 전부 가리거나 무의식의 콤플렉스 안에 보관할 때, 우리 안에 무엇이 없는가에 대해 융은 결코 질문하지 않았다. 개인이 자신의 경험을 추진하기 위해 필요한 내적인 "도구들tools", 즉 콤플렉스에 지배당하는 사람들에게 부족하거나 부족했던 도구들은 무엇인가? 어떤 사람들은 다른 사람들보다 자신의 경험을 소화할 능력이 훨씬 더 많다. 어떤 기술들이 그들로 하여금 성공하게 할까?

1914년 초기에 프로이트는 삶을 경험가능하게 만드는 이런 심리psychological 작업의 중심성에 대해 언급했다. 분석가에게

> *정신* 영역에서 재생산된 것을 기억하는 것은... *그*가 고수하는 목표다. 분석가는 환자가 활동영역에 직접 들어가기를 원하는 모든 충동들을 정신적 영역 안에 두기 위해 그와 더불어 끊임없이 노력할 준비가 되어 있다. 그리고 분석가는 기억하기를 치료를 위한 승리로 기념한다. 환자가 행동을 수행하기 원하는 무언가는 기억 작업을 통해 드러난다는 사실을 분석가가 유발할 수 있다면 말이다(1914, p. 153, 이탤릭체 원전강조).

알파 요소들Alpha elements

베타 요소들을 알파 요소들로 바꾸는 장치를 서술하기 전에, 알파 요소들의 본질에 대해 살펴보자. 콤플렉스에 지배당하는 사람이 구성하는데 실패하게 했던

가장 초기의 사고 가능한 요소들은 무엇인가? 나는 감각 경험의 측면들을 지니고 있으며, 그것들을 그 순간의 정서적 의미로 가득 채우는 알파 요소들을 그려본다. 예를 들면, 아버지가 딸에게 새로 산 검은 차를 보여준다고 상상해보자. 아마 그 아동은 아버지의 의기양양함에 의해 흥분되었을 것이다. 이 순간을 처리할 적당한 알파 기능을 생각해보면, 그 소녀는 햇빛에 비친 차에 대한 아동의 안목으로 구성된 알파 요소를 무의식적으로 창조할 수 있다. 그 차에 대한 이미지는 소녀의 정서에 의해 스며든 이미지다. 그러나 아마 아동기에 이상화된 아버지의 의기양양함을 경험한 데서, 그 소녀는 자신의 취약성과 결핍에 대한 첫 경험을 하게 된다. 객관적으로 볼 때 반짝거리는 새 차는 소녀의 슬픔으로 가득 차, 온통 까맣고, 장례식 분위기가 나며, 둔한 것으로 기록될 수 있다. 혹은 어떤 다른 대상 – 예: 차 밑으로 기어들어가는 지저분하고 우울한 고양이 – 이 아동에 대한 그 순간의 감정을 포착하거나 무의식적으로 알파 요소로 상술된다. 그런 이미지들(반짝반짝 빛나는 지저분한 고양이)은 알파 요소들이다. 그것은 그 이미지들이 외부 환경을 "올바르게correctly" 혹은 "올바르지 않게incorrectly" 인식했기 때문이 아니라, 그것들이 아동의 진실한 경험을 포착하며 그가 관계할 수 있는 이미지를 창조하기 때문이다.

이런 초기 단계를 거치면서 아동은 이제 자신의 경험에 대한 꿈을 꿀 수 있으며, 그 결과 아버지의 즐거움에서 느꼈던 의기양양함이나 아버지의 취약성에 접하면서 느꼈던 고통을 처리하기 시작한다. 그녀의 알파 기능이 자신의 정서들을 처리할 수 있게 해주는 상징 창조 작업에 대해 부적절하다면, 그 소녀는 길길이 뛰거나, 그와 무관한 불평이나 복통으로 귀찮게 징징대거나, 형제와의 싸움에 돌입할 수 있다. 마치 의심할 여지없이 부정적인 정서로 보이는 이런 유형의 방출 행동은 문제시 되는 긍정적 정서(여기서, 소녀 아버지의 고무됨에 대한 흥분)를 처리할 능력이 없음을 반영할 수 있다.

건강 측면에서, 정신은 그 순간의 정서적 경험을 그려내기image 위해 알파 요소들을 끊임없이 생산한다. 그러나 "건강health"에 대한 개념이 이론적으로 중요한 반면, 어떤 살아있는 인간이라도 결코 "건강"을 얻을 수 없다는 사실을 기억하는 것은 중요하다. 우리 모두는 불완전한 피조물들이다. 우리는 삶이 필연적으로 동반하는 고통스런 경험들로 인해 상처받고, 그것들을 처리할 수 있는 능력이 제한된 피조물들이다. 산산이 조각난, 제도화된 정신일지라도 그 정신 안에서 작용하는 알파 기능의 어떤 나머지를 가져야 하며, 가장 발전되고 온전한 개인의 알파 기능이라도 어떤 점에서는 실패할 것이다. 알파 기능이 대폭 실패할 때, 치료자는 "우리가 일상적으로 사람들에 대해 듣기를 기대하는 것처럼, 생기없는 대상들에 대해, 심지어 생기 없는 장소들에 대해서도 듣는다"(Bion, 1962, p. 9). 알파 기능의 실패는 어떤 사건이나 지속적인 상황에 대한 외상이 우리를 압도하기 때문이거나, 우리 자신의 증오 혹은 시기가 자극되거나, 이런 파괴적인 정서들을 피하기 위해 자신의 알파기능을 공격해왔기 때문이다. 다시 우리는 건강이 우리 자신과의 관계를 요구하며, 정서적 고통은 자기(알파 기능)의 요소를 공격함으로써 다른 사람과의 관계능력을 해치는 반-관계적인 접근에 의해 특성화된다는 사실을 알게 된다.

이 장의 마지막에서 나는 내가 처음 만났을 때 알파 기능이 심각하게 제한되었던 여성인 거투르드Gertrude 사례를 제시할 것이다. 초기 꿈에서 나는 어떤 사람이 아닌 카이저 병원Kaiser Hospital, 즉 대형 건강 돌봄 네트워크 센터로 그려졌다. 비온의 제안에 의하면, 여기의 질문은 얼마만큼 고통으로 고난을 받을 수 있는지와 얼마만큼 그 고통을 피하는가에 대한 대조, 즉 우리가 얼마만큼 자신의 고통과 관계를 맺을 수 있는가에 대한 것이다. 모든 인간은 정서적 고통을 경험한다. 그러나 자신의 고통에 대해 취할 수 있는 태도가 고통을 받을 수 있는지 없는지를 결정한다. 비온(1970)은 고통은 체현된 삶에 대해 본질적이며, 따라서 고통이 출현할 때 피하려고 작업하기보다는 수용해야 한다는 사실을 인정할 때, 고통은 뒷따른다고 생각한다. 그 안에서 인간이 우주를 이해하려고 시도하며, 물질적 삶을 진전시키기 위해 자신의 이해를 사용하려고 하는 각성Enlightenment 에너지는 정서적 고통을 피하려는 태도를 강화한다. 우리는 천연두를 정복할 수 있으며, 음속보다 더 빨리 날 수 있으며, 자궁 속*in utero* 선천성 결함을 개선시키며, 심지어 태아의 유전자 코드를 재배열 할 수도 있다. 확실히 우리는 고통을 초월할 수 있다! 고통은 삶의 본질적 요소라기보다는 하나의 실패의 증상이 된다.

융은 신경증을 정당한 고난suffering에 대한 회피라고 불렀다. 우리가 자신을 겸손하게 하고, 모든 인간 상황은 고통을 포함한다는 사실을 인정하는 한, 우리는 고난을 받을 것이다. 고난은 정신적 성장을 위한 필수적인 요소다. 어떻게 *이것이* 나에게 발생할 수 있는가?라고 하면서 운명에 대항하여 불평하기보다, 우리는 "이것"이 삶의 이 시점에서 단순히 자신이 고난 받고 있는 특별한 형태라는 사실을 수용한다. 남편이 배반한다면, 아내와 그 자녀들은 아마 아프게 되거나, 아내는 자신이 실로 원하는 어떤 것something을 성취하지 못할 것이다. *어떤 것*은 항상 고통을 야기한다. 비온에 의하면, 고통에 항의하거나 거부하기보다는 고통을 감내하는 "결단decision"은 삶의 매 순간마다 접하는 중요한 "선택choice"이다. 우리는 이런 무의식적인 선택들을 4장에서 자세히 살펴볼 것이다. 이런 선택들에 대해 우리는 어떤 할 말도 없다. 그러나 그 선택들은 우리의 인격 구조(콤플렉스들)를 한 조각 한 조각 형성한다.

유아(혹은 성인)은 비온(1962, 1963, 1965, 1970)이 전-개념화(pre-conception, 원문 그대로 표기함)라고 불렀던 것으로 시작한다. 전-개념화는 우리가 객관적으로 발생한 것을 보거나 듣지 못하게 하는 일종의 편견이다. 동시에 전-개념화는 우리에게 그 안에서 객관적 사건을 담아내는 구조를 제공함으로써 그것을 인식하는 것을 *촉진시킨다*facilitates. 초기에 전-개념화들은 플라톤이 동굴의 비유에서 진실한 실제로 묘사했던 타고난 형상들templates이다. (삶의 경험 역시 우리의 뇌에 기록될 빛의 파동을 감지하도록 촉진시키는 전-개념화들을 창조한다. 이런 전-개념화들은 뇌가 수용된 자료들을 해석하는 방식을 왜곡시킨다. 그와 동시에, 뇌로 하여금 그 자료들을 의미 있게 해석하는 것을 가능하게 한다.) 이런 타고난 전-개념화들은, 출생 시에 나타나든 혹은 일상적인 정서발달[3] 과정에서 배치되든 간에, 융의 원형들과 동일하다. 유아는, 세상이 제공*해야 할*should, 예를 들면, 사랑하고 반응하는 엄마에 대한 전-개념화들로 시작한다. 그러나 실제 엄마는 아무리 사랑하더라도 결코 완전하게 반응적일 수 없으며, 어느 순간이라도 유아, 아동 혹은 성인은 그의 전-개념화들과 적합하지 *않은* 정서적 실제와 투쟁해야 한다.

이 시점에서 비온의 "선택choice"이 제시된다: 개인은 고통을 주는 사건에 대한 불쾌한 경험 –베타 요소–을 배출하거나, 충족되지 않은 사건과 함께 실제에 대한 인식을 할 수 있거나, 실망을 느낄 수 있다. 예를 들면, 그는 이렇게 말할

3) 예를 들면, 모든 인간들은 발달단계에 도달한다. 거기서 친구를 찾는 일은 그 자체를 드러낸다. 그리고 융은 타고난 원형들 혹은 전-개념화들은 그 일을 하고자 하는 개인들을 지지하도록 진화하는 형태로 문화를 인도한다고 제안했다.

것이다: "나는 그에 대해 정말 관심이 없었다" 혹은 그는 자신의 정서적 고통을 느끼고 그가 정말 주목했던 사실을 수용할 것이다. 자신의 고통을 담아낸다면, 그는 "알파 기능과 알파 요소들의 생산 과정 안에" 있게 될 것이다(Bion, 1962, p. 103). 그가 그렇게 하지 못한다면, (베타에서 알파로 변형되는) 그의 경험은 철자화되지 못할 것이며, 의미 없는 덩어리, 즉 정서가 가득 실린 감각들로 남을 것이다. 가장 의미 있는 것은 이런 두 반응들을 다소간 스트레스를 받고 있는 동일한 사람에 대한 다른 가능성들로 생각하는 것이다. 한 상황에서 그는 이렇게 느낄 수 있다: "X는 내가 상처받았다고 느낀 것을 저질렀다." 그러나 매우 심한 스트레스 아래에서 그는 확실히 뒤로 물러나서, "X는 사악한 일을 저지른 나쁜 사람이다"고 말할 것이다.

베타 요소들은 단지 비워질 수 있을 뿐이다. 유아는 울음으로, 엎치락뒤치락 하거나, 소변을 보거나 혹은 배변하거나, 침을 흘리는 등의 행동을 통해 자신의 너무 강한 정서적 경험을 비운다. 긍정적인 정서들은 부정적인 정서만큼이나 담아내기 어렵다. 흥분될 때 통제할 수 없을 정도로 사나워지는 걸음마를 배우는 아이나 어린 아동에 대해 우리가 생각한다면, 긍정적인 정서와 함께하는 어려움들을 아주 쉽게 보게 된다. 성인은 다리를 흔들거나, 요통으로 발전하거나 혹은 변비가 되어, 일을 그만 두거나 아내와 헤어질 수 있다. 그는 또한 미소를 짓거나 눈살을 찌푸리거나, 몸동작이 자신의 진실한 감정을 드러내고자 하는데도, 친구에 의해 잘못 이해될 수 있다. 심지어 입으로 하는 말도, 개인의 알파 기능이 결핍될 때, 생각이나 감정을 표현하기보다는 텅 빈 근육운동으로 표현될 수 있다(Bion, 1962, pp. 13-14). 정서적 경험의 중요성을 부인하는 사람은 무의식적으로 진행*되고* 있는 어떤 경험에 대한 의식적 지식을 막아내기 위한 부인denial의 방어기제를 사용하는 사람이 될 수 있다. 그게 사례가 된다면, 밤중에 꾸는 꿈은 우리가 자신의 고통을 인식하도록 도울 지도 모른다. 그러나 말로 하는 부인은 물론 고통스러운 경험을 배출하는 하나의 방법이 될 수 있다. 왜냐하면 우리는 그 고통을 처리할 수 없기 때문이다. 이것들은 또 다른 문제들이다. 그리고 그 문제들에 대한 치료자의 최선의 처리는 유사하게 보일지라도, 그가 드러내는 결핍에 대한 이해가 그의 태도와 억양을 변화시켜 결국 상담실 분위기를 바꿀 것이다. 이 장의 마지막에서 다룰 것이지만, 심각하게 알파 기능이 결핍된 나의 환자 거트루드Gertrude는 엄청난 양의 고통을 밝고 어울리지 않은 미소와 함께 배출했다. 그것은 비온의 작업이 나로 하여금 그 기능을 이해하도록 돕기까지 나를 혼란스럽게 했으며 어리둥절하게 했다.

내가 위에서 언급했던 것처럼, 정신은 최상으로 기능할 때, 그 순간의 정서적 경험을 그려내기 위해 알파요소의 지속적인 흐름을 생산한다. 알파 기능은 매 순간의 신체와 정서적인 측면들을 결합하고, 외부 대상으로부터 독립적이면서 동시에 관계적인 자기self를 창조하는 알파 요소들의 꾸준한 흐름을 창조함으로써, 경험을 사고가능하게 만든다. 알파 요소들은 상징들이다. 밤 시간의 꿈이나 일상적 대화[4]로 구현된 무의식적 소통을 들음으로써 우리가 이해할follow 수 있는 깨어있는 상태의 꿈에서, 이런 상징들은 서로 결합되어 보다 큰 상징적 연합으로 묘사된다. 이전 사례에서 자기 주변에 살짝 스며든 아버지의 차나 도둑고양이에 대한 아동의 정서적으로 왜곡된 이미지는 다른 순간에 형성된 알파 요소들로 맞추어진다. 그 이미지들은 꿈꾼 사람의 정신이 자신의 역사에서 이런 특별한 순간에 수행되길 원하는 바로 그것에 대한 즉각적인 신체-정서적 경험을 깊게 하고 확장시키는 정서들로 고취된다. 꿈들은 깨어있을 때나 밤 시간이나 이런 발달된 상징들을 내러티브 형식으로 이끈다. 알파 기능이 적절하게 작용할 때, 이야기를 만드는 과정은 무의식적 꿈 작업에 대한 다소 일정한 토대를 만들어낸다. 무의식적인 깨어있는 상태의 꿈은 그 순간의 정서적 요구들을 초월하여 작업하며, 의식적 개인으로 하여금 그밖에 달리 자신을 침수시킬 수밖에 없는 감각과 정서적 경험의 쇄도에 의해 압도당하지 않고 기능하게 한다 (Bion, 1962).

융 또한 깨어있는 상태의 꿈 활동에 대해 기술한다. 그 꿈은 정신이 현재의 외부적 내부적 실제와 관계된 상태로 남아있기 위해 수행하는 지속적인 정서 작업이다. 그는 이렇게 말한다: 무의식은 "결코 멈추지 않는다. ... 대신 끊임없이 그 내용을 그룹화하고 재그룹화하는데 관여한다. 이런 활동은 [일반적으로] 보상적 관계에서 의식적 생각과 더불어 조직화된다"(1953, para 204).

---

4) 이 장의 끝에 있는 거트루드와의 한 시간에 걸친 분석은 일상적 대화로 그려지고 있는 깨어있는 상태의 꿈을 이해하는 방식에 대한 자세한 예를 제공한다.

이런 끝없는 활동은 우리 삶에 깊이와 본질을 제공하는 꿈과 환상을 생산한다. 가끔 배경 꿈background dream은 "낮 시간의 의식에 의해 부과된 금지들을 허물 수 있다"(Jung, ibid., para 273). 그리고 그것은 적절한 페르소나를 유지하려는 의식적 시도들을 방해한다. 의식이 희미해지기 시작할 때, 종종 잠이 들려고 할 때나, 아마 스트레스로 인해 가끔 그와 유사한 그 밖의 상태에서, 우리는 그 순간의 근본적 사고와 감정들을 그려내는 이런 보통의 무의식적인 깨어있는 상태의 꿈들에 대한 희미한 빛들을 본다(Jung, 1984).

이런 이론으로 볼 때, 꿈꾸기는 지속적인 과정이며, 깨어있는 삶과 잠들어 있는 삶 사이의 차이는 꿈들이 관찰될 수 있는 수준과 관련된다. 우리가 꿈꾸지 않은 그 시간만은 우리가 비-REM(non-REM: Rapid Eye Movement의 약자로 꿈꾸는 동안 동공이 빠르게 움직이는 현상을 말한다. －역자 주) 수면 상태라고 볼 수 있다. 꿈작업은 알파 기능에 의존한다. 알파 기능은 사고하기thinking의 첫 단계다[거기서 "사고하기"는 느끼기feeling를 포함한다]. 정신분석에 대한 비온의 첫 번째 중요한 책(1962)은 우리가 경험으로부터 배운 것에 의한 "정서적 성장"을 어떻게 성취하는가를 탐구했다. 그것은 알파 기능에 의존하는 과정이다. 알파 기능은, 그 삶과 관련된 자기self를 건설하기 위한 인생 경험들을 사용하는, 정신의 우선적 변형 기능이다.

그롯슈타인(Grotstein, 2007)은 알파는 실제적으로 베타에 앞선다고 제안한다. 개인은 참을 수 없는 경험이나 감각을 하나의 가능성으로 지니고 있으며, 그것을 베타로 바꿈으로써 그로부터 분리되는 방식으로 거절한다는 것이다. 이것은 페로(Ferro, 예: 2006)의 정신증적 사고의 구성요소로서의 "발파 요소balpha elements" 개념과 유사하다. 예를 들면, 자신의 시기와 질투를 경험하지 않기 위해 자신의 알파 기능을 사람들이 어떻게 공격할 수 있는가에 대한 문헌작업이 상당히 있어왔다. 이런 종류의 자기-공격self attack은 비온(1959)이 썼던 연결하기linking에 대한 공격의 예이다. 비온 생각의 이런 발전들은 특히 흥미있다. 왜냐하면 그것들은 각자 반-관계적인 에너지들의 해로운injurious 효과를 묘사하기 때문이다. 그러나 주로 이성적으로 기능하는 사람들과 작업하는 치료사나 분석가에게도, 이런 다양한 차이점들은 주변적으로 보인다. 핵심적인 것은 우리가 지닌 경험과 경험이 우리를 소유한 것들 사이의 차이점이며, 우리가 느낄 수 있는 정서와 오직 배출할 수 있는 정서 사이의 차이점이다.

접촉 장벽 The contact barrier

알파 기능이 정서 경험의 감각 인상들을 알파 요소들로 변형시키듯이, 비온이 "접촉 장벽contact barrier"이라고 부른 것은 지속적인 형성 과정 안에 있다. 접촉 장벽은 의식과 무의식 요소들 사이의 접촉과 분리를 표시하는 일종의 스크린screen 이다(Bion, 1962, p. 17). 그것은 무의식을 무의식으로 의식을 의식으로 두면서 그 요소들이 둘 사이를 넘나들 수 있도록 허용하는 일종의 투과성 세포막이다. "접촉 장벽"이라는 용어는 유한한 "나"와 유한한 무의식 사이의 *접촉contact*에 대해 말한다. 그것은 스크린이 끝없는 무의식에 의해 함몰되는 것으로부터 매우 제한적인 "나"를 보호하기 위해 설치한 것일 뿐만 아니라, 동시에 그 스크린이 허용한 *장벽barrier*이다. 항상 창조되고 있는 깨어있는 상태의 꿈이나 수면 중의 꿈은 알파 요소들을 상징들과 결합시킨 다음, 의식과 무의식이 함께 조화롭게 작동하는 가운데 서로 분리된 이야기들로 결합시킨다.

우리가 정서적 경험들을 알파 요소들로 바꿀 수 있을 때, 그 경험들은 무의식에 의해 그 자체의 창조적 능력 안에서 사용될 수 있다. 따라서 "걷는 법을 배우기 위해 소환되어 정서적 경험을 하고 있는" 아동은 자신의 의식적 노력이 무의식적이 되도록 허용할 수 있다. 결국 그는 그에 대해 더 이상 의식적지 않아도 걸을 수 있다(Bion, 1962, p. 8). 따라서 알파 기능은 무의식에 대한 사고하기thinking의 반복적인 측면을 무시함으로써relegate 의식적인 사고를 가능하게 한다. 우리는 이런 과정을 "기술 습득learning a skill"으로 부른다. 다른 관점에서,

> 친구에게 말하고 있는 한 남성은 이런 정서적 경험에 대한 감각 인상들을 알파 요소들로 바꿈으로써, 알파 요소들은 꿈 사고들을 가능하게 하며, 결국 사실들에 대한 고통스러운 의식을 가능하게 한다. 그 사실들은 자신이 참여한 사건들이거나 그 사건들에 대한 자신의 감정들, 혹은 그 둘 모두를 포함하는 사건들이다. 그는 자신의 '꿈'에 의해 드러난 장벽을 관통할 수 없는 어떤 요소들에 대해 '수면상태로 있거나asleep' 무의식적일 수 있다. "꿈"에 힘입어, 그는 방해받지 않고 계속해서 깨어있을 수 있다. ... 친구에게 말하고 있지만, 일반적으로 무의식적 생각이나 정서에 의한 것들에 의

> 해 자신의 생각을 지배하는 방향으로 인도하는 요소들에 대해 '수면 상태'가 되는 덕분에 그는 방해받지 않고 계속해서 깨어있을 수 있다. 만약 그 요소들이 그의 '꿈들'의 장벽을 통과할 수 있다면 말이다. 그 꿈은 자신이 친구에게 말하고 있다는 환자의 각성을 압도할지도 모르는 정신 현상에 대한 장벽을 만들어 낸다. 그리고 동시에 친구에게 말하고 있다는 각성이 자신의 환상들phantasies을 압도할 수 없게 만든다(Bion, 1962, p. 15).

따라서 개인은 무의식적으로 느낄 수 있다. 예를 들면, 정치적 견해에 대해 말하면서도 친구에 대한 자신의 동성애적 사랑을 느낄 수 있다. 그 사람의 정신에서 환상fantasy이 계속해서 진화한다는 사실은 두 남성 사이에서 깊이와 공명을 교환하게 한다. 왜냐하면 접촉 장벽은 어떤 의미에서 투과성이 있기 때문이다. 환상이 무의식적으로 남아있을 수 있다는 사실은 정신의 원초적 층에서 펼쳐지는 환상들로부터 두 남성을 보호한다. 그것은 또한 정치적 대화를 어떤 의미 있는 방식으로 계속하도록 허용한다. 인생을 인식하고, 주시하며, 연계시키며, 기억하는 모든 것은 알파 기능에 의존한다.

내가 샐리Sally라고 부르는 환자는 다음과 같은 꿈을 꾸었다:

> *우리 집 뒤에 큰 동굴이 있다. 바닥은 입구로부터 아래쪽으로 기울어져 있으며 모래로 되어 있다. 나는 들어가서 넘어져서 올라오지 못할까봐 두렵다. 나는 순탄하게 내려간 후에야 동굴의 바닥이 동일한 수준으로 고르게 된 것을 볼 수 있다. 기나긴 길을 되돌아가는 것 같다. 외부 세계로부터 온 빛이 끝나는 평평한 지점에 이르자, 영화를 위한 스크린이 설치되어 있다. 스크린은 동굴의 한 쪽에서 다른 쪽으로 펼쳐져 있다. 그러나 아무도 그 밑으로나 둘레로 들어가서 통과할 수 없었다. 의자들이 스크린 양쪽에 놓여 있다. 확실히 영화는 외부 세계와 동굴 내부의 심연으로부터 동시에 상영되고 있다. 문제는 두 방향에서 상영되는 것을 조정해서, 외부와 내부로부터 온 이미지들이 서로 완전히 조화를 이루게 하는 것이라는 것을 나는 알 수 있었다.*

그 스크린은 의식("외부 세계로부터 온 빛이 끝나는" 곳)과 무의식(동굴의 어두운 심연) 사이에 서

있는 접촉 장벽 이미지다. 샐리는 플라톤의 동굴로 연상되는 그 동굴이 영원히 뒤로 뻗어 있다고 느꼈다. 그것은 그녀 정신의 심층에 대한 상징으로서, 외부 세계에 드러나지 않으면서도 외부세계와 연결되어 있다. 그 지점에서 샐리의 발전, 즉 꿈은 그녀에게 자신의 내부에서 펼쳐지는 무의식적인 과정들에 대한 두려움(그 안으로 떨어져서 다시 나올 수 없을 것이라는 두려움)에 대해 말하고 있었다.

그러나 꿈은 또한 인간의 사고 안에 있는 근본적인 문제를 보여준다. 자기 꿈을 돌아보면서, 샐리는 외부세계로부터 투사된 이미지가 동굴의 깊은 곳으로부터 투사된 이미지와 정확하게 일치하는 어떤 방법도 없다는 것을 깨달았다. 왜냐하면 외부의 그림들은 사선으로 스크린을 강타해야 했지만, 내부의 투사는 바로 스크린에 접촉했기 때문이다. 약간의 왜곡은 필연적이다. 정신의 원형적 기대들은 결코 외부 세계의 현실적 경험들과 일치하지 않는다. 우리의 육친flesh-and-blood 엄마는 새로 태어난 아기가 갈망하는 좋은 엄마, 혹은 그가 두려워하는 사악한 엄마와 결코 완벽하게 일치하지 않을 것이다. 그리고 실제 엄마와의 경험들은 자신의 기대들, 즉 전-개념화들pre-conceptions에 의해 왜곡된다. 사람들이 동굴에서 본 그 "영화"는 내부 혹은 외부 세계의 실제에 대한 정확한 반영들이라기보다는 유령의 집 거울에 나타난 이미지들과 같이 될 것이다. 플라톤의 동굴에서, 개인은 실제 사물에 대한 외부 현실의 왜곡된 그림자들을 가졌다. 샐리의 꿈은 기대와 경험 사이의 불일치와 그 불일치로 인해 야기된 정서적 고통이 왜곡의 원인이라는 것을 설명해준다.

접촉 장벽 개념은 에딘저의 자아-자기 축과 관련된다. 그러나 비온의 장벽은 "나"와 자기the Self 혹은 O사이의 능동적 관계보다는, 융이 말하는 개인무의식과 "나" 사이의 분리에 대해 더 집중한다. 접촉 장벽은 에딘저가 가정하는 능동적 관계보다는 수동적 연결과 분리로 보인다. 이런 차이는 융의 자기에 대한 개념이 "나"에게 적극적으로 흥미를 보이며, 의도적으로 "나"와 관련되기 위해 일하는 무의식을 상상하고 있다는 사실에 대한 하나의 함수function가 되어야 한다. 반면에 비온의 접촉 장벽은 O처럼 "나"에 대한 어떤 의도적인 애착도 없다.

비온과 융 모두 그 드라마를 경험을 처리하기 위해 필요한 근본적인 정신 활동으로 이해한다. 융은 밤시간의 꿈들에 집중함으로써, 그것들이 의식에 대한 보상적임을 알 수 있었다. 그 보상은 삶에 대한 일방적 견해를 무의식 안에 존재하는 그동안 무시되고, 간과되거나 원치 않은 수많은 가능성들과 균형을 맞춤으로써 개인의 발전을 용이하게 한다. 이런 잠재력들이 의식 안에 포함될 수 있을 때, 인간의 자기self와 삶은 확장될 것이다. 비온의 제안에 의하면, 꿈을 꿀 수 있는 능력은 온전한 정신의 기반이다. 그리고 모든 정신병리는 꿈을 꿀 수 있는 능력이 없을 때 시작된다. 그것은 알파 기능에 결핍이 생길 때 발생하며, 알파 기능은 인간에게 잠자거나 깨어있게 한다. 그리고 알파 기능이 부재할 때, 우리는 의식적이거나 무의식적이 될 수 없다. "잠자는 환자는 공황상태에 있다. 왜냐하면 그는 깨어날 수 없거나 잠들 수도 없는 악몽을 꿀 수 없기 때문이다. 그는 이후 줄 곳 정신적인 소화불량에 걸린 것이다"(Bion, 1962, p. 8). 이것이 정신병리 상태다. 거기서 외상은 훈습될 수 없다. 그것은 꿈꾸는 장치가 존재하지 않기 때문이다.

알파 기능의 발달 The development of α function

위에서 언급한 대로, 융은 정신의 꿈꾸는 능력의 기원을 탐구하지 않았다. 그는 분명히 꿈꾸는 능력을 타고난 것으로 상상했다. 비온은 태아와 유아는 꿈꾸는 능력을 배우기 시작하여 수명이 다하도록 그 능력을 지속적으로 발달시킨다고 믿었다. 이것은 개인 조직이 자체적으로 시동을 거는 숨쉬기나 소화시키는 것처럼 하나의 과정process은 아니다. 좀 더 발달된 사람은, 그가 부모나 분석가, 친구나 아내가 되든지 간에, 대상이 경험을 철자화해서, 꿈꾸기, 사고하기와 느끼기에 알파 요소를 사용하도록 (무의식적으로) 가르치는 것을 필요로 한다. 비온의 이론에서, 마음mind은 "억압된 다음에 발굴되어야 할 의미와 정서들"이라기보다는 "정신적 표상들을 추구하는 과정에 있는 의미와 정서들"이다(Andrade de Azevedo, 2000, p. 85). 알파 기능은 "정신적 표상들"로서, 알파 기능이 (아마 단지 이 순간에) 자기 자신의 것보다 더욱 건강하게 작용하는 다른 사람의 마음과 함께 상호작용을 하면서 발달한다. 무의식을 의식으로 만들기보다는, 임상작업은 경험을 사고가능하게 만들기 위해 함께 일하는 두 정신을 강화하는데 있다. 이 모델에서, 유아의 엄마가 자신의 "안아주기"를 통해 정서적 능력을 성장시킴으로써,

레브리reverie 상태에서 아기를 실존existence으로 인도하는 꿈을 꾸는 것과 동일한 방식으로, 분석가는 환자(그리고 자신)를 실존으로 이끄는 꿈을 꾼다. 그것이 어떻게 작업하는지 살펴보자.

유아는 자신의 마음이, 팔이 공을 던질 수 있는 것과 동일한 방식으로 고통스러운 자극을 제거할 수 있는, 일종의 근육이라고 믿고 있는 것처럼 행동한다. 클라인은 이런 과정을 환상phantasy으로 묘사한다. 우리는 그 기제를 모른다. 그러나 "환상phantasy"(혹은 미국의 대부분의 비-클라인 학파에게는 "fantasy")이라는 용어는 전체 이야기를 전하지 않는다: 아기(혹은 성인)가 자신이 내쫓고 있다고 "상상하는" 고통스러운 경험은 실제 외부현실이나 파트너의 정신 안에 배치된다constellated. 그 파트너는 유아의 엄마, 환자의 분석가, 배우자, 친구, 혹은 자녀가 될 수 있다.

우선 엄마는 (무의식적으로) 유아의 투사적 동일시들을 담아내서 그것들을 조정 가능한 형태로 다시 유아에게 돌려줌으로써 그의 알파 기능을 성장시킨다. "그래, 그래"라고 흥얼거리면서 엄마는 고통당하는 유아에게 다가온다. "죽을까봐 걱정하는구나, 아니야 너는 단지 배고파서 그래. 너를 먹이기 위해서 내가 여기 있어. 네가 살고자 하는 것이 얼마나 놀라운 일이니." 엄마는 아기가 담을 수 없는 그 고통을 담아낸다. 엄마는 그 고통을 자신의 내부로 가져와서 아마 불안과 긴장과 같은 아기의 공포를 경험한다. 엄마는 그것을 우선적으로 지적이지 않은 하나의 과정으로 생각하며, (죽을 염려로 인해) 참을 수 없는 고통(허기)을 다룰 어떤 것으로 변형시킨다. 그녀는 그런 후에 자신의 목소리 음악과 안아주는 능력, 피부의 전기적 균형, 그리고 아마 우리가 아직 이해하지 못하는 방식으로 그 변형된 투사를 유아에게 되돌려줄 수 있다. 이런 종류의 상호작용은 유아 자신의 고유한 감정을 처리하는 능력을 성장시킬 뿐만 아니라, 관계성 능력을 발달시키는 기초다.

중요한 어구인, "그녀는 그것에 관해 생각한다"는 레브리reverie 가운데 있는 엄마의 상태에 대한 축어다. 레브리는, 사랑으로 젖은 상태에서, 유아가 투사하는 것이 선한 것이든 악한 것이든, 그것을 수용하기 위해 찾는 마음의 열린 상태다. 그것은 관계성의 기초며, 엄마의 알파 기능의 한 측면이다. 이런 상태에서 발생하는 대부분의 사고는 무의식적이며, 그 모든 것은 융이 사고뿐만 아니라 감정으로 불렀던 것으로 고취된다. 엄마의 알파 기능은 유아의 고통에 대한 감각적 정서적 경험을 수용하며, 그것을 자신의 내부에서 알파 요소들로 변형시킴으로써, 단순히 반응하기보다는 현재 발생하고 있는 사건을 처리할 수 있게 된다.

♀♂ (담는 것과 담기는 것)

비온이 "사고하기thinking"라고 불렀던 것은 두 가지 핵심 과정을 포함한다. 그것은 "담는 것/담기는 것(container/contained, 그는 이것을 표현하기 위해 ♀♂상징을 사용한다)"과 PS↔D개념이다. 사고하는 사고들thinking thoughts을 위한 장치는 이런 과정들로 구성된다. 엄마에 의해 의사전달 수단communication으로 수용되는 유아의 투사적 동일시에 대한 상기 예는 그 둘의 작용을 보여준다. 우선 ♀♂을 보자(Bion, 1962, 1963, 1970) : 유아가 견딜 수 없는 고통스런 경험(여기서는 죽음에 대한 두려움)을 생각해보자. 이상적으로 엄마는 아기의 고통을 수용(담아냄)함으로써, 그 고통을 정서적으로 경험하고 변형시킨다. 일반적으로 엄마는 아기 고통의 모든 것을 담아낼 수 없다. 인간은 어떤 주어진 시점까지만 다른 사람에 적응할 수 있다(그 시점은 사람마다 놀라울 정도로 다르다). 그 시점 이후의 인간의 자기애는 효과가 나타나, 그가 볼 수 있는 것은 오직 자기 자신의 필요성들에 한정된다. 엄마는 자신이 참을 수 없는 것을 차단할 것이다. 자신의 유아가 죽을까봐 두려워하는 것에 대한 의식적, 공감적 감각을 가질 수 있는 부모는 실제로 거의 없다. 충분히 좋은 환경에서, 엄마는 유아의 고통을 충분히 느끼고 그가 "배가 고파 죽을 지경이거나" 혹은 "몹시 화가 난" 것을 알고, 급하게 유아의 위기에 반응한다. 약간 부족한 최적의 시나리오에서, 엄마는 아기가 허파운동을 하고 있거나, 아기 스스로 울다가 잠잘 수 있는 독립성을 강화할 것이라고 단정할 수 있다. 극단적 경우에 엄마는 아기를 흔들거나, 그렇지 않으면 아기를 학대하는 방식으로 응답한다. 엄마는 눈먼 소경이 되며, 자신의 담아내는 능력을 초월하는 유아의 고통 부분에 대해 정서적으로 귀머거리가 된다. 그러나 일반적으로 엄마는 약간의 알파기능 형성에 기여할 만큼 아이에게 충분히 개방적이다. 엄마나 치료자가 담아내기를 피할 수 있는 방법은 없다. 그것은 다른 사람의 고통pain 전체를 담아내는 고난

suffering이다. 그러나 적절한 상황에서, 엄마나 치료자는 다른 사람 안에 있는 성장하는 알파 기능의 발전을 조성하기 위해 충분히 담아낼 수 있다.

여기서 차단하거나 수용하는 언어는 담는 것container에 대한 개념을 반영한다. 우리는 "소화하고," "흡수하고," 혹은 "진행하는" 경험들에 관해 말한다. 이런 모든 단어들은 영양과정에 기초하고 있는 사고과정의 모델을 제시한다. 비온에 의하면, 우리의 경험에 대한 사고 능력은 진화적으로 볼 때 종species을 위한 하나의 새로운 차원이다. 그리고 그 일을 위한 장치는 발달의 초기 단계에 있다. 비온은 사고 장치는 먹고, 소화시키고, 제거하는 감각들을 다루는 타고난 심리적 능력으로부터 발달되었다고 믿는다(1962, p. 57).

최근에 카페에서 아침을 먹으면서, 나는 새로 태어난 한 아이와 함께 있는 6-8명의 사람들 옆에 앉았다. 자신감 있는 부모는 유아를 할아버지로부터 시작해서 삼촌과 사촌에 이르기까지 건네고 있었다. 유아의 눈은 단단히 닫히고, 얼굴은 가려졌고, 몸은 긴장되어 수축되었다. 이제 생각해야 할 것은, 아직 태어나지 않은 유아는 엄마의 알파 능력으로부터 파생된 가장 기본적인 알파기능을 흡수한다는 것이다. 그 결과 신생아는 그런 경험들에 대해 생각할 수 있는 약간의 능력으로 시작한다(그리고 결국 그것들로부터 배우기 시작한다). 그 능력은 아마 엄마의 알파기능이 얼마나 왕성하냐에 따라, 그리고 아기의 내적 재능에 따라 유아마다 다르다. 그러나 출생 시에 나타나는 알파 기능은 필연적으로 최소한 것이며, 내가 보기에 이 신생아는 충격에 휩싸여 있으며 노출된 자극 사태에 의해 함몰된 것 같았다. 성인들의 의도는 분명히 사랑하는 것이었다. 그러나 그들은 아기에게 주목하는 자기만의 정서로 분주했다. 그들은 신생아의 정서를 상상하려고?수용하려고- 시도하지 않았다. 유아는 저항하지 않는다. 그는 가사상태suspended animation로 철수하고 있는 것 같았다. 유아의 경험은 자신이 처리할 수 있는 것보다 더 많았다. 그리고 그 일로 아무도 자신을 도와주지 않았기 때문에, 그는 베타 형태로 남아 있었다. 이런 경험 속에서 유아는 자신의 정서를 처리할 능력을 발달시키지 않는다고 충분히 말할 수는 없다. 그는 정서들이 최상으로 봉인되는 것을 배우고 있다. 그의 부모와 관계들은 유아의 정서를 수용할 수 없는 상태에서 이것을 어떻게 처리하는 가를 보여주고 있다. 유아는 자신이 드러나는 고유한 인식체계paradigm로 내사하고 있다.

4장에서 우리는 시기, 탐욕 그리고 질투의 자기애가 어떻게 발달중인 인간을 사고 불가능한 상태로 내동댕이치는 지를 살펴보게 될 것이다. 그 상태는 인간이 견디기에 힘든 정서 상태에 의해 사로잡히는 현상이다. 카페에 있는 유아의 예에서, 우리는 이런 공포스런 정서들이 유아 내부에 배치되고 있다는 사실을 가정할 수 있다. 그의 실제 상태는 완전히 취약하며, 아무도 (이 순간에) 그를 위한 공감적 보조 자아an emphatic auxiliary ego를 제공하지 않는다. 유아의 정서적 요구에 눈을 감아버린 채 자기들의 힘으로 그를 안아든 거인들을 그가 어느 정도 의식할 수 있을지 모르지만, 그는 그들의 당연한 것으로 여겨지는 전능성을 시기하지 않을 수 없다. 왜냐하면 그 전능성은 자신의 완전한 취약성과 홀로됨의 주관적 상태와 매우 극적으로 대조되기 때문이다. 이런 거인들이 그의 정서적 경험을 무시하면서 어떻게 서로 관계를 맺는가를 의식할 수 있는 정도에 관계없이, 유아의 질투는 생겨날 것이다. 그리고 그 질투와 더불어 자신에게 없는 그들이 가지고 있는 것에 대한 필사적인 탐욕이 발생할 것이다. 이런 액화liquefying 정서들[5]은 전능한 격분에 의해 발화된다. 그 격분은 어떤 연령대의 사람이라도 작게 하기 보다는 더욱 크게 만듦으로써 우리를 첫 공포들로부터 보호하는 일종의 팽창된 정서다. 우리는 개인을 내부 혹은 외부 대상과 관계를 맺지 못하게 하는 이런 힘든 정서 상태를 다음 두 장들에서 보다 온전하게 탐구할 것이다.

아기를 사랑하는 분위기에서 그의 경험과 씨름하는 엄마가 자기 내부로 밀려오는 정서와 감각 덩어리로부터 무언가를 추론하려고 노력할 때, 그녀는 유아가 수행하고 있는 것에 대한 약간의 이해에 도달한다. 어떤 사람(유아)은 자신의 생각할 수 없는 정서 상태를 다른 사람(엄마)에게 주입시키면, 대상은 그것을 안아주고 생각할 수 있게 된다. 엄마와 아이 모두 이런 상호 활동으로부터 성장한다. 왜냐하면 그것은 상호적이며 관계적이기 때문이며, 이것이야말로 정서적 건강의 토대기 때문이다. 비온의 제안에 의하면, 원래 두 사람에 의해 공유된

5) 우리는 이런 개념을 4장에서 보다 심층적으로 탐구할 것이다. 이런 정서들(시기, 탐욕, 그리고 질투)은 유아적 전능성의 에너지로 발화되어, 인간을 액화시킴으로써, 마치 자신이 내부의 젤리처럼 느끼는 환자의 경우를 본다. 그것은 마치 액체 속에서 제각각 떠있는 이런 저런 잡동사니와 같다. 내가 4장에서 소개하는 페니Penny는 이것을 "어떤 모양도 없는" 것으로 묘사했다.

이런 과정은 "유아에 의해 내사되어, 담는 자-담기는 자 장치가 유아 내부에 알파 기능의 장치 일부로 설치된다"(1962, p. 91). 정서(이 경우 엄마의 사랑)와 연결은 모두 중요하다. 두 사람이 연결되지 않을 때, 어떤 담아주기도 발생하지 않는다. 정서를 빼앗기면, 담는 자는 그 활력을 잃는다. 심각하게 정서적 인관관계를 박탈당하면서도, 육체적 차원에서 완벽하게 돌봄을 받는 유아들의 소모적인 질병, 즉 "관리상의 결함hospitalism"은 정서적 관계성에 대한 인간적 요구에 대한 능력을 설명해준다.

♀♂ 패턴은 "아마 먹이고, 숨쉬고, 배설하는 것과 관련된 어떤 새로운 분화되지 않은 전개념화들로 시작해서(Bion, 1962, p. 93), 시간이 흐르면서 점차 증가하는 복잡성을 발전시킨다.

> 배우기learning는 통합된 상태로 남지만, 그러나 경직성을 배제하는 [성장하는 내적인 담는 자의] 능력에 의존한다. 이것은 자신의 지식과 경험을 보유할 수 있으면서도, 새로운 아이디어에 대해 수용적인 방식으로 과거의 경험들을 재구성하기 위해 준비된 상태의 기초가 된다(ibid.).

달리 말하면, 정서들을 변화시킬 수 있는 담는 자의 능력은 그것이 얼마나 수용적인가를 결정한다. 어떤 사람이 저지른 일로 인해 상처를 입은 사람이 당사자가 아닌 다른 사람이 사과할 때 자신의 분노로 인한 고통을 그냥 흘러가게 내버려둘 수 있을까? 담는 자와 담기는 자 사이의 이런 내적인 관계는 창조성의 한 기초가 된다. 그것은 우리가 바라는 바 인생 주기를 통해 한 개인의 내부에서 발전할 어떤 것이다. 심리학자들이 원초경the primal scene 대해 말할 때, 그들은 인간이 내적인 ♀♂ 과정의 본질을 상징화하는 특별한 이미지를 사용하고 있다. 담기는 자는 격렬하게 자신의 방식을 담는 자에게 일종의 강간형태로 밀어 넣는가? 아니면 그것은 사려 깊은 두 사람의 상호작용인가? 담는 자는 담기는 자를 사랑스럽게 혹은 증오하는 방식으로 수용하는가? 계속해서 우리는 건강한 인간 삶을 위한 핵심적 토대로서의 내부와 외부의 관계성으로 돌아간다. ♀♂ 과정은 하나의 이미지로서, 그걸 통해서 우리는 관계성을 측정할 수 있다. 그것이 두 사람 사이 혹은 누군가와 그의 고유한 내I가 아닌 부분들 사이의 관계성이든 상관없다. 이런 과정의 본질이 커플이나 한 개인이 성취할 수 있는 사고의 질을 결정한다.

엄마가 아이로부터 발생한 투사적 동일시를 수용해서 처리한 다음에 해독된 형태로 돌려줄 때, 그녀는 전-개념화(예: 유아의 양육하는 젖에 대한 기대)를 이끌어낼 방법과, 비온이 "실현realization"-전-개념화를 위한 이미지를 제공하는 외부세계에서의 구체적인 경험-이라고 부르는 것과 어울리는 방법을 보여준다. 유아의 전-개념화는 경험과 어우러지며, 그 연합으로부터 하나의 개념화conception가 탄생된다(이 경우 좋은 젖가슴에 대한 개념화). 샐리의 꿈을 기억해보면, 엄마는 아기에게 적절하게 조화를 이루고 이해할 수 있는 그림을 창조하는데 매우 충분한, 아기의 타고난 기대들과 어울릴 경험을 제공하기 위해 노력한다. 융은 비어있는 원형적 특성을 채우는 "의식적 경험자료"에 대해 말했다(1938, para 155). 엄마가 타고난 기대를 충분히 잘 반응한다면, 그 비어 있는 원형은 우리에게 합리적인 것으로 각인되는 "엄마" 이미지로 바뀔 것이다. 유아의 기대와 그가 처한 현실 사이의 심각한 불일치가 존재한다면, "엄마"에 대한 발달하는 이미지들은 어떤 사람도 가까이 할 수 없는 마녀들이나 동화 속 대모들로 더욱 격렬하게 분열될 것이다. 투사적 동일시들의 교환이 잘 이루어질 때, 두 사람은 성장한다. 그것은 엄마와 아기 모두의 경험들-그들 자신과 다른 사람들의-에 대한 인식 능력과 그것들을 통합하는 능력이 확장된다는 것을 의미한다.

PS↔D (편집-분열자리↔우울자리)

사고 장치의 두 번째 측면은 비온이 "PS↔D"라고 부르는 것이다. 이것은 엄마/분석가의 레브리(reverie, 레브리는 엄마가 무의식적인 몽상 상태에서 유아의 투사적 동일시를 애정으로 수용하는 열린 마음상태를 말한다. -역자 주) 과정을 묘사한다. 비온의 언어는 클라인 학파의 유산을 반영한다: PS는 정신 발달의 편집-분열 단계를 의미하며, 거기서 대극들은 분열되며 경험은 전체가 아닌 조각들로 있게 된다. D는 우울적 자리, 즉 대극을 함께 수용해서 삶의 전체성을 느끼는 정서적 경험을 말한다. 먹이는 좋은 젖과 빼앗는 나쁜 젖 대신에, 아기는 그 둘이 좋지도 않고 나쁘지도 않은 그 둘 모두를 포함하는 동일한 젖가슴의 측면들이라는 사실을 깨닫는다. 좋은 융학파와 나쁜 프로이트 학파(혹은 그 반대) 대신에, 자신의 작업에 강점과 약점 모두를 초래하는 불완전한 분석가들이 있다. 그러나 이런 묘사는 PS가 D보다 열등한 것처럼 보인다. 그리고 클라인과 초기 클라인 학파는 우울자리는 도달해야 하거나 안정된 단계인 것처럼 우울자리를 "성취하는 것achieving"이라고 이야기 한 반면에, 우리는 이제 각 유형의 정서적 경험은 그 자체의 강점들과 약점들을 가지고 있다는 사실을 깨닫는다. PS보다 D에서 우리는 세상의 일관성에 대해 더욱 균형 있고 "정확한" 그림을 가지고 있다. 그러나 이런 그림에 대한 고정적 특성은 PS의 고장 난 세계에서 가능한 창조적 역동성과는 대조적이다.

비온이 PS의 "비-박해적 상태"에 대해 언급했을 지라도, 그의 언어는 문제가 있다. 왜냐하면 그것은 건강 발달보다는 병리 이론으로부터 오기 때문이다. 자신의 후기 작품에서, 그는 PS를 "인내" 상태로, 그리고 D를 "안전"에 대한 경험으로 묘사한다(1970, p. 124). 그러나 PS와 D 철자들은 그 원래적 언급에 대한 취향을 지니지 않을 수 없다. 융학파 분석가인 마이클 포댐(Michael Fordham, 1978)은 인생 주기를 통해 발생하는 통합과 해체integration and deintegration 사이의 왕래를 묘사했다(2장 "보편적 자기와 개인적 자기"를 보라). 나는 이런 상태를 전체와 통합 단계 이전의 이런 저런 잡동사니 단계로 생각한다. 이런 용어들은 PS↔D를 병리화하기 보다는 더욱 유용하며, 혼돈과 질서 사이의 동일한 운동을 언급한다. 그러나 비온의 용어가 그런 폭넓은 용례 안에 있기 때문에, 나는 그의 용어를 대부분 사용할 것이다.

세상에서 사소한 것들을 가져오는 (그래서 조각들 같은 것에서 자신을 경험하는) PS 상태는 사고과정에 중요하다. 환자는 우선 자기 아내와 전날 있었던 경험에 대해 말한다. 그런 후에어린 시절의 기억에 대해 말한 다음, 분석가가 말했다고 믿는 어떤 것과 연상되는 꿈에 대해 이야기 한다. 비록 분석가는 결코 그런 말을 한 적이 없다는 것을 조용히 확신하고 있을지라도 말이다. "여기서 무슨 일이 일어나고 있는가?" 분석가는 의아해 하면서도, 자신의 혼란스러움을 참아내기 위해 희망적인 자세로 노력한다. 그러나 혼돈 덩어리의 자료들 속에서 길을 잃는 것은 고통스럽게 때문에, 그 질문은 쉽게 박해감정에 부가된다. 이제 종결시점(주간 혹은 달) 10분 전이다. 그리고 환자는 한 번 더 이야기를 던진다. 갑자기 분석가

가 사고하기를: "오! 그가 그러그러한 것에 대해 말하고 있지." 탐욕이나 외로움, 혹은 희망의 위험성. 아마 분석가는 자신이 갑작스럽게 이해했던 것으로부터 하나의 해석을 만들어낼 것이다. 이것이 D 상태다. 거기서 조각들은 하나의 전체적인 형태로 모이고, 사고자는 안식의 신호를 보낸다. 이제야 내가 무슨 일이 일어나고 있는지 알겠다. 결국 내가 안정감을 느낀다.

알지 못하는 상태에서 안식하는 이런 과정은, 일관성이 나타날 때까지 자료를 모으는 동안, 모든 관점으로부터 세상과 그 안에 있는 우리의 위치에 대한 과학적 의미를 세우려는 시도에 반드시 필수적이라는 점은 쉽게 드러나는 현상이다. 그 관점들은 물리학, 철학, 혹은 심리학이 될 수 있다. 확실히 우는 유아에게 충분히 좋은 엄마는 알지 못하는 다음의 경험을 거쳐야 한다. 그녀의 아기는 오줌을 쌌거나 추운지, 혹은 배고픈 건가? 혹은 그것이 배에 가스가 찬 것인가?

비온은 전체 감각을 가져오는 요소를 "하나의 선택된 사실"이라고 부른다. 이런 언어는 프랑스의 수학자이며 물리학자인 푸앵카레Poincaré로부터 왔다. 그는 그것을 다음과 같은 내용으로 설명한다.

> 그것은 알려진 지 오래된 요소들을 연합해야 한다. 그러나 그것들은 그때까지는 흩어진 채 서로 생소한 것처럼 보인다. 그리고 갑자기 무질서가 지배하는 곳에서 질서가 소개된다. 그때 그것은 우리로 하여금 전체 속에서 차지하는 그 각각의 요소들을 한눈에 보게 한다. ... 그 새로운 사실은... 새로 연합된 옛 사실들에 대한 가치를 부여한다(Bion, 1992, p. 2에서 인용).

하나의 선택된 사실은 *일종의 정서적* 경험이다. "선택된 사실에 대한 개입은 뒤집어볼 수 있는 관점 속에서 대상에 대해 경험된 것과 같은 정서에 수반된다[예를 들면, 보는 사람이 관점을 바꿀 때 서로 대면하고 있는 두 측면의 상이 되는 꽃병 이미지처럼]"(Bion, 1962, p. 87). 그것은 이전에 아무것도 발견된 적이 없는 일관성에 대한 발견으로 인도한다. 선택된 사실에 의해 드러난 형태는 논리에 의해 결합되지 않는다. 어떤 이의 눈 색깔이나 허리케인에 의해 초래된 파멸과 같이, 그것은 단순히 *그러하다is*. 소용돌이치는 작은 조각들은 마치 조각그림 맞추기에서 조각들이 오직 하나의 이미지를 만드는 것처럼, 바로 그 시간에 함께 특별한 그림을 만들어 왔다.

필요로 하는 한 PS↔D의 긴장을 유지할 수 있는 개인에 의한 담아내기 경험으로부터, 알파 기능이 어떻게 발전하는가에 대한 이런 이해와 더불어, 이제 잠시 그 우는 낙타를 회상해 보자. 어미 낙타 이야기를 회고해보면, 담아주기containment의 변형적 효과는 생생하다. 낙타 사육자가 자신의 신체접촉과 목소리로 표현한 담아주기를 통해 낙타의 외상이 치료되었을 뿐만 아니라, 사육자 자신 역시 치료에 동참할 수 있었다. 왜냐하면 그녀는 방문객 악사의 첼로 연주에 의해, 그리고 그 악사와 그녀가 함께 낙타를 위해 수행했던 의식 뒤에 있는 신화에 의해 담겨졌기 때문이다. 진정한 인간 조건은 결코 독립적이지 않다. 여인이 낙타를 담아낼 수 있다면, 그 또한 음악가의 담아내기를 필요로 할 것이다.

악사를 부르기로 한 결정에 이른 가족의 과정은 PS↔D 과정을 잘 설명한다. 영화 속의 가족 구성원들은 거의 말하지 않는다. 거기에 심리적 사고로 서구인이 개입할지도 모르는 어떤 확장된 논의도 없다. 어미 낙타에게 무엇이 잘못되었는가? 왜 그 어미 낙타는 자신의 새끼를 거부하고 있었는가? 우리가 새끼를 잃어버리면 어떤 일이 발생할까? 우리는 우리의 가축무리에 추가된 이 한 마리를 기대하고 있었다. 그 새끼가 죽으면 우리는 어떻게 할 것인가? 그 대신, 그 가족들은 서구인의 시각이 낙타를 이해할 수 있는 수준의 비-언어적 동의에 의해 결론에 이른 것 같다. 우선 그들은 낙타를 포함시키는 데 실패한 종교적 의식을 먼저 시도한다. 그것이 실패할 때, 그들은 점진적으로, 그리고 대체로 비-언어적으로 악사를 부르기로 결정한다. 그 과정의 분위기는 인내로 물들고, 키츠Keats가 "소극적 능력Negative Capability"이라고 부르는 것으로 스며든다. 그것은 짜증스럽게 너무 이른 종료에 이르지 않으면서, 요구되는 한, 알지 못함 속에서 머무르는 능력을 의미한다. 그 몽고의 가족들은 왜 그 낙타가 그와 같은 행동을 했는지 알지 못할 뿐만 아니라 그를 어떻게 도와줄지도 모른다. 그러나 그들은 명확성clarity이 자신의 때에 나타나기를 기다리면서, 자신들의 알지 못함을 인내심으로 견딘다. 그들은 우리에게 아주 적절한 PS↔D 과정을 보여준다.

담는 자/담기는 자 그리고 PS↔D, 이 두 과정들은 관계성에 대한 약간의 기본적인 면을 보여준다. 그러나 비온의 언어는 우리가 상상할 수 있는 바와 같이 비관계적이며 기계론적이다. 그는 "사고하는 사고를 위한 장치apparatus for thinking thoughts"를 보고 있다. 그의 글(1962)은 수학적 기호와 심지어 방정식으로 가득 차 있다. 그는 자신의 악명 높은 "좌표"[6]에 대해서 이야기하는데, 그 형태는 요소들의 주기적 표를 본떠서 만들어진 것 같다. 그는 인간 관계성의 요소들을 분해했던 한 뛰어난 사상가다. 그러나 그는 좌표에 대한 서술에서 자신이 단순히 인위적human이 되는 것에 대해 두려워한 것 같다. 그는 자신의 상황에 대한 이해에서 다른 사람을 포함시키는 성장 능력보다는, *사고하는* 개인의 성장 능력에 집중한다. 그것은 한 사람의 활동a one-person activity으로 보이는 무엇이다. 사고하는 개인의 능력은 실제로 사고하기를 위해 중요하다. 그것은 그가 두 눈으로 보기 위한 탐구욕과, "자기애성"과 "사회성[예: 관계성]"의 대극성에 대한 논의에서 암시하는 어떤 것이다. 그러나 그가 독자에게 제공한 도움이 충분하지 못한 점은 자신의 글을 매우 비관계적으로 만들었다. 아마 그는 정신분열적 방어들을 이상화하는 영국문화의 역사적 경향에 빠진 것 같다.

분석 상황에서의 알파 기능α function in the analytic situation

몇몇의 비온 학파 저술가들의 제안에 의하면, 모든 정신 병리는 환자의 알파 기능과 사고하는 장치의 강력한 기능으로 이해될 수 있다. 제임스 그롯슈타인은 비온의 언어로 융(1937)의 사고, 즉 신경증은 정당한 고난을 회피하는 것이라고 표현한다:

> 꿈꾸기/환상하기(dreaming/phantasying: 깨어있는 상태에서 발생하는 꿈꾸기를 포함하여)의 목적은 "O"에 대한 우주적 무관심으로부터, "O"에 대한 자신의 고유한

6) 비온의 좌표에서, 가로 열은 하나의 서술에 대한 다양한 용례를 표현한다. 이것은 어떤 것을 정의하거나, 그에 대한 주의를 요구하거나, 혹은 어떤 것을 하기 위해, 혹은 변화에 영향을 주기 위해 진술을사용하는 것을 포함한다. 세로 행의 각각은 알파 요소나 전-개념화, 혹은 개념과 같은 일종의 사고를 표현한다(가로 열과 세로 행이 반대로 기술된 것을 역자가 바로잡음). 그의 아이디어에 의하면, 환자나 분석가에 의해 제기된 모든 진술은 이런 교차 상자들 안에 속함으로써 범주화될 수 있으며, 이런 관점으로부터 (환자가 떠나간 후에) 회기에 대해 사고하기는 분석가로 하여금 그 시간에 무엇이 일어났는지 더욱 깊게 이해할 수 있도록 도울 수 있다(물론 좌표에 대한 더욱 상세한 토론에 대해 제 5 장 "진실에 대항하여"를 보라).

인격적, 정서적, 주관적 반응으로 이동하는 정신적 변형에 영향을 주는 것이며, 이런 반응[이런 고난]을 환경에 대한 자신의 정당한 몫으로 수용하는 것이다. 모든 정신 병리는... 처리되지 않은(꿈으로 표현되지 않은) "O"을 드러낸다 (Grotstein, 2004a, p. 102).

안토니노 페로는 병리 형태를 비온의 용어로 묘사한다: 공황발작은 베타요소들로 범람한 공포를 반영한다. 심기증hypochondriacal 환자의 문제는 거의 적절하지 않은 알파 기능이 "정서적 열기emotional fevers"에 의해 압도되는 위험을 드러낸다. 환자에 의해 요구된 혈액검사나 X레이는 이런 다른 정서적 국면에 대한 가능성과 위험성에 대한 탐구다. 강박적 증상들은 위협적인 베타 덩어리를 저지하기 위해 주술적으로 강화하기 위한 시도들이다. 공포들은 다룰 수 없는 베타 덩어리, 사고할 수 없고 느낄 수 없는 비통함을 담고 있는 창고를 밖으로 드러내는externalizations 작업이다. 그 비통함은 개인이 믿기에 비참에 처할 때, 자신을 파괴시킬 것이다(Ferro, 2006, pp. 3-4).

이런 관점에서, 치료적/분석적 상황은 환자에게 하나의 새로운 경험을 제공한다. 그 경험 안에서 분석가의 마음은 유아를 위한 부모의 마음이 기능하는 방식과 같이 환자를 위한 기능을 발휘할 수 있다. 그것은 환자가 처리할 수 없는 베타 요소들을 수용하여 처리한 다음, 그것들을 다시 철자화된 형태alphabetized form로 돌려주는 작업이다. 이런 이해 속에서,

환자에 의해서 생겨난 "질병disease"은 반드시 그 주변 영역field을 전염시킨다. 그 영역은... 환자가 고난당하고 있는 바로 그 질병과 계약을 맺음으로써, 환자의 고난은 그 영역의 질병이 된다. 그리고 나서 그 영역은 스스로에 의해 근본적인 치유과정으로 변환되어야 한다. 일단 이런 일이 발생하면, 치유는 환자에 의해 내적 세계로 내사되어 자신의 역사 안에서 재적응 할 수 있게 된다. 그것은 어떤 방식으로든 하나의 새로운 역사가 될 것이다(ibid., p. 4).

융은 분석상황을 현상학적으로 묘사하면서 이렇게 말한다. "피할 수 없는 사실

은, 의사는 어느 정도는 영향을 받아야 하며, 심지어 자신의 과민한 건강까지도 고통을 받아야 한다는 점이다. 의사는 매우 문자적으로 환자의 고통을 '짊어지고take over' 그것을 환자와 함께 나눈다"(Jung, 1946, para 358). 이것은 페로가 주변 영역을 전염시키는 환자의 "질병"으로 언급했던 상태다.

기억해야 할 것은, 알파 기능은 다음과 같은 생각으로 시작한다는 점이다. 그것은 바로 그 순간에 우리가 심리적으로 의미 있는 경험을 만들어 내기 위해 작업하고 있다는 생각이다. 그 작업은 가공되지 않은 경험을 알파 요소들, 즉 상징의 구성요소들로 변형시키는 것이다. 개인이 어떤 작업을 하는 정도까지(일에 대한 계획을 세우거나, 수를 늘리거나, 클래스를 가르치는), 접촉 장벽을 형성하는 과정 중에 있는 알파 요소들의 항구적인 흐름은 자신의 깨어있는 사고들의 과정을 결정할 것이다. 그의 지속적인 연상들은 지금 형성되고 있는 무의식적인 알파 요소들의 흐름으로부터 유래하는 이야기로 구성될 것이다.

고대 연금술 격언이 있다: "변함없는 것the fixed을 변하게 만들고the volatile, 변하는 것을 변함없게 만들어라." 이것은 첫째로, 구체적인 외부 세계를 받아들여, 그것을 알파 기능을 통해 변화하는 어떤 것으로 변형시키는, 즉 개인적이고 영적인 의미로 가득 찬 상징들로 변형시키는 정신의 항구적인 시도를 말한다. 드러나는 상징들은 객관적인 실제들을 그려낼 수 있다. 그러나 그것들은 외부 대상(들)과 매우 다르다. 상징symbol은 밝혀질 수 없는 이해와 암시들로 생동감을 유지한다. 기호sign는 하나의 사물을 의미한다: "정지STOP"는 기호를 의미하며, 당신은 차를 멈춰야 한다. 상징은 진동하며 살아있다. 상징적 이미지는 "STOP"을 말하며, 나는 의아해한다: 그것은 무엇을 의미하지? 그것은 나의 흉포한 초자아가 나를 벌주기 위해 일어났음을 의미하는가? 아니면 재정적 안전을 위한 나의 의욕적인 요구가 나의 삶의 질을 떨어트리는 것을 의미하는가? 혹은 나의 전능감이 나를 방황하도록 이끄는 것을 의미하는가? 내가 그것을 하나의 방식으로 받아들인다면, 다음 주에 어떤 다른 암시가 출현할 것인가?

둘째로, 연금술 격언은 우리가 변하는 것을 변하지 않은 것으로 만들 것을 요구한다. 우리는 정신의 실제reality를 인정해야 한다. 왜냐하면 이것 또한 고정적인 것으로, 즉 상징적으로 "구체적인 것"으로 알려지기 위한 뭐라고 말할 수 없는 정신의 요구이기 때문이다. 정신—"마음" 보다 훨씬 더 위대한 어떤 것—은 물질세계에 존재하면서, 그 감각적 세계를 그 자체의 비물질적 자기nonmaterial self의 일부로 변화시키기를 원한다. 이전 장에서 우리는 융과 비온이 어떻게 기독교 신화를 무형의 자기the Self를 구체화된 자기the self로 바꾸는 이미지, 즉 변하지 않은 것을 변하는 것으로 바꾸는 이미지로 분석하는지 보았다.

분석 상황에서 환자의 첫 번째 일은 연상 작업인 반면, 분석가의 일은 그 연상들을 레브리reverie 상태에서 수용하는 것이다. 환자는 자신의 정신이 안내하기를 허용하려하고, 내부에서 즉시 올라오는 것이 무엇이든지 보고하려고 노력한다. 그 드러난 내용에 더하여, 환자는 또한 자신이 줄기차게 형성하는 깨어있는 상태의 꿈waking dream을 묘사한다. 환자는 무의식적으로 상징적 형태로 이 현재 순간의 분석 영역에 대한 자신의 즉각적인 경험을 그려내고 있다. 그것은 두 사람 사이와 그날의 무의식적인 전이 환상 사이에 작용하는 정서적 스트레스(그러나 여기에 제한되지는 않지만)를 포함한다. 그 상태에 대한 이런 계속된 서술은 세상의 실존을 향한 정신의 압력 방식이다. 그것은 그 경험에 대한 순간순간의 자료를 환자의 의식적 마음과 듣고 있는 분석가에게 전하는 것이다. 분석가는 당연히 환자의 전언들 가운데 드러난 내용과 공감적으로 연결된 상태로 머물러야 한다. 그는 실제로 자신의 어린 시절, 결혼, 그리고 일에 대해 이야기*하고 있다*. 그러나 그는 *또한* 현재 순간에 대해 말하고 있다. 환자는 무의식적으로 분석가에게 항상 자신이 겪고 있는 무의식적인 정서적 경험에 대해 말한다. 그리고 투사적 동일시 혹은 그 밖의 다른 방출형태를 통해, 자신에게 필요한 경험들에 대해서 말한다.

환자가 전한 말 가운데 드러난 내용은 가치가 있다. 마치 환자 삶의 기 밖의 다른 분야의 형태들을 관찰하고 그에 대해 말하는 것은 별 가치가 *없는no* 것처럼, 전이해석에 전적으로 집중하는 이론적 태도는 단적으로 어떤 의미도 없다. 분석가를 포함한 다른 사람들이, 배우자, 부모, 자녀들 혹은 일에 우리가 사로잡혀있는 반복적인 패턴들을 지적할 때마다, 우리는 종종 도움을 받아왔다는 것을 모두 알고 있다. 그러나 어떤 나눔도 두 가지 측면이 있다. 분석 외적인 문제나 내면의 심리적 문제에 대한 논의는 환자로 하여금 자기 자신에 대한 무언가를 알도록 돕는다. 동시에 다른 사람과의 모든 상호작용처럼 논의는 어떤 정서적 경험을 발생시킨다.

정신치료는 인지적 이해보다는 정서적 경험에 더 많이 의존한다. 결혼에 대한 논의가 환자에게 약간의 새로운 통찰로 끝날 때, 그는 그 통찰을 편하게 받아들여, 그것을 배우자와 함께 새로운 종류의 정서적 경험을 만들어내기 위해 사용할 기회를 가진다. 그러한 통찰로 인도하는 분석가와의 논의에서 생성된 정서적 경험은 또한 자신에 대한 새로운 지식이 될 수 없는 경우에 치유적이거나 상처가 될 것이다. 이것이 바로 어떤 분석가들이 잔뜩 흥분해서 치료관계, 즉 전이로*만* 향하는 이유다. 그것은 당신의 투자에 비해 가장 큰 효과를 부여한다. 치료관계는 상호작용의 다른 모든 차원을 지지하고 가능하게 하는 항상 지속되는 기본적인 것이다. 그러나 상호작용의 다른 차원들이 있으며, 가끔 이런 것들에 대해 주목하는 것은 역시 가치가 있다.

분석가는 환자의 정서적 격변을 위한 여지를 만들기 위해 노력한다. 그것은 분석가의 고통과 환자 고통의 상호작용에 의해 분석가의 내부에 배치된 가장 고통스럽고 괴로움을 주는 투사적동일시를 위한 여지를 만드는 것이다. 어느 쪽이든 행동화는 *그 영역의* 알파 기능 안에 있는 고통의 징후다. 분석가와 환자의 알파 기능에 기초하고 있는 그 *짝couple*의 알파 기능은 무너지면, 변형을 강요하는 베타 요소들의 덩어리가 그 짝의 꿈꾸는 능력을 능가한다. 그 고통은 결국 행동으로 방출된다. 이런 행동은 환자에 의해 전형적인 행동화로 표현될 수 있다 – 그 행동화는 지각, 상담료 지불을 잊음, 강압적인 상담시간 조절 등과 같은 방식으로 나타난다. 그러나 동시에 그것은 미묘하게 혹은 터무니없는 방식으로 분석가의 행동화로 표출될 수 있다. 미성숙한 상호작용은, 적대적 톤의 음성이나 환자에게 상담료 청구서를 주는 것을 잊거나, 혹은 다른 사람들의 상담료를 올릴 때 그 환자의 상담료를 올릴 것을 고려하는 것을 간과하는 방식으로 나타난다. 이런 행동은 쉽게 "증오하는 것"과 마찬가지의 "사랑하는 것"으로 보일 수 있다. 분석가의 반응이 유념하기보다는 사고하지 않고 반작용적일 때, 그는 그 영역의 알파 기능이 실패했음을 드러낸다.

환자가 할 수 없는 것을 처리하는 것이 결국 분석가의 일이기 때문에, 둘 중 한 사람의 행동은 적어도 부분적이라도 반드시 이해되어야 하며, 분석가의 마음은 실존하는 분석상황에 의해 요구된 것보다도 덜 강하게 작용하는 방식을 반영하는 것으로 이해되어야 한다. 분석가의 마음이 항상 최적으로 작용한다면,

환자의 무의식적인 언급commentary에 드러난 신호들을 들을 것이며 적절하게 적응할 것이다. 보통 그런 자각은 고통의 요소들이 갑자기 행동으로 나타나는 것을 방해할 것이다. (물론 가끔 환자의 어려움들이 너무 심해서 제한된 분석 상황 안에 두기 어렵다. 그 대신 참을 수 없는 상황을 요구한다.)

그러나 인간의 마음들은 거의 최적으로 작용하지 않는다. 그것들은 모두 정서적 압력에 대한 응답 가운데 있는 어떤 지점에서 와해된다. 분석가가 자신의 마음이 수치심을 느끼지 않고는 적절하게 기능하지 않는다는 생각을 갖기 위한 방법을 찾아내는 것은 어려운 일이지만 동시에 중요하다. 분석가는 자신의 "실패" 사실을 과도한 고통보다는 그에 대한 호기심을 강화하는 방식으로 붙들어야 한다. 토마스 오그덴Thomas Ogden은 '주관적 나됨' (I-ness, 자기 의식적이 아닌 주체로서의 나 자신)에 대한 경험을 '객관적 나됨'(me-ness, 분석적 검토의 객체로서의 나 자신)의 경험으로 변형시키기 위한 노력으로서 이것을 성취하려는 묘기들에 대해 말한다(2001, p. 19). 이것은 첫 단계에서 우리가 다음 장에서 살펴보게 될 전능성과 갈등을 일으키는 중요한 요소다. 이런 태도를 발견하기란 어려운 일이다. 왜냐하면 그것은 치료자는 알지 못함과 방향성 상실unknowing and lostness의 PS 상태에서도 편안하게 느껴야함을 요구하기 때문이다. PS 상태는 자신이 모르고 있는 사실을 분석가 자신이 외면해버리는 순간이다. 분석가는 인내심을 가지고 자신의 왜소함 속으로 들어가야 한다. 그것은 종종 개인적으로 위협적으로 느끼거나 심지어 객관적으로 위험하다고 느끼는 강렬한 상황에서 발생한다. 그것은 우리가 발전할 수 있고 당연하게 여길 수 있는 능력보다는 전체적으로 전문적인 삶을 향한 우리의 작업능력이다.

삶의 경험을 할 수 있는 능력 안에 있는 속박들은 모든 정신 병리의 뿌리 속에 놓여 있다는 생각에서 시작한다면, 우리는 소화되지 않은 것들을 알파 요소들로 변환시키는 과정을 시작하려는 환자의 소화되지 않은 측면들을 수용하려고 노력할 것이다. 환자의 베타 요소들을 수용함으로써 분석가는 담는 것container으로서의 기능을 할 것이다. 그리고 그 담는 것이 보다 유연하고 인내할수록, 환자의 내사된 담는 것은 보다 더 기능적이 될 것이다. 레브리 상태에서 자신에게 집중함으로써, 잘 기능화된 분석가는 통합 상태와 해체 상태 사이를 (PS↔D) 유동적으로 움직인다. 그렇게 할 수 있는 분석가의 능력은 점차 환자에 의해 내사될 것이며, 그의 사고 장치를 위한 힘을 세워나갈 것이다.

상징적으로 수행된 환자의 이야기에 의해 창조된 정서적 분위기 안에서, 분석가는 그 순간의 생각할 수 없고 표현할 수 없는 세계에 대한 무의식적인 묘사를 발견한다. 치료자가 환자의 이야기를 표면적 수준뿐만 아니라 이런 깊은 수준에서 수용한다면, 그는 환자가 현재 치료자와 함께 수행하고자 하는 경험을 상상할 수 있다. 이렇게 힘들게 쟁취한 이해는 언어적 해석이든 아니든 치료자의 반응을 그때 결정한다. 대부분의 시간 동안 치료자는 환자의 은유 안에 머무를 것이다: 환자가 아내, 아버지, 일에 대해 말할 때, 치료자는 그와 같은 수준으로 응답할 것이다. 그러나 치료자가 현재 이 순간 환자 이야기의 의미에 대해 *생각하고* 있다면, 그것은 치료자의 반응에 크게 영향을 미칠 것이다. 환자가 아내의 과도한 증오로 인해, 그녀와 논의하지 않고 떠나고자 하는 소망을 표시할 때, 치료자는 오직 경계선적 아내에 대해 생각하면서 단순히 그 의견에 동조적일 수 있다. 치료자가 환자의 전언에 대한 즉각적인 암시들을 눈치 챈다면, 그는 암암리에 그 내용이 다를 수 있다고 상상하면서, 대신 아내에 대한 환자의 두려움의 강도에 집중할 수 있다. 임상가가 환자 이야기의 파생적 의미를 들을 때, 베타에 대한 환자의 맥박 덩어리는 임상가 내부에서 천천히 변형된다. 점진적으로 임상가는 환자가 다시 회수할 수 있도록 그것을 제공할 수 있다. 이런 새롭고 소화 가능한 형태로 환자는 자신을 존재하게 하는 꿈과정에 자신의 경험을 사용할 수 있다. 그의 경험은 자신의 것이 되며, 그는 그 경험에 사로잡히지 않고 그것을 소유하게 된다.

유아나 성장하는 아동과 부모 사이에서 발생하는 모든 어려움들은 환자와 분석가 사이의 치료적 상황에서 발생될 수 있다. 부모가 아동이 처리하기 힘든 불안을 수용하는 대신 자신의 불안을 자녀에게 투사시킬 수 있는 것과 마찬가지로, 치료자는 자신의 관심을 환자에게 투사할 수 있다. 아버지의 죽음으로 인해 한 주간 쉰 후에, 나는 취약한 상태에서 일터로 돌아왔다. 다음 장에서 소개하게 될 페니Penny는 내가 한 주간 비운 것에 대한 자신의 반응에 대해 다음과 같은 방식으로 말했다: 그것은 나로 하여금 그녀가 나의 사별에 대해 알고 있었기 때문에 나에게 화가 날까봐 걱정했다는 생각이 들게끔 하는 방식이었다. 아니라고 말하면서, 그녀는 그렇게 느끼고 있지 않다고 했다. 15-20분 후에, 그녀의 말을 듣고 나서 나는 그와 동일한 해석을 다시 하게 되었다. 페니는 아니라고 했다. 그리고 나에게 생긴 좋지 않은 일이 어쨌든 이런 일을 두 번이나 이야기한다는 것을 그녀는 의아해 했다. 아마 나는 페니가 나에게 화를 낼 것을 걱정*했다*was. 아마 나는 그랬을 것이다.

분석가들은 부모와 같이 자신들의 관심을 환자에게 투사하거나, 환자의 불안을 수용하고 처리하지 못할 수도 있다. 물론 그 과정은 일방적이지 않다. 환자들이 치료자들로 하여 그들의 관심을 자신들에게 투사하게끔 만드는 경우도 있기 때문인데, 그것은 그렇게 하는 것이 환자들의 기질적 콤플렉스 형성에 적합할 경우에 발생한다. 환자는 무의식적으로 매우 파괴적이어서, 치료자에게 퍼부어댄 정서적 공격(아마 위장된)은 심지어 매우 발달된 임상가에 의해서도 담아질 수 없을 것이다. 그러나 병리 때문에 환자를 비난하는 것은 결코 정당하지 못하다. 비자발적인 환자라도 성장을 원하는 자신의 일부를 가지고 있다. 2인1조로 된 정서적 경험을 충분히 다룰 책임은 분석가/치료자에게 있다. 비록 실제로 그 책임을 적절하게 처리하지 못할지라도 말이다. 치료자들은 수용하기보다는 투사한다. 그들은 소통communication을 흡수하기보다는 환자의 미사일을 떨쳐버린다. 분석가의 이런 각각의 "실패들failures"은 주기적으로 발생한다. 분석가의 능력은 단순히 제한적일 수 있다. 그는 특별한 시간에 특별한 환자를 돌보기 위해 성장할 필요가 있다. 그렇지 않으면 이런 능력들이 스트레스에 대한 개인적 경험으로 인해 약화될 수 있다. 나는 치료자의 오류와 함께 일하는 것은 치료작업에서 하나의 기본적 측면이기 때문에, "실패들"이란 단어에 인용부호를 넣는다. 환자는 자신의 경험을 갖기 위해, 그리고 자신의 꿈꾸는 능력을 확장시켜 자기 자신이 되기 위해 작업한다. 분석가의 과제도 그와 정확하게 일치한다. 분석가의 "실패들"은 더욱 더 자신이 되기 위해, 그리고 자신의 꿈꾸는 능력을 확장시키기 위해 작업을 시작하는 기본 재료다. 이런 작업을 진행하면서, 분석가는 무의식적으로 자신의 기술을 환자에게 가르친다. 자신의 정서적 삶을 처리하는 각 사람의 발전적 능력은 2인1조의 능력을 확장시켜 둘이 함께 생산해내는 경험을 소유하게 할 것이다.

최적으로 분석가는 문자적이면서 동시에 상징적 차원에서 환자가 드러낸 연상들의 흐름을 듣는다. 치료자는 주석을 하고 환자는 자기의 딸을 학교에 가지 못하게 했던 복통에 대해 말하면서 응답한다. 치료자는 자신의 설명이 환자에게 소화될 수 없음을 이해한다. 치료자의 설명이 "진실하느냐true" 그렇지 않느냐는 관계없다. 우리가 5장에서 "진실truth" 대 거짓에 대한 이슈를 살펴보겠지만, 진실은 알려질 수 있는 어떤 고정된 실체가 아니다. 그것은 항상 부분적이며, 상대적이며 유동적이다. 이런 예에서, 중요한 진실은 분석가의 해석이 박해적이었다는 사실이다. 그것은 확실히 환자의 사고 장치에 비해 과중했기 때문이었다.

> 환자 인내심의 한계를 존중하는 것은 필수적이다. ... 회기에서의 박해감은 본질적으로 과도한 스트레스의 신호라는 가정에서 볼 때 그러하다: 알파 기능, ♀♂ 그리고 PS↔D는 과중하게 부과될 때 하나의 신호를 보낸다. 이런 신호가 무시될 때, '사고들thoughts'(혹은 베타 요소들)은 비게 되어... , 각성시 꿈의 한 장면, 행동화, 기본 전제행위[7], 그리고 환자의 몸이나 그와 같은 구조에 나타난 정신신체적 현상을 야기한다.(Ferro, 2006, p. 18)

복통에 대한 이야기가 분석가의 개입에 대한 반응이라는 사실을 그가 깨닫는데 실패한다면, 분석가는 환자의 박해경험을 듣지 못할 것이며, 그것은 베타 형태로 남을 것이다. 환자의 반응을 놓치게 되면, 치료자는 갑작스럽고 예측하지 못한 정서들이 어떤 이해할 수 없는 이유로 그 장면에 불쑥 나타날 때까지, 자신의 문제 있는 행동을 반복하려 할 것이다. 환자의 전언을 수용할 수 있는 범위까지, 치료자는 자신의 내부에서 베타를 알파로 바꿀 것이다. 그것은 점진적으로 사고불가능한 정서적 고통을 환자를 위해 사고 가능한 것으로 바꾸는 과정이다.

이 이론에서, 분석의 효과적인 활동은 무의식적인 내용을 의식적인 것으로

7) "기본 전제행위basic assumption behavior"는 집단에 대한 비온의 작업을 말한다. 그의 제안에 의하면, 원시적인 무의식적 환상들은 집단을 전체적으로 장악함으로써, 개인들의 행동을 결정하고, 집단 가운데 누구라도 자신의 상호작용에 대해 객관적으로 생각할 수 없게 한다. 비온은 집단이 지닐 수 있는 수많은 원시적인 기본 가정들을 묘사한다. 분석적 2인1조는 일종의 집단이다. 어떤 기본 전제들은 치료커플의 믿음, 즉 분석가는 고난당하고 희생양이 된 환자를 구할 구원자라는 것과, 그 2인1조 집단 밖에서 환자와 분석가는 그들의 완벽한 연합을 시기하는 적대적 대상들에 의해 둘러싸여 있다는 믿음을 쉽게 상상하게 한다.

만드는데 있지 않다. 그것은 비록 반에 불과한 이야기라고 할지라도, 사고할 수 없는 요소들이 무의식적이 *되는 것을*being 가능하게 하는 데 있다. 치료는 또한 새로운 의식적 사고들을 생산해 내는 분석커플의 능력을 증가시킨다. 페로(Ferro, 2006; 또한 Ogden, 2001을 보라)의 제안에 의하면, 담화를 구성하는데 있어 환자와 연합하는 활동은, 일종의 함께 꿈꾸기로서, 핵심적인 치료활동이다. 연합하고, 교제하며, 환자의 경험을 공유하는 것: 계속해서 우리가 관계성으로 돌아가는 것은 치료작업에서 가장 기본적인 일이다. 해석은 환자가 이전에 몰랐던 것에 대한 정보를 환자에게 제공하는 방식보다 그 자체의 담아내는 능력에 더 가치가 있다. 해석은 치료자가 환자의 경험에 대한 이해를 전달하는 방식이다. 그리고 치료자의 이해가 충분히 좋으면, 해석은 환자를 그 경험 안에 안아주는 기능을 한다.

위니컷은 이런 과정을 다른 용어로 말한다. 예를 들면, 그는 해석을 자제하는 분석상황에 대해 말한다. "왜냐하면 환자는 본질적으로 자기 자신을 위한 것들을 발견하는 과정 중에 있으며, 그런 환경에서 성숙하지 못한 해석은 환자의 창조성을 파멸시키기 때문이다"(1971, p. 117). 이 문장 가운데 환자의 "창조성creativity"은 그의 꿈꾸는 능력과 밀접하게 관련되어 있다. 비록 그의 작업은 비온보다 기본적으로 앞서기 때문에, 위니컷은 그가 환자를 안아주는(담아내는) 방식에 대해 직관적으로 분명히 알고 있는 것이 환자의 꿈꾸는 과정이 전개되도록 돕는다는 사실을 설명하지 않았다. 환자에게 무슨 일이 전개되고 있는지를 말해주는 대신, 위니컷은 계속되는 꿈이야기에 의해 구성되는 자기the self를 그려내는 최근에 발생한 이야기 안에서 환자와 연합한다.

페로Ferro는 분석가와 환자를 "함께 꿈을 구성해가는" 사람들로 묘사하면서, 그 커플 가운데 누구도 그 순간의 진실에 태생적으로 더 분명하게 연결되어 있지 않다고 제안한다. "이런 형태의 과정 안에서, ... *변형적인 연합-이야기 transformational co-narration*는 해석의 자리를 잡는다"(2006, p.1, 이탤릭체 원전강조). 분석가는 환자에게 통찰력을 주기보다는, 자신이 제시한 생각들을 환자가 어떻게 묘사하고, 수정하고 발전시키는가에 더욱 관심을 가지면서, 정의적 해석보다는 보다 종종 잠정적인 예감들을 제안할 것이다. 그 목적은 회기에서 발생하는 변형의 흐름이다. 그것은 환자가 말할 때 (꿈 꿀 때) 환자를 창조하는 변형들이다. 그

영역은 "분석analyzing"을 요구하는 어떤 것은 아니다. 그것은

> 변형 작용을 허용하는 '매개체medium'다. ... 그것은 정확히 탐구되는 데 비례하여 끊임없이 확장되는 영역이며(Bion, 1970), 가능한 이야기들의 모체가 된다. 그 가운데 많은 것들은 발전 가능성을 기다리는 동안 '예비 된 상태로in store' 남는다(op., cit., p. 13).

희망은 새로운 의미를 창조하는데 있으며, 환자의 꿈을 확실하게 하는 것이 아니라, 펼쳐나가도록 조성하는 것이다. 그 영역의 평화를 해치는 베타 요소들의 사고할 수 없는 창고를 철자화하기 위해 노력하는 것은 환자의 전언들을 해독하는 것과 반대된다. 분석가가 환자가 경험한 것을 환자를 위해 철자화할 때, 그는 환자 고유의 언어dialect 안에서 무언가 새로운 것을 말할 수 있다. 그것은 자신의 정서상태를 수용하는 능력을 증가시킴으로써 창조성을 강화하는 어떤 것이다. 이것은 환자의 이야기를 분석가의 언어로 번역하는 해석적 행위와 매우 다를 것이다. 이런 해석적 행위는 환자의 창조성, 즉 그의 꿈꾸는 기능을 지지하기보다는 더욱 공격하는 경향이 있다.

회기에 대해 이런 방식으로 생각하는 것은 놀이에 대한 위니컷의 작업으로 되돌아가게 한다. 그 작업은 분석가와 환자 사이의 중간 영역에서 발생하는 어떤 것이다. 놀이는 내부 세계와 외부 세계 사이의 중재자intermediary이며, 무의식적인 환상들을 자신과 다른 사람들에게 전하는 수단이다. 구술narration은 아동의 놀이에 대한 성인의 형식이다. 아동이 사악한 마녀의 수중에서 벗어나는 게임을 하는 곳에서, 성인은 지배적인 여성 상사들이나 냉혹한 여성 간부들에 대한 텔레비전 쇼를 접한 이야기를 말 할 것이다. 중요한 것은 분석가는 환자의 놀이에서 그와 연합하는 것이다. 그것은 그 "의미"의 번역과 함께 지속되는 꿈의 형성을 방해하기보다는 꿈 형성의 발달과 확장을 강화하는 놀이다.

분석가가 환자가 꿈꾸는 능력을 전개하는 과정에 참여하는 것이 중요한 치유 활동이라면, 매우 다양한 학파의 사상을 전수받아, 환자의 역동에 대한 매우 다양한 해석을 제공하는 분석가 모두는 그들의 치료 작업에서 꽤 상당한 수준의 성공을 거두는 것처럼 보이는 이유를 설명하는 것은 도움이 될 것이다. 클라

인 학파는 환자에게 분석가의 가슴에서 양육받기를 원하는 환자의 소망에 대해서 말한다. 융학파는 분석가가 좋은 엄마Good Mother나 상호인격적 존재가 되기를 원하는 환자의 요구에 대해서 말한다. 좋은 엄마나 상호인격적 존재는 분석가가 자신을 마음에 두고 있는 가에 대해 환자가 염려하고 있다는 사실을 말해주는 사람이다. 클라인 학파나 융학파 각각은 정신분석 용어로 환자와 연결되어 있다(비록 상호인격적 존재는 적어도 불가사이 하겠지만). 환자의 용어로 말하는 것은 언제나 바람직하다. 실제 세상에서 환자는 자신이 발견할 수 있는 것으로 무언가를 하며, 치료자의 언어를 충분히 잘 다루는 법을 배운다. 프로이트는 분석가는 기록하지도 말고 어떤 것에 집중하려고 시도하지 않으면서, 환자의 말을 고르게 유보된 주의 상태에서 들을 것을 주장했다.

> 누구라도 자신의 관심에 의도적으로 지나치게 집중하는 순간, 그는 자신 앞에 있는 재료를 선택하기 시작한다. ... 그리고 이런 선택을 하면서, 그는 자신의 기대나 경향을 좇는다. ... [그]는 자신이 이미 알고 있는 것을 제외한 그 어떤 것도 발견할 수 없는 위험에 처한다. ... [그]는 환자의 무의식을 전하는 방향으로 작용하는 수용적 기관처럼 자신의 무의식을 돌려놔야 한다 (Freud, 1912, pp. 112-15).

프로이트는 환자 내부에서 끊임없이 형성되는 꿈을 수용하기 위해, 분석가가 자신의 고유한 지속적인 꿈작업에 자신을 여는 길을 묘사한다. 볼라스(Bollas, 2006)의 제안에 의하면, 분석가가 자신의 무의식을 환자를 향해 돌릴 때, 그는 환자의 무의식적 창조성을 풍요롭게 한다. 이런 무의식적인 창조성은 환자가 자신의 상처를 치유하는 작업이다. 이제 거트루드의 사례로 돌려보자. 그 여성의 알파 기능은 우리 작업 초기에 심각할 정도로 제대로 발휘되지 못했다.

거트루드 Gertrude 8)

내가 처음 거트루드를 봤을 때, 그녀는 77세였다. 내가 탐구하고자 하는 영역은 이전 작업에서 그녀에게 발생한 것과 나와의 작업에서 발생한 것과의 대조를 포함한다. 그것은 한층 발전된 융학파의 견해를 반영한다. 거트루드는 세상에서 적절하게 기능을 수행했다: 그녀는 자신을 자신감 있는 방식으로 돌보았으며, 내야할 비용도 잘 처리했으며, 가족들과도 연락을 주고받으면서 지냈다. 그녀는 결코 그 어떤 "미친 짓"이라고 부를 만한 것을 한 적이 없다. 그녀의 연상들은 완전한 문장과 문단으로 표현되었다. 그러나 나는 그녀를 이해할 수 없는 존재로 경험했으며, 그녀 앞에서 나의 사고 능력은 실로 파괴적이었다. 이제 보게 되겠지만, 이것은 관계성을 구축하는 연결linking에 대한 그녀의 격렬한 공격의 결과였다. 그녀는 자신의 정서적 삶을 견딜 수 없었기 때문에, 자신가 한 경험을 그에 대한 주관적 반응과 연결시키려는 어떠한 시도도 파괴시킴으로써, 정서로부터 자신을 보호했다. 내가 그녀와 작업을 시작했을 때, 나는 비온의 작업에 대해서 알지 못했다. 그러나 그녀를 만난 지 7년이 지나서 나는 1994년에 읽기 시작한 나이든 여인을 묘사한 구절을 접했다:

> [환자의 연상들의] '공명resonance'이 현저하게 부족한 상태였다. 그가 뚜렷한 어조로 분명하게 말한 것은 일차원적이다. 그것은 결코 의미의 함축이나 함의를 지니지 않는다. 그것은 듣는 사람으로 하여금 '그래서요?so what?'라고 묻게 한다. 그것은 사고의 열차를 고무시킬 어떤 능력도 가지고 있지 않다(Bion, 1962, pp. 15-16).

내가 비온의 작업을 발견했을 무렵, 자신의 정서적 경험을 수용하고 전달할 거트루드의 능력은 놀랄 만큼 발전했다. 그럼에도 불구하고 나는 그녀 문제의 본질을 이해하기 위한 적절한 이론적 담는 것container을 가지고 있지 못했다. 그래

8) 거트루드에 대한 사례연구는 원래 다음 논문에 게재되었다. Sullivan, Babara Stevens (2007) "Alphabetizing in Old Age", *The Journal of Analytical Psychology*, 52:1-16, Journal published by Wiley-Blackwell and © The Society of Analytical Psychology.

서 우리가 물을 수 있는 하나의 질문은, 우리의 상호작용에서 무엇이 그렇게 치료적인가에 대한 것이다. 우리 작업의 대부분의 경우, 나에게 어렵게 보이는 만큼 내가 그녀의 어려움을 거의 이해하지 못했다면, 내가 하려고 했던 만큼 그녀를 도왔던 것은 무엇일까? 이제 보게 되겠지만, 비록 내 작업이 그녀로 하여금 자신의 삶을 경험하는 능력을 성장시키도록 도왔다는 것을 내가 이해하지 못했을 지라도, 거트루드의 알파 기능이 놀라울 정도로 확장되어 우리 작업에서 확고해졌다는 것이다. 나는 예전의 패러다임에 사로잡혀 있었다. 거기서 나는 나의 일이 그녀로 하여금 자신이 부인하고, 억압하고, 투사했던 경험에 대해 알 수 있도록 도왔다고 상상했다. 그러나 그녀가 내적 담는 것container의 부재로 인해 이미 제한된 자신의 알파 기능을 어떻게 공격하고 있었느냐에 대해 생각할 수 있게 하는 개념들을 내가 가지고 있지 못했다는 사실에도 불구하고, 그녀는 매우 고통스런 정동을 처리할 필요가 있었다. 그것은 내가 그녀와 함께했던 방식에 대한 어떤 것이 매우 치유적인 것으로 드러난 것이다. 나는 나와 함께한 그녀의 작업과 그녀가 X박사와 함께했던 30여 년간을 보고 싶다. 그 각각은 어느 정도 도움이 되었으며, 분석과정이 어떻게 발전을 조성했는가에 대한 약간의 사고를 제공한다.

환자의 전언들이 알파 기능으로 채워 질 때, 그것들은(비교적) 기억하기 쉽다. 우리는 환자 삶의 "사실들facts"을 기억할 필요가 없다. 사실들은 하나의 인격인 실들로 엮어진 일종의 천들이다. 환자의 연상들은 자신의 자기self의 다른 측면들-꿈, 경험, 역사의 조각들-을 듣고 있는 분석가의 마음으로 가져온다. 알파 기능이 사라질 때, 경험의 감각적 자료는 인격에 엮어지지 않고, 자기의 정서적 실제와 통합되지 않음으로 인해 아무 의미도 없고, 그것들을 경험하거나(경험하지 않은) 자기의 다른 측면들을 소환할 능력이 없는, 마치 "사실들" 자체처럼 사물됨thing-ness의 상태로 남는다.

분석상황에서 환자의 연상들은 분석가의 생각에 환자 자신의 알파 기능이 저장했던 기억, 환상 그리고 정동들을 가져온다. 이미 1946년에 융은 상호인격적 정신분석학자들이 최근에 더욱 발전시킨 어떤 것을 이해했다: 환자와 분석가는 환자도 분석가도 아닌 "제 삼자a third", 하나의 "우리" 그리고 한 "영역field"을 창조한다(Jung, 1946, paras 358, 364; Ogden, 1997; Barranger *et al.*, 1983; Ferro, 2002, 2005, 2006).

이런 "우리"를 인식함으로써 분석가는 자신의 분명한 인격적 연상들을 사용하여 환자의 즉각적인 무의식적 경험에 대한 정보를 얻을 수 있다. 왜냐하면 분석가의 침묵의 연상들은 그 순간에 소화시키려고 노력하는 정서적 경험에 의해 배치되기 때문이다.

첫 전화연락에서, 거트루드는 나에게 내 책, <여성적 원리에 기초한 심리치료(*Psychotherapy Grounded in the Feminine Principle*, 1989)>를 읽었다고 했으며, 그 책에 관해 논의하고 싶다고 했다. 거트루드의 심각한 파편화로 인해 그녀가 나와 함께 작업하는 것에 대해 흥미가 있을지도 모른다는 분명한 생각을 하지 못했다. 비록 치료사는 아니었지만, 그녀는 거의 35년 동안 융적인 심리치료 내부에 있었다. 그리고 나의 이해는 이런 유사 전문가적인 환자는 그 책에 드러난 아이디어들에 대해 생각하기를 원한다는 것이다. 그러나 나는 그 회기에 발생한 대부분의 것을 이해할 수 없었다.

내 견해에 의하면, 거트루드는 아니무스, 그림자, 그리고 개성화와 같은 융학파의 용어들이 무겁게 담긴 혼돈의 격류를 불러일으키고 있었다. 나는 이런 말들의 "그" 뜻을 알고 있었지만, 그녀가 그 용어들로 무엇을 의도했는지는 몰랐다. 우리가 "지적인" 상담을 하고 있다고 생각하면서, 나는 나를 침수시키는 말들의 홍수로부터 붙잡을 수 있는 것이 어떤 개념이든 지적으로 응답하려고 최선을 다했다. 그 회기 끝 무렵에 나는 우리가 이것을 어떻게 마무리 지어야 하는가에 대한 중립적인 것에 대해 묻고 나서, 나는 놀랍게도 거트루드가 일주일 단위로 만나고 싶어 한다는 것을 들을 수 있었다. 그 회기에 쏟아진 일련의 베타요소들은 나로 하여금 분명한 사고를 하지 못하게 했다: 그녀는 치료관계를 찾고 있었다.

우리는 일주일 단위의 만남에 대한 일정표를 만들었다. 내가 이런 방식으로 그녀를 수용하자, 그녀는 내가 어떤 미래도 없는 나이든 여성보다는 젊은 사람과 함께 작업을 하는 것을 더 선호하는 것을 "알고 있었다"고 했다. 나는 이런 식의 "지식" 주변에 있는 어떤 정서도 구별해낼 수 없었다. 내가 의식적으로는 노인과의 친밀한 관계에 흥미를 가지고 있었기 때문에, 상당히 혼돈스런 놀람을 느꼈다. (비록 내가 거트루드를 이해하는데 있어 나의 무능력에 대해 실망을 느꼈을 지라도 말이다.)

거트루드는 계속해서 설명했다. 그녀는 삶의 대부분을 심각한 우울증으로 시달렸다. 이전 치료가 많은 도움을 주었음에도 불구하고, 여전히 "좋지 않은 날들"은 계속되고 있다. "좋지 않은 날에 죽음이 찾아온다면 얼마나 끔찍할까요?" 그녀는 약간 미소를 띠면서 이렇게 묻는다. 그 혼란스런 미소에도 불구하고, 나의 가슴은 공감적 불안, 슬픔, 그리고 희망으로 역전되었다. 단지 첫 회기에서만 거트루드는 그녀의 자기self와 연결되어 있다는 느낌을 내게 주었다. 그것은 출현했다가 갑자기 사라지는 연결이었다. 그러나 내가 그녀를 볼 때 느끼는 그 어떤 주저함도 사라졌다. 그녀는 자신의 영혼을 구하는 방법을 찾고 있었다.

두 번째 아이로 태어난 거트루드는 일곱 자녀를 둔 미국 중서부의 한 부유한 가정에서 유일한 딸로 태어났다. 일곱 자녀에 더해, 물려받은 부를 엄청나게 증가시킨 사업가였던 차가운 아버지와, 비정한 어머니, 그리고 수많은 종들이 있었다. 그 가운데 거트루드가 호감을 가지고 기억하는 사람은 없었다. 1년 혹은 2년마다 새 아기가 태어났다. 그리고 매 아기가 태어난 후에는, 아마 산후 우울증을 극복하기 위해 부모는 새아기와 좀 더 자란 자녀들을 하녀에게 맡기고 기나긴 여행을 계속했다. 거트루드가 네 살 때, 한 아기는 태어나자마자 죽었다. 그 아기가 태어나기 7개월 전에 거트루드는 아파서 근처에 살고 있는 할머니 집으로 보내졌다. 그녀는 그곳에서 네 달 살면서 두 번의 수술로 거의 죽을 뻔 했다. 어머니는 단 한번 방문했고, 아버지는 오지도 않았다. 미루어 상상하건데, 그녀가 할머니를 사랑으로 강렬하게 경험했기 때문에, 그렇게도 극심한 유기상태abandonment에서 살아남았다.

거트루드는 엄마가 자신을 미워한다고 느꼈다. 예를 들면, 엄마가 거트루드에게 줄 스웨터를 짜고 있었을 때, 아이는 엄마에게 언제 준비가 될 것 같으냐고 물었다. 엄마는 거트루드가 소cow 같아서 시간이 정말 오래 걸릴 것이라고 했다. 내가 그 이야기를 들었을 때, 나는 거트루드의 엄마가 그녀를 유일한 소녀와 동일시하고 있었으며, 엄마의 자기혐오self-loathing와 딸의 젊음과 생기에 대한 시기로 인해 그녀를 미워하게 되었다고 상상했다. 아버지는 조적 방어manic defenses에 의존하고 있었다. 그는 대체로 아이들을 무시했으며, 아내의 음침한 불행을 모르고 있었다. 오랜 시간동안 일하고 나서도, 그는 가족을 떠나 친구들과 장시간에 걸쳐 사냥여행을 떠났다. 이런 비애착적인non-attachment 분위기 속에서, 아버지는 아내가 자녀 가운데 한 명을 출산하는 동안에도 쉽게 사냥

여행을 떠날 수 있었다. 거트루드의 1차적 정서 모델은 결국 두 가지 적응형태를 제공했다: 그것은 증오로 가득 찬 우울로 나타나거나, 확실히 생동감 있는 조적 도주manic flight로 나타났다.

적절한 때에 거트루드는 한 남성과 결혼했다. 남편의 일로 인해 세 딸과 함께 샌프란시스코에 정착하기 전에 몇몇 큰 도시들을 옮겨 다녔다. 30대 초반에 미국 동부해안의 한 도시에 살고 있는 동안 그녀는 처음으로 도움을 받아, "나이 많은" 여성 프로이트학파 분석가를 소개받았다. 샌 프란시스코에서, 40대 중반에 또 다른 프로이트학파 분석가로부터 "너무 우울하다"[9]는 이유로 거절당한 후에, 그녀는 융학파 분석가를 만나 그와 작업을 시작했다. 그녀는 X박사와 함께 15년 동안 작업한 다음, 약 5년 동안 다른 여성분석가와 함께 작업한 후에, 다시 X박사에게 돌아가 15년을 더 작업했다. 그녀는 이런 치료들을 고전적 융학파식 접근으로 묘사했는데, 그것은 그녀가 꿈을 가져오면 치료자는 그것을 해석하는 방식이었다.

그녀의 주 치료자인 남성은 지적이며, 예의 바르고 친절했지만 냉정했던 것으로 보인다. 내가 한 사교모임에서 그를 만난 적이 있는데, 그와 함께 있었던 분위기는 거트루드가 그에 대해 묘사한 것과 일치했다. 거트루드는 나를 만나기 전 그 어떤 사람도 감정에 대해 말한 적이 없다고 했다. 매우 분명한 것은 그녀가 자신의 치료자들이 결코 감정에 대해 논의한 것을 들어본 적이 없다는 사실이다. 그것은 적어도 30년 치료가 끝날 때까지 감정이 무시된 것으로 보인다. 그녀는 꿈을 가져와서 함께 다루었지만 결국 치료는 일어나지 않았다. 치료자는 작업이 치료적이었다고 생각하면서 (50분이 지나면) 회기를 마감했다. 정말 그것뿐이었다. 그녀가 처음으로 나에게 최종 회기에 대해 말했을 때, 내가 놀라자, 그녀는 그들의 종결이 유일한 합리적인 접근이었다고 주장하게 되었다: 그 작업은 효과가 없었다. 꿈이 그렇게 말했다. 7년 후 내가 결국 그녀의 감정을 "이해했을 때got", 나는 이렇게 말했다: "그러나 당신은 그가, '우리가 치료작업을 어떻게 효과있게 할 수 있을까요?'라고 말해주길 바랬다." 거트루드는 이전에

9) 나는 거절하는 분석가의 실패가 그들의 이론적 관점의 한 기능이었다고 결코 제안하고 싶지 않다. 아무튼 나는 거절의 이유가 그녀의 나이나 무드라고 결코 생각하지 않는다. 그녀의 위압적이며 이해할 수 없는 소통형태가 그녀로 하여금 오랜 동안 작업하는 것을 매우 불만족스럽게 만들었을 것이다.

도 그랬듯이 거의 울다시피 했다. 나는 그녀의 무언의 정서를 분명히 표현해 주었다.

거트루드의 이전 작업에 대한 나의 예감은 경고와 함께 유지되어야 했다. 첫째, 그 작업은 그녀가 경험할 수 있었던 것이며, 동시에 X박사가 제공한 모든 것이라고 말할 수는 없다는 사실이다. 둘째, 그와 함께 한 작업은 1960년대에 시작했는데, 그런 치료작업은 최근의 영역에 비해 오래전 일이라는 것이다. 셋째, 거트루드의 얼어있는 정서상태가 정서적으로 얼어있는 영역의 구성을 강요했다. 어떤 치료자도 60년대, 70년대 혹은 80년대의 거트루드와 더불어 감정적 영역을 창조할 수 없었다. 그녀와 나는 90년대와 2000년대 초기에 어려움을 겪었다.

6개월 후에 거트루드는 방문 횟수를 일주일에 두 번으로 늘렸다. 그것은 나와 함께 작업하는 것에 대해 그녀가 처음보인 흥미처럼 나를 놀라게 하는 변화였다. 그러나 더 많은 빈도의 접촉에도 불구하고, 나는 전형적으로 처음 2-3년 동안의 회기에서 상실감을 느꼈다. 그것은 확실히 X박사가 엄청나게 겪었던 경험이었다. 그녀는 마치 퍼부어대는 기계총처럼 느끼는 방식으로 나*에게 일방적*으로 말했다. 결코 한순간의 침묵도 없었다. 내가 상상할 수 있는 어떤 이유도 없이 주제는 갑작스럽게 바꾸어졌으며, 실제로 모든 주제는 의미와 단절된 것처럼 보였다. 왜 거트루드는 이름도 없는 사촌이나 몇 년 전에 읽었던 어떤 책에 대해 말하고 있을까? 어떤 주제가 분명히 정서적 암시들을 가지고 있을 때 조차도, (예: 아동의 행동방식을 가르치기 위해 부모는 어떤 접근을 해야 하는가와 같은 주제) 그 주제는 그녀의 어린 시절과 공감적으로 관련이 없거나, 그녀와 나와의 관계에 대해 거의 언급한 적이 없는 아주 이상한 생각이었다. 그녀의 자료가 저런 영역들 가운데 어떤 것과 얼마나 관련이 있을까에 대해 의아해할 때, 거트루드는 이것을 개인적이 아닌 이론적으로나 철학적으로 이해하기를 원한다고 활발하게 대답했다.

거트루드의 난제에 대한 비온의 묘사를 인용해보자: "알파 기능을 파괴함으로써 살아있는 대상과의 접촉 경험을 제거하려는 시도는 인격체personality로 하여금 자동장치automaton를 닮지 않은 그 자체의 모든 측면과의 관계수립을 불가능하게 한다"(1962, p. 13). 나는 그녀는 하나의 자동장치로 생각하지 않는다. 그러나 나는 종종 방안에서 나 자신 외에 한 *인간*person을 찾기가 불가능한 것을 느낀다. 거의 5년의 작업 후에야, 거트루드는 나를 거대한 병원 건물로 그리는 꿈을 꾸었다. 살아있는 사람과의 연결은, 그것이 내적 이미지이나 혹은 외부의 개인이든 간에, 그와 같은 처음 단계에서 참아내기란 매우 위협적이었다. 뭔가 감을 잡았다고 느끼기 시작했을 때마다, – 거트루드의 연상에서 의미와의 연결에 대한 어떤 감각을 가지게 될 때마다는 – 주제는 갑자기 달라져서, 우리는 그녀와 나, 혹은 우리로부터 완전히 단절된 파란만장한 생각들을 떠벌리곤 했다.

내가 우리 작업을 기록하기 위해 그녀의 꿈들을 다시 읽었을 때, 나는 그 꿈들이 종종 분명하게 보인다는 사실을 발견하고 놀랐다. 분석회기에 유용하지 않은 감정들이 이후 몇 년간 지속되었다. 나는 그녀의 발달선line of development을 따라갈 수 있었다. 그러나 그때마다 그녀의 꿈, 연상, 그리고 이야기들은 나에게 거의 의미를 주지 못했다. 첫 4-6년의 작업 동안, 거트루드는 자신의 내면의 삶(예: 꿈)은 외부 삶과 어떤 관계도 맺지 못했다고 주장했다. 그녀는 치유를 위해 필요로 하는 모든 것은 자신의 내부로부터 온다는 융학파의 생각에 확실하게 빠져있었다. 누구라도 그녀의 완고하게 무장된 요새에 이르지 못하게 하려는 그녀의 요구는 불행하게도 이런 좋은 생각이 외부의 어떤 것(예: 내 것에 대한 생각)도 내면에 허용될 수 없다는 하나의 주장으로 왜곡되었다. 그녀는 꿈이 우리 사이에서 발생하는 어떤 것과 관련될 수 있다는 개념, 그리고 꿈 인물은 그녀가 나(혹은 다른 외부 인물)를 경험하는 방식을 말할 수 있다는 개념을 향유하기를 거부했다. 그녀는 자신의 무드가 참담한 우울에서, 나와 함께 한 시간은 분명히 아닌, 삶의 어떤 것과도 연관되는 조적 흥분으로 움직이는 가능성을 거부했다. 그 밖에도 그녀는 자신의 삶이나 이전 회기에서 발생했던 그 어떤 것도 기억할 수 없었다. 모든 연결에 대한 이런 철저한 공격들, 특히 그녀 자신과 나 사이의 연결에 대한 공격은 그녀 내부에 숨어있는 슬픔과 격분과 연결(혹은 관계)되는 것으로부터 그녀를 보호했다. 그러나 그런 정서들은 경험될 필요가 있는 것이었다. 그것은 또한 나를 파편화된 감정 속에 두었다. 회고해보면, 연결에 대한 그녀의 공격들은(Bion, 1959) 연결에 대한 나의 두려움과 연결을 공격하는 나의 원시적 자기 능력primitive self's capacity을 배치시켰다. 우리 둘 모두가 시야로 들어오는 어떤 연결도 공격하는 가운데, 그녀의 꿈들이 나에게 이해될 수 없었던 것은 놀라운 일이 아니다.

확실히 그녀가, 성취한 것을 중시하고 삶속에서 부족하고 상실한 것을 슬퍼하는, 노년의 일상적인 일에 대한 분석 작업을 할 수 있는 방법은 없었다. 거트루드는 자기self의 바로 그 개념과 일치하지 않을 정도로 파편화되어 있었다. 그녀는 다가오는 인생의 마지막이 이런 아직–태어나지–않은 자기를 위해 유보했던 의미에 거의 관심을 가질 수 없었다.

아무튼 그녀는 나의 면전에서 자신과 만날 희망을 가질 수 없었다고 설명했다. 해가 지나서, 그녀는 더욱 다가갈 수 있게 되었다. 나는 가끔 내가 말하거나 행했던 것에 대해 그녀가 어떻게 느끼는가를 물었다. 그녀는 그에 대해 편안하게 사고하기를 약속하곤 했다. 그에 대해 그녀는 지금 생각할 수 있을까? 아니다. 그녀는 어떤 누구와도 정서적인 응답을 할 수 없다. 왜냐하면 다른 사람 앞에서 압도되는 그녀의 두려움이 그녀로 하여금 자신과의 접촉을 불가능하게 하기 때문이다. 대부분 자신과 단절된 이런 고통스러운 감정은 그녀로 하여금 어떤 집단적인 사건에도 참여하지 못하게 했다. 혼자가 아닐 때, 그녀는 극심하게 자기 자신이 아니게 느꼈던 소위 "정상적인normal" 페르소나로 자신을 무장했다. 거트루드로 하여금 조용히 앉아서 한 청중이 되기를 요구했던 어떤 집단적 사건은 그녀로부터 억눌린 말의 흐름을 빼앗았다. 이런 안전한 밸브가 없을 때, 그녀의 거짓 자기를 유지하는 부담감은 너무 고통스러워서 (결코 이전에 발생한 적이 없는 어떤 것에 대한) 조절능력을 상실하는 것에 대해 두려워했다. 그녀가 정말 자기 자신이었다면, 거트루드는 내 소파 위에 오줌을 저렸거나 외설을 큰소리로 떠들어댔을 것이다. 그 "실제적real" 거트루드는 거리에서 벌거벗은 채 달렸을 것이다. 우리 작업의 첫 5-6년 동안, 그녀는 충분한 안정감을 느끼지 못한 채, 자신의 두꺼운 거짓 자기 포장을 엿보면서 충분히 오랜 동안 자신이 보고 있었으며, 나에 의해 보여지고 있었다는 감정을 가지게 되었다.

다시 비온 작업의 한 구절은 거트루드의 상황에 대해 생각할 방법을 제공한다:

> 오직 베타 요소들만이 어떤 것이든 사고의 장소를 점유할 활동에 유용하며, 베타 요소들은 오직 비움evacuation에 적합할 뿐이다. ... 이런 베타 요소

> 들은 근육운동이나 표정의 변화 등과 유사한 비우는 과정에 의해 다루어진다. … 예를 들면, 근육운동이나 미소는 비-정신증적 인격의 미소와는 다른 해석을 지녀야 한다. … 미소나 구두진술은 감정의 전달로서가 아닌 비우는 근육운동으로 해석되어야 한다(Bion, 1962, pp. 13-14).

거트루드의 말은 그녀의 정서적 경험의 소화될 수 없는 덩어리를 방출했다. 이런 방출기제가 후퇴하면서 수년간의 작업 끝에, 나는 결국 그것을 이해하게 되었다: 그녀가 슬픔, 비통, 격분을 느낄 때 그녀의 얼굴은 환해졌지만, 결코 즐거운 응답은 아니었다. 거트루드는 이런 중심적 배출구를 조절해야 하는 상황들을 견딜 수 없었다. 보다 건강한 사람은 집단적 상황에 의해 생산된 정서적으로 강렬한 감각 조각들의 누적된 덩어리를 자신이 압도당하지 않도록 보호해주는 무의식적인 각성시 꿈을 형성하는 알파 요소들로 변형시킨다. 알파 기능이 부족한 상태에서 거트루드는 오직 정서를 비울 수만 있었다. 그녀는 정서를 처리할 수 없었기 때문에, 그 정서를 경험하는 것을 견딜 수 없었다.

그 처음 수년간 나는 종종 내가 한 허약한 노파의 어깨를 은유적으로 붙잡으면서 그녀를 흔들고 있었다는 느낌을 받았다. "거트루드 !"를 나는 느꼈다. "나를 보세요, 나에게 말하세요. 내가 여기있어요. 나는 사람입니다." 이렇게 말하면서 의심할 여지없이 나는 (조용히) 아이 거트루드가 자신의 엄마를 향해 (조용히) 느꼈던 감정을 경험했다. 거트루드는 우리의 관계가 순전히 영업적이었다고 주장했다. 그리고 내가 그녀로 하여금 그에 대해 어떤 방식으로든 말하도록 설득시킬 수 있었을 때, 그녀는 즉시 가게 점원이나 치과 보조원의 예들을 연상해냈다. 그녀가 우리 관계의 긍정적인 이미지로 가장 가깝게 접근한 것은 다음과 같은 사실을 인정하는 것이었다. 어떤 남성이 마구간에 30마리의 말들을 가지고 있다면, 그는 확실히 그들 모두를 동일하게 잘 돌보았을 것이라는 사실이다. 그녀는 분열증보다는 자폐증으로 보였다. 그리고 그녀를 흔드는 나의 격렬한 이미지는 내가 얼마나 절박했는지를 말해준다. 그것은 어떤 인간적 접촉도 봉인된 것과 같은 느낌이다.

그러나 아주 조금씩 우리의 2인1조의 알파기능은 자라고 있었다. 우리 작업의 4, 5년째 해에, 거트루드는 감정들이 자신을 압도할 것 같은 두려움에도 불구하고, 자신의 감정들에 대한 관심을 표현하기 시작했다. 그녀는 종종 나에 대한 꿈이미지를 연상했으며, 자신이 느꼈던 어 떤 것이 이전 회기와 관련될 수 있을지 의아해 했다. 그녀는 휴가 어간의 유기abandonment에 대해 온화한 감정들을 표현하기 시작했다.

나에게 새로운 이미지가 올라왔다. 나는 시간의 조각들을 추적할 수 있었으며, 그녀를 흔드는 대신 그녀에게 도달하는 내 자신을 느끼기 시작했다. 우리가 짧은 연결을 이루기까지, 나는 종종 그녀에게 도달하곤 했다. 하지만 거트루드는 갑작스럽게 주제를 바꾸면서 그 짧은 만남을 단절시킬 뿐이었다. 나는 내 에너지를 모아서 텅 빈 거대한 지역을 가로질러, 또 다른 연결을 시도했다. 다시 연결은 짧아졌다. 두 세 번의 경험 후에, 나는 포기했고, 지쳐서 단절된 화제들의 의미 없는 흐름이 나를 인도하도록 멍하게 내버려 두었다. 연결하고자 하는 나의 매우 맹렬한 시도와, 내가 실망 가운데 포기하기까지 그녀로 하여금 계속해서 연결을 끊게 한 것이 거트루드가 겪었던 엄마와의 유아기 경험을 포착했다고 나는 상상한다. 그러나 우리 사이의 영역이 너무 파편화되어 있어서 나는 그녀에게 내 아이디어를 말해야겠다는 생각을 할 수 없었다. 여전히 연결의 섬들은 떠올랐고 성장했다.

작업한지 5년 반 정도 된 월요일 상담이 끝났을 때, 거트루드는 방을 가로질러 문 쪽으로 걸어오면서 다음 회기 전에 나를 보고 싶다는 희망을 표현했다. 나는 그녀가 홀에서 여전히 말하고 있는 동안 어떤 말을 하고 있는지 이해할 수 없었다. 화요일이요? 나는 물었다. 오, 그녀는 내가 시간이 없을 거라는 것을 알고 있었고 그에 대해 나는 걱정할 필요가 없었다. 나는 그녀에게 수요일에 볼 수 있을 거라고 했다. 그 주 수요일 회기에, 그녀는 나를 좀 더 자주 만나고 싶다는 것을 전했다. 비록 그녀는 물론 내가 시간을 낼 수 없다는 사실로 인해 힘들지 않을 것이지만 말이다. 나는 그녀를 더 자주 보는 것을 환영하지만, 왜 우리가 일주일에 세 번을 만나야 하는지 이해할 수 없다고 했다. "일주일에 다섯 번 만나는 것은 어때요?" 내가 물었다. 거트루드는 기회를 잡았고, 시간이 흐르면서 우리의 새로운 일정은 극적인 변화를 이루었다.

거트루드가 사망하기까지 1주일에 5회기의 작업은 5년 반 동안 지속되었다. 그녀의 정신에서 근본적인 변화가 일어났다. 자기self의 핵심 감각이 그녀의 관계능력의 질적인 도약과 더불어 부상했다.[10] 이런 변화의 주요인은 그녀의 알파기능의 잠재력이 본질적으로 확장된 점이다.

이런 결과가 있기까지 우리의 집중적인 분석 작업에서 무엇이 발생했을까? 내가 믿기에는 여러 달 동안 지속된 한 가지 사건이 거트루드의 변화에 중심적이었다. 그것은 작업에 들어간 지 오년이 채 안돼서 시작되었다. 그동안 우리는 여전히 일주일에 두 번 만나고 있었다. 이미 나는 안락사에 의한 나의 어머니의 죽음에 대한 소설을 썼다. 극소량의 책이 한 작은 출판사에 의해 출판되었고, 이웃 서점에서 한 권이 먼지가 쌓인 높은 선반 위에 남아있었다. 결코 서점에 가지 "않았던" 거트루드가 이 책을 발견하고 사서 읽었다.

내 책에서 나는 보통의 자기애적인 탐구를 견지했다. 그것은 자서전적이었는데, 내 어머니와의 관계와 어머니의 죽음을 내가 도왔던 것을 다룬 사실로 복잡하게 구성되었다. 거트루드는 내가 내 책에 대한 어떤 감정들을 지니고 있을 것이라고 인식하지 못한 것 같았다. 그것은 그녀 역시 그 책에 대한 감정들을 가지고 있다는 사실을 깨닫지 못했기 때문이다. 확실히 내가 서술하고자 하는 일종의 상호작용을 탐색하려고 노력했을 때, 그녀는 그 책에 대한 어떤 내용이나 주제에 대한 감정이 없다고 단호하게 주장하면서 응답했다. 그것을 지적인 문제로 다루면서, 거트루드는 다음과 같이 주장했다. 내가 한 행동의 정당성에 대해 나를 괴롭혔던 비통한 회의를 내가 묘사하지 않았기 때문에, 내가 어머니의 죽음에 대한 정서적 경험을 표현하지 않았다는 것이다. 그녀 자신의 감정이나 관심들에 대한 호기심을 불러일으킬 수 없었기 때문에, 나는 결국 내가 그 사건에 대해 어떤 비통한 회의도 가지고 있지 않았다고 응답했다. 나는 그 책에서 묘사되었던 다른 감정들을 가지고 있었다. 그녀는 자신이 장황하게 묘사했던 회의를 내가 느꼈어야 했다고 주장했다. 그녀는 내가 느끼지 않았던 다양한 것들을 내가 느꼈다는 사실을 입증하려는 논쟁에 들어갔다. 그 논쟁들은 그녀가 여러 번 제시했던 것이었다. 한 번의 응답은 필요했다. 내가 이해할 수 없었던 이유들로 인해, 내 책은 갑자기 화제가 되었고, 나는 내 자신에 대한 나의 감

10) 이런 두 개념은 융(1946)이 언급한 것과 같이 동전의 양면이다: "관계되지 않은 인간은 전체성이 없다. 왜냐하면 인간은 오직 영혼soul을 통해 전체성을 성취할 수 있으며, 영혼은 그 반대 쪽, 즉 "당신You" 안에서 항상 발견되는 영역 없이는 존재 할 수 없기 때문이다"(para 454).

각을 난타한 것과 같이 느꼈던 것으로 인해 괴로웠다.

이제 나는 이런 변화에서 거트루드가 삶의 경험에 대한 맛을 내게 주었다는 것을 본다. 그것은 소멸에 대한 일종의 끝없는 감각이다. 그 감각 안에서 그녀와 나의 자기에 대한 감각은 계속해서 나쁜 것으로 공격받았다. 의심할 여지없이 그녀는 종종 나와 함께 이것을 경험했다: 그것은 아마 우리 사이에 있는 어떤 사건에 대한 응답에서 그녀가 무언가를 느꼈다고 내가 제안했을 때였다. 내가 공손한 질문으로 의도했던 것을 그녀는 자기 자신에 대한 정면적인 공격으로 간주한 것 같다. 그러나 이런 통찰은 우리 작업의 중간기에서는 나에게 유효하지 않았다.

내가 이제 우리의 교착상태에 대해 생각하는 또 다른 방식은 우리가 잘못된 질문을 하고 있었다는 사실이다. "어머니의 죽음을 도왔을 때, 바바라는 무엇을 느꼈는가?"라는 질문 대신에, "거트루드는 책에 제공한 바바라의 이미지에 대해 어떻게 느꼈는가?"라고 물었어야 했다. 그러나 거트루드는 그녀의 감정을 부인denial으로 다루었다. 그녀의 부인은 그녀에게 너무나 중요했기에 – 나의 늙은 어머니를 내가 "살인하는" 이미지가 그녀에게 너무나 견딜 수 없었기에 – 나는 무의식적으로 그녀의 부인 뒤에 있는 공포에 감염되었다. 그리고 나는 던져야 할 질문을 할 수 없었다. 그런 후에 물론 그 이슈는 나에게 매우 강하게 부과되어, 나는 할 수 있는 한 중립으로부터 멀어지고 있었다.

그녀가 그 책을 읽은 지 10개월 후, 그리고 매일 만나기 시작한지 두 달 후에, 그녀는 이 똑같은 주제를 추구하고 있었고, 나는 네빌 시밍턴(Neville Symington, 1983)이 말한 "분석가의 자유 행위analyst's act of freedom"에 몰두했다. 나는 내가 알고 있었지만 그동안 인식하지 못했던 해석으로 인해 폭발했다. "당신은 항상 나의 감정에 대해 말하기 원합니다"라고 나는 말했다. "우리는 결코 당신의 감정에 대해 말할 수 없습니다. 우리는 결코 당신이 우리 어머니와 같은 나이라는 사실에 대해 말하지 못합니다. 그리고 나는 당신의 딸과 같은 나이며, 당신은 내가 당신을 죽이길 원한다고 두려워합니다." 그곳에는 망연자실한 침묵이 있었다. 거트루드는 신경질적으로 웃었고, 그런 생각을 결코 해본 적이 없었다고 말했다.

다음 날 (금요일에) 거트루드는 나에게 분석을 그만두겠다고 했다. 내가 제시한 생각은 정신병적인 것이었다. 그것은 한 밤중에 누군가에게 다가온 어떤 것이었지, 대낮에 말할 수 있거나 생각할 수 있는 그런 종류의 것은 아니었다. 우리의 작업은 회복할 수 없을 정도로 불안정했다. 이런 조용한 시간에, 나는 내가 얼마나 위험스러워졌는가를 느꼈다. 나는 그녀에게 이런 식으로 우리의 작업이 끝나는 것이 슬프다고 했다. 그녀는 머리를 흔들었다. 아마 나의 슬픔과 공감했으리라. 나는 그녀가 마음을 바꿀 경우를 생각해서 몇 주간 그녀의 상담시간을 유보해 두겠다고 했다. 그녀는 그 시간에 해당된 상담료를 걱정하면서 내가 그러지 않기를 바랬다. 나는 상담료를 부과하지 않을 것이라고 확인시키고, 그 시간을 비워두었다. 그 회기는 내가 너무 위험해졌다는 감각을 그녀가 조용히 유지하는 것으로 끝났다.

토요일에 하나의 메시지가 그녀의 회기를 회복시켰다. 그리고 월요일에 그녀는 왜 나의 미친 생각이 그녀를 그렇게도 당황하게 했는지를 자신에게 물을 필요가 있었다고 말했다. 그녀의 질문은 분명히 연결을 찾았다: 나의 주석이 그녀의 내부에 있는 무엇을 건드렸는가? 그녀가 자신의 질문에 대한 어떤 생각들을 발전시켰다면, 나는 그것들을 듣지 못했다. 그러나 그 경험은 우리를 강하게 연결시켰다.

이런 사건 속에서 거트루드는 이전의 분석작업이 끝난 것과 똑같은 방식으로 나와의 작업을 끝내려고 시도했다. 두 사례에서 우리는 어려움들로부터 미친 듯이 도주한 그녀 아버지가 실행했던 방식을 본다. X박사와 함께 한 규정화 enactment는 분석가에 의해 수행되었다. 그러나 거트루드의 조적 방어들이 공헌했음이 틀림없다. 나는 X박사보다 덜 협조적이었으며, 거트루드는 자신의 도주를 방해할 수 있기까지 성장해왔다.

이런 중심적 작업이 있고난 어떤 해에, 거트루드가 자신의 지속적인 우울에 대해 이야기 할 때, 나는 내 해석에 대해 놀라울 정도로 독성이 없는 설명을 제공할 수 있었다. 그녀는 죽고 싶어 하는 그녀의 어떤 부분에 내가 동조할 것을 아마 두려워하는 것 같다고 나는 말했다. 거트루드는 처음에 내가 항상 살고 싶어 하는 그녀의 마음을 지지했다고 주장한 다음, 내가 그녀의 죽음 소망을 지지하고 있다고 상상했다면, 그녀는 즉시 도망갔을 거라고 했다. 그녀는 자신이 깊은 우물에 걸쳐있는 얇은 실에 매달려있다고 느꼈다. 내가 그 실을 가지고 있었다. 그녀가 희망이 없다고 내가 결정했다면, 나는 우연히 나의 관심을 돌려서라도 그 실을 자를 수 있었을 것이다. "오, 저런." 그녀는 다음과 같은 주제를 놓치면서 결론을 냈다: "나는 당신의 남편이 당신이 그를 죽일 것이라는 두려움 속에서 살고 있다고 생각하지 않습니다! 왜 심지어 그가 당신을 죽이기를 원할 수가 있을까요!"

이런 짧은 삽화는 우리가 얼마나 멀리 왔는가를 보여준다. 단지 일 년 만 우리는 집중적 작업에 들어갔다. 나는 과거보다도 훨씬 더 내 자신을 그녀에게 조율할 수 있었다. 그러자 그녀는 복잡한 상징적 방식으로 자신의 정서적 경험을 말할 수 있게 되었다. 그녀는 즉각적으로 공포를 몰고 온 (우물 위에 걸쳐있는) 하나의 이미지를 창조했다. 그녀는 가능성들을 고려했다. ("내가 만일 그 실을 잘라버린다면 어떤 일이 일어날까?") 이런 시나리오를 상상하는 것이 그것을 실제로 발생하게 할 것이라는 무한한 두려움이 극복되지 않은 채 말이다. 그리고 그녀의 창조적인 모사꾼 trickster은 다른 이미지와 더불어 이런 위험한 주제로부터 기분 좋게 도주하는 것을 조장했다. 그것은 거트루드 나의 남편가 나를 향한 살인적 소망을 가질 수 있었다는 것과, 우리가 이런 원시적이고 본능적인 에너지를 안전하게 담아낼 수 있다는 것을 암시하는 이미지다.

그러나 이것은 이런 교환의 마지막은 아니었다. 다음 주에 거트루드는 상담하러 오다가 넘어져서, 팔이 부러졌다. 그것은 두 달 이상 심각한 하강을 주도했다: 거트루드는 폐렴에 걸려 양로원에서 6개월 동안 보냈다. 나는 매주 3시간씩 양로원으로 갈 수 있었고, 그녀의 딸이 네 번째 회기에는 내 사무실로 그녀를 데려왔다. 내가 삶과 죽음의 어느 쪽에 있느냐에 대한 질문은 그녀를 압도했다. 왜냐하면 아마 그 질문이 자신을 파괴시키려는 어머니의 무의식적인 의도와 삶과 죽음 충동 사이에서 그녀의 파편화된 내적 균형 모두를 배치했기 constellate 때문일 것이다. 거트루드가 의식적으로 나의 양로원 방문이 특별한 헌신을 표현한다는 생각을 했다고 상상할 이유는 내게 없다. 그러나 아마 그녀는 헌신적인 분석가와 네 달에 한번 찾아왔던 엄마 사이의 대조적인 모습을 무의식적으로 알아차렸을 것이다. 내가 어떤 복잡한 감정을 지니고 있었든지 간에, 이런 죽음과의 작은 충돌을 통해 나는 그녀가 삶으로 연결되도록 힘차게 지지하는 작업을 했다.

10년 반의 작업 후에, 거트루드는 크고 공격적인 암cancer에 대한 새로운 소식을 접했다. 그녀는 한 달 안에 떠나야할 것이라는 꿈을 꾸었다: 그녀는 정원사에게 자신이 없을 때 이루어져야 할 일에 대해 말했다. 정원 주변에 놓여 있는 티슈페이퍼, 깨지기 쉬운 것들을 싸는데 사용하는 것, 그리고 그곳에 (꿈에서) 그녀가 최근에 주문한 큰 도자기 그릇이 있었다.

거트루드는 그 꿈이 희망적이라고 느꼈다: 한 달은 당신이 이룰 수 있는 충분한 시간이었다. 나는 정원사와 그릇에 대해 관심이 많았다. "당신은 내부에 도우미를 가지고 계시네요." 나는 말했다. "그는 이런 시련 안에서 당신을 도울 것입니다." 그 그릇은 과일과 같은 것들을 담아 놓을 수 있는 것이라고 거트루드는 말했다. 혹은 그녀가 그 안에 흙을 넣고 무언가를 재배할 수 있다고 했다. 그녀가 물건들을 보관하기 위한 새로운 용기container를 가지고 있었다는 것은 놀라운 일이라고 나는 말했다. 거트루드는 이런 생각을 좋아했다. 그러나 그녀는 정원수를 도우미로 특별히 좋아했다. 그건 정말 좋은 아이디어라고, 그녀는 이후 몇 주간 여러 번 말했다. 우리 작업의 초기 수년간 꿈에 나타난 위험한 남성 추적자들은 사라지고 없었다. 그리고 그녀는 결국 긍정적인 남성 인물에게로 다가갔다.

심각하게 제한된 알파기능 상태로부터, 거트루드는 자신의 영혼의 정원을 가꿀 수 있는 긍정적인 내적 인물과의 동맹으로 옮겨갔다. 그녀는 내부에서 성장하는 사고와 감정을 붙잡기 위해, 그 안에서 자신의 정서적 경험을 처리할 용기container를 얻었다. 마지막 몇 년 동안 거트루드의 어색하고, 빛나는 미소, 그리고 불같이 빠른 말은 대부분 사라졌다. 그녀는 슬픔, 후회, 그리고 다른 고통스러운 정서들에 대해 얼굴 표정과 조화를 이루면서 장시간에 걸쳐 말할 수 있었다. 조용한 반성과 침묵의 기간은 보통의 일이었다. 내가 그녀의 연상들을 추적할 수 없을 때조차도, – 특별한 상황에서 – 나는 더 이상 사격당하는 느낌을 받지 않았다. 우리의 시간은 함께 다정함과 따뜻함을 느꼈다. 거기에는 거의 혼란이나 파편화는 없었다.

그녀는 나와의 연결에 대한 깊은 감정을 유지하고 표현하는데 상당한 진전을 이루었다. 내가 휴가를 떠났을 때, 해방된 일정에 대한 안도감만을 느끼는 대신, 그녀는 이런 해방이 대부분이 분석 작업으로 구성된 자신의 삶 속에서 어떤 여유가 생겼다고 인정했다. 그녀는 나를 무척이나 그리워했다고 직접적으로 말했다. 나의 마지막 휴가 후에 죽기 전 6주 동안, 그녀는 내가 돌아옴에 대한 안도감 속에서 특히 진심어린 상태였다. 그녀는 내가 없는 동안 일기장에 무언가 기록할 수 있었다고 했다. 그러나 그녀가 자신의 자기self를 발견하고 머릿속의 혼란을 정리할 수 있었던 것은 오직 내가 나타났을 때뿐이었다. 다른 사람에 대한 의존성과 사랑을 확인하는 그녀의 능력은 한 여성을 위한 조율과정을 드러냈다. 그 여성은 작업 초기 수년 동안 자신이 자녀들도 사랑했다는 것을 아는 능력이 없다는 사실에 대해 말했다. 자녀들에게 화가 나거나 그들의 요구에 부담을 느꼈을 때, 그녀는 자신의 사랑과의 연결을 상실했다.

그녀의 외부 삶에서, 자녀들과의 관계는 가장 현저하게 변했다. 막내딸은 약간의 정신지체 장애가 있었으며, 거트루드는 그 딸에 대해 좌절감과 지루함을 느껴왔다. 그것이 그녀로 하여금 접촉을 피하게 했다. 삶의 마지막 몇 년 동안, 거트루드는 이 딸에 대해 인내하고 사랑하게 되었으며, 그녀가 나를 경험했던 방식으로부터 분명히 내사된 방식으로 보다 젊은 여성의 감정을 유지했다. 거트루드 삶의 마지막 몇 년 동안, 그녀와 좀 더 나이든 두 딸들 사이에 있었던 다양한 응어리들이 잘 풀려서, 그녀가 아파있는 수개월 동안 그들은 헌신적으로 지칠 줄 모르게 지지했다. 그녀가 죽었을 때, 딸들과 손녀들, 그리고 중년의 나이에 접어든 한 여성으로서의 자신이 그녀와 함께 있었다. 그 집안의 분위기는 모두 사이에 사랑스런 친절함이 넘쳤다. 죽음은 어떤 "나쁜" 날에 그녀가 두려워했던 무시무시한 형태로 오지 않았다. 자기self는 그녀 내부에서 탄생했다. 어떤 의미에서, 우리는 그녀의 영혼을 구원했다.

논의Discussion

거트루드의 극적인 발전을 가능하게 하기 위해 우리 사이에 무엇이 발생했는지 이해하려고 노력하기 전에, 나는 그녀의 이전 치료작업에서 발생한 것에 대한 나의 예감을 제공하고 싶다. 나의 관점은 빗나갔다. 나는 영원히 치료 바깥에 있다. 나의 지식은 오직 환자로부터 온다. 그 환자는 더 이상 경험 안에 있지 않았고, 그의 관점은 새로운 치료사(나)와의 관계 속에서 경험한 의식과 무의식의 상호인격적 요구에 의해 왜곡되었던 사람이다. 그러나 내가 생각하건데, 그 치료에서 치료적 요인들이 무엇이었을까를 상상함으로써, 그리고 그 관점을 내가 그녀를 어떻게 도왔는가에 대한 감각과 결합시킴으로써, 우리는 분석작업에서 치료적 요인에 대한 무언가를 제시할 수 있을 것이다.

거트루드는 처음에 X박사가 그녀를 남자가 아닌 여자라고 어떻게 말할 수 있었는가를 이해하지 못하는 사람으로 자신을 묘사했다고 했다. 나는 이것을 다음과 같은 의미로 받아들인다. 그녀가 그를 만났을 때 가장 근본적 차원에서 자신이 누구인가에 대해 혼란을 느꼈다는 것이다. 우리 작업에서, 6-9개월 동안 그에게 엄청난 분노를 느꼈을 때조차도, 그녀는 그가 "자신의 삶을 구원했다" 고 기억하고 그것을 반복해서 말했다. 그녀는 자신의 성gender을 정돈해냈다. "그녀 머릿속의 혼란" 은 어느 정도 정리되었다. 그녀의 고착된 우울은 상당히 호전되었다. 이런 향상들이 획기적인 성공이었다.

그녀가 X박사와 함께 한 작업에서 중요한 관점은 "아니무스"(여성 정신의 남성적 측면)였다. X박사는 작업의 초기에 그녀에게 분명히 말하기를, 여성은 수용적이어야 하며, 남성들이 인도하게끔 해야 한다고 했다. 자세한 내용을 알지 못한 채, 그는 그녀에게 여성은 어떻게 "기대되는가"에 대한 (융이 격려했던) 이전의 사고를 가르쳤던 것 같다. 약 15년 후에, 그녀는 X박사를 떠나, 5년을 한 여성과 함께 실패로 끝난 치료경험을 했다. 그녀는 X박사에게 돌아가 자신이 그로부터 받았던 주입식 이론에 대해 격분했다.[11] X박사는 이전에 자신이 잘못했다고 말함으로써 그녀에게 응답했다. 그는 그들이 헤어져 있는 동안 남성과 여성에 대해 많은 것을 배웠다고 했다. 그는 그녀에게 미안하다고 말했다.

강하고 권위적인 사람에게 그가 잘못했다고 말한 것은 이전에 부모에게 결코 그렇게 말해본 적이 없는 거트루드에게는 놀라운 경험임에 틀림없었다. 그리고 그가 자신의 그림자를 지니고, 사과하고, 변화했다는 것도 놀랍다! 이 사건의 변형적 힘은 거트루드가 계속해서 지적했던 치료적 경험에 의해 드러났다. 그들의 두 번째 작업에서, X박사는 그녀가 자궁절제술이라는 "큰 수술" 을 하는

11) 첨언하건데, 하나의 발전은 우리에게 그녀의 여성 치료자와의 작업을 철저히 실패한 것으로 묵살해 버리는 것에 대해 잠시 생각할 필요가 있다는 것이다.

과정에서 그녀를 지지했다. 그녀는 그에 대해 항상 그에게 감사함을 느꼈다. 그의 "지지support"에 대한 이런 경험은 그녀로 하여금 "그래야 된다should"는 차원이 아닌 그녀 안에서 진실하게 표현되는 방식으로 자신의 성적 정체성gender 안에서 자기self에 대한 감각을 공고히하도록 그가 도왔다는 것을 상징적으로 보여준다. 그들의 작업은 그 토대를 매우 단단한 기초 위에 세움으로써 그녀의 여성적 조직은 성적 정체성에 지장을 주지 않았다.

그러나 내 보고서로부터 분명하게 드러난 바와 같이, 관계성에 대한 거트루드의 능력에 대한 근본적인 문제는 그 작업에서 다루어지지 않은 것 같다. 우리가 만났을 때, 일련의 강한 자폐적 성향이 그녀의 관계 능력을 지배했다. 다른 사람들과의 상호작용에 대한 그녀의 이야기들은 자주 다른 사람의 경험, 즉 확실히 그녀에 대한 다른 사람의 경험을 상상하는 능력의 부재를 드러냈다. 자신의 성gender과의 편안한 동일시가 자기에 대한 그녀의 감각에서 본질적인 성장을 보여주는 반면, –아무것도 얻지 못한 채, 거트루드는 어떤 무한한 큰 걸음을 향해 무언가 얻고자 이동하면서–그녀의 자기에 대한 감각은 여전히 안타깝게도 결핍되어 있었다. 그녀의 정신은 어느 곳에라도 투사되었으며, 그 가운데 가장 작은 조각만이 의식적으로 간직되었다. 그녀는 자주 "자신의 자아를 잃어버렸다."고 말한다. 내가 믿기에 그것은 그녀가 탈개인화depersonalization와 비현실화derealization에 대한 심각한 에피소드를 경험한 것을 의미한다.

거트루드는 X박사와 깊은 교제engagement를 가졌다. 그들의 마지막 시간은 확실히 고통스러웠지만, 30년 이상 그녀에 대한 그의 전문가적인 헌신은 매우 치유적이었어야 했다. 그녀의 매우 일관성 없는 독백에 대한 X박사의 관심은 하나의 자기self를 형성하는 과정을 시작하게 했다. 그것은 그녀의 유아기적 정서경험에 대한 엄마의 관심 부족이 격려해주지 못했던 어떤 중요한 것이다. 나는 X박사의 신뢰할만한 관심이 거트루드로 하여금 그에게 그토록 강하게 집착하도록 했는지 의심스럽다. (생각건대, 그녀를 상담했던 두 명의 프로이트 학파 사람들이 그녀를 거부했던 사실은 많은 사람들이 이런 혼돈의 여성에게 보일 수 있는 반응을 지적한다.) X박사가 할 수 있는 한 그녀의 말을 주의깊게 들은 것은 확실히 그녀에게 새롭고 놀라운 경험이었다.

그러나 내가 그녀를 이해할 수 있는 한, 그는 그녀가 그와 맺은 교제의 의미에 집중하지 않았다. 그들은 거트루드에 대해서 이야기 했지, 거트루드-와-X박사에 대해서는 말하지 않았다. 거트루드와 같은 비일관적이고 원시적인 누군가와 함께 하는 치료적 모험에서, 그 주제가 환자에게로 돌아가서 그 자신의 정서적 경험을 반영하는 수단으로 기능하지 못하는 한, 그 어떤 것에 대해 이야기하는 것도 중요하지 않을 것이다. 이것은 유아가 엄마 얼굴에서 발견하는 자기의 반영reflection of the self이다. 다음은 거트루드의 정신이 기반을 두고 있는 궁핍privation을 보여 준다: 그녀의 엄마는 거트루드의 자기를 반영하지 않았다. 그녀는 자기 스스로 방출하는 투사로 인해 자신의 유아를 거의 보지 못했다. 따라서 거트루드는 자신이 누구인가에 대한 가장 기본적인 감각이 부족한 X박사의 대기실에 나타났다. 그의 흥미, 관심 그리고 배려는 거트루드의 자기 형성을 강화했다. 마치 그것이 그녀가 자기로부터 분리시켜 분석할 수 있었던 그녀의 내적 자기의 한 요소처럼, 그녀의 아니무스, 자아, 혹은 그녀 자기의 어떤 측면에 대해 말하려고 했던 그의 지속적인 시도들은 그러한 발전을 방해했다. 이런 논의들은 거트루드 내부의 파편화되고 혼돈된 "자기self"에 대해 어떤 의미도 가질 수 없었다. 지적인 거짓자기는 그 대화에 의해 개입되고 부상했다.

고전적인 융학파의 접근에 대한 회화적 묘사는 환자와 분석가로 하여금 환자의 정신, 특히 꿈에 나타난 이미지들을 연구하려는 시도로 연합하게 한다. 환자와 분석가가 "나 "I"s"들 이라는 토대에서 관계적인 사람들인 경우라면, 이런 접근은 유효할 수 있다. 그러나 환자의 비관계적이며 원시적인 측면들, 즉 자기의 자폐적, 분열적, 불일치적 측면들은 그와 같은 논의에 참여할 수 없다. 심각하게 비관계적인 상태에서, 거트루드의 "나"는 단지 장식에 불과했다. 그녀를 그녀와 X박사가 함께 연구할 수 있었던 인물과 구별된 존재로 상상하는 것은 그녀의 비인격화된 방어들을 강화하는 기능을 했으며, 자기self가 살아있고 성장하는 정서적 존재로서 보다는 인간의 지성에 의해 구성된 어떤 것이라는 환상을 강화했다. X박사의 애정 어린 배려는 거트루드를 이해하기 위한 이런 노력행위를 통해 표현되었다. 그리고 그 자신의 성장 본성은 그 활동을 통해 빛나야 했다. 이런 요소들-그녀에 대한 그의 애착attachment, 그에 대한 그녀의 애착에 열린 마음, 그 자신의 개방적이고 발전적 조건-은 그녀의 발전을 지지했다. 그러나 이런 요소들이 수행되었던 하나의 활동-거트루드를 스스로 담아내는 유기체로 분석하려는—은 그녀의 성장을 방해할 뿐이었다. 그녀가 필요했던 것은, 즉 다른 사람과 연결된 자기as self-connected to another는 오직 애착에 의해 탄생될 수 있다.

분석가는 굳이 말할 필요는 없지만, 그가 그 순간에 대한 상호인격적 경험에 대해 생각한다면 그것은 가치가 있다. 꿈꾸는 과정에 대한 비온의 매우 유용한 이해가 없더라도, 분석의 2인1조에서 발생되는 정서적 상호작용을 향해 나아가는 것은 그 꿈꾸는 과정을 지지하는 기능을 한다. 그러나 아무리 그런 상황, 즉 상징적 관점에 머무르려고 해도, 우리는 자주 환자의 내용으로 들어오게 된다. 분석가가 환자의 외부 관계, 환자의 역사, 환자의 정신에 대한 X레이와 같은 꿈에 대해 생각하고 있는 동안 양육적인 경험은 발생한다. 그러나 상호적인 위치는 두 사람을 포함하는 매우 강하게 부과된 정서적 관계가 형성되는 바로 그 순간이다. 관계의 *실제reality* 안에 있는 발전은 그 어떤 것보다도 더 강하게 환자에게 영향을 끼친다. 관계를 포함한 어떤 것에 대한 환자의 *지식knowledge* 안에서의 발전들은 지엽적이다.

나와 함께 한 거트루드의 작업에서 치유 요인들을 고려해 볼 때, 우선 나와 X박사의 작업은 공통점이 있다고 생각된다: 신뢰할만한 관심과 그녀의 자료에 대한 흥미가 그것이다. 내가 그녀의 자료를 취하고 처리했던 모든 일상적인 방식들은 그녀가 점차적으로 내사했던 (마치 그릇 이미지가 지적하듯이) 하나의 담는 것container을 창조하는 기능을 했다. 그러나 X박사와 함께 했던 그녀의 작업이 왜 내적인 담는 것 이상으로 배치되지constellate 못했는가?

그녀가 여러 번 관계했던 하나의 기억이 해결의 실마리를 제공한다: 그녀는 누군가 꽃 한 바구니를 그녀의 집으로 배달했는데, 또 다른 누군가가 그것을 훔쳐서 현관으로 도망치는 꿈을 꾸었다. 그녀의 꿈을 X박사는, "누군가 당신의 감정을 다치게 했다"고 해석했다. 거트루드는 자신의 "과도한 민감성oversensitivity"에 대해 비난받는 느낌을 받았다. 나는 X박사가 그녀의 민감성을 비난할 의도가 있었다고 생각하지 않는다. 그러나 나는 그의 반응이 그녀의 감정을 다치게 했으며, 확실히 그는 자신이 이전에 했던 어떤 것이 그 꿈을 촉발시켰는지에 대해 결코 질문한 적이 없었다는 사실을 들을 수 있었다. "누군가"는 그녀의 감정을 상하게 했다. 거트루드의 기억에는, 누군가가 그럴지도 모른다는 의심을 아무도 한 것 같지 않았다.

그 영역이 나로 하여금 감정을 상하게 하도록 허용했을 때, 나는 이런 기억의 출현을 내가 그녀에게 상처를 입혔던 신호로 받아들였다. 내가 어떻게 그런 일이 발생할 수 있을까에 대해 상상할 수 있었다면, 나는 그녀에게 그것에 대해 물었을 것이다. 그러나 그 비연결적 분위기는 종종 나로 하여금 상징적으로 생각하는 것을 불가능하게 만들었다. 나는 그녀의 연상이 현재의 무엇, 즉 나를 포함한 무언가를 반영하고 있다는 것을 "잊을" 수 있었다. 이런 삽화vignette는 그녀에게 상처를 주었던 것을 상상하는 그 어떤 치료사에게도 장벽임을 밝혀준다: 나는 확신하건데, X박사는 그녀의 "과도한 민감성"을 책망하려는 의도가 없었으며, 그녀가 자신이 비판받고 있다고 느낀 것을 알지도 못했다. 나는 수개월 혹은 수년이 지난 후에, 내가 말한 어떤 것에 의해 그녀가 비판을 받고 있다고 느꼈다는 사실을 발견할 수 있었다. 그러나 내가 믿기에는, 내가 조용한 질문-거트루드의 자료는 나와 함께한 그녀의 즉각적인 경험을 어떻게 반영하고 있는가?-을 간직하고 있을 때, 그것은 관계를 강화시키는 상호 인격적 분위기를 창조했다. 분석가의 조용한 듣기와 그가 발전시키는 이해들은, 마치 유아가 엄마의 내적 상태를 받아들이듯이, 환자에 의해 흡수된다. 내가 그것을 간직할 수 있을 때, 상호 인격적인 집중은 거트루드에게 긍정적으로 영향을 미쳤다.

거트루드가 말하고 있는 동안, 그녀가 말하는 내용과 방식을 들음으로써, 그리고 추론을 통해, 그녀가 내 안에서 불러일으킨 상태에 귀를 기울임으로써 나는 누가 나에게 말하고 있는가를 이해하려고 노력했다. 나는 그녀가 고려할 즉각적인 경험에 대한 가능성 있는 생각들을 제안하기 위해 나의 예감을 사용했다. 나의 일상적인 조용한 집중은 분리된 사람으로서의 그녀보다는 한 쌍으로서의 그녀-와-나에게 모아졌다. 비록 그녀의 강한 자폐적 방어들이 확실히 나를 보다 덜 관계적인 방향으로 떨어트릴 수 있었지만 말이다. 나는 엄마가 유아의 즉각적인 정서적 경험들을 담아내고 변화시키는 것과 똑같은 방식으로 그녀의 즉각적인 경험을 담아낼 담는 것container으로서의 기능을 하기 위해 노력했다. 시간이 가면서 유아/환자는 그 담는 것을 내사하고, 그것을 자신의 경험을 처리하기 위해 사용한다.

X박사의 관심이 그 내적 담는 것이 발전하도록 도왔던 반면에, 즉각적인

정서적 경험에 대한 그의 집중력 부재는 그 발전이 훨씬 더 이루어질 수 있는 것을 제한했다. 광범위한 차원에서, 그들 작업의 문제는 심층적 치료 세계를 관통하는 이해의 부족을 반영한다. 거트루드가 60년대 중반에 X박사와 함께 시작했을 때, 분석가들은 치료적 요인으로 무의식에 대한 통찰력에 집중했다. 치료관계의 상호주관적 본질에 대한 융의(1946) 선견지명적 통찰력은 심지어 융학파에서도 이해되지 못했다. 80년대와 90년대에 이르러 분석과정에 상호주관적 이해들은 꽃을 피웠다. 거트루드는 분석작업에 대한 새로운 관점들이 우리를 위해 생산적으로 사용되기 위해 존재할 때 역사의 한 시점에서, X박사와 더불어 만들어냈던 수확물들을 가지고 내 사무실로 들어왔다.

상호주관적 정향orientation이 바다를 이루어 그 안에서 거트루드와 내가 수영했다면, 그것은 내 소설을 논란의 대상이 되게 한 극적인 상호 인격적인 얽힘에 의해 크게 부각되었다. 내 행동의 담기지 못한uncontained 성향은, 나의 평범한 "전문가적" 방식과는 분명히 대조적으로, 우리가 어떤 인격적 연결도 이루지 못했다는 그녀의 방어적 믿음과의 충격적인 모순을 제공했다. 그 분위기는 우리가 서로 중요시했다는 사실로 용해되기 시작했다. 나는 단순히 "한 분석가"는 아니었으며, 그녀 또한 단순히 "한 환자"는 아니었다. 그녀가 한때 나를 "카이저 병원Kaiser hospital"으로 묘사한 반면, 그녀의 마지막 4-5년의 꿈들은 나를 의사, 간호원, 선생 등으로 표현했다. 그녀와 나는 우리 자신의 유일한 커플이 되었다. "거트루드"는 "바바라"와 함께 치료에 참여했고, 나는 분명히 그녀를 한 인간으로 보았기에, 그녀의 인간성personhood은 내면에 모양을 갖추었다.

꿈으로서의 상담회기The hour as a dream

나는 각 사람의 알파 기능이 항상 계속되는 무의식적인 꿈을 창조하기 위해 작용한다는 방식에 대해서 말했다. 이제 거트루드의 분석에서 특별한 회기를 살펴보면서, 한 쌍으로서 그녀와 내가 함께 구성하고 있었던 꿈을 추적할 수 있는지 보자. 회기의 상호작용은 일상적 형태로 표현되고, 나의 회고적 사고는 이탤릭체로 표기된다. 이것은 한 금요일 회기로서 거트루드의 언어공세에 의해 박해받은 나의 경험이 지나갔던 작업의 관점에서 파생된 것이다. 그러나 그것은 그녀로 하여금 자신의 경험이 "왜곡되었던" 방식을 보도록 돕기 위해 노력하기보다는, 그녀의 경험을 유지하고 반영하기 위한 나의 필요에 대한 이해를 내가 발전시키기 전의 관점에서 온 것이다. 그것은 그녀로 하여금 "실제reality"에 대한 나의 이해와 더욱 일치하도록 경험하게 하는 내쪽에서의 무의식적 시도였다.

거트루드는 왼쪽 어깨에 항상 아기를 품고 다닌다고 말하면서 회기를 시작한다-그녀가 하는 것은 무엇이든지 관계없이 휘저으면서. 거트루드는 그가 사내아이며, 대략 한 살쯤 되어 보인다고 한다.
그녀는 강한 불안 감정에 대해 말한다: 항상 그녀는 자신의 시간을 건설적으로 보내는가? 이것이 일관된 걱정거리다.
그녀는 사진을 분류해서 정리하고 싶다는 생각을 하고 있다고 말한다. 사진들은 큰 쇼핑백에 들어 있다.
그녀의 막내 딸 L에게 이미 죽은 정신지체 장애인 친구가 있었다. 세 자녀 모두 거트루드로 하여금 L이 그 여성의 부모에게 보내는 카드에 서명하도록 재촉하고 있다. 그러나 거트루드는 죽은 여성의 부모가 자신을 불러 차를 마시자고 초대할까봐 두렵다. 거트루드는 그 여자가 지루해서 가기 싫었다. 거트루드의 가운데 딸 Z는 엄마가 가기 싫으면 그렇게 말하라고 한다. 그러나 거트루드가 그렇게 하기는 정말 어렵다. 거트루드가 그녀와 함께 있을 때, 지루해지고 죽을 것 같다. 아무것도 할 말이 없다. 아마 그녀 자신이 지루한 것 같다.
침묵이 흐른다. 어깨에 이 아기를 매고 있는 것은 놀라운 감정이다. 사랑스럽고 따뜻한 느낌이다. 그러나 이 아기를 예수로 생각하는 것은 좋지 않다. 그녀의 아동기 기독교는 보호적으로 느껴지지 않았다. 기독교는 엄마에 의해 소개되었다. 기독교로부터 위안을 얻는 사람들에게는 분명히 놀라운 일이다.
이것은 회기의 첫 10-15분 동안 제기된다. 나는 아무 할 말이 없다. 하지만 잠시 멈추고 생각을 모아 그녀가 나에게 말하고자 하는 것을 우리가 상상할 수 있는 것에 대해 궁금해 하고 싶다. 나의 내적 정서적 반응은 이런 단편 가운데 대부분 그 아기에게로 모아진다. 나는 흥미를 느끼며, 그녀가 아기를 짊어지고 다닌다는 말을 듣고 매우 즐거웠다. 내가 느끼기에 아기는 선하고 긍정적인 이

미지로 보인다. 정말 놀라운 발전이다! 나는 내 자신에게 이 새로운 탄생이 무엇이냐고 묻지 않는다. 거트루드는, 아마 내가 이 특별한 아기와 잘 관계를 맺지 못하고 있다고 무의식적 직관으로 암시하면서, 나를 약간 돕고자 한다. 이 아기는 예수가 아니며, 구원자도 아니다. 아마 그녀는 나에게 이렇게 말하고자 한다: "아직은 그 아기에 대해 그렇게 흥분하지 마세요. 당신은 그의 본성을 이해하지 못합니다."

그 회기의 근본적 주제는 죽은 정신지체 여성에 관한 자료 안에 드러난다. 거트루드는 이런 슬픈 사건과 연계되는 충동을 거부하고 있다. 그녀는 엄마의 상실에 대한 연민sympathy을 표현하기를(느끼기를) 원하지 않는다. 이것은 엄마의 죽음상태deadness와 관련되는 것으로 합리화된다(지루함). 엄마의 죽음상태는 거트루드를 죽게 한다. 죽음상태, 죽음상태, 죽음상태. 거트루드는 그녀의 슬픔과 함께하려는 시도들이 실패할 것을 예상한다. 그것은 너무 거대해서 지루할 수 없으며, 그녀는 죽음상태에 반응을 보일 것이다. 그녀는 아직 애도에 대해서 많은 것을 알지 못한다. 그녀는 엄마의 죽음상태와 함께하는 것을 견딜 수 없다. 그것은 아마 그녀가 여전히 자신의 사진들(그녀의 역사, 삶, 자기)을 분류해서 정돈할 수 없었기 때문일 것이다. 당신이 아직 자기self를 갖지 못할 때는, 애도는 아직 가능하지 않으며, 당신의 죽음상태를 경험하는 것 또한 견딜 수 없다.

이제 보게 되겠지만, 죽음상태는 또한 거트루드와 내가 "우리가 만난 주간은 오늘 죽어가고 있다는 사실"과 어떤 식으로든 결코 관계하지 않은 관점에서 이번 회기에 나타난다. 우리는 함께 그 내재적인 상실로 무감각한 상태다.

이 시점에 내가 들어온다:

나는 거트루드가 기독교로부터 위로를 받았던 사람들 가운데 한 사람이 아니라는 사실은 슬픈 일이라고 말한다.

비록 내가 거트루드가 말하고 있는 것에 대한 어떤 의식적인 생각도 가지고 있지 않을지라도, 나는 그녀의 감정을 올바르게 이해했다. 그 아기는, 내 생각에 분명해 질 테지만, 내가 상상한 대로 그렇게 행복한 새 탄생은 아니다. 이 아기는 새로운 탄생이다. 그 아기는 그녀 발전의 희망적 씨앗을 품고 있다. 그러나 그는 매우 슬픈 아기다. 그는 아기 거트루드가 처리할 수 없는 모든 무시무시

한 슬픔을 안고 있다. 왜냐하면 아무도 그 슬픔을 통해 그녀를 붙잡을 수 없기 때문이다. 그리고 이런 조건에서 그 슬픈 꿈 아기는 거트루드로 하여금 애도할 수 있는 능력을 발전시키도록 돕고자 약속한다. 애도는 그녀에게 부족한 능력이다. 그 아기가 우리의 아기인 한, 그는 애도할 수 있는 능력을 발전시키기 위해 한 쌍으로서의 우리 요구에 대해 말한다. 이날 우리는 그 주간의 분리에 대한 슬픔을 애도할 수 없었다.

거트루드는 자신이 성장했던 루터교회는 "당신은 육체로 부활할 것을 믿었다" 고 말하면서 나에게 응답한다. "당신은 당신을 사랑하는 사람들과 대화를 나눌 수 있으며, 모든 것을 처리할 수 있다" 고 그들은 말했다. 그것은 위로하는 사고라고 그녀는 느낀다.

우리 사이에 발생하는 무의식적인 춤에서, 거트루드는 나에게 그녀의 슬픈 감정에 대한 나의 이해는 희망적이며 위로하는 사건이자 사실 일종의 기적이라고 말한다.

거트루드가 계속해서 말하길, 그녀의 손녀가 아무런 할 것도 생각할 수 없을 때, 거트루드는 그녀에게 그들이 앉아서 울 수는 있다고 말하곤 했다는 것이다. 앉아서 당신이 있는 곳에 대해 생각하는 것은 좋은 일이다. 거트루드는 곤경에 빠져 어떤 새로운 것도 생각하지 못하는 것을 두려워한다. 그녀는 죽어가는 것(느낌)을 두려워한다. [이것은 분명히 문자적인 의미는 아니다.] 접시를 닦는 것과 같은 작은 행동일지라도 어떤 새로운 것을 가져올 수 있다. 그녀는 새로운 것의 발생이 없는 회색빛 죽음상태로 빠지는 것을 항상 두려워했다.

나는 그녀가 아이를 데리고 다니면, 새로운 것들이 발생할 수밖에 없다고 말한다.

나는 그녀가 나에게 말하려고 하는 그 죽음상태와 슬픔을 견딜 수 없다고 거의 직접적으로 말하고 있다. 앉아서 그녀의 손녀와 함께 울고 있는 이야기에 대한 나의 내적 반응은 완전히 구체적이었다: 나는 결코 상징적인 용어로 그 이미지에 대해 생각하지 않았다. 나는 삶의 의미를 찾을 수 있도록 도움을 요청하고 있는 한 작은 소녀에게 그런 말을 한다는 생각에 대해 고통의 감각으로 가득 찼다. 나는 거트루드가 깊은 슬픔과 실망을 이끌어내기 위해 시도한 공간을 마련하기 보다는, 나의 행복한 아기 이미지를 주장한다. 나는 앉아서 거트루드와

함께 우는 것에 대해 두려워하는 것 같다.

그렇다. 거트루드는 반응하지만, 그것은 그녀가 이 아기와 함께 한 새로운 관계다.

당신은 아직 이 아기가 누구인지 이해하지 못한다고 그녀는 나에게 말하고 있다.

그녀가 처음 융에 대해 배웠을 때, 그녀는 할머니가 자신에게 매우 화가 나 있는 꿈을 꾸었다고 계속해서 진술한다. 왜 그랬을까? 그녀의 할머니는 항상 거트루드를 사랑했다.

아마 그녀는 자신이 내게 말하려고 하는 것을 내가 거부한 것에 대해 분노를 느낀 것이다. 아마 그녀는 자신이 이런 어둡고 힘든 정서들을 초래한 것에 대해 내가 화를 낸다고 느낀다. 어떻게 사랑하고 있다는 것을 나는 기억할 수 없다는 말인가?

아마 할머니는 자신이 항상 매우 급한 상태에 있었기 때문에 화가 났다고 거트루드는 말한다.

나는 그녀가 죽음 상태로부터 도망가고 있었기 때문에 그렇게도 빨리 서두르지 않았느냐고 묻는다.

이 순간, 죽음 상태로부터 쏜살같이 달아나는 사람은 거트루드가 아닌 바로 그녀의 분석가인 나다. 그러나 나는 "환자"의 역할은 이미 지정된(designated) 환자에 속한다는 사실을 쉽게 수용한다. 그것은 아마 특히 내 자신이 그녀와 경솔하게 거리감을 두는 것으로 인해 그 지정된 환자는 이런 환경에서 충분히 상처를 받기 때문이다. 내가 제정신이 아닌 동안 그녀는 고통스럽다는 것을 상상하면서 말이다.

거트루드는 그게 맞다고 생각한다는 것이다. 아마 그녀는 또한 많은 죄책감과 수치심으로부터 계속한다.

내가 이 회기를 연구할 때 내가 느낀 것에 대한 한 측면은 실로 어떤 것인가!

거트루드에 의하면, 할머니의 정원에 한 그루의 나무가 있었는데, 그녀와 그녀 친구들이 그 정원에 들어가 나무 열매를 따먹도록 허용되지 않았다고 한다. 그녀가 기억한 할머니가 그녀에게 미치도록 화가 났던 때는 그녀가 나무에서 자두를 땄을 때였다.

나는 그것이 마치 에덴동산과 같은 이야기로 보인다고 말한다.

그녀는 웃는다. "그러나 이 사건은 실제로 일어났어요!" 이렇게 말하는 그녀는 (결국 나의 연상에 대한 어떤 의미도 붙잡지 못한다).

에덴동산에 대한 연상은 확실하고 분명히 관계가 있다. 그러나 나는 그것을 어떤 방식으로든 거트루드와 인격적으로 연결하지 않았으며, 그녀와 내가 참여하고 있는 상호작용에도 연결하지 않았다. 그녀와 내가 말하고 있었던 것에 대한 의미를 내가 이해했다면, 거트루드는 마치 나와 의견이 일치하지 않음으로써, 그리고 (무의식적으로) 나의 조율attunement의 부족함에 대한 분노를 느낌으로써 원죄를 지은 것처럼 느꼈다고 나는 생각했을 수 있다. 신은 에덴신화에서 화가 나있다. 왜냐하면 인간이 선과 악을 이해할 수 있는 능력을 발전시켜왔기 때문이다. 그 능력이 그녀와 나로 하여금 내가 얼마나 그녀의 어둠을 밀봉하고 있으며, 그녀 삶의 거대한 슬픔에 대한 애도에 그녀와 함께하는 것을 무의식적으로 얼마나 거부하고 있는가를 보도록 허용한다. 이런 연상은 우리에게 무엇이 발생했는가를 이해하는 것에 대한 오늘날의 금기가 있는 것 같다는 것을 말해준다. -나는 그녀가 지식 나무의 열매를 먹는다면 화가 날것이라는 것과 내가 스스로 그 열매의 일부를 취하는 것을 거부하고 있다는 사실이다. 그러나 아마 우리 모두에게 나는 전형적으로 그렇게 나아가지 않을 것이라는 것을 재강조하기 위해, 그녀는 계속해서 묘사한다.

그녀의 할머니가 그녀에게 좋은 엄마로서 기능했던 방식을 말이다.

거트루드는 할머니를 미치게 하기를 원하지 않았다고 나는 말한다. 그리고 융을 읽고 독립적이 되는 것이 그녀를 미치게 한 것 같다고 나는 말한다.

다시 우리 상호작용의 의미를 이해하지 않고, 나는 무의식적으로 그녀의 감정을 충분히 잘 이해해왔다. 거트루드는 이 회기에서 독립적이 되기 위해 노력하고 있다. 그녀 삶의 슬픔과 이런 특별한 날의 슬픔에 대한 우쭐하고도 조적인 부인manic denial 상태로 말하기 보다는, 그녀는 나를 자기가 걸어볼 필요가 있는 길로 인도한다.

거트루드는 그것을 거의 상상할 수 있다고 한다. 그녀는 시아버지가 죽는 꿈을 꾼 적이 있다. 그녀의 이전 치료자는 이런 옛 인물들은 죽어야 한다고 했다.

우리 관계에는 어쩌면 흘려보내야 할 오래된 문제가 있다. 아마 그 문제는 오

는 내가 그러한 과열과 더불어 가져온 조적 방어들에 대한 완강함tenacy과 관련이 있다. 아마 그것은 치료자로서의 내가 그 일을 향해 취한 예전의 태도다. 비록 이 시점에서 나의 전문가적인 발전에서 볼 때, 나는 더 이상 "실제" 혹은 "제정신sanity"을 나의 환자보다 더 훌륭하게 다루고 있다고 생각하지 않을지라도, 확실히 별난 거트루드와 나의 관계에서 볼 때, 나는 여전히 내가 그녀로 하여금 세상을 보다 정확하게 보도록 돕고 있다고 전의식적으로preconsciously 상상하는 것에 사로잡혀있다.

그녀가 가장 나이 많은 사람이라는 것은 즐거운 일이 아니다[예를 들면, 그녀의 확대 가족 안에서 가장 나이 들어 남아 있는 사람]. 사람들은 그녀를 보고, 그가 곧 죽을 것이라고 생각한다. 그들은 그녀를 보고 싶지 않다. 사람들은 나이 든 사람과 함께하고 싶지 않다.

그녀는 오늘 내가 그녀를 존경하지도, 심지어는 보지도 않는다고 느낀다.

우리가 처음 만났을 때, 그녀는 내가 나이든 여성을 보기를 원하지 않을 것이라고 두려워했다고 말한다.

비록 그녀가 내게 말하고자 하는 문제를 내가 이해하지 못했을지라도, 나의 기본적 관계성은 이런 기억을 내 마음에 가져온다. 나는 나에 대해 그녀가 부정적인 감정을 가지고 있다는 것을 참아낼 수 있다고 무의식적으로 말하고 있다. 또한 내가 오늘 그렇게 하려는 시간을 대충 내고 있다고 할지라도, 그녀를 보기 원한다고 나는 말하고 있다.

그녀는 X박사와 함께할 때도 그것을 두려워했으며, 그와 함께 작업을 시작할 때 불과 그녀는 48세였다고 말한다. X박사는 의식 안에서 그녀의 성장은 세상 속으로 번져갈 것이라고 했다. 그것은 매우 좋은 이미지였다.

그녀에게 그녀를 보려는 나의 소망은 우리 작업의 모든 것을 알리기 위해 번져갈 나의 의식 안에서의 성장으로 이어질 것이라는 희망이 있다. 이런 희망은 이제 그녀를 대담하게 하여 그녀가 자녀들을 어떻게 보살폈는가에 대한 매우 나쁜 감정들에 대해 말하게 되었다. 그녀는 보다 좋은 일을 할 수 있었다면, 그녀와 그들로부터 더 많은 사랑이 있었을 것이라고 느낀다. 거트루드가 이것에 대해 5-10분 동안 말하고, 나는 그냥 듣는다.

이것은 거트루드 쪽에 있는 일종의 콤플렉스 연상이다. 한편으로, 그녀는 이

*회기에서 내가 충분하지 못한 사랑을 보여준 것에 대해 말하고 있다. 그녀의 실망과 슬픔으로부터 내가 도망친 것은 사랑하지 않음*unloving*으로 합리적으로 개념화 될 수 있다—나는 그녀에 대한 그렇게 많은 고통을 짊어지고 싶지 않았다.*

그러나 이런 연상은 또한 그녀의 상당한 슬픔과 후회에 대한 진실한 표현이다. 그것은 그 회기의 이 순간에 그녀가 온전히 우울적 자리에 있다는 표현이다. 그녀는 모든 회기에 대해 나에게 말하고자 했던 슬픔을 표현하고, 나는 조용히 앉아서 듣고 있다.

나는 이제 그녀가 자신의 아기를 안고 있다고 말한다. 아기에 대한 그녀의 감정이 자녀들에게, 손자들에게, 그리고 증손자들에게까지 퍼져나갈 수 있는 그런 사랑이다.

회기는 막바지에 이르고, 우리가 애써 언급하지 않았던, 주말이 흐릿하게 나타난다. 나는 그 회기를 그녀가 표현한 진실한 슬픈 노트로 끝낼 수 없다. 나는 회기 전반에 걸쳐 나를 사로잡았던 조적 에너지를 거두어들인다.

거트루드는 이런 생각에 매우 행복해 한다. 그것은 후손에 대한 그녀의 영적인 애정과 같을 것이다. 그것은 거룩한 영the holy spirit과도 같을 것이다. 이것이 그 회기의 끝이다.

이 회기에서 나는 거트루드가 더욱 일상적으로 표현한 강한 조적 에너지를 지닌다. 조적 방어들은 나의 가장 일상적인 것은 아니라는 사실은 중요하지 않다. 이 회기에서, 거트루드-와-바바라 커플은 조적 방어들에 매우 의존하고 있으며, 나는 그것들을 표현하는 사람이다. 그 방어들은 그녀의 것도 내 것도 아닌 우리의 것이다.

다음으로 이어진 월요일 회기는 본질적으로 깊은 슬픔이 있었다. 거트루드는 주말 대부분 "회색빛 텅 빈 죽음상태"로 빠져들고 있는 것에 대해 말했고, 나는 그것을 명확히 하거나 그녀의 슬픔을 마술적으로 사라지게 하려고 노력하지 않은 채, 그녀의 감정에 조율하기 위해 단순히 머무를 수 있었다. 그녀는 월요일 회기 마지막에 주말 대부분 동안 죽음상태에 여전히 함몰되었다고 느꼈으며, 회기 끝무렵에 그녀는 그 죽음상태 안에 있는 실망감을 표현했다. 나는 이렇게 말할 수 있었다. "얼마나 슬픈가요. 이번은 주중에 우리가 가진 첫 회기입니다. 그리고 이 회기가 실제로 당신에게 유효하게 작용하지 않았나요, 그렇죠?" 예, 그녀는 동의했다. 그리고 우리 두 사람은 그 경험을 그 시간에 남겨둘 수 있었다(그것은 나에게 그 회기가 실질적으로 작용*했었다*는 사실을 표현하는 것처럼 보인다). 그녀-와-내가 금요일에 볼 수 없었던 것은 분명히 주말의 이별 때문이다. 우리 가운데 아무도 금요일이나 월요일에 주말에 대해 언급하지 않은 것은 놀라운 일이다.

나는 내가 제시한 회기에서 잘 기능하지 못했다. 그리고 독자는 내가 치료 작업에서의 그런 흠 조각을 펼쳐 보인 것에 대해 의아해 할 수 있다. 그러나 우리 둘이 그녀의 슬픔과 실망의 심연에서 함께 겪은 방식을 거트루드와 나 사이의 무의식적인 상호작용 안에서 우리가 볼 수 있다고 나는 생각한다. 내가 그것에 대한 두려움을 옮겼기 때문에, 그녀는 나로 하여금 그에 대해 더 잘 이해하도록 하기 위해 집중적으로 노력한다. 그리고 내가 보기에, 그런 방향에서의 약간의 작은 진전이 그 회기 과정에서 발생한 것 같다. 월요일에 그녀의 상당히 어두운 감정과 더불어 우리가 앉아 있을 수 있었다는 사실은, 부분적으로 주말이 슬그머니 나타났기보다는 지나갔기 때문이다. 그러나 그것은 또한 우리가 금요일에 이런 작고 잠시 머무는 과정을 밟았기 때문이었다.

거의 모든 치료적 회기들은 심각하게 "흠이 있다." 이것이 치료나 분석 작업이 작용하는 방식이다. 치료자는 극단적으로 부과된 자료를 듣는다. 회기에서 드러난 내용이 공허하고 죽은 것 같을지라도, 그것은 상처와 고통에 대한 가공되지 않은 원형적 차원으로 흘러들어가는 높은 수준의 정서적 영역을 다룬다. 환자의 소화되지 않은 극심한 고통은 분석가가 아직 경험할 수 없는 원초적 슬픔을 불러일으킨다. 시기, 질투 그리고 탐욕은 치료환경의 배경에서 변함없이 떠돈다. 그러한 정서들은 우리의 유아적 자기들이 빠져 들어가는 실존적 공포에 의해 작동되기를 기다리는, 우리 내부에 숨어있는 인간 파괴성의 전체 영역이다. 어떤 흠도 없이 회기를 진행할 수 있었다는 생각은 우리가 다음 장에서 탐구하게 될 정신병리의 자기애적 콤플렉스에 기초한다. 비온(1979/2000)에 의하면, 두 인격이 만날 때, "정서적 폭풍"이 촉발된다. 확실히 허리케인에 직면한 배의 갑판에서 우리가 하는 작업이 심각한 미끄러짐이 없이 집중적이고 능숙한 것이라고 상상하는 것은 일종의 전능한 환상이다. 비온의 주석에 따르면, 환자와 치료자의 만남에 의해 촉발된 격동은 환자나 치료자의 이전 상황의 개선으로 여겨지지 않는다. 환자뿐만 아니라 치료자에게서 작업을 이리저리 밀어붙이는 무의식적인 성향들은 언제나 존재한다.

환자와 치료자가 함께 만났기 때문에, 그들은 "어떤 나쁜 일로 최선의 것을 만들려고ibid." 노력할 수 있다고 비온은 제안한다. 그런 순박한 관점에 의하면, 환자는 치료자의 병리적 콤플렉스에 사로잡혀서는 안된다. 그러나 현실은 분석가(혹은 어머니)의 일로 무장한 사람은 단지 인간에 불과하며, 인간은 모두 심각하게 상처를 입는다는 것을 보여준다. 치유는 실제로 치료자의 흠 없는 기능보다는, 치료자의 복잡성과 실수들로부터 파생한 손상에 대해 작업하는 치료자와 환자 커플로부터 흘러나온다. 위니컷(1971)의 제안에 의하면, 환자가 실패하게 될 필요가 있는 특별한 방식으로, 치료자는 환자를 필연적으로 실패하게 만들 것이다. 그것은 환자의 환경이 원래 실패하게 만들었던 방식에 대한 새로운 견해에서 의미를 지닌다. 그것은 환자로 하여금 자신이 이전에 소화하지 못했던 고통을 통해 작업하게 하는 이런 새로운 실패에 대한 훈습이다. 이번 회기에, 거트루드와 나는 나보다는 더 중점적으로 그녀의 콤플렉스들에 사로잡혔다. 비록 내가 그 콤플렉스들을 회기 중에 표현하지만 말이다. (물론 내가 그 콤플렉스들을 *실제로do* 공유하기 때문에, 나는 단지 그것들을 표현할 뿐이다.) 회기를 따라가면서, 우리는 그녀의 고통에 건설적으로 접근하는 흐름을 본다. 그때 우리는 조적 방어들을 지나 회피avoidance, 맹목성blindness, 부인denial으로 떨어진다. 이런 전진과 후퇴 동작은 회기 중에 여러 번 발생한다. 이미 수행된 건설적 작업의 작은 단편들은 월요일에 우리를 약간 더 강한 곳으로 인도하도록 돕는다. 그리고 수년간 이런 종류의 힘든 회기들은 (물론 그렇게 두드러지지는 않지만 수많은 충분히 좋은 회기와 더불어) 매우 의미 있는 치유를 생산했다.

4. 정신병리의 구조[1] The structure of psychopathology

관계성은 건강의 기초지만, 동시에 우리에게 상호인격적 상처를 드러낸다. 우리는 반-관계적 에너지를 불러일으킴으로써 상처받는 것으로부터 우리 자신을 보호한다: 우리의 생각 안에 있는 다른 사람을 폄하함으로써, 그의 요구를 보지 않음을 통해 그를 지움으로써, 그의 소망들이 우리를 고통스럽게 하는 요인이 되려고 할 때, 그것들을 잊음으로써 우리 자신을 보호한다. 정신 안의 모든 병리적 경향들은 우리를 반-관계적 접근으로 밀어낸다. 반-관계적 에너지들은 외향적인 조적 "친절"에 대한 미국 문화 기호의 근간을 이룬다. 그 친절은 실제 관계성을 불가능하게 한다. 왜냐하면 그 목적은 실제 가슴으로 연결된 개인을 발견하고자 하는 훨씬 더 근본적인 문제들을 간과함으로써 모든 사람을 친구로 만드는데 있기 때문이다. 마찬가지로 이런 반-연결적 힘들은 정신분열적 방어들에 의존하는 영국 문화를 창조한다. 2장과 3장에서 우리는 성장하는 정신의 기본 구조와 작용을 탐색해왔다: 그것은 삶의 맹공격을 사고가 가능하고 느낄 수 있는 상징들로 바꾸면서, 항상 무의식의 본질과 그 근본적 작업에 참여한다. 4장에서 우리는 반-관계적인 측면들, 발전에 대한 안정감, 그리고 창조에 대한 안전성을 가치 있게 여기는 우리 자신의 부분들의 구조를 살펴볼 것이다. 다음 장에서 우리는 우리를 성장으로 이끄는 에너지들과 존재에 대한 새로운 방식들을 거부하는 에너지들 사이의 역동적인 상호작용을 탐색할 것이다.

우리가 이전의 두 장에서 탐색했던 이론적 관점들은 원형적이다: 그 이론들은 개인의 인격적 경험들에 의존하여 발생하거나 발생하지 않을 수도 있는 요소들보다는, 오히려 우리의 타고난 정서적 본질 요소들을 기술한다. 우리는 무

1) 이 장의 원고 대부분은 원래 융 저널 *Jung Journal*, www.ucpressjournals.com 에서 출간되었다. 호의적인 허락으로 다시 게재되었다.

의식적인 정신의 본질과 그것의 현실적 경험세계로의 발전에 대해서 생각해 왔다. 사람들로 하여금 의식적이 되어 반향을 일으키고, 사람들과 세계를 우리의 기대보다는 그 모습 그대로를 향해 나아가게 하는 근본적 과정들에 대해서 생각해 왔으며, 내재적인 긴장 – 고뇌torment가 보다 정확한 단어일 것이다 – 에 대해서 생각했다. 그 긴장은 인간의 조건을 채색하는, 그리고 그 순간에 공개적으로 직면하면서 우리를 관계성으로 밀어 넣고, 그러한 개방성에 대한 고통을 회피함으로써 우리를 관계성에 대항하도록 강요하는, 서양 세계에서 십자가의 죽음으로 휩쓸어갔던 종교에서 그려졌던 긴장이다.

이 장에서 나는 우리의 반-관계성을 구성하는 내적 구조로 향한다. 그것은 정신병리의 근간을 이루는 구조다. 우리가 이런 콤플렉스를 알고 있는 특별한 형태는 적어도 부분적으로는 우리 서구 문화에 의해 형성되었을지라도, 관계가 초래하는 취약성과 그에 따른 계속적인 공포처럼, 그 기본 설정은 원형적이다. 왜냐하면 관계에 대한 근본적인 요구는 인간 본성의 일부기 때문이다. 문화는 관계에 대한 우리의 요구를 다양한 방식으로 설명할 수 있다. 그러나 정서적 건강의 토대를 이루는 관계의 우선성은 변화될 수 없다. 여기서 우리가 탐색할 구조는 일종의 원-콤플렉스ur-complex로서, 그것은 현대 서구 사회에서 정서적 상처가 발생할 수 있는 형태를 결정한다. 이런 원-콤플렉스가 조직하는 것의 대부분은 우리 세계에서 매우 깊이 뿌리내리고 넓게 퍼져있어서 제한된 관점만이 그에 대해 주목할 수 있다. 우리는 우리 세계에서 이런 본보기를 형성하는 그와 동일한 인간적 어려움들이, 예를 들면, 개인보다는 집단에 가치를 두는 전통적인 문화 속에서 영향력이 떨어질지 모른다. 어떤 요소들은 보편적이며, 어떤 것들은 문화적으로 결정된다. 그리고 그 형태의 뿌리 깊은 견고한 본성은 이 두 요소의 비율이 어떠한가에 대해 말 할 수 없게 한다. 이 장에서 내가 묘사하고자 하는 구성적 본보기는 우리 모두의 서양적 정신 안에서, 그리고 우리 환자, 친구, 관계의 내적 세계 안에서 중심적인 것이다. 우리가 얻을 수 있는 그에 대한 어떤 관점이라도 가치가 있을 것이다.

반-관계적인 에너지는 자기애적 에너지다. 거기서 "자기애narcissism"는 자기self의 자아중심적 과잉가치에 대한 그 자체의 구어적(그리고 신화적) 의미를 옮긴다. 관계성과 자기애는 인간이 유전적으로 갈라진 두 기둥이다. 프로이트가 쾌락원리와 현실원리라고 불렀던 것은 내가 대부분 기대했던 방식으로 마술적으로나 만사형통하게 세상을 정돈하려는 소망으로 이해될 수 있다. 그것은, 특별히 바로 나처럼 그렇게 소망하고 요구하는 다른 사람들에 대한 사실들을 포함하여, 현실적 사실들과는 관계가 없다. 현실에 대한 이런 수용은 자신의 요구들을 접할 방법을 찾기를 그만둔다는 것을 의미하지 않는다. 오히려 그것은 그러한 시도를 통해 그가 다른 사람들의 요구들을 또한 존경한다는 것을 의미한다. 그것은 그가 자신을 결코 우선적으로 놓지 않는다는 의미가 아니라, 그가 자신을 *언제나* 우선적으로 놓지 않을 것을 의미한다. 종종 현실에 대한 그의 자각은 그로 하여금 다음과 같은 생각을 하게 한다: 그가 어떤 것을 원할지라도, 다른 사람들 혹은 이미 정해진 다른 사람의 요구가 너무 강해서 자신의 요구 대신에 다른 사람의 요구를 흔쾌히 지지할 수 없다는 것이다. 여하튼 그 그룹이 누군가의 핵가족, 혹은 내적 사회나 인간의 가족이더라도, 관계성으로 우리를 인도하는 관점은 "나"를 그룹의 한 사람으로 포함시킨다는 점이다. 이런 유익한 관점으로부터, 우리는 승리보다는 공정하게 되기를 추구한다. 오늘날 이타주의altruism를 향한 상당한 학문적 연구가 있다. 이타주의는 관계성을 나타내는 많은 말 가운데 하나이며, 확실히 인간을 포함한 많은 동물들은 사랑하는 존재들에 대해 관심을 기울이는 쪽으로 강하게 타고난 경향을 지닌다.

관계와 반-관계적인 에너지에 대한 이런 묘사는 거의 동일한 방식으로 내적 세계에 적용된다. 개인이 세상에 대해 자기애적 경향에 빠지는 한, 그는 자신에 대한 자기애적 경향에 빠진다. 그는 승리의 방어에 사로잡혀서 자신의 더 깊은 자기self를 지배하기를 원한다. 심지어 자기를 전멸시켜 "내"가 영웅이 되어, 자신의 다른 모든 영혼의 에너지들을 정복하고 다스린다. 아마 독자는 연약함과 궁핍을 이런 식으로 제거하는 것에 대한 유혹적인 매력을 느낄 수 있다. 그러나 이런 취약한 부분들을 상실하는 것은 다시 태어나기를 원하는 새로운 삶의 상실을 의미한다. 도움을 요구하고, 그 결과 우리를 다른 사람들과의 관계로 이끌어내는 자기에 대한 이런 의존적 측면들은 성장할 수 있는 우리의 부분들이다. 그런 측면들은 세상을 바라보는 새로운 방식을 배울 수 있으며, 창조적일 수 있다. 그런 측면들을 절단하는 것은 더욱 편할지도 모른다, 그러나 오, 이 얼마나 손해인가!

프로이트의 가정에 의하면, 이기적인 태도는 기본적이며, 그것은 유아가 다른 사람들을 이해하는 것을 배우는 세상에서의 오직 고통스런 경험을 통해 이루어진다. 그러나 지난 수 십 년 동안의 유아연구는 분명히 이런 가정을 입증하지 못했다. 신생아들은 깨어있는 삶의 첫 시간부터 상호인격적인 연결을 추구한다. 그들은 임의적인 이미지보다는 사람의 얼굴에 강하게 집중한다. 그들은 자궁내 존재로부터 부모의 목소리를 알고, 낯선 사람들보다는 이런 친숙한 사람들에 의해 더욱 쉽게 순화된다. 그들은 엄마와 젖의 냄새를 신속하게 배움으로써 낯선 사람들보다 그녀에게 강한 선호를 보인다. 상당한 증거가 있다. 엄마가 유아의 공격성에 의해, 혹은 먹이는 데 있어 어려움으로 인해 상처를 입거나 놀랐을 때, 아기는 아마 항의를 줄이거나, 아마 생물학적으로 질병으로 나타날 수 있는 우울증이나 심지어 실망으로, 혹은 정서적으로 유연해지거나 수줍어하거나, 아니면 기타 다른 방식으로 반응한다. 심층 치료자들은 자신이 사랑하는 사람들을 다치게 하는 것에 대한 유아들의 두려움에 대한 과도한 증거를 찾아낸다. 그 사랑하는 사람들이 부모나 배우자, 혹은 치료자 자신이든 간에 말이다. 관계성에 대한 우리의 필요성은 적어도 타고날 때부터 우리 행동의 주요 조직자organizer 다.

그러나 관계성은 사랑과 기쁨의 원천이 되는 것에 더하여 고통의 무서운 요소다. 왜냐하면 관계된 입장은 내적으로 취약하기 때문이다. 이 장에서 우리는 상호 의존적 현실reality 로부터 "내"가 세상(내부와 외부 모두)에서 가장 중요한-혹은 아마 유일하게 중요한- 사람이 되는 "실제reality"로 도주하는 인간을 지지하는 특징적인 구조로 향한다.

내가 이런 정신병리적 콤플렉스[2)]를 묘사할 때, 현재 기술하고 있는 형태로 존재할 수 없는 어떤 것에 대해 내가 말하고 있다는 것을 기억해야 한다. 위니컷은 유아와 같은 그런 존재는 없다고 했다. 심층심리학이 발전하고 있는 이 시점에서, 우리는 정확하게 한 마음spirit 으로 어떤 것도 개인과 같을 수 없다고 말

2) 기술적으로 말할 때, 내가 묘사하고 있는 것은 *그 자체로per se* 콤플렉스는 아니다. 각 사람은 이런 구조, 즉 원-콤플렉스ur-complex 에 개인적 이미지들과 역동들을 채울 것이다. 그것들은 부분적으로 성장할 때 자신이 드러났던 특별한 가족적이며 사회적인 패턴들에 의해 형성된다. 내가 묘사하고 있는 것은 "의식적 경험 자료"로 채워지기 전의 중요한 조직 구조다(Jung, 1938, para 155).

할 수 있다. 자기self는 얼마나 이기적이 되려고 시도하는 가에 관계없이 오직 관계 안에서 존재한다. 관계가 외부인과 맺어지든 아니면 내부 인격과 맺어지든, "개인"은 그 자체로 연구될 수 있는 고립된 단위는 아니다. 따라서 업무적인 만남에서든, 사회적 상호작용에서든, 혹은 상담실 안에서든, 그 밖의 누군가와 마주보고 앉아있을 때, 우리는 보편적 패턴을 만난다. 다른 사람의 정신병리 콤플렉스는 내 자신의 콤플렉스를 배치시킬constellate 것이다. 나와 다른 사람 사이에 진행되는 것을 알아내는 나의 능력은 온전히 자기 관찰self observation에 달려있다. 그것은 마치 타자를 인식하는 나의 능력에 달려있는 것과 같다. 다른 사람의 콤플렉스에 대한 윤곽은 부분적으로 내 콤플렉스의 윤곽에 의해 결정된다. 2인 1조 가운데 한 사람이 그 콤플렉스 외부에 서 있을 수 있다면, 자신의 콤플렉스에 대한 다른 사람의 관계는 극적으로 영향을 받을 것이다. 한 사람의 콤플렉스가 이 순간에 너무 강력하다면, 비록 그들 중 한 사람만이 콤플렉스를 행동으로 드러낼지라도, 두 사람 모두 자기애의 궤도 속으로 끌려갈 것이다. 한 사람이 자신이 살고 있는 인간관계의 망web을 인식하느냐 못하느냐는, 그가 고립된 존재로서 살수 없다는 사실을 바꾸지 못한다. 그러나 이 장에서 나는 마치 그것이 개인 안에 존재하는 것처럼 그 패턴을 묘사할 것이다. 왜냐하면 관계의 기본 형태를 이해하는 것은 치료자나 분석가로 하여금 환자에게서 뿐만 아니라 그들 내부에서의 관계 작용을 인식하게끔 할 수 있기 때문이다.

3장에서 내가 서술했듯이, 융학파 사람들은 정신을 콤플렉스로 구성된 것으로 생각한다. 이런 콤플렉스들은 개인이 소화시켜서 통합할 수 없었던 상호적인 정서적 관계 패턴들이다. 이미 있었던 콤플렉스가 작동될 때, 그것들은 사람들을 무의식적인 행동에 취약하게끔 남겨둔다. 대부분의 치료자들은 프로이트의 오이디푸스 콤플렉스에 친숙하다. 부모 콤플렉스나, 열등콤플렉스나 혹은 신적 아이 콤플렉스처럼, 오이디푸스 콤플렉스는 내가 이 장에서 묘사하려고 하는 보편적 패턴이 취할 수 있는 하나의 형태다. 우리는 여기서 모든 콤플렉스의 근본적 뼈대를 보게 된다. 비록 내 콤플렉스의 형태가 당신의 것과 겉으로 보기에 매우 다르게 나타날 수 있지만 말이다.

비온에게 깊은 영향을 받았던 영국 중등학교 심리학자인 네빌 시밍턴Neville Symington은 이런 보편적인 콤플렉스를 <광기의 형태*A Pattern of Madness*, 2002>안에서 묘사한다. 그리고 이 장의 많은 부분은 그의 아주 원래적이고 창의적인 생각에 대한 나의 번역이자 해석이다. 그의 작업은 이런 콤플렉스를 보는 것이 고통스럽기 때문에 인정을 덜 받게 되었다. 자기애를 *내me*가 아닌 *어떤some* 사람을 건드리는 병리로 생각하는 것은 쉽다. 각자의 정신 안에서 자기애와 관계성이 전쟁하는 방식을 인식하는 것은 고통스럽다. 시밍턴의 관점은 건강한 정서적 정향의 본질에 대한 우리의 기본적 가정 가운데 많은 것에 도전하게 한다. 진실로 이런 구조를 보는 것은 독자로 하여금 갑자기 멈추게 하며, 자신의 이기적이고 파괴적인 경향들과 대항하게 한다. 내가 이 장에서 제시하려고 하는 생각을 독자가 정서적으로 흡수하는 한, 그는 고난을 당할 수 있다. 고난은 성장을 위한 하나의 기본적인 요소다. 그러나 그것은 또한 물론 고통스럽다. 본능적 본성은 우리로 하여금 의식적 믿음에 대한 합리적이자 고통스러운 무관심에 저항하도록 이끈다. 우리의 병리적 측면들을 구성하는 이런 본보기는 또한 정신의 매우 깊은 층으로 인해 이해하기 어렵다. 그 패턴을 벗어나 우리가 서있을 견고한 토대를 찾는 것은 어려운 일이다. 왜냐하면 그 패턴은 우리 모두에 의해 어느 정도 공유되기 때문이다.

자기애적 콤플렉스The narcissistic complex

내가 언급했듯이, 비온이 가끔 언급한(예: 1962, 1970) 하나의 극성은 자기애와 사회-주의social-ism의 대조적 관계다. 비온은 그의 용어들에 대한 어떤 본질적 정의도 제공하지 않는다. 그러나 그 용어들은 자각과 반대되는 "나"로 향하는 이기적 정향과 다른 사람에 대한 배려 사이의 균형과 관련된다. 다른 사람들은 자기self의 무의식적인 부분들을 인격화하는 내가 아닌 다른 사람들not-I others을 포함한다. 그가 "사회-주의"라는 용어를 발명한 것은 정신분석분야 안에서 관계성 부족에 대한 징후를 보이는 것이다. 자기애의 반대는 관계성이다. 그러나 그 단어를 사용하는 대신, 비온은 그의 새로운 단어를 발명한다. (이제 보겠지만, 자기애는 우리로 하여금 *옳은right* 참으로 칭찬받을 전문가가 되기를 원하도록 인도한다. 내가 믿기에, 매우 일상적인 영어 단어, 즉 관계되기와 관계성related and relatedness을 사용할 수 없는 비온의 상태는 그의 내부에서 무의식적인 자기애적 압력, 즉 그가 의식적으로 이 이론과 투쟁하고 있다는 사실을 반영한다.

비온은 누군가 성장하느냐 혹은 악화되느냐는 정신 안에서 사회-적인socialistic 경향들과 자기애적인 경향들 사이의 즉각적인 균형에 심리적으로 의존한다는 자신의 견해를 발전시키지 않는다. 시밍턴은, 아마 비온의 일괄 진술에 자극을 받아, 모든 정신병리는 자기애적인 형태로 이해될 수 있다는 하나의 이론을 발전시켰다. 자기애의 형태에서 "자기애narcissism"는 오만, 이기심, 그리고 사랑하지 못함을 암시한다. 이런 접근에서, 자기애는 자신을 보통 사람들보다 우월하다고 생각하는 어떤 이의 일반적인 이미지와는 매우 다르게 보일 수 있다. 사실 개인은 의식적으로 열등하게 느낄 수 있다. 그러나 드러난 증상과는 관계없이, 그 사람의 관심은 일반적인 자기 자신himself과 집단보다는 오히려 특별한 자기 *자신himself*에 있다. 자기애적 사람은 자신의 행동에 동조적인 것처럼 보일 수 있다. 그러나 그의 비밀스런 초점이 그가 얼마나 도덕적이며 사랑스러운가에 있거나, 그가 하늘에서 혹은 자신의 친절에 대한 세상의 시각에서 획득한 "신용credits"에 있다면, 그 정향은 관계적이기보다는 자기애적이다.

이슈가 되는 것은 인간의 근본적인 심리조직이다. 그것은 인간의 인식, 판단과 관계를 구성하는 무의식적인 콤플렉스다. 이런 콤플렉스는 모두 안에 존재하며, 우리는 결코 "자기애적narcissistic"으로 보이지 않은 개인이 어떻게 자기애에 의해 심각하게 지배를 받는지 보게 될 것이다. 그러나 독자는 단어가 수반하는 경멸적인 기미에서 손을 떼도록 노력해야 한다: 첫째, 우리가 이 장에서 검토할 이런 자기애적 콤플렉스와 2장에서 살펴보았던 자기the Self에 의해 조직된 건강한 성장 콤플렉스 사이에 균열이 있는 것은 그것이 정신의 본질이기 때문이다. 둘째, 이런 병리적 콤플렉스로 인해 개인은 다른 사람들과의 연결을 잊어버리는 공포에 너무 사로잡혀서, 정도에 지나치지 않은 범위에서 비밀스럽게 완전히 이기적인 태도로 행동하기 때문이다. 그런 이기심은 적어도 자기 주변의 다른 사람들을 극단적으로 다치게 하는 것처럼 자신의 자기self를 해친다. 관점은 이기심이 아니다. 관점은 생존과 관련된 공황이다. 그것은 사람이 참을 수 없을 정도로 느끼는 고통의 수준에 따라 글자 그대로 살아남거나 소멸하는 것과는 관계가 없다. 이런 정향에 의해 사로잡힌 개인은 비난이 아니라 동정의 가치가 있다.

시밍턴(Symington, 2002)은 미친 상태를 "개념을 왜곡하고, 자기self를 해치며, 정서적 자유를 방해하는 서로 맞물리는 요소들의 한 패턴"으로 묘사한다(p. 79). 이 정의에서 볼 때, 자기-충만self-fulfillment과 전체성을 파괴하는 그 어떤 것도 "미친 짓"이다. 비온을 따라 시밍턴은 우리 각자는 정신병적인 부분과 제정신인 부분을 포함하고 있다고 상상한다. 근본적인 불안들이 밀려올 때, 정신병적인 방어들이 배치된다. 그리고 인간의 행동과 말들은 매우 일상적으로 보이는 반면, 그 행동 이면에 있는 사고는 극적인 방식으로 공감적 현실과 반대된다. 예를 들면, 사람들이 동일한 것을 반복적으로 시도할 때, 그 접근이 유효하지 않다는 것을 배울 수 없기 때문에, 그들의 사고는 실제로 생각할 능력이 없으며, 우리는 그것이 일상적일지라도 대략 "미친짓mad"으로 부를 수 있다. 우리의 개인적 실패들은 보여지며, 기억되고 많은 사람들에 의해 논의 된다고 상상하는 매일 매일의 경험은 그와 마찬가지로 비실제적이다. 그것은 마치 우리가 우리의 개인적 실패들을 알려고 하지 않음으로써 철저히 그것들을 감출 수 있다는 환상과 같다. 우리가 소유하지 않은 측면들을 다른 사람들에게 전가하는 방어, 즉 투사적동일시의 방어는 미친 짓이며 동시에 보편적이다. 우리는 어린 환자가 어린 시절이 완벽했다고 말할 때, 그를 "정신병자psychotic"라고 부르지 않는다. 비록 그의 믿음이 보고 기억하는데 있어 심각하게 왜곡된 패턴에 의존할 수 있다는 것을 우리가 알고 있을지라도 말이다. 잘 기능하는 사람들의 일반적 행동의 대부분은 이런 범주에 해당된다. 왜냐하면 미친 상태는 어떤 것이라도 자기파괴인 것을 초래하며, 정신은 건강하게 성장하는 경향과 파괴적 경향 사이에서 영원히 나누어지기 때문이다.

원래 자기 기만적이며 자기 파괴적인 행동은 자기self의 부분들을 거절하는 것이다. 그것은 우리가 얼마나 발전하는 가에 관계없이 우리 모두가 개입된 어떤 것이다. 자기의 측면들을 거절하는 것은 그것들과의 관계 맺기와 반대된다. 융은 자기에 대한 이런 거부 측면들을 "그림자shadow"라고 불렀다. 그리고 우리가 논의해온 것과 마찬가지로, 그 개념은 인간의 부정적인 측면들뿐만 아니라 긍정적인 측면들을 포함한다. 시밍턴은 이런 원하지 않은 요소들을 배출하는 에너지를 "증폭기제들the intensifiers"이라고 부른다: 유아기의 전능한 방어들을 불러일으키는 공포에 의한 시기, 질투, 그리고 탐욕이 그것이다.[3] 이제 보게 되겠지만, 이런 정서들은 자신을 다른 사람들과의 진실한 만남으로부터 보호하기 위해 개인들이 건설하는 단단한 무기를 "강화한다". 그들은 사람들이 원하지 않은 요소들을 다른 사람들에게 투사하는 폭력을 "강화시킨다." 그것은 자신은 내부의 젤리에 불과하며, 등뼈가 없는 아마 심지어는 자기self 마저 없다는 느낌에 자신을 내버려 두면서, 자신의 내적 자기를 용해시키는 투사다.

부인되어온 자기의 긍정적인 요소들에 집중하면서, 이것이 어떻게 작용하는지 살펴보자. 왜냐하면 우리의 긍정적인 능력에 대한 거부는 어떤 부정적인 것을 거부하는 것보다 직관적으로 이해하기 더욱 어렵기 때문이다. 캐롤의 엄마는 딸에게 완전히 헌신함으로써 딸에 대한 파괴적 시기심을 숨겼다. 그녀는 캐롤이 속한 걸스카우트 단원을 이끌면서 딸의 학급에서 도왔다. 캐롤이 응원단장이 되었을 때, 그녀의 엄마는 응원단장들의 부모 연락책이 되었다. 시간표를 짜고 실습, 행사, 여행일정을 조정하고, 유니폼을 준비하면서, 그녀는 보통 그들의 모든 존재 양상에 없어서는 안되는 존재가 되었다. 캐롤이 응원단장이 되었을 때 조차도, 그녀는 엄마에 의해 과도하게 그늘짐을 느꼈다. 성인으로서 캐롤은 그밖의 다른 사람과 비교할 때 심각하게 부적절하다고 느꼈다. 그녀는 생화학자가 되어 큰 의료연구기관에서 일하는 동안 중요한 사람들에게 중심적인 발표를 담당했던 책임있는 위치로 승진했다. 그녀는 관계자들에게 자신의 계획에 대한 가치를 설득시킬 수 있음으로 해서 자신의 발표가 잘 진행되었음에도 불구하고, 무엇에 대해 부끄러움을 느낀다고 말할 수는 없었지만, 그녀는 자신이 한 일에 대해 과도한 수치심과 자기비하self-loathing를 느꼈다. 자신의 "실패"에 대해 사람들이 조소와 연민을 느꼈다고 확신하면서, 그녀는 그들의 칭찬을 진지하지 못한 것으로 평가절하했으며, 연민에 의해 동요되었다. 그녀는 자신의 일을 수행할 리더로서 계속하기를 노력했으나, 지나치게 자신이 드러난다고 느꼈으며, 다음과 같은 사실을 지나치게 확신했다: 그녀의 동료들은 그녀가

3) 시밍턴은 구체적이다: 증폭기제들에 포함된 정서들은 시기, 질투 그리고 탐욕이다. 그것은 시기, 질투, 그리고 탐욕과 같은 그런 일상적인 정서들이 아니다. 나는 오랜 시간 나중 형태가 확실히 더욱 실제적이라고 생각하는 것을 중단했다. 그러나 나는 이런 세 종류의 정서로부터 출현하지 않은 파괴적인 정서를 실제로 상상할 수 없다. 그래서 나는 그 견해에 따를 수 밖에 없다.

몇 달 후에 그 일을 그만두고, 그 밖의 다른 곳에서 더 적은 봉급에 적합한 그보다 덜 책임적이고 덜 흥미있는 자리를 택하기를 원한다고 여긴다는 것이다.

지속적으로 자신을 평가절하하면서, 캐롤은 그 밖의 다른 사람들의 시기뿐만 아니라 자기 자신의 격분과 내적 엄마의 시기로부터 자신을 보호했다. 동시에 그녀는 자신의 야망을 줄였는데, 그것은 잠재적으로 시기에 대한 건설적인 파생물이었다. 그 대신 그녀는 그녀처럼 자신의 능력을 파괴시킬 필요가 없는 모든 사람들을 향해 느꼈던 좀먹는 시기로 자신을 혐오했다. 자신의 시기를 느끼고 그것을 건설적으로 경쟁하기 위해 사용하기보다는, 오히려 그녀는 시기를 자신에게 돌려 자기 자신을 내부에서 먹어치웠다. 엄마와의 어린 시절의 관계에 스며있던, 그리고 그녀의 내적 세계를 포화시키기 위해 계속되었던 참을 수 없는 시기는 자신을 폄하하는 그런 극적인 방식으로 저지되었다. 솟아오르는 고통에 자신이 노출되는 것을 피하기 위해 그녀는 자신의 경쟁력을 거부했다. 그것이 엄마의 시기임을 확인했을 때, 그녀는 자신을 다루었던 상처의 심각성을 느꼈고, 자기 자신의 시기와의 투쟁에 돌입했다.

우리는 취약성에 대한 경험을 견딜만하게 하는 충분한 안전과 보호를 제공하는 내부 혹은 외부의 다른 존재를 사랑할 필요가 있다. 우리에게 양육하는 현존presence이 부족할 때, 증폭기제들, 즉 하나 혹은 하나 이상의 지배적인 것과 함께 오는 정서들은 우리를 보호하기 위해 갑자기 올라온다. 잃어버린 무력감에 대한 공포를 느끼는 대신, 전능함으로 강화된 시기, 질투, 혹은 탐욕은 놀란 개인으로 하여금 삶보다 더 크게 느끼게 한다. 헐리우드 영화인 <인크레더블 헐크(불가사의한 선체), *Incredible Hulk*, 2008>는 이런 기제를 웃기는 책 수준의 이야기로 묘사한다. 정서적 스트레스 아래에서, 물리학자인 부르스 배너Bruce Banner는 거대한 녹색 괴물로 변한다. (저자의 본능적인 녹색 선택은 증폭기제 가운데 하나인 질투의 색으로서 재미있다.) 작게 느끼는 대신, 격분은 사람을 부풀린다. 개인은 거대하게 된다. 연약한 감정을 견디지 못할 때, 확실히 다른 사람에 집중된 시기가 밀려오며, 개인은 격분에 휩싸이고 거대해짐을 느낀다. 혹은 탐욕이 모든 관심을 요구하면서 유용한 안전과 위로 속에서 으르렁 거린다. 그렇지 않으면 아마 질투가 그 공간을 환상으로 채운다. 그것은 우리가 다른 사람의 사랑을 수용할 유일한 인물이 될 수 있다면, 그 때 우리는 충분히 가질 수 있을 것이라는 환상이다. 환상 속에서,

더 이상 약하지 않은 개인은 자신의 경쟁자들을 맹렬히 살인한다. 안전하지 않은 상황에 사로잡혀있는 작은 존재를 밀봉해버리는 전능한 격분은 이런 파괴적인 정서들을 점화시켜, 놀란 사람으로 하여금 자기 자신에게나 다른 사람들에 대해 작은 것보다는 큰 것을 보게 한다. 그 "나"는 철저히 힘이 있으며, 작거나 무기력하지 않다. 그는 굉장한 격분의 매개체가 된다. 연약하고 취약하다고 느끼는 그런 자기의 부분들은 절단되었다. 부풀어 올라 더이상 놀라지 않는 개인은 "모든 것을 더 좋게" 느낀다. 그러나 민감성, 에너지, 자기의 배척된 부분들의 잠재력은 그 "나"로 인해 상실된 것들이다: 그들은 지하로 내려가 거기서 살면서, 사람들로부터 성장할 기회를 박탈하는 강박적 행동으로 밀어붙인다.

자기의 부분들이 거부될 때, 그것들은 종종 격렬하게 다른 사람이나 몸으로 투사되어 관계를 손상시키고 정서적 혹은 신체적 고통이나 가끔 심각한 신체적 질병의 원인이 된다. 온전한 정신은 자기의 모든 부분을 수용하는 것이다. 수용 행위, 즉 자기의 전체성 안에서 각각의 요소를 유지하는 행위는 부정적 요소들을 변형시킨다. 예를 들면, 우리가 용기courage를 구축할 수 있는 것은 오직 두려움에 대한 의식적 경험으로부터 온다. 왜냐하면 용기는 우선 두려움으로 드러나는 가공되지 않은 에너지로부터 형성되기 때문이다. 위험상황에서 두려움의 부재는 용기가 아니다. 그것은 어리석은 것이다. 수용행위는 통합적 행위다. 따라서 제정신과 미침은 모두 시밍턴이 내적(무의식적) "선택들"이라고 부르는 것에 뿌리를 둔다. 그것들은 사람들로 하여금 떠오르는 자기의 모든 부분들을 수용하게 하는 관계성에 대한 태도로 인도하거나, 자신의 내부에서 무엇이든 이상하거나 약하게 보이는 것에 대해 책망하는 태도로 인도한다. 우리가 내부의 자기들을 다루듯이 다른 사람들을 다루기 때문에, 이와 동일한 "선택들"은 외부 행동에 드러날 것이며, 어떤 경우에는(그러나 모든 경우는 아니다) 개인으로 하여금 "자기애적," 즉 헛되고, 팽창되고 이기적인 상태로 만들 것이다.

"선택"은 무의식적인 결정에 비해 문제가 있는 단어다. 우리가 탐구해온 대로 비온에 의하면, 이해할 수 없는 좌절, 상실의 좌절, 무기력감에서 오는 좌절, 의존의 좌절, 취약함의 좌절 등을 참아내는 능력이 자신을 향한 건강한 수용태도를 감당할 개인의 능력을 결정한다. 반성이 요구하는 일련의 PS↔D를 편안하게 찾아갈 수 있는 능력뿐만 아니라 개인의 내적인 담는 것과 담기는 것

(♀♂)은, 취약할 때 미약한 존재를 지지하고 스스로 견딜 수 없는 고통을 참아냄으로써, 사고능력의 발전을 강화시키는 공감적인 처음 접한 인물의 수준에 달려있다. 인생의 각 단계에서, 무기력함과 요구에 대한 두려운 경험들을 참아내고 처리할 수 있다면, 그 사람은 도움을 필요로 한다. 인간의 조절 밖에 있는 요인들이 자신의 취약성에 대해 반사적으로 반응하기보다는 온전히 반응할 수 있을 것인가를 결정한다.

실제적으로 의식적 태도는 우리가 선택할 수 있는 유일한 심리적 요소다. 그러나 그런 선택조차도 제한적이다. 우리의 태도는 그것을 적정하게하기 위한 의식적 시도들에 대해 반응할 수 있다. 그러나 의식적 태도들은 깊은 무의식적인 뿌리를 가지고 있기 때문에, 역시 매우 천천히 이동한다. 그러나 그 태도들은 정도에 따라 무의식에 의해 완전히 조절되는 인식과 같은 어떤 것과는 다르다. 예를 들면, 이것은 우리가 실제로 느낄 수 있는 것에 대한 흥미를 보이는 태도를 취하기 위한 의식적인 시도들과 그것을 견디는 태도들은 우리로 하여금 진정한 자기self를 찾도록 돕는다. 그러나 우리가 경험의 진실을 알려고 노력할 때, 우리의 방어들, 즉 무의식적인 "선택들"은 우리를 쉽게 실수하게 할 수 있다. 철저하기보다는 자동적으로 반응하는 선택은 내부 혹은 외부 요인들에 의해 참을 수 없을 정도로 위험하게 느끼는 누군가에 의해 전형적으로 만들어진다. 그 누군가는 이런 무시무시한 경험들을 의식적으로 붙들고 있을 필요가 있으며, 반사적보다는 반응적일 필요가 있는 심리 구조들을 가지고 있지 못한 사람이다. 상담실에서 앉아있거나 누워있는 "나"는 선택 뒤에서 결정과정으로부터 완전히 차단되어 왔을 지도 모른다. 우리는 나중에 선택에 대한 이 질문으로 돌아갈 것이다.

시밍턴은 정신의 지극히 심층적인 구조에 대한 지도를 그린다. 거시적 차원에서 전체 정신은 두 가지 상호침투적인 콤플렉스로 구성된다. 건강하게 성장하는, 자기의 모든 이질적인 부분들을 만나고 들음으로써 개성화의 과정을 찾기 위해 적극적으로 일하는 관계적 콤플렉스가 있다. 그리고 또 다른 콤플렉스가 있는데, 그것은 하나의 큰 테이블 주위에 인간의 모든 부분들, 즉 병리적인 모든 작은 콤플렉스들mini-complexes을 가져온다. 개인으로 하여금 지하철 앞에서 넓은 간격을 두게 하며, 물질 남용으로 자신을 잃게 재촉하는 경향들은 자신이 사랑하는 사람들에게 증오하고 의심하는 방식으로 접근하게 함으로써 가깝게 사랑하는 관계에 대한 소망을 약화시킨다. 개성화를 전복시키는 인간의 부분들이 있다. 그것들은 정신 안에 있는 부정적인 추진력으로서 "죽음 본능," 혹은 "부정적인 치료반응"의 측면들로 명명되어 왔다. 여기에 누군가를 특별히 좋은 분석시간 이후에 지각하게 하는 심리적 에너지가 놓여 있다. 그것은 마치 작업이 순조롭게 되기 시작하는 그 순간에 부모가 자녀를 치료로부터 제거하게 하려는 것과 같다. 어떤 불행이 뒤에서 엄습하기 때문에, 나로 하여금 밖에 나가서 도너츠와 같은 단 음식으로 기분전환을 시도하려고 한다. 그리고 나는 조용히 앉아서 그것을 느끼기 보다는 오히려 무언가를 하려고 한다는 것이다. 이것은 사랑에 대한 취약성을 두려워하고, 에로스에 대한 권력욕동power drive의 대용물을 조성하는 에너지다. 왜냐하면 내가 사랑에 대한 필요를 느낄 때, 나는 약해지며 다른 사람들에 대한 예측할 수 없는 충동에 의존해야하기 때문이다. 그러나 내가 권력욕동에 내 자신을 집중시킨다면, 조절과 잠재력에 대한 환각적 경험이 일어난다. 반-관계적인 에너지는 비온이 "H"로 불렀던, 다음 장에서 보게 될 증오-연결hate-link의 정서적인 연결을 점화시킨다. 그것은 안정 상태를 위한 성장을 거부하는 내적 혹은 외적인 다른 대상에 대한 부정적인 애착이다. 이런 자기-파괴적인 콤플렉스에 사로잡힌 개인은 어떤 자유도 없다: 그는 맹목적으로 반응함으로써, 사고할 공간을 없앤다. 이런 병리적인 배치는 도날드 칼쉐드(Donald Kalsched, 1996)가 보호자Protector로 묘사한 콤플렉스를 포함하며, 그것은 허버트 로젠펠트(Herbert Rosenfeld, 1987)의 전능한 자기애적 대상관계 구조 *Omnipotent Narcissistic Object Relations Structure*와 관련된다. 나는 나중에 이 장에서 로젠펠트의 생각들이 시밍턴의 생각들과 연결되는 방식을 볼 것이다. 그러나 시밍턴의 구조는 칼쉐드나 로젠펠트보다 넓고 포괄적이다. 시밍턴은 모든 정신 병리를 구조화하는 근본적인 틀을 묘사하려고 노력한다.

신과 벌레 God and worm

콤플렉스는 정신 내부에서 발생하는 일종의 드라마다. 그것은 동일한 패턴이 다른 관습 안에서, 그리고 다른 행위자들과 더불어 끝없이 반복되지만, 동일한 기본 인물들과 함께 항상 같은 이야기를 말하며, 동일한 결과를 갖는 일종의 고정된 드라마다. 콤플렉스들은 우리의 태도, 인식, 그리고 판단-우리가 항상 모두에 의해 심하게 왜곡된 것처럼 보이는 모든 요소들-뿐만 아니라 다른 사람들과의 관계들을 구조화한다. 우리가 여기서 보고 있는 드라마는 하나의 기본적인 틀이다. 개인의 인격적인 드라마는 특별히 가족 안에서 이런 사람의 콤플렉스가 그 자체를 표현할 특별한 방식을 건설한다. 시밍턴의 구조는 어떤 특정한 사람의 정신병리가 세상에서 드러날 유일한 방식의 기저가 된다.

시밍턴이 묘사하는 드라마는 두 사람이 하는 놀이로서 신과 벌레를 응시하는 일종의 비극이다. 사실 신과 벌레는, 비록 그들이 자신의 비밀스런 실제에 대해 아무것도 모를지라도, 두 육화incarnations 안에 있는 실제로 단지 한 사람이다. 신과 벌레 주변에 큰 에너지 폭풍이 무서운 형태로 소용돌이친다. 그것은 심층심리학자들이 시기, 탐욕 그리고 질투라는 이름을 붙일 수 있는 것들이다. 마분지 오린 것과 같은 피조물로서 신과 벌레가 어떤 것을 상상할 수 있다면, 그들은 에너지 패턴들을 고정된 것, 즉 시기는 시기며 항상 그러해야 한다는 것으로 상상할 것이다. 그러나 사실 그들은 단순히 패턴들이다. 그리고 융(1956)이 묘사한대로, 바람직한 환경 안에서 에너지는 시기에서 존경으로, 탐욕에서 관대함으로, 그리고 질투에서 동지애로 변형될 수 있다. 벌레의 공황은 이런 담기지 않은 파괴적 에너지의 위험한 분위기 안에서 자신의 내부 감각 안에 뿌리내린다: 삶의 위험에 직면하여, 그는 마치 자신이 모든 조각과 같으며, 젤리 같은 것 안에서 움직이는 파편들처럼 느낀다. 어떤 두꺼운 껍질이 그 젤리를 에워싸서 아무도 관통하여 그를 알 수 없다. 그러나 그가 도르래로 말 등으로 끌어 올려져야 하는 무장한 중세 기사처럼 보일지라도, 그는 무의식적으로 자신이 아무 뼈대도 없고, 아무런 모양도 없으며, 아무런 정의definition도 없다고 느낀다.

그래서 그의 모든 힘을 다해 벌레는 신에게 빠져든다. 신은 모든 것을 알며, 자신의 전능함 안에서 모든 문제를 즉시 해결한다. 신은 마술적으로 정서적 고통을 흩어지게 하며, 무서운 내적 에너지들을 외부 대상들에게 몰아넣는다. 신은 뜨거운 공기 풍선을 부풀게 한다. 고통스런 정서들, 예를 들면 슬픔, 수치심 혹은 죄책감들이 드러날 수 있다. 그러나 신도 벌레도 그 정서들을 느낄 필요가 없다. 왜냐하면 그들은 결코 반성할 필요가 없기 때문이다. 그들은 어떤 어려움에도 즉각 반응한다. 그들은 대부분 흔히 확실성이나 격분과 같은 어떤 큰 것 뒤에 있는 작음으로 인해 놀란 정서들을 자주 위장한다. 분명히 자신들을 취약하게 하여 실수를 저지르게 할지도 모르는 어떤 개인적인 생각도 결코 한 적이 없다! 벌레는 의식적으로 오-그렇게도 심한-열등함oh-so-inferior을 느낄 것이며, 자신과 짝을 이루기 위해 그가 선택한 전능한 신을 경배할 것이다. 그러나 외양은 속임수가 될 수 있다. 그의 진짜 부적절함은 부인되고, 열등감에 대한 전반적인 감각은 그의 강함과 약함에 대한 콤플렉스를 탐색하기 위한 덮개로 나타난다. 자신의 실제 한계들에 대항하여 일어서지 못하게 만드는 짙게 드리운 열등감을 수용함으로써, 벌레는 인간 공동체에서 자신의 진정한 크기를 찾기 위해 불가능한 시도를 회피한다. 그것은 참자기의 더욱 더 많은 측면들의 지속적인 출현에 의존하는 일생동안의 과정이다.

신은 절대적인 순종을 요구하며, 개인적인 생각을 금한다. 모든 사람에 의해 항상 경배받기만을 원하는 신은 오즈의 마법사*The Wizard of Oz*에서 커튼 뒤에 있는 땅딸보처럼 자신을 팽창시키기에 무척 바쁘다. 그가 또한 결코 생각한 적은 없으나, 단순히 누군가 그에게 말했던 바로 그것It인 사고구조를 붙잡고, 그것을 탐욕스럽게 삼킨다. 그 구조는 분석심리학 혹은 정신분석이 될 수 있다. 그것은 마치 그 구조가 쉽게 기독교, 파시즘, 헌법, 동종요법 혹은 첨단의 과학약품이 되는 것과 같다. 중요한 것은 어떤 상자가 선택되었든지 그 영역 밖에서 단순히 결코 사고할 필요가 없다는 것이다.

위에서 내가 언급한 대로, 이런 콤플렉스의 만연된 본성을 인정하는 것은 불편한 일이다. 정신분석과 분석심리학의 역사는 그런 예들로 가득 차 있다. 하나의 예는 카우치를 사용하지 않음과 일주일에 두 번 작업하는 것은 "분석"으로 적합하지 않을 수 있다는 개념이다. 왜냐하면 전문가들("신들"에 대한 다른 용어)은 다른 규칙들을 내려놓기 때문이다. 이것은 치료자/분석가를 알지 못하는 훨씬 더 불안한 상태로부터 보호한다. 특정한 환자와의 작업이 적절한 깊이에 도달한다면 말이다. 저점 그 숫자가 감소추세인 고전적 융학파 사람들에 의해 화제가 되고 있는 사고, 즉 정신분석은 그들에게 아무것도 제공하지 않는다는 것, 그리고 분석기술에 대한 융의 이해야말로 그 주제에 대한 마지막 말을 대표한다는 생각은 그와 마찬가지로 미친 짓이다. 그것은 또한 하나의 진리를 소유 Possession of a Truth하고 있다고 상상하는 이런 신-벌레 패러다임을 똑같이 드러낸다. 만일 이런 콤플렉스가 우리 내부에서 힘을 발휘하지 않는다면, 우리는 욕동 이론과 투쟁할 필요가 없을 것이다. 왜냐하면 정신에 대한 근본적인 설명 양식으로서의 욕동 이론은 백년보다도 더 전에 자신의 생각들을 체계화했던 한 매우 이상화된 사람의 사고에 의해서만 추천되기 때문이다. 유아 관찰 자료가 프로이트가 한 작업과 매우 극적으로 반대되지 않을 때, 유아기에 대한 프로이트의 생각을 허용하는 것은 그렇게 느리고 힘겨운 전투가 아니었다. 글쓴이가 자신이 선호하는 분석적 천재(프로이트, 클라인, 융 등)의 애매한 각주를 인용함으로써 자신의 견해를 정당화할 때, 그 저변의 패턴이 드러난다.

그래서 여기에 그 패턴이 있다. 한 사람이 거기에 빠져들면, 그는 무의식적으로 다른 반쪽과 더불어 신이나 벌레의 경험 속으로 떨어져 환경 속에서 다른 사람에게 투사한다. 인간이 신과 동일시될 때, 우리는 구어체로 "자기애"로 부르는 어떤 형태를 본다. 그가 벌레와 동일시 될 때, 우리는 그 반대처럼 보이는 어떤 것을 볼 수 있다. 중요한 것은 인간의 세계-내-존재being-in-the-world를 구성하는 내적 구조가 그와 같다는 점이다.

사람들은 쉽게 벌레와 동일시하는 경향이 있다. 일상적 감각의 용어로 자기애적으로 보이는 개인들은 종종 소심하고 자기 소멸적으로 보이는 사람들처럼 벌레 이미지에 대해 종종 반응적이다. 내부적으로, 매우 거만한 개인들까지도 실제로 그 밖의 모든 사람들에 대해 열등감을 느낄 수 있는 것이 무엇인지 아는 것 같다. 반면에, 소위 보통 사람들은 자신들을 신으로 상상하지 않는다. 자기애적 사람들은 다소간 어떤 위기라도 극복하는 방법을 알고 있다고 확실히 느낄 수 있다. 일상적인 행동에서 그들은 모든 대답을 알고 있거나, 적어도 그것들 가운데 상당수를 알고 있으며, 자신들은 손을 흔들어대면서 다른 사람들이 확신하지 않은 것을 일축할 수 있다고 동료들에게 전한다. 그들은 예를 들면 매우 미친 방식으로 자신들은 "결코 놀라지 않는다"고 주장하거나 불사신과 같은 어떤 다른 전능한 환상을 표현한다. 그들은 자신들이 전능하거나 전지하지 않다고 인지적으로는 알고 있다. 그러나 그들은 마치 자신들이 그런 존재인 것처럼 무의식적으로 행동한다. 무의식적으로 그들은 신과 동일시되며, 벌레를 자신들의 불안, 즉 안전하지 못한 자기들을 알고 있는 친구들이나 동료들에게 투사한다. 그러나 자신을 신으로 상상하는 것은 미친 짓이라는 것과, 우리가 모든 대답을 알고 있다고 생각하는 것은 아니꼬운 일이라는 것을 누구나 알고 있기 때문에, 오만한 자기애적 사람은 자신으로부터 무의식적인 전제들을 숨긴다.

내적인 시기를 정신병리의 이런 콤플렉스의 요소로 보려고 했던 클라인이나 비온과는 달리, 시밍턴은 아동기 외상을 그 뿌리로 본다. 그의 표현양식은 원래의 애착 대상들이 어떻게 관계되었는가에 의해 수행된 결정적인 역할을 인정한다. 그는 콤플렉스의 강렬함은 유아기 외상의 심각성과 상응하다고 여긴다. 정서적 고통을 경험하는, 즉 좌절을 견디는 특정한 유아/아동의 내적 능력과 그의 요구와 관계 맺는 양육자들의 능력 사이에 상호작용이 있다. 이런 상호작용은 성인이 자신의 빈약함smallness에 대한 의식적인 인식을 견딜 수 있는 정도를 결정한다. 그것은 우리 각자에게 고난을 처리하는 특별한 내적 담는 것container을 남긴다. 그 담는 것의 적합성은 내적인 그리고 환경적인 요인들의 특별한 혼합에 달려있다. 시기, 질투 그리고 탐욕은 위험에 빠진 상태의 감정들에 대한 원형적 응답이다. 그 감정들은 항상 이런 상호작용이 처리할 수 없는 경험들에 노출될 때 발생한다. 파괴적인 에너지들은 위험에 대한 참을 수 없는 경험들에 미리 계획된 반응들이라는 점에서 선천적이다. 그러나 유아는 부모의 사랑을 시기심으로 만나지 않는다. 유아는 사랑을 만남으로써 사랑을 시작한다. 증폭기제들the intensifiers은 수용받지 못하고 소중히 여겨지지 않은 경험들에 응답하는 과정에서 발달한다. 그것들은 아기를 고통으로부터 보호하며, 칼쉐드(Kalshed, op. cit.)가 말하는 보호자Protector인 내적 인물과 관계된다. 그 내적 인물은 연약함과 취약함을 견디기 위해 아기가 자신과 관계된 사람을 질책하는 지배적인 박해자bully다. 이 존재가 고통을 강화하고 고통과 함께 일하는 것으로부터 아기를 "보호한다." 이런 괴롭히는 존재tormentor는 또한 돌봄을 받기 위해 개인이 향할 수 있는 모든 사람을 놀라게 하여 쫓아낸다. 그 결과 돌봄을 받은 경험, 즉 빈약함에 대한 감정들을 불러일으켜야하는 경험으로부터 난타당한 개인은 보호된다.

유아기와 아동기의 외상들은 어른들이 어린 아이들과의 애정어린 공감에 실패하는 것으로부터 흘러나온다. 그 실패들은 강도는 매우 다르지만 보편적인 현상이다. 구조적 관점에서 보면, 이런 실패들은 아동으로 하여금 연민과 관계적인 방식으로 자신에게 공감하지 못하게 한다. 연민과 관계적인 방식은 정서적 경험을 처리하는 *필수요소sine qua non*다. 이런 경우의 한계가 어디까지든, 그 결과는 꼬마 아이에게 재앙적이다. 그런 아이는 세상에서 기능하기 위해 필요한 장치들이 결핍된 상태로 성장한다. 시기는 선천적이라기보다는 인간이 무의식적으로 알고 있는 참을 수 없는 내적 허점hole의 결과다. 시밍턴의 매우 희망적인 작업은 병리에 대한 개인적 콤플렉스의 배색은 변형된 유아기 외상이라는 점을 제안한다. 콤플렉스는 외상이 망가트린 창조적 영의 대체물이다. 그것은 "고착된 재난의 출현fossilized presence of the catastrophe"이다(Symington, 2002, p. 133). 따라서 콤플렉스는 우리에게 고대의 재난을 파내서 우리의 전체성 안에 통합하는 가능성을 제공한다.

시밍턴은 왜 이것을 "자기애적인 것narcissistic"으로 명명할까? 그는 자기애를 동일한 방식으로 자기-중심적임과 "나"주의self-centeredness and "I"-ism로 정의하며, 그것은 벌레가 확실히 자신에게 낯선 것으로 상상하는 일종의 정향orientation이다. 자 보자. 확대된 철학적 읽기에 의존하면서, 시밍턴은 세상을 두 층, 즉 우연적인 것과 필연적인 것the contingent and the necessary으로 나뉘어진 것으로 묘사한다. 그 나눔은 환상적이고 항상 변화하는 감각 세계와 존재의 토대 혹은 절대자에 대한 동양종교의 구별과 비교될 수 있다. 프로이트는 인간의 동기가 쾌락원리, 즉 고통을 제거하고자 하는 충동에 기초하고 있다고 제안할 때, 우발적인 층을 알고 있었다. 항상 변화하는 감각세계에 사로잡혀, 나는 이 순간 나ME에 대한 최상의 느낌을 원한다. 그리고 그것이 오직 나의 즉각적인 이기심self-interest을 부가하기 때문에, 나는 다른 사람들에게 적응하는 법을 배운다.

우리가 살펴본대로, 융과 비온 모두는 기본적인 인간 동기로서의 쾌락원리를 거부하면서, 그것을 전체성wholeness[4] 혹은 정신의 핵심 역동으로서의 진실truth로 대체한다. 우리의 진정한 자기의 모든 것에 대한 욕망은 일종의 관계적 욕동으로서, 그것은 건강할 때 쾌락을 위한 이기적 욕망을 능가하는 욕망이다. 이런 욕동은 존재의 필수 층으로부터, 그리고 궁극적 진리와 절대자로부터 온

4) 시밍턴의 표현을 기억하자. 그것은 광기madness는 자기의 부분들을 거부하는 것으로 구성되어 있으며, 온전한 정신은 그 모든 것을 환영하는 것에 달려있다는 것이다.

다. 그것은 어떤 지나간 순간에 대한 일시적 굶주림을 채우기 위한 시도라기보다는, 우리가 실제로 누구인가에 대한 탐구다. 자신이 되고 싶은 인간이 되기 위해 노력하는 대신, 필연적인 단계에서 개인은 자신의 참자기true self를 찾고 있다. 융과 비온에 의하면, 인간의 핵심적 충동은 고통에 대한 내적 목소리를 잠잠하게 할 사치품이나 진실하지 못한 것들로 "나"를 먹이는 것이 아니다. 건강할 때 개인은 그런 고통스런 내적 목소리들을 듣고 자신의 개인적 고난에 개입하기 위해 노력한다. 왜냐하면 이것이야말로 자신을 발견할 방법이기 때문이다. 확실히 이런 정향은 쾌락 추구와 쉽게 갈등을 일으킬 수 있다. 시밍턴의 주장에 의하면, 우리로 하여금 쾌락과, (돈, 권력, 명예 등과 같은 달래는 것들을 포함하여) 일시적이며 자신에게 관대한 위로수단들을 추구하게 하는 병리적 콤플렉스는 모든 인간의 "광기madness"에 대한 근원적 원인이 아니다. 그 미친 상태는 상습적 살인자의 살인성murderousness으로 향하는 독재자의 탐욕과 타락으로부터, 그리고 요통, 암, 심장병 등과 같은 심각한 육체적 질병에 대해 비공감적인 엄마의 냉정함으로부터 온다.

프로이트의 쾌락원리에 의해 지배받는 우연적인 층에서, 우리는 반동적이고 본능적인 행동에 사로잡히며, 반성하지 못하게 된다. 의식은 불가능해진다. 우연적인 층과 필연적인 층 모두를 붙잡아야만 우리는 선택을 할 수 있다. (다시 선택은 한 번에 두 가지 관점을 붙드는 것을 요구한다.) 예를 들면, 어떤 사람이 나를 비웃는다면, 그 밖의 다른 사람을 고려하지 않고 나를 보호하기 위해, 나의 (방어적) 본능은 그를 혹평하거나 그로부터 도망칠 것이다. 반응하는 대신에 내가 나의 가치, 선악에 대한 나의 개인적 감각, 나의 삶과 현재 상황에 대한 의미에 관한 나의 생각들을 기억할 수 있다면, 그 때 나는 하나의 선택을 할 것이다. (기억할 것들은 우연한 층이라기보다는 필연적인 모든 요소들이다. 왜냐하면 이것들은 내가 이 순간에 어떻게 느끼느냐에 대한 것이 아니라, 나의 정체성과 관련된 측면들이기 때문이다.) 나는 생각할 수 있을 것이다. 나는 성난 채로 반응하거나 후회할 수 있다. 그러나 그 반응은 한 인간으로서의 조소하는 사람이라는 인식과 나 자신과 나의 반응에 의해 영향을 받을 다른 사람들의 다양한 측면들과 내가 연결되어 있다는 인식을 포함할 것이다. 싸울 것이냐 혹은 도망갈 것이냐에 대한 본능적인 반응 안에서, 인간은 단지 자신의 의식적인 "나"에게 가치를 둔다. 이런 반응은 "미친 짓"(예: 자유의 파괴)이다. 왜냐하면 그것은 선택되지 않았으며, 그를 사로잡았기 때문이다. 융학파 언어로, 그는 어떤 콤플렉스에 사로잡혀있다. 선택된 반응은 자유의 본질이다.

자기의 필연적인 층과 우연적인 층 사이의 구별을 이해하는 한가지 방법은 사람들이 쉽게 말하는 것과 사적인 것으로 간주하는 것에 주목하는 것이다. 우연한 층은 쉽게 공유된다. 영화, 요리법, 그리고 축구장에서 아이들의 만남이 들쑥날쑥하는 것, 심지어 배우자가 쓰레기를 아무렇게나 방치하는 방식: 이런 것들은 모두 우연적인 요소들이다. 개인은 이런 것들에 관한 감정들을 지닌다. 그러나 그 감정들은 오늘에 속하지, 영원에 속하는 것은 아니다. 따라서 자신의 동성애적 충동을 두려워하거나 부인하는 남성은 영화 <브로크백 마운틴 *Brokeback Mountain*>을 묘사할 수 있다. 2005년에 제작된 그 영화는 두 남성의 서로에 대한 동성애를 탐구한다. 그것은 "흥미 위주가 아니다." 그 영화가 그를 놀라게 한 생각은 아마 자신으로부터 파생된 어떤 비밀일 것이다. 그의 두려움은 자신이 누구냐에 대한 깊은 진실을 반영한다. (비록 그가 자신을 원하지 않은 충동과 관계를 맺도록 허용한다면, 그 진실에 대한 윤곽은 변할 수 있을지라도 말이다.) 마찬가지로 A급 축구팀으로 인정받지 못한 내 아들에 대한 나의 고통은 내가 칵테일 파티에서 말할 수 있는 어떤 것 정도다. 그러나 내가 더 운동신경이 발달한 동생보다 그를 덜 진심으로 사랑한다는 나의 부끄러운 감각은 심지어 내 자신에게 조차도 말하지 못할 내용이다. 운동감각이 어설픈 내 아이에 대한 나의 불충분한 관심은 내 내면에 있는 깊은 상처를 반영한다. 그것은 내가 누구냐에 대한 어떤 중심적인 것을 반영한다. 나의 상처입은 사랑의 능력은 필연적 층을 드러낸다.

시밍턴은 사려깊은 반응은 항상 힘보다는 사랑에 기초할 것이라고 제안한다. 자유로운 반응은 관계성을 구현할 것이다. 우리는 다른 사람을 대하는 방식이 항상 우리의 내적 자기들을 대하는 방식이라고 기억할 때, 이런 진실을 볼 수 있다. 다른 사람들을 무시하는 콤플렉스에 사로잡힌 사람의 "선택"은 자기 자신의 깊은 자기self를 무시하는 자신의 태도를 반영하는 행동이다. 그것은 어떤 종류의 고통을 참아내는 능력의 부재에 근거한다. 이런 능력의 부재는 우리를 그동안 내면에 주도적인 견딜 수 없는 취약성으로부터의 도피로서 시기, 질투, 혹은 탐욕에 매달리게 한다. 이런 정서들(증폭기제들)은 본질적으로 반-정서적이다. 시기, 질투 혹은 탐욕에 사로잡히면 다른 사람은 중요하지 않다. 그는 존경받기보다는 증오와 두려움에 휩싸인다. 다른 사람의 가치는 오직 그가 나를 위해 무엇을 할 수 있는가에 달려있다.

고난은 발달에 필수적이다. 우리는 고난을 견디게 하는 토대로서 지지와 소중히 여김에 대한 사랑스런 경험을 필요로 한다. 그러나 그것은 오직 생각하거나 창조할 수 있는 고난을 감내함으로써 얻어진다. 본능적으로 계획되었으나 정서적 고통을 회피하는 병리적인 행동은 자유롭게 보일 수 있지만, 그것은 사실 그 반대다. 그 사람은 부적절하게 왕성한 내적 구조들에 의해 자신의 진정한 반응들로부터 도망칠 수밖에 없다. 그는 어떤 실제적 선택도 하지 못한다. 여기서 벌레로 돌아가면, 독자는 아마 삶에 대한 그 벌레의 반응을 볼 수 있다. 그것은 자기 자신의 열등감 안에 있는 자명한 믿음에 기초하며, 그것은 결국 근본적으로 자기중심적으로 드러난다. 그는 삶의 불안전성 때문에 너무 놀라 모든 것을 알려고 하며to Know Everything, 항상 옳게 되기를be Right 시도하면서 신에게 빠져든다. 그는 자신의 공포에 지나치게 사로잡혀있기 때문에, 자신이 얼마나 원하든지 간에 관계없이 다른 사람들에 대한 많은 진정한 관심을 유지할 수 없다. 공포에 대한 그의 "해결책"은 그를 폭력적이고 파괴적인 열정들의 먹이로 남겨둔다. 시기, 질투와 탐욕 같은 정서들은 그가 처리할 수 없는 열정들이다. 자신의 근본적인 열등감에 대한 믿음에 의해 지배당한 채, 그는 확실히 자신의 진정한 자기를 찾지 못하고 있다. 그는 자기 자신을 찾기 보다는, 진실한 자신과 다르기를 원한다. 무의식적으로 그는 삶에 대한 정서적 요구들을 다룰 수 있는 내적 능력이 부적절함을 알고 있다. 그는 자신의 부적절성과 더불어 작업하는 것이 그것을 바꿀 수 있다고 상상하지 않는다.

그 결과는 깊은 이기심이다. 벌레의 경우, 그 이기심은 어떤 차별된 겸손한 태도로 은폐될 것이다. (물론) 그는 전형적으로 아주 옳다고 여겨지지 않을 안내와 충고를 요구하면서 말이다. 신의 경우, 자신의 행동은 명백히 자기애적으로 보일 것이다. 그러나 신 역시 자신의 내적 열등감에 대한 믿음에 사로잡혀 있다는 사실을 기억하는 것은 중요하다. 그의 의식적 감각은 그가 극도로 능력이 있지만, 진짜 개인적 생각을 충분히 할 수 있는 안전함을 느끼지 못한다는 것이다. 그는 자신이 정당하다고Right 알고 있는 철학을 지지한다. 비록 이 철학이 거대한 사회의 한 작은 분파를 대표하는 이상한 것일지라도 말이다. 중요한 것은 자신을 보호해 줄 세계관에 그를 매이게 하는 공포다. 그리고 그 공포는 자신에게 의미를 주는 것에 대해 실제로 생각하지 못하게 한다. 벌레처럼, 신은 또 다른 사람의 독특한 관점을 듣거나 그에 대해 생각할 수 없다. 그 결과는 그가 완전히 깨닫지 못한 근본적인 자기-중심주의다.

우리 문화에서, 그것은 보편적인 병리다. 자기애는 우리 시대의 주도적인 무의식적이라고 제안하는 것은 아주 흔한 일이다. 이런 심리적 배치constellation의 영향은 모든 치료자의 작업에 침투해 있다. 왜냐하면 우리 모두는 콤플렉스의 무의식적인 운반자이며, 우리가 살고 있는 세상은 그것을 강화하고 조성하기 때문이다. 따라서 정신병리와 치료요법에 대한 이론들은 종종 보편적 콤플렉스에 대한 이론가의 개인적 견해에 의해 왜곡된다. 일부 사람들 혹은 생명이 없는 대상들뿐만 아니라 "사람person"을 의미하는 "대상object"이라는 단어에 대한 불행한 정신분석적 사용은 우리가 이런 왜곡된 세계관 안에 갇혀있음을 보여주는 하나의 예다. 이런 병리적 성향의 영향은 논의되는 주제가 실제로 "관계들relationships"일 때, "대상관계들object relations"이 매우 자주 언급되는 방식으로 드러난다. 물론 다른 사람들을 대상들objects로 다루는 사람들이 있다. 그러나 그들은 다소 건강한 사람들보다는 심각하게 자기애적으로 상처입은 사람들이다. 치료자들은 이런 종류의 언어에 매달린다. 왜냐하면 그 신비한 특성이 단순히 일반 사람들로부터 숨겨진 깊은 진리들에 대해 알고 있는 어떤 비밀협회에 우리가 속한다는 것을 상기시키기 때문이다. 거기서 우리는 신들이다. 환자의 언어를 우리가 훈련에서 배웠던 언어로 번역하는 일상적인 "치료적" 행동은 자기애적이다. <예를 들면, 마치 "척추spine"보다 "연결로서의 음경penis-as-a-link"이 보다 진실하고 깊은 상징인 것처럼>. *나의* 은유는 당신의 것보다 더 훌륭하다는 듯이 상상하면서 말이다. 이런 언어는 논문이나 사례모임에서 우리가 지극히 전문적으로 해부("분석")한 사람들에 대한 정서적 의존을 경험하는 것으로부터 우리를 보호한다. 외부에 나타나는 증세를 기초로 하여 사람들을 여러 가지 정신병리 범주로 분류하는 표준화된 심리적 접근 역시 근본적으로 병리적인 접근이다: 그것은 실제 이해를 모호하게 한다. 실제 이해는 내적 과정에 기초해야지, 표면적인 증상에 의존해서는 안된다. 그리고 표준화된 접근은, 정신과적 분류자에게 있어, 그들 환자들은 정신적 장애가 있으며, 나는 온전하다는 환상을 조성한다.

사람들이 "원하는" 것을 얻거나 이루도록 그들을 돕는데 모아지는 일상적인 치료적 초점은 흔히 우리의 비밀스럽고도 근본적인 자기애를 지지한다. 몸이 날씬해지거나, 사치품을 사서 "자신을 돌보거나," 명예와 권력을 얻기 위해 노력하는 것은 "건강하다"는 확인되지 않은 암시가 있다. 가끔 이런 본성에 대한 것들을 추구하는 것은 콤플렉스에 기초한 태도를 보상하는데 있어 중요할 수 있다. 그 태도는 피학적으로 자기self를 탈취하지만, 흔히 자신의 토요타 코롤라 자동차를 렉서스로 대체할 환자의 욕망을 지지하는 것은 단순히 탐욕에 바탕을 둔 텅 빈 내적 문화를 부양한다. 그 내적 문화는 자양분nourishment에 대한 인간의 깊은 요구를 접할 상호인격적 사랑으로부터 단절된 내적 세계다.

이런 자기애적 콤플렉스는 심리치료적 사고를 심지어 더욱 근본적이며 파괴적인 방식으로 왜곡한다. 마치 치료자가, 충분하게 열심히 일한다면, 완전을 성취할 수 있는 것처럼, 문헌은 종종 그렇게 소리를 낼 수 있다. 성공적인 사례들은 전형적으로 작업에서 분석가에게 부상한 극단적인 문제들에 대한 의미있는 묘사 없이 제시된다. 우리가 매우 효과적으로 보일 수 있는 치료에서 지극히 평범한 시간을 연구한다면, 우리는 치료자 편에서 많은 현저한 "오류들"을 보게 될 것이다. 이전 장에서 나는 거트루드와 함께한 작업을 묘사했다. 그것은 그녀에게 깊은 차원의 변화를 보여준 분석이었다. 그리고 나는 그 작업의 마지막 세 번째로부터 얻은 생생하게 흠있는 회기에 대한 과정기록을 제시했다. 이 회기에서 우리는 그녀의 실망의 깊이와 우리의 무의식적인 춤을 붙들지 못한 나의 무능력을 보았다. 그것은 내 일을 충분히 수행하게 하도록 나를 돕기를 바라면서, 그녀와 내가 함께 나의 한계들에 대해 작업했을 때였다. 회기 내내 오락가락하면서 무의식적인 소통을 추적함으로써 나는 이런 방향에서 작지만 괄목할만한 진전을 이루었다. 치료자들이 공개적인 정밀조사를 위해 보다 적절하지 못한 회기들을 제시하는 것은 흔한 일이 아니다. 글쓴이의 초점이 오류들과 그들의 훈습이 치료작업의 영양가있는 고기와 감자라는 방식에 있을 때조차도 이것은 진실하다. 자신의 일상적인(그 결과 심각하게 결함있는) 작업에 대한 상세한 기술을 제공한 패트릭 케이스먼트(Patrick Casement, 1991)는, 실제로 존재하는 분석이나 치료에 대한 전문직의 폭넓은 회피에 대한 하나의 주목할 만한 예외다. 그의 매우 흠있는 작업은 실제로 매우 선한 것이다.

어떤 특정한 순간에 발생하는 수많은 상호작용의 수준을 이해하는, 치료작업의 정서적 폭풍을 통해 확고히 현실에 기반을 둔 채 남아있는, 환자의 콤플렉스에 빠져들지 않고 자신의 콤플렉스를 방출하지 않은, 그리고 필요한 순간에 변형적 해석을 생산할 수 있는 그런 치료자/분석가는 존재하지 않는다. 두 개인이 임상회기의 매순간에 힘들게 다루어야 하는 정신의 무한한 깊이와 혼란의 강도를 확인하면 할수록, 우리는 "올바르게 이해시키고 있다"는 폭넓은 환상은 전능성에 대한 환상이라는 사실을 더욱 인정해야 한다. 환상은 오만하며 이기적이다. 겉으로 보기에 마치 쟁점이 치료자가 환자를 도우려는 소망인 것처럼 보일지라도, 환상은 완벽해지려는 치료자의 요구에 뿌리박고 있다.

그리고 이런 전능한 환상은 작업 중에 분석가의 이론적 믿음이 그의 공감과 친절을 능가하는 소름끼치는 작업으로 인도할 수 있다. 한 터무니없는 예에서, 어떤 대량학살의 생존자는 자신의 분석가에게 캠프에서 겪은 약간의 경험을 묘사한 일기 초반부를 가지고 왔다. 그는 자신이 감당했던 고통에 대해 말할 수 없다는 것을 느꼈다. 분석가는 그 일기를 테이블 위에 두게 했고, 분석가가 자신의 이야기를 읽어주기를 바라는 환자의 소망에 대해 구두로 응답하지는 않았다. 환자가 떠난 후에, 분석가의 접수 담당자는 환자에게 전화를 걸어, 그가 사무실에 "잊어버린" 무언가를 놓고 갔으니 메일로 보내주겠다고 했다. 그 분석은 환자나 분석가가 이번 사건이나 캠프에서 겪었던 경험에 대해 다시 언급하지 않고 결론에 이르기까지 계속되었다. 환자와 분석가 모두 이 분석을 성공적으로 간주했다.

나는 회기에서의 이런 전능한 에너지에 대한 힘을 개인적으로 한번 경험했다. 사례 발표자는 비온학파의 분석가였으며, 그는 자신이 작업한 것을 두 시간에 걸쳐 발표했다. 환자는 분석가의 소망과는 반대로, 누워있지 않고 앉아 있었다. 분석가는 노트를 들고 있었고, 환자는 이런 적어두기에 대해 떠들썩하게 항의하고 있었다. 동요하지 않은 분석가는 어떤 방식으로도 응답하지 않았다. 발표 마지막에 분석가는 그 다음 시간에 환자가 카우치로 돌아왔다는 승리에 대한 확실한 메모를 전했다. 상당히 긴 토론 시간에, 아무도 노트기록으로 인한 환자의 고통에 대한 분석가의 비-반응성에 대해 어떤 질문도 제기하지 않았다.

환자가 카우치로 돌아온 것이 분석가입장의 효력을 보여준 것이라는 것을 아무도 의심하는 것 같지 않았다. 그리고 "그 사람들" 가운데 나도 속해 있었다. 그 모임의 집단적 사고의 분위기 속에서, 나는 자신의 내적 범위에 진실하게 남아 있으면서, 환자의 고통에 동요되지 않는 분석가의 능력에 많은 영향을 받고 있음을 느꼈다. 단지 뒤늦게 깨닫고 나서 나는 그 분석가가 얼마나 심하게 비관계적이었나를 알 수 있었고, 그 관계성을 기억하는 것은 임상상황에서 요구되는 가장 중요하고 중심적인 요소라는 것을 알 수 있었다. 여기서 환자가 경직성과 취약하게 되는 가능성에 대해 무엇을 배우고 있을까? 확실히 그 분석가는 자신의 메모장을 손에서 놓을 수 있었다. 그가 메모장 없이는 기능할 수 없는 자신을 발견한다면, 그는 항상 그것을 가져와 다시 사용할 것이다.

완전, 조절 그리고 지식에 대한 병리적 환상은 분석가들로 하여금 이런 저런 관점이 옳다는 상상을 하게 한다. 그래서 아마 배우자와의 관계를 이해하려는 환자의 시도를 무시하면서, 분석가는 오직 전이 해석을 할 뿐이다. 그렇지 않으면 분석가는 환자의 방어들에만 초점을 맞추면서 결코 내용에 주목하지 않는다. 그는 자신에 대한 어떤 것도 드러내지 않거나, 결코 농담으로 웃지 않는다. 그밖에도 그는 공감적 클클(cluck-cluck, 가벼운 웃음)을 제공하지 않는다.[5] 이 모든 것은 소중히 여겨지고 이해되고 있다는 감정이 치료작업에서 변형적 요소가 된다는 환자들의 줄기찬 믿음을 무시한다. 환자들은 놀라운 해석에 결코 주목하지 않으며, 치료자들의 완벽성이 치료의 열쇠가 된다고 결코 말하지 않는다. 그들은 분석가의 견고함과 신뢰성에 감사한다. 그러나 분석가가 완전하다고 인식되는 한, 우리가 논의하고 있는 병리의 원-콤플렉스ur-complex는 환자 안에 배치된다. 환자는 작고, 부적절하며, 부족하다. 그는 치료자의 전능성을 시기한다. 그는 자신이 배제된 치료자와의 자족적인self-sufficient 연합을 질투한다. 그의 심각한 결핍상태는 그를 탐욕에 대한 공격으로 내몬다.

완전에 대한 병리적 콤플렉스는 우리 모두가 더욱 의식적일 필요가 있는 어떤 것이다. 이런 경향에서, 개인은 도처에 널려있는 도덕에 대한 불안전성을 초

5) 기술적으로 이런 종류의 융통성 없는 행동은 오늘날 이전보다는 덜 흔하다. 그리고 엄격해지려고 노력하고 있는 분석가들까지도 종종 그들의 인간성이 이론을 능가한다는 응답 쪽으로 기울 것이다.

월하고자 하는 불사신에 대한 자기중심적 요구에 사로잡힌다. 그리스 비극에서처럼, 허머(Hummer, AM General사의 단종된 SUV차, - 역자 주)를 사는 안전추구자는 차 밖으로 나올 때 은유적인 바나나 껍질 위로 미끄러지는 자신을 발견할 것이다. 모든 병리의 뿌리는 전능성에 대한 필사적인 추구인가? 혹은 우리가 모든 정서적 혼란 자체에 대한 하나의 근거를 밝혀낼 수 있다는 생각은 우리의 완전성 추구를 드러내는 것인가? 누군가 "콤플렉스에 빠질 때," 그것은 항상 신과 벌레, 그리고 그들의 관계에 의해 구조화되는 것처럼 보이는가? 나는 상담실에서 그것이 타당한가를 보기 위해 이런 생각과 씨름하도록 독자를 초대하고 싶다.

꿈에 그려진 병리구조The structure of pathology imaged in a dream)

나는 이런 콤플렉스를 한 꿈을 통해 생생하게 소개하고자 한다. 그 꿈은 자신이 대처하려는 장애 수준에서 마치 그렇듯이, 비교적 일반적으로 "정상적인" 중년 여성의 정신에서의 콤플렉스작용을 그리고 있다:

> *나는 내 아버지와 남편과 함께 있다. 우리는 도시로 보이는 외부에서 공황상태에 빠져, 급하게 서두는 사람들과 함께 있다: 우리는 무시무시한 허리케인의 맹공격에 대비하고 있다. 우리는 아버지 아파트에 도피처를 마련했는데, 꿈자리인 그곳은 1층에 있는데 위층으로 올라가는 나선형 계단이 있었다. 1층에는 시멘트 바닥이 있었고 실제 문은 없다. 그 문은 아마 경마말이나 지닐법한 저 거대하게 미끄러지는 것들 가운데 하나로 보인다. 그것은 열려있다. 나는 공황상태에 있는데,X[환자의 오빠]가 급하게 들어온다. 그는 5-8명으로 구성된 그룹의 끝에 서있다. 그 사람들은 배에 다가오는 허리케인으로부터 안전을 약속하고 있는 선장을 따르고 있다. 그것은 일종의 노아의 방주와 같은 감정이다. 비록 실제로 배에 불어 닥치는 허리케인을 피해 도피처를 찾지 않을지라도, 당신(남편)은 자기방식을 고수하거나 내륙으로 도망갈 것이다. 그러나 꿈에서 X는 선장을 따르고 있기 때문에, 나는 아무 생각 없이 단순히 반응하면서, X가 하고 있는 것을 따라 하면 안전할 것이라는 것을 알고 있다. 나는 선장이 또한*

우리를 데리고 가서, 내 아버지와 남편에게 향해, 명령조로, "갑시다!" 라고 말할 것이라는 것을 알고 있다.

내 아버지는 방어적으로 어리석게 머뭇거리면서, 선장에게 이렇게 하는 것이 정말 가야할 가장 최선의 길이냐고 반복적으로 묻는다. 선장은 처음 두번은 그렇다고 말한다. 그러나 세 번째는 그가 아버지에게 오고 싶으냐고 묻자, 아버지는 그렇지 않다고 말한다. 나는 놀랐지만, 그렇게 심하게 느끼기 전에 선장은 나의 남편에게 오기를 원하느냐고 묻는다. 나의 남편은 그가 "당신은 내 보스가 아니야" 라는 무드에 있을 때의 얼굴 표정을 짓고 있다. 그리고 그는 "아니오" 라고 대답한다. 나는 망연자실한다. 나는 완전히 배반당하고 무시당한 느낌이다. 그것은 마치 이 그룹과 같이 가는 것이 사느냐 죽느냐의 귀결로 느껴진다. 이 그룹이 가고 있기 때문에 나는 한 순간에 결정해야 한다. 그래서 나도 그들과 함께 간다. 그러나 몇 블럭 못가서 우리는 수퍼마켓에 당도하고 그 안에 있게 된다. 구조적으로 그 수퍼마켓은 내 아버지 집과 거의 유사했다. 그러나 어느 정도 이 건물은 지극히 안전하게 보인다. 나는 멈춰서 남편과 아버지를 불러, 그들이 이 여행에 동참하면 우리를 지켜 줄 수 있는 튼튼한 건물에 대해 말해주고 싶다. 다시 내가 그렇게 한다면, 그 그룹은 나를 제외하고 갈 것이다.

이번에는 내가 그 그룹을 가게하고, 공중전화로 전화를 걸기위해 시간을 보내고 있다. 나는 당신(남편)이 꿈에서 경험한 모든 종류의 문제들을 가지고 있지만 연결을 시도할 수 없다. 나는 그것들을 해결할 수 없어 확실히 수퍼마켓 바닥에서 매우 조용한 잠에 빠진다-정말 깊은 무의식이다.

내가 잠에서 깨어날 때, 허리케인은 더이상 문제가 되지 않은 것 같다. 나는 끔찍하게 남편을 그리워하면서, 아버지 집으로 돌아간다. 나는 남편과 사이가 그렇게 좋지 않게 느껴져서, 그 관계를 고치고 싶다. 그러나 나는 상처받았고, 내 상처받은 자존심에 사로잡혀서 처음 감정을 바꾸는 고통을 견딜 수 없다. 그래서 나는 반쯤 살짝 들어간다. 남편과 아버지는 목욕탕 문 쪽에서 말하고 있다. 아버지는 면도하고 계시고 남편은 그와 말하고 있는데, 그들은 나를 알아채지 못한다. 나는 뒤에 몰래 숨어 있다가 결국 내 정체를 드러낸다. 내 남편은 어떤 환영의 기색도 없이 나를 본다. 그는 정확히 말하자면 나를 적대시하지는 않는

다. 그러나 그는 내 아버지와의 관계 안에 있고, 그 관계는 나 없이도 좋은 느낌이다. 나는 매우 언짢아서 격렬한 분노에 휩싸여 그를 육체적으로 공격한다. 그러나 그 이미지는 부풀어 오른 머리를 한 어떤 여자를 내가 공격하고, 잡아 당기고, 머리를 엉망으로 만들고 있다. 나는 소리를 지른다, "빌어먹을, 빌어먹을!" 그리고 나는 잠에서 깬다.

꿈꾼 사람이 직면한 문제를 바라보면서 시작해보자. 무서운 허리케인이 앞바다에 있다: 압도하는 슬픔의 홍수(눈물의 홍수)와 격분(격렬한 폭풍우)이 그녀를 위협한다. 꿈은 그 슬픔/격분의 본질에 대한 어떤 특별한 힌트도 제공하지 않는다. 그러나 꿈꾼 이는 그것이 그녀의 자기애적 엄마가 자신의 요구를 결코 충족시킬 수 없었던 방식에 대한 원초적 슬픔임을 느꼈다. 그녀가 가장 필요로 했던 매우 이른 시기의 유아기조차도 엄마는 그녀의 요구에 응답해줄 수 없었다. 꿈꾼 이는 자신의 연상을 특별한 역사로 채웠다. 그러나 원형적 수준에서 그녀는 인간 조건의 기본적인 슬픔으로 위협받고 있다. 적어도 일반적인 아동기의 일상적인 경미한 것들 가운데 어떤 것들은 그것을 이해할 수 없는 꼬마 아이에게 재앙으로 경험된다. 아동기의 보편적인 재앙은 무한한 슬픔의 기초가 된다. 각 사람은 각각의 특별한 이야기를 가지고 있다. 그러나 삶의 고난은 보편적이다. 왜냐하면 누리는 기쁨에는 모든 비통함이 따라 오기 때문이다. 좋아하지 않은 대상이 되는 것에 대한 수치심이나 좋아하는 대상이 되는 것에 대한 죄책감, 가장 나이 들었거나 가장 어리거나 혹은 중년이 되는 고통, 가난이나 질병 혹은 물질적 특권에 의해 위장된 정서적 방치에 대한 힘겨움과 같은 비참함이 있다: 모든 삶의 상황은 상당한 고통을 포함한다. 고통이 인식 가운데 수용되고, 삶의 자연적인 질서 안에서 그 정당한 위치에 대한 존경심으로 견디어질 때, 그것은 의미 없는 고통pain 대신 고난suffering이 되며, 그 경험은 슬픈 경험이 된다. 꿈꾼 이의 격분하는 폭풍은 해롤드 시얼스(Harold Searles, 1979)의 믿음, 즉 "분석은 환자가 슬퍼할 수 없는 슬픔에 대한 모든 것"이라는 견해를 지적한다. 다음 장에서 보다 온전하게 살펴보겠지만, 격분rage은 슬픔에 대해 부차적이다. 왜냐하면 격분은 공포스런 취약성 자신으로부터 숨기는 기능을 하는 방어적 정서이기 때문이다.

꿈이 제시한 원형적 문제는 이런 보편적 슬픔과 그로부터 흘러나온 놀라운 격분을 어떻게 다루냐에 달려있다. 심리학자들로서 우리는 건설적인 대답은 "격분을 의식적으로 경험하라"는 것을 알고 있다. 이것은 우리의 진정한 자기 self는 슬픔으로 채워져 있으며, 문제는 슬픔을 겪을 것인가 말 것인가에 달려있지 않기 때문이다. 문제는 슬픔을 인식하느냐에 달려있으며, 슬픔으로 고난을 당할 것인가 아니면 슬픔을 피할 것인가에 달려있다. 정서적 경험에 대한 의식을 회피할 때, 우리는 그 정서적 실제에 사로잡혀있는 우리 자신들의 일부를 잘라냄으로써 회피한다. 그리고 우리는 우리 의식, 즉 선택을 하는 자기들에 대한 그 일부의 공헌을 결과적으로 상실하게 된다. 자기의 거절된 부분은 콤플렉스 형태로 존재하는 무의식 속으로 침잠하여, 우리를 반동적(생각과는 정 반대로) 행동으로 몰아 부친다. 이것이 우리의 능력과 창조성을 약화시킨다. 그때 우리는 우리 자신보다는 못한 상태로 남겨진다.

맹목적인 반응보다는 사고와 선택의 능력은 창조성의 매우 발달된 차원의 근본적인 요소다. 시밍턴은 비온을 따라 원형적 형태의prototypical 창조행위는 개인적 사고의 창조라고 제안한다. 우리는 시, 그림 혹은 에세이가 출현하기도 전에, 그것들과는 이미 거리가 멀다. 대신 우리는 개인이 자신의 독특한 생각에 대한 신이나 벌레의 제한된 역할에서 빠져나올 수 있는 정도를 볼 것이다. "황제의 새 옷"에 나오는 작은 소년처럼, 누군가는 나머지 세상이 보지 못한 어떤 것을 볼 수 있을까? 우리는 다른 사람과의 건설적인 관계를 가능하게 하는 심리적 능력에 대해서 말하고 있다(우리가 형성할 수 있는 가장 창의적인 "것thing" 가운데 하나인 건설적 관계). 이것은 잠시 멈추고 반성하는, 우리에게 괴로움을 주는 경험을 하는, 그것을 흡수하고 그에 대한 사고를 하는, 그리고 본능적이기보다는 신중하게 반응하는 능력이다. 이런 능력이 발전하는 정도까지만 우리는 실제 관계를 맺을 수 있다. 왜냐하면 우리가 고정관념의 복사판이 아닌 한 인간으로서 존재하는 것은 오직 관계하는 정도에 달려있기 때문이다. 시밍턴은 이런 콤플렉스에 깊이 걸려있는 거짓-개인들pseudo-individuals을 "공동의 실체들corporate entities"이라고 부른다.

실제 삶에서, 심지어 가장 심각하게 파편화된 정신증 환자까지도 자신의 모든 것을 분열시키지는 않는다고 생각하는 것은 합리적으로 보인다. -그는 고통을 느끼며, 때로는 고난받는다. 그리고 인간이 얼마나 능력이 있고 성숙하느냐에 관계없이, 모든 인간은 자신들의 일부가 결핍되어 있다. 사실 위니컷은 극도의 고통을 보편적 경험으로 정의한다. 그것은 너무 견딜 수 없기 때문에, 일단 유아가 그런 경험들의 악취를 지니게 되면, 그 전체 경험을 피하기 위해 모든 가능한 심리적 뒤틀림contortion을 시도한다. 여기서 내가 제시하는 이론은 증폭 기제들intensifiers의 솟구침은 기본적 고통들과 그것들의 파생물들에 대한 원형적 인간성의 응답이다. 그러나 발달과 더불어 인간은 공포로부터 자신을 "보호하기" 위해 제공되는 전능한 시기, 질투 그리고 탐욕에 의해 사로잡히기보다는 그러한 정서들을 인식하려는 능력이 있다는 것이다. (다소간) 매 순간 발달중인 유아/아동/성인은 두 대안에 직면해 있다: 내가 현재 순간의 고통(그리고 결과적으로 그 고통의 즐거움을 또한)을 견딜 수 있을까? 혹은 나는 고통pain을 느끼는 나의 일부를 분열시켜 삶의 합법적인 고난suffering을 제거해야 할까?

시밍턴은 융, 클라인, 비온처럼, 선택의 측면을 강조한다. 우리에게 공포를 처리하는 내적 도구가 결핍되었을 때, 선택은 자유롭기보다는 강요된다. 그러나 반동적이기보다는 사려깊은 반응을 선택하는 것이 가능할 때, 그 선택 경험은 분명하다. 방출하는 대신에 사고하기는 어려운 일이다. 그것은 쉬운 대안이 아니다. 더욱 발달된 사람도 자신의 반응에 대해 생각하고 그것을 어떤 보다 건설적인 방식으로 유지하는 작업을 하기보다는, 화가 나서 잽싸게 "선택하는" 것이 가능하기도 하다. 선택을 반드시 하는 사람의 관점에서 보면, 그것은 마치 발달되지 않은 사람이 방출하려는 선택을 하고 있는 것처럼 보일 수 있다. 그러나 자신의 콤플렉스에 사로잡힌 개인의 관점에서 보면, 방출은 단지 가능성 있는 대안에 불과하다. 개인이 이런 병리의 원초적 콤플렉스에 의해 사로잡힐 정도까지, "나"는 선택을 하지 않는다. 보다 큰 정신이 그것을 위해 선택한다.

개인이 더욱 의식적이 될 때, 순간순간 선택들이 부상한다. 한 여성은 어떤 치료사와 논의한다. 그 치료사의 애정어린 관심은 자신의 것을 압도하는 내적 경험에 대한 그녀의 애정어린 관심을 불러일으킨다. 압도적인 정서적 실제가 행동하기보다는 반영하는 지지적 분위기 속에서 다시 배치되는 상담실에서, 환자는 이전에 놓쳤던 요소들을 알게 된다. 그녀는 존재의 필연적인 층에 속해있는 요소들을 알게된다. 그 필연적인 층은 자신이 공포에 질려 불확정 생존층으로 도주함으로써 무시했던 것이다. 환자는, 예를 들면, 자신이 잘못했던 누군가에게 용서를 빌기 위해 선택하거나, 혹은 겸손하게/비참하게 하는, 그러나 실제로 자신이 원하는 어떤 다른 종류의 건설적인 행동을 하게 되는 것을 자각할 수 있다. 그는 느끼기보다는 자신이 원하는 다른 종류의 개인적 희생물들을 알게 되기도 한다. 그는 단지 자신이 선택한 행동 요소들이 진실하게 선택되기보다는, 물론 강요되었던 사실을 발견하기 위해 이런 종류의 숙고에 기초하여 행동할 것이다. 그러나 요소들은 선택될 수 있다. 우리는 무언가를 결혼처럼 거대한 어떤 것을 자유롭게 선택할 수 있다. -비록 어리석은 결혼을 하지 않도록 자유롭게 선택할 수 있지만 말이다. 선택들은 비교적 사소하게 보일 수 있는 일상의 영역에서 이루어질 수 있다. 그러나 그러한 각각의 선택은 새로운 특성을 지닌 구조물들을 건설하기 위해 시작하는 하나의 벽돌과도 같다.

보다 큰 정신은 무의식적인 선택을 한다-그것은 "나"는 이런 결정들에 대해 할 말이 없다는 의미에서 무의식적이다. 비록 이런 책임이 비난과는 관계가 없을지라도, 우리는 이런 선택들에 대한 책임을 피할 수 없다. 그것은 나는 내 개가 지나간 자리를 치울 책임이 있다는 것과 유사하다. 칭찬/비난 차원은 내 책임을 짊어질 것이냐에 달려있지, 내 개가 주차장 주변에 배변을 했느냐에 달려있지 않다. 어떤 불안한 사람이 인식하지 못한 가운데, 무의식적인 불안이 누군가를 경멸하는 행동을 하도록 강요할 때, 문제는 그로 인해 멸시당한 사람이 항의한다면, 그가 어떻게 응답할 것인가이다. 그는 어느 정도 희생자를 비난함으로써 자신을 정당화하겠는가? 아니면 자신이 누군가를 다치게 한 다음에 그것을 고치려고 노력하겠는가? 그가 자신의 실패를 짊어질 수 있다면 그로부터 성장할 수 있다. 자신의 취약성이 너무 커서 그것을 허용할 수 없다면 그는 어쩔 수 없다.

치료자는 환자가 다른 사람들(부모, 배우자, 사장, 분석가)에 의해 상처를 받았다고 느끼는 방식에 참여해야 한다. 그러나 결국 초점은 환자가 자신의 고난을 부추기는 방식으로 방향을 돌려야 한다. 환자는 특별히 남보다 더 희생자는 아니다. 그녀의 정신은 그 본질과 양육에 의해 강화되어 무의식적으로 연이은 선택을 하도록 강요당한다. 그리고 이런 "선택들"은 자신의 고난의 대부분을 결정하는 인격구조를 건설해왔다. 예를 들면, 자신의 감독자나 남편이 거칠게 요구하고 있을 때, 그녀는 그 무례함을 점점 증가시키는 방식으로 대응하거나, 그 상황을 완화시키는 잠재력 있는 사려깊은 응답을 시도함으로써 응수할 수 있다. 치료자가 우연한 층보다는 존재의 필연적 층에 중심을 둔 채 머물러 있을 수 있는 정도까지, 그는 인간성으로 인한 고난을 받으며 자신을 본다. 그리고 결국 그의 환자를 애정으로 보게 된다. 이런 선택들을 도덕적 감각 안에서 사고하기보다는 오히려 분석가의 목표는 환자의 눈을 대안들이 존재한다는 사실로 열게 하는데 있다. 상담실 안에서 의식적인 사람은 자신의 무의식적인 반작용의 덫에 걸려있으며, 그에 대한 비판이나 판단보다는 공감과 관심으로 만나야 한다. 그러나 환자는 또한 자신이 삶의 희생자가 아니라 대리인이 될 수 있다는 기대와 만날 필요가 있다.

치료자는 환자로 하여금 자신의 고난을 방출하기보다는 경험할 능력을 발전시키도록 도와야 한다. 공감empathy과 반영mirroring은 유용하다. 그러나 환자가 자신의 강요된 선택들을 통해 그 고난을 유지하는 방식을 이해하려는 시도 없이는, 공감적 반영은 근본적인 인격의 변화로 이어지지 않을 것이다. 임상에서 공감적 반영은 안아주는 환경을 창조하려는 경향이 있다. 그 안에서 대부분의 환자들은 자신을 탐구함으로써, 분석가의 지적 없이도 내적 선택들에 대한 증가하는 책임을 받아들이기 시작할 것이다. 우리가 바라는 바 분석/치료 상황에서 부각되는 자기반성 과정을 통해, 환자는 치료자/분석가의 애정에 의해 지지를 받아, 생각보다는 반응하는 방식의 어떤 면모를 깨닫게 될 것이다. 환자는 자신을 맹목적으로 만들어서 본능적으로, 그리고 생각 없이 행동하게 하는 정서적 촉발요인들을 확인할 수 있게 될 것이다. 그녀는 그 순간에 다른 선택의 가능성 자체를 인식하기 시작한다. 그녀의 발달이 자신이 성장하도록 돕는 선택을 할 수 있는 지점까지 진행되었을 때, 환자는 자신이 보지 못했던 대안들을 볼 수 있게 된다.

그래서, 꿈꾼이로 돌아가면, 그녀는 꿈에서 근본적인 선택 관점을 제시한다: 그녀는 슬픔, 격분, 그리고 공포에 대한 자신의 정서들을 경험해 낼 수 있을까? 그녀의 꿈 "나"는 할 수 있는 한 그 경험으로부터 도망가는 것으로 반응한다. 삶을 위협하는 허리케인의 상징적 이미지 안에서, 우리는 현재 성인의 삶에까지 살아있는 그녀의 유아적 정신의 평가assesment를 본다: 이런 슬픔과 격분을 경험하는 것이 그녀를 죽일 것이다. 무의식적으로 그녀는 실제 성인처럼 느끼지 않는다. 이제 충분히 강해져서 이런 고난을 감당하기 시작하는 "나"와 더불어, 그리고 특히 치료사의 지지와 더불어 느끼려고 하지 않는다. 왜냐하면 그녀는 유아기때 형성된 콤플렉스에 사로잡혀있기 때문이다. 슬퍼하고/격분하는 사람은 우선 분열될 때, 그녀는 유아가 유일하게 해낼 수 있는 선택이었던 반응성 reactivity 에 사로잡혀있다. 인식하지 못한 채, 그녀는 마치 자신이 무기력한 아이처럼 느낀다. 공황이 그녀를 가두어버리고, 그녀로 하여금 생각하지 못하게 한다. 그녀는 꿈에서 자유가 없다. 그녀는 사려깊게 행동하기보다는 반응적 방식으로 행동하고 있다. 이것이 병리적 콤플렉스의 핵심적 특징이다: 그것은 개인의 자유와 창조성을 질식시킨다. 원형적인 창조적 행위가 자기 자신의 사고를 한다면, 콤플렉스에 올라탄 사람의 공황은 –"오, 오, 나는 고난당한다면, 죽을 거야" – 사고의 공간을 지워버릴 것이다.

꿈꾼이는 우연층의 쾌락원리에 사로잡혀 있다. 그녀는 만족감보다는 자기 충만함 self-fulfillment 을 찾고 있는 그녀 정신의 일부와의 접촉을 상실했다. 그녀는 자신의 진정한 자기를 찾는 개성화의 여정에 있다는 것을 잊고 있었다. 순간에 대한 관심들은 그녀를 완전히 제거해버렸다. 그 상황을 이해하려는 공간을 확보하고, 그것을 가장 잘 다루는 방법에 대한 개인적인 생각을 갖는 것은 꿈꾼이의 내적 자기(다른 사람뿐만 아니라 자신에 대한)를 드러낼 것이며, 따라서 자신의 개성화를 더 진척시킬 것이다. 꿈의 형상을 명상하면서, 꿈꾼 이의 자각하는 "나"는 즉시 다음과 같은 사실을 보게 된다: 공황에 빠진 자신의 꿈 "나I" 가 한 선택(배에 몰아닥친 폭풍으로부터의 피난처로 인도하는 그녀의 오빠를 따라가는 것)은 그녀 "자신herself"이 하려고 했던 선택이 아니라는 것이다. 그 꿈 "나"의 유아적, 본능적 반응은 꿈꾼 사람의 개성을 애매하게 하는데 일조할 뿐만 아니라, 비개인적이며 형태 없는 군중 속으로 그녀를 휩쓸어가는 데 일조한다. 그래서 다가오는 슬픔의 범람은 삶의 위협이 된다는 그녀의 두려움은 역설적으로 슬픔의 두려움에 대해서도 진실하다: 그녀는 공황상태에 있을 때, 자신을 분명히 잃어버린다. 그녀의 공황은 자신의 개성을 지워버린다.

공황은 콤플렉스에 사로잡힌 개인을 몰아가는 근본적인 정서다. 그러나 이런 콤플렉스에 사로잡힌 사람은 자신이 그 밖에는 아무것도 아니듯이 자신의 공황에 대해서도 더이상 의식하지 못한다. (따라서 꿈에 공황이 출현한다. 왜냐하면 꿈꾼 사람의 정신이 그녀 자신에게 소유되지 못한 부분에 대해 그녀의 관심을 끌려고 노력하고 있기 때문이다.) 그 사람이 자신의 공황을 느낄 수 있을 때, 그녀는 그 올무로부터 역설적으로 벗어날 수 있다. 이런 콤플렉스 안에서 개인의 중심은 아무것도 아닌 정말 하나의 젤리에 불과하다고 말할 때, 나는 나중에 이런 공황으로 다시 돌아올 것이다. 여기서 우리는 위협적인 슬픔/격분은 개인을 유아기적 자리, 즉 콤플렉스로 내동댕이친다는 사실에 자연적으로 수반되는 현상이라는 것을 단순히 알게 된다: 그것은 생애 첫 주기에 병합되기 시작한 인격구조의 한 부분이다. 콤플렉스의 중심에서 그는 내적 자원이 없는 상태에서 자신을 유아로 경험하며, 강한 정서들의 맹공격에 대해 저절로 공황상태가 된다.

꿈에 그려진 반작용이 왜 "자기애적"인가에 대한 이유를 놓치기 쉽다. 그것은 단순히 자기 방부제self-preservative, 즉 확실히 건강한 충동처럼 보일 수 있다. 그러나 우리는 종들의 생존은 삶의 근본적인 욕동이라는 다윈의 통찰력으로부터 어물어물 추론해서는 안된다. 생존에 대한 종들의 요구는 개인의 생존이 인간 존재의 핵심적 충동이라는 것을 의미하지 않는다. 융은 개성화를 본성에 거슬려 투쟁하는 과정으로 묘사한다. 우리는 본성nature의 일부다. 그러나 우리의 본성은 우리 자신의 본성에 거슬려 우리를 내던진다. 우리는 살아남기를 원하지만, 동시에 전체를 향해 성장하기를 원한다: 우리의 통합을 유지하기 원하며, 옳고 그름에 대한 개인적 감각을 촉진시키는 것들을 따라가기를 원한다. 비록 가공되지 않은 인간의 정신이 확실하게 상당히 "좋지 않은 점not-good"을 포함하고 있을지라도, 우리는 "선해지기good"를 원한다. 이런 두 가지 기본적인 인간의 필요성, 즉 살아 남는 것과 전체가 되는 것은 갈등을 일으킬 수 있다. 그 두 요인이 단순히 자기보존축으로 떨어져서 개성화 욕동을 저버리는 것은 (그것이 비록 보편적이라고 할지라도) 병리적이다. 건강한 태도는 그 반대편을 붙잡는 것이다. (그것은 종종 이쪽 혹은 저쪽을 놓지 않고는 둘 모두를 붙잡을 수 없는 것과 같다.)

병리적 배치constellation의 특징 가운데 하나는 우리 내적 긴장의 자기보존축으로 휩쓸려 들어간다는 사실이다. 이것은 동양종교가 말하는 환각illusory, 그리고 시밍턴이 말하는 우연contingent을 경험하는 수준이다. 그것은 우리의 유래가 되고, 우리의 기본적 본성이 있는 존재의 토대에 반대되는 항상 변하는 삶의 양상이다. 내가 실로 누구인지를 발견하고 다른 사람들과의 관계 속에서 나의 진실한 위치를 얻으려는 것은 저 영원하고 변하지 않은 기질을 구함으로써 이루어진다. 이것은 비온이 O라고 부르는 차원이며, 신비가들이 저것THAT 혹은 진리, 그리고 융이 자기Self의 개념과 관련해서 언급한 차원이다.

진실로 내가 누구냐를 발견하는 것은 나의 자기애가 산산조각이 날 때 비로소 찾아올 수 있다. 나의 자기애 안에서 나는 내가 아닌 누군가가 되고 싶다. 하나의 완벽한 인간(혹은 적어도 보다 나은 인간), 즉 비범한 어떤 이(혹은 적어도 일상적이 아닌)가 되고 싶다. 슬픔/격분을 경험하는 것은 자신을 죽일 것이라는 꿈꾼이의 공황적인 믿음은 그 경험이 사실 그녀의 팽창된 자기 이미지를 파괴할 것이라는 사실을 반영한다. 그녀는 추진할 최선의 방법을 모른다. 그녀는 자신의 왜소함, 취약성, 평범함을 느낄 것이다. 역설적으로 그 맥빠진 경험은 그녀의 독특성, 즉 그녀의 특별한 모양을 열어 보임으로써 그녀에게 진실된 본질과 힘을 가져온다. 그 "움츠러든" 사람은 메리 올리버Mary Oliver 형식의 시에서 "데이지꽃 만큼 단일하다." 자신의 고난을 감당하는 것은 자신의 삶과 자기self에 대해 책임적이고자 하는 소망을 희생하는 것을 의미한다. 왜냐하면 이런 보편적인 소망은 정신과 삶의 진실한 본성을 부인하는 것이기 때문이다. 책임적이 되려는 시도가 보편적이라는 사실은 프로이트의 쾌락원리가 본능적이며, 그것은 항상 역시 선천적인 진실한 욕동과 갈등상태에 있다는 사실을 설명한다(Grotstein, 2004b). 쾌락에 대한 추구가 관계성을 해치고, 진실에 대한 추구가 주목받지 못할 때, 우리는 정서적 질병 세계에 있게 된다. 건강 면에서 이 두 근본적인 필요성은 적절하게 주어질 것이다.

이것에 대한 또 다른 사고방식은, 공황상태에서 꿈꾼 이는 자신의 정서적 통합성을 압도하는 육체적 생존에 가치를 부여하는 것에 사로잡혀있다는 사실을 확인하는 것이다. 가장 중요한 것은 살아서 머물고자 하는 본능적 욕동이 되는 것이었다. 나는 우주에서 가장 중요한 사람이며, 어떤 대가를 치르더라도 살아남아야 한다며. 그 꿈은 그녀가 아버지와 남편을 대하는 경멸하는 방식으로 이것을 그리고 있다. 그녀는 세 사람을 위협하는 위기 속에서 그들과 관계를 맺지 않는다. 그녀는 그들에게 최선의 것을 일방적으로 결정하고, 다른 사람들이 자신의 명령에 따를 것을 기대한다. 그녀는 그들 세상의 여왕이며, 그들은 자신의 신하라고 생각하는 것 같다. 두 남성에 대한 그녀 자신의 행동을 보는 것은 그녀의 각성적 자기waking self에게 고통이다. 그녀는 자신의 행동을 부끄러워한다. 꿈에서 그녀의 생존에 대한 공황은 그녀를 자신의 관계성, 즉 통합성integrity으로 인도한다.

두 남성이 꿈꾼 이와 별도로 자신들의 독립과 기능을 주장할 때, 그녀는 그들과의 연결을 잊고 그 위기에 대한 오빠의 해결책에 동참하기 위해 충동적으로 황급히 떠나간다. 그녀가 이런 "결정을 한 것"은 자신을 찾고 싶은 요구를 기억하기 보다는 즉각적인 생존(쾌락원리)에 대한 공황상태에 빠진 과도한 평가에 사로잡혀있기 때문이다. 그녀가 자명한 것으로 가장 잘 알고 있는(왜냐하면 그녀는 자신을 벌레보다는 신과 동일시하기 때문에) 콤플렉스에 사로잡혀있지 않았다면, 그녀는 적어도 남편과 아버지에게 왜 그 생각에 따르지 않으려고 했는지를 물어볼 여지가 있었을 것이다. 그녀는 자신의 고정관념과는 다른 어떤 관점을 가질 수 있었으며, 사실 이 관점이 그녀를 풍요롭게 했을 것이다. 그러나 이렇게 하기 위해서는 그녀가 분리를 참아냈어야 했다. 그것은 그녀의 남편(혹은 아버지)가 자신을 완성시키고 전체성을 조성하는 벌레라기보다는 자신의 고유한 생각을 지닌 하나의 독립된 존재라는 사실을 인정하는 것이다. 그녀 또한 실수할 수 있지만 다른 관점이나 새로운 견해로 그녀를 풍요롭게 할 수 있는 파트너와 함께하는 실수할 수 있는 한 평범한 인간일 것이다. 그러나 그녀는 그 밖의 다른 사람(말하자면, 그녀의 아버지)과 상호작용을 하는 자신의 "다른 반쪽"을 감시했어야 했으며, (어떤 특별한 순간에는) 자신이 첫째라기보다는 두 번째라는 느낌을 견디어내야 했다. 병리적 콤플렉스 안에서 과도하게 격화된 질투는 그녀를 분리의 고통으로부터 보호한다. 그러나 건강한 측면에서 볼 때, 그 고통pain은 고난suffering을 당하는 것이다.

꿈꾼이가 공황 속에서 내린 판단은, 마치 그녀의 각성적 "내"가 즉시 알아차린 것처럼 어리석다. 하나의 보트는 허리케인 속에서 피난처를 제공할 좋은 장소가 아니다. 우리는 남편/아버지가 한 것처럼 내륙으로 방향을 돌리거나 피신해야 한다. 그러나 꿈에서 그녀는 빨려 들어가듯 그녀의 오빠를 따라갔다, 왜 그럴까?

여기서 우리는 그 원형적 핵으로부터 구분해야할 꿈꾼 사람에 대한 개인 정보로 눈을 돌려야 한다. (내가 이전에 했던 것처럼, 즉 그녀의 슬픔에 대한 개인적 이해와 더불어 동일한 슬픔이 보편적인 정서 상태에 대한 표현이라는 방식을 동시에 고려해야 한다.) 꿈꾼 사람은 자기 오빠와 쌍둥이 관계에 있다. 그들은 연령대가 매우 비슷하고, 아동기를 엄마 시선의 상대적 냉정함 속에서 두 동맹자로 자랐다. 쾌락원리에 사로잡힌 부모는 이런 기본적 콤플렉스 외에는 거의 여지가 없었다. 엄마는 여왕이었고, 아버지는 낮은 신하로서 엄마를 경배했다. 엄마는 가장 아름답고, 가장 지성적이며, 가장 창조적인 사람이었으며, 아버지의 가치는 엄마가 그를 선택할 때만 유효했다. 자녀들은 엄마에게 속했고, 따라서 그들 역시 가장 아름답고/멋있고, 가장 지성적이며, 가장 창조적인 아동들이었다. (아버지를 포함한) 그 가족은 아버지를 폄하했다. 한 부모는 신의 역할을 했고, 다른 쪽 부모는 벌레 역할을 했다.

다가오는 허리케인에 직면해서 꿈꾼 이는 개인의 전체성에 대한 일상적인 꿈이미지인 4인조 속에 있는 자신을 발견한다. (그것은 더욱 전형적으로 꿈꾼 이와 동성인 세 사람과 이성인 다른 한 사람이 나타나지만, 여기서 우리는 한 여성과 세 남성을 볼 수 있다.) 그녀와 그녀 오빠는 여왕인 엄마의 계승자로서 신이며, 특별한 사람들이다. 그러나 실제적으로 우리 모두는 우리가 지닌 (비범하기까지 한) 재능에 관계없이 그저 평범한 인간이다. 결국 우리는 오직 벌레와 함께할 때만 신이 될 수 있다. 왜냐하면, 우리가 양극성의 한쪽에 있는 신과 동일시 될 때, 다른 쪽의 벌레는 무의식이며, 우리 자신을 압도하는 위협이 되지 않을 때 그것은 외부세계의 어떤 곳에 자리를 잡아야 한다. 그래서 꿈꾼 이는 자신의 상처받은 자기wounded self의 파편화된 전체성을 드러내는 4인조(한 쌍의 신과 한 쌍의 벌레) 속에서 자신의 슬픔/격분에 대한 공격과 대면한다.

이런 콤플렉스에 의해 사로잡힌 사람은 긍정과 부정의 팽창 사이에서 흔들린다. 임상가로서 우리는 환자가 팽창될 때 자신의 무의식 안에서 그와 같은 수준으로 수축되는 것을 알고 있다. 환자가 부정적인 팽창에 사로잡힐 때, 자신을 가장 낮은 피조물로 경험하면서 무의식에 하나의 거대한 초인간인 "참true" 자기가 자리 잡는다. 이 사람 아니면 저 사람이 일반적으로 우세하며, 그는 자신을 신과 동일시하는 사람이며, 우리가 흔히 자기애적이라고 부르는 사람에게 벌레를 투사한다. 그러나 심리적 패턴은 자신을 벌레와 동일시하면서 신을 투사하는 사람들에게 그와 동일하게 나타난다. 어떤 경향이 "두드러지든up" 간에, 그 사람은 결국 자신의 최선의 이익에 도움이 되지 않을 반사적 행동에 사로잡혀 있다. 이런 콤플렉스 안에서 꿈꾼 이는 오만해지며, 남편은 자기 자신을 지워버린다. (비록 이 꿈에서 남편과 아버지는 그 콤플렉스로부터 벗어나기 시작했음에도 말이다. 그들은 단순히 반응하기보다는 어떤 선택을 한 것처럼 그려진다. 그 콤플렉스의 나머지들은 그들이 자신의 선택을 표현하는 자기-지우는 방식에 드러난다.)

양극성 가운데 신 쪽과 동일시된 꿈꾼 이는, 자신의 반작용에서, 꿈행동을 볼 때 깨어있는 자기를 덮어버리는 무의식적인 수치심에 머물고자 한다. 수치심이야말로 원-콤플렉스의 중심적 정서다. 개인이 신과 동일시된 상태에 머물 수 있을 때, 수치심은 간신히 억눌리지만, 아마 정서적으로 범람하는 부분들 가운데서, 자신을 엄습하는 그런 동일시로부터 찢겨나간 상태가 된다. 벌레는 정서적으로 외부의 신과 융합됨으로써 자신의 수치를 제거하는 것과 같은 위업을 이룬다. 신의 무한한 힘과 통찰력은 자신의 고유한 정당성을 그에게 확인시킨다.

수치심은 적어도 두 각도로 사고될 수 있다. 살아있다는 깨달음은 어떤 관점에서 볼 때 태아기 경험과 연합하기 시작한다. 신생아라도 조직체는 지극히 취약해서, 살아있기 위해 커다란 외부적 지원이 필요하다. 살아있음에 대한 반-자기-의식적 각성un-self-conscious awareness이 발달중인 세포의 취약한 집합체를 한 인간으로 변화시킬 때, 소멸에 대한 근본적인 공포가 각성된다. 이것이 위니컷(Winnicott, 1963)이 원시적인 극도의 괴로움에 대한 개념으로 영원히 떨어지는 두려움을 설명했던 공포다. 이런 취약성으로부터 위대함bigness에 대한 욕동이 나온다. 살아있음에 대한 심각한 위험은 무기력함에 대한 격렬한 저항을 배치시킨다. 그 가운데 한 징후는 자신의 왜소함smallness에 대한 수치심이다. 강한 사람들은 자신의 힘에 대한 자부심이 있다. 비록 그것이 아무 의미 없는 출생사건과 같은 개인적인 것을 반영하더라도 말이다. 사회적 연약함이 자신들의 기본적 본질에 대해 아무것도 지적하지 못할지라도, 결핍된 사람들은 "보다 못하다less than"고 느낀다. 그래서 이런 콤플렉스에 스며있는 수치심의 한 측면은 단순히 도덕성에 직면하여 우리의 기본적인 왜소함에 대한 근원적인 각성에 대한 반영이다.

살아있음이 포함하는 소멸에 대한 두려움을 개인이 수용할 수 있고, 이 책에서 내가 묘사한 방식으로 그것에 대한 고난을 당할 때, 객관적으로 왜소한 사람은 비록 제한적이지만 점진적으로 진정한 힘을 발전시킨다. 그것은 무기력한 유아를 감싸고 있었던 위대한 사람들의 상상된 전능성이 아니라, 살아있음에 대한 위험과 충분히 성공적으로 상호작용하는 실제 능력이다. 병리적 콤플렉스에 사로잡혀 있는 한, 우리는 진실된 능력을 발전시키는데 실패했다. 시밍턴의 제안에 의하면, 콤플렉스에 대한 수치심은 개성화가 요구하는 정서적 작업을 우리가 하지 않고 있다는 사실에 대한 무의식적 각성으로부터 나온다. 우리의 슬픔에 대한 부정, 그림자 투사와 신에게 매달리는 문제에 대한 "해결책solution"은 자기-훼손self-damaging이다. 내부의 독 있는 부분(말하자면, 시기의 독)을 발견하고, 그 정체를 드러내고, 그것을 껴안을hold 때, 우리는 더 이상 그것에 단순히 말려들지 않는다. 인간은 단순히 반응하기보다는 행동을 주도할 능력이 있다. 그 독 있는 조각은 더 이상 투사되지 않는다. 그것은 자기self의 전체성 안에서 자신의 자리를 차지할 수 있으며, 그 에너지는 개인을 사로잡기보다는 개인에게 유용하게 된다. 시기는 시기하는 사람에 대한 신호로서, 그에게 결핍된 것을 지시하고, 그를 자극하여 시기를 발전시키게 한다. 결국 시기는 존경으로 변할 수 있다. "인간의 개성은 ... [부정적 정서를 담아내고 고난당하는] 창조적 행위를 통해 한 인격체가 될 수 있는 일종의 가능성이다. 죄책감은 그러한 창조적 행위가 거절될 때 발생한다. 수치심은 이런 파손된 상태의 정서적 결과다"(Symington, 2002, p. 175). 이런 자기-손상적 선택들은 유아의 유일한 선택이다. 그러나 – 개인이 성장하면서 – 다른 선택들에 대한 가능성들이 발전하면서 "거절될 때," 무의식적인 죄책감과 수치심이 발전한다.

내 환자의 꿈을 보면서 나는 그 꿈이 이런 보편적 콤플렉스에 대한 자신의 성향에 대한 꿈꾼이의 관계를 그리고 있다고 생각한다. 물론 꿈 이미지 안에는 그 꿈이 아버지의 아파트를 서두로 하는 것과 같은 많은 요소들이 있다. 그리고 이런 개인적 요소들이 본질적인 콤플렉스를 이해하는 데 적합하지 않기 때문에, 나는 그것들을 무시한다. 이 꿈꾼 이의 정신 안에서 우리는 저 내적 아버지/남편을 본다. 꿈꾼 이가 지닌 콤플렉스의 벌레 쪽은 꿈꾼 이의 "내"가 가진 것 보다는 자기-파괴적인 배치constellation로부터 그 자체를 해방시키면서 더욱 나아갔다. 그 두 남성은 신의 명령적인 목소리로부터 분리된 채 서 있을 수 있으며, 다가오는 허리케인에 대해 사려깊은 결정을 할 수 있다. 우리가 꿈 "나"의 인격 안에서, 혹은 선장의 권위 있는 모습 안에서 신을 볼 수 있는 것과 관계없이 말이다. 자신의 콤플렉스에 빠져든 사람은 꿈꾼 사람이다. 그것은 마치 그녀의 정신이 그녀에게 자신에 대한 이런 남성들을 재평가하도록 말하고 있는 것 같다. 그녀는 그들을 "보다 못한" 사람들로 생각한다. 그러나 아버지의 아파트에 나선형 계단 – 일종의 돌고 도는 개성화과정에 대한 일반적 상징 – 을 통해 도달하는 "보다 높은 수준"이 있다. 그것은 증가하는 콤플렉스 수준에서 그와 동일한 이슈들을 전하고 있다. 꿈꾼이가 전지한 신성omniscient deity의 이차원적 캐리커처caricature보다는 전체적 인간이 될 수 있는 것은 그녀의 내적 벌레와 더불어 일함으로써 이루어진다. 임상적 관점에서 볼 때, 두 벌레가 꿈꾼 사람의 반작용으로부터 분리되고 있다는 사실은 다음과 같은 내용을 지적한다: 이런 근원적 콤플렉스가 확대된 방식으로 묘사되는 반면, 그 꿈은 또한 나/우리에게 그 구조가 그 자체 안으로부터 해체되는 과정에 있다는 것을 말하고 있다. 어느 정도까지 개성화가 진행되느냐에 관계없이, 반응적 자기-포함적 콤플렉스complex of reactive self-involvement는 해체과정 안에 있다.

자신의 콤플렉스 안에서 꿈꾼 이는 남편/아버지가 자신의 명령적 목소리에 순종하고 함께 갈 것이라고 생각한다. 그녀는 남편/아버지가 자신과 다른 생각을 할 수 있을 것이라는 생각을 해본 적이 없다. 그/그들이 다른 생각을 가지고 있을 때, 꿈꾼 이는 벌레를 그들에게 투사하면서 그들의 생각에 귀를 기울이지 않는다. 대신 자신이 과도하게 평가한 오빠를 급하게 따라간다. 그러나 자신의 다른 반쪽인 남편-벌레가 자신으로부터 분리된 사실을 알게 될 때, 그녀는 자신의 것으로 생각해서 비탄에 빠진다. 초기 히브리성서에 나타난 고대의 신처럼, 그녀는 벌레가 그녀 앞에서 자신을 낮추지 않는 한 신이 될 수 없다. 그녀는 배반당하고 유기됨을 느낀다. 우리는 여기서 남편/아버지에 대한 그녀의 애착정도를 본다: 그것은 마치 접착제 같은 애착이다. 그것은 실제 관계라기보다는 일종의 병합merger이다. 우리는 이런 병합에 대해 수많은 방식으로 생각할 수 있다.

시밍턴은 우선 다음과 같은 사실에 주목한다: 우리가 이런 콤플렉스 안에 있을 때, 우리의 중심은 젤리같이 느낀다. 그것은 마치 인간이 부스러기 더미들-강한 자기가 될 수 있는 뒤섞인 조각들-로 가득 찬 것과 같다. 무의식적으로 재앙적인 내적 상황을 인식하면서, 개인은 자신을 다른 사람들에게 접착시킨다. 그는 어떤 사람과 진실하게 연결할 수 없다. 왜냐하면 진실한 관계는 분리 경험을 요구하기 때문이며, 벌레나 신이거나에 관계없이 이런 콤플렉스 안에서 인간은 진실한 관계를 견디기가 너무 취약하기 때문이다. 그가 다른 사람과 병합되는 동안, 고통스럽고 위험한 정서들을 면할 수 있다. 그는 결코 외롭게 느낄 필요가 없다. 그는 항상 누군가와 함께 한다. 그는 사랑스러운 고치 안에서 살면서, 자신의 증오와 파괴성을 결코 경험할 필요가 없다. 그는 항상 안전하며, 결코 위협당하지 않고, 항상 크며, 결코 왜소하지 않다. 자기애적 사람의 젤리와 같은 핵은 자신의 격렬한 내적 정서들(시기, 탐욕, 그리고 질투)을 거부한 원인이자 결과다. 발전의 결핍이 암시하는 깊은 취약성에 대한 무의식적인 지식으로 인해 두려워하면서, 개인은 자신을 왜소하고 무기력하기보다는 의식적으로 크고 강력하게 느끼게 하는 강한 증오 상태에 붙잡혀있다. 비록 이런 증오 상태들이 무의식적으로 자신이 그 안에서 살고 있는 위험한 우주에 대한 공포를 강화할지라도 말이다.

시기심은 인간으로 하여금 자신의 고유한 선을 그 밖의 다른 사람에게 투사하게 한다. 그것은 자신의 고유한 것 가운데 약간의 선을 지닌, 그러나 두 사람 안에 있는 모든 선을 가지고 있지 않은 사람에게 투사하는 시기다. 개인은 다른 사람들의 시기를 두려워하며, 자신이 선을 붙잡는나면, 현실reality은 약간의 고통스런 경험을 생산할 것이라는 것을 무의식적으로 알게 된다. 무엇보다도 모든 이전 시간의 기쁨은 그를 고무시켰다. 그를 끌어내리는 무언가 발생했다! 그래서 그는 자신의 긍정적인 잠재력들을 헐값으로 거저주고, 자신의 것에 추가하기 위해 다른 사람의 모든 것을 삼켜버린다. 그리고 나서 자신의 빈약함을 초래하는 것에 분개하면서, 그 사람은 모든 나쁜 것을 동일한(지금은 나쁜) 사람에게 투사하며, 선한 것을 망가트리거나 회수하려고 노력한다.

탐욕은 모든 선함을 삼켜버리며, 자기와 다른 사람의 경계를 지워버리며, 그 폭력성을 통해 자기를 파괴한다. 그것은 마치 토하기 전까지 두 판의 큰 사이즈 피자와 네 개의 샌드위치, 그리고 한 쿼트 분량의 아이스크림을 먹어치우는 폭식증 환자와도 같다. 마치 몸이 이런 행동으로 상처받은 지점까지 이른 것처럼, 정신의 은유적 피부가 늘어나거나 심지어 찢어진다. 그것은 개인이 모든 은행잔고를 움켜쥐거나, 자신의 공허함을 열두 켤레의 비싼 구두나 핸드백 혹은 평생 사로잡는 명예와 권력에 대한 요구로 채울 때 발생한다.

질투는 제 삼자를 제거함으로써 시기와 탐욕을 지지한다. 그 결과 다른 관점들을 찾을 수 있는 공간을 파괴한다. 그것은 마치 한 부모 밑에서 양육된 아이와도 같다: 가끔 그 아이는 부모의 복제품이 되어, 성인의 눈을 통해 배타적으로 세상을 바라본다. 두 부모와 한 아이의 더욱 일반적인 삼각구도에서 두 관점이 어린 아이의 동조를 얻기 위해 다투면서, 그로 하여금 다른 견해와 구별된 관점을 구성할 여지를 남긴다. 당신과 내가 모두 삶의 관점이 부wealth를 보장하는 것이라는 생각을 아무런 의심 없이 수용한다면, 오직 제 삼자의 관점을 허용함으로써 우리는 그 개념에 의문을 가질 수 있으며, 사랑이 어떤 자리를 차지할 것인가에 대해 궁금해 하기 시작한다.

이런 무서운 정서들(시기, 질투 그리고 탐욕)은 시밍턴의 "증폭기제들intensifiers"이 되기 위해 정신의 신적 에너지와 동맹을 맺는다. 그것들은 인간의 내적 자기를 젤리 속으로 액화시켜 자신의 외부 자기를 딱딱한 껍질로 만들어버린다.

액화장치들로서 그들은 초기 외상에 대한 슬픔을 용해해서, 발자취에 수동성과 우울을 남긴다. 이런 무서운 정서들을 의식적으로 수용하고 그것들과 씨름하는 것이 인격을 구성한다. 나의 시기envy를 수용하고 껴안는 것은 나에게 내가 갈망하는 것을 가르치고, 내가 그것을 얻기 위해 시도하도록 나를 자극한다. 이런 건설적인 시도가 내가 갈망하는 것을 다른 사람들에게서 볼 때 나로 하여금 그 가치를 존중하도록 허용한다. 나의 진실한 굶주림의 정도를 인정하는 것으로부터 흘러나오는 절제moderation에 깃들인 나의 탐욕은 비축하기보다는 나누고자 하는 소망을 만들어낸다. 나의 질투는 나에게 내적인 삼자, 지렛대에 의존하는 아르키메데스의 관점, 즉 내 자신의 관점보다 다른 사람의 관점들을 상상하는 능력을 제공할 수 있다. 그러나 누군가 자신의 정서들을 증오할 때, 그는 내부에서 그 정서들을 씹어 조각낸 후에, 정신의 핵을 형태없는 덩어리로 둔 채 그것들을 격렬하게 외부로 투사한다. 그것은 인간을 벌레(척추가 없는 내부의 덩어리)처럼 느끼도록 인도하는 이런 형태 없는 덩어리다. 이런 자기-경험은 결과적으로 새로운 아이디어를 고려해서 통합하려는 시도보다는 신의 선언들을 탐욕스럽게 삼키게 한다. 의식적인 "나"는 우리의 꿈이 그렇듯이 신과 동일시할 수 있다. 그러나 오빠의 (어리석은) 생각 – 그것이 오만하든 혹은 지나치게 겸손하든 관계없이 – 에 대한 그녀의 반사적 처분에서 우리는 다음 사실을 본다: 정신병리의 원-콤플렉스에 사로잡힌 개인은 자신을 위한 생각을 할 수 없다. 그녀는 신의 선언을 도매금으로 사들인다.

이런 신은 어디로부터 오며, 그 본성에 대해 우리는 무엇을 말할 수 있을까? 더욱 고루한 정신분석 담론은 "전능한 방어기제omnipotent defenses"라는 경험과는 동떨어진 용어로 말한다. 우리가 자신의 전능한 "신god"에 의해 사로잡힌 사람을 부를 때, 전능성에 대한 개인적이며 대인관계적인 경험은 활기를 띤다. 그 용어는 그에 포함된 비합리적인 내적 뒤틀림을 생동감있게 만든다. 이런 거짓 신은 정신 안에서 주술적으로 실제를 변화시키는 일종의 에너지다. 그것은 고통, 질투와 분노를 가까이 있는 누구에게나 혹은 무엇에나 쏟아낸다. 이런 신은 영적 실체가 아니며, 불행하게도 유대교, 기독교 그리고 이슬람교의 정형화된 이슈가 되는 신과 매우 유사하다: 그 신은 우리에게 우리 자신을 위해 생각하지 말도록 명령하고, 우리의 시기, 탐욕 그리고 질투를 증오하는 존재다. 서양의 신God은 히브리 예언자들, 즉 예수나 마호메드에 의해 표현된 수많은 진정한 영적 수준들을 지니고 있다. 그러나 비온이 지적한대로, "기독교인들은 그(신)를 결국 붙잡았다. 모든 의미의 흔적이 그로부터 나올 때까지, 그는 자신의 메시아적 감옥으로부터 결코 빠져나오지 못했다(Symington and Symington, 1996, p. 57에서 인용). 조직화된 종교는 우리에게 우선 우리의 열정을 유지하고 변화시키기보다는 절단하기를 원하는 거짓 신을 소개한다.

자신의 병리적 콤플렉스에 사로잡힌 사람은 이런 신에 빠져들며, 사랑스런 삶에 매달린다. 자기self의 한 부분은 유아기에 어떤 신성인 어른에 의해 상처를 당했다. 작은 창조적인 자기는 부서지고, 그로 인해 벌레처럼 느끼며, 자신을 벌레 아니면 벌레의 비밀스런 다른 얼굴인 신과 동일시하게 된다. 자신의 경험에 대해 생각하고 살려내는 고통을 견딜 수 없는 아기/아동은 그것을 회피하고 자신을 계속되는 고통으로부터 지켜줄 태도를 붙잡으려는 본능적 요구에 굴복한다. 그 상처는 일종의 사건이다-출생사건이나, 아마 부모의 상처들에 대한 사건이다. 상처를 주는 성인은 자신이 행한 학대에서 사적이지personal 않다. 부모는 단순히 반응적으로(예: 아무 생각 없이) 행동하고 있으며, 세상을 인식하고 자신이 보고 있는 것에 대해 사고할 수 있는 성인 고유의 능력을 왜곡시켜버린 과거의 상처들에 의해 무의식적으로 정해진 방식으로 그 자녀를 다루고 있다. 그러나 과

거 경험에 대한 비통함은 그 꼬마 아이를 정신의 우연한 층으로 던져버린다. 이 층에서 그는 우발적으로 산산조각이 나는 것을 견딜 수 없다. 의미 없는 사고에 대한 이름 없는 희생자보다는 성난 신의 대상처럼 느끼는 것이 차라리 더 낫다. 왜냐하면 성난 신은 회유가 가능하기 때문이며, 그 공격이 사적인 것이라면 적어도 우리는 그것에 의미부여를 할 수 있기 때문이다. 고통이 사적이라면, 아동은 자신의 행동을 수정해서 그 계속됨을 예방할 수 있다. 꼬마 아이는 그 재앙에 대한 짧은 기간의 해결책으로서 신을 만들어낸다. 그것은 단지 우연한 층에 있는 해결책이다. 왜냐하면 그 "해결책"은 고통스런 실제에 대해 성장이 생산해내는 고난suffering을 거부하기 때문이다.

거짓 신은 의식과는 매우 다르다. 이런 신은 성장을 방해한다. 왜냐하면 개인이 어떤 식으로든 실수 할 때, "당신이 실수했네요. 그 실수로부터 우리가 무엇을 배울 수 있는가를 보고 수정할 수 있습니다"라고 말하기보다는 "당신이 엉망으로 만들었어요. 당신은 일고의 가치도 없어"라고 말한다. 신은 명령하고, 의식은 초대한다. 그것은 오직 신의 목소리가 의식이 발달을 시작할 수 있다는 사실을 폄하할 때 발생한다. 의식은 자기the Self의 목소리다. 의식은 이런 우연한 세계에서 필연적인 것의 출현이다. 자신의 양심conscience의 목소리를 따라가는 것은 인간으로 하여금, 자신 안에 있는 증폭기제들intensifiers의 활동에 의해 창조된, 삶을 파괴하는 경향들과 싸우도록 요구하는 일종의 창조적 행위다. 진실한 신, 즉 양심은 이전에 수용된 지식과는 현저하게 다를 수 있는 원래적 사고들을 생산한다.

자신의 젤리 같은 내적 자기에 대한 무의식적 인식은 인간으로 하여금 글루 같은 접착체로 신에게 빠져드는 병리적 콤플렉스에 사로잡히게 한다. 그녀는 벌레처럼 혹은 신이 되는 것을 통해, 그리고 그 밖의 누군가가 벌레 역할을 하는 것을 발견함으로써 빠져들 수 있다. 자신의 연약함 속에서, 개인이 무의식적으로 알고 있는 어떤 것, 즉 우주에서 길을 잃은 사실을 견딜 수 없다. 우리가 살펴본 대로, 우리가 누구며, 어디에 있으며, 내부나 외부에서 어떤 일이 일어날 것인가에 대한 확고한 자료는 거의 가지고 있지 않다. 이런 상황에서 발생하는 우주적 환상이 우리가 알지 못하는 모든 것을 훨씬 초월하는 방식으로 실제와 진실을 아는 것은 가능하며, 인간을 탐색하는 것은 합리적으로 가능하다고 말한다. 작은 사람은 노력하지도 않으면서 빛과 어둠, 양육과 방치를 초래할 수 있는 큰 사람을 보면서, 이런 거인들이 *책임적 위치in charge*에 있다고 상상한다. 작은 사람이 단순히 큰 사람들의 선언들을 듣고 올바른 생각을 한다면, 그 또한 실제로 무한히 불안한 우주 안에서 오직 그 영속적인 흐름 속에 의지하면서 안전할 수 있다. 신은, 의존하는 사고조직을 분별없이 선택해오면서, 그에게 주변을 소용돌이치는 모든 위험한 기류에 대한 올바른 이해를 제공할 수 있다. 물론 작은 사람은 제공된 조직을 붙잡고 행복한 삶을 위해 매달린다.

우리의 꿈에 돌아가서, 꿈꾼 이가 그녀를 신과 같은 지위를 가진 존재로 확신하는 남편/아버지가 벌레로 기능하는 존재가 아니라 별개 인간이라는 사실을 알게 될 때, 그녀는 자신의 왕관으로부터 밀려나 자신 역시 더 이상 신이 아닌 바로 한 인간으로 살고 있는 세상으로 던져진다. 이것은 그녀를 자신의 젤리 같은 핵으로 밀어부친다. 꿈꾼 이는 황량해지고, 유아기의 유기경험 속으로 밀쳐져서, 독립된 방식으로 갈 수 있는 자신의 능력있는 성인 부분에 접근하지 못한다. 그녀는 신과 같은 오빠와 연합하려고 노력한다. 그러나 그것은 소용없다. 벌레 무리가 우리를 경배하지 않을 때, 우리는 어떻게 신이 될 수 있을까? (질투하는 신이 인간으로부터 끝없는 경배와 희생을 요구하는 히브리 성서에서 우리는 이것을 반복적으로 본다. 모든 방치 속에 나타난 신의 자기애적 격노는 신의 비밀스런 연약함을 보여준다: 그것은 분별없이 경배하는 대상으로 하여금 그를 지탱하고 그가 젤리 같은 핵으로 떨어지지 않도록 지키게 하려는 신의 필사적인 요구다. 이런 신화를 발전시킨 고대인들은 이런 신의 이미지를 무의식적으로 그들 내부에서 감지되는 원형적 실제에 투사해왔다.) 정신의 벌레부분을 수반하는 남편/아버지 없이, 그 증폭기제들과 혼돈은 꿈꾼 이를 내부로부터 압도한다.

그래서 우리는 두 가지 연관된 요소들로부터 성장한 병리적 배치constellation를 보여주는 연합체에 대해 생각할 수 있다. 그 두 요소는 신은 신으로 존재하기 위해 벌레를 필요로 하며, 젤리 같은 벌레 역시 살아남기 위해 신의 일부가 되어야 한다는 점이다.

우리의 꿈과 계속하면서, 이름 없는 5-8명의 추종자와 함께하고 있는 선장을 보자. 선장은 한 인간이 아니다: 그는 자신의 역할에 침수된 일종의 "공동의 실체corporate entity"다. 병리적 콤플렉스에 사로잡혀있는 한, 우리는 개인을 보지 못한 채 전형적인 형태를 볼 뿐이다. 의사는 현명한 치유자들이며, 남성들은 느끼지 못하며(혹은 신뢰하며), 여성들은 허영기가 있거나(혹은 양육적이거나), 유대인들은 탐욕스럽다(혹은 지혜롭다), 흑인들은 게으르다(혹은 박자감각이 있다) 등등. 여기서 선장은 허리케인에 어떻게 대처할 것인지를 알고 있으며, 따라서 우리가 부딪칠 때, 신을 구현한다. 협력적 실체에 달라붙음으로써 – 신에 빠져 들어감으로써 – 인간은 비-개인non-individual, 즉 이름 없는 추종자 그룹의 한 사람이 된다. 그 꿈은 선장이 얼마나 많은 추종자를 거느리고 있는가를 그녀에게 말해주지 못함을 묘사함으로써 꿈꾼 이의 악화된 능력을 그려낸다: 아마 다섯, 혹은 여덟인가? 그들은 우리가 개성individuality이라고 부를 수 있는 그 어떤 용어로도 드러나지 않고 구별되지도 않아서 우리는 그들이 몇 명인지도 말할 수 없다.

벌레와 동일시되고 있는 아버지와 남편은 선장-신과 연합함으로써 꿈꾼 이 쪽으로 기우는 방식으로 자신을 지우고 있는 존재들이다. 아버지는 회피적이며, 수동적이며, 단순히 자신의 의견을 말하는 것을 두려워하면서, 자신의 생각을 말할 수 있기 전에 권위/신에 대한 경의를 표한다. 남편은 편안한 방식이라기보다는 콤플렉스에 부합된 방식으로 아내로부터의 독립을 주장하고 있다는 꿈꾼 이의 생각에 눈살을 찌푸린다. 그러나 내가 위에서 언급한 바와 같이, 이런 인물들은 콤플렉스에 대한 반작용으로부터의 독립을 주장하고 있으며, 자기 자신들에 대해 생각하고 있다. 그것은 꿈꾼 이의 병리적 콤플렉스가 해체되기 시작했음을 보여준다.

우리는 꿈꾼 이가 자신의 반작용에서 오랫동안 흥분되지 않은 사실에서 콤플렉스의 해체를 다시금 보게 된다. 아버지 아파트로부터 단지 몇 블럭 떨어져서, 그녀는 여기에 허리케인을 예고할 충분히 강한 구조들이 있음을 깨닫기 시작한다. 다시 그녀는 자신의 사랑하는 아버지/남편과의 관계와 선장으로 육화한 신에게 매달리는 것 사이에서 선택해야 한다. 그러나 이번에 그녀는 힘보다는 사랑eros을 선택한다. 그러나 그녀는 사랑하는 사람과 (전화) 연결을 할 수 없다. 그것은 아마 자기애적 배치가 여전히 강하기 때문일 것이다. 그 연결을 할 수 없기 때문에, 그녀는 자신의 중심을 발견할 수 없으며, 그 중심으로부터 정서의 허리케인을 경험할 수 없다. (혹은 자신의 중심을 발견할 수 없기 때문에, 그녀는 연결을 할 수 없다.) 우리는 연결을 이루는 접점을 보며, 다음과 같은 꿈문장에서 그녀의 중심을 발견한다: "그래서 나는 일을 수행하지 못하고 매우 조용한 잠에 빠진다." 같은 문장 속에서 두 요소들은 대등한 절이며, 다음과 같은 사실을 암시한다: 만일 일을 수행할 수 있었다면 그녀는 무의식으로 침잠할 필요가 없었을 것이다. 결국 그녀는 폭풍을 경험할 수 있었다.

꿈의 마지막 요소는 그녀가 아버지와 남편의 관계를 볼 때 그녀를 사로잡은 질투다. "그는 나에게 정확히 말해서 적대적은 아니다. 그러나 그는 내 아버지와의 관계 속에 포함되어 있으며, 그 관계는 나 없이도 좋은 느낌이다" 고 꿈꾼 이는 말한다. 그의 "범죄crime"는 독립과 분리다. 자신의 질투와 격분 속에서, 꿈꾼 이는 남편을 물리적으로 공격한다. 그러나 "그 이미지는 [그녀가] 부팡(불룩한) 헤어스타일을 한 여성을 공격하면서, 머리를 잡아당기고 헝클어트리고 있는" 모습이다. 꿈꾼 이는 그 공격을 고등학교 시절의 경험에 연상시켰다. 그때 그녀는 상급반 연극에서 부팡 헤어스타일을 한 인물로 주연을 맡았다. 꿈꾼 이는 그래서 이런 이미지를 (연극에서 스타가 되는) 타고난 자기애적 활동과 연계시켰다. 그리고 부팡 헤어스타일 자체는 (자신의 머리를 거꾸로 빗질하여 여왕들에게 어울리는 볼록하게 올린머리 모양으로 만듦으로써) 인간으로 하여금 자신의 키를 팽창하게 하는 왜소함에 대한 두려움을 이미지로 만들어 낸다. 꿈에서 그녀는 자신의 병리적 콤플렉스를 공격한다. 그러나 그녀는 그것을 자기-콤플렉스에 대한 사랑스런 수용으로 감싸기보다는 건강하지 못한 증오와 격분으로 그렇게 처리한다. 자기-콤플렉스는 역설적으로 꿈꾼 이의 병리적 배치를 자기의 전체성 안으로 받아들이게 할 수 있다.

이점에 있어 콤플렉스는 우리 세계에서 인간 실존의 보편적 사실이다. 그것은 병리적이다. 그러나 건강한 관점은 필수적으로 주어진 것의 일부로서 정신의 병리를 포함시켜야 한다는 점이다. 그 필수적인 것은 삶에 열정pathos을 가져오는 절대자의 요소다(Hillman, 1975). 이런 원-콤플렉스를 상세하게 기술함으로써 독자로 하여금 그것을 도처에서 보게 한다. 사람들은 흔히 올바른 것being Right과 인간의 알지 못하는 사실들을 회피하는 방식에 관련된다. 우리는 배후에 놓인 환상적인 잠재력 안에서, 쉽게 비합리적으로 보이는 방식으로 불확실성을 지배하려고 노력한다. 그래서 우리는 다른 사람들이 확실히 비실제적인 방식으로 우리를 알고 있다고 상상하는 경향이 있다. 모든 사람이 내 이마에 있는 여드름을 항상 주목하는 것은 아니다. 사람들은 실제로 자기 자신의 여드름에 관해서 고민하지, 다른 이의 여드름에 대해 고민하지 않는다. 도처에 널려있는 이런 콤플렉스의 본질을 인정하는 것은 우리로 하여금 치료자들과 분석가들이 환자와 마찬가지로 그 콤플렉스에 사로잡혀 있다는 것을 알게 한다. 시밍턴에 의하면, 분석의 목표는

> 대부분 어디서 두드러지게 나타나든 그 '자기애적 배치narcissistic constellation'의 변형이다. 가끔 그 증거는 환자 안에서 드러나는 것이 될 것이다: 그것은 임상가의 정신적 주의attention가 지향될 필요가 있는 장소다. 종종 그것은 임상가에게서 드러날 것이다: 그 때 그것은 임상가의 정신적 주의가 지향될 곳이다. ... 중요하게 여겨질 것은... 임상가 자신의 정서적 수준이며, 그것은 그가 자신 안에 있는 '자기애적 배치'를 알고 있는 정도에 달려있다는 점이다(Symington, 2002, p. 213).

독자는 이 말에서 융의 주장을 들을 수 있다: 그것은 이 작업에서 결정적인 요인은 분석 이론에 대한 분석가의 지적인 완벽함보다는 분석가 자신의 인간성이라는 점이다.

시밍턴의 제안에 의하면, [분석의] "중심 문제는 ... 액화장치들(시기, 질투 그리고 탐욕)에 대한 증오로부터 그것들에 대한 수용으로의 전환을 야기하는 것이다"(ibid., p. 198). 환자의 액화장치들/증폭기제들의 활동은 분석가 안에 자신의 고유한 증폭기제들을 배치시킴으로써, 압력, 종종 커다란 압력의 원인이 되어 환자를 지지하거나 공격하게 한다. 분석가의 핵심적 일은 자신의 내적 압력을 담아내고, 내부에 있는 증폭기제들이나 원-콤플렉스 병리의 출현을 수용하는 것이다. 치료자는 안심시키거나 비난하려는 강한 요구를 알아차려야 하며, 그것에 대해 이해할 때까지 붙잡고 있음으로써, 앞으로 일어날 일과 연관된(예: 수용적인) 해석을 형성할 수 있다. 오랜 기간의 노력은 필연적 층, 즉 구현된 삶의 일시적 요소들보다는 절대자 안에 있는 자신에게 주목함으로써, 환자로 하여금 마찬가지로 절대자 안에서 토대를 발견하도록 돕는다. 이런 콤플렉스의 윤곽을 마음에 두는 것이야말로 치료자를 근본적인 방식으로 인도할 수 있다. 우리 인간이 심리적 진화 가운데 있는 이 시점에서, 의식의 빛을 기다리고 있는 것은 정신의 이런 반응적 층이다. 그것을 풀어내기 시작하고, 탐색하고, 알려고 하는 것이

분석가로서의 우리 일이다. 그것에 대해 의식하게 됨으로써, 우리는 우리 스스로 그것을 하려는 것을 멈추고 우리 환자로 하여금 자신의 내부에서 그것을 깨닫게 하도록 돕기 시작할 수 있다.

로젠펠트의 자기애적인 전능한 인격 구조 Rosefeld's narcissistic omnipotent character structure

허버트 로젠펠트Herbert Rosenfeld는 1980년대 후반에 죽은 영국의 클라인 학파였다. 그의 마지막 작품인, 교착상태와 해석(*Impasse and Interpretation*, 1987)에서 우리가 상담실에서 보아왔던 반-관계적 콤플렉스인 매우 파괴적인 방식에 대해 임상적으로 세밀한 탐구를 제시한다. 로젠펠트의 "자기애적인 전능한 인격구조"는 그에 대한 우리의 이해를 확장시킬 관점에서 볼 때 자기애적 콤플렉스를 묘사한다. 시밍턴이나 비온처럼, 그는 우리 각각의 정신에서 온전한 부분과 정신증적인 부분에 대해 생각한다. 나는 그 두 부분을 관계적인 부분과 반-관계적인 부분이라는 언어로 표현한다. 로젠펠트의 제안에 의하면, 인간의 온전한 부분의 중심은 자신의 독립적인, 즉 유아적 측면이다. 왜냐하면 그것은 여기서 그가 성장할 수 있기 때문이다. 이것을 달리 말하면, 내부의 아기가 아직 발달되지 않았으며, 새로운 삶이 펼쳐지기를 기다리고 있다. 인간의 이런 어린애다운, 즉 무언가를 필요로 하는 측면은 다른 사람과의 관계를 추구하는 측면이다. 그것은 확실히 독립적인 성인들 사이의 연결을 포함한다. 성인들의 독립은 자신을 누군가와 연결할 수 있는 독립된 개인으로서의 자신들을 유지하는 능력으로 구성된다. 그와 대조적으로 심리적으로 발달되지 않은 성인들은 단지 연합할 수만 있다. 관계가 (권력이 아닌) 사랑 안에 집중되는 한, 그것은 결국 두 사람의 취약한 자기들 사이의 연결이 된다. 관계들은 그 안에서 사람들이 삶의 정서적 양분을 찾는 경험들이다. 따라서 그것들은 그 안에서 상처를 입는 경험들이다. 로젠펠트의 관점은 이런 두 요소들 사이의 관계를 강조한다. 양분을 얻고 흡수하기 위해서, 우리는 불완전하고, 부족해야 하며, 비방어적일 필요가 있다. 이런 수준에서 자신을 개방하는 것은 정서적 고통에 취약해짐을 뜻한다.

로젠펠트는 임상작업에 대한 파괴적 영향을 묘사할 때, 시기를 우선 고려한다. 임상 작업에서 우리는 의식적인 환자는 자신의 내부에 있는 아기를 평가절하 한다는 사실을 일반적으로 알고 있다(아마도 놀라울 정도로 그런 것 같다). 환자는 확실히 전심을 다해 그 아기를 제거하거나 죽이고 싶은 소망을 표현할 수 있다. 환자는 부족하고 의존적인 요소들에 의해 방해받지 않은 강한 성인이 되고 싶어 한다. 아기는 그 사람의 새로운 인생과 실현되지 않은 잠재력을 이끄는 마차로 보이지 않는다. 아기는 오직 그 사람을 거절, 유기, 고통에 노출시키는 취약한 존재로 보일 뿐이다. 우리는 오직 의존적이며 상호의존적인 관계를 통해 발전한다는 사실을 쉽게 망각한다. 자신의 빈곤함을 경험하지 못하고 모든 것이 충분하다고 상상하는 확실히 강한 성인은 어디든 갈 곳이 없다. 그 사람은 이미 도착했다. 그녀는 덫에 걸려있는 것처럼 보일 수 있다. 그러나 이것은 하나의 환영illusion이다. 정신은 항상 움직이면서 성장하거나 악화된다. 그리고 자신의 불완전성, 약점 그리고 결핍을 거부하는 한, 그녀는 조용히 서 있을 수 없다. 그녀는 경직되고 위축될 것이다.

인간의 정신증적인 부분은 다양한 용어로 묘사된다. 그러나 로젠펠트의 이해에서 시밍턴의 근본적인 패턴을 보는 것은 용이하다. 로젠펠트는 우선 신의 전능성과 벌레라는 2인1조에 주목한다. 그것은 그 전능성이 의식적으로 자기self의 일부가 되는 것을 상상하거나, 신이 투사되어 자기self가 융합된 사람의 일부가 되는 것을 상상하는 것과 관련 없다. 그 다음으로 그는 환자가 필요로 하고 그에게 부족한 것을 치료자/분석가가 가지고 있다는 사실을 알게 될 때, 환자[6]를 능가하는 시기envy에 초점을 맞춘다. 인격의 병리적 부분에서 치료자가 유용하고 필요한 도움을 제공한다는 사실은 감사보다는 시기를 배치시킨다. 왜냐하면 자기의 이런 부분은 내부에 존재하는 불완전성과 부족함이 무엇이든지간에 그것을 증오하기 때문이다. 그것은 자기 스스로 만족하고 안전해지려고 하기 때문이다. 자신의 전능성 안에서 환자는 자신의 모든 문제를 마술적으로

6) 로젠펠트는 마치 "치료자" 쪽이 공식적인 환자 내부에 존재하는 것처럼, 치료자 내부에 있는 환자뿐만 아니라 지정된 환자를 지칭하기 위해 "환자"라는 용어가 항상 이해될 필요가 있다는 사실을 강조하지 않는다. 우리가 분석가와 환자의 2인1조에서 무의식적인 주석에 귀를 기울인다면, 환자가 제공한 것에 의해 위협을 느끼는 치료자는 시기하는 마음으로 그것을 공격하는 방식에 대해 듣는 것은 종종 있는 일이다. 나는 이런 역동성이 환자의 자신에 대한 이해를 분석가의 언어로 바꾸려는 매우 흔한 분석적 시도의 근간이 된다고 믿는다. 이런 배치는 치료자/분석가가 자신이 집착하는 환자에 의존하는 방식을 반영한다.

즉시 해결할 수 있다고 믿는다. 이런 믿음은 유혹적이다. 모든 고난과 더불어 투쟁하는 것 대신에 이런 믿음은, 다른 사람들로부터 도움을 구하면서도 단지 작은 부분만 취하는, 한발 한발 넘어져가면서 전진하는 걸음을 암시한다. 자기의 이런 부분은 그로 인해 즉각적인 완전함과 그것이 암시하는 안전성을 얻을 수 있다고 믿는 것이다.

로젠펠트는 전능성을 "다가오는 일에 대해 생각하고 관찰하는 것으로부터 환자를 보호하는" 환자 내부의 힘force으로 묘사한다(Rosenfeld, 1987, p. 90). 이것은 사람들을 가로막는 아마 끝없는 패턴 뒤에 있는 힘이다. 이것은 사람들이 이전에 끊임없이 실패한 동일한 것을 끊임없이 반복할 때 발생하는 현상이다. 그것은 아마 의지의 의식적 행동으로 자신의 파괴적인 행동패턴을 해결하기 위해 "바로 처리하려는just do it" 시도로 보인다. 시밍턴이 신으로 의인화한 거의 완벽한 강력한 힘의 주요 목표는 환자가 외부의 도움에 의존하기보다는 자신의 망상적인 전능성을 안전하게 유지하려는 것이다. 그러한 전능한 힘은 결국 분석가에게 의존해서 도움을 구할 수 있는 모든 발전적인 능력을 공격하거나 하찮게 여긴다. 칼쉐드(Kalsched, 1996)는 이런 전능한 힘을 "보호자Protector"라고 부른다. 매순간 환자는 치료자가 자신을 돕고 있다고 느낀다. 이런 "보호자"가 그로 하여금 치료자와 치료자의 도움 모두를 평가절하 하도록 강요한다. 왜냐하면 자신의 전능성 안에서 환자는 자기만족을 느낄 필요가 있기 때문이다. 그러한 평가절하는 활성화될 때 가장 파괴적이다. 왜냐하면 이런 경우에 환자는 자신이 이룩한 진보를 절단할 것이기 때문이다. 발생한 일을 잊음으로써, 사고할 수 있는 자신의 고유한 능력을 공격함으로써, 정신 내부에 있는 긍정적인 분석가 이미지를 파괴함으로써 자신의 진보를 절단한다.

보다 덜 재앙적인 방식으로 환자는 자신의 전능성 안에서 고유한 통찰력을 발전시키며, 치료자의 어떤 공헌 없이도 자기 스스로 성장할 수 있다고 상상하면서 이룩해 낸 진보를 보존할 수 있다. 이런 상황에서, 치료자가 자신이 정당하다고 여기는 신용을 강압적으로 요구하는 것으로부터 자신의 자기애를 막아낼 수 있다면, 진보는 환자의 전능한 자기애와 직접적으로 대면하지 않고도 이루어질 수 있다. 어떤 경우든 그 패턴은 발견하기가 미묘하고 어렵거나, 격렬하고 확실할 수 있다. 환자 자신의 유아적인, 의존적인 자기에 반하여 가장 중점적으로 작용하는 공격성은 종종 분석가의 잠재력에 대한 공격성으로 나타난다. 왜냐하면 내적인 아기가 끌리는 사람은 분석가이기 때문이다. 그 사람의 숨겨진 연약하고 결핍된 부분은 분석가가 자신에게 없는 능력을 소유하고 있으며, 자신이 발전하도록 도울 수 있다는 것을 알고 있다. 그러나 환자가 의존하고 있는 그 전능한 에너지는 도움을 요청할 수 있는 위치로서의 그 절대적 지위를 포기하려하지 않으려는 질투와 탐욕이다.

치료와 치료자에 대한 이런 공격들은 시기에 의해 강요된다. 환자의 자기애는 자신의 파괴성에 대한 인식을 가로막는다. 자신이 전능하다면, 그녀는 연약함이나 좌절, 혹은 사소한 경험을 가로막기 위해 밀려드는 시기를 다룰 필요가 없다. 환자가 자신의 아기 자기baby self와 연결될 때, 유아의 가공되지 않은 시기는 현재 육화된 선하고 충만한 가슴에 거슬려 동원된다. 그녀가 분석가가 제공한 선한 것을 취하기 시작할 때, 시기로 압도되어 "그 음식을 도둑질하고 싶으며, 자신을 먹여 살린 사람을 훔치기를" 원한다(Rosenfeld, 1987, p. 68). 환자의 전능한 위상 뒤에는 누구라도 그것에 감히 도전하려는 사람에 대한 살인적인 시기가 숨어있다. 환자는 치료자의 지원을 원하는 궁핍한 내적 존재를 경멸하듯이 억제함으로써 자신의 우수성을 확신한다.

내가 정말 믿기는, 클라인 학파의 기법은 발견 가능한 다량의 시기envy를 활성화시킬 수 있다. 클라인 학파들은 시기를 타고난 것으로 보기 때문에, 그들은 종종 왜소함에 대한 경험들이 환자를 공포스럽게 하고 시기를 활성화시키는 방식을 모르는 것 같다. 그들은 자신들이 추구한 아마도 "완벽한" 해석 방식을 인정하지 않은 것 같다. 소위 "완벽한" 해석들은 오직 자기들만이 공유할 통찰력을 지닌 반면, 환자는 단지 해석을 필요로 하는 가공되지 않은 복잡한 찌꺼기만 제공한다는 입장을 그들은 인정하지 않는 것 같다. 환자는 단지 연상들만을 가져온다고 상상하는 많은 분석적 문헌들에는 기본적인 (자기애적) 태도가 있다. 이런 태도는 환자 역시 자신의 연상으로부터 의미를 창조하는 방식을 무시하는 것이다. 환자는 분석가의 현존에 의해 단순히 담겨질 때, 자신의 고유한 해석을 발견한다. 환자가 자신의 고유한 이해를 발견하는데 있어, 치료자가 환자가 알아야 할 모든 것을 말하는 대신 그를 안아주고 지지한다면, 로젠펠트가 기술한 대부분의 시기와 증오는 피할 수 있을 것이다.

그러나 모든 경우는 아니다. 왜냐하면 치료자의 건설적 기능이 동감적이며 애정어린 지지라는 인식마저 우리가 말하고 있는 그 전능한 구조를 위협하기 때문이다. 환자의 시기는 분석가를 직접 평가절하하지 않고도 치료작업을 공격할 수 있다. 시기심은 미묘하고 그 자체를 "항구적 무관심 [혹은] 교묘한 반복행위"로 표현할 수 있다(ibid., p. 109). 시기가 환자 발전에 있어 중요한 장애가 되는 한, 그에 대한 어떤 교양 있는 접근도 전능성의 배치를 피할 수 없을 것이다. 그로 하여금 자신의 내적 연약함을 깨닫게 해줄지도 모르는 그 어떤 것이라도 비판받거나, 하찮아지거나, 평가절하되거나, 왜곡된다(ibid., p. 87). 그가 얼핏 본 결핍된 내적 자기가 그렇듯이 말이다.

자신의 사례에서, 로젠펠트는 환자의 발전을 저해하는 전능한 콤플렉스를 묘사하는 많은 꿈들을 소개한다. 그 가운데 하나의 꿈에서,

> *한 작은 소년이 어떤 종류의 독으로 죽어가면서 혼수상태에 있었다. 그는 정원에 있는 한 침대에 누워 자신을 비추기 시작한 한 낮의 뜨거운 태양 때문에 두려워하고 있었다. [환자는] 그 소년 가까이에 있지만 그를 옮기거나 보호할 수 있는 아무것도 하지 않았다. 그는 단지 비판적이며, 그 소년을 치료하는 의사보다 우월함을 느낄 뿐이다. 왜냐하면 그가 그 소년이 그늘로 옮겨져야 함이 마땅하다고 눈여겨본 유일한 장본인이기 때문이다(ibid., p. 110).*

그 소년은 물론 도움이 필요한 환자의 미발달된 자기를 대변한다. 환자의 차가운 관심부족은 자기애의 일반적인 이미지에 적합한 자세를 묘사한다. 그리고 꿈의 배치constellation는 우리에게 파괴적인 전능성이 "영구적으로 죽은 상태거나 죽어가는 상태"에 있는 나이 어린 내적 인간을 붙잡아두는 방식을 보여준다(ibid., p. 110). 로젠펠트는 누가 그 소년에게 독을 주입했느냐에 대해 혹은 그 독이 무엇인가에 대해 탐색하지 않는다. 그는 한 낮의 뜨거운 태양으로 달구워지고 있는 것처럼 느꼈던 것은 무엇인가에 대해 묻지 않는다. 그가 묘사한 놀라울 정도로 꿰뚫고 있는 해석들이 그런 엄청난 열에 잠재적으로 죽을 정도로 노출된 것처럼 느낄 수 있다는 것을 우리는 상상할 수 있을까?

우리가 완전성의 얼어붙은 상태에서 방향을 돌려 생동감의 취약성으로 향

하려고 노력하면 할수록, 더욱 더 위협을 느껴 결국 자신의 전능한 조직을 위협하게 된다. 보통 우리가 그동안 논의해 온 내적인 신은 꿈속 이미지에서 어려움에 대한 즉각적인 해결을 약속하는 자비롭고 도움이 되는 모양으로 나타난다. 그러나 유아적 자기가 분석가와 교류하면서 지배적인 내적 구조를 외면할 때, 신은 분노를 일으켜 환자가 자신의 지시에 복종하지 않는다면 파괴함으로써 자기self를 위협한다. 칼쉐드(Kalsched, 1996)는 이런 성난 신을 취약성의 위험으로부터 취약한 자기를 막아주는 보호자Protector로 본다. 로젠펠트는 이런 분노의 신을 정신 안에서 자신의 고유한 우월한 역할을 방어하는 기능으로 본다. 두 관점 모두 가치가 있다.

로젠펠트가 보고한 또 다른 꿈에서, 환자는 집에 우유가 없자, 이웃이 일요일에 문을 여는 가게에 대해 말해주는 것을 알게 된다. 그들은 함께 그 가게로 가고, 환자는 물건을 사기 위해 길게 줄서있는 사람들 사이에 자리를 잡고 서 있다. 그러나 그 이웃은 자기 차례를 기다리지 않고,

> *잽싸게 금전등록기에 다가가서 [한] 작은 동전을 10파운드 노트 분량의 큰 꾸러미로 바꿨다. ... [환자는] 처음에 가게를 소유한 두 여성에게 이런 무자비하고 오만한 도둑에 대해 알려주려고 생각했다. 그러나 그 때 그는 자신의 책임은 우선 자기 자신을 지키는 일이지, 우유가게 주인 일에 나서거나 개입하는 것이 아니라는 것을 기억했다. ... 그러나 실제 이유는 그가 자신의 삶을 염려한 것이었다. 그는 가게 여성들이 그 무자비한 도둑에 대항해서 자신을 지켜줄 수 없을 것이라고 생각했다. 그 도둑은 [환자가] 일단 가게 밖으로 나가면 의심할 여지없이 복수할 것이다. 그런 도둑 때문에, 그리고 그 여성들이 자신들의 돈에 신경쓰지 않은 사실 때문에, 왜 그는 자기 삶에 위험을 초래해야 하는가... ?*
>
> *(Resenfeld, 1987, pp. 121-22)*

이어지는 꿈 장면에서, 환자는 자신을 노숙자로, 가장 비천한 사람으로, 그리고 자기 자신의 겁 많고 무자비한 모습을 이제 경험함으로써 실망과 무기력함에 사로잡혀 있다. 꿈꾼이의 바로 옆집에 살고 있는 그 사악한 이웃은 의식에 매우 가까운 그림자 인격이다. 우리가 말하고 있는 자기애적 구조는 이 꿈에서 그림

자로부터 나온다. 그것은 로젠펠트와 함께한 좋은 분석작업때문이다. 그 구조는 그 자체를 환자의 내적 벌레를 보호할 수 있는 일종의 도움이 되고 신뢰할 만한 인격으로 가장하기보다는 추하고 위협적인 인격으로 바꾸고 있다. 그가 신의 이런 내적 육화에 반대한다면, 꿈꾼 이는 자신의 삶을 두려워한다.

우리는 그 꿈에서 병리의 원형적 콤플렉스에 사로잡힌 사람이 신과 벌레와 동일시하면서 전진과 후퇴하는 방식을 생생하게 본다. 로젠펠트는 꿈꾼 이가 쉽게 "교조화dogmatic, 우월화, 그리고 오만하게"되는 사실을 우리에게 말해준다(ibid., p. 120). 그러나 꿈에서 그는 분명히 벌레와 동일시한다. 위에서 내가 언급한 대로, 모든 사람이 벌레가 되는 느낌이 어떤지 알고 있는 것 같다. 그것은 실로 완전히 신과 동일시함으로써 열등감과 무력함에 대한 내적 경험을 모르는 보기 드문 자기애자이다. 가끔 적어도 환자가 "교조적이며, 우월하고 오만한" 방식으로 행동할 때, 그는 오만함을 느끼며, 의문시되는 환경에 접근하는 정확히 올바른 방식을 알고 있는 것이 분명하다. 그러나 가끔 그는 자신의 우월하고 오만한 모습을 알지 못함으로써 무섭고 불안전함을 느낀다. 환자가 정신의 신적 부분에 사로잡히지 않을 때, 그는 무엇이 함량미달의 감정인지 알게 된다.

가끔 전능한 신은 불량한 갱이나 마피아 형태로 나타난다. 이런 경우에 그 파괴적 본성은 직접적으로 언급된다. 그러나 종종 갱은 자비로운 용어로 위장된다. 한 사례에서 특별히 성과 있는 회기 후에, 내가 수퍼비전을 지도하는 사람 가운데 한 사람의 환자가 주초에 발생한 일이 무엇인지 회상하지 못한 채 들어왔다. 그녀는 자기 집에 도착한 건설 업자들 그룹에 관한 꿈을 보고했다. 그들은 젊었고, 건강하고 강한 삶으로 가득 찼다. 그녀가 그들에 대해 연상할 때, 그들이 승리의 태도에 함몰되어 요구하는 일은 무엇이든 할 수 있는 것이 확실하며, 그 누구의 도움도 필요하지 않은 사실을 그녀는 깨달았다. 치료자는 그 환자에게 마지막 회기에 자신으로부터 받은 매우 실제적인 도움을 상기시켰다. 그러자 환자는 꿈에서 그 그룹이 그녀가 도움을 필요로 하는 것을 경멸하려했다고 즉각 해명했다. 오직 말만 사용하는 치료자가 제공할 수 있는 어떤 가치 있는 것을 가질 수 있었다는 사실을 그들은 결코 믿으려하지 않았다.

페니 Penny

페니는 생후 6주가 되었을 때, 거의 죽을 뻔 했다. 그녀의 부모는 잠자는 아기를 데리고 클럽에 가서 휴대품보관소 안에 있는 바구니에 그녀를 놔두었다. 불행히도 그들은 떠날 시간이 될 때 아기에 대한 모든 것을 잊어버리고, 다음 날 아침 술기운에서 깨어날 때 그들의 실수를 알아차렸다. 그들은 급히 클럽에 돌아갔지만 잠겨있었다. 경찰을 불러 주인의 위치를 찾는데 수 시간이 흘렀다. 오줌과 똥, 그리고 토사물로 흠뻑 젖은, 아무도 귀를 기울이지 않은 유아는 지쳐서 실제로 무의식상태가 되었다. 부모가 이 사건에 대해 간직했던 이야기는 커가는 아이에게 일종의 농담처럼 들려졌다. 왜냐하면 그 아기는 그들이 씻기고 먹일 때 일단 "괜찮았기fine" 때문이다. 나를 만날 때까지, 페니는 이 사건이 안고 있는 방치neglect의 전체 윤곽을 알 수 없었다.

페니의 중심적인 상처는 이 사건에서 그녀의 부모가 보여준 관심에 대한 얼어붙은 수용력에 대한 반응이다. 내가 그녀 정신 조직에 대해, 그리고 그녀와 내가 그 상처를 변화시키려는 작업방식에 대해 묘사할 때, 우리는 이런 냉정한 비관계성이 얼마나 치명적이며, 그 아이가 어떻게 살아갔는지를 보게 될 것이다. 그 사건은 페니, 나 자신 그리고 내가 그녀와 함께 한 작업에서 도움을 청한 모든 사람들에게까지 영향을 미쳤다. 우리 작업에서 정서적 건강의 기초인 관계성은 각각의 우리 정신 안에서 *비*관계성*un*relatedness의 놀라운 수준을 접하고 경험하는 것으로부터 발달했다. 그녀가 클럽에서 방치된 이야기가 페니가 알고 있는 최악의 방치 사건인 반면, 다른 몇몇 가능성 있는 삶에 위협적인 사건들이 그녀의 첫 일 년 동안 발생했다. 두 부모, 특히 가장 파괴적인 엄마는 작고 결핍된 어떤 것도 경멸했다. 그것은 한 취약한 피조물, 특히 아기를 양육하려는 더욱 보통의 모성적 소망보다는 무기력한 유아인 페니에 대한 혐오감에 더욱 가까운 어떤 것에 대한 느낌이었다.

내가 페니와 함께 작업한 처음 몇 년 동안, 나는 나중에 진단 상 중요한 것으로 이해했던 어떤 경험을 했다. 나는 자주 그녀가 큰 정서적 고통으로 보이는 것에 대해 말할 때, 그녀를 향한 강한 냉기를 느끼는 나 자신을 발견했다. 나는 상담 그룹에 그녀를 소개하면서, 내 자신의 이런 감정들에 대한 나의 관심을 제기했다. 내가 냉랭하고 잔혹한 거리감을 가지고 그녀를 바라보는 내 자신을 발견했던 방식을 묘사했을 때, 그 그룹은 나를 떠났고, 마치 내가 몹시 비공감적인 치료자였다는 사실을 암시하려는 것 같았다. 그들은 단순히 공포 속에서 나와 연합함으로써, 내가 이런 정서적 반응들에 대해 호기심을 갖도록 도와줄 수 없었다. 수 년 동안 나는 그것에 대한 탐구로부터 나를 보호하기 위해 충분한 부끄러움과 함께 이런 경험을 간직했다. 다음에 내가 기술하겠지만, 나는 페니로부터 분리된, 그녀의 정서적 자기에 대한 무관심과 불쾌함에 대한 나의 얼어붙은 감정들은 페니 어머니 정신을 지배했던 극단적 결점을 반영했다. 그녀 엄마의 냉정함은 우리가 전형적으로 만나는 일반적인 신경증 차원을 훨씬 넘어섰던 자기-혐오를 반영했다. 그 자기혐오는 자신을 향한 페니의 태도 안에 살아있었고, 가혹한 무관심과 혐오에 대한 내 자신의 역량을 불러일으키면서 역전이 속에서 나를 전염시켰다. 그 상담 그룹을 그렇게도 질리게 했던 정서적인 반응들은 (그들 또한 감염시키는 동안) 사실 페니의 중심적 상처를 얼핏 보는 것이었다.

페니가 일곱 살이었을 때, 그녀 엄마는 아들 딸 쌍둥이를 낳았다. 이로 인해 그녀의 형제자매들은 매우 가까워졌지만 페니는 제외된 것이 심리적 배치를 형성했다. 나이가 많이 들어서도 그녀는 어린 형제자매들보다는 부모와 더 제휴했고 그들보다 더 열등하게 느꼈다. 그러나 부모는 모든 자녀들을 제거하는 자기애적 거품에 함몰되었다. 페니의 어린 시절 내내 부모는주말 아침에 극적으로 침실로 사라지면서 자신들의 강한 성적 열정을 보란 듯이 과시했다. 일 년에 한 두 번 그들은 아이들을 배제한 채, 그들을 가정부들에게 맡기고, 성대한 휴가를 떠나곤 했다. 어머니와 아버지는 성숙하지 못한 자녀들이 별 볼일 없고 열등하다는 사실을 분명히 했으며, 그들이 떠나있을 때 확실히 그 누구도 그리워하지 않았다. 페니는 일반적으로 유아에 대한 부모의 관계성으로부터 발달하는 애정어린 관계에 굶주렸다. 동시에 그녀 부모의 아마도 사랑스런 관계의 극적 표출은 페니를 향한 관계성 부족으로 이어져 그녀를 괴롭혔다.[7]

---

7) 나는 그들의 관계를 이런 용어들로 묘사한다. 왜냐하면 그 관계는 실제 관계라기보다는 하나의 연합merger이기 때문이다. 관계는 연관된 두 사람이 독립해서, 그 결과 함께 오거나 연결할 수 있는 능력을 발전시킨 정도까지 발전할 수 있을 뿐이다. 부모에 대한 페니의 묘사들은 신(어머니)과 벌레(아버지)에 대한 생생한 이미지들이다. 그 이미지들은 서로를 훔쳐 하나의 인격이 된다.

페니는 자신의 요구에 대한 엄마의 무시를 함께 나눔으로써 자신의 상황에 대해 반응했다. 그녀의 삶은 이런 시기부터 자족과 완벽함을 획득하려는 욕망에 의해 상당히 지배당했다. 그녀는 한 쪽의 쌍둥이, 그리고 다른 한 쪽의 부모 사이에서 사실상 혼자였다. 그리고 그녀가 성공하지 못했던 시도는 매우 선하고-완벽하게-되어서 부모가 자신을 그들 편에 받아주는 것이며, 쌍둥이 역시 그녀를 매우 우월한 지위로 인정해주는 것이었다. 그러한 시도는 한 번도 성공한 적이 없음에도 불구하고, 50세가 되어 치료에 온 페니는 여전히 다음과 같은 사실을 믿는다: 그녀가 이런 완벽한 사업을 수행해 낼 수만 있다면, 그녀의 삶도 잘 진행될 것이라고. 내가 위에서 언급한 바와 같이, 페니는 정신의 신적인 에너지, 즉 전능성 콤플렉스로부터 유래한 끝없이 반복적인 행동에 사로잡혀 있다. 로젠펠트(Rosenfeld, 1987)는 그것을 전능한 인격구조로, 칼쉐드(Kalsched, 1996)는 그것을 보호자the Protector로 묘사했다. 그녀는 자신의 상황에 대해 사고할 수 없었다. 그녀는 인생에서 승리할 계획을 가지고 있었는데, 그것은 그녀가 팽창된 부모로부터 습득한 계획이다. 그 계획이 결코 효과적이지 못했다는 사실도, 그녀가 적절히 그것을 할 수만 있다면 효과가 있을 것이라는 그녀의 전능한 믿음을 극복할 수 없었다.

페니는 모든 개인적 불완전성을 재앙적으로 경험했으며, 확실히 우월하지 않으면 의식적으로 열등하게 느꼈다. 자신의 부모처럼, 그녀는 "보통 사람들의 수준ordinary run of people"을 훨씬 능가하는 것은 필수적이며, 부상하는 무한한 평범한 요소들–더러운 것, 실수들, 인간 삶의 잘못된 것들–은 자신을 고통스러운 수치 경험에 함몰시킨다고 믿었다. 그녀의 진정한 정서들은 그녀에게 야비하게 보였다. 그녀는 자신을 채우는 것으로 경험하는 아기 자기baby self를 증오했다. 그리고 자신의 궁핍하고 탐욕스런 허기를 자신이 발견할 수 있는 조그만 상자에 처넣으면서 그 아기 자기를 숨겼다. 그녀는 사람들이 바랄 수 있는 모든 불가능한 것들에 대한 동경을 자신이 느끼는 것을 견딜 수 없었다. 왜냐하면 동경은 그녀를 자신의 중심적인 상처로 빠트렸기 때문이다. 거기서 그녀는 어떤 미미한 온정이나 애정도 얻지 못했던 것이다. 자신의 동경에서 페니는 또 다시 보관실 안에서 유기당했다. 그녀의 외침은 주위에 있는 외투에 덮여 음악과 말소리의 소음으로 가득 찬 나이트클럽에서 상실당했다. 그녀는 취약한 감정들을 부끄럽고 열등하게 여겼다. 그녀는 자신의 삶에 대해 느꼈던 슬픔의 문을 여는 것이 자신을 빠트리고 영원히 울게 할 것이라는 사실을 두려워했다. 고통스런 감정들이 올라올 때, 종종 본질적으로 속상한 상황 속에서 페니는 커다란 수치심을 느꼈다. 그녀 자신과는 달리, 가치 있는 사람은 모든 어려움을 초월하고 그것을 다룰 것이다. 한 꿈에서 엄마가 죽어가고 있다는 사실을 알게 된 바로 직후에, 그녀의 감정들은 마치 위협적인 자세로 자신을 훨씬 능가하는 네안데르탈 인간처럼 그려졌다. 그녀를 가득 채운 두려움과 상실의 일상적인 감정들은 추하고 섬뜩한 것처럼 보였다.

내가 그녀를 만났을 때, 페니는 외부세계에서 대단한 실체로서의 한 사람이 되어 있었다. 일터에서 자신의 역할이 깊은 수준의 취약성으로부터 자신을 보호하는 동안, 그녀는 매우 관계적이었으며, 재주가 있고 동정적이었다. 그러나 페니는 그 자체의 시기, 질투 그리고 탐욕에 빠져든 배고파 죽을 지경인 유아적 자기만이 "실제real"라는 것을 느꼈다. 증폭기제들을 경험하는 것은 우리가 그것을 의식할 때 고통스럽다. 그리고 생각나는 것을 큰 소리로 말하는 단순한 과정은 그녀로 하여금 매우 고통스런 방식으로 파괴적인 감정들과 직면하게 했다. 분노, 격분, 불만aggrievement, 분개indignation 등은 으르렁거리며 그녀를 참을 수 없는 시기와 질투로 몰아 부칠 것이다. 페니의 한 친구는 자신의 고난과 더불어 살아가야 했음을 느낀 것 같았다. 그러나 페니는 그런 관점을 상상할 수 없었다. "어떻게 이런 일이 나에게 일어날 수 있지?" 그 격노가 아무런 의미도 없음을 "알고 있었음에도" 불구하고, 그녀는 그렇게 따진다. 그녀는 내가 그녀를 안아주고 양육하도록 "하게" 하기 위해 고통스런 감정들을 느껴야할 계속된 격노를 경험했다. 그녀는 왜 취약해지지 않으면서도 자신이 찾았던 위로와 사랑을 얻을 수 없었을까? 자신의 고통을 운명의 정당한 몫으로 수용함으로써 그것을 감당할 수 있는 능력이 없는 페니의 상태는 자신을 지극히 고통스런 순환 속에 남겨두었다. 그녀가 그런 비참한 상태에 있었기 때문에, 그것은 관찰자에게 마치 그녀가 고난을 받고 있었지만, 대부분 그녀를 어떤 새로운 곳으로도 인도할 수 없었던 생짜배기 고통인 것처럼 보였다. 왜냐하면 그녀는 고통을 존경하거나 겪음으로써 그 변형적 힘에 굴복할 수 없었기 때문이다.

비록 완전에 대한 요구에 많은 양의 에너지를 쏟아부었지만, 그녀는 또한 관계성에 높은 가치를 부여했다. 결국 완전에 대한 대부분의 노력은 다른 사람들과의 상호작용에서 완벽하게 배려하고 사랑하기 위한 시도에 모아졌다. 그녀는 관계적인 것으로 *보인다*. 그러나 그녀의 비밀스런 초점은 완벽하게 조율되고자 하는 시도에 자신이 어느 정도 개입되고 있느냐에 의해 달려있다. 페니는 자신을 알기보다는 자신을 지배하기 위해서, 모든 약점, 결핍, 불확실성, 그리고 의존성을 제거하기 위해서, 올바르고, 언제나 조절 가능한 상태에 반드시 있을 필요가 있다는 자신의 감옥에 갇혀있다. 그녀는 다른 사람들에게 관심을 갖기를 무척 원했다. 그러나 일종의 존재 없음의 공포는 그녀의 뇌리를 떠나지 않았으며, 존경받는 사람에 대한 시기와 관심을 받는 사람에 대한 질투의 격렬한 감정으로 그녀를 몰아넣었다. 이런 확실히 견고한 여성은 거의 존재하지 않은 것처럼 느꼈으며, 이런 증상들은 자신의 멸절공포에 대한 모든 반응이었다. 그것은 너무 위험해서 자신의 혐오스런 결핍, 열망, 혹은 다른 사람의 시선에 대한 취약성을 드러내는 것은 상상도 할 수 없었다. 그래서 친밀함과 연결에 대한 페니의 굶주림은 자신의 상처를 방어하는 튼튼한 갑옷에 의해 항상 벽에 부딪친다. 그녀는 자신의 자기 형태가 없다고 느꼈으며, 어떤 바닥도 없어서 영원히 추락하고 있다고 느꼈다. 사실, 그녀는 그 어떤 자기도 결코 없었다.

페니는 내부에서 감지했던 자기와 구별되기 위해 노력하는 방향으로 자신의 에너지를 쏟았다. 그녀는 중요하고 가치 있게 느끼길 원했다. 그래서 자신을 감염시켰던 안전하지 않은 감정들을 물리치고 사소한 상황에서조차 칭찬을 찾아 헤맸다. 하부에서 그녀는 너무 거부되거나 원하지 않은 대상으로 느껴서, 모든 상황에서 가장 특별하고, 가장 밝고, 가장 즐거운 사람이 되려고 하는 자신에 대해 지쳐있었다. 자신이 세상에서 가장 좋은 사람으로 인정받아 가능한 모든 사랑과 존경을 받을 때에만, 그녀는 충분히 좋은 감정을 상상할 수 있었다. 내가 처음 페니를 만났을 때, "칭찬받을 수 있는admirable" 사람이 지닐 수 있는 방식에 대해 생각하고 느끼는 그녀의 시도는 그녀를 완전히 혼란스럽게 만들었다. 자신의 자기로부터 온 정서적 메시지가 그녀와 접촉하려고 시도할 때마다, 그녀는 그로부터 도망쳤다. 그녀는 자신의 관심을 끄는 "잘못된wrong" 감정들 대신 모범적인 감정들만을 추구했다.

페니는 가치 없고, 공허하며 결핍된 핵심경험과 균형을 유지하기 위해 세상의 여왕이 될 필요가 있었음을 느꼈다. 매 시간, 주말, 혹은 휴가기간의 끝 무렵에 유기감을 느끼는 대신에, 내가 그녀를 떠나갈 때나 다른 사람들이 나를 그녀보다 더 관심을 갖고 있다는 것이 분명할 때, 페니는 마치 일회용 쓰레기처럼 느꼈다.

알지 못한다는 경험은 그녀에게 공포스러운 것이었으며, 그것은 그녀 자신의 정서적 반응들에 대한 관계에서 가장 파괴적으로 드러난 일이다. 즉각적인 감정들의 예측할 수 없는 본성은 극히 위험하게 보인다. 조절 가능한 상태에 있어야 할 필요성은 그녀를 자신의 정서적 진실을 부정적으로 왜곡하게 했다. 사실 그녀는 깊이 동정적이었으며, 배려하는 사람이었고, 자신의 이기심이 다른 사람들에게 상처를 줄 수 있는 방식에 대해 심각하게 염려했다. 그러나 동시에 자신의 이기적 소망과 다른 사람에 대한 배려 사이의 틈새를 확인하는 가운데 발생할 수 있는 혼란에 대해 두려워하면서, 그녀는 자신의 배려를 분할시켰다. 얼마 전에 인도에서 한 아기를 입양한 시누이가 발목이 부러졌을 때, 페니는 고통을 느끼고 그녀를 돕기 위해 상당한 시간동안 일을 하지 않았다. 그렇게 하는 것이 "칭찬받을" 일이기 때문에 그렇게 했다고 주장하면서 말이다. 그녀는 칭찬받을 만한 사람이 되기 위해 그렇게 하고 있었다. 그러나 시누이의 딜레마가 페니의 통제 불가능하고 예측 불가능한 마음을 건드렸기 때문에 그녀는 또한 그렇게 하고 있었다. 그녀는 자신의 두려움과 관심을 부정할 필요가 있었다. 왜냐하면 그것은 인생의 통제 불가능한 썰물과 밀물에 직면한 자신의 무기력함에 대한 무시무시한 경험들을 그녀에게 열어 보이기 때문이었다.

나에 대한 분노는 여러 해 동안 비교적 비밀리에 유지되었다. 나에 대한 실제적 분노를 표현하는 것은, 나와 함께 나이트클럽에 가서 내가 그녀를 보관실에 두려고 했을 때, 그와 동시에 그녀가 나를 향해 격분했는가를 보려는 것과 같다고 느꼈다. 비록 무서웠지만, 그녀는 다음과 같은 사실을 알았다: 자신이 분노에 가득 찬 것을 표현했을 때 비로소, 그녀는 내가 그 "실제" 페니를 일회용 쓰레기로 간주할 것인지 그렇지 않을 것인지를 알게 되었다. 그것을 시도할 때까지, 그녀가 실제로 누구인가를 내가 알지 못했기 때문에, 내가 마치 그녀를 소중히 여기는 것처럼 행동한 것을 계속해서 느끼곤 했다.

우리가 작업을 시작했을 때, 그녀의 "부끄러운shameful" 감정들에 대한 비밀스런 자폐적self-imprisoning 본성은 특히 그녀 남편과의 관계에서 드러났다. 그녀는 남편에게 올라오는 진짜 취약한 감정들에 대해서 말하지 않았다. 왜냐하면 그가 그로 인해 그녀를 비난할 것이기 때문이었다. 우리가 그 패턴을 살펴본 대로, 그녀는 실험적으로 진실을 말하기 시작했으며, 남편은 사랑스런 관심으로 응답하면서 그녀를 항상 놀라게 했다. 그녀는 남편이 누구인가에 대한 끔찍한 환상을 구성해왔다는 사실을 인정하기 시작했다. 끔찍한 보호자(Kalsched, 1996)로서의 그에 대한 환상은 그녀로 하여금 (결핍으로) 왜소하게 느끼게 하기 보다는 (격분으로) 크게 느끼게 하면서, 그녀의 비밀스런 분노를 항상 부글부글 끓게 했다. 그 끔찍한 보호자는 그에 대한 환상을 표현하지 못하게 함으로써 취약성의 위험성을 저지했다. 페니가 남편의 반응이 어떻게 될 것인가를 알지 못하는 불확실성에 자신을 개방시키기보다는, (자신과 연합된) 남편이 자신을 비난할 것이라는 사실을 "아는know" 것이 물론 더 안전했다. 그의 진실한 반응은 그녀의 조절능력 밖에 있었다. 그리고 물론 그는 종종 그녀에게 동의하지 않거나, 부드럽게 부정적 판단을 표현했다. 페니 안에서 남편은 그녀 엄마의 의견들을 되풀이하는 비난하는 신god이다. 이런 내적 상황이 비록 고통스럽더라도, 그것은 그녀가 의식적으로는 정말 필사적으로 벗어나길 원하는 엄마에 대한 유아적 연대를 지속하는데 더욱 유익한 지지를 제공한다. 그녀 남편으로부터 느껴지는 가상적 비난은 페니로 하여금 자신의 고통스런, 즉 자해적인self-wounding 적응을 유지하도록 돕는다.

페니의 콤플렉스를 통해 작업하기Working through Penny's complex

페니는 나와 함께 매주 세 번씩 만나면서 거의 10년을 작업했다. 나는 그녀의 근본적인 콤플렉스를 열어보이고 재 작업한 그 기간을 자세히 언급할 수는 없다. 그러나 나는 그녀가 일주일에 세 번에서 두 번으로 줄이기 전, 특히 성과가 있는 몇 달 동안을 묘사하려고 한다. 그녀가 방향를 전환하여, 나와의 연대를 깊게 하는 것으로부터 더 이상 개입하지 않은 방향으로 움직일 때, 내가 위에서 묘사했던 모든 이슈들이 강하게 부각되면서, 그 때 그 이슈들은 이전에 가능했던 것보다도 더 깊은 차원에서 해결되기 시작했다.

회기를 포기하려고 했던 세 번째 때보다 약 4개월 전에, 페니는 누군가 고통에서 도망가기보다는 고통을 안고 소화시킬 수 있다는 것을 상상할 수 없었던 것에 대해 말했다. 수년간 우리는 종종 이 문제에 대해서 이야기했다. 그러나 고난을 정당하게 수용하려는 입장은 그녀를 계속해서 힘들게 했다. 이것은 부분적으로 그녀의 고통이 너무 민감했기 때문이며, 그녀 삶에서 아무도 그런 모델을 보여준 적이 없었기 때문이다. 또한 그녀는 단순히 너무 어리고 연약하다고 느껴서 고통을 견디기 어려웠기 때문이다. 상담시간을 포기한 것에 대한 고통에 대해 말할 때, 그녀는 발을 헛디뎌 넘어지면서 다음과 같이 말했다: 자신은 컵에 물을 반만 채운 사람이기 때문에 항상 슬픔 속에 빠져드는 어떤 존재였다는 것이다. 그녀가 실언을 한 것을 내가 지적했을 때, 그녀는 큰 충격을 받았다. 왜냐하면 반 정도 찬 유리잔처럼 "열등한inferior" 사람으로서의 자신에 대한 자각은 자기 이미지에 매우 중심적이었기 때문이다. 무의식의 언급comment을 반쯤 흘려보내면서, 그녀는 이것은 분석가인 나의 믿음과 관련되어야 할 것이라고 말했다. 그것은 우리가 고통을 안고 그로 인해 고난을 당한다면, 우리 내부에 더 많은 영역이 열려, 고통에 사로잡히기보다는 오히려 슬픔을 소유하게 된다는 믿음이다. 그녀는 우리가 함께 작업했던 수년 동안 이와 같은 경험을 해왔으나, "자신she"은 이것을 믿지 않았다고 계속해서 이야기했다. 자신이 충분히 "진화했다면evolved", 상담시간을 포기한 것은 고통스러웠을 것이라고 페니는 말했다. 그녀는 고통은 삶의 일부가 될 수 없다는 환상에 매달려 있었다. 그와 동시에 그녀는 자신을 채워 실체를 부여해 왔던 고통을 무의식적으로 당해내기 시작하고 있었다.

하지만 페니의 전능한 입장이 부드러워지고 변화됨과 동시에, 그것은 또한 그녀 정신의 지배적 장소에 매달리고자 시도하는 마지막 저항 장소에서 대두되었고, 내가 그녀의 고통을 사라지게 해야 한다는 격렬한 요구들이 일어났다. 그녀는 내가 무료로 상담해줌으로써 한 회기라도 결코 포기하지 않게 되기를 원했다. 그녀는 시계의 움직임에 따라가기보다는 내가 "그녀로 하여금" 회기를 끝내도록 허용해주기를 원했다. 그녀의 강한 강압적인 요구는 나를 놀라게 했으며, 그녀가 두려워하는 정확한 감정, 즉 나의 냉정함의 한 변형 속으로 나를 몰아넣었다. 나의 불안에 대한 인식으로부터 나를 보호하면서 비판적이고 거리감을 두는 감정들은 내 목을 붙잡고서 관계적인 개방적 태도로부터 우월하고 비난조인 자기애적인 입장으로 나를 던졌다. 비록 그것이 아마도 중립적인 정신분석 언어로 표현되었을지라도 말이다. "내가 어떻게 그렇게 오랫동안 그녀의 퇴행에 대한 악의에 찬 본성을 알아채는 데 실패했을까?" 나는 걱정스럽게 내 자신에게 이렇게 질문하면서도, 우리가 콤플렉스들을 훈습할 때 마지막 숨막히는 순간에 그 콤플렉스들이 강화된다는 사실을 기억할 수 없었다. 한 사례에서, 그녀가 상담시간들을 줄이기 석 달 전에, 나는 그녀를 가혹한 방식으로 대면하고 있는 내 자신을 발견했다. 다음 날 그녀는 자신의 난폭함에 대해 말하기 시작했고, 몇 분 후에 나는 그녀가 그 전 날처럼 나를 난폭하게 경험했을 것이라고 말했다. 페니는 잠시 동안 이런 가능성 주변을 춤추듯 맴돌았다. 그리고 나서 그녀는 그런 가능성을 붙잡고 분석가의 콤플렉스에 사로잡힌 행동으로 인해 촉발된 고통을 느끼도록 자신을 허용했다. 그녀는 내가 사과하기를 요구했고, 나는 그렇게 했다.

한 달 후에, 내가 그녀의 혐오스런 벌레와 관계 맺는 비난하는 신의 역할로 다시 떨어졌을 때, 나의 차가운 면을 발견한 방식에 대해 그녀가 처음으로 말하기 시작했다. 여러 해가 지나서야 나의 소름끼칠 정도로 얼어붙은 거리감으로 인해 나는 도움을 청할 수 있는 상담그룹으로 향했다. 나는 더 이상 나의 정서적 반응에서 의식적으로 얼어있음을 느끼지 않았다. 내가 최악의 상황을 통과한 것은 페니로 하여금 수 년 동안 드러났지만 부인해왔던 이런 불평을 이제 드러낼 수 있게 하는 것이었다. 그녀는 공포를 느꼈다. 페니는 내가 제공했던 것보다 더 많은 따뜻함을 필요로 하며, 그 밖의 다른 사람을 만나야 한다는 생각으로 거의 즉각적으로 빠져듦을 느꼈다고 했다. 표면적으로 그녀는 매우 놀랍고 작아져서 자신의 전능한 자격은 소용이 없게 되었다. 그녀는 자신이 원하는 것을 이제 얻어야 마땅한 것 같았다. 그러나 하부에서는 그러한 이기적 요구가, 그녀가 비판을 통해 나에게 상처를 주거나 내가 보복적 분노로 그녀를 파괴할 것에 대한 두려움을 깔아 놓았다. 수 년 동안 우리는 나에 대한 그녀의 이상화를 조금씩 제거했다. 그러나 그녀는 이제 나의 행동에서 실제적 한계를 보았다. 공포에 질려, 그녀는 만약 내가 완벽하지 않다면 나는 충분히 좋을 수 있다는 사실을 상상할 수 있는 능력이 자신에게 없다는 것에 대해 말했다. 천천히 그녀가 지닌 분노는 항상 너무 강하게 작용해서 그 모든 증폭기제에 드러나는 것으로부터 나를 보호했다. 그 사실 이후 수 년 동안, 그녀는 자신이 원했던 늦은 오후의 상담시간을 내가 조절하도록 노력하는 과정에서 더딘 속도에 대해 화가 나 있었다. "어떤 이유로," 그녀는 화가 난 채로, 내가 그녀를 적응시키기 위해 다른 내담자들의 상담시간을 옮기기를 원하지 않았다고 선언했다. 그녀의 질투는 빠르게 확대되었다. 그녀는 그 밖의 다른 사람이 나에게 중요하게 여겨지면 내가 어떻게 그녀를 돌보는지를 보지 않았다. 그녀 자신 외에는 아무도 그녀를 중요하게 여기지 않는다고 그녀는 주장했다. 페니는 내 안에 자리 잡으면서 우리 영역에 스며든 부모의 냉정함을 경험하기 시작했다. 그러나 그 치명적인 본질(우리가 그것에 사로잡힌 상담그룹의 사례에서 본 것처럼)은 그에 접하는 모든 사람들을 감염시켰다. 그리고 내가 그 안에 참여한 것에 대해 분노하기 시작했을 때, 그녀 또한 그 안으로 빠져들었다.

그녀의 이기적 태도는 나를 두렵게 했다. 그러나 이 회기에 나는 나의 기반을 유지할 수 있었다. 그리고 내가 왜 그렇게 조용히 있었느냐고 물었을 때, 나는 그녀가 이런 분위기에서 느껴야 할 것에 대해 상상하려고 노력하는 중이었다고 말했다. 나는 그것이 외롭게 느낄 것인가에 대해 의아해 했다. 페니는 실제로 다른 사람들을 중요하게 여기는 것처럼 보이는 것이 얼마나 위험한 것인가에 대해 말했다. 그녀와 나와의 관계 속에서 경험한 강한 박탈감이 내가 삶 속에서 다른 사람들을 만나는데 도움을 줄 수 없을 것이라고 생각한다면, 자신은 무언가를 잃게 될 것이라고 느꼈다. 그 사실을 수용하는 것은 그녀의 박탈감이 결코 지울 수 없었던 감각을 향해 문을 열 것이라고 우리는 함께 인식했다. 그 박탈감이 나의 진정한 한계들로부터 부분적으로 경험될 때, 그녀는 그것을 거부했던 것이다. 그녀는 스스로 너무 부족해서 자신을 도와줄 누군가 완벽한 사람을 필요로 한다는 것을 느끼기 때문에, 분석가인 내가 흠이 있을 것이라고는 도저히 상상할 수 없다고 말하려 했다. 그러나 그녀는 말을 계속해서 더듬으면서, 그 말이 더 이상 진실하지 않음을 깨달았다. 그녀는 비록 정말 상처받았음을 느꼈지만, 실제로 더 이상 결함을 느끼지 않았다고 했다. 그녀는 궁핍한 인도 아동들이 똥 속에 빠진 채 변소 안에 숨어있기를 강요받은 장면을 보여준

영화를 기억했다. 나는 다음 두 가지 사실을 제시했다: 너무 특별해서 유일한 것이 될 만한 그녀의 필사적인 요구는 자신의 똥이라는 사실, 그리고 심지어 나를 포함한 다른 모든 보통 사람들과 더불어 내가 그녀를 진흙바닥으로 끌어내리면서 자신을 평범함 사람으로 간주했다고 느꼈을 때, 그녀는 자신이 똥 속으로 던져지고 있음을 느꼈다는 사실이다. 이런 특별함의 주제가 상담회기를 줄이기 전 몇 달 동안 그 방식을 구성하고 있을 때, 그녀는 점점 다른 사람들에 대한 진정한 애정을 인식했다. 그녀는 공포가 자신의 배려에 거슬려 마음을 딱딱하게 했음을 보았다.

인간 정신 안에서 사랑과 관계성에 기초한 태도들은 소멸에 대한 공포로 말미암아 생긴 권력에 대한 자기애적 탐욕에 대항하여 투쟁한다. 이에 대해 말할 수 있는 다른 방식은 따뜻함에 대한 취약성은 우리 각각의 영혼 속에서 냉정함의 안전성safety of coldness과 투쟁한다는 사실에 주목하는 것이다. 비록 약간의 사랑과 권력의 혼합이 거의 항상 우리를 몰아갈지라도, 하나가 드러나는 한 다른 것은 배제된다. 우리가 이야기해왔던 병리의 자기애적 콤플렉스는, 젤리와 같은 핵으로부터 유출된 연약함에 대한 감각에 의해 발화된, 일종의 권력 욕동의 표현이다. 우리 각자는 스트레스 아래에서 어느 정도 신-벌레 관계 양상에 빠져든다. 일등, 즉 세상에서 유일한 가치 있는 존재가 되어야 한다는 페니의 요구는, 내부에서 자신을 비하함으로써 자신을 보호할 수 없을 때, 훨씬 우월한 감정들을 불러왔을 것이다. 그녀의 완전주의는, 다른 의미들에 더하여, 자신의 다양한 감정들로 인해 자신을 가혹하게 공격하도록 인도했다. 이것은 내 안의 우월하고 전능한 신을 배치했다. 그녀의 콤플렉스들이 나와의 상담회기를 놓친 것에 대한 어렴풋한 접근에 의해 크게 강화되었던 이 기간에, 내부의 얼음으로 향하는 나의 경향은, 그녀나 내가 그것을 확인했을 때, 나로 하여금 상당한 수치심을 느끼게 했다.

가까이 살고 있었던 페니의 어머니는 이 기간의 여러 달 동안 심각하게 상태가 악화되기 시작했고, 그녀의 돌봄에 끝없는 위기들이 있었다. (그녀의 아버지는 내가 그녀를 알기 전에 죽었다.) 페니는 자매들이 고통을 드러내는 목표물이 되었고, 거의 천마일 떨어져 살고 있는 여동생은 페니가 어머니를 돌보는 방식을 비난하는 끝없는 혹평식 이메일을 날려댔다. 우리가 그녀의 여동생에 대해 말할 때, 그녀는 여동생에게 느꼈던 것과 동일한 종류의 비난과 정죄를 나로부터 느꼈음을 알았다. 나는 재판관이 방 안에 있는 것 같으니, 우리가 멀리 떨어지기보다는 여기서 그 비판적인 에너지와 더불어 작업하는 것이 더 의미가 있을 것이라고 제안했다. 그녀는 자신의 감정에 대해 말했다: 그녀가 자신의 삶을 유보하지 않으면서, 어머니를 위해 모든 시간을 헌신해서 어머니를 고난으로부터 보호했다면, 내가 그녀를 이기적인 딸이라고 비난했을 거라는 점이다. 페니는 내가 내 삶을 유보해서 그녀를 고난으로부터 보호해주기를 원한다는 사실을 우리는 함께 볼 수 있었다. 그러나 그녀가 느낀 요구에 대한 그 두려움이 그녀 자신에 대한 비난으로 향하게 했다. 그녀가 영원한 돌봄을 제공하지 않았다는 이유로 나/그녀 자신을 공격할 때, 그녀는 다양한 해석을 빌미로 나를 비난하는 것으로부터 보호받았다는 것을 점차 깨달았다. 그것은 그녀 자신이 바로 자신의 실제 불완전성과 투쟁하는 것으로부터 보호받은 것처럼, 그렇게 그녀는 현실적으로 냉정하거나 비판적으로 경험했다는 해석이다. 우리 가운데어떤 사람도 수퍼인간이 아닌 방식에 주목한다면, 우리는 진짜 실패들에 사로잡힐 필요가 없었다. 공포로 인해 그녀는 나의 현실적 어려움들을 비판했으며, 그녀가 나를 차갑고 가혹하게 경험했던 방식에 머무르게 했다.

그녀는 자신을 그렇게-완벽하지-않은 존재, 다른 모든 사람들과 더불어 배설물 안에 가라앉은 존재로 허용하면서, 동생과 나 모두에 대해 강하게 분노하게 되었다. 그녀는 자신의 분노 속에서 사랑받을 수 없음을 느꼈고, 내가 그녀를 미워한다고 확신했다(내가 실제로 안도했을 때, 왜냐하면 우리는 더 이상 완벽성의 얼어붙은 춤 안에 사로잡혀있지 않았기 때문이다.) 페니는 자신의 격노fury에 대해 두려움을 느꼈다. 그것은 그녀가 가장-완벽한-사람과의 경쟁에서 이길 수 없음을 인식하면서부터이다. 그러나 자신이 매우 부족하며 공허하고 취약해서 필사적이 될 수밖에 없었고 코너에 몰린 동물처럼 사나워질 수밖에 없었다는 사실을 내가 지적하자 그녀는 편안해졌다. 페니는 남편뿐만 아니라 가까이 사는 자매들과의 관계에서 눈에 띄게 더욱 진정성이 있게 되었다. 그녀는 물에 가라앉는 꿈을 꾸었다. 그녀는 자신의 팽창inflation을 포기하고 사람들과의 영양가 있는 연결을 만들어 갔다. 그녀는 자신이 알고 있는 인종간 결혼커플에 대해 꿈 꿨다. 그 꿈에서는 백인이 더 검어졌고, 갈색 피부의 사람은 더 밝은 모습이 되었다. 인생은 검거나 하얗기보다는 서로 섞여 혼란스런 상태로 옮겨 간다.

이 기간의 여러 달 동안 그녀가 세 번째 회기를 포기한 것에 대해 느꼈던 상실과 두려움에 대해 많은 것을 말했다. 내가 그녀로 하여금 상담회기를 포기하도록 했고, 가끔 자신의 고통으로 인해 격노를 느끼게 함으로써 자신을 유기하고 있었다고 그녀는 느꼈다. 나는 그녀를 보관실에 항상 다시 처박아놓고 있었다. 그러나 그녀는 또한 이전에도 그랬듯이 자신의 아기 부분을 거절하지 않고 있었다는 것을 알았다. 작은 상자에 눌려 갇히는 대신, 그녀는 이제 아기의 현존을 종종 느낄 수 있다. 그리고 그녀는 내가 없을 때, 자신의 아기를 무릎에 안을 수 있게 되었다는 사실을 수용했다. 페니는 따뜻해지고 있었다. 그녀는 그동안 얼마나 많은 돈을 벌어 왔는지 알게 되었으며, 자신의 진정한 크기와 실체의 일정 부분을 떠맡게 되었다. 그것은 자신의 왜소함과 취약성을 수용할 가능성이 더욱 커진 하나의 변화다.

그녀의 콤플렉스 활동이 고조된 상태는 진보에 대한 수많은 주제들이다. 위협적인 자료가 그 자체를 드러낼 때, 가끔 주말이 아득했기 때문에 페니는 콤플렉스의 강력한 힘으로 나를 겁 먹게 했다. 다른 때는 그녀가 성장하는 자기-소유와 성숙으로 나를 놀라게 했다. 그녀는 이 기간동안 남편과 함께 자지 않고 혼자 자면서 두 번 꿈을 꾸었다. 그녀는 그 꿈을 재미있게 느꼈는데, 그것은 자신의 감정들을 스스로 상하게 할까 봐 걱정하는 것이었다. 그러나 그것은 자신의 고유한 영역을 갖기에 좋은 느낌이다. 그 꿈은 그녀 남편과 나를 더욱 현실적으로 보며, 자신의 고유한 관점의 가치를 믿는 그녀의 성장하는 능력을 반영했다. 그녀는 더 이상 남편(나)에게 흡수되지 않았다. 그녀는 더욱 더 분리되어, 접착제로 달라붙기보다는 관계적이 되었다. 비록 세 번째 상담시간을 포기하기가 무척 어려웠음을 느꼈을지라도, 페니는 또한 그것을 감당할 수 있을 것이라고 생각했다. 그녀는 이런 고난을 견딜 수 있게 되었다.

긴 주말 이후 단 두 번의 회기를 남겨둔 한 주간, 페니는 나에게 매달릴 필요가 있음을 느꼈다. 그녀는 자기-공격에 빠지기보다는, 자신의 자포자기가 마치 직선적인, 비심리적 부분으로 퇴보하는 것처럼 보였다고 진술을 했다. 그러나 그녀는 그것이 자신의 필요를 부정하고 극복하기 위해 시기나 질투로 빠지기보다는, 그것을 알고 느낄 수 있는 진전이었다는 것을 볼 수 있었다. 분석에서 A+를 얻고자 하는 소망이 올라 올 때, 그녀는 그 소망을 불안전성으로부터 자신을 지키기 위한 시도로 인식하고 흘려보냈다. 그녀는 나의 다른 환자들의 존재가 드러나는 이런 저런 방식에 접할 때, 그들에 대한 질투를 느꼈다. 그러나 우리가 그녀의 유아적 경험이 그녀 안에서(그리고 물론 내 안에서) 창조했던 영구동토층permafrost을 통해 함께 작업했을 때, 페니(그리고 나)는 그녀에 대한 나의 사랑의 깊이와 다른 환자들이 철회하는 이런 보이지 않은 것들의 중요성을 느끼기 시작했다. 그녀는 한 친구가 추천해준 매스터슨Masterson의 심리학 책을 읽고, 그가 자기 환자보다 우월하게 행동한다고 생각했다. 그녀는 그녀와 내가 작업에서 파트너라고 생각하고, 우리가 함께 진실을 만날 때 손을 붙잡고 있었다는 사실을 생각하는 자신을 발견하고 놀랐다. 그것은 충분히 좋았고 확고한 것처럼 보였다. 그것은 고통을 주는 것들을 보지 않으려는 시도에서 맴도는 것은 아니다. 그녀는 꿈속에서 나를 수년 전부터 알고 있었던, 심각한 애착 문제를 안고 있는 동부 유럽의 아이를 입양한, 한 여성으로 묘사했다. 그 입양한 엄마는 그 아이를 "완전히completely" 치유했다. 그 결과 그 아이는 새엄마와의 건강한 애착관계를 발전시켰다.

시기, 질투, 탐욕은 삭막하고 충격적인 방식으로 계속 분출된다. 그러나 이 기간에 나는 그런 정서들의 힘에 대한 나의 두려움을 통해 작업했으며, 그것들이 내 안에서 배치시켰던 비난하는 반응들을 붙잡을 수 있는 능력이 더욱 생겼다. 나의 가혹한 냉정함의 감옥이 되는 대신에, 나는 냉정함을 안을 수 있게 되었으며, 그것과 분리되어 머물 수 있었다. 페니가 다음과 같이 말하면서 나를 인용했던 이전 글(제4장 "페니의 콤플렉스를 통해 작업하기"를 보라)을 기억해보자: 누군가 괴로움으로부터 도망가기보다는 그 괴로움을 당할 수 있다면, 그는 고통에 의해 사로잡히기보다는 자신의 고통을 소유하는 사람이 된다. 우리가 분석작업의 이런 중요한 시기에 나타난 페니의 콤플렉스에 대해 함께 작업할 때, 내 정신 안에 있는 거울 이미지 또한 그 작업을 성공적으로 해낼 것이다. 내 안에서 이런 엉킨 것을 푸는 작업이나, 그녀 안에서 그것을 풀어내는 작업 가운데 어느 것도 먼저 나오지 않았다. 우리가 함께 살았던 영역은 우리 두 사람에 의해 수행되었다. 그리고 그 영역이 이동할 때, 우리 각자는 조금씩 그 영역에 대한 애착으로부터 벗어났다. 얼음 같은 여왕 어머니ice-queen-mother는 우리 각자의 정신 내부에서 구원받고 있었다.

내 자신을 더욱 더 애정으로 바라볼 수 있게 되자, 나는 그녀를 점점 동정적으로 안아줄 수 있었다. 결과적으로 이것은 페니로 하여금 자신의 취약성을 끌어안도록 했으며, 그녀가 자신의 그림자를 보다 자주 수용하고 인정하게끔 도왔다. 시기, 질투, 탐욕: 악마를 두려워하기 보다는, 이런 정서들은 끌어안고 함께 작업해야하는 단순히 고통스러운 인간적인 실패들이 되었다. 그녀는 상담을 줄이면 내가 그녀에 대한 관심을 잃게 될까봐 두려웠으며, 그녀가 내가 가치있게 여기는 "집중intensive" 작업을 하게 될 그 밖의 다른 사람에 의해 대체될 것에 대해 두려움을 호소했다. 그러나 그 다음 날 그녀는 자신에 대한 나의 헌신을 느낄 수 있으며, 일주일에 단지 두 번만 만나기 시작했어도, 내가 자신을 소중히 여기는 것을 그만두지 않을 것이라는 것을 안다고 말했다. 내가 그녀를 특별하게 도왔다는 것을 페니가 느꼈을 때, 그녀의 시기는 확실히 분출될 수 있었다. 그러나 이런 경험 속에서 그녀는 자녀들이 긍정적인 연합을 형성하고 있을 때, 그녀의 엄마는 언제나 어떻게 질투심이 많고 배타적이었는가를 기억했다. 그녀 가족에서 모든 것은 승리에 관한 것이었으며, 페니는 이제 나와의 연결이 그동안 어떻게 승리로 채워졌는지를 보았다. 우리 가운데 한 사람은 선하고 우월해야 했으며, 다른 사람은 악하고 열등해야 했다. 한 사람은 승리했고, 다른 사람은 실패했다. 내가 강해지고, 그녀가 약해지는 것이 보다 안전했다. 그러나 그녀는 또한 나를 깎아내리기를 원했다. 눈을 뜨고 나를 실패한 자로 여기고 내 잘못을 비난할 때, 그녀는 점진적으로 우리를 두 제한된 피조물로 상상할 수 있게 되었다. 그것은 우리가 함께하며, 우리의 작업을 충분히 잘 수행하고 있다는 것을 암시한다.

자신의 완벽주의의 냉정함을 나의 냉정함에 대한 "비합리적"이고 "과도한" 분노로 표현함으로써 극복할 때, 그녀는 내가 변했으며 따뜻해졌다는 믿음을 표현했다. 주관적으로 나는 항상 그녀를 무척 좋아했다. 그녀의 "선하고자" 하는 필사적인 욕구need는 그녀 정신을 무서운 옹이들로 일그러트렸다. 그러나 그 뒤에 다음과 같은 사실이 놓여있었다: 그녀는 거의 모든 사람이 칭찬할 수 있는 방식으로 선하게 되려고 정말 노력했다. 왜냐하면 그녀는 가장 높은 가치를 사랑스럽고 관심 받는 사람이 되는 것에 두었기 때문이다. 선하게 되고자 하는 그녀의 좌절시키는 소망은 그녀를 또한 분석에서 열심히 하도록 인도해서, 다룰 수 있는 만큼 많은 분량의 고난을 감당했다. 자신의 고난을 짊어지는 것이 자신의 보호 방패를 벗어던지지 않으려는 강하게(그러나 명백히) 표현된 소망에 대한 속임수 형태를 띨 때조차도 그러했다. 나는 내 기본 감정이 변화했다고 생각하지 않는다. 그러나 나는 확실히, 내가 페니를 더욱 더 한 동료로 인식할 때, 나를 무척 놀라게 했던 잔혹한 정서들이 조절되고 있었음을 알았다. 그것은 내가 나의 정신 안에 있는 상처들과 씨름할 때, 그녀 또한 그녀의 정신 안에 있는 상처들과 투쟁하는 방식으로 나타났다.

그녀 어머니의 건강이 실패하고, 페니가 이런 일차적 콤플렉스의 기초 수준을 통해 작업했을 때, 페니가 한 때 모든 나쁜 것을 간직했던 어머니에 대한 사랑과 배려가 생겨났다. 그녀는 어머니가 자신을 돌볼 때와, 어머니의 연약한 상태가 동정심과 이해심을 배치시켰던constellated 때를 기억해냈다. 슬픔을 담아둔 깊은 저장소가 부상했다. 격분으로 자신의 슬픔에 대항하기 보다는, 그녀는 그 안으로 헤엄쳐 들어갔다. 그녀는 칭찬받는 딸이 되는 유일한 방법은 자신을 완전히 희생하는 것이라는 믿음이 그대로 흘러가도록 내버려 두었다. 왜냐하면 그녀는 내적 갈등이 올라오는 고난을 껴안을 능력을 발전시키고 있었기 때문이었다. 그녀는 어머니의 고통을 덜어드리고자 하는 소망과 자신의 고유한 삶의 요구와 필요 사이에서 십자가에 달리는 고통을 느꼈다. 자신이 어머니를적절하게 돌보는 일을 할 수만 있다면, 어머니는 고난을 받을 필요가 없을 것이라고 주장하는 내적 판단자에 대항하여 그녀는 성공적으로 투쟁했다. 점점 더 페니는 고난을 회피해야할 어떤 것이라기보다는 삶의 본질적인 부분으로 인정했다. 역설적으로 여동생이 자신의 노력이 부족함을 발견했을 때, 화가 나서 비난 할 수 있었음에도 불구하고, 동생의 비판에 대해 내적으로 덜 민감해졌다. 그리고 동생은, 거짓 성인 대신에 요구에 걸맞는 실제 사람과 연결하면서, 보다 덜 비판적이 되었고 페니가 극복하고자 하는 어려운 상황에 대해 보다 연민을 보였다.

사람들은 천천히 변화하며, 발달은 일직선으로 나아가기보다는 둘레를 회전하면서 나아간다. 페니의 콤플렉스가 지배력에 매달리고자 하는 그 자체의 시도로 그녀 내부에서 강화되었을 때마다, 나는 어머니의 얼어붙은 비정함에 대한 나의 전이해version 속으로 빨려 들어갔다. 그러나 그 강도는 매번 약간 약화되었다. 그녀가 이전에 한 번도 해본 적이 없었던 어떤 것, 즉 나의 냉정함에 대해 적극적으로 말하면서, 페니가 그 냉정함을 알아차리는 과정에서 나의 협력자가 되어, 그에 대해 호기심을 갖고 그것을 변형시켰다. 분명히 나는 여전히 두려운 상태에서, 그녀를 어떤 비판적인 방식으로 (조용히) 진단하면서 내 자신과 거리를 둘 수 있다. 그 순간, 증상의 강화는 해결의 일부이며, 우리가 배려능력을 심각하게 상하게 하는 것을 다루고 있었다는 사실을 기억하는 것은 어려웠다. 그러나 우리가 함께 직면했을 때, 그것은 극적으로 부드러워지고 수정되었다.

이 기간 동안 페니의 진보는 큰 감동을 주고 있었다. 그녀는 증폭기제들의 지배력에 대한 자신의 인식이 성장했기 때문에, 그에 대해 훨씬 덜 속박 당했다. 그녀는 전능한 방어들을 포기할 때, 자신의 진정한 잠재력을 획득했다. 그녀가 그 뒤에 숨어있는 냉정한 증오를 담아낼 수 있다는 사실을 깨달았을 때, 자신을 깎아내리려는 욕구는 사라졌다. 그녀는 나를 포함한 삶의 모든 사람과 더불어 진정성 안에서 큰 걸음을 내디뎠다. 그리고 그녀는 포기된 완벽한 사람의 역할을 충분히 보상하기 위해 그에 따른 친밀한 자양분을 발견했다. 그녀가 자신의 고유한 관점의 가치를 믿게 될 때, 그녀의 남편과 나는 공감적으로 신의 위치에서 죽을 수밖에 없는 존재로 강등되었다. 다음 여러 해는 그녀가 자신의 남은 시간을 포기할 수 있다는 것을 느낄 수 있을 때까지, 이런 수확물들을 강화하고 넓히는 데 보냈다. 그녀는 실제함을 느꼈고, 강함을 느꼈으며, 결국 분석을 끝냈을 때, 자양분이 풍부한 관계 속에서 부요함을 느꼈다. 완벽하게 주목받는 사람이 되기 위한 그녀의 소망에 얽혀있었던 부분적으로 거짓된 관심은 천천히 그녀의 진실한 본성의 중심적 요소였던 실제적 따스함과 배려로 변모했다.

5. 진실과 거짓들 Truth and lies

삶이 우리에게 많은 위로를 줄 것인지 나는 모른다. 그러나 진실로부터 온 위로는, 그 위로가 존재한다면, 단단하며 오래 간다. 반면에 거짓으로부터 온 것은 그 기원처럼 잘못되고 덧없다

(베넷 랑톤에게 보낸 존슨 박사의 편지, Bion, 1970, p. 7에서 인용).

관계성은 진실truth을 보고 견디려는 시도에 달려있다. 진실이 두려워질 때, "나I"는 다른 관점들 — 그것이 다른 사람들의 관점이거나 그 자신의 다른 부분들의 관점이든지 간에 — 을 닫아버리는 유아론적唯我論的 solipsistic 거품으로 진실 자체를 덮어버린다. 이 순간의 진실을 두려워하는 사람은 자기 자신의 관점에 대해서 생각하거나 다른 사람들의 관점을 상상하려고 시도하지 않는다. 그는 자신이 무의식적으로 현존하다고 믿는 어떤 것, 즉 자신의 어떤 부분이 상당히 위협적이라는 사실에 관한 어떤 것을 알지 *않으려고* 노력한다. 시각장애인들과 코끼리에 대한 이야기가 분명하듯이,[1)] 진실을 추구하는 것은 다양한 관점을 안을 수 있는 능력에 달려있다. 한 가지 관점은 단지 쉽게 속이는 평평한 그림만을 제공한다. 나는 어떤 상황을 나의 "나" 관점에서, 그리고 그와 마찬가지로 당신의 "나" 관점으로부터 볼 수 있다. 그 관점들은 내게 원래 분명하지 않았던 요소들이다. 앞 장에서 우리는 자기애의 내적 구조를 살펴보았다. 이 장에서, 우리는 정신 속의 관계적인 에너지와 반관계적인 에너지, 진실을 추구하고자 하는 우리 자신의 일부와 진실을 두려워하는 부분들 사이에 있는 역동적인 상호작용에 대한 탐구로 향한다.

비온의 사고 가운데 한 줄기는 진실과 거짓 둘레를 돈다. 많은 사람들은 자

1) 각각의 시각장애인은 자기 손으로 코끼리의 한 부분을 느낀다. 그 결과 꼬리를 만진 사람은 그것을 깡마른 뱀같은 존재로, 다리를 만진 사람은 그것을 나무 등과 같은 존재로 여긴다.

기 용어들에 대한 냉혹한 도덕주의를 거부한다. 그러나 항상 그렇듯이 비온은 모든 사람 안에 존재하는 기류들에 대해 말하고 있다. 그는 사람들을 진실을 말하는 사람들과 거짓을 말하는 사람으로 분류하지 않는다. 그는 인간 조건의 근본적인 역설을 탐구한다: 우리는 관계적이 되어서, 그로 인해 성장하기 위해서 진실과 대면할 필요가 있다. 그러나 우리는 견딜 수 없는 정서적 고통을 적정하게 유지하고, 우리의 안정성을 신뢰할 만한 세상에서 지속적이고 친밀한 자기들로 유지하기 위해, 우리 자신에게 거짓말을 할 수밖에 없다. "진실"과 "거짓들"이라는 도덕적으로 가미해진 말들을 사용할 때, 비온은 자신이 한 무의식적인 정서적 선택에 대한 개인적 책임을 껴안는 클라인 학파의 전통을 따른다. 그것은 마치 비온이 이렇게 말하는 것과 같다. "그것을 일종의 *방어defense*라고 부르지 말라. 실제 명칭으로 그것을 하나의 *거짓lie*이라고 불러라." 이 말들은 독자들로 하여 우리 삶의 방식의 왜곡과 관련된 만연된 속성을 강렬히 깨닫게 한다.

진실에 대한 정신분석가의 헌신은 우리의 전문성에 대한 기반이 되어왔다. 일찍이 1914년에 프로이트는 다음과 같이 언급했다.

> [정]신분석치료는 진실함에 기초한다. 이런 사실 안에 진실함의 교육적 효과와 윤리적 가치의 대부분이 놓여있다. ... 분석 기법에 용해되어 있었던 사람은 누구라도 의사가 일반적으로 피할 수 없는 거짓말들과 위선들을 더 이상 사용할 수 없을 것이다. ... 환자들로부터 엄격한 진실성을 요구하기 때문에, 우리 자신을 진실로부터 떠나 거짓과 위선에 사로잡히도록 내버려 둔다면, 우리는 우리 모두의 권위를 위태롭게 한다(Freud, 1914, p. 164).

진실은 분석적으로 길들어진 임상가의 북극성이다. 임상가는 환자가 "건강하게" 되거나 "잘 적응하도록" 돕는 방법을 찾지 않는다. 오히려 목표는 환자가 그 자신이 되도록 돕는 것이다. 분석적 태도는 분석가/환자 커플의 두 사람이 우선 환자에 대해서, 다음으로 또한 분석가에 대해서 마음을 열고 호기심을 가져야 한다. 분석가들은 개방적인 호기심이 환자로 하여금 이전에 꿈을 꿀 수 없었던 자신의 경험에 대한 정서적 측면들을 진행시키도록(알파벳순으로 배열하도록) 할 것이라고 믿는다. 그가 상담실 내부에서 치료자의 수용성이 강화시킨 담는 것을 내사할 때, 환자의 내적 담는 것과 알지 못함과 함께 머무는 능력은 더욱 강하게 성장한다. 그의 알파기능은 더욱 신뢰할 만하며 능력 있게 된다. 그는 자신에 대한 더 많은 것을 자신에 대한 의식적인 지식과 경험 속으로 모을 수 있게 된다. 그는 이전에 나타나지 않았던 자신의 행동과 삶에 대한 선택을 할 것이다. 환자가 자신에게 속한 더 많은 것이 될 때, 삶에 대해 "더욱 건강한" 선택을 할 것이라는 것은 확실히 가능하다. 그러나 그것은 또한 자신의 선택들이 유별나서 적절한 행동에 대한 사회적 규칙에 부합되지 "않을" 수도 있다는 사실 또한 가능하다. 심층 심리치료와 정신분석의 역사가 연이은 분열의 이야기라고 할지라도, 어떤 반대자라도 아직 이의를 제기하지 않은 사실은 환자의 진실을 알아내려는 치료자의 근본적인 경향이다. 그리고 일종의 보너스로서 치료자와 치료적 상호작용에 대한 진실 또한 그러하다.

프로이트는 우선적으로 인간의 중심적 동기는 "쾌락원리pleasure principle"라고 믿었다. 그것은 일종의 쾌락에 대한 추구이며 불쾌함에 대한 회피이다. 거기서 "쾌락"은 비자극적인 조용한 상태를 의미한다. 정신의 한 가닥은 니르바나nirvana를 추구하는데, 그것은 욕망과 열정을 제거한, 구현된 실존의 고난을 초월한 상태다. 비록 프로이트가 이것을 "쾌락원리"라고 불렀지만, 그것은 우리 대부분이 "쾌락"이라고 부르는 것을 지칭하지 않는다: 그것은 감각적인 희열gratification, 흥분excitement 혹은 즐거움fun이다. 삶은 고통스럽고 모든 살아있는 조직체는 고통을 피하려고 한다. 이런 기본적 욕동이 고통으로부터 멀어져, 평화와 고요함으로 이동하는 것이 작용하기까지, 개인은 자신의 충만한 인생 경험을 하려고 하지 *않는다*. 개인은 엄마 목소리의 강약이 시기하거나 경멸하는 방식임을 알아채기를 원치 않는다. 그녀는 자신이 사랑하는 사람에 대한 갈등의 감정들을 인식하려고 시도하지 않는다. 그녀는 자신의 나이듦이나 연약함 혹은 성행위 능력에 대한 신호들을 보려고 하지 않는다. "쾌락 욕동"은 경험들을 불안정하게 하는 것으로부터 우리를 보호하기 위해, 살아있음에 대한 거대한 측면들로부터 우리를 방어하는 방어기제로 인도한다. 우리는 우리 자신과 사랑하는 사람들을 새롭고 다양한 관점으로 보는 것을 두려워한다. 왜냐하면 그것은 우리의 관계와 세계관에 대해 의문을 갖게 하기 때문이다. 이전에 보이지 않은 것을 보는 것은 우리가 감당할 수 있는 것보다 더 많은 정서적 고통을 줄 수 있다.

프로이트 이후 많은 이론가들은 쾌락원리에 도전해 왔으며, 더 넓은 다양한 용어들을 사용하면서 다음과 같은 내용을 제안했다. 즉, 인간 동기의 한 줄기는 확실히 고통에 대한 회피며, 동시에진리추구 또한 타고난다는 것이다. 우리는 보기를 두려워한다. 그러나 또한 보려는 욕망에 끌린다. 사실 우리 종족은 존재의 영겁eons 속에서 상당한(상대적) 진리(진실)를 축적하기 위해 노력해왔기 때문에, 그리고 인간성은 우선 진실의 대부분을 정서적으로 방해하는 것[2] 으로 경험했기 때문에, 우리는 고통스럽지 않게 되기를 바라는 것보다는 진실을 추구하는 것이 적어도 약간은 더욱 우세하다고 생각할 수 있다.

프로이트는 진실추구 욕동은 *자아ego* 본능이며(예: 개인의 발전에 대한 반응에서 발생하는 욕망), 그것은 현실 원리reality principle를 표현한다고 가정했다. 젖가슴이 즉시 나타나지 않으면, 유아는 쾌락원리에 사로잡혀 그 부재에 대한 고통을 피하는 방식으로 그것을 환영화하려고hallucinate 시도한다. 그러나 그 환영은 만족스럽지 못하고 아기는 자신의 의존성, 무력함 그리고 결핍의 현실에 적응하도록 강요당한다. 프로이트에게 현실 원리는 그것이 가능할 때 회피된다. 그러나 삶의 경험들은 이것을 부드럽게 한다. 합리적인 환경 속에서, 유아가 고통을 느끼고 울음으로 그 고통을 표현하는 것은 그 고통을 피하고 환영을 만들어내는 것보다 더 큰 만족감을 가져올 것이다. 현실은 호소의 시작이다. 그러나 진실에 대한 타고난 탐구는 없다. 내적 세계에서 발견할 수 있는 모든 놀라운 피조물을 조사하면서, 스스로 정신 내부에 있는 모든 동요에 주목한 사실에도 불구하고, 프로이트는 자신의 고유한 탐구를 부수적인 것으로 간주하고, 쾌락추구에 필적하는 타고난 욕동보다 오히려 적응을 배웠다.

융과 비온 모두는 진실이야말로 정서적 성장의 기본 자료라고 믿었다. 그들 각자는 진실에 대한 탐구는 마치 생물학적 성숙을 향한 유전적 욕동처럼 유기체 안에 내재되어 있다고 가정했다. 비온의 반복적인 언급에 의하면, 진실에 대한 정신의 관계는 음식에 대한 몸의 관계와 유사하다는 것이다: 진실은 기본적 자양분으로서, 그것이 없다면 영혼은 쪼그라들고 악화된다. 융은 굶주림 대신

2) 태양계의 태양 중심적 이미지 혹은 진화론의 경우처럼

에 전염infection이라는 유비metaphor를 사용하여, 그와 유사한 입장을 취한다:

> 매우 동의할 수 없는 것이 나에게 발생했다고 생각하면, 나는 그것을 수용할 수 없으며, 그것은 아마 끔찍한 거짓일 것이다. ... 그 거짓은 객관적으로 의식에서나 무의식 가운데 있다. 내가 그것을 수용하지 않는다면, ... 그것은 이상한 몸이 되어, 무의식 안에서 종기 형태를 띨 것이다. 그리고 신체적 몸에서와 마찬가지로, 고름과 같은 동일한 과정이 심리적으로 시작된다(Jung, 1984, p. 20).

비온은 진실 욕동(Grotstein, 2004b)은 쾌락원리보다 더 강하다는 것을 자명한 이론으로 상정한다. 그러나 그는 "과학으로 간주될만한 증거를 통해 이런 확신을 지지할 수 없다"는 사실을 수용한다. 그 형태는 미학 영역에 속할 수 있다(Bion, 1965, p. 38). 진실이 영혼의 자양분이 될 수 있는 반면, 거짓들(혹은 방어들, 기껏해야 거짓들은 더욱 일상적으로 알려져 있다) 또한 보편적이다. 그것은 생존해야 할 것을 암시하는 듯한 사실이며, 정신 또한 거짓들에 의존한다. "나는 자신의 자기와 우주에 대한 진실을 아는 것이 '더 좋다고better' 생각한다. ... 그러나 나는 그것이 '더 좋거나' '더 즐거운' 일이라고 암시하는 것을 원하지 않는다. 그것이 더 좋은 것이든 아니든 중요한 의견은 아니다"(Bion, 1970, p. 4). 이 두 욕동-보기를 원하는 진실 욕동과 우리를 보지 못하게 하는 안정성-은 인간의 정신 안에서 영원히 경쟁한다.

개성화 욕동The individuation drive

진실 욕동에 대한 융의 생각은 개성화에 대한 그의 작품에 묘사되어 있다. 그는 진실을 향한 타고난 충동을 상상하고, 그것을 인간 동기의 중심에 놓은 최초의 정신분석가였다. 그는 인간의 핵심 욕동은 타고난 존재로서의 개인이 되는 것이며, 그것은 사회적 인간이나 가족 혹은 "내I"가 되려는 것과 반대된다고 제안했다. 그는 이것을 본능적인 과정인 "개성화individuation"로 부르고, 1912년 프로이트와의 충격적인 결별 여파로 그것에 관한 자신의 생각들을 발전시키기 시작했다. 이 과정을 발화시키는 에너지는 자기the Self로부터 온다.

우리가 2장에서 살펴본 대로, 무의식적인 정신은 항상 의식의 일방적 관점을 그 주변의 광대한 심층의 가치appreciation로 대치할 균형을 창조하려고 시도한다. 이것은 정신이 그 자체의 본성적 진실대로 살려고 하는 시도다. 진실 욕동은 정서적 고통을 피하고 현재의 상황을 유지하려는 충동에 반대한다. 왜냐하면 그것은 인간을 찢어 갈기고 불안정하게 만드는 갈등을 조장하는 충동들에 대해 분명하게 알고자하기 때문이다. 개인은 자신이 바라는 측면뿐만 아니라 매력 없는 측면들을 보기 원하면서도 동시에 보지 않기를 원한다. (나는 독자가 다음과 같은 사실을 염두에 두기 바란다: 자신이 매력 없다고 간주하는 측면들은 종종 세상에서 대체로 긍정적인 가치가 있는 것들이 될 수 있다. 이런 가치 있는 측면들이 자신의 고유한 너그러움이나 인자함을 지키고자 하는 사람에게는 위협적이다. 예를 들면, 자신과 일차적인 애착관계에 있는 사람들이 바라는 것이 자신의 이미지와 갈등을 일으킬 때 그것들은 위협적이다. 그리고 대부분의 사람들이 자신의 힘을 온전히 소유하는 것은 두려운 일이다. 왜냐하면 자신의 잠재력을 인식한다는 것은 자신이 해를 끼칠 수 있는 능력이 있다는 것을 의미하기 때문이다. 인간이 강하다면, 암시적으로 그는 자신의 삶의 상태에 어느 정도 책임이 있다.)

자기the Self는 개인의 본성을 드러내는 특별한 형태로 현실화되려고 애쓴다. 그러나 진리Truth처럼 그 현실화는 결코 완성될 수 없다. 전형적으로 젊은 사람은 자신의 페르소나와 동일시한다. 즉, 자신이 수행하는 역할, 칭호, 기능과 동일시한다. 그러나 페르소나는 종종 자신의 고유한 본성보다는 외부 요인들에 의해 더 많이 형성되기 때문에, 개인에게는 부차적인 현상이다. 외부 세계에서 만나는 가면과 동일시되기보다는, 사람들은 자신의 본성적 진실을 살리는 내적 요구에 소환된다. 융이 비록 현대 사상가들의 경우에 비해 분석관계의 치료적 능력에 훨씬 덜 집중했지만, 그는 항상 자신과의 과감한 만남은 오직 친밀한 관계상황에서만 발생한다고 확신했다. 고독한 개인이 바라는 최상의 것은 "자신의 실수들에 대한 일반적이고도 단순한 학문적인 통찰력"이라고 그는 말했다(1946, para 503). 그러나 전이의 심리학에서 놀라울 정도로 잘 그려낸 분석가와 환자의 상호침투에 초점을 맞추기보다는, 분석이 특별한 담는 것container을 제공하는 방식에 융은 집중했다. 그 특별한 담는 것 안에서 독립적이고 자기-포함적인 존재self-contained being로서의 환자는 외부세계에 그 존재를 드러내려는 무의식적인 자기를 탐구하기 시작한다.[3] 융은 분석적 용기analytic container가 환자로 하여금 자신의 무의식적 심층을 들여다보고, 그와 동시에 의식적 삶의 요구를 해결하도록 도움으로써 이런 자기에 대한 추구를 지지한다고 믿는다. 그 안에 인간이 살고 있는 작은 "나"는 내부와 외부의 갈등하는 에너지들로 인해 자극받는다. 이런 힘들과 의식적으로 투쟁함으로써, 개인은 점점 변화된다.

찢어진 상태는 결코 굴복할 수 없는 인간 삶의 기본적 실제다. 융의 주석에 의하면, "정신은 그 자체로 서로 상반되는 목적을 지닌다"(ibid., para 523). 인간과 다른 동물 사이의 극명한 차이점은 우리 본성은 우리의 본성 자체와 전투를 해야 한다는 사실이다. 어떻게 "내I"가 본성을 뒤집는 예측할 수 없는 갈등 에너지들과 조화를 이룰 수 있을까? 그와 동시에 개인이 갈등을 야기하는 충동들에 대해 알지 않음으로써 안전과 평안을 지키려고 노력할 때, 내적 힘은 그가 누구인지 – 이것도 저것도 아닌 양 측 모두를 – 확인하게 하고, 자신의 독자성singularity을 창조하는 특별한 영역 안에 있게 한다.

많은 비율의 융학파를 포함하여, 대부분의 현대 분석가들은 환자들의 갈등이 전이관계 안에서 자신들을 표현하는 방식들을 우선적으로 찾고자 한다. 그것은 분석 상황에서 환자의 갈등들을 탐색하는 것은 환자로 하여금 그 갈등들과 점진적으로 작업하도록 하게 함으로써, 자신의 내부에 있는 대극들을 안을 수 있는 방향으로 어느 정도 진전을 이루게 한다는 믿음에 기초한다. 융은 프로이트와 사이가 벌어짐으로써 자신의 예전 멘토와는 다른 점들을 분명하게 표현할 필요성이 있었다. 이로 인해 결국 "분석심리학에 대한 두 논문*Two Essays on Analytical Psychology*, 1953"으로 개정된 판의 첫 작업이 1916년에 나오게 되었다. 두 번째 논문의 두 번째 파트는 "개성화individuation"로 명명된다. 20세기 상반부에 우리의 전문성에 의해 유지된 세계관에 사로잡혀, 그 용어는 일종의 닫힌 조직으로서의 개인에 초점을 두었다. 융은 환자가 분석가가 제공하는 담는 것container 내부에 있는 내적인 갈등들과 작업할 수 있는 방식에 주목했다. 비록 우리가 이 작업을 오늘날 분석 기술을 위한 적절한 토대로 보지는 않을지라도, 융

3) 우리는 이런 융 이론의 예에서 관계성이 얼마나 놀라운가를 본다. 그것은 정서적 건강의 기본 구조다. 그러나 관계성은 또한 깊은 취약성의 경험들을 동반한다. 분석적 사상가들은 인간 조건의 압도적인 상호의존성과 더불어 머물기보다는 비교적 자율적인 *개인들individuals*의 환상 안에서 *개인적individual* 심리학들로 피난처를 구한다.

의 생각들은 진실 욕동과 안정 욕동이 인간을 반대 방향으로, 즉 성장이나 안전 쪽으로 잡아당기는 방식에 대한 유용한 통찰력을 제공한다.

융의 제안에 의하면, 개성화의 이런 비합리적인 삶의 과정에서 인간의 정신은 우리를 통합의 새로운 차원으로 인도하는 상징적 이미지들을 창조한다. 환자의 상징적인 이미지들에 대한 의미를 직관적으로 포착하는 융의 뛰어난 재능은 그로 하여금 환자의 꿈과 환상들이 분화되지 않은 자기가 드러나는 것을 묘사하는 방식에 집중하도록 인도했다. 환자 자신의 이미지들로부터, 새로운 태도들이 나타나 그를 자신의 유일한 길로 인도할 것이라고 융은 믿었다.[4] 통합된 실체가 되기 위한 "나I"의 소망에 거슬러, 인간은 내적 외적 세계의 무수한 요구들에 대해 공정해야 하며, 이런 투쟁으로부터 부상한 의미에 복종해야 한다. 그렇지 않으면, 우리는 내적인 분열disunion 상태로 떨어질 것이다. 이런 반대적인 내외적 에너지들과 함께 지속적으로 작업함으로써 인간은 자신의 중심, 즉 자기the Self를 향하게 된다.

그러나 우리가 아무리 많은 작업을 한다고 하더라도, 개성화는 결코 "획득되지attain" 않는다. 보다 심층적인 정신의 투쟁하는 충동들 사이의 폭발적인 갈등, 외부 세계의 요구들, 그리고 "나I"의 자기애적인 몸부림은 새로운 태도를 통해 점점 해결된다. 상대적인 평화와 조화의 시기는 그 때 나타난다. 그것은 "나"와 자기 사이의 연결의 확장에, 즉 자아-자기 축ego-Self axis의 강화에 기초한다. 그러나 항상 움직이는 무의식은 새로운 자료를 휘저어서 우리의 안주하려는 마음에 도전하게 한다.

> 무의식이 말과 행위를 통해 그 자체를 표현하도록 허용되지 않을 때, 걱정과 고난을 통해, 그리고 그것들에 대한 무의식의 주장과 저항에 대한 숙고

---

4) 이미지들에 대한 집중은 인간이 성장하는 하나의 방식이다. 그것은 융의 개인적인 방식이었으며 재차 강조되었다. 왜냐하면 개인분석의 상호인격적 경험은 그에게 결코 유효하지 않았기 때문이었다. 어떤 사람들에게는 무의식으로부터 부상한 꿈과 환상 이미지들은 그들이 무의식과 대면할 수 있는 담론들의 자연적인 형태다. 부르크횔츨리Burghölzli에서 정신증적 환자들과 함께한 융의 초기 작품에서, 환자의 꿈에 대한 그의 해석을 통해 발생한 융과 환자의 무의식 사이에 있는 대화를 따라가는 것은 가능했다. 융은 꿈의 의미에 대해서 말하곤 했으며, 환자는 초기꿈에 대한 융의 주석에 대한 자신의 반응을 그려내는 새로운 꿈과 함께 돌아오곤 했다.

를 통해, 그 때 보다 초기의 분열된 상태는 되돌아올 것이다. ... 우리는 항상 의심 가운데 있다. 거기에는 거절당하기 위한 긍정과 수용되기 위한 부정이 있다. 우리 모두는 이런 수용적인 불편한 상황으로부터 도주하려는 것 같다. 그러나 우리는 우리에게 남겨진 것이 우리 자신이라는 사실을 오직 발견할 수 있을 뿐이다(Jung, 1946, para 522).

고통스러운 투쟁을 하나하나 해가면서, 보편적 자기the Self는 개인적 자기the self로 육화하기 시작한다. 물질세계에서 점차 모양을 갖춘 고유한 인간은 보편적인 인간의 자질을 자신의 방식으로 조합한다. 그것은 이런 인간의 자질들을 강조하고 그것을 하나의 참신한 태피스트리(tapestry: 여러가지 색실로 그림을 짜놓은 직물 – 역자 주)로 엮어냄으로써 이루어진다. 이런 과정이 드러날 때 이기적이 되지 않으면서, 그 사람은 자기 자신이 된다. 그것은 이기주의와 상당히 다른 어떤 것이며, 사실 자신의 이기심이 환영받지 못하는 어떤 것이다. 이전 장에서 우리가 살펴본 바와 같이, "나"는 항상 이런 투쟁으로부터 계속적으로 부상한 진실한 자기보다는 "보다 좋은better" 인간이 되기를 원한다.

모든 방향에서 나를 계속해서 강타하는 드라마는 욥기에서 신(자기)과 히브리 성서에서 "대적자"라고 부르는 타락한 천사 사이의 도박자로 그려진다. 심리적으로 이 "대적자"는 그림자 혹은 억압된 무의식으로 알려져 있다. 전체성에 대한 개성화 여정의 요구에서, 이런 어두운 영은 우리가 누구*인지* 얼굴을 맞대고 대면하게 한다. 그것은 "우리는 어떤 존재가 되기를 원하는가? 혹은 우리 자신이나 세계에 우리가 어떻게 드러날 것인가?"와는 다른 차원이다. 우리 자신 안에 포함된 우리가 원하지 않은 모든 경향들과 욕망들은 우리가 그것들을 확인하도록 부추긴다. 이것은 "어떤 거짓 베일이나 장식도 없는 일종의 실제와reality의 냉혹한 만남이다. ... 일상적 적응의 가면 아래 숨겨진 것은" 드러난다(Jung, ibid., para 452).

우리로 하여금 우리의 경험들에 대해 알지 못하게 하는 다양한 방어기제들을 사용하면서, 우리는 그림자에 대한 인식을 피한다. 인간이 등을 돌리는 진실들은

> 인격의 통합적 요소들이다. ... 그리고 의식에 대한 통합적 요소들의 상실은 일종의 열등감이다. ... 그것은 도덕적 후회감을 불러일으키는 일종의 결핍이다. ... 도덕적 열등감은 정신적 평형의 이유로 결손이 보상되는 것을 요구하는 우리 자신의 자기와의 갈등으로부터 [온다](Jung, 1953, para 218).

누군가 자신의 증오에 대해 무지할 때, 예를 들면, 그녀는 운명을 파괴적으로 구현한다. 그녀는 또한 자신이 되어야할 존재보다 못한 자신이며, "내"(I)가 자신을 정말 인자한 사람으로 생각하는 것에 만족하는 반면에, 그녀는 또한 더욱 비참하게 느낄 것이다. 그녀는 또한 자신의 증오에 대해 알고 있으며, 그 증오를 건설적으로 담아내면서 통제할 수 없는 정서적 혼란에 의해 사로잡히는 대신, 자신의 처리로 그 정서적 에너지를 소유하고 있는 더욱 튼튼한 사람들을 시기할 것이다. 어떤 차원에서 자기에게 등을 돌리는 사람은 분개하거나 비참함, 수치심과 죄책감을 느끼며, 다른 사람과 친밀한 (예: 진실하거나 진정한) 관계를 수립할 수 없다. 왜냐하면 그는 자신과의 친밀한 관계를 제거해 왔기 때문이다.

환자는 의식적으로 자신의 의식적 산물과 작업하기 때문에, 분석은 부분적으로 효과가 있다. 그러나 자신의 비밀을 단순히 고백하는 것 역시 환자로 하여금 자신의 고유한 진실한 본성에 접근하도록 돕는다. 비밀, 위장, 숨김 – 거짓들 – 은 인간을 고통과 혼란으로부터 보호한다. 그러나 그것들은 인간을 다른 사람들로부터 소외시킨다. 그리고 인간의 자신과의 관계는 다른 사람들과의 관계를 반영하기 때문에, 비밀들은 한 인간을 자신으로부터 고립시킨다. 근대 이전에 정서적 격동을 다스리기 원하는 사람들을 위한 담는 것container이었던 교회는 성찬식의 전조로 고백의 성례전을 창조했다. 이런 제의는 오랜 동안 서구 세계를 지배했다. 왜냐하면 그것은 인간의 심리에 관한 근본적인 신뢰를 구현하기 때문이다: 비밀에 대한 고백은 우리를 자기애적인 고립으로부터 해방시켜 인간관계의 공동체로 인도한다. 신뢰할만한 치료과정은 우리 본성의 동일한 사실을 표현한다. 발달을 위한 현대적 담는 것container로서의 심층심리학적인 치료는 가톨릭의 고백을 물려받았으며, 그것을 (상당히) 재작업해 왔다.

연금술사들은 탐구자들로 하여금 매춘부의 용매나 쓰레기 속에 묻힌 왕관과 같은 무언가 매력 없는 것으로 시작할 것을 줄기차게 충고한다. 우리는 "우리가 발견할 수 있는 곳에서 진실, 선, 그리고 아름다움을 택해야한다"고 융은 말한다. "종종 그것들은 더러움 속에 감추어져 있다"(Jung, 1946, para 384). 예수는 시편 118편을 인용하면서, 건축가들이 버린 돌이 모퉁이돌이 될 것이라고 말한다(마가복음 12:10). 아주 이른 시기인 1914년에 프로이트는 환자를 위한 중심적 작업은 신경증 증세의 가치를 경멸하고 그것을 억압하기보다는, 그 신경증 증세에 주목하는 것이라고 강조하였다. 증세는 "그 자체의 존재를 위한 견고한 배경을 지니고 있으며," 그로부터 미래의 삶을 위한 가치 있는 것들이 파생될 것이라고 그는 말했다(Freud, 1914, p. 152). "*정서적 혼란disturbance 그 자체의 강화 속에는 환자가 감소된 적응상태를 치료하기 위해 자신이 마음대로 사용해야할 가치와 에너지가 놓여 있다*"고 융은 말했다(Jung, para 166, 이탤릭체 원전강조). 에딘저는 다음과 같이 제안한다:

> 모든 신경증적 증세, 모든 강박, 모든 중독, 모든 원시적 정동은... 그 안에... 자기the Self의 진귀한 보석을 [담고 있다contain]. 분석과정에서 가르쳐진 [그] 비밀은 우리의 가장 작고, 가장 비열한, 가장 확실히 중요하지 않은 정신적 문제들을 다루는 과정에서, 우리는 자기를 발견하고 그 자기the Self와의 연결을 시도한다는 점[이다](Edinger, 1996, pp. 112-14).

비록 우리가 고통으로부터 본능적으로 움츠러들고, 그것을 피하기 위해 우리 자신에 대해 거짓말을 할지라도, 고통은 삶에 내재한다. 우리가 고난을 회피하고 "안전security"을 지키는데 성공하는 한, 우리는 성장으로부터 멀어지며 우리 잠재력의 생동감이 넘치는 공명으로부터 외면당한다. 고통은 제거해야할 무엇이 아니라, 함께 작업해서 배워야할 중요한 것이다. 짜증, 불행, 슬픔과 같은 모든 종류의 부정적인 정서들은 수치스러운 실패거나 열등감 증세라기보다는 삶의 일상적인 요소들이다. 사실, 분석적 사상가들은 이런 무시되고 회피된 경험들과 더불어 작업하는 것은 전체성에 대한 감각과 삶의 의미를 가져온다는 일련의 관점을 통해 우리에게 말한다.

우리가 2장에서 살펴본 바와 같이, 비온과 융은 다른 많은 분석적 사상가들처럼 "완전한" 분석을 분명하게 거부한다. 현대 사상가들은 "치료cure"라는 단어를 흔히 사용하지 않는다. 그러나 그 용어는 종종 나타나며, "치유healing"라는 말이 자주 회자된다. 환자들은 전형적으로 자신들의 상처, 불안, 강박 그리고 중독을 "치료cure"하기를 원한다. 융은 "치료"와 동의어로 사용될 수 있는 "완벽함perfection"이 가능하다는 것을 부정한다. 카우치의 양 쪽에 있는 나의 경험은 "치유healing"라는 용어까지도 문제 있는 단어라고 생각한다. 어떤 의미에서 인간은 자신의 상처라고 볼 수 있다. 정원사가 제거하려다가 잊어버린 지지대 옆에 심겨진 어린 나무도 그 지지대 주변에서 자랄 것이다. 그 지지대의 현존은 성장하는 나무에 손상을 줄 것이다. 나무는 지지대에 적응하기 위해 자신의 "자연적인natural" 모습을 왜곡시켜 적응해 나갈 것이다. 그러나 다 자란 나무는 그 자체로 성장해온 모습이 "될be" 것이다. 그 상처는 치료될 수cure 없다. 그 상처는 본성의 내적 측면이다.

인간도 비슷하게 발달한다. 예를 들면, 치료적 담아내기 안으로 들어온 성인들은 자신의 감정을 서둘러 관통하는 누군가가 될 수 있다. 그들은 매우 빠르게 움직임으로써 감정들에 대한 실제 경험을 피함으로써 자신의 지식이 결코 흡수되지 못하게 한다. 그런 행동은 아동기 환경의 스트레스가 타고난 기질이나 재능과 어떻게 상호작용을 했는가를 보여주는 징후다. 여러해 동안에 걸친 치료작업 후에, 우리는 증상이 수정될 것이라는 희망을 갖는다. 우리는 환자가 천천히 내려가서 붙잡고 결국 자신의 정서적 삶을 더욱 경험하는 능력을 발전시키기를 보고자 한다. 아마 그녀는 작업이 시작될 때 보다 훨씬 더 많은 진실을 경험할 수 있게 될 것이다. 그러나 인간은 그 밖의 다른 누군가로 바뀌지 않을 것이다. 스트레스로 인해 그녀는 항상 어느 정도 빨라질 것이다. 그녀는 항상 표면을 스치듯 지나가며 심층에 대해 두려워하는 경향이 있을 것이다. 그녀는 자신의 증세가 친밀한 관계들에 어떻게 개입할 것인지 알게 될 수 있다. 그녀는 그 간섭을 일찍 알아차리고 자신의 행동을 돌아보거나 바꿈으로써 적응할 수 있게 된다. 그러나 어려운 패턴들은 "완전히" 사라지지 않는다.

종종 환자의 최악의 증세는 거의 해결할 수 없다. 콜린Colin은 변호사 일에 성공할 수 없었기 때문에 치료하러 왔다. 그가 11년 이상 일하면서 겪은 어려움을 우리가 풀어 놓았을 때, 그는 어머니의 취약함과 연약함을 공유해야한다는 요구에 얼마나 직면하고 있었는가를 알게 되었다. 성장하고 있는 아들에 의해 분명히 위협당하고 있었던 그의 아버지 역시 무의식적으로 그가 약해지고 영향력이 없어지기를 강요했으며, 정서적으로 그가 가끔 아버지에 대항하여 발전하는 자신의 남성성을 시험해보려는 그의 시도를 심판했다. 전이 관계에서 나는 그의 어머니와 달리 진지하고도 일관되게 그의 발전하는 힘과 능력을 축하해주었다. 그의 잠재적인 힘에 대한 나의 믿음과 자신에 대한 탐구에서 그가 발전시켰던 통찰력에 의해 힘을 얻어, 콜린의 수입은 우리가 작업하는 동안 거의 세배나 되었다. 그의 핵심 *증세symptom*는, 자신의 일에서 강해질 수 없는 것으로서, 매우 극적으로 이완되어 우리가 그것이 "치료되었다cured"라고 말할 수 있게 되었다. 그러나 스트레스로 인해 그는 사람들 간의 도전적인 상황을 여전히 피하거나, 그런 상황들과 맞서는 것에 대해 불안해질 수밖에 없었다. 그는 여전히 다른 사람들로부터의 적대적인 반응을 두려워할 충분한 공격성과 격분을 단절했다. 그는 심지어 잠재적인 적대적 반응을 보여주는 증거가 객관적으로 없는 때도 그랬다. 비록 어떤 *새로운new* 인간은 아니었지만, 콜린은 자신에 대해 더욱 많은 존재가 되었으며, 그것이 그로 하여금 자신의 일에서 성공하게 했다. 그러나 뿌리 깊은 기본적 소심함이 여전히 그를 실수하게 할 수 있다.

우리는 삶의 주기에서, 우리의 기본적 콤플렉스들로 돌아와, 계속해서 점점 깊은 차원에서 희망적으로 그 콤플렉스와 다시 작업한다. 우리가 치료작업의 성공적인 부분으로부터 기대할수 *있는can* 것은 인간은 자신의 중심 콤플렉스 *외부에outside* 설 수 있는 확고한 기반을 발견할 것이라는 사실이다. 그는 언제 콤플렉스가 작동하며, 언제 자신을 그로부터 차라리 일찌감치 해방시키거나 아니면 결코 해방시키지 않을 것인가를 결국은 알게 될 것이다. 콜린은 마음속으로 "나는 다시 겁먹은 느낌이다"라고 말할지 모른다. "무슨 일이지? 무엇이 나를 놀라게 하는 거지? 나는 그렇고 그런 것이 나로 하여금 부적절한 안주를 수용하도록 강요하려 한다는 것을 알고 있다. 나는 가볍게 물리치고 죽은 체 할 필요가 없다!" 이곳으로 온다는 것은 콜린이 많은 고통의 시간을 통해 자신의 분석을 시작하고, 콤플렉스를 피하기보다는 그 격노에 굴복하고 고난을 당하는 것을 의미한다. 비록 융과 비온이 진실이야말로 정신의 자양분, 즉 우리를 성장하게 하는 음식이라는 사실을 계속해서 말함에도 불구하고, 사람들은 자신이 얼마나 많은 진실을 견딜 수 있으며, 얼마나 많은 고난을 피할 필요가 있는가에 대해 서로 각기 다르다. 콜린의 심리적 태도 안에 있는 깊은 변화는 그로 하여금 깊은 차원에서 자신의 엄청난 콤플렉스를 통해 일을 하도록 허용했으며, 그것은 커다란 고통을 감내한 대가였다. 누군가 자신의 모습대로 성장하기에 용이*하게*as 되는 것은 평범한 일이 아니다.

분석의 가장 희망적인 결과는 환자가 이전에 다룰 수 있었던 것보다 *더 많은*more 고통을 당하는 것을 발견한다. 그의 더 많은 고통은, 그가 맺고 있는 관계나 일에 상처를 주면서 삶을 뒤죽박죽으로 만드는 행동으로 방출되지 않고, 의식의 깨달음 속에 간직된다. 성공적인 치료적 모험은 환자의 외부 생활을 아마도 극적으로 성장하게 한다. 이상적으로 환자는 이전보다 더 많은 만족감과 즐거움을 발견할 것이다. 그러나 의미 없는 고통에 의해 고문당하는 대신, 그는 고통을 건설적으로 당할 것이다. 고통은 항상 삶의 일부며, 이런 저런 모양으로 인간을 정확하게 형성시켜 왔던 상처들은 고통에 대한 반응들을 자신의 유일한 방식으로 계속해서 연계할 것이다.

우리 자신에 대한 모든 "부정적인" 성향들—결핍, 의존성, 주도적인 성적 충동, 자기혐오, 공포—은 인정받기를 요구하며, 자기들의 방식을 분석관계로 밀어붙인다. 그 분석관계는 인간에게 알려진 모든 가장 비밀스런, 고통스러운, 강렬한, 애매모호한, 부끄러운, 소심한, 기괴한, 비도덕적인 감정들을 숨기는 장소가 된다. 그러나 동시에, 그리고 동일한 장소에서 "가장 거룩한 감정"이 가능해진다. 전체적으로 혼돈스런 이런 에너지 덩어리는 전이 경험에서 의사와 환자 주변에 보이지 않게 휘감긴다(Jung, 1946, para 371). 프로이트와 브로이어Breuer가 우선 채택한 전이관계의 피할 수 없는 발전이라는 문제 있는 복잡성과는 관계없이, 우리는 이제 이런 기본적인 기제가 치유를 위한 기본 조건이라는 사실을 알고 있다. 그것이 비록 결코 완전히 정리될 수 없는 자료의 혼란스런 덩어리를 물론 창조할지라도 말이다. 그 기제에서 환자는 자신의 무의식적인 정신을 이런 저런 방식으로 분석 관계에 투사한다. 분석적 용기container를 포화시키는 상호 투사는 두 사람 모두로 하여금 각자에게 속한 길을 잃게 하는 원인이 된다. 그러나 그 때 발생하는 왜곡을 지닌 채 혼돈을 풀어내는 긴 투사는 치유작업*이다*is. 더 이상 타성에 젖지 않은 사람은 매우 진실하게 이런 심리적 관계로부터 새로 태어난다(ibid., para 420).

개성화과정은 "나I"를 자기the Self와의 관계 속으로 끌어들이며, 영혼의 내적 친구에 대한 우리의 관계를 드러낸다. 본성Nature 자체는 우리를 그 영혼의 내적 친구로 변화시키기를 원한다. 그는 우리 자신의 다른 모습이지만, 아직 완전히 수용될 수 없는 존재다. ... 우리는 항상 "내I"가 되기를 원하며, 그 이상 아무것도 되기 원하지 않는다. 그러나 우리는 그 내적 친구나 적과 대면한다. 그가 우리의 친구든 아니든 그것은 우리 자신에게 달려 있다(Jung, 1950, para 235).

우선 이 "내적 친구inner friend"는 적으로 나타난다. 왜냐하면 무의식은 동일한 얼굴을 "내I"가 향하는 "나I"로 바꾸어버리기 때문이다. 유아기와 아동기의 생각할 수 없는 공포에 대한 반응에서 발전하는 시기, 격분, 그리고 탐욕과 같은 객관적으로 위협적인 에너지들은 끊어져서 그 사람을 무의식적으로 사로잡는다. 자신 속의 내가 아닌 부분-내적 친구-은 자신이 *알기로know* 어딘가에 숨어 있는 이런 두려운 욕동들에 의해 부분적으로 강화될 것이라고 그는 상상한다. 그리고 나서 한 개인의 내가 아닌not-I 모든 요소는 그 사람의 자기 자신에 대한 기존의 감각을 붕괴시키고, "나I"를 비온(1963)이 "재앙적 변화catastrophic change"[5]라고 불렀던 것과 맞서게 한다. 물론 "우리는 항상 '내I' 가 되기를 원하고 그 밖의 어떤 것도 되기를 원하지 않는다"(Jung, op. cit., para 235). 자신의 생소한 측면들을 실제로 경험하는 것은, 그 요소들이 객관적으로 긍정적으로 변화될 때라도, 고통스럽고 혼란스럽다. 그러나 개성화 과정이 수립되고 보다 큰 정신과 보편적 자기the Self에 대한 객관적인 실제를 확인하기 시작할 때, 그사람은 자신의 진정한 본성에 대한 이런 추구에 더욱 전심으로 연합할 수 있는 곳에 도달 할 수 있을 것이다. 내가 일종의 우호적인 영spirit 안에서 알지 못하는 개인적 자기self에 접근할 수 있을 때, 무의식은 화답하고 동지로 나타난다.

캐티Kathy가 분석을 받은 첫 수 년은 하나의 계속된 꿈이미지가 두드러진다.

---

5) 주의와 해석(*Attention and Interpretation*, 1970)의 12장("변형된 담는 것과 담기는 것")에서, 비온은 이런 생각을 자세하게 발전시킨다.

꿈에서 그녀는 죄수이거나 나치에 의해 추격을 당했다. 공포 속에서 그녀는 자기 자신의 소름끼칠 정도로 수용할 수 없는 증오와 격분으로부터 탄생한 이런 악마 같은 적들로부터 도망갔다. 수년 동안 나는 그녀의 정신으로부터 생산된 인물들에 대한 그녀의 증가하는 관심을 지지하면서, 그녀로 하여금 깨어있는 상상 속에서 자신의 꿈이미지들을 확장시킴으로써 그것들을 알게 되도록 격려했다. 수많은 사례에서 나치(어두운 집 없는 사람과 같은) 보다는 덜 중점적으로 위협적인 이미지들이 그녀의 즉각적인 환상에서 하나의 긍정적인 측면을 보이면서 그녀를 놀라게 했다. 그 어두운 이방인은 분노로 가득 찼다*was*. 그러나 캐티는 그것을 자신의 고난과 연결하고 그에 공감했다. 그의 증오는 단순히 비난받을 어떤 것이라기보다는 이해할만 했다. 그녀가 처음으로 분석에 들어간 지 삼 년 후에, 다음과 같은 꿈은 그녀 태도의 근본적인 변화를 보여준다:

> *연속으로 이어지는 장면에서, 나는 다시 나치로부터 도망가고 있다. 나는 해변에 와서 해안선을 따라 달린다. 그러나 그 때 나는 어떤 절벽에 이른다-대양이 한 쪽에 있고, 절벽은 내 앞에 있다. 더 이상 달려갈 곳이 없다. 나는 돌아서서 나의 추적자와 대면한다. 지금 나는 벗은 몸을 덮기 위해 오직 판초우의poncho) 하나 만을 입고 있다. 첫 탱크가 나를 향해 사구 위로 올라 올 때, 나는 모래에 무릎을 꿇고 십자가 형태로 내 팔을 펼쳐 보인다. 탱크의 회전포탑이 올라오자, 나치 대신에 탱크 꼭대기에 한 미군이 앉아있다. 옅은 갈색 머리와 녹색 눈을 지닌 군인이다 마치 내 것처럼.*

캐티는 자기the Self의 요구에 복종했다. 자기는 그녀 내부에서 개성화과정을 편곡하고 있었다. 무릎을 꿇고 십자가에 자신을 제물로 바치는 것으로 그려지는 캐티의 복종은 단순히, 무의식은 우리가 향하는 면을 우리가 대면하게 한다는, 나의 반복되는 언급에 대한 지적인 수용을 나타내지 않는다. 그녀는 굴복하고 나서 – 포기하거나 양도하고 나서 – 나치같은 이가 자신을 추격하는 것은 실제로 자신과 내적 연합을 추구했던 쌍둥이 형제였다는 사실을 발견했다. 그 내적 연합은 그녀가 홀로된 상태로부터 그녀를 구해주려는 것이었다.

이런 예는 개성화가 촉진하고 요구하는 보편적 자기/개인적 자기the Self/self

로 향하는 또 다른 측면을 그려낸다. 이상적으로는 사람이 나이가 들면서 자신의 자아보다는 자기와 동일시하는 방향으로 이동한다. 권력에 대한 우려들은 (자신의 운명으로부터 도망가려는 캐티의 시도처럼) "나I"의 영역에서 후퇴하여, 인간 삶의 핵심적 주제에 대해 부수적인 것으로 인정된다. 권력 대신 외부와 내부의 타인들을 향한 사랑이 목적이 된다. 안전보다는 진실추구가 개인이 "나I" 안에서보다 보편적 자기the Self 안에서 자신에게 집중할 수 있는 정도까지 보다 더 강하게 성장한다. 분석은 이런 발전을 지지한다. 왜냐하면 환자는 자기를 분석가에게 투사하기 때문이다. 그것은 마치 유아가 자기를 부모에게 투사하는 것과 같다. 어린 아동의 부모는 잠재력과 완벽성에서 신과 같은 존재로 보여진다. 긍정적 전이의 일상적 경험에서 이것은 치료자나 분석가와 더불어 반복된다. 환자가 치료자에게서 느끼는 사랑과 감사는 환자로 하여금 다른 사람들에 대해 개방적이고 사랑스런 방식으로 나갈 수 있는 환자의 발전 능력을 강화한다. 이 때 치료자는 (비록 다른 기류도 또한 반드시 존재함에도 불구하고) *실제적으로realistically* 도움이 되며 주목을 끄는 존재로 경험된다.

안전과 위로를 갈망하는 존재는 "나I"지 자기the Self가 아니다. 자기와의 동일시 과정이 강화되면서, 개인의 인간성과의 연결은 자신의 입장과 다른 사람들의 대조적인 입장에 대한 관심을 수정하기 시작한다. 왜냐하면 자기는 그 개인적 의미에 더하여 우리 모두 안에 존재하기 때문이다. 자기는 엄지손가락과 마찬가지로 보편적이다. 그리고 자기를 향해 나아가는 것은 우리로 하여금 자신의 독특성에 스며있는 공동의 인간성을 인정하도록 돕는다. 자기를 향해 움직이는 확장된, 그리고 확장하는 "나"는 바로 목표이자, 힘과 사랑, 이기심과 돌봄, 자기애와 관계성, 안전과 진실에 대한 서로 상반되는 요구를 붙잡기 위해 분투하는 일종의 "나"다. 자기에로 향하는 경험은 치욕감을 주며, 겸손해지며, 모든 것을 한 순간에 해소시킨다. "나"에 대한 사소한 관심은 보다 덜 강제적이 되고, 그것은 권력에 대한 관심 대신에 성장과정으로 향하는 더 많은 능력을 지니게 된다. 그 사람은 공유된 인간성을 느끼기 시작한다. 그리고 출생 이전에 존재해서 죽음 이후에도 오래 존재할 인간 공동체의 필요성들이 더욱 생생하고 강력하게 성장한다. 이런 과정에서 그 사람은 본성에 대한 진실에 다가간다. 결국 이것은 견고하고 신뢰할 만한 어떤 것으로 빠져드는 것과 같은 느낌을 주는 일종의 만족스런 상태다.

(그러나 물론 이런 묘사는 너무 흑백논리다. 재앙적 변화는 항상 기대 속에서 재앙적으로 느낀다. 비록 우리가 바로 그 동일한 변화를 정말 기꺼이 돌이켜 볼 수많은 기회를 가졌음에도 불구하고 말이다. 내가 지적했던 방향에는 어떤 경향이 있다. 그러나 심리적 조직은 내가 이 장에서 묘사한 우선적 갈등을 결코 초월하지 않는다. 근본적인 긴장은 성장을 인도하는 고난을 수용할 것과 놀라운 발전으로부터 도주하는 것 사이에 존재한다. 그 놀라운 발전은 결국 매우 환영받지만 그러나 그것은 처음에 우리의 인격 구조를 뒤집어 놓음으로써 많은 고통의 원인을 제공한다.)

자신의 회고록에서 융은 우리의 진실한 자기가 되게 하려는 힘들과 이미 알려진 안전성으로 잡아당기는 힘들 사이의 강력한 갈등을 그린 아동기 경험을 묘사한다. 열두 살에 융은 완전한 금색 왕관을 쓰고 하늘에 앉아 자신의 아름다운 성전을 내려다보는 한 완전한 금빛나는 신을 상상했다.

> 큰 구멍이 내 생각에 떠오르자, 숨 막히는 느낌이 들었다. 나는 멍하게 느꼈으며, 오직 다음과 같은 사실을 알 뿐이었다: "이제 더 이상 사고하기를 멈추어라! 무언가 무시무시한 것이 오고 있다, 내가 사고하기 싫은 어떤 것, 내가 감히 접근하기조차 할 수 없는 어떤 것이다"(Jung, 1965, p. 36).

그는 사고되기를 압박하는 무서운 생각이 성령을 거스르는 죄일 것이며, 그것은 영원히 그를 저주할 것이라고 믿었다. 이런 갈등이 있은 지 며칠 후에, 그 아이는 신 자신이 잠재적 사고를 그에게 집어넣었음이 분명하다고 결정하고, 성당 위에서 배변을 하면서 성당 돔을 흔들어대는 완전하고 금빛 나는 신에 대한 비전을 스스로 즐기도록 허용했다.

위니컷(Winnicott, 1989)과 다른 심리학자들은 융이 자신의 깨어있는 상태의 꿈 이미지와 작업하는 과정에서 간과했던 개인적인 것으로 보이는 의미들에 대해 기술해왔다. 다른 것들 사이에서, 그 장면은 확실히 목회자였던 아버지와 융의 관계에 대해서 말하고 있다. 이런 범주의 사고는 융으로 하여금 그것을 인정하도록 압력을 가하지 *않았다not*. 이것은 자신이 훈습할 수 없었던 개인적이며 정서적인 한계에 대한 어떤 것을 반영한다. 그것은 특히 그가 자기 자신에 대한 분석이 부족했기 때문이다. 그러나 그가 "자신의 환상이 태어나도록 허용한 이후의 경험은 여전히 배울 점이 있다. 그는 어떤 거대한. . .묘사할 수 없는 안도감을 느꼈다. 기대했던 저주 대신에, 은혜가 나에게 왔으며, 그 은혜와 더불어 형언할 수 없는 행복이 찾아왔다"(Jung, op. cit., p. 40). 그는 자신의 경험이 다음과 같은 의미를 지닌 것으로 받아들였다: 신이 자신으로 하여금 금지된 사고를 생각하도록 밀어붙임으로써 그의 용기를 시험했으며, 신의 요구를 수용함으로써 그는 은혜에 부합하게 되었다. 그것은 너무 조심스러워서 오직 수용가능한 사고만을 생각했던 아버지가 결코 느끼지 못했던 어떤 것이다. 우리는 신에게 완전히 위임되어야 하며(ibid., p. 40), 이런 중요한 시험은 집단적으로 수용할 수 없는 사고들을 기꺼이 생각하게 하는 것이며, 그것은 우리의 비난받지 않은 생각들 안에서 – 우리 자신이 되기 위해 – 발생한다고 그는 깨달았다.

융은 자신의 전집 *Collected Works*에서 그 기억을 의도적으로 생략했다. 그가 "은혜grace"에 대해서, 그리고 "신God"에 대해서 말할 때, 그는 기록에 남기지 않고 말했다. 전집에서 내내 그는 신을 우리 정신을 구성하고 활력을 불어 넣는 삶의 에너지의 투사로 묘사한다. 그것은 자기the Self의 역동적 측면을 형성하는 에너지다. 심리학과 종교(*Psychology and Religion*, 1937)에서 그는 자신의 아동기 분투와 유사한 한 환자의 경험을 다시 언급한다. 그는 이런 노력의 해결책을 환자가 자신에게로 향하고, 자신을 수용해서, 결국 고통스러운 환경과 사건들과 화해하는 것으로 묘사한다. 그의 주석에 의하면, 이것은 종교 사상가들이 "신과의 평화를 수립하는 것"으로 부르는 것과 유사하다. 이것은 자신과의 연합상태며, 진정한 삶의 환경들과의 관계에서 내적인 진실을 수용함으로써 결국 부상하는 전체성과 내적인 평화에 대한 경험이다: 그것은 사고되도록 압력을 가하는 실제적 사고들을 생각하는 것에 따르는 것이며, 느껴지도록 압력을 가하는 실제적 정서들을 느끼는 것에 굴복하는 것이다. 이것은 자신과의 진정한 관계의 기초다.

우리가 종교적 언어로 가려진 융의 경험에서 그 용어들을 벗겨버리면, 우리는 개인의 정서적 진실을 접하는 것에 대한 강한 저항을 드러내는 한 사례를 본다. 그리고 또한 이런 저항이 정신을 양육하여 지속적으로 성장하게 하는 방식에 대한 증언을 접하게 된다. 신이 성당에 똥을 싸는 모습은 아이 융이 의식적으로 확인할 수 없었던 정서적 진실을 담고 있다. 융은 아버지가 자신에게 전수해주려고 시도했던 제도화된 종교에 대해 지녔던 감정들을 그 이미지가 표현했던 방식에 집중했다. 그는 또한 이 환상fantasy을 신의 본성에 대한 그의 개인적 감각을 그린 것으로 생각했다. 이런 수준은 나에게 유효한 것으로 보인다. 그러나 융은 그 이미지가 또한 자신의 아버지에게 다음과 같이 말했던 방식에 대해 몰랐다: "나는 당신이 소중히 여기는 생각들을 비난합니다. 나는 당신을 비난합니다." 우리는 융이 직접적이며 있는 그대로의 형태로 자신의 증오를 생각할 수 있었던 적이 있느냐에 대해 알지 못한다. 그러나 자신으로 하여금 그 증오를 암시적으로 표현했던 환상을 지니도록 허용한 점이 그로 하여금 자신이 실제로 생각한 어떤 부분을 확인하게 함으로써, 그를 자신의 참된 모습으로 더욱 가깝게 가도록 하는 그 자신과의 연합으로 이끌었다.

개성화 과정이 진행되면, 인간은 자신의 고유한 본성에 대항해서 무익하게 애쓰려고 하지 않는다.

> [자기]the Self]는 우리 삶의 목표다. 왜냐하면 그것은 우리가 개성individuality이라고 부르는 그 운명적 조합의 가장 완전한 표현이기 때문이다. . . .어떤 비합리적인 것으로 [자기]를 지각하는 것... 자아는 그에 대해 반대하거나 종속되지 않으나 그에 소속되어 있으며, ... 마치 지구가 태양을 도는 것과 매우 흡사하게, 자아는 자기의 주변을 순회한다. 결국 우리는 개성화의 목표에 이른다. ... 자아는 단지 우리가 알지 못하는 [자기]의 내용이다. 개성화된 자아는 그 자체를 알지 못하는 비일상적인supraordinate 주체의 대상으로 지각한다(Jung, 1953, paras 404-5).

단지 의식적 실제만이 알려질 수 있는 반면, "나" 보다 훨씬 큰 살아 있는 실체의 한 부분이 되는 것에 대한 주관적 감각이 있다고 융은 말한다. 현대 관계분석가들은 작업 중에 분석적 "삼자third"(Ogden, 1994) 혹은 "영역field"(Baranger *et al.*, 1983)에 대한 이런 경험을 탐구한다. 그것은 매우 역동적으로 심층 치료작업에 스며있는 우리 각자 보다도 더 큰 에너지다. 자신의 작은 자기보다도 더 큰 살아있음aliveness의 일부라는 사실을 직관적으로 알면서, 발달하는 환자는 더 위대한 자기를 향해 나아가기를 노력하며, 가능한 자기의 많은 부분을 의식 안으로 가져오기 위해 노력한다. 동시에 우리가 2장에서 살펴본 대로, 자기는 아직 확인되지 않은 자기의 요소들을 반영하는 꿈과 증상들을 생산하면서 알려지기를 원한다. 발달의 목표는 정신 안에서 "나"의 자리position를 상대화하는 것이다. 자기를 아는 것은 결코 불가능하다. 그러나 자기와의 의식적인 연결을 향한 작업과정은 중요한 것이다. 융은 그 작업을 인생의 목표로 간주했다.

진실의 본질The nature of truth

우리는 상호의존적이며 관계적인 본성과, 자기애 안에서 피난처를 찾음으로써 그 본성에 대한 상당한 취약성 사이의 일생동안 지속되는 갈등에 대해 말해왔다. 우리가 주목한 바와 같이, 이런 갈등은 또한 우리 자신에 대한 진실을 인정하거나 우리가 누구인가에 대해 거짓말 하는 것을 대조적으로 묘사한다. 그러나 우리의 내재적인 관계성에 대한 이런 진실은 범세계적이다global. 우리가 추구하는 순간순간의 진실에 대해 무언가를 말할 수 있을까? 대체로 진실해서 결국 대부분의 시간과 결코 관련성이 없는 어떤 해석들("당신은 어머니에 대해서 혼재된 감정들을 가지고 있습니다.")이 있듯이, 우리의 상호의존성의 위험성은 너무 보편적이어서 어떤 주어진 순간에 많은 것을 의미하지 않는다. 이런 특별한 순간에 대한 진실, 즉 지금 정확하게 유일한 진실은 과연 무엇일까?

"어둠과 형태 없음darkness and formlessness"의 영역인 O는 궁극적 실제에 대한 절대 진리(그리고 그 밖의 다른 것도 될 수 있다.)이다. 그것은 알려지지 않았으며, 알 수도 없다. 비록 O에 대한 직접적인 경험이 가능하고, 바로 이 순간에 O가 되는 것은 가능할지라도 말이다. 우리는 결코 진리를 알 수 없다. 우리는 진리를 경험하지만, 그 전체성을 설명하려는 어떤 시도도 결국 부적절할 것이다. 모든 학파의 정신분석가들이 목표로 하는 근본적인 진실은 정서적 진실이다. 왜냐하면 인간이 자신에 대해 알기 시작하는 지점은 바로 여기기 때문이다. 정서적 진실에 대한 깨달음은 *모든any* 진실에 대한 탐구의 전제조건이다. 왜냐하면 우리가 이전 장에서 살펴본 것처럼, 모든 인간의 지각perception은 정서적으로 가득 찬 정신의 전개념들preconceptions을 통해 여과되기 때문이다. 우리가 보게 되겠지만, 정서적 진실을 온전하게 깨닫는 것은 결코 가능하지 않다는 사실이다. 그것은 실제의 본질에 대해 어떤 정의로 말할 수 있는 우리의 능력을 심각하게 제한하는 바로 그*the* 요인이다.

비온의 제안에 의하면, 모든 사고하기thinking는 "정신에 퍼진 정서들에 의존한다. 왜냐하면 이런 정서들은 외부와 내부의 실제에 대한 우리의 인식이 그 안에서 존재하는 연결사the connective"이기 때문이다"(Bion, 1962, p. 94). 각자가 자신의 경험을 진행시킬 – 그것을 철자화 할 – 필요가 있는 "담는 것container"은 유연하게 정서에 스며든다는 사실을 기억하라. 그 담는 것을 채색하는 감정들은, 인간이 새로운 경험들을 진행시키고 그것들로부터 배우려고 한다면, 인생 발달에 대한 응답 가운데 변화할 수 있어야 한다. 무언가에 대한 사고하기에서 객관적이고 합리적이 되려는 시도는 자신의 정서들을 인식하게 됨으로써 접근이 가능하게 된다. 그것들을 제거하는 것은 가능하지도 않을 뿐만 아니라 바람직하지도 않다. 인간적이 된다는 것은 항상 방해받지 않은 정서의 개울stream에서 수영하는 것이다. 모든 감각적 투입은 그런 격동적인 흐름stream 속에서 구현된 채 우리에게 다가온다. 어떤 "사실fact"도 갈등이 없거나 정서적 유발인자valence가 없는 것으로 생각될 수 없다. 사고하기는 오직 이런 정동적인 경험의 흐름으로부터 떠오른다.

사고하기가 인간의 정서적 구조와 통합되지 않을 때, 그것은 베타요소들의 집중 사격이 된다. 그것은 내가 거트루드의 사례에서 묘사한 바와 같다(3장을 보라). 아무도 사고하기를 행하려고하지 않기 때문에 아무런 의미도 없다. 네빌 시밍턴(Neville Symington, 2006)의 제안에 의하면, 정서들은 말해질 수 있는 그 어떤 말들보다 더욱 우선시되는 상호인격적인 소통의 대리인들이다. 어디에나 존재하는 투사적 동일시는 말에 의존하는 콤플렉스 사고는 정서적 소통의 토대에 달려있다는 생각을 지지한다. 바로 이 특별한 순간에 어떤 정서들이 나에게 생기를 불어넣는가? 주도적인 전이불안은 무엇인가?(Ogden, 1977) 주도적인 역전이 불안은 무엇인가? 비온은 이렇게 말한다: "정서적 경험에 대한 인식의 필요성이 있다. 왜냐하면 그런 인식의 부재는 진실의 박탈이며, 진실은 정신건강을 위해 기본적인 것으로 보이기 때문이다"(Bion, 1962, p. 56). 그래서 여기에 "진실truth"에 대한 하나의 정의가 있다: 어떤 특정한 순간에 대한 진정한 정서적 경험이 진실이다.

정서적 진실은 다른 사고하기가 의존하고 있는 토대다. 자신의 정서적 실제를 확인할 수 있는 생물학자의 능력을 왜곡시키는 개인적 콤플렉스들은 또한 벼룩의 삶의 주기를 연구할 수 있는 자신의 능력을 왜곡시킬 것이다. 다른 과학자들에 대해 경쟁적이고 시기적인 분투는 그로 하여금 그들이 발견한 것들을 부정하기보다는 오히려 확증하도록 요구하는 자료들을 거부하게 할 수 있다. 진보에 대한 탐욕은 그로 하여금 현존하지 않은 자료들을 "보게see" 하거나, 현존하는 자료들을 놓치게 할 수 있다. 무의식적으로 연구대상들에게 투사되는 가족 콤플렉스나 종교적 신념들은 지각perception을 어느 정도 왜곡할 것이다. 결과들이 수용되기 전에 시험용 복제물들이 나와야 한다는 근대적인modern 과학적 요구는 이런 개인적 위험에 대한 (비록 문화적으로 공유된 무지가 아닐지라도) 조절로 기능한다. 그러나 개인적인 사고자에게 있어 이런 어려움들은 오직 자신의 정서적 진실을 앎으로써 전해질 수 있다. 이런 토론 안에서 "진실truth"에 대한 두 번째 정의는 다음과 같이 구현된다: 실제에 대한 무한한 요소들arrangements – 외부 우주의 사실들 – 은 또한 진실의 부분이다. 어떤 내적인 진실 – 어떤 순간이나 어떤 사람의 정서적 진실 – 과 외적인 진실이 있다. 그러나 외부 실제에 대한 우리의 접근은 그에 대한 우리의 반응을 인식함으로써만 가능하다. 그 반응은 필연적으로 정서적 차원을 포함한다. 따라서 우리 인류의 제한성 때문에, 객관적인 진실에 대한 인식은 자신의 정서적 진실을 아는데 달려있다. 그것은 결코 확실하게 정확히 밝혀질 수 없는 어떤 것이다. 마이클 아이건Michael Eigen의 제안에 의하면, 분석가들은 정서적 진실의 실제에 대한 믿음이 있어야 하며, 그 진실은 알려지지 않았고 알려질 수 없는 반면, ... 진실에 참여하는 법을 배우는 것보다도 더 중요한 것은 아무것도 없다. 이것은 역설적이다: 일종의 알려질 수 없는 것은 우리 관심의 초점이 되어야 한다(Eigen, 1891, p. 423). 아이건에게 있어 정서적 진실은 자기the Self의 신성함numinosity을 수반한다: 그것은 발달의 토대요 엔진이다.

진실은 내부에 있건 외부에 있건 항구적으로 이동한다. 그것은 그 자체의 전체성 안에서 항상 모호하다obscure. 진실을 추구하는 것은 우리에게 "이전에 사고된[사고한] 모든 것을 던져버리도록" 요구한다(Jung, 1984, p. 443). 우리의 작업은 순간의 진실에 다가가려고 노력하는 것이다. 그것은 우리로 하여금 이 사람, 이런 치료커플, 이런 특별한 경우의 독특성을 인식하지 못하게 하는 미리 형성된 개념들에 의해 사로잡히지 않은 상태에서 가능하다. 비온이 O가 *되는*become 것이 가능하다고 말했을 때, 그의 의도는 우리는 현존하는 순간의 진실에 대한 정서적 *경험*experience을 가질 수 있다는 것이다. 그 때 우리는 순간의 진실을 설명하려고 노력할 수 있다. 그러나 떠오르는 인간의 사고는 이미 지각된 온전한 경험을 결코 붙잡을 수 없다. 그리고 어떤 경우라도 그 경험이 설명될 수 있는 바로 그 때, 진실은 이미 이동했다. 인간의 사고는 약간의 비진실untruth을 진리Truth와 혼합해야 한다. 희미한 진실을 묘사하려는 시도로 인도하는 O에 대한 정서적 경험은 내가 3장에서 탐구했던 "선택된 사실selected fact"이다: 그것은 우리가 연구하고 있는 이런 저런 것들이 전체와 일관성을 유지하도록 갑자기 발생하는 감정이다. 그 때 그 사람은 "그것에 대해 감이 온다gets it".

치료자가 그러한 경험을 가로지를 때, 그녀는 환자에게 무언가를 말할 수 있는 자신의 새로운 관점을 사용할 수 있다. 가끔 그 말(해석)은 환자와 공명을 일으킬 것이다. 치료자의 주석은 자신의 고유한 정서적 상태에 대한 주관적 경험으로부터 부상한 인지적 연역cognitive deduction을 표현한다. 회기 중에 발생한 투사적 동일시들은 치료자 인격구조의 콤플렉스 기관에 뿌리를 둔다. 그리고 자신의 고유한 정서적 경험에 대한 치료자의 인식 능력은 그 어떤 의식적, 인지적 사고하기와도 결합한다. 그것은 환자가 말한 연상들과 자신의 조용한 레브리에 관해 모을 수 있는 사고하기다. 인간의 사고과정은 내적으로 애매하며, 우리로 하여금 단지 진실에 접근하도록 도와줄 수 있을 뿐이다. 이런 애매함fuzziness은 우리 사고의 대부분이 무의식적이라는 사실과 관련되어 있다. 2장에서 살펴본 대로, 대체로 무의식적인 자기the Self는 모든 주어진 순간이나 상황의 진실을 이해하고, 그 이해를 전체성에 대한 인식이 매우 제한적인 "나"에게 알리려는 시도에 창조적으로 개입한다. 우리의 정서적 실제의 대부분은 항상 인식 바깥에 있다.

진실은 "실제성realness"과 엉켜있다. 그것은 정의하기가 난해하면서도 동시에 어려운 특성이 있다. 진실하게 된다거나 실제적이 된다는 것은 우리가 다른 사람을 모방하거나 맡은 역할에 따라 살아가기보다는 유일한 자신이 되는 사람이 되는 것을 의미한다. 워니컷(Winnicott, 1960)은 이런 생각을 그의 참자기와 거짓자기 개념으로 발전시켰다. "진실함true"의 파트너로서 "실제함real" 수용함으로써 우리는 흥미로운 역설에 이르게 된다. 자신의 특별한 종교적 생각들을 부인하는 수많은 사람들을 살해하려고 시도하는 자살발작suicide attack은 하늘을 향한 자신의 즉각적인 승격을 야기할 것이라는 한 개인의 믿음이 있다. 이런 사고는 단순히 존재하지 않는다. 그것은 그 사람의 행동을 채색하고 그의 선택들에 영향을 미친다. 그 사고는 실제적이다. 그것은 마치 자신이 배낭에 메고 온 수류탄처럼 실제적이다. 주변 사람들이 그의 믿음에 대한 바로 그 진실한 사실과 관련되지 않는다면, 많은 사람들은 죽을 수 있다. 그리고 이런 의미에서 그의 믿음은 놀랍게도 "진실하다true". 그러나 이런 문구를 읽는 대부분의 사람들은 그의 믿음이 객관적으로 진실하다고 믿으려하지 않을 것이다.

융은 이런 어려움과 작업했다. 왜냐하면 그의 중심적 관심 가운데 하나는 정신의 종교적 본능이었기 때문이다. 정통적인 정신분석가들은(비교적 최근까지) 종교에 등을 돌렸다. 그들은 종교를 단순한 미신으로 간주하면서, 만약 누군가 "성공적인successful" 분석을 받았다면 종교적 생각들이 자신의 정신을 지탱하는 지지대를 상실했을 것이라고 상상한다. 이런 기대는 사실로 증명되지 않았다. 논리적으로 불가능한 믿음들-기적들-은 많은 분석적이고 교육적인 사람들에 의해 소중하게 여겨진다. 그들은 자신들의 생각에 대한 논리적인 불가능성을 인정하면서, 조용하면서도 전능한 신God은 불가능한 것을 할 수 있다고 주장한다. 신화의 비합리적인 개념들은, "내I"가 의식적으로 그것들을 거부할 때조차도, 전형적으로 인간 영혼 안에서 중심기능을 담당한다. 융은 다음과 같이 말한다.

> 심리적 이해에 대한 가장 큰 장애요인 가운데 하나는 인용된 심리적 요인이 '진실'하느냐에 대해 알고자 하는 캐묻기 좋아하는 습성이다. ... 그 묘사가 잘못되거나 틀리지 않다면, 그 때 그요인은 그 자체로 유효하며, 그 자체의 실존에 의해 그 가치가 증명된다. 우리는 또한 오리주둥이를 한 오리너구리가 창조자 의지의 '진실한true' 혹은 '올바른correct' 발명인가를 바로 물어볼 수 있다. 마찬가지로 어린애다운 것은 신화적 가정들이 정신적

삶에서 어떤 역할을 한다는 사실에 대항하는 편견이다. 그것들이 '진실'하지 않기 때문에, 과학적 설명에서 어떤 위치도 차지하지 못한다고 주장한다. 그러나 기본신화들mythologems은 존재한다exist. 비록 그 말이 '진실'에 대한 우리의 비교할 수 없는 생각과 일치하지 않더라도 말이다(Jung, 1916, para 192).

모든 인간은 원형적인 기본신화들을 반영하는 무의식적인 가정들을 지니고 있다. 의식적인 종교적 신념들beliefs은, 개인들이 열렬하게 매달리는 정서적으로 소중하지만 객관적으로는 부적절한 생각들이라는 의미에서, 가장 심하게 반-종교적인 사람들에게 영향을 줄 수 있다. 이런 생각들은 미국 정부의 품격, 정신분석의 치료적인 힘, 혹은 부활에서와 마찬가지로 과학에 대한 신뢰성, 코란의 신적인 기원, 혹은 브라마Brahma의 세계창조의 힘에 대한 신념들이 될 수 있다. 이런 신념들 각각은 대량의 자료들을 무시하는 것으로 쉽게 보여진다.

그러나 융의 생각은 진실에 대한 의문을 얼버무린다fudge. 그의 관점은 합리성에 대해 협소한 주장을 하는 환자와 함께 작업할 때 중요하다. 그런 환자의 주장은 "아무 의미가 없는" 것처럼 보이는 정서적 요인들을 제거하는데 사용된다. 세계 도처의 서로 관련이 없는 인간 문화에서 유사한 기본신화들이 발생했던 방식에 대한 융의 관심은 우리로 하여금 인간의 사고를 생생하게 왜곡시키는 확실히 내적인 비합리적인 요인들을 조사하도록 돕는데 있어 중요하다. 나의 견해로는 신화적 구조를 보편적인 내적inner 세계의 투사로 보는 융의 이론은 매우 깊이deeply 비합리적인 이미지들의 머무르는 힘을 설명하는데 매우 효과적이다. 그러나 조직화된 종교 제도, 특히 가톨릭교회에 의해 영향을 받은 건설적인 심리기능에 대한 정서적인 이상화는 그의 주장에 많은 혼란을 초래했다. 그의 관점은 종교조직이 심리적 실제에 대한 상징적 이미지로서의 꿈이 하는 것과 동일한 방식으로 진실truths을 표현한다는 사실에 대해 말한다. 그러나 융의 관점은 거의 대부분의 종교적 신념들은 보편성에 대한 객관적인 진실을 반영할 수 없다는 사실을 간과한다. 그것은 단지 종교적 조직들이 매우 광범위하게 서로 상충되기 때문이다. 그것은 또한 종교적 교리들이 사람들에게 심리적으로 너무 자주 상처를 주는 방식을 무시한다. 비록 실제에 대한 객관적인 진실이 뉴턴의 바위Newton's rock보다 하이젠베르크의 개연성 구름Heisenberg's probability clouds과 더욱 유사할지라도,[6] 우리는 객관적인 진실의 실존을 자명한 것으로 주장한다. 비록 그것이 근본적으로 알 수 없는 것일지라도 말이다.

알려지기를 강요하는 궁극적 진리의 영역인 비온의 O는 내적으로나 외적으로 객관적 진실의 세계다. 비록 O가 자살폭탄테러를 하늘로 가는 길이라는 테러분자의 믿음을 포함한다고 하더라도, 나는 자실폭탄테러가 진실에 있어 하늘로 가는 길이라고 믿지 않으며, 그것을 구별하는 것이 중요한 일이라고 생각한다. O로부터 오는 인정에 대한 압력은 호기심 많은 역사적 사실에 의해 증명된다. 그것은 많은 중요한 과학적 생각들이, 상대성 이론이나 진화론 혹은 미적분학의 수학적 발전과 같이, 인간성에 반하는 성향이 있는 것처럼 보인다는 점이다. 비록 그것들이 역사의 어떤 시점에서 그 필요성을 생각할 누군가를 찾고 있을 지라도 말이다. 세상을 뒤흔든 이런 개념들 각각의 시사점들은 동시에 대략 그와는 관계없는 수많은 사상가들에게 다가왔다. 비록 단지 며칠 혹은 몇 주 만이라도 한 사람이 먼저 그곳에 도달하면, 다른 사람이 그 이익을 얻는다. 마치 미적분학의 경우에서 라이프니츠보다는 오히려 뉴턴이 이득을 본 것처럼 말이다. 그러나 그 사람이 자신의 이론을 세우지 않는다면, 그 밖의 누군가가 그 일을 할 것이다. 수학은 과학의 여왕이라 불려진다. 왜냐하면 수학은 변하지 않은 진실들을 *확실히*does 얻기 때문이다. 그러나 비수학적 생각들은 그것들이 아무리 혁명적일지라도 궁극적 실제를 획득하기보다는 결국 궁극적 실제의 *근사치*approximate로 인도할 것이기 때문이다. 그리고 그런 비수학적 생각들이 생겨나기 전보다도 더 우리를 진리the Truth에 가깝게 인도하더라도, 우리는 결코 진

6) 17세기에 아이작 뉴턴Isaac Newton은 우리가 경험한대로 세계를 묘사하는 물리학의 기본 법칙들을 제시했다. 뉴턴학파의 물리학에서 바위는 (그리스 사람들을 따라) 물질의 연합체로 가장 작아질 수 있다고 상상되는 단단하게 묶여진 일종의 고체 물체다. 20세기에 하이젠베르크는 우주에 대한 뉴턴의 이해를 실제에 대한 아인쉬타인의 극적인 새로운 비전의 결과로 과감하게 개정했던 수많은 물리학자 가운데 한 사람이었다. 우리는 이제 원자들atoms은 가장 작은 분자들particles이 아니라, 수많은 다른 분자들로 구성되어 있다는 것을 알고 있다. 물질matter에 대한 하이젠베르크의 이해에서, 전자들electrons은, 원자들을 구성하는 기초적 분자들 가운데 하나로서, 물질의 단단한 분자들로 생각되지 *않는다*not. 그 대신 그것들은 에너지 영역이며, 그 정확한 위치는 결코 알려질 수 없다. 그것들이 발견될 가능성이 더 많거나, 혹은 더 적은 곳을 제시하는 개연성의 영역 혹은 구름cloud이 있다. 하이젠베르크의 우주는 근본적으로 불확실하며 알 수 없다. 반면에 뉴턴의 우주는 고정되어 있으며, 적어도 원리적으로는 *알 수 있다*knowable.

리에 도달 할 수 없다. 개인 안에서 정서들의 출현이 무르익을 바로 그 때, 인간 이해의 집단적 세계collective world는 O 안에 이미 잉태된 콤플렉스 사고들이나 이론들을 극단적으로 불러일으키는 것처럼 보인다. 그것은 충분히 오랫동안 의식적 사고 혹은 O 안에 잉태된 콤플렉스 사고들이나 이론들을 수용할 수 있는 마음들을 추구해왔다. 진실에 대한 우리의 정의definition는 두 가닥으로 갈라져야 한다. 그래서 그것은 자살폭탄테러의 존엄성에 대한 믿음만큼이나 이상하게 보일 뿐만 아니라, 내부 혹은 외부에서 결코 알려질 수 없는 어떤 것, 즉 실제의 본성에 대한 개관적인 진실이 될 수 있는 정서적 진실들을 포함한다.

진실에 대항하여Against truth

비록 진실은 정신의 자양분이 될 수 있고, 거짓은 곪아터져서 번지는 영혼의 전염병이라고 할지라도, 진실에 대한 강한 인간적 저항이 있다. 내부의 욕동이 우리로 하여금 우리 자신에 대해 고통을 주는 진실을 인정하도록 요구하는 바로 그 순간에, 우리의 상황들과 사랑하는 사람들, 그리고 본능적인 정신에너지는 우리를 자기기만과 거짓으로 몰아간다. 정서적 경험들은, 그것들이 얼마나 긍정적이냐에 관계없이, 항상 고통스런 측면을 포함한다. 존중받는 경험은 그 사람이 중요한 과거의 관계에서 사랑받지 못했다고 느꼈던 방식들을 불러일으킨다. 그러한 예전의 고통으로 가득 찬 상태는 그 사람이 경험할 수 *없었거나could not*, 의식적으로 회피했던 어떤 것이다. 그를 가두어버리기 보다는 그와 그의 정서들을 환영하는 어떤 긍정적인 듣는이listener의 출현은 적어도 과거의 어떤 고통스런 측면과의 대조를 불러일으킨다. 프로이트와 함께 시작하여, 모든 심층심리학적 사상가들은 사람들이 실존의 고통스런 측면들에 대해 알려고 하지 않기 위해 작업하는 방식들을 탐구한다.

우리의 경험을 이런 저런 방식으로 방출하기보다는 그것들을 철자화함으로써, 우리로 하여금 진실에 대해 알 수 있게 하는 기본 기제는 사랑하는 관계의 담는 것container 안에서 우리가 머무르는 능력에 달려있다. 사실 모든 심층심리학파는(자신들의 고유한 용어나 과정을 사용하면서) 이런 사실을 인정한다. 이것은 엄마의 레브리reverie가 유아를 위해 마련한 담는 것이며, 그가 자신의 삶의 지속적인 경험들을 수행하는 방식으로 점진적으로 내사하는 담아내는 그릇이다. 결국 개인의 내적인 담는 것은 엄마의 초기 안아주기뿐만 아니라, 다른 사람들이 성장하는 인간의 고통에 대한 애정어린 관심을 제공하는 방식에 달려있다. [여기서 "성장하는growing"이라는 용어는 삶의 주기를 통해 지속되는 것으로 이해된다]. 사랑스러운 담는 것을 내사하는 정도까지, 인간은 엄마까지도 아무 거리낌 없이 그를 사랑하는데 실패했던 방식을 볼 수 있게 될 것이다.

그러나 개인의 모든 중요한 양육자들이 알아차리고 유지할 수 없었던 정서적 삶의 수많은 차원들이 있다. 초기 애착 인물들은, 내적 세계가 그들과의 상호관계 안에서 형성되는 개인들처럼, 그렇게 엄청난 고통까지라도 감당해 낼 수 있다. 성인의 고통이 한계에 이르렀을 때, 이런 저런 회피를 통해 재분류할 것이며, 자신이 관계된 유아/아동/청소년기의 정서적 상태를 확인하는 능력을 부분적으로 왜곡함으로써 자신의 정서적 상황에 대한 사실들을 왜곡하는 무의식의 층으로 빠져들어갈 것이다. 성장하는 인간의 내적인 담는 것은 두 가지의 보편적인 아동기 경험에 의해 제한 될 것이다: 그 하나는 아동의 고통스런 정서적 경험들 가운데 약간이라도 볼 수 있는 능력이 그의 부모에게 없다는 것이며, 다른 하나는 자신들을 왜곡시키며 자신에게 거짓말을 할 수 있는 애착인물들의 능력을 아동이 내사하거나 그것과 동일시하는 것이다.

부인denial은 일종의 잠재적 힘이 될 수 있다. 현실의 힘든 사실들이 계속해서 드러날 때, 개인은 결국 굴복함으로써 그것들을 인정할 것이다. 그러나 흔히 이것은 그런 경우가 아니다. 이런 저런 사랑의 대상과 함께 하면서 여러 해 동안 반복된 대인관계적interpersonal 패턴은 찾고자 하는 바로 그 사람을 만나지 못한 것을 억세게 탓한다. 어떤 창조적 작업도 완성할 수 없는 단단히 자리 잡은 무능력은 소위 "게으름laziness"으로 치부된다. 그것은 자신의 진실한 한계들을 드러냄으로써 겸손하게 되는 자신의 조절능력 바깥에 있는outside 어떤 것이라기보다는, 오직 열심히 노력한다면 조절*할 수 있다could*는 그 무엇이다. 마술적인 치료에 영향을 줄 수 있는 분석가의 능력에 대한 이상적인 믿음 혹은 배우자나 아이의 뛰어난 재능에 대한 믿음은 이런 확신에 도전하는 반복된 증거들을 접하면서 유지된다. 그러나 여전히 진실은 알려지기를 원한다. 사람들은 고통스런 통찰력에 정말 다가간다. 그들은 파괴적이거나 제한된 상황에서 자신을 해방시킨다. 가끔은 스스로, 가끔은 친구나 가족의 도움으로, 그리고 가끔은 치료자에게 도움을 청함으로써 자신을 해방시킨다. 고통을 피하려는 분명한 소망 외에도, 사람들은 또한 진실과의 연결을 추구한다.

분석적 사상가들이 존재하듯이, 그와 마찬가지로 사람들을 거짓으로 밀어붙이는 힘들에 대해 생각하는 많은 방식들이 있다. 많은 신화들은 인간의 진실에 대한 추구를 금기로 묘사한다. 히브리 성서는 선악을 알게 하는 나무의 열매를 먹는 것을 원죄로 표현한다.

> 지식knowledge은 마치 어떤 신성불가침적인 장벽이 불경스럽게 침범 당했던 것을 의미했던 것처럼, ... 보다 위대한 의식을 향한 모든 발걸음은 일종의 프로메테우스의 죄다: 지식을 통해 신들은... 자신들의 불을 빼앗겼다. ... 무의식적인 힘의 재산인 어떤 것이 그 본래적인 상황에서 찢겨 나가 의식적 생각의 변덕whim에 종속되게 된 것이다(Jung, 1953, p. 156, 각주 1).

창세기 3장 6절은 이브의 죄를 다음과 같이 묘사한다:

> 여인이 보았다.
> 나무가 먹음직스러움을.
> 그리고 그것은 보기에 좋았음을.
> 그리고 그 나무는 명상하기에contemplate 바람직스러움을.
> 그녀는 그 열매를 따서 먹었다.
> 그리고 자기 옆에 있는 남편에게도 주었다.
> 그래서 그는 먹었다(Fox, 1983).

이브의 죄는 객관적인 사실들을 보는 것이며, 그 나무는 먹기에 좋지 *않다not*는 권위자the Authority의 말을 단순히 수용하기보다는 자신이 본 것에 대한 자신의 고유한 사고들을 생각하는 것이다. 진실에 대한 궁극적 지식에 도달하려는 인간의 시도인 바벨탑은 신이 인간 사이에 혼란을 심어주려고 결정했을 때 파괴되었다. 프로메테우스의 불(계몽 enlightenment)에 대한 요구는 헬라어판 단테의 지옥편에 나타나는 신들에 의해 처벌된다: 프로메테우스는 바위에 쇠사슬로 묶이고, 독수리들이 그의 심장을 영원히 쪼는다. 그러나 인간 본성에 대한 어 떤 진실이 이런 금기들을 반영하는가? 역사적으로, 근친상간 금기는 구체적이고 외부적인 방식으로 생각되어졌다. 우리가 근친상간에 대해 *상징적으로* 생각한다면(모든 심층적 관점에 대한 첫 요구들 가운데 하나로), 그 금기는 우리에게 무의식적인 자기들과 연합하려고 해서는 *안되며not*, 우리의 고유한 개인적 진실을 추구해서는 안된다고 말한다.

융(Jung, 1953)은 알아서는 안되는 금기에 대해 세 가지 주요 생각에 집중한다: 협동적인 대중을 요구하는 사회로부터 부상한 압력들, 이상적이 되기 위한 "나I"의 타고난 자기애, 그리고 서로 반대되는 성향의 내부와 외부의 힘들 안에서만 많은 것을 할 수 있는 개인의 제한적인 에너지들이 바로 그것들이다. 질서와 일관성에 대한 사회적 요구는 우리로 하여금 일상적인 적응(순응)을 하도록 몰아 부친다. 당신은 당신 자신의 파열적 사고들을 알아서는 안된다. 그러나 단지 인간 본성이 적어도 어느 정도는 그것들을 지지하기 때문에, 사회적 요구들은 수용될 수 있다. 우리는 떼를 지어 모여 사는 동물들이다. 그리고 우리는 군중의 집단적 신념들을 수용할 때, 그리고 우리가 일반적이기를, 즉 평범하기를 바라는 사회적 요구들에 굴복할 때 보다 안전하게 느낀다.

딱 들어맞는 방향으로 끌어당기는 것은 완전을 위한 나의 욕망(자기애)에 의해 지지된다.

> 보시오. 자기the Self는 그런 하나의 동의할 수 없는 것이오. ... 왜냐하면 그것이 당신이 바라거나 당연히 그래야 할 모습이 아니라, 실제 모습이기 때문이오. 그리고 그 실제는 매우 가련해서, 때로는 위험하고 심지어는 혐오스럽기까지 하다오. 그것들이 당신 자신의 것이 되지 않게 하려고 당신이 모든 노력을 매우 자연스럽게 기울이게 될 것들이오(융의 짜라투스트라 세미나로부터, 율라노프에 의해 인용됨, 1997, p. 122).

대부분의 사람들은 자신을 알려고 하는 시도에서 정직하지 못하다고 융은 주장한다. 아마도 자신의 진정한 자기를 찾으려고 노력하는 반면에, 에너지는 실제로 거기에 도달하기보다는 그런 만남을 회피하기 위해 더욱 힘들게 작업한다. "정직한 시도는 가장 위험하다. ... 그것은 일종의 모험이다. 인간은 살기 위해서 죽는다"(Jung, 1984, p. 619). 비온(Bion, 1966)은 이와 동일한 위험을 재앙적 변화로 불렀다: 누군가 자신의 진정한 자기를 만날 때, 자신에 대한 환영들은 흔들린다. 자신이 알고 있는 세상은 뒤집어진다. 그 "나I"는 "내I"가 이전에 결코 만난 적이 없는 어떤 존재다. 자신의 진정한 자기와의 만남은 본인에게 달려있다. 그녀는 속이 뻔히 들여다보이기보다는 크고 튼튼하게 되며, 일방적이기보다는 복합적이며 다차원적이 된다. 그러나 처음 경험은 긍정적이거나 부정적으로 팽창된 자기기만self-deception의 장막veil을 뜯어낸다. 그리고 자신의 진정한 모습에 "움츠러들게shrunk" 되는 것은 처음에는 삶을 위협하는 것으로 느낀다. 두려움 뒤에는 죽음에 대한 공포가 있다. 왜냐하면 어떤 의미에서 개인의 자기기만은 진실한 자기가 태어나기 위해서 죽어야 한다. 그리고 우리 모두는 어느 정도 그것이 무엇이든 우리의 지속적인 발전을 가로막는 자기기만과 동일시한다.

비온은 두 가지 서로 반대되는 힘에 대해 말한다 – 하나는 사회적이며 관계적인 힘이요, 다른 하나는 인간의 영혼 안에서 만족하는 자기애적 힘이다. 관계적인 에너지는, 자신에게 뿐만 아니라 다른 사람에 대한 관심을 유도함으로써, 많은 다양한 개인들의 갈등적 요소들에 대해 공정해지려고 시도함으로써 진실을 향해야 한다. 자기애적 충동은 자신의 "나I"에 대한 안전과 편안함을 추구하는 것을 보장받기 위해 내부와 외부 대상들의 요구를 외면하도록 요구한다. 이런 두 힘은 고난을 감당한 개인의 능력을 만나게 되며, 그 결과는 진실과 거짓 사이의 타협이 된다. 군중의 일부가 되는 것은 자신이 되기 위해 끊임없이 노력하는 것보다 훨씬 쉽다. 사람들은 존경받는 타인에 대한 모방으로 빠져들어간다. 그것은 자신을 그 밖의 다른 사람들과 분리시킴으로써 고독하게 만드는 고유한 개인적인 방식들, 그리고 독특한 사고와 감정들을 발견하려는 훨씬 큰 부담을 피하면서 수행된다.

비온이 자신의 시도에서 진실을 추구하는 것과 거짓말을 하는 것 사이의 상호작용을 이해하기 위해 탐구한 하나의 핵심적 이슈는 정서적 고통을 의미하는 좌절에 개입할 수 있는 인간의 능력이라는 점이다. 개인은 고통을 수정하기 위해 필요한 전조로서의 고통(고난)의 경험을 감당해 낼 수 있는가? 그렇지 않다면 고통으로부터 도주해서, 이런 저런 방식으로 자신에게 거짓말을 함으로써 그 고통을 방출해야 하는가? 우리가 3장에서 보았던 것처럼, 관계성은 진실을 찾기 위한 사고하는 능력처럼 개인이 발전시킨 담는 것(♀)과 담기는 것(♂), 그리고 PS↔D 장치에 기초한다. 그것은 우선은 중요한 양육자와, 그리고 후에는 정서적으로 도움을 주는 사람들과의 나중 경험에서 이루어진다. 우리의 "사고 장치apparatus for thinking"를 확장시키는 과정은 일생을 통해 계속된다. 그 장치가 더욱 단단하고 튼튼해질수록, 좌절을 방출하기보다는 그 좌절과 함께 머물며, 그것에 대해 생각할 수 있는 능력은 더욱 커진다. 고통을 의미하는 "좌절frustration"은 항상 다른 사람과의 정서적 차원으로 들어가게 된다. 그것은 마치 자기 자신과 정서적으로 교감하는 것과도 같다. 다른 사람들과의 관계능력은 단순히 자신과의 관계능력의 다른 쪽에 불과하다.

비온의 제안에 의하면, 좌절을 견디는 능력에 영향을 주는 인간의 타고난 기질적 측면이 있다.

> 좌절을 견디는 특별한 능력을 지니고 태어난 유아는 레브리 능력이 없어서 아이의 정신적 요구를 제공할 수 없는 엄마의 시련으로부터 살아남을 수 있다. 다른 극단적인 경우에 현저하게 좌절을 견딜 수 없는 유아는 심지어 레브리 능력이 있는 엄마에 대한 투사적 동일시 경험의 실패 없이도 생존할 수 없다. 다름 아닌 끊임없이 먹이는 젖가슴만이 도움이 될 것이다(Bion, 1962, p. 37).

치료적 용기container를 건설적으로 사용할 수 있는 환자의 능력 안에 있는 놀라운 변화는 신비하다. 그것이 비록 개인이 경험했던 정서적 상처 정도와 관련되지만, 이것은 단지 중요한 변화가능성만은 아니라는 점은 분명하다. 모든 분석가들은 비교적 건강하게 보이지만 성장을 위해 분석상황을 효과적으로 사용하지 않는 환자들과 함께 한 경험들을 지니고 있다. 그뿐만 아니라 치료자의 필연적으로 제한된 능력들을 붙잡고 그로부터 모든 가능한 지원을 얻기 위해 몸부림치는 심각하게 상처받은 환자들과 함께 한 경험을 치료자들은 가지고 있다.

정서적 고통을 견딜 수 있는 능력 안에 있는 선천적인 변화에 대한 비온의 개념은 이런 수수께끼 같은 현상을 설명하는데 도움을 준다.

3장에서 우리가 살펴본 바와 같이, 아기는 생각하려고 한다면 상징이나 이미지와 같은 단어와 유사한 어떤 것을 발전시켜야 한다. 그가 사고하기에 필요한 것은 무엇이든지, 예를 들면, "젖가슴breast"이라는 이미지를 발전시켜야 한다. 아기가 필요한 원초적 단어proto-word나 이미지는 오직 문자적 젖가슴의 부재 안에서만 발달될 것이다. 좌절이나 고통의 경험, 뭔가 부족한 어떤 것에 대한 경험은 사고하기의 전제조건인 상징들의 형성을 자극하도록 요구한다.

모든 사고나 말은 "이것은 존재한다. 따라서 저것은 존재하지 않는다"는 의미를 암시한다. 좌절을 견딜 수 없는 정도까지, 인간은 "저것은 존재하지 않아"라는 생각에 초점을 둘 것이다. 왜냐하면 부족이나 부재가 가장 먼저 오기 때문이다. 우선 유아는 이유를 시작하면서 젖가슴을 잃어버리는 고통을 당한다. 그 때 그는 그 상실이 다른 자유를 초래할 뿐만 아니라 미식의 즐거움을 크게 확장시킨다는 것을 발견한다. 우선 걸음마를 하는 아이는 안전함과 엄마의 지속적인 현존의 안전성을 상실한다. 그러고 나서 그는 유치원이 우정과 배움의 놀라운 모험들로 가득 차 있다는 것을 발견한다. 그는 학교가 제공할 것이 많다는 것을 인지적으로 "안다know". 그러나 그가 엄마Mother와 분리되는 고통을 통해 작업할 수 있을 때만 비로소 학교의 즐거움을 경험할 수 있다. 획득한 것을 상실함으로써 얻는 것은 살아있음의 고통에 대한 굴복을 요구한다. 비온은 괴로움을 견딜 수 없기 때문에 "고통을 느끼지만 고난을 당할 수 없는 사람들에 대해 말한다. ... 고통을 당하려고 하지 않는 환자는 즐거움의 '고난을 당하는데 suffer' 실패한다"(Bion, 1970, p. 9). 누군가 삶의 정서적 괴로움으로부터 도망갈 때, 그는 자신의 실존에 대한 진정한 경험을 거부하며 악한 것과 함께하는 선한 것을 상실한다.

무엇을 상실했든지 간에, 결핍은 좌절한 아기나 성인을 감질나게 한다. 그것은 상처를 준다. 고통은 그것을 수정하려는 본능적인 시도를 자극한다. 우리가 위에서 살펴본 대로, 개인이 자신의 고통을 바꿀 수 있는 한 가지 방법은 그 고통을 당하는 것이다: 그 고통에 대해 사고하고thinking, 자신의 상황을 개선하는 어떤 방법을 발견하는 것이다. 이것을 하기 위해 그는 고통은 삶이 제대로 작용하지 않은 어떤 방식의 증상이라기보다는 삶의 타고난 부분이라는 사실을 어느 정도 인식해야 한다. 고통이 실패의 증상으로 보여서 결국 그로부터 도망가야할 무엇으로 보여질 때, 그 사람은 우리가 이전에 살펴본 그 어떤 방식으로도 고통을 방출할 수 있다.

아담Adam은 노모가 죽어간다는 사실에 대해 생각하는 것이 견딜 수 없었다. 그는 다가오는 상실에 대한 자신의 슬픔과 암시들은 자신이 견딜 수 없는 것이라고 무의식적인 결론을 지었다. 그가 어머니의 임박한 죽음에 대해 진실로 생각했다면, 그는 자신이 가족에서 가장 연장자가 될 것이고, 그 역시 죽어야할 운명의 길을 가게 된다는 사실에 대해서 생각할 필요가 있었다. 그의 아내, 친구들, 그 모든 사람들은 죽을 수밖에 없다! 물론 아담은 이것을 알았다. 그러나 그에 대한 정서적 지각은 회피되어야 했다. 아담은 어머니가 살림도구와 간호시설이 마련된 은퇴자 공동체로 들어가야 한다는 주장에 관심이 집중되어 있었다. 비록 매우 분명하게 비합리적인 어떤 말도 하지 않았다고 하더라도(심지어 자기 자신에게까지), 그는 다음과 같은 무의식적인 믿음을 작동시켰다: 만일 어머니가 진전 가능성이 있는 어떤 육체적 불편함을 돌봐줄 수 있는 시설로 바로 옮겨간다면, 아담의 정서적인 괴로움 또한 은퇴시설에 의해 좌우지될 것이라는 믿음이다. 이런 일상적인 예는 "사고하기to think" 위해 정서적 고통을 처리하는 능력과 그 밖의 다른 것과 연결시키는 능력의 상호의존성을 보여주는 좋은 실례다. 자신의 고통 때문에 견딜 수 없는 무능력 상태에 사로잡혀, 아담은 가능한 기간 동안 독립적으로 지내고 싶은 어머니의 소망을 존중할 어떤 여지도 없었다. 그는 (내 사무실에서) 어머니의 전적인 이기심에 *격분했고*, 그와 동시에, 아들이 괴로움으로부터 해방되도록 어머니가 계속 살아주기를 바라는 자신의 이기심을 그는 인정할 수 없었다.

아담은 자신의 고통을 구체화했다. 자신의 괴로움에 대한 "이름name"은 상징이 아니었다. 그는 난제를 어머니가 육체적 돌봄을 필요로 할 것이라는 사실 속으로 몰아넣었다. 어머니가 자신의 방식으로 계속해서 살아간다면, 아담은 그 육체적 돌봄을 처리하는데 있어 많은 스트레스를 견딜 수 있게 될 것이다. 어머니가 좀 더 일찍 옮겨갔으면, 그녀가 도움을 필요로 하기 전에 모든 것이 고려되었을 것이며, 아담은 어머니의 임박한 쇠약해짐이 그에게 괴로움을 주지 않았을 것이라고 상상할 수 있다. 그는 어머니의 노령화와 함께 머물러있는 고통을 회피하기 위해 작업하고 있다. 그것은 부분적으로 자기 자신의 죽을 운명mortality에 대한 이해할 수 없는 사실과, 아담 자신이 접어들고 있는 인생의 노령기에 내재된 임박한 상실에 대한 엄청난 슬픔을 불러일으켰기 때문이다. 그는 (무의식적으로) 죽음을 향한 마지막 고통스런 여정에 어머니를 동반시키는 전망에 의해 압도됨을 느꼈다. 그러기까지 아담은 자신의 실제적 어려움에 대해 생각할 수 없었으며, 고난suffering을 해소할 고난(훈습, "working through")에 복종할 수 없었다. 그는 자신의 문제를 해결한 "이름name"으로 알파요소를 발전시킬 수 없었다. 그 문제는 "죽을 운명mortality" 혹은 "상실loss"과 같은 단어로서, 그것이 그 자체의 진정한 감정으로 가득 차 있다면, 자신의 고난을 활용하여 정서적으로 성장하도록 도움을 받을 것이다. 사고하는 능력은 진실을 추구하려는 시도다. 그 추구는 육화된 실존에 대한 좌절을 견딜 수 있는 정도까지만 성공할 수 있다. "쾌락pleasure" 원리에 사로잡히면, 개인은 진실로부터 도주한다. 왜냐하면 진실은 항상 진실과 더불어 어떤 고통을 수반하기 때문이다.

그러나 고난을 당할 수 없는 사람은 괴로움을 피할 수 있다고 상상하는 것은 심각한 왜곡이 될 수 있다. 아담의 사례에서, 그는 자신의 죽을 운명과 슬픔에 대한 경험을 성공적으로 회피한 반면, 이성을 잃은 채 은퇴시설로 이동하는 것에 대한 어머니의 "지극히 비합리적인grossly unreasonable" 거부에 대한 무기력한 격노에 휩싸였다. 아담은 어머니로 하여금 *그가* 옳다고 여기는 선택을 하도록 압력을 가할 수 있을 것이라고 확실히 믿었다. 격렬한 좌절을 겪고 실망스러운 노력을 기울인지 많은 주간이 지난 후에, 아담은 의욕적인 요구와 설득하고자 하는 헛된 시도를 내버려두었다. 어머니의 돌봄에 대해 이전에 예견했던 모든 문제들을 그에게 남겨둔 채 어머니가 계속 쇠약해지자, 아담은 그것과 싸우는 대신에 그 상황에 점점 굴복했다. 두 번째 부모의 다가오는 상실에 대한 그의 슬픔이 드러나기 시작했다. 그가 노령세대로 들어가려고 한 사고는 그러한 모습을 보였으며, 그는그 사고를 내부로 받아들였다. 그는 자신의 고통으로 고난을 당하기 시작했다. 고난suffering은 회피evasion보다 더욱 상처를 주었다. 그러나 그 상처는 중요하게 느껴졌으며, 의미 없는 가학이 되기보다는 잠재적으로 건설적이 되었다. *이런This* 고통은 그를 깊은 차원으로 인도했다. 아담은 어머니를 제압하려는 성공적인 경험을 놓쳤다. 그러나 그가 부드러워지고 자신의 조건부 상실에 자신을 개방하자, 그는 어머니에 대한 사랑을 느끼기 시작했으며 자신에 대한 그녀의 사랑을 수용했다. 자신이 처한 상황에 대한 진실을 점진적으로 대면하는 것은 분명히 아담에게 성장을 위한 생생한 재료raw material를 제공했다.

이 사례의 삽화vignette는 진실을 위한 투쟁과 거짓의 안전 속으로 붕괴되는 것 사이의 또 다른 대조적인 측면을 보여준다. 어머니를 자신이 바람직하다고 여기는 과정으로 몰아가려는 아담의 제정신이 아닌 시도에서, 그가 경험한 주요 정서는 격분rage이다. 비온의 주석에 의하면, 격분은 성취되지 않은 욕망의 고통스런 경험으로부터 도주하는 것이다. 그 "근본적인 기능은 다른 정서에 대한 부인denial"이라고 그는 주장한다(Bion, 1970, p. 20). 격분rage은 다른 말로 표현하면 일종의 거짓이다. 우리는 환자의 분노를 초대받고 환영받는 어떤 것something으로, 그것은 또한 "접촉하고" "표현되어야" 할 무엇으로 생각하는 분석가로 훈련받는다. 그리고 많은 사람들은 (그들 가운데 약간은 환자) 자신의 분노와 의절하면서 자신과 세상에 대해 거짓말을 한다는 사실을 누구라도 인식할 수 있다고 나는 생각한다. 사실 엄청난 분노가 그들 내부에서 혼란을 일으키고 있을 때, 그들은 마치 분노하지 않은 사람들처럼 행동하면서 말이다. 역사에 관한 그 어떤 견해도, 광대한 규모의 인간의 분노가 엄청난 수준의 파괴와 우리 종족에 대한 고난을 야기했으며, 격분의 파괴적 본성은 부분적으로 그 실존을 무의식 상태에 둠으로써 가능해 진다는 사실을 부인할 수 없다. 그러나 격분과 그보다 약한 형태인 분노는 위협이나 고통에 대한 반응이다. 사람들이 위협을 느낄 때, 육체적으로나 정서적으로 분노는, 비록 주반응이 아니라고 할지라도, 실로 피할 수 없는 하나의 반응이다.

비온의 주장에 의하면, 근원적인 상처, 두려움과 수치심은 분노반응보다 더욱 우선적이다. 격분은 분노의 가장 강한 형태로서 특별히 의심된다. 격분은 위협적인 상황에 대한 즉각적인 반응으로서 뿐만 아니라, 오랜 기간에 걸친 형태로서 흔히 끈덕지게 유지된다. 왜냐하면 어떤 형태로든 너무 "충격적인 outrageous"이라고 명명되는 상황에 직면해서 자신의 취약함과 무기력함을 경험하는 것으로부터 인간을 보호하기 때문이다. 아담은 독립적인 삶에 대한 어머니의 "고집스런stubborn" 주장을 의식적으로 너무 충격적으로 간주했다. 그러나 그의 판단 이면에는 죽음에 직면해야하는 사실에 대한 자신의 충격이 도사리고 있다: 사랑하는 사람과의 필연적인 상실, 육체의 쇠퇴와 실패, 접하지 말아야 할 결핍에 대한 무력감, 살아있음에 대한 무차별적인 불공정성 등이 유한자들의 충격이다. 비온은 종종 알지 못함, 혼란을 견디기, 진정한 사고들을 사고하기 등에 초점을 둔다. 비록 진정한 사고들 가운데 어떤 것들은 거칠고, 그 가운데 어떤 것도 절대적 진리Absolute Truth를 반영하지 않을지라도, 그리고 그 가운데 많은 것들이 다른 이들 앞에서 사고자의 가치를 높이 평가하지 않을지라도, 그는 이런 것들에 주목한다. 우리 인간 종족의 구성원을 위한 진실한 자리position는 초라하고humble, 취약하며, 불안전하며, 잔인함outrage과는 정 반대적이라고 비온은 제안한다. 그래서 우리는 다른 역설에 이른다: 격분과 분노는 우리의 왜소함과 취약함을 경험하는 것으로부터 우리 자신을 방어하기 위해 고안된 부차적 정서들이다. 사람들은 종종 자신의 분노를 인식하지 못한다. 분석가가 하는 일 가운데 한 측면은 그들로 하여금 자신의 분노에 대한 인식을 확장하도록 돕는 것이다. 그러나 이런 차원은 항상 부차적이며, 항상 분노보다는 진실에 가깝게 놓여있는 더욱 기본적인 공포terror 위에 축적된다.

[분노와 격분은 자신의 주장과는 다른 동물적 본능animals이라고 강하게 강조하고 싶지 않다. 개인의 자기주장self-assertion은 자신의 이해와 지식에 대한 정확한 평가가 배치될 수 있는 초라하고humble 취약한 불확신성을 포함하지 않을 수 있으며, 따라서 방어적일 필요가 없다. "나는 원한다"는 것은 "당신의 소망이 나를 격분케 한다"는 것으로부터 나온 다른 정서적 표현이다. 물론 다른 사람의 소망이 자신의 소망과 갈등을 일으킬 때, 나는 원한다는 말은 서서히 분노로 바뀔 수 있다. 그러나 그 분노는 여전히 거짓을 드러내는 어떤 것이다. 그 뒤에 보다 더 근본적이고 진실한 취약한 감정들이 숨어있을 것이다: "나는 이런 갈등으로 위협당하고 있다. 나는 내가 원하는 것을 얻지 못할까 봐 두려워한다. 내가 타협한다면 평가절하됨을 느낄 것이다" 등등]

비온(Bion, 1963)은 사고를 이해하려는 시도로 "좌표Grid"를 고안했다(제 3 장 "PS↔D"를 보라): 사고하기thinking는 어떻게 발전하는가? 그리고 모든 주어진 사고의 근본적인 목적은 무엇인가? 좌표의 가로열은 화자speaker가 말speech을 만드는

사용법을 묘사한다: 그는 가능한 한 최선을 다해 자신에게 진실한 어떤 것을 전달하기 위해 말을 사용하고 있는가? 혹은 그는 그 목적이 무엇을 야기하는 효과가 있는 행동action으로서의 말을 사용하고 있는가? 언사의 목적이 배경 속에 드리워진 위협적인 정서들을 감추고 피하기 위해 행해질 때 적용되는 가로열, 즉 비온이 "사이Ψ"로 명명한 2열에 화자의 언급comment이 포함될 수 있을까? 하나의 단순한 예는 저녁 식사자리에서 안주인을 칭찬하는 손님일 것이다. 그는 음식에 대한 진정한 감사를 전달하고 있는가? 혹은 그가 그녀를 칭찬함으로써 자신의 친구를 행복하게 하려고 노력하고 있는가? 보다 의미 있는 예로 여성 치료자에게 자신의 성적인 "문제problem"를 말하는 중에 자신의 어려움을 풀어내는 것이 아니라, (무의식적으로) 그녀를 자극하고 유혹하는 문란한 남성환자를 들 수 있다. 이런 요소들을 분석에 가져올 때, 비온은 다음과 같이 묻는다:

> (환자의 연상은) 비록 애매하게 나타날지라도, 그가 활용할 수 있는 가장 직접적인 정보를 제공하는 도구인가? 그 애매함은 그 때문에 환자가 도움을 청하는 문제의 본질의 어려움 때문인가? 아니면 그것은 숨기려고 하는 그의 욕구 때문인가? ... [환자의 연상이] 숨기려는 욕구로 인해 우선 드러나는가 혹은 그에게 애매하게 보이는 관점에서 가능한 O의 표상에 접근할 필요에 의한 것인가를 결정하는 것은 필요하다(Bion, 1965, p. 22).

비온(Bion, 1970)은 경청하는 분석가에게 환자의 의사전달 기능에 관해 궁금해하기를 요구한다. 자신의 이야기나 감정을 조작하고 있다면, 그가 숨기려고 하는 것은 어떤 정서적 경험들인가? 그의 연상association은 O가 자신의 의식 안으로 진화할 때, O에 대한 정서적 반응을 표현하는가? 혹은 그의 말이 청자에게서 정서적 반응을 불러일으키기 위한 시도인가?(1965) 비온은 우리에게 다음과 같은 사실을 기억하기를 강력히 주문한다:

> 가끔 말speech의 기능은 다른 사람에 대한 경험을 전달하는 것이다. 종종 그것은 다른 사람에 대한 경험을 잘 못 전달하는 것이다. ... 말은... 가능한 최대한으로 사고를 속이는 목적으로 상술되어 왔다. 그것은 사고를 설명하거

나 전달하는 목적의 위장이나 거짓말을 통해 이루어진다(Bion, 1970, p. 1-3).

보다 넓은 세계에서의 생존가치와 관계없이, 환자뿐만 아니라 심층심리학적 치료자나 분석가에게 있어서 "안전한safe" 거짓말 세계에 대한 진실의 공포로부터 후퇴하려는 보편적 경향은 치료작업을 지연시킨다. 치료상황에서 격분과 같은 거짓이 용이하게 하는 빠른 반응들은 바람직하지 않다. 요구되는 것은 스트레스를 담아내는 것이다. 그 결과 분석가든 환자든 그에 대해 생각할 수 있게 된다. 거기서 "그것에 대해 사고하기thinking about it"는 자신의 정서적 경험의 충만함에 대한 고난을 감수하는 것을 의미한다. 그 고통스런 경험을 내부에 껴안음으로써, 사고자the thinker는 자신의 반응들을 고려한 *선택들choices*을 하게 될 것이다. 스트레스에 적극적으로 반응하지 않는 능력, 즉 스트레스가 정체stasis 속으로 도주하기보다는 정서적 성장으로 인도한다면, 스트레스에 의해 지배당하기보다는 떠오르는 도주와 투쟁 충동을 껴안을 능력이 필요하다.

비온이 고통을 감수할 수 있는 학습자learner와 대조적으로 좌절을 견딜(당할 suffer) 수 없는 학습자에 대해 말할 때, 그는 모든 사람에게 나타나는 두 종류의 에너지를 묘사한다. 비록 다양한 사람들은 다양한 비율로 서로 반대되는 성향을 포함하게 될지라도 말이다. 아무도 좌절이 암시하는 자신의 무지와 취약성에 대한 온전한 경험을 감당 할 수 없다. 한번 숙고해 보라: 누군가 자신이 알고 있는 "사물들things"에 대한 양적수준을 생각한다면, 비록 어떤 부류의 전문가가 아닐지라도, 그는 자신의 방대한 지식 안에서 자부심으로 들뜨게 될지 모른다. 그러나 그가 자신의 무지에 대한 온전한 경험을 반성한다면, 그의 지식은 사소함 속으로 난장이처럼 무척 작아질 것이다. 이것이 아인슈타인이 줄기차게 말했던 자신이 알고 있는 것이 얼마나 작은지에 대한 깊이 있는 진지함이다(Clark, 1971).

-K와 K-K and K

비온의 진실과 거짓 영역을 탐구한 방식들 가운데 하나는 그의 연결link에 대한 연구에 있다. 비온의 제안에 의하면 다른 사람과의 모든 상호작용은 그것이 외부적이든 내부적이든 여섯 가지의 연결link 가운데 하나에 의해 지배되는 것으로 묘사될 수 있다: 그것들은 L, H 혹은 K거나 그 부정적인 측면인 -L, -H와 -K다. 이 여섯 가지 연결들은 신호signs 라기보다는 상징들symbols 이며, 우리에게 그것들을 *정의하기define* 위해 주시하기보다는 그것들 주위를 순회하도록 요구한다. 그러나 그것들이 유래하는 단어들은 그 의미에 대한 힌트를 준다: 사랑love, 증오hate 그리고 알아가기knowing. 연결link 은 하나의 통계상태라기보다는 일종의 *적극적* 연결*active* connection 이다. 그것은 일종의 고정된 사실로서 메리Mary 가 밥Bob 을 사랑한다는 것이 아니다. 그것은 메리가 어떤 특정한 순간에 밥에 대한 적극적인 사랑에 젖어든 경험을 한다는 것이며, 밥 역시 메리로부터 온 사랑을 적극적으로 수용하게 되는 경험을 하는 것이다. 비록 메리가 어떤 항구적인 방식으로 계속해서 밥을 "사랑하게love" 될 지라도, 어떤 특정한 순간에 메리와 밥의 연결의 질적 수준은 L에 의한 것처럼 아주 쉽게 다른 신호들 가운데 하나에 의해 채색될지 모른다. 비온이 강조하듯이, -L은 H와 동일하지 않다. -L은 드러나고 있는 잠재적인 사랑의 경험을 적극적으로 거부하는 상태다. 그리고 -H는 현존하는 증오에 대한 경험을 적극적으로 거부하는 상태다. 부정적인 연결 모두는 반- 진실적anti-truth 태도에 대해 말한다. H는 또한 파괴적 연결이다. 그러나 그것은 그 자체의 진실하지 못한 본성에 의해 파괴적인 것은 아니다. H는 마지막 장에서 살펴본 대로 우선적인 반-관계적 연결이기 때문에 파괴적이다. H 안에서 인간은 다른 사람, 자기 자신, 세계에 대해 개방적이지 *않다not*. 그는 할 수만 있다면 진실을 파괴하려 할 것이다. 그는 진실을 증오한다. 이런 여섯 가지 연결 가운데 어떤 하나라도 세상에게나 어떤 특별한 상호작용에 있는 다른 사람에 대한 모든 인간적 관계를 채색하려는 것을 상상해 볼 수 있다.

K 연결은 비온이 자세하게 탐구한 것이다. 그것은 부분적으로 내가 3장에서 묘사했던 경험으로부터 배우기 작업을 지배하는 연결이기 때문이며, 또 부분적으로 비온이 K 연결을 분석가를 위한 "유일하게only" 적절한 연결로 간주하기 때문이다. (환자는 물론 그것이 무엇이든 내부에서 자연적으로 일어나는 연결을 사용할 것이다.) K를 심층치료사에게 "유일한only" 적절한 연결로 보려는 비온의 평가는 관계성에 대한 자신의 고유한 어려움을 반영한다. 치료작업이 효과가 있으려면, 작업 양상은 분석가 쪽에서의 L 링크(연결)에 고취되어야 한다. 비온은 자신의 *임상세미*

나*Clinical Seminars*에서 스스로 이렇게 말한다: "분석적 용어가 아닌 인간에 대한 관심으로서의 애정, 동정sympathy, 그리고 이해를 위한 어느 정도의 능력이 존재한다는 사실을 ...[환자에게] 보여주는 것은 매우 중요하다"(Bion, 2000, p. 18). 나는 치료사가 환자에게 자신의 배려 능력을 "보여주는show" 것이 중요하다고 생각하지는 않는다. 오히려 치료커플의 두 멤버 사이에서 사랑이 배치되지 않는다면, 그 작업은 이루어질 수 없다는 융의 견해에 동의하고 싶다. K 링크는 애정affection을 암시하지 않는다. 그리고 분석가의 연결 없이 그 작업은 이루어질 수 없다. 가끔 분석가들은 치료작업이 성공하기 위해서 L 링크를 통해 환자와 연결해야 한다.

그러나 심층적 치료작업은 물론 분명히 K에 또한 달려있다. 대부분의 치료사들은 사람들을 "도우려는help" 의식적 욕망 외부로 들어간다. 젊은 치료사의 인식 외부에서 이런 욕망은 도움 받으려는 열망을 반영한다. "만약 내가 치료실에서 감지한 모든 상처들을 환자에게 밀어넣고 그 상처를 치료할 수 있다면, 나 역시 치료될 것이다." 순진한 임상가는 무의식적으로 이렇게 상상한다. 그러나 치료사가 환자를 도우려고 노력한다면, 그녀는 무심코inadvertently 환자의 내적 갈등의 한 부분을 지지할 것이다. 증상은 "그 자체의 존재에 대한 확고한 토대를 가지고 있다"(Freud, 1914, p. 152). 증상은 환자의 한 부분을 표현하며, 증상을 절단하려는 순진한 소망은 환자를 궁핍하게 만드는 결과를 초래한다. 치료사가 누군가를 도우려고 할 때, 그녀는 H 링크를 통해 그의 보다 심층적인 자기self의 알려지지 않은 측면들에 접근하게 된다. 그것은 전체 구조 안에서 그의 병리를 수용하기보다는 그것을 증오하는 양상으로 나타난다. 그래서 모든 심층적 성향orientation은 환자의 진실을 중립적 관점으로부터 찾아야한다는 이유가 된다. 환자의 "나I"는 X를 원한다. 그리고 그의 알려지지 않은 자기의 어떤 요소는 Y를 원한다. 치료사는 *갈등conflict* 속에 있는 한 쪽 측면을 택해서는 안된다. 비록 치료자가 환자의 전체성 안에서 그의 일부를 취하는 것이 중요할지라도 말이다. 왜냐하면 -다시 말해서- 분석은 그 안에서 사랑이 결정적인 역할을 하는 하나의 과정이기 때문이다. 우리가 K와 그 부정적인 그림자인 -K를 살펴본 대로, 치료사는 항상 적어도 한 발을 최적으로 K에 둘 것이라는 것은 분명해질 것이라고 나는 생각한다.

K는 알아감의 세계다. 비록 "알아감knowing"이 사실에 관한 것이 아닐지라도 말이다. K는 그 순간의 진실에 대해 자신을 열어보이는 오직 부분적으로 인식 가능한 상태를 지칭한다. 그것은 오직 불완전하게 알려질 수 있는 어떤 것이다.

> 배우는 사람learner이 배움의 근본적 좌절(예: 고통)을 견딜 수 없을 때, 그는 전지omniscience 환상들과 사물들이 알려진 어떤 상태에 대한 믿음으로 채운다. 무언가를 알아가는 것은 지식의 어떤 조각을 '지니게되는 것having' 으로 구성되는 것이지, 내가 말하는 K로 구성되는 것은 아니다(Bion, 1962, p. 65).

K 링크는 다른 모든 링크처럼 우리가 이룩한 목표라기보다는 어떤 상태로 들어가는 일종의 과정process이다.

> x K y[x는 K 링크를 통해 y와 연결된다는 의미]는 마지막이라는 의미를 수반하지 않는다. ... 그것은 x가 y로 불리는 지식의 한 조각을 소유한 상태라기보다는, 오히려 x는 y를 알려고 하는 상태에 있으며, y는 x에 의해 알려지려는 상태에 있음을 의미한다 ... (ibid., p. 47).

비록 이런 경험이 단지 고통스러운 것만이 아니라, 열린 호기심이 가끔 즐거움을 주듯이, 그것은 여전히 본질적으로 어렵고 좌절스러운 것이 될 것이다. 왜냐하면 무엇이나 누군가를 알아가고 있는Knowing 상황은, 즐겁고 안전한 상태를 기대하지만, 결코 가능하지 않다. 오히려 우리는 결코 우리의 목표에 도달할 수 없지만 끝없이 추구하는 진실에 대한 삶에 책임감을 느낀다.

K에 의해 지배되는 세상과의 관계를 견딜 수 있는 정도까지, 우리는 결과적으로 점점 현명하게 될 것이다. 3장에서 묘사된 일련의 PS↔D는 배움에 완벽하게 필요한 일종의 진동oscillation으로서 K 링크의 드러난 모습이다. 그것은 혼돈과 함께 있기를 요구하며, 필요로 하는 동안까지 일관성 없는 잡동사니들의 혼란과 함께하기를 요구한다. 니나 콜타르트(Nina Coltart, 1982)는 분석 안에서 환자가 상당한 진전이 있은 후에 완전히 조용해져서 치료실(그리고 분석가)을 정신증적 강화의 검은 실망으로 채우는 정신분석에 대해 보고한다. 이런 점차 증가

하는 부담스런 상황과 더불어 작업한 지 수 개월 후에, 콜타르트는 폭발했다. 그리고

> 나와 분석에 대한 그의 지속적인 필살의 공격에 대해 [그 환자]를 야단쳤다. 나는 두 번 이상은 용납할 수 없었다. 내가 생각하고 있었던 어떤 대안의 순간에, 생뚱맞은 생각을 하지 않은 채, ... 나는 외쳤다. 이 사람이 얼마나 끝까지 살 필요가 있었는지를 우리가 알게 된 것은... 오직 나의 격노에 대한 연속적인 해석적 이해에서만 가능했다. 그리고 우리는 *보복이 없는 다른 사람에 의해 경험하고 참아낼 수 있었다.* 그것은 진짜 강한 어머니에 대한 그의 첫째가는 증오였다(Coltart, 1982, pp. 194-5, 이탤릭체는 원전에서 강조).

콜타르트의 격분은 -K 순간이었다. 그녀는 너무 고통스러워서 더 이상 참을 수 없었던 상황으로부터 도망치고 있었다. 그러나 이런 삽화(그것은 3장에서 묘사된 바와 같이, 거트루드에 대한 나의 격노와 유사하다.)에서 우리는 그 주제가 얼마나 복잡한지를 볼 수 있다. 이 남성과 함께한 작업에서 온 "좌절frustration"을 견디어 내는 콜타르트의 능력은, 이런 경우에 그것은 공포terror를 의미하지만, 한계에 이르러, 그녀는 내부에서 자신을 발견했던 위축시키는 구속에 대항하여 아무 *생각없이unthinking* 항의하면서 폭발했다. 콜타르트의 태어나지 않은 사고는 환자의 폭군과도 같은 내적 어머니에 의해 숨이 막혔다. 그리고 자유를 위한 그녀의 행위(Symington, 1983)는 신분사회의 억압에 돌파구를 마련할 필요가 있었다. 콜타르트의 -K 방출은 K를 통해 분석상황과 연결할 수 있는, 그리고 격분을 통해 환자와 자신을 덫에서 해방시켰던 것에 대한 이해에 도달할 수 있는 그녀의 연속적인 능력을 위한 하나의 중요한 자료 조각이 되었다. 내 생각에 그녀의 격노는 환자에 대한 보복이었을 뿐만 아니라, 그녀가 취한 보복의 제한된 본질이었다. 그것은 아마 환자에게 무차별적인 복수는 앞바다에 있지 않다는 것을 재확인시켰을 것이다. 이런 순간적 상황의 진실에 대해 아는 것에 대한 적극적인 적대감으로 채워진 K 링크는 많은 방식으로 개인적인 진실-추구자truth-seeker를 좋지 않게 대한다. 그러나 동화 속 영웅의 실수처럼, 그것은 거대한 구조 안에서 그 자체의 자리를 가지고 있다.

환자는 이렇게 말한다: "나는 내 어머니가 무엇을 느끼고 있는지 이해하고 *싶지want* 않다. 나는 그녀와 같은 어머니를 *원하지want* 않는다!" 겉으로 보면 이런 말은 -K를 반영하는 말로 보일지 모른다. 왜냐하면 환자가 강렬하고 상당히 관련된 영역에 대해 알고 싶지 *않다고not* 적극적으로 말하고 있기 때문이다. 그러나 격렬하고도 공감적으로 표현된 그 말은 진실한 정서로 채워져 있다. 그것은 그 회기에 -K 보다는 오히려 더욱 K로 *기능한다function*. 왜냐하면 그것은 호기심의 진실하지 않은 허울을 벗어던지고 알아감knowing에 반하는 기본적인 비타협적 태도를 드러내기 때문이다. 그것은 또한 그 자체의 드러난 내용에도 불구하고 환자가 점차 자기 자신을 경험하도록 허용하는 강한 증오를 표현한다.

어떤 특정한 상황에서 하나의 "진실truth"은 -K 형태로 기능하면서 보다 깊은 진실을 차단하는데 사용될 수 있다. 한 여성은 남편에게 자신들이 만든 금지 규정들이 춤추러가는 것을 방해한다고 불평했다. 남편은 결혼하기 전에 자신도 춤추러가곤 했다고 대답했다. "그건 사실이야"라고 그는 말했다. 그것은 정말 하나의 사실이다. 이런 경우에 그것은 -K 형태로 기능했다. 그것은 그로 하여금 아내뿐만 아니라 자신의 금지들이 그들의 현재 삶을 제한하는 방식들을 탐색하는 것을 방해하는 방식으로 나타난다.

습관적으로 상담시간에 몇 분씩 늦은 또 다른 환자 랄다Ralda가 하루는 십 분 늦게 도착했다. 자신의 지각에 대해 탐색하면서, 그녀는 자신의 일부가 분석을 원하지 않는다는 사실에 스치는 말로 동의했다. 그녀는 자신의 일부가 상담실에서 우리에게 말할 기회를 주기보다는, 오히려 그 일부로 하여금 자신의 반분석적 감정을 장악하도록 허용했다고 나는 말했다. 이것이 그녀로 하여금 약간의 정동affect과 더불어 다음과 같은 내용을 말하게 했다: 그녀는 내적인 삶과 자신을 어떤 취약한 감정이나 결핍이 없는 누군가로 상상하면서 동일시했던 승리의 페르소나에 안전하게 안주하면서 남아있으려는 소망에 대해 생각하기를 얼마나 증오했던가. 다시 우리는 자기 자신의 -K 측면에 대한 진실한 음성을 제공하는 것은 -K 에너지를 실행하는 것과는 철저히 다르며, K 안에 있는 존재의 가장 중요한 측면임을 보여주는 한 사례를 가지고 있다.

비온의 제안에 의하면, 시기envy는 세상에 -K를 야기하는 하나의 요인이다. (그것은 그가 조사한 유일한 요인이다.) 이전 장에서 우리가 살펴본 대로, 나는 시기를 공포

terror에 대한 반응으로 본다. 그것은 사랑할 수 있는 능력에 대한 상처에서 기인하며, 그것은 원초적primary 관계에서의 외상적 경험들로부터 발전한 부상이다. 그러나 그것이 타고난 것이거나 삶의 필연적인 고통에 대한 반응으로 나타난 것이라면, 시기는 엄마-유아 관계에서 항상 나타나야 한다. 이런 매우 부담스런 관계에서 모든 주의와 관심attention and concern을 수용하고 있는 유아에 대한 고통스런 시기를 전혀 느끼지 않는 어머니가 어떻게 존재할 수 있을까? 어떻게 분석가는 줄기차게 주의의 중심 대상인 환자를 시기하지 않을 수 있을까? 왜 유아/환자7)는 모든 돌봄을 차지하려 할까? 왜 아무도 유아적 열망과 어머니/치료자의 요구에 참여하려하지 않을까? 결국 자신의 욕구를 성취하지 못한 결과를 초래할 수밖에 없는 극단적으로 취약한 경험 속으로 빠져든 유아/환자는 자신의 확고한 자기만족과 전능한 어머니/치료자를 시기할 수밖에 없다. 그 결과 치료커플의 두 사람은 그들의 사랑의 관계를 시기하고 질투하는 제 삼의 부류들을 [사랑*이라are*는 관계적 측면에 집중하면서] 환상적으로 만들fantasize 수밖에 없다. 물론 실제 현실에서 어머니/분석가 혹은 유아/환자가 가질 수 있는 환상들은, 두 사람이 즐기는 사랑의 연합을 시기하고 질투하는 제 삼의 부류들이 항상 *존재할exist* 것이라는 사실에 의해 길러지고 창조된다. 이런 사람들이 아버지, 배우자, 형제자매, 조부모 혹은 친구가 되든 관계없이 말이다. 제 삼의 부류들이 우선적으로 시기와 질투를 느끼는 것이 반드시 공통적일 필요는 없다. 그러나 이런 부정적 정서들이 사랑하는 어머니-유아/분석가-환자의 짝과 그로부터 어느 한쪽이 배제되는 것을 관찰하는 모든 사람에게서 어느 정도 드러나지 않을 것이라는 것은 실제로 상상할 수 없다. 시기는 어디서나 돌연히 나타난다.

이제 배안에서 배고픔의 고통이 발전할 때 죽어가고 있다고 두려워하는 유아의 경우로 돌아가보자. 3장에서 나는 엄마가 아이의 두려움을 자신에게 받아들여(담아내어), 그것을 자신의 알파 기능으로 처리하여, 결국 독을 제거해서 원래의 두려움(그건 네가 살고자하는 놀라운 사실 아니야?) 안에 삽입된 핵심적 선함goodness과 함께 그것을 그에게 돌려주는("너는 죽지 않아. 너는 배고플 뿐이고 우리가 해결해 줄 수 있어") 최선의 상황을 묘사했다. 이런 긍정적 과정에서, 엄마는 K 안에서 작용한다. 그 작용은 자신을 아기의 충만한 상태로 열어보이며, 그 상태를 수용하는 것이다.

엄마가 -K에 사로잡힌다는 것은 무엇을 의미할까? 예를 들면, 어떤 식으로든 아기를 고통으로부터 보호할 수 없다는 생각을 견딜 수 없는 엄마는 강화된 아기의 두려움을 확인하도록 허용하는 불확실성을 견딜 수 없을 것이다. 엄마가 충만한 유아의 공포를 경험하는 것을 견딜 수 없다면, 그녀는 자신이 감당할 수 없었던 그 어떤 수준도 조절할 수 없을 것이다. 그녀는 유아에 대항하여 무장함으로써, 유아는 침투가능하고 수용적인 정신보다는 강철로 된 엄마의 가슴판을 만나게 될 것이다. 아기의 상태에 열려있기보다는, 엄마가 아기의 폐운동에 대해서 말하거나, 아기의 "지나친 민감성" 혹은 과도한 요구를 채울 수 없는 주안점에 대해 말할 수 있다. 아기를 먹이려고 하거나 단순히 아기를 잠시 울게 하고자 할 때, 아기가 아무것도 아닌 일로 호들갑을 떨고 있다고 그에게 알려줄 수 있다. 아기에게는, 즉각적으로 드러난 자신의 자기self에 대한 엄마의 거부로 인한 외상으로 물든 자신의 상황은, 엄마가 그를 밀봉해버리는 방식으로 보존해왔던 아마 조용하고도 잔잔한 상태에 대한 유아의 잠재적 시기envy를 배치하기에 이상적이다. 첫 장소에서 공포를 유발했던 살아야 하는 가치 있는 의지will에 대한 감사와 더불어, 자신의 공포를 "부족함wanting"으로 변형시키는 가능성 안에서 희망을 수용하는 대신, 유아는 두려움으로 가득한 상태가 자신의 내부를 가득 채우게 될 것이다. 그것은 새로운 발전, 즉 유아의 공포에 대한 엄마의 분명한 역겨움에 의해 증폭된다. 살아야 한다는 우선적 의지는 두려움과 상실로 휩싸일 것이다. 이제 그 아기는 자신이 빨고 있는 우유와 더불어 안달하게 하는 이름 없는 두려움(Bion, 1962a) 속에 있게 될 것이다.

어떤 경우라도 모성적 할머니가 엄마의 유아적 공포를 담아낼 수 없는 한, – 엄마의 공포가 자신 안에서 아기로 담기게 되는 한 –, 성인 어머니가 지금 가져오는 이름 없는 두려움을 발생시켜, 그녀는 무의식적으로 참을 수 없는 불안으로 채워져서, 아기의 불안을 밀봉해버리는 동안, 아기의 증가하는 공황을 자기 자신의 것으로 확충시킨다. 엄마의 파편화를 감지하는 것은 무기력한 유아를 공포에 빠뜨리며, 그것은 아이의 공격성을 절단하는 원인이 되어, 그를 요구적이기 보다는 맥 빠

7) 나는 결코 환자가 심리적으로 유아라는 사실을 암시하지 않는다. 환자는 콤플렉스와 확장된 인격구조를 가지고 있다. 그는 비교적 텅 빈 슬레이트는 아니다. 그러나 분석가가 누구와 함께 말하든지, 환자 안의 유아the infant-in-the-patient는 항상 치료실에서 현존한다. 그리고 이런 정서들은 환자들의 유아적 층에서 파생된다.

지고 수동적으로 만든다. 그리고 아기는 긍정적인 담는 것container보다는 담아내기를 거부하는 부정적인 담는 것을 내사한다. [이런 결정적인 예는 삶 속에서 존재하지 않는다는 사실을 나는 독자에게 상기시키고자 한다. 어머니가 제공할 담는 것은 항상 긍정적인 *그리고*and 동시에 부정적인 요소들을 가지고 있다. 적어도 그것이 자신의 육체적 생존을 충분히 잘 지지한다면 말이다. 엄마는 분석가가 언제나 완벽한 시간을 성취할 수 있기를 희망하는 것보다도 더 잘 주어진 상황을 완벽하게 처리할 수 없다]. 최선의 상호작용이 내적인 담아내고-담기는 container-contained 장치(그 안에서 담는 것과 담기는 것은 서로를 양육한다)의 성장을 도모하는 곳에서, 파괴적인 상호작용은 서로에 대한 시기로 가득차서 시기하는 내적인 담아내고-담기는 것으로 인도한다. "그 두드러진 특성은 '없음without-ness'이라" 고 비온은 말한다(Bion, 1962, p. 97). 그 사람은 오직 부족한 것만 본다. 그는 자신이 지닌 것의 가치를 모른다. 그는 부분적으로 무의식적인 궁핍의 경험으로 채워져 있다. 그것은 텅 빈 느낌이며, 없다는 느낌이다. 그것은 정확히 우리가 자기애적인 격렬한 정서들의 요소로 묘사했던 정서 상태다: 시기, 질투 그리고 탐욕이 이에 속한다.

비온은 "없음"이 퍼져있는 담는 것과 담기는 것이 어떻게 극단적으로 "어떤 도덕 없이도 도덕적 우월성에 대해 시기하는 확신"에 이르게 되는가를 논의한다(ibid., p. 97). 엄마가 자신을 가두어버릴 때, 유아가 경험하는 의미와 선함을 제거하는 것은 이제 그 자신의 정신 내부에서 계속된다. 그리고 어떤 경우라도 더욱 건설적인 경험들에 의해 그것이 완화되지 않는 한, 그는 자신 내부에 있는 의미와 가치에 대한 시기적 제거를 계속할 것이다. 최악의 경우에, 부정적인 담는 것-담기는 것은 "텅 빈 우월감-열등감"에 불과함을 드러낼 것이다(ibid., p. 97).

우리는 이런 식으로 알려진 모든 사람들을 알고 있다: 인종 평등Racial Equality을 위해 일하는 국회의 커플은 다른 구성원들이 비폭력에 대해 부적절하게 헌신한다는 이유로 격렬하게 비난하고 있다. 남성들이 너무 위험하게 공격적이기 때문에, 그들 모두를 거세하기를 원하는 여성이 있다. 어떤 남성 여성주의자는 자신의 당면한 삶에서 여성들을 종처럼 대우하면서도, 다른 사람들의 성차별주의를 크게 비난한다. 이런 태도는 자신에게 스며있는 실제 정서적 경험들에 대한 모든 건설적인 과정을 드러내야 하는 의구심으로부터 그 사람을 보호한다.

궁핍한 내적 용기container에 사로잡혀, 그 사람은 실제 의식을 지니지 못한다. 왜냐하면 의식은 우리를 완전을 위한 처방전과 요구들을 강요하기보다는 건설적인 행동으로 초대하기invite 때문이다. 이런 정당하고 우월한 태도는 그 자체를 비난이나 거만한 비판과 같은 식으로 상호인격적으로 표현한다. 그 사람은 도덕적 완전성에 대한 자신의 요구가 자신에게 끼칠 엄청난 영향으로부터 자신을 보호하기 위해 죄의식을 불러일으킬 능력에 매달려있다. 만일 그녀가 도덕적 완전성이 자신을 향하고 있는 것으로 느낀다면 말이다.

A 박사는 자신의 환자인 대학교수 캐티Kathy에 관해 나에게 자문을 구했다. 캐티의 아버지는 격분을 잘 일으켰으며 신체적인 학대를 자행했다. 그래서 캐티는 내적인 강력한 보호자Protector를 세움으로써 그에 응수했다(Kalsched, 1996). 그 보호자는 그녀를 자신의 취약함에 대한 공포로부터 그녀를 지켜주었다. 그것은 그녀의 아버지가 그녀를 신체적으로 접근했던 방식과 똑같은 방식으로 그녀로 하여금 다른 사람들에게 정서적으로 접근하게 했다. 캐티는 일주일에 한 번 만나는 것으로 분석작업을 시작했다. 그러나 빠른 속도로 회기가 한 시간씩 늘어나 결국 일 주일에 네 번 오게 되었다. 케티는 유연해졌고, 자신을 이상화 전이idealizing transference에 사로잡히도록 허용했다.

그러나 그 때 치료자는 첫 휴가를 가게 되었다. 휴가 전 마지막 회기의 마지막 순간에 캐티는 A 박사에게 헤어져 있는 동안 읽을 책 한 권을 받아줄 것을 요구했다. A 박사는 그 책의 주제에 대해 캐티보다 더 알지 못했다. 그 순간 A 박사는 부적절한 감정으로 뒤범벅이 되었다. 그 요구를 탐색할 시간도 없이 열등감에 사로잡혀, A 박사는 어색하게 그 책을 거부했다. A 박사와 캐티가 휴가 후에 다시 만났을 때, 캐티는 그 거절로 인해 엄청난 충격을 받았으며, 그와 같은 고통을 다시는 경험하지 않을 것이라고 A 박사에게 말했다. 캐티는 자신은 학생들을 친절하게 다루는 법을 알고 있는 데 반해, A 박사의 맹목적이며, 무관심하며, 냉정함 등과 같은 태도는 심각한 실패를 이루게 될 것이라고 A 박사를 가르쳤다. 죄책감에 사로잡혀 A 박사는 캐티에게 다시는 그렇게 아프게 느끼지 않게 할 것이라고 다짐했다. 그 다짐이 아무런 의미가 없다는 사실에 대해 우리가 말할 때까지 깨닫지 못한 채, 그것은 수개월 동안 여러번 반복되었다. A 박사의 어색한 행동에 촉발된 캐티의 경험은 그녀 내부로부터 온 것으로서 내적 세계의 진실을 반영한다. 다시는 상처받지 않으리라는 결심은 캐티 자신이 누구인가에 대한 진실의 대가를 치르고 나서야 오직 성공할 수 있었다.

A 박사가 나에게 자문을 구할 때는, 그녀와 환자 사이의 교착상태는 굳어졌다. A 박사 자신의 개인적 발전은 캐티가 자신에게 배치한 밀어붙이는 죄책감으로부터 자신을 구분할 만큼 충분히 나아가지 못했다. 비록 A 박사는 내가 제공한 자문을 지적으로는 이해할 수 있었더라도, 캐티와 분리될 수 있는 길을 찾는 것을 방해하는 자신의 고유한 권력이슈와 욕구들을 지니고 있었다. 그녀는 도덕적 우월성에 대해 정서적으로 격렬한 환자의 주장들에 대해 실제로 궁금해 할 수 없었다. 왜냐하면 그녀는 자기 자신의 부정적인 내적 담는 것container의 도덕적 판단들을 충분히 인식하지 못했기 때문이다. A 박사는 상담실을 가득 채운 정죄와 죄책감으로부터 자신을 분리시키는 방법을 찾을 수 없었다.

치료자가 자신이 한 것에 대해 죄책감과 수치심에 빠질 때, 그것에 대해 궁금해 하고, 치료자로 하여금 자신의 방식대로 행동하게 했던 치료커플 사이에 흐르는 정서적 기류에 대해 궁금해 하기보다는, 오히려 자신의 불완전성과 한계들로 말미암아 공포에 질릴 때, 그것은 치료자와 환자가 -K 상태로 이미 떨어졌다는 신호다. 그들은 어떤 고통스런 진실로부터 도주하고 있다. 다가오는 상담 시간을 잊는 것과 마찬가지로, 치료자의 행위가 터무니없는 것으로 보일 때라도, 이것은 대개 사실이다. (비록 물론 그것이 항상 진실하지 않더라도 말이다. 가끔 치료자들은 죄책감을 느낄 수밖에 없는*should* 정신병리적 방식으로 행동한다. 그러나 보통은 그렇지 않다.) 치료자가 자신을 부적절하게 지성적으로 느끼거나, 부적절하게 훈련받았다고 느끼거나, 혹은 부적절하게 민감하게 느끼고, 그 부적절성에 대한 자신의 감정들을 일종의 신호로 사용할 수 없을 때, – 자신이 이런 감정들에 젖어서 그것들을 문자적으로 수용하고 있음을 발견할 때, – 그녀는 적어도 다음과 같은 가정을 염두에 두어야 한다: 하나의 시기적이고 융통성 없는 담는 것-담기는 것container-contained은 자신을 올바름rightness과 완전성의 소용돌이 속으로 끌어들여 왔다. 그것은 어느 정도 무능력한 모든 유한한 인간들의 복잡한 세계를 떠나, 그들이 각자를 위해 가능한 것을 수행하는 것을 의미한다. -그것은 상당히 고려할만 하지만, 우리는 결코 모든 것을 바랄 수 없다.

우리가 위에서 살펴본 유아와 엄마Mother 사이의 파괴적으로 시기하는 상호작용은 영혼의 실제적 자양분인 사랑을 외면하는 보편적인 인간적 성향을 창조한다. 그 대신 물질적 만족은 바라던 대상이 된다. 그리고 관계성을 절단하는 인간의 무서운 능력으로부터 유래한 탐욕이 탄생한다. 비온의 사고하기thinking는 이와 같은 방식으로 진행된다: 유아는 모든 종류의 물질적인 위안과 더불어, 엄마로부터 사랑, 이해 그리고 위로를 얻는다. 그러나 엄마와 함께하는 유아의 경험은 물론 시기의 경향이 있다. 양육하는 커플 주변에 맴도는 시기하는 감정의 폭력성은 무기력한 유아를 공포에 질리게 한다. 그 시기는 그들 자신의 것으로서, 그들 연합으로부터 배제된 시기다. 왜냐하면 유아는 시기의 증오와 악함malice의 파괴적 잠재력을 느낄 수 있기 때문이다. 이런 끔찍한 정서로부터 엄마를 보호하기 위해서, 그리고 자신의 고유한 파괴적 능력을 느끼는 것으로부터 자신을 보호하기 위하여, 아기는 우유와 같은 물질적 위안에 대한 자신의 관심을 사랑과 소중한 마음을 위해 열망으로부터 분열시킨다. 이것이 우리가 탐구해온 분열의 기원으로서, 자기애와 관계성, 정서적 혼란과 건강 사이의 분열이다.

이것은 대극을 수용하고 함께 가는 우울적 불안으로부터 아기를 보호하는 초기 분열과는 다르다. 대극을 수용하는 것은 좋지도 나쁘지도 않은 그 둘 모두인 동일한 사람의 두 측면으로서의 엄마의 좋은 것과 나쁜 것을 인정하는 것이다. 양육하는 커플 안에 있는 시기에 대한 대응으로서의 분열은 유아로 하여금 우유와 같은 물질적 위안과 따뜻함과 같은 것을 즐기게 함으로써 그가 이런 위로를 위해 엄마에게 의존하게 한다. 그런 제한된 조절능력을 지닌 유아는 오류에 빠지기 쉽고 복잡한 인간에게 의존하게 된다. 그의 사랑과 사랑에 대한 욕구는 추방되었다. 이제 *우유milk*는 욕망의 대상이 된다. 예측불가능하고 신뢰할 수 없는 사랑은 필요하지 않다. "사랑에 대한 욕구는 만족스럽지 못한 상태로 남으며, 오만하고 방향성을 상실한 탐욕으로 변한다"(Bion, 1962, p. 11). 유아가 이런 과정에 얼마나 사로잡히든지 간에, 그는 자신의 고유한 진실을 공격하는 법을 배운다. 왜냐하면 이런 분열의 기본 관점은 다른 사람들에 대한 자신의 의존을 부인하는 것이기 때문이다. 아기는 관계에 참여하는 불가능한 정서적 복잡성에 대한 공포 때문에 자신의 취약성에 대한 인식을 제거하려고 노력한다. 이런 아기가 성인으로 성장할 때, 다른 사람을 필요로 하는 것을 부인하는 것은 사회가 그의 부인을 지지하는 방식과 연합하며, 결국 그의 상처는 독립과 자기의존self-reliance으로 잘못 해석될 수 있다.

사랑에 대한 요구를 분열시키고, 그 대신 물질에 대한 열망(그것이 물질적인 것이거나 힘과 조절에 관한 것이든)에 집중하는 이제 성장한 이 아기에게 무엇이 발생하는가? 미국 중산층의 일상적 삶은 아마도 안전을 담보하는 물질적 재산에 숨막힐 듯이 의존하고 있는 것을 드러낸다. 우리는 세련된 차와 아이폰을 필요로 하며, 우리 아이들은 비싼 사립학교에 가야하며 디자이너의 진바지jeans를 입어야 *한다must*. 뉴욕 타임지의 조사에 의하면, 조사에 응답한 부유층과 초부유층은 실제로 모든 사람들이 자신이 가진 것보다 두 배 정도 많은 돈을 필요로 한다고 느꼈다는 것이다. 천만 불을 가지고 있는 남성은 이천만 불이 있어야 안전하다고 느꼈으며, 이천 만불이 있는 여성은 사천 만불이 있어야 안전하다고 느꼈다. 가장 기본적 차원에서, 인간이 탐욕스럽게 추구하는 것들은 결코 자신을 만족시킬 수 없다. 왜냐하면 모든 인간이 실제로 필요로 한 것은 사랑이기 때문이다. 그러나 누군가 이런 분열에 사로잡히는 한, 그는 자신이 다른 사람들을 필요로 한다는 것을 인식하도록 요구하는 사랑의 경험으로부터 영원히 제외된다. 비온에 의하면, "분석에서 발생하는 이것을 관찰하는 것은 환자는 결코 자신이 추구하는 것을 포기하지 않을 것이라는 것을 느끼는 것이다. 그 추구는 환자가 아마 반드시 알 수 있는 것은 헛되다고 생각할 수 있는 행위과정에 대한 것이다"(ibid., p. 11).

랄다는 비온의 관점을 증명해 보였다. 그녀는 자신의 분석을 하루 일과 중 많은 것들 가운데 하나의 요소로 보는 것에 충실했다. 예를 들면, 그녀는 자신의 분석시간이 업무적 모임보다 더 중요한 것으로 보여지거나, 한 시간을 잃는 "큰 거래big deal"가 될 것이라는 생각에 발끈했다. 왜 그녀는 매일 한 시간을 할애했는가? 그녀가 이번 주에 다섯 시간 대신에 네 시간을 할애한다고 해서 무엇이 다른가? 그녀는 분석이 정서적으로 텅 빈 자신의 삶에서 격변을 일으키지 않도록 결심한 것에 대해 승리감에 넘쳐 말했다. 그리고 그것은 단지 우리의 분석작업이 어떤 희망적인 결론에 이르지 않고 수년간 공전한 것뿐이었다. 그 희망적인 결론은 그녀가 나와의 관계를 가치 있게 여기는 것을 거부한 것은 자신이 원하고 있다고 상상했던 결혼과 가족을 "얻을get" 능력이 없다는 것을 설명하는데 관련이 있을 수 있다는 것이다.

한 번의 긴 이별이 있기 전에, 랄다는 휴가기간 내내 이런 대화를 그리워할 것이라고 말했다. 그것은 그녀와 내가 가졌던 대화를 의미했는데, 그 안에서 그녀는 관심과 배려의 중심었던 것이다. 그러나 그녀는 자신이 나를 그리워하리라고는 상상할 수 없었다. 그것은 비온의 관점에 대한 생생한 예를 보여준다. 랄다는 "이런 대화들"이 나의 현존에 의존하지 않았다는 상상을 하려고 노력해왔다. 그녀가 우리 관계에서 자신의 의존적인 열망에 어떤 공간을 허용하는 것을 거부하기로 결정한 것은 삶의 잠재적 동반자에게 마음을 열 수 있는 능력의 부재를 반영했다. 자신이 만난 남성들은 모두 매우 약했다고 그녀는 말했다! 나와 함께 한 잃어버린 시간을 놓칠 수 없는 것처럼, 그녀는 외부세계의 실제적 사람과 더불어 취약하게 될 수도 없었다.

그런데 치료자가 거짓말을 하려는 경향은 도대체 무엇인가? 환자가 진실을 추구하는 것과 진실을 회피하는 것 사이에서 항상 찢겨진 상태라면, 치료자 역시 "마치 창조보다는 파괴가 더 좋다고 믿는 것처럼 행동하는 내적인 왜곡된 사이코패스나 정신분열자와 투쟁한다." 이것은 놀라울 정도로 사악한 존재며, 거짓말장이며, H와 -K의 작동자다(Meltzer, 1978/1998, p. 377). A 박사가 캐티에게 자신의 취약성을 결코 다시 느낄 필요가 없을 것이라고 확신시켰을 때, 그녀는 자기 자신에게나 캐티에게 모두 거짓말을 하고 있었다. 환자의 정죄와 경직성이 지배하는 스트레스 환경에서, A 박사는 사고할 수 있는 자신의 능력을 상실하고, 그 대신 캐티가 A 박사의 휴가에 의해 상처받기 전에 드러났던 따뜻하고 긍정적인 감정을 되돌려주기 위한 두려운 시도로 응답했던 것이다. 우리 모두의 두려운 측면은 다소간 진실한 변화에 대한 참을성에 의존하고 있다. 그것은 우리 모두가 추구하는 것이지만, 균형을 파괴하고자 하는 본성은 우리를 단순히 놀라게 할 뿐이다.

비온의 좌표에서 사이ψ로 명명된 가로의 두 번째 열을 보자: 그것은 "기재notation"나 "행동action"과 같은 영어 이름이 없는 단지 열column에 불과하다. 진술이 Ψ로 명명될 때, 그 진술을 사용하는 화자의 의도는 무엇인가? 안토니노 페로Antonino Ferro는 그것을 "거짓말의 열column of lies"로 불렀다(Ferro, 2006, p. 21). 그러나 비온은 거기에 어떤 이름도 선택하지 않았음에 주목하는 것은 흥미있는 일이다. 그것은 마치 -K 영역이나 거짓말하기lying는 너무 복잡하고 탁해서 하나의 이름으로 단순화시킬 수 없는 것과 같다. 이것은 진실을 더욱 탐구하기 보다는 자신의 안전을 보호하기 위해 사용된 "사고thought"를 규정하는 열이다. 치료자에게는 정서적으로 격한 현재의 혼돈과 혼란disorientation에 머무르기 보다는 이론이나 이전의 지식에 손을 내밀어 2열을 작동하려는 커다란 유혹이 항상 존재한다. 분석가가 압박 아래서 이전의 해석 —"다시, 우리는 이러저러한 것에 직면하고 있어요" —을 함으로써 확신에 이르고자 하는 것은 매우 쉬운 방식이다. 왜냐하면 새로운 방식 —"지금 바로 진행되고 있는 것은 우리가 이런 방식으로 이전에 이해했던 것을 수정합니다" —은 아직 사고하기에 유용하지 않고, 이해하지 못함에 대한 긴장은 너무 커서 분석가가 견딜 수 없기 때문이다.

페로의 작업은 정신분석의 기본적인 해석적 입장에 도전한다.[8] 환자의 소통을 해독하고 환자에게 그가 실제로really 말하고 있는 것을 말하기보다는, 그는 일반적으로 환자의 은유metaphor 안에 머무르고자 하며, 환자로 하여금 스스로 그 자체의 전이 의미transference meaning에 도달하도록 허용하게 하도록 노력한다. 그는 이것을 "전이 안에서의 해석interpretation *in* transference"으로 부른다. 그것은 "전이*의* 해석interpretation *of* transference"과 반대된다. "아마 당신은 지금 이 순간 나와의 관계에서 매우 왜소하게 느끼고 있네요." 라고 말하기 보다는, "오, 저 선생님은 자신과의 관계에서 당신이 매우 왜소하게 느끼도록 만드네요." 환자의 이야기를 해석하기보다는 그 이야기 안에서 말함으로써, 그는 환자의 경험을 페로의 심리적 언어로 번역하기보다는 환자의 꿈꾸는 능력이 드러나게 하기를 희망하고 있다. 비록 그런 종류의 번역이 분석가 자신을 환자보다 더 영민하고 위대하며 옳다고 만들지 모르지만 말이다. 확실히 자신이 오히려 척추spine를 발전시킬 수 있었다는 희망을 피력한 여성 환자가 남성들의 페니스를 시기하는 "실제적real" 사실을 회피하고 있다고 생각하거나, 환자의 진실한 요구는 연결로서의 페니스penis-as-link를 내사하는 것이라고 결정할 아무런 이유가 없다 (Coleman, 2005). 이런 모든 생각들은 환자나 치료자가 단순히 무어라 말할 수 없는 *intangible* 정신 상태의 실제에 관한 어떤 것을 표현하려고 사용한 은유들metaphors이다. 우리는 정신을 직접적으로 묘사할 용어들을 가지고 있지 않다: 우리가 가

8) 제시카 벤자민Jessica Benjamin과 스테펜 미첼Stephen Mitchell과 같은 관계적 정신분석가들 역시 해석의 중심성에 대한 이슈를 택하고 있다.

진 모든 것은 구체적인 외부 세계로부터 이식된 은유들이다. 클라인 학파의 은유들은 특별한 분석가 집단에 의해 상상된 단순히 하나의 심상적 조직이다. 우리는 정신의 본질에 대해서 *바로 그렇게*as such 말할 수 없다. 그 어떤 진실한 은유나 상징은 없다. 오직 특별한 사람에게 공명하는 유용한 은유나 상징이 있을 뿐이다.

페로의 작업은 환자가 딸의 복통에 대해 말할 때, 그가 "실제로really" 분석가의 해석을 수용할 수 있는 능력이 없는 사실에 대해 말하고 있다는 단순한 생각을 거부한다. 딸의 고통에 대한 연상은 의심할 여지없이 치료자와 함께 한 현재의 고통스런 경험에 의해 촉발되었다. 페로의 지적에 의하면, 중요한 것은 그 복통을 해독하기보다는 현재의 정서적 경험을 진행시키고자 하는(꿈꾸고자 하는) 환자의 시도 안에 있는 이미지로서의 복통과 정서적으로 관계있는 상태로 머무르는 것이다. 환자의 꿈꾸는 능력이 충분히 강화되었을 때, –그가 꿈을 꾸고자 노력하고 있는 꿈이 과도하게 진행되었을 때–, 그는 페로의 해석에 대한 자신의 불편함을 감지할 수 있을 것이며, 그것을 직접적으로 말할 수 있을 것이다.

그러나 페로 역시 환자의 상태는 그의 의식이라기보다는 실제로 어떤 것something이라고 보는 세계관에 사로잡혀 있으며, 치료자가 어느 정도 확실하게 그 실제를 추론하는 것은 가능하다고 보는 세계관에 사로잡혀 있다. 따라서 그는 한 유용한 사례 삽화를 제시하면서, 그 사례 안에서 그는 환자를 혼란스럽게 하고 놀라게 하는 방식으로 꿈을 해석한다. 다음 날 또 하나의 꿈이 등장하고 그것을 페로는 자신의 해석으로부터 환자가 경험했던 위험성으로 해석할 수 있다. 이것이 환자를 안도시키고, 그 커플은 원래 꿈에 대한 서로 다른 해석에 도달한다. 이런 일련의 과정을 토론하면서, 페로는 다음과 같이 말한다:

> 환자에 대한 나의 지식, 그리고 분석의 우여곡절에 대한 나의 지식에 근거하여, 나는 여전히 나의 첫 번째 해석을 보다 진실한K 것으로 간주한다. 그러나 그것은 하나의... 거의 자폐적인 방어를 끌어낸다. 반면에 두 번째 해석은 비록 덜 진실하지만, 환자와 (O 안에서) 더욱 동조적이어서, *그런 이유로* 더욱 변형을 야기할 것 같다(Ferro, 2006, p. 65, 이탤릭체 원전 강조).

그러나 무언가가 " 'O' –궁극적 실제에 대한 절대 진리–" 안에서 더욱 동조적이지만,

"덜 진실하다"고 말하는 것은 도대체 어떤 의미일까? 이런 삽화에서, 페로는 어떤 대립적인 입장에 빠져 들었다. 그것은 호기심이라기보다는 *알아감knowing*의 입장이다. 그는 해석을 환자의 자신에 대한 감각에 반하는 진실에 대한 불완전한 예감을 시험하려는 시도라기보다는, 진실을 고정시키는 방식으로 이해하려 한다. 우리가 실제Reality를 삶의 경험으로 가져오는 하나의 진보적(비온의 "진화적") 조류로 O를 상상한다면, 페로의 두 번째 해석은 우선적으로 받아들여졌고, 그의 첫 해석은 나중에 받아들여질 수 있다고 우리는 생각할 수 있을지 모른다. 그러나 한 다른 치료자가 환자의 진실을 페로가 했던 방식과 동일한 방식으로 이해하게 될까? 그리고 이런 가상적인 치료자들이 사물을 다르게 본다면, 그들은 다르게 진화할까? 적어도 클라인 학파의 분석에서 환자들에게 클라인 학파의 해석을 처리할 수 있는 연상들을 생산하려는 경향이 있는 것 같다. 반면에 고전적인 융학파 분석가들의 환자들은 만다라와 신적인 아이들에 대한 꿈을 꾼다. 심리치료 연구는 어느 특별한 이론적 접근의 효과를 입증하는 데 줄기차게 실패한다. 중요한 것은 이론이 아니라 치료자의 인격이다. 심층심리적 치료자에게 중요한 이슈는 진실을 알 수 없음unknowability을 인정하는 진실추구로 보인다.

우리가 페로의 입장에 빠져들 수 있다 – 나는 환자가 계속해서 부인하더라도, 그렇고 그런 것이 진실하다는 것을 안다know. 이런 믿음을 붙잡는 것은 사실 우리가 -K로 빠져드는 하나의 방식이다. 그리고 도처에 널려있는 이런 태도는 우리에게 불확실성과 의심에 대한 강한 인간적 거부에 대한 경고를 할 수 밖에 없다. 진실truth은 많은 분석가들이 정서적 발전과 건강을 위해 필요하다고 간주하는 태도를 암시한다. 그것은 확실성 상태라기보다는 진행중인 것에 대한 탐구적 입장이다. 우리가 링크link를 세상을 접하는 방식을 위한 모델로 간주한다면, 이런 접근은 K 링크와 일치한다. 그러나 K는 일종의 능동적인 링크, 즉 지식을 얻는 안식처에 대한 묘사가 아닌, 지식을 추구하는seeking 상태라는 것을 쉽게 잊어버린다. 다시 문제는 알지 못함과 함께 자리하며, 홀로 겸손할 수 있는 능력이다. 그것은 우리의 의견이나 관점이 진실과는 다르게 알려지는 상태를 수용하는 것이다. 멜처는 비온의 관점을 이렇게 요약한다: "진실을 추구하는 데 있어 인내에 거슬러 작용하는 궁극적 요인들은 알려지지 않은 것에 대한 두려움, 불확실성을 참을 수 없음에 대한 두려움, 그리고 무지의 면전에서... 진실이 무기력함, 경외감, 의존성과 연결된다는 두려움이다(Meltzer, 1978/1998, p. 359).

융은 비온이나 멜처와 유사한 관점을 보이면서 다음과 같이 말한다: “[전체성의] 목표는 일종의 아이디어로서만 족하다. 본질적인 것은 목표로 인도하는 *작업opus*이다: 그것은 일생동안의 목표다”(Jung, 1946, para 490, 이탤릭체 원전강조). 우리는 온전해 지기를 노력하지만, 완전을 얻기는 불가능하다. 삶의 목표는 전체성에 도달하고자 하는 지속적인 시도다. 그것은 결코 이룰 수 없는 심층적 지식에 당면하여 전심으로 감당하는 것이다. 우리의 작업은 진실을 향해 우리 자신을 계속 열어가는 일이다. 그 노력을 짊어지는 것이 삶의 목표다. “치료되는” 것보다도 오히려 개성화나 전체성, 혹은 관계성이나 진실을 “얻는attain” 것은 더욱 불가능하다. 정신이 진실의 자양분을 추구하는 것은 선천적으로 의식이 확실한 안전성을 추구하는 것과 서로 용납될 수 없다. 우리는 불안에 직면하고자 할 때, 그로부터 도망가기보다는 본성Nature에 거슬러 투쟁할 수 있다. 그러나 그것은 결코 완전히 이길 수 없는 투쟁이다.

II

임상적 암시들

CLINICAL IMPLICATIONS

6. 듣기 과정 The listening process

우리는 수많은 관점에서 정신의 본질을 살펴보았다. 우리는 무의식에 대해 말해왔다: 그 무한한 범위, 그 내용의 알 수 없는 본질, 그리고 다른 사람들과 우리 자신과의 관계로 우리를 밀어붙이는 목적론적인 경향. 우리는 사고하기/꿈꾸기의 본질에 대한 비온의 생각을 연구했으며, 그의 이론이 임상시간에 우리의 경청을 구조화 할 수 있는 방식을 보았다. 영원한 인간적 투쟁은 생명life과 연관된 접근과 다른 사람들과 연관된 접근 사이에서 이루어진다. 그에 반해 자아중심적이며 자기애적인 사람은 다음과 같은 두 가지 관점으로부터 탐구되어져 왔다: 그 하나는 우리의 반관계적인 혹은 병리적인 경향들을 조직화하는 보편적 콤플렉스에 대한 구조적 묘사며, 다른 하나는 진실에 직면하는 것과 위안의 거짓에 의존하는 것 사이의 갈등에 대한 역동적인 묘사다. 이런 모든 것들이 우리의 임상작업에 어떤 영향을 끼치는 가를 고려해보자.

내가 제시해왔듯이, 알파 기능에 대한 비온의 작업은 다음과 같은 사실을 암시한다: 문제는 환자로 하여금 자신이 분열시켜왔던 경험의 측면들에 대해 *알게know* 하려고 하거나, 그렇지 않을 경우 각성으로부터 멀어지도록 크게 돕는 것이 아니다. 대신 환자는 자신이 그동안 참아낼 수 없었던 삶의 경험들을 *살려낼live* 필요가 있다. 비온의 작업 전까지만 해도, 이떤 이론가들은 분석가의 과제는 오늘 상담실로 가져온 내적 현실의 특별한 요소를 환자에게 되돌려 반영시키는 것이라고 제안했다. 위니컷은 이렇게 말한다.

> 심리치료는 명백하게 하고 해석을 시도하는 것이 아니다. 대체로 그것은 오랜 기간에 걸쳐 환자가 가지고 온 것을 그에게 되돌려주는 것이다. ... 내가 이 일을 충분히 잘 수행한다면, 환자는 자신의 고유한 자기를 발견하고 존재하게 될 것이며, 실제함을 느낄 것이다... (Winnicott, 1971, p. 117).

위니캇의 믿음에 의하면, 해석의 중심 기능은 환자가 가져온 것에 대해 치료자가 이해한 것을 환자로 하여금 알게 하는 데 있지, 환자가 알지 못한 것을 *치료자he*가 알았다고 해서 그것을 환자에게 말하는 것은 아니다 ibid.. 인간의 동물적 성향은 오직 한 가지를 한꺼번에 정서적으로 다룰 수 있으며, 외상은 처리될 수 없는 더 많은 것들에 의해 범람한 것으로 구성된다고 위니캇은 주장한다.

> 환자가 해석을 위해 가져오거나 혹은 어떤 특별한 시간을 다시 경험하기 위해 가져온 *하나의one* 주제에 주목하려고 노력하는 것 이상으로... 중요한 것은 아무 것도 없다. 훌륭한 분석가는 자신의 해석과 행동들을 환자에 의해 정확하게 제시된 세부사항에 한정한다. 우리가 이해한 것에 대해 느낀 것을 무엇이든지 해석하는 것은 나쁜 관행이다. 그것은 자기 자신의 필요에 따라 이루어진 것으로서, 한 순간에 하나의 일을 다룸으로써 극복하고자 하는 환자의 시도를 망쳐버린다(Winnicott, 1949, p. 192, 이탤릭체는 원전에서 강조).

위니캇의 충고는 관계성에 대한 단순한 형식이다. 그는 치료자에게 환자의 무의식적인 의도에 눈을 돌려, 그것을 더욱 심화시키는 작업에 환자와 함께 동참할 것을 요구한다. 환자와 접촉하는데 실패한 "올바른correct" 해석들에 따른 문제는 그 해석들이 오늘 연결할 필요가 있는 환자 자기self의 특별한 측면에 대해 이야기하는 것을 실패할 수 있다는 것이다. 위니캇이 말하는 그런 해석들은 환자의 관계적 능력들보다는 치료자의 자기애를 표현한다.

환자의 자기는 분석가에게 이전에 알려지지 않은 정신의 요소를 이해하고 돌이켜 반영하도록 요구한다는 가정으로 시작한다면, 우리가 제기하는 질문은 *어떤* 요소가 특별한 순간에 중요하다는 것을 어떻게 알 수 있느냐이다. 치료자가 무엇을 해야 할do 것인가에 대해 많은 것을 말할 수는 없다. 예를 들면, 우리는 전이 해석들[1]의 중요성에 대해 말할 수 있다. 그러나 어떤 해석의 힘이라도 그것이 말해질 *때when*에 달려있다. 이런 목적으로, 그 순간에 대한 분석가의 개

1) 전이 해석들transference interpretations은 중요하다. 왜냐하면 그것들은 치료자와 환자사이에 존재하는 장벽을 제거하려고 시도하기 때문이다(N. Symington, 2005). 따라서 그 해석들은 분석관계를 깊게 하고 강화하는 데 일조한다.

인적인 직관들은 그녀의 유일한 가능성 있는 안내가 될 것이다. 그러나 분석가가 들을 수 있는 방식을 본다면, 우리는 더 많은 것을 말할 수 있다. 그녀는 이 순간에 환자가 가지려고 노력하는 아직 – 경험되지 – 않은 경험을 전달하는 무의식적인 메시지를 어떻게 받아볼 수 있을까?

비온의 유아분석을 기억해보라. 시기에 대한 유아의 두려움은 그로 하여금 사랑에 대한 욕구를 우유에 대한 욕구로 분열시키도록 인도한다. 상당부분 인간은 유아기에 이런 분열을 건설할 것이다. 사랑, 온정과 배려는 약간은 두려움을 유발할 것이며, 어느 인간에 의해서라도 회피될 것이다. 왜냐하면 이런 경험들은 우리의 조절능력으로부터 아주 멀리 있으며, 매우 예측불가능한 사람들에 대한 무기력한 욕구를 불러일으키기 때문이다. 어머니의 사랑을 열망하는 대신, 유아는 우유를 간절히 원한다. 왜냐하면 어머니의 사랑은 그녀의 정감과 유용성mood and availability과 더불어 오가기 때문이다. 유아가 성장하면서, 우유는 장난감으로 변하고 디즈니랜드로 여행하며, 그리고 나서 디자이너의 옷과 세련된 차, 돈, 명성과 같은 안전성security을 담보하는 것들로 향한다. 그것은 이런 예측할 수 없는 유한한 인간존재에게 일종의 절대적으로 환각적인 목표다. 우리 인간의 가장 깊은 욕구인 다른 사람에 대한 사랑은 너무도 분명하게 우리의 조절능력 밖에 있는 반면, 권력욕의 목표는 붙잡을 것 같이 보인다. 이런 기본적인 인간의 딜레마는, 분석가가 창조하는 환경보다는, 그리고 환자가 말하고자 하는 것을 분석가가 어떻게 이해하고 수용하기보다는, 분석가가 *하는does* 일(예: 해석)에 가치를 부여하는 분석적 태도를 창조해왔다.

치료자의 자기애는 또한 이런 왜곡된 태도를 지지한다. 그녀는 자신의 사고를 환자에게 제공할 때, 자신이 가치있는 인간인 것처럼 느낀다. 그녀는 아마 자신의 입장이 일차적으로 수용적일 때, 자신은 아무런 가치있는 일을 하고 있지 않는 것처럼 느낄 수 있다. 듣기listening는 적어도 분석작업의 90퍼센트에 이른다. 치료자가 환자의 전언을 들을 수 있을 때, 그녀는 무엇을 말하고 언제 말해야 하는 것에 대해 생각하기 위해 필요한 자료들을 갖게 될 것이다. 환자의 말을 듣는 것은 또한 치료자로 하여금 말하기보다는 이해하려고 주의를 집중하려고 노력할 때 더욱 조용하게 만들 것이다.

분석의 토대를 이룬 대부들인 프로이트와 융이 추구했던 기법에 대한 견해들을 보자. 우리가 보게 되겠지만, 대부분의 분석적 사상가들처럼, 그들은 무엇을 할 것인가에 대해 거의 아무런 충고도 제공하지 않는다. 비록 그들이 어떤 하지 *말아야*not 할 것에 대한 약간의 제안을 하더라도 말이다. 프로이트, 융과 비온은 모두 모든 분석가는 자신의 인격에 최적화된 기술적 접근을 처리할 필요가 있다고 주장했다. 프로이트는 자신의 기술적인 충고를 권리포기disclaimer로 시작한다:

> 이런 기법은 단지 나의 개별성individuality에 적합한 것이라고… 나는 확신한다. 나는 매우 다른 배경을 가진 한 내과의사가 환자에 대해 이전과는 다른 태도를 수용하고, 환자 앞에 놓여 있는 과제를 수용하려는 의욕이 있는 자신을 발견할 수 있을 것이라는 사실을 감히 부인하지 않는다(Freud, 1912, p. 111).

비록 그가 규칙처럼 들릴 수 있는 제안들로 가득 찬 일련의 논문들을 계속해서 쓸지라도, 나는 잠시 숨을 고르고 그의 충고를 흡수하고 싶다.

비온은 자신의 세미나에서, 한 참석자가 그에게 자신과 접촉하는 사람 가운데 환자 가족을 포함한 분석가에 대해 어떤 생각을 하느냐고 물을 때, 이와 유사한 내용을 말한다. 비온은 *그가*he 하고 있는 것에 대해 말할 수 있는 것을 말한다. 그러나

> 그 밖의 다른 사람에게 적합한 방식을 의존하는 것resorting은 좋지 않다. 다른 사람들이 다르게 행한다는 사실은 유용한 일이다 – 그것은 당신에게 힌트를 준다 – 그러나 근본적 관점은, 당신이 당신에게 적합한 것을 찾을 수 있느냐이다(Bion, 2000, p. 265).

융은 (개인심리학에 반대하여) 분석에 대한 유일한 하나의 중요한 단편인 전이의 *심리학*(*The psychology of the Transference*, 1946)을 썼다. 융의 주장에 의하면, "모든 일상적인 흔적은"… 그가 어떤 기술적인 제안도 제공하지 않은 이런 중심적 작업에서 "막다른 골목으로 판명난다"(ibid., para 367). 그것은 환자에게 전적으로 개입되고

영향을 받으면서 치료자는 환자와 깊이 관계를 맺어야 하는 여러 가지 방식을 반복하면서, "자신의 주관적 가능성들에 대한 한계에" 도달하기 때문이다(ibid., para 400). 심층적 분석은 "우리의 이해나 동감뿐만 아니라 전체 인간에" 도전한다고 그는 말했다(ibid., para 367). 치료자는 자신에 대한 전적인 헌신을 느껴야 하는 저항에 대해 융은 말하며, "모든 것을 사전에 알고 있다는 속임수"에 의존하면서, 우리가 하나의 전문적인(직업적인) 페르소나 뒤로 감추려고 하는 유혹을 받는 방식에 대해서도 그는 말한다(ibid., para 365).

> 비록 그 자신이 모든 지식을 소유하고 있다고 믿을지라도, ... 그는 결국 자신의 학문적 지식이 결코 꿈꿀 수 없는 더 많은 것들이 있다는 사실을 깨닫게 될 것이다. 완벽한 치료를 요구하는 각각의 새로운 사례는 선구자적인 작업이며, 모든 일상적인 흔적은 그 때 막다른 골목으로 입증될 것이다(ibid., para 367).

프로이트와의 결별은 융에게 결코 완전히 치유될 수 없는 상처를 남겼다. 심리치료에 대해서 글을 썼을 때, 그는 종종 자신의 이전 멘토와의 차이점을 강조하는 고통 가운데 있는 것처럼 보인다. 그러나 *전이의 심리학*에서 그가 분석적 모험의 신비를 분석한 것은 프로이트의 다음과 같은 주석과는 크게 다르지 않다.

> 가장 성공적인 사례들은 어떤 가시적인 의도도 없이... 우리가 추진한 것들이다. 그들 안에 있는 모든 새로운 변화는 우리 자신을 불시에 사로잡는다. 항상 그들을 열린 마음으로 만나며, 그 어떤 전제로부터도 자유로와야 한다(Freud, 1912, p. 114).

분석수행의 상호주관성에 대한 현재의 강조가 있기 훨씬 이전에, 융은 치료자는 고통 속에 있는 환자에 의해, 그리고 방향성이 없는 방식에 의해 정서적으로 영향을 받을 것이라고 언급했다.

> 심리치료자는 정신적 전염이... 치료작업에서 예정된 부수적인 것이라는

> 것을. . .분명히 이해해야 한다. ... 이런 깨달음은... 그로 하여금 환자에 대한올바른 태도를 가지게 한다. 환자는 그 때 그에게 개인적으로 다가오는 어떤 존재의 의미를 지닌다. 그리고 이것은 치료에 있어 가장 바람직한 토대를 제공한다(Jung, 1946, para 365).

이런 저런 각도로 볼 때, 융은 분석가의 전체 정신의 진실이 환자에 대한 영향을 결정한다는 사실에 대해 말한다. 융에 의하면, 전이관계는 여섯 가지 서로 다른 하위관계로 구성된다: 상담실 에서의 두 "나I" 사이, "나"와 상대편의 무의식 사이뿐만 아니라, 각각의 "나"와 그 사람의 무의식 사이, 그리고 마지막으로 두 사람의 무의식 사이. 마음속으로 기술적인 지침으로 누군가의 개입을 조절하려는 시도들은 우선적으로 2인1조를 연결하려는 "나"에게 영향을 끼칠 것이다. 무의식적인 연결은 각 사람의 전체 존재의 진실에 의해 영향을 받기보다는, 아마 바람직한 과정들을 따라가는 단순한 사실에 의해 훨씬 덜 영향을 받을 것이다. 무의식적인 연결들은 분석가의 개입 *뒤에behind* 있는 요인들에게 반응할 것이다. 그 요인들은 그녀가 기술적인 규칙들을 고수하려는 통합과 대조적인 일종의 고집과 같은 것이거나, 자신을 인도하기 위해 사용한 과정들이 자신의 진실한 성향nature과 일치하는 방식과 같은 것이다. 분석가의 기술적인 지침들이 자신의 창조성을 수용하고 양육하는 유연한 담는 것container으로 기능하는가? 아니면 그것들은 자신의 개인성과 재능을 쇠로된 갑옷으로 짓누르는가? 환자는 무의식적으로 분석가 정신의 진실을 알 것이다. 왜냐하면 비록 그 두 "나"는 심각하게 연결되어 있지는 않더라도, 그들 자신의 더욱 깊은 측면들이 서로 절묘하게 교감할 것이기 때문이다.

자신의 대단히 중요한 태도를 요약하면서, 융은 환자의 단절된 요소들을 통합된 전체로 끌어들이는 작업을 수행하는 분석가는 "사랑으로 대극을 묶어내려고 하며, 그것은 사랑이야말로 죽음보다도 강하기 때문"이라고 말한다(ibid., para 398). 분석은 "일종의 인간적인 만남으로서 그곳에서 사랑이 결정적인 역할을 한다"고, 그는 말한다(ibid., para 418). 융의 중요한 강조점은 치료자의 전체 존재가 분석작업의 과정을 결정한다는 방식에서 드러난다. 그는 확실하게 사랑에 대해 말한다. 모든 치료자가 알고 있는 그 사랑은 효과적인 임상상황에서, 그리고 드물지만 용기 있는 태도에서 활성화된다constellated. 그는 "관계적related"이라는 용어를 사용하지 않는다. 그러나 사랑에 대한 그의 강조는 우리를 그 방향으로 돌린다.

가끔 융은 어떤 주제에 대한 분석가의 지성적인 숙달을 과도하게 평가하는 것처럼 보일 수 있다. 그러나 그것은 잘못된 이해라고 생각한다. 실제적 변모transformation가 발생할 때, 분석가-환자 짝을 봉해버리는 상호적 무의식과 방향성 상실에 대해 융이 묘사할 때, 그는 "의사의 지식은 깜박거리는 램프처럼 어둠 속에 있는 하나의 희미한 빛"이라고 말한다(ibid., para 399). 그러나 그가 분석가가 자신의 "지식knowledge"을 단단하게 붙잡으려는 욕구에 대해 말했을 때, 그가 말하는 "알아감knowing"의 의미는, 비온이 의미하는 "K"로서, 그것은 자신이 지닌 믿음보다도 진실을 배우는 것에 마음을 여는 태도다. 진실the Truth. 융은 "환자의 무정향disorientation을 접하면서, 의사는 자신의 고유한 정향orientation을 단단히 붙잡아야 한다. ... 그는 환자의 조건이 의미하는 것을 알아야 하며 꿈에서 가치 있는 것을 이해해야 한다"고 말한다(ibid., para 478). 그러나 같은 문단에서 그는 자신이 의미하는 것에 대해 계속해서 설명한다:

> 달리 말하면, 그(분석가)는 무의식적인 상징론을 이해할 수 있는 관점과 생각들로 자신의 과제에 접근해야 한다. 지적이거나 아마 과학적인 이론들은 무의식의 본질에 적합하지 않다. 왜냐하면 그것들은 그 내재적pregnant 상징주의와 조금이라도 가깝지 않은 용어를 사용하기 때문이다. ... [요구되는] 그런 종류의 접근은 ... 바꾸기 쉽고 상징적이어야 하며, 그 자체로 *무의식적인 내용들과 함께하는 개인적 경험의 결과여야 한다*(ibid., para 478, 이탤릭체는 원전에서 강조).

융은 우리가 그의 저술이나 프로이트의 저술을 읽음으로써 얻을 수 있는 그런 종류의 지식에 대해서 말하고 있지 않다. 그는 우리의 개인적인 분석작업으로부터 얻어진 그런 종류의 지식에 대해 말하고 있다. 그것은 일종의 지성으로부터 부상한 어떤 것이라기보다는 상호인격적인 정서적 경험으로부터 성장한 알아감knowing이다.

비록 프로이트는 우리가 2장에서 탐구했던 무의식의 창조적 힘에 대해 드러나게 신뢰하지는 않았지만, 그의 중요한 제안은 그 창조성에 근거한다. 3장에서 우리는 프로이트가 분석가는 균일하게 유예적인 주의evenly suspended attention로 환자의 말을 들어야 한다고 주장한 것을 보았다. 그것은 그의 "나I"보다는 무의식으로부터 온 환자의 자료에 집중하려고 노력하는 것이다. 비록 그는 분석적 사상가들이 20세기 말에야 건설했던 이런 충고에 대해 폭넓은 이론적 토대를 지니지 못했지만, 그는 듣는 사람이 자기가 들은 것을 왜곡할 것이라는 사실을 직관적으로 알았다. 왜냐하면 그 "나"는 안전을 원하며, 단지 "그가 이미 알고 있는 것"만을 발견하고자 하기 때문이다(Freud., 1912, p. 114). 프로이트는 우리에게 다음과 같은 사실을 상기시킨다: 그것은 전형적으로 우리가 들은 것에 대한 정보에 대해 감사하게 생각하거나, "어떤 것에 대해 숙고하거나 주의를 집중한다는 것은 신경증의 수수께끼에 대해 아무것도 해결하지 못한다는 사실을 알고 나서야 이루어진다. 그것은 오직 무의식에 대한 모든 비판을 배제해야 하는 정신-분석을 참을성 있게 따름으로써 이루어질 수 있다. ..."(ibid., p. 119). 그가 환자에게 자유롭게 연상하도록 요구하는 것과 마찬가지로, 마음 속에 떠오르는 것을 검열하지 않고 단순히 보고하면서, 그는 치료자에게(조용히) 자유롭게 연상할 것을 조언하고 있다. 그는 치료자가 "링크를 연결하는 과정에서 무의식의 안내에 대해 논쟁하지 말 것"을 원한다(Freud, 1911, p. 94). 이론적으로, 프로이트는 우리가 탐구해왔던 무의식의 종합적이고, 예시적이며 창조적인 능력을 인정하지 않았다. 그러나 기술적인 충고에서 그는 그 무한한 정신 차원에 비중있게 의존한다. 우리가 보게 되겠지만, 그의 충고는 비온이 추천한 태도와 쉽게 맞물린다.

설립자격인 두 정신분석가에 대한 이런 짧은 조사를 매듭짓기 위해, 나는 프로이트나 융 모두의 임상적 행동은 자신의 이론적 신념들과 완전히 일치하지는 않는다는 사실을 지적하고 싶다. 이것은 중요한 것은 이론이 아니라 치료자의 전체 인격이라는 융의 생각이 가치 있다는 사실을 보여준다. 치료자들이 자신이 하는 일을 *말하는say* 것과 그들이 실제로 하는 것은 치료자가 그것에 대해 의식적으로 많이 깨닫지 못하면서 극적으로 달라질 수 있다. 그리고 물론 자신의 치료작업을 묘사할 때, 그것을 이런 저런 방식으로 개선시키기 위해 항상 유혹이 있다. 문헌의 수많은 사례들은 너무 훌륭해서 진실하지 못하다. 의심할 여지없이 그것은 글쓴이가 한없이 복잡한 분석작업의 실제를 자신의 경쟁력뿐만 아니라 관점들을 증명해보일 일관성 있는 어떤 것으로 변형시킬 때, 몇 가지 "세부사항details"을 어떻게 생략하려고 하는가를 반영한다.

기억, 이해 혹은 욕망도 없이Without memory, understanding or desire

비록 융이 자신의 방식으로 실행했는지 분명하지 않지만, 우리는 비온의 세미나에서 분석가 정신의 진실을 분석작업에서 중요한 요인이 되도록 분명하게 고려하는 태도를 본다. 그는 분석가에 대한 조언을 한다. 그러나 그것은 무엇을 할 것인가에 대한 것은 아니다. 그의 충고는 어떻게 들을 것인가에 관한 것이다. 그의 가장 유명한 제안, 즉 기억과 욕망과 이해를 삼가하는 것은 아마 가장 짧게 기록된 분석 논문인, "기억과 욕망에 대한 주석들Notes on Memory and Desire(1967)"에서 제시된다. 그 충고는 이후 *주의와 해석*(*Attention and Interpretation*, 1970)에서 자세하게 설명된다.

내가 언급한 바와 같이, 비온의 작업은 난해하다. 그는 줄기차게 독자로 하여금 *그*가 묘사한 영역에 대해 자신의 고유한 사고하기를 하라고 요구한다. 그는 자신의 의도meaning를 분명하게 설명하기를 *원하지want* 않는다. 글쓴이의 관점을 분명하게 하기보다는, 그는 정신분석 논문은 독자 안에서 필자가 묘사하고자 하는 경험을 배치시켜야constellate 한다고 제안한다(1970). 결국 독자는 의문 속에서 문제에 대한 자신의 고유한 감각을 형성할 기회를 갖게 된다. 그는 매우 제한된 사례 묘사들을 제공하면서, 독자에게 자신의 것을 제공하도록 요구한다.

임상 상황에서 비온은 우리가 할 일은 그 순간의 O에게 우리 자신을 여는 것이라고 제안한다. 분석회기의 절대적 사실들은 결코 알려질 수 없다. 그것들은 다음과 같은 것들을 포함한다: 외부의 상호작용, 각 참여자의 무한한 내적 목표, 그리고 한 조직체로서의 2인1조의 진화하는 O, 옥덴Ogden의 "분석적 삼자the analytic third(1994)". 이것은 회기의 O로서, 두 사람의 합이 제시하는 것보다 더 위대한 어떤 것을 창조하는 각 사람의 O를 포함한다. 그 전체성 안에서 환자는 자신의 O를 표현하거나 감추려고 시도하면서 말한다. 환자의 O는 무엇인가? 그의 실제는 무엇인가? 혹은 단순한 용어로 그는 무엇에 대해 말하고 있는가?

기억, 욕망 그리고 이해를 버림으로써 우리는 O가 *되기를become* 희망한다. -즉각적인 정서적 실제와 함께하는 것 안에 있기를 희망한다. 그 결과(오직 자신에게만) 이-순간의-환자, 이-분석가와-함께-상담실에-있는-환자에 대해 이전에 알려지지 않은 어떤 진실을 분명히 표현할 수 있게 된다. 비온(Bion, 1967, 1979)의 주장에 의하면, 분석가는 O가 되는 형언할 수 없는 과제를 성취하기 위해 기억, 욕망 그리고 이해를 버려야 한다. 그의 처방은 다음과 같이 심각하다:

> 이전 회기를 기억하지 말라. ... 어떤 위기도 이 규칙을 파기하도록 허용해서는 *안된다no*. ... 회기의 목표에 도달하기 위한 욕망을 [피하라]. ... 결과에 대한 욕망, 치유나 심지어는 이해까지도 확산되도록 허용되어서는 안된다 (Bion, 1967, p. 260. 이탤릭체는 원전에서 강조).

그는 우리가 공감적 주석으로 받아들일 수 있는 것에서도 자신의 심각성에 대해 말한다:

> 환자들이 말하는 것을 기억하는데 익숙하고, 그들이 편안함을 바라는 것을 기억하는데 익숙한 사람에게는, 그 *어떤any* 기억과 그 *어떤any* 욕망과도 분리될 수 없는 분석적 직관이 손상되는 것을 즐기기는 어려울 것이다 (Bion, 1970, p. 31 이탤릭체는 원전에서 강조).

나는 이런 충고, 즉 어떤 경우라도 확실히 불가능한 어떤 것을 문자적으로 이해하려는 그 어느 분석가도 만난 적이 없다. 그러나 비온의 충고가 암시한 바로 그 순간에 대한 과격한 개방성의 입장으로 향하는 것은 그 회기를 살려내는 효과를 가진다. 그것은 그 효과를 가속화시켜 새롭고 예상하지 못한 통찰력들의 놀라운 흐름을 촉발시킨다.

그러나 비온이 말하는 "기억memory", "욕망desire"과 "이해understanding"는 무엇을 의미하는가? 비온의 언어에 대한 오해는 그의 생각들에 대한 수많은 불필요한 저항을 불러일으켰다. 기억과 더불어 시작하는 것: 두 경험들은 다른 임상가들과 유사하다. 처음에, 분석가는 환자가 상담실로 들어오기 전에 이전 회기에서 메모한 것들을 다시 읽는다. 환자는 말하기 시작한다. –자신의 삶, 꿈, 아동기 경험들– 그리고 분석가는 자신의 내면으로 들어가 관련된 자료를 찾는다. 환자가 말하고 있는 꿈의 세부사항들은 무엇이었는가? 그가 말하고 있는 삼촌은 누구인가? 그는 나에게 지난 주와 다른 내용을 말했는가?

소위 "소극적 능력negative capability" –알지 못한 가운데, 비온의 PS(편집-분열자리)나 포댐의 비통합 상태에서 조용히 앉아 있을 수 있는 능력–에 대한 그의 묘사에서, 키츠는 이렇게 제안한다: 내가 묘사하고 있는 경험은, 그 자체를 즉각 드러내지 않는 어떤 기억을 단단히 붙잡고, 불확실한 것들, 신비한 것들 [그리고] 발생하는 의심들에 대한 두려움을 표현한다(Bion, 1970, p. 70에서 인용). 기억하려는 이런 부담은 일종의 불안증세다. 어떤 것은 나를 괴롭히는 사건이 된다. 그리고 나는 잃어버린 알지 못함unknowingness으로부터 나를 구해줄 무언가를 찾는다.

우리는 보통 친구, 사랑하는 사람, 아이 혹은 부모가 우리에게 말한 사실들을 기억하지 못한다. 우리는 *한 사람a person*을 알아간다. 그것은 그를 둘러싸고 있는 사실 목록과는 매우 다른 무엇이다. 일상적인 삶에서 기본적 관계성이 우리가 그 밖의 누구를알 수 있을 것인가에 대한 범위를 결정한다. 시간이 흘러가면서, 혹은 어느 한 순간에 어떤 개인이 누구인가에 대한 *느낌feel*이 있다. 직관적으로 우리는 그 어느 자료보다 짧은 순간에 막 떠오르는 감각이 보다 더 중심적이라는 사실을 안다. 우리는 매 회기를 첫 회기로 보아야 한다고 비온이 말할 때, 그는 너무 앞서 간다. 그것은 환자는 우리가 유일하게 알고 있는Know 누군가가 아니라, 우리가 알기 위해 노력하는 존재라는 것을 기억하는 것이다. 환자의 알 수 없는 영역을 감지하는 것을 방해하는 요소들Facts이 흘러가도록 허용하는 것은 가장 가치 있는 시도일 것이다. 분석에 참여하는 한 쌍에 의해 건설된 감정 연결feeling connection을 어느 정도 솟구치게 하는 것은 가능하지도 바람하지도 않다. 그런 감정 연결의 왜곡되거나 문제 있는 측면들(예: 관계양상들)로 시간을 보내면서 작업하는 것은 전형적으로 커플 두 사람 모두에게 가장 중요한 변형적 요소로 판명날 것이다.

우리 대부분이 "기억memory"이라고 부르는 두 번째 유형의 경험에서, 환자는 말하기 시작하고, 무언가 예상하지 못한 채 분석가의 마음을 듣는 곳으로 흘러간다: 환자가 일 년 전에 말했던 꿈의 조각, 혹은 자신의 꿈에 나타난 이미지, 환자의 아동기 이야기, 분석가가 지난주에 보았던 영화의 한 장면 등이 회자된다. 두 번째 경험은 분석가의 레브리reverie다. 이것은 비온이 "기억memory"이라는 말로 의미하는 것은 *아니다not. 그는 기억이라는 용어를 회상 속의 의식적 시도들과 관련된 경험으로 간주한다*(1970, p. 70, 이탤릭체 추가된 강조). 분석가의 레브리는 매우 가치 있으며, 비온이 우리에게 기억하려는 시도로부터 멀어지라고 요구한 이유들 가운데 하나는 기억하기 위한 작업은 레브리를 위한 공간을 빼앗는다는 사실이다. 잘 듣는 치료자는 자신의 자유 연상들을 수용하기 원한다. 왜냐하면 저절로 나타난 아직 발견되지 않은 이미지들, 감정들과 생각들은 치료자의 무의식으로부터 온 메시지들이기 때문이다. 그것은 치료자의 무의식이 환자가 "전하는 무의식"에 대해 응답할 때 발생한다. 이전의 사실을 회고하려고 노력하는 것은 자신의 의식적인 생각의 제한된 영역을 초월하여 발전하려는 이해를 동반하는 내적인 비움을 파괴한다.

"욕망desire"은 마찬가지로 이해하기 힘든 단어다. 문제는 발생하는 욕망을 분열시킬 수 없다는 것이다. 왜냐하면 그것은 오직 무의식에로의 초대일 것이기 때문이다. 분석가는 자신의 욕망을 자료의 한 조각, 즉 관심을 가져야할 실제에 대한 하나의 사실로 간직해야 한다. 분석가는 욕망과 동일시하는 것을 피해야 하며, 그것을 성취하는데 자신을 바쳐서는 안된다. 이런 시나리오 안에서, 회기의 목적을 위한 욕망은 중요시 될 수 있으며, 그것은 호기심을 유발할 수 있다: 여기서 내가 도피하고 싶은 사건은 무엇인가? 확실히 따분함 뒤에, 나를 놀라게 하는 무엇이 있단 말인가? 겉으로 보기에 약간 따분하게 보이는 최근 상담에서, 나는 어렴풋이 환자가 상담을 끝내줄 것을 바라는 내 자신을 발견했다. 그 욕망은 나를 깨웠고, 오히려 환자의 단조로운 음조 아래 내가 알지 못했던 자살 감정들에 대한 힌트가 있었다는 사실을 깨달았다. 나는 내 욕망을 근절할 수 없었다. 그러나 나는 그 소망으로부터 나 자신을 분리시킴으로써 그 욕망을 환자의 죽음 소망에 대한 나의 인식 외부에 있는outside-of-awareness 두려움을 확인하는데 사용할 수 있었다.

환자를 도우려는 욕망도 유사하다: 환자는 나에게서 무력감이나 연약함에 대한 주관적 감각을 유도하고 있는가? 그는 구원자 콤플렉스를 일으키고 있는가? 아니면 내가 그의 "상당한extraodinary" 고통에 접했을 때, 내가 느끼는 "무력감helplessness"을 가학적으로 들추는 것인가? 도움을 청하면서, 상담실에 들어오려는 어떤 고통의 수준을 제거하려고 나는 무의식적으로 투쟁하고 있는가? 환자를 도우려는 욕망은 매 순간 올라오는 욕망과는 약간 다른 어떤 것을 의미할 것이다. 다른 사람들에게도 물론 그렇지만, 동일한 환자에게라도 말이다. 그러나 그 다급한 것이 무엇이든 간에, 욕망은 환자가 자신의 상처를 흘러가도록 허용하기 전까지는 *흔히 그렇듯이as is* 상처받은 조건에서 환자 자신이 발견되고 수용되는 방식으로 분석가를 눈멀게 한다(Sullivan, 1989). 돕고자 하는 이런 욕망은 특별히 매혹적인 것이다. 우리의 환자들은 우리로 하여금 그들을 돕기를 원하고, 치료자들은 사람들을 돕기 위해 의식적 소망을 벗어난 영역으로 들어간다. 그러나 그 소망을 흘려보내는 것은 중요하다. 왜냐하면 우리가 말할 수 있는 한, 도우려는 노력은 보통 도움이 되지 *않기not* 때문이다. 환자를 있는 그대로as he *is* 이해하려고 노력하는 것은 보통 그의 인격구조를 여유 있게 하며, 그의 내적 세계에서의 긍정적인("도움이 되는helpful") 발전들을 인도하는 내부의 성장과정을 일으키거나 강화한다.

회피되어야 할 이해understanding는 다시 말하면 보편적이다. 우리가 3장에서 이해를 도모했던 일련의 PS↔D는 그 순간에만 유일한 것이다. 이런 종류의 이해는 상담실에 들어가기 전에 우리 자신을 무장시킨 이론적 지식과는 다르다: 그 이론은 지난주의 꿈이미지나 유아기의 성에 대한 이론적 작용 혹은 자기의 기능과 의미-대상 전이 등을 포함한다. 이론적 지식은 고착될 때 분석가를 즉각적인 순간의 단일한 의미에 한정시킨다. 이론이 카우치의 양편에서 발생한 수년 동안의 연구와 경험들에 기초하여 정신의 기본적 이해로 전의식적으로 표현될 때, 그 이론은 알지 못하는 PS(편집-분열) 상태를 구성하는 소용돌이치는 구름의 일부가 될 수 있다. 그런 상태에서 분석가의 레브리 일부로서 발생한 이론적인 생각들은 분석가를 충격적으로 새로운 이해로 이끄는 선택된 사실의 성급함 precipitation을 촉진시킨다. 그러나 이런 순간에 대한 이해understanding가 "당신은 어머니에 대한 복잡한 감정을 지니고 있군요. 당신이 사랑하는 누군가에 대한 분노 감정을 참아내기란 힘든 일이죠."와 같은 진부한 표현형태를 취할 때, 그런 진부한 표현이 특별한 환자와의 작업에서 발전한 것이라고 할지라도, 그와 같은 것은 어떤 방식으로든 이전 형태들을 붕괴시킬 수도 있는 *지금now*에 대한 이해를 봉쇄하는 것이 된다.

진실의 변덕스러운 본성The volatile nature of truth

분석가가 꿈, 이야기 혹은 공유interchange 등과 같은 기억에 도달할 때, 그녀는 이런 과거의 경험들을 마치 고정된 대상들처럼 대하고 있다. 융학파 사람들은 꿈이 하나의 *사실fact*이라는 것을 상상하는 데 특별히 민감하다. 많은 치료자들은 환자의 아동기 기억이나 부모, 배우자, 자녀 이야기와의 관련 속에서 이런 태도로 빠져든다. 환자의 어머니나 아내는 *실제로really* 어떤 존재와 같거나 현재 어떤 존재처럼 보이는가? 홍수를 계속해서 묘사했다고 해서 그것들이 동일한 꿈인가? 그와 같은 학대가 *실제로really* 일어났는가? 분석가가 이런 마음의 구조로 빠져들 때, 그녀는 분석적 관심 세계인 내적 실제를 인식하고 있다. 그것은 마치 의자가 있는 곳에서 의자는 의자가 되고, 당신이 발걸음을 주시하지 않으면 그 의자에 걸려 넘어질 수 있는 외부 현실인 것처럼 말이다. 정신적 실제에서, 아동기에 대한 새로운 기억들은 개인의 내적 대상들이 발전과정에 따라 평가하기 위해 개선되거나 상처를 입거나 전복될 때, 나이가 많이 들어서도 나타날 수 있다. 원래 계속해서 홍수 이미지로 나타났던 꿈은 이어지는 꿈과 슬그머니 연합할 수 있으며, 그 꿈들은 함께 과거의 이미지들을 재정렬해서, 꿈이 처음에 드러나고 보고될 때 존재하지 않을 수 있었던 이 순간의 가능성들과 암시들을 향해 빛을 발할 수 있는 일종의 "기억memory"을 탄생시킬 수 있다.

두 사람이 발생한 사건에 동의하지 않을 때, 우리는 오직 그 갈등을 허용할 수 밖에 없다. 과거에 대해 구성한 이야기를 고려하면서 자신의 확신을 포기하는 것과, 다른 사람의 이야기를 자신의 것과 동등하게 가치를 부여하는 것은 참으로 어려운 일이다. 그러나 과거의 알 수 없음unknowability을 수용하는 것은 우리로 하여금 진리the Truth를 발견하려는 시도보다도 현실과 더욱 적절한 관계를 이루게 한다. 환자와 치료자가 둘 가운데 한 사람이 말했거나 행했던 것에 대해 서로 동의하지 않을 때, 과거 사건의 진실truth을 세우는 것은 확실히 최소한의 의미 있는 반응이다. 그 환자의 기억memory은 *지금now* 이해될 필요가 있는 어떤 것이다. 어제나 지난 주에 발생했던 것에 대한 치료자의 다른 감각은 이 순간 환자가 다루고 있는 것을 이해하는데 도움이 될 수 있다. 그러나 자신의 기억의 정당함에 매이는 것은 단지 치료자의 자기애적 자부심self-esteem을 강화시킬 뿐이다. 그것은 결코 치료적 가치를 지니지 못한다.

확실히 분석가는 환자가 사랑하는 (그리고 미워하는) 사람들에 대한 자신의 이미지를 방어적으로 왜곡할 수 있는 방식들에 민감할 필요가 있다. 그러나 환자가 아내를 냉정하다고 경험할 때, 그녀가 실제로 그런 유형의 사람이라고 상상하거나, 자신이 아동기에 침범적으로 상처를 받아왔다는 환자의 지각을 상상하는 것은 다음과 같은 사실을 보여준다: *그가 실제로really* 성적으로 추행당했다는 것은 근본적으로 방어적인 "현실reality"에 대한 하나의 환상vision을 암시한다. 환자의 아내는 *실제로really* 다른 인간 존재 이상의 그 무엇anything도 아니다. 그녀는 다양한 상황에서 많은 방식으로 느끼고 행동한다. 그리고 자신에 대한 남편의 이미지가 비록 방어적일지라도 의심할 여지없이 적어도 약간의 진실을 담고 있다. 확실히 아동기를포함한 어떤 시기에 대한 기억들은 그와 관련된 다른 사람들의 기억들과는 광범위하게 다를 수 있다는 사실을 기억하면서, 우리는 환자가 성추행에 대한 예감hunch으로 상징화시켰던 외부 경험들을 결코 알 수 없다는 사실을 수용해야만 한다. (비록 이것으로부터 성적인 학대가 실제로 발생하지 않는다거나, 부모의 침범적 행동이 언어적인지 혹은 성적인지에 대한 문제는 중요하지 않다는 결론을 독자가 내리기를 나는 확실히 원하지 않을지라도 말이다. 물리적 학대는, 그것이 성적이든 그 밖의 것이든, 항상 성장하는 아동의 신체적 통합을 고려한 학대보다 더욱 파괴적이다. 그리고 환자가 성추행을 *기억한다고remembers* 느낄 때 [그에 대해 *의아해wandering* 하기보다는], 나는 다른 신뢰할 만한 내용이 없는 상황에서는 그의 기억을 정확한 것으로 받아들일 것이다.)

치료자의 마음에 떠다니는 *예상밖의unbidden* 기억들은, 정서들(욕망들), (직접적인 생각하기에 반대하는) 사고들, 신체적인 감각들과 이미지들과 더불어, 분석가의 레브리reverie를 구성한다. 즉각적으로 자신을 드러내는 기억들은 무의식을 수용하는 목소리다. 포착된 기억들은 "나I"에 대한 불안들로부터 온다. 위에서 내가 언급한 대로, 회상을 향한 의식적인 노력들은 바람직하지 않다. 왜냐하면 그것들은 임상가의 레브리reverie를 차단하기 때문이다. 분석가나 환자가 레브리 상태에서 (과거의 목록들이었던 사실들에 접근하는 것과 대조적으로) 과거의 사건을 기억할 때remembers, 그 자체를 드러내는 사건이 분석의 내부에 있든 외부에 있든 관계없이, 그 "기억memory"은 그 순간의 상호주관적인 실제에 의해 채색되고 형성된다. 따라서 옥덴은 가까운 친구와의 고통스런 시간을 재경험하는 가운데 그를 함몰시켰던 레브리에 대해 다음과 같이 말한다.

> 회기에서의 경험은 그 어떤 것의 반복이 아니며, 이미 발생한 어떤 것을 기억하는 것도 아니다. 그것은 처음으로 발생하는 경험이며, 분석의 무의식적인 상호주관적인 상황에서 새롭게 발생되는 경험이다. ... 어떤... 내적 대상과의 내적 대상관계는 고정된 실체가 아니다. 그것은 일종의 사고들, 감정들, 그리고 감각들의 유동적 모음이다. 그것들은 계속적으로 움직이는 가운데 있으며, 항상 각각의 새로운 무의식적인 상호주관적인 관계에서 *새롭게newly* 경험될 때, 형성되고 재구성되기 위해 항상 민감하다(Ogden, 1997, pp. 187-90, 이탤릭체는 원전에서 강조).

프로이트는 분석가가 자신의 "무의식적인 기억unconscious memory"에 대한 최대한의 공간을 부여해야 한다고 주장한다. 그것은 비온이 말하는 기억memory이라기보다는 옥덴이 말하는 레브리reverie를 의미한다. 현재 순간에 그 자체를 드러내는 개인적인 기억은 몇몇 임상가들이 방어적으로 상상하는 것처럼 분석적 상황과 관계가 없는 것은 아니다. 그것은 분석가의 정신이 환자와 함께 현재 상황에서 그 자체의 정서적 경험을 그려내기 위해 구성하는 꿈의 조각이다. 소위 기억memory이라는 것은 고착되고 실현되려는 정신의 항구적인 시도의 일부다. 그 이미지는 하나의 역사적 사실로 *가장한다masquerdes*. 분석가의 레브리가 자신의 과거에 대한 인격적인 상호작용에 모아질 때, 분석에 참여하는 2인1조의 즉각적인 경험 안에서 분석가의 내적 인물(배우자, 부모 등)에 대한 관계의 변화뿐만 아니라 그 순간의 분석짝analytic pair의 정서적 상황을 반영한다. 이것이 융이 의미하는 바, 환자가 분석가의 문제가 되기까지는 분석이 이루어지지 않는다는 의미다(Jung, 1946). 분석커플의 두 멤버 *모두both*는 서로의 피부 아래 있어야 한다.

오랜 기간 고통받아온 환자가 내 사무실에 들어왔을 때, 내 마음에 생생하게 떠오른 것은 거의 40년 전의 기억이었다. 그 기억에서 나는 첫 남편에 의해 거절당하고 멸시당한 것을 느꼈다. 나는 오래전에 나를 아프게 했지만, 지금 내 삶의 내용과 전혀 관련이 없는 한 사건의 갑작스런 출현을 어떻게 처리할지 몰랐다. 내 환자는 나의 내적 이미지와는 확실히 유사성이 없는 것들에 대해 말하기 시작했다. 그러나 회기가 시작해서 10분 정도 되자, 그녀는 남편과 함께 했던 전날 저녁에 발생한 사건에 대해 말했다. 그녀는 남편과의 친밀한 저녁을 고대했지만, 그는 저녁 대부분의 시간을 한 동료와의 전화로 보내게 되었다. 그녀는 대신 웹서핑만 할 수밖에 없었다. 그녀가 깨달은 유일한 감정은 희미한 실망이었다. 나의 "기억memory"으로부터 얻어진 정보를 사용함으로써 나는 유기, 질투 그리고 그녀가 경험했던 남편이 그녀에게 행한 나쁜 대우에 대한 피학적인 굴복과 같은 그녀의 훨씬 강한 감정을 열게 할 수 있었다.

나의 기억은 단순히 하나의 기억이 아니다. 그것은 나의 무의식에 의해 발견된 이미지로서, "수용적 조직receptive organ"으로 기능하면서, 환자의 "전염성 무의식transmitting unconscious"으로부터 채택된 것을 묘사한다. 환자가 상담실로 들어와서, 어떤 말도 오가기 전에, 나의 정신이 이런 기억memory을 생산해냈다는 사실은 주목할 만하다. 수년 동안의 분석 후에, 나의 환자와 나는 서로의 피부 아래 깊이 있었다. 딕만(Dieckmann, 1976, p. 25)은 분석회기의 진행시간을 공부했던 베를린의 한 연구 집단을 묘사한 바 있다. 그 연구는 정서적 사고들이 발생해서 무의식적인 환상들, 감정들 그리고 무의식으로부터 올라온 정신신체적인 정동들과 같은 분석가들의 매우 강렬한 정서적 사고들(예: 분석가들의 레브리)을 포함한다. 그들은 분석가가 상담하려고 할 때 자신의 경험들에 의해 심각하게 흔들리는 상황에서도, 분석가의 연상들은 환자의 연상들과 *예외없이without exception* 연결된다는 것을 발견했다. 그들은 또한 떠오르는 저항들은 환자에 의한 것만큼 분석가에 의해서도 상당히 이루어지는 경향이 있다는 사실을 발견했다. 오래 진행된 개인분석에도 불구하고, 우리는 평범한 인간 존재로 남아 정신의 알려지지 않은 심층에 대한 엄청난 불안에 속해있다. 이런 불안들이 우리를, 그 순간의 모호함 속에서 진실한 현존*presence*과 멀어진 채, 우리를 기억과 이해로 몰아간다.

종종 환자는 자신이 말했던 어떤 특별한 세부사항을 분석가가 기억하느냐 못하느냐에 주목할 것이다. 그에게 자신이 말하고 있는 어린 시절의 사고나 강력한 꿈이 치료자에게 되돌아오지 않고 있다는 사실을 배운다는 것이 무척 상처가 될지 모른다. 확실히 이것은 분석가의 관심부족을 보여주지 않는가! 정말 그런가? 아마 그것이 이런 상황에서 임상가가 자신에게 질문할 수 있는 첫 질문으로 보인다. 그 답이 예스yes라면, 임상가의 호기심은 자신과 환자 사이에 있는 장벽의 본질에 대해 궁금해 할 것이 분명하다. 그들은 기능하는 관계functioning relationship를 건설하는데 어떻게 실패할까? 그러나 매우 가능성 있는 것은 임상가의 "부적절한inadequate" 회상이 관심부족과는 매우 다른 어떤 것에 대해 말하고 있다. 아마 이런 상호작용은 환자/치료자 짝이 사로잡혀있는 일종의 가피학적sado-masochistic 댄스를 반영한다. 아마 잊혀지는 것에 대한 환자의 불안은 치료자의 완벽한 기억에 의해 차단되기보다는 치료실에 들어와서 탐구될 필요가 있다. 비록 분석가의 기억하지 않음이 환자에게 고통이 되더라도, 두 사람 사이에 존재하는 진실의 요소를 어느 정도 반영하여, 결국 분석은 그 고통이 발전을 초래하는 가치가 있을 것이라는 믿음 안에서 고통스러운 진실을 탐구하도록 고안된다.

기억memory은 과거로부터 온 어떤 것이다: 그러저러한 것이 이러저러한 시간에 그렇고 그런 것과 나 사이에서 발생한다. 기억과 욕망은 감각들을 통해 작용한다. 감각들은 진실보다는 쾌락과 고통을 향해있기 때문에, 기억은 결코 신뢰할 만한 것이 못된다. 우리는 우리의 기억들을 "쾌락pleasure"을 주는 방식으로(예: 고통이나 방향상실로부터 우리를 보호하는 방식으로) 모양을 그린다. 비록 그 의미가 기억들을 우리가 살아가는 수단이 되는 고통스러운 내적 공상들과 일치하는 모양으로 왜곡시키는 것일지라도 말이다. 기억과 욕망을 흘러가도록 두는 것은 인간이 더 적은 쾌락이나 더 많은 고통을 느끼는 것을 의미하지 않을 것이다. 번득

이는 진실이 갑자기 깨달음 안으로 분출할 때, 2인1조로 된 분석의 두 멤버들은 그 진실의 아름다움에 큰 즐거움을 느낄 것이다. 그러나 수용적 입장을 취하는 것은 쾌락과 고통을 *조절하는*controlling 모든 환상을 제거한다. 그것은 삶이 좋게 느끼거나 나쁘게 느끼는 것은 우리의 능력을 벗어난 힘들에 달려있다는 사실을 인정하는 것이다. 비온의 제안에 의하면, 쾌락을 조절하고자 하는 시도로부터 삶의 경험들에 대해 방어적이지 않은 열린 마음으로의 전환을 수행하려는 공포는 진실을 추구하는 것에 대한 보편적인 저항의 주 근원 가운데 하나다. "O와의 연합은 예견된 두려움 안에 있다"고 비온은 말한다(Bion, 1970, p. 53).

지금에 있기Being in the now

임상가의 목표는 자신을 이 순간의 경험이 주는 강렬함에 몰두하게 하는 것이며, 환자는 어제나 지난 주와 동일한 사람이 *아니라는*not 방식에 마음 문을 여는 것이다. 특별히 임상가가 가능성과 변화에 대한 희망을 심각하게 받아들인다면 말이다. 인간관계는 결코 통계적이지 않다. 두 무생물체는 고정된 형태로 관계를 맺을 수 있다. 그러나 두 사람은 언제나 성장하거나 악화된다. 그들의 수많은 측면들은 마치 항상 움직이는 만화경kaleidoscope처럼 영원히 발전하는 형태 안에서 서로 맴돈다. 요구들은 이동하고, 선호하는 것은 변화하며, 희망과 두려움들은 항상 움직이는 가운데 있다. 그러나 치료자들은 환자들에게 친숙한 방식들에 매달려있다. 그것은 "알려지지 않았고, 일관성이 없으며, 형태 없는 공허"와의 접촉이 출현하는 것을 방해한다(ibid., p. 52). 환자에 대한 지식을 발전시키기보다는, 우리의 목표는 환자의 부인되고, 억압되고, 유용하지 않은 부분들의 출현과 통합을 강화하는 것이라야 한다. 우리는 어떤 것을 증명하기 위해 사실들을 모으는 수사관들은 아니다. 그리고 어떤 경우라도 진실은 통계적 사실들의 모음이 아니다. 그것은 무한히 이동하며, 태생적으로 발견할 수 없는 실제다. "관계relationship"처럼, 진실 역시 하나의 동사verb다. 우리는 알기 위해서, 그리고 알지 않기 위해서, 진실을 향해 가거나 진실로부터 멀어진다. 그와 동시에 우리가-알고있는-진실truth-as-we-know-it은 새로운 진실들을 향해 움직인다.

도널드 멜처Donald Meltzer는 비온의 충고를 이렇게 번역한다: "'당신은 기억해서는 안 됩니다. 당신은 욕망을 품어서는 안 됩니다. 당신은 이해해서도 안 됩니다'라고 말하는 대신, '당신의 기억, 욕망 그리고 이해를 버리고 나를 따르라'고"(Meltzer, 1978/1998, p. 375). 그것은 긍정적인 발걸음이지, 금지는 아니다. 그것은 어떤 것을 닫아버리는 것이 아니라, 그 밖의 다른 것에 문을 여는 것이다. 문제는 비온이 제거하기를 원했던 기억, 욕망 그리고 이해가 아니다. 그것은 레브리reverie와 비온이 그 안으로 초대하고 싶은 알려고 하지 않음unknowing을 위한 공간이다. 안전에 대한 탐욕스런 정신의 욕망과 내면에 있는 이미 알려진 것에 대한 지속적인 집착은 분석가의 마음을 채우고, 친숙하지 않은 즉각적인 순간에 대해 창조적으로 응답할 공간을 몰아낸다.

비온은 선입견들preconceptions을 버림으로써 예상하지 못한 것들이 주의를 끌고 호기심을 점화할 수 있기를 원한다. 그는 알려지지 않고 알 수 없는 중요한 진실에 참여하기를 노력하며, "환자가 되는 더 이상 줄일 수 없는 최소함irreducible minimum"을 포착하기를 희망한다(1970, p. 59). 우리가 의식의 확장을 추구한다면, 이미 알려진 것에 매달리는 것은 적절하지 못한 것이다. 그것은 우리로 하여금 이제 자신을 드러내는 무의식적 정신의 알려지지 않은 측면들을 보지 못하게 한다. 분석가가 다른 대상을 *알고 있다고knows* 상상할 때, 그녀는 그동안 보여진 것이 영원히 변덕스러운 것이라기보다는 마치 고정된 것처럼 하나의 순간적인 통찰력을 돌처럼 단단하게 만들어 왔던 것이다. 그 분석가는 영원한 신비에 호기심으로 참여하기보다는 그에 대한 모든 것을 알고 있는 사람이 된다(Richardson, 2006). 비온의 충고는 듣기에 관해 프로이트의 제안을 확장시킨다. 그것은 특별히 프로이트의 주석, 즉 우리가 의식적인 주의와 논리적으로 우리 방식을 명확하게 생각하려는 시도에 집중할 때, 우리는 단지 우리가 이미 알고 있는 것만을 보려는 위험성과 우리가 안정적인 이전의 이해를 파괴할 수 있는 예상하지 못한 요소들을 보지 못하는 위험성에 빠지게 된다는 것과 같다.

전통적인 정신역동적 초점은 환자로 하여금 자신의 내적인 정서적 실제의 친숙하지 않은 요소들을 깨닫도록 돕는데 있었다: 환자를 돕는 것은 "통찰력insight"을 발달시키는 것이다. 이런 노력의 주 요지는 환자의 진정한 존재, 즉 환자 O의 어떤 알려지지 않은 측면을 표현하는 동사적 해석을 통해 이루어졌다.

지난 반세기 후반부까지는, 전형적인 치료모델은 환자를 환자와 임상가가 공부하기 위해 연합할 수 있는 별도의 사람으로 보았다. 그것은 우리가 지금 심각하게 결함있는 것으로 알고 있는 모델이다. 우리는 이전에 알려지지 않은 환자의 어떤 측면에 대해 말할 수 있다. *왜냐하면because* 치료자와 환자는 모두 결코 온전하게 정리될 수 없는 방식으로 서로 혼재되어 있기 때문이다. 이것이 분석가의 레브리reverie가 자신에게 환자 상태에 대해 매우 신뢰할만한 정보를 제공하는 이유가 된다. O, 즉 환자의 O, 분석가의 O, 분석 커플의 O, 우주의 O는 *하나의one* 통합된 실제요, 본질적으로 알 수 없으며, 분리되지 않은 채 엉켜있다. 그것은 항상 놀라운 것이다. 왜냐하면 O는 아마도 자율적인 "나I"를 감싸고 있으면서 지배하기 때문이다. 우리의 두려움은 우리로 하여금 물질적인 외부 세계의 거짓된 안전을 "실제reality"를 위한 모델로 간주하게끔 유도한다. 비록 우리가 실제적으로 결코 그 세계에 직접적으로 접촉할 수 없다는 사실이 그 실제에 대한 우리의 "지식knowledge"을 의심스럽게 만들지라도 말이다. 그러나 그 외부 세계의 본질이 어떻든 간에, 내부 세계는 단단하지도 고정적이지도 않다, "진실truth"은 무엇일까? 우리가 믿기는, 자신의 어머니는 "완벽했다고perfect" 상상했던 청년은 그녀가 흠이 있었다는 사실을 인정할 때, "보다 진실한truer" 이해에 도달 할 수 있었다. 그러나 그 청년이 중년기에 두 번째 분석에 들어갔다면, 첫 분석으로 발전시켰던 어머니에 대한 이해가 다시 변화해서, 아마 극적으로 달라졌을 것이다.

분석에 있어 중요한 원리에 의하면, 자기의 알려지지 않은 어떤 측면을 말로 표현함으로써 형태를 부여하는 것은 "나"와의 통합을 촉진시키며, 인간을 생각 없는 행동으로 몰아가는 것으로부터 보호한다. 이제 시작단계인 정신수준에서 파생된 요소가 언어로 표현될 때, 특별히 새로운 이해가 환자 자신에 의해 언어화 될 때, 개인의 성숙한 측면은 자신의 발달되지 않은 자기와의 대화 속으로 들어 갈 수 있다. 그러나 주어진 요소에 대한 어떤 해석 작업이라도, 환자의 성인 부분들이 그 요소와 결합해서 그것을 통합하기 시작할 수 있기 전에, 수주일, 수개월, 심지어는 수 년에 걸쳐 발생할 수 있다. 그리고 내가 위에서 언급한 대로, 그러한 해석 작업이 관계성과 애정cherishment의 영역에 기초하지 않는다면, 그것은 결코 통합되지 않을 것이다. 그러나 정서적 콤플렉스에 대한 구술적

이해가 수용될 때, 그것은 어떤 건설적인 효과를 지닌다.

이제 분석가들이 종종 어떤 의미에서 "옳다고correct" 여기는 해석을 하는 것은 일종의 뻔한 말truism이다. 그러나 환자가 의식적으로 그 해석들을 수용할 때조차도, 그것은 어떤 실제적인 효과도 없다. 비록 프로이트는 변형의 길로서 통찰력에 집중하는 것으로 시작했지만, 분석 초기의 여러 해 동안도 자신이 추구했던 변형은 자신의 실제에 대한 환자의 *지식knowledge* 안에서의 변화보다는 환자의 *실제reality* 안에서의 변화라는 사실을 알았다. 프로이트와 이후 많은 분석가들이 추구했던 이해 안에서의 변화는 바람직스러웠다. 그것은 단지 새로운 통찰력은 환자 자기의 구조 안에서 변화를 촉발시킬 것이 상상되었기 때문이다. 그러나 분석가들은 혼란스러울 수 있으며, 마치 환자가 *알고 있는knows* 것을 증가시키는 것이 문제인 것처럼 행동한다. 이런 혼란이 다음과 같은 것을 묘사하는 해석으로 번역된다: 무의식적 욕동들, 원형적 의미들, 콤플렉스 욕동적 행동의 유전적 뿌리들, 혹은 그 밖의 무의식적 정신에 대한 이론적으로 알려진 관점들. 환자 정신의 일반적인 역동성을 해석하는 것은 이런 역동성들이 특별한 2인 1조에서의 구체적 순간에 드러내는 유일한 방식에 대해 말하는 것과 매우 다르다. 즉각적으로 나타나는 정서적 경험이 해석될 때, 그 해석은 실제로 환자에게 영향을 미치는 합리적인 희망을 가진다. 일반적인 역동들이 말해질 때, 그것들은 환자의 마음에 의해 수용될 수 있다. 그러나 그것들은 그의 존재에 영향을 끼치지 않은 것 같다.

우리의 중심 주제인 듣기listening로 돌아와서, 우리가 기억해야 될 사항은, 무의식은 인간 "내부에inside" 있지 않다는 점이다. 꿈들은 꿈꾼 사람을 우리가 "그의 무의식"이라고 부르는 우주에 둘러싸인 내부적인 것으로 그린다. 개인의 무의식은 우리의 별 볼일 없는"나"를 훨씬 초월한다. 분석적 담는 것container 안에서 항상 작동하는 다섯 가지의 무의식적 링크에 대한 융의 묘사가 강조한 것처럼, 두 사람의 정신은 서로 침투한다. 나는 육체를 각 사람 정신의 형언할 수 없는 힘의 영역과 함께하는 "나"로 그림으로써 이런 상황을 상상해 왔다. 각 사람의 정신은 몸 주변을 넘어 마치 액체나 가스처럼 다른 사람의 정신과 섞인다. 이 영역으로부터 투사적 동일시, 내사와 직관이 부상하여, 분석가는 자신의 무의식을 마치 "수용적 조직receptive organ" 처럼 환자의 전염성 무의식transmitting unconscious으로 향하게 한다는 프로이트의 제안을 실행가능하게 한다. 치료회기에서는, 마치 삶에서처럼, 2인1조의 두 멤버는 서로 둘러싸여 매 순간–O 안에서–무의식에 함몰된다. 무의식적 정신은 탐구될 수 있는 *장소place*는 아니다. 그것은 다른 모든 순간들처럼 분석 회기의 순간들 안에서 우리의 의식적인 자기들을 지탱하고 인도하는 살아있는 과정이다. 분석가의 희망은 바로 이-순간의-무의식the unconscious-of-this-moment을 얼핏 보는 것이지, 환자의 무의식을 해부하고 분석이 가능한 안정된 배치constellation로 분석하는 것은 아니다.

이 순간에 적절한 해석을 발견하기 위해 O가 되라는 비온의 제안을 회고해 보자. 분석가는 자신의 고유한 경험을 가라앉힘으로써 O가 "된다become". 이렇게 안쪽으로 내려가는 것은 그 순간의 상호주관적 실제 안에 배치되려는 자기the Self의 행동을 지지한다. 분석가가 기억, 욕망 그리고 이해를 흘러가게 할 수 있다면, 그녀는 O가 의식으로 진화하는 마음 상태로 침잠할 수 있다. 왜냐하면 그녀는 그 어떤 것도 속박하려고 노력하지 않기 때문이다. 그녀는 무엇이든지 들어오려고 하는 것에 마음을 열려고 노력한다. 이런 유동적인 분위기 속에서, 그 순간의 환자의 실제는 내면으로 초대될 것이다. 자신의 콤플렉스에 대한 오늘의 유일한 뒤틀림에 대한 예감은 분석가를 향해 부상하여, 그것을 환자에게 반영하여 되돌릴 수 있게 할 것이다.

해석은–누가 오늘 이곳에 있을 것 같으냐에 대한 제안을 하기 위해 잠정적이며 항상 열려있는 시도에 대한 용어–따라서 O와 하나가 되는 것으로부터 흘러나온다. 치료자의 주석에 대한 환자의 반응은 변경되거나 적어도 분석가의 생각을 개인적으로 이해한다personalize. 일련의 연상들은 회기의 O가 계속해서 드러나는 것을 그릴 것이다. 그리고 그 연상들은 임상가가 이미 알고 있는 것을 확신하는 것이 아니라 듣고 있는 임상가를 놀라게 할 것이다. 하나의 해석은 오직 이 환자에게만, 오직 이 유일한 순간에서만 말해질 수 있는 어떤 것을 구성해야 한다. 기억은 문제가 많다. 왜냐하면 부분적으로 그것은 시간에 관해서 말하기 때문이다. 반면에 성장 과정은 무의식처럼 시간을 벗어나 있다. 환자가 자신에게 "익숙한used to be" 방식에 대해 말할 때, 아마 그 더 이상 존재하지 않은 경향은 *지금* 어떤 형태로 나타난다(예: *분석가의* 행동 안에서). 오래 전 이미지는 은유적으로 무언가를 묘사할 때 의식적 자기와는 아주 다르게 이해될 수 있다.

우리는 결코 어떤 특정한 시간에 환자가 말하거나 행한 것을 정확하게 알 수 없다. 비록 상담실 안에서 발생하는 절대적이고 객관적인 사실들이 *있다*는 *are* 사실을 우리가 강하게 느낄지라도 말이다. 그러나 우리는 우리 자신의 정신을 통해 환자를 이해할 수 있다. 비온은 이런 행위를 "직관intuition"이라고 부른다. 코헛Kohut은 그것을 "공감empathy"이라고 불렀다. 융 또한 그것을 직관이라고 불렀을 것이다(비록 융이 비온보다는 그 용어를 보다 좁은 의미로 사용했다고 나는 생각하지만). 그러나 이것은 융의 방식이었을 것이다. 왜냐하면 그는 (자신의 용어로) 직관타입이었기 때문이었다. 우리 각자는 우리 방식으로 환자를 "이해한다get". 융은 다음과 같이 말한다:

> 환자는 활성화된 무의식의 내용을 가져와서 의사에게 부과시킴으로써, 그의 무의식 자료와 일치하는 것을 의사 안에 배치시킨다constellate. 그것은 다소간 항상 투사로부터 발산된 귀납적 효과 때문이다. 의사와 환자는 따라서 상호적 무의식에 토대를 둔 관계 안에서 자신들을 발견한다(Jung, 1946, para 364).

살아있는 존재는 영원한 유동성 안에 있다. 우리는 매 순간 발전하거나 우회한다. 멜처(Meltzer, 1973, p. 156)에 의하면, 삶은 필연적으로 해결할 수 있는 것보다 더 많은 문제를 드러낸다. 내가 덧붙이고 싶은 것은, 무의식에 자신을 여는 것이 바로 무의식을 확장시키는 것처럼, 문제를 "해결하는 것은solving" 더욱 더 많은 수수께끼와 혼란puzzles and confusions의 문을 여는 것과 같다. 어떤 매우 불행한 환자가 문제를 던졌을 때, 우리가 하나의 바위를 뒤집어서 그 밑에 무엇이 있는가를 찾고자 할 때마다, 조사되어야 할 더 많은 세 개의 바위가 시야에 들어온다. 분석 작업은 이런 확산되고 미해결된 신비들에 참여하는 것이다. 이런 태도는 분석가로부터 환자에 이르는 최상의 연결을 이룬다. 그것은 "이해하는 understanding" 상태를 불가능하게 한다. 이런 형태에서, 비록 우리가 항상 다른 사람을 이해하려고 다가가지만coming, 우리는 결코 그곳에 도달하지 못한다. 융은 다음과 같이 말하면서 자신의 생각을 표현한다: "목표는 오직 생각idea으로만 중요하다. 본질적인 것은 목표로 안내하는 *작업opus*이다. 그것은 일생 동안의 목표다(1946, para 400).

변덕스러운 것을 고정하기Making the volitile fixed

환자와 하나됨at-oneness 상태로부터, 환자로 하여금 진실한 자기를 얼핏 보게 하면서, 치료자는 자신이 보는 것에 대한 무언가를 말할 수 있다. 정신은 항상 보여지기를 추구한다. 이것이 어떻게 비물질적인 정신이 실제가 되는가를 보여준다. 프로이트의 주석에 의하면, 자기노출은 모든 구멍에서 스며나온다. 정신은 그 자체의 갈등들, 요구들, 그리고 인식되지 않은 측면들을 전달하는 증세들과 조각들을 생산해낸다. 성장하고자 하는 우리의 능력은 이런 사실에 의존한다-우리의 알려지지 않은 자기들은 발견되기를 *원한다want*. 환자나 분석가가 이전에 무의식적이었던 어떤 것을 언어화할 때, "변덕스러운 것들을 고정시키라"는 연금술사들의 명령이 다가온다. 그 "변덕스러운volatile" 것들은 O의 형태없는 무의식적 내용으로서 그것을 언어로 묘사함으로써 "고정된다". "나I"는 고난받는 정서적 자기를 두려워하기 때문에, 그런 비물질적 실체를 "가상imaginary"이라고 부른다. 우리의 자기애적 사회는 고난을 벗어나야 할 어떤 것이라고 강조한다. 그것은 특별히 고난이 우리 머리를 가득 채우고 있으며, *그것은that's* 실제가 아니라고 우리 모두는 알고 있기 때문이다. 내적 세계를 근절하려는 나의 겁먹은 시도에 반하여, 영혼은 우리 발밑의 토대처럼 실제적이고 단단하게 되기를 추구한다. 알려지기를 강력히 원하는 환자의 측면들을 찾으라는 위니컷의 충고는 중요하다. 왜냐하면 그것은 실제로 인정받으려는 정신의 시도를 지지하기 때문이다.

O는 "어느 인간에 의해서도 알려질 수 없다. O는 자체에 *대해서만about* 알려질 수 있다. 그 현존은 인식되고 느껴질 수 있다. 그러나 알려질 수 없다. O와 하나가 되는 것은 가능하다"(Bion, 1970, p. 30). 이것을 보다 접근 가능한 언어로 표현하면서, 비온은 이렇게 말한다: "정신-분석가가 더욱 실제적일수록, 그는 더욱 환자의 실제와 하나가 될 수 있다"(ibid., p. 28). 위니컷(Winnicott, 1971)은 환자를 자기 자신으로 반추함으로써 분석가는 실제real를 느낄 수 있다고 제안한다. 그

는 계속해서 말한다. "실제를 느끼는 것은 존재하는 것existing 이상이다." 그것은 자기 자신으로 존재하는 법을 찾는 것이며, 자기 자신으로서 대상과 관계하는 법을 찾는 것이며, 동시에 안식을 위해 후퇴할 수 있는 자기를 지닐 방법을 찾는 것이다(ibid., 117). 환자의 알려지지 않은 내적 실제와 "하나가at one" 되는 것을 통해, 분석가는 환자가 진화하는 자기evolving self의 다음 부분으로 가기 위해 고정된 것을(실제로) 만들 필요가 있는 요소를 직감하게 된다. "주도적인 전이 불안leading transference anxiety"을 해석하려는 옥덴의 시도는 의식세계의 이 순간의 존재를 추구하는 자기의 측면에 대해 말하는 그의 방식이다. 그것은 환자 내부에 있는 내적 정신 요소가 분석 상황에서 상호인격적인 되는 방식을 강조한다. 이런 모든 관점들은 실제, 즉 내가 이전 장들에서 탐구했던 진실의 한 측면을 추구한다.

알아가지 못함Not-knowing

환자는 이전에 세상에서 가시적으로 결코 존재한 적이 없고 현재도 포착되지 않은 유일한 어떤 것을 가지고 온다. 환자가 알려지지 않은 것에 대한 두려움으로부터 파생한 동일한 이전 것에 대해 지겹게 웅얼거리는 것처럼 보일 때조차도, 그 알려지지 않은 것은 보여지기를 압박한다. 진실과 거짓 사이의 긴장은 항상 현존한다. 거짓말하는 경향이 진실에 대항하여 방어벽bulwark을 창조하는 일종의 죽은, 지겨운 시간에, 알려지지 않은 진실은 역시 인식을 요구하고 있다. 아마 치료자는 자신의 레브리reverie를 통해 그 알려지지 않은 진실을 포착할 수 있다. 혹은 치료자가 환자의 죽음 상태를 경험함으로써 결국 그에 대한 해석의 길을 건설적으로 찾을 수 있기를 환자는 아마 요구하고 있을 것이다. 순간의 진실은 그 어떤 심층 심리학 이론에도 세밀하게 들어맞는 요소가 결코 될 수 없을 것이다. 왜냐하면 프로이트의 오이디푸스 콤플렉스나 융의 아니무스가 얼마나 보편적이든 간에, 이런 보편적 요인들에 대한 특정한 개인적 관계는 하나의 독특한 방식으로 발전할 것이기 때문이다. 환자가 추구하는 것은 특별한particular 변덕스러운 내적 자기다. 그리고 분석가는 오직 자신의 기대심리와 "실제reality"

를 위협적인 것보다 덜 놀랄만한 것으로 만들기 위해 지각을 왜곡하는 선입견적인 개념들을 비워냄으로써 그 변덕스러운 자기를 볼 수 있다. 분석가가 알려진 것으로부터 방향을 돌려 신비한 것들로 향할 때, 그녀는 고통스런 경험들로 들어가는 문을 열게 된다.

> [그것은] 보통 회기에 대한 '기억memory'의 일상적 도구에 의해, [혹은] 종종 위장된 욕망이나 무지의 부인에 [의해], 그리고 대개 [거짓들]로 구성된 이해에 [의해] 제거되거나 걸러진다(Bion, 1970, p. 48).

그래서 우선 요구되는 것은 분석가가 알지 못한 상태에서 시작하는 것이다.

융은 말하길, "의심이야말로 삶의 왕관이다. 왜냐하면 진실과 오류는 함께 가기 때문이다. 의심은 살아있음이며, 진실은 종종 죽음과 정체다"(Jung, 1984, p. 89).

> 우리는 환자에 대해 모든 것을 알고 있다고 생각하거나, 환자의 어려움을 해소할 방법을 알고 있다고 생각해서는 안된다는 점에 있어 매우 신중해야 한다. ... 중요한 것은 의사는 알지 못한다는 사실을 수용하는 것이다. ...개인적 의견들은 다소간 임의적이며, 따라서 모두 잘못될 수 있다(ibid., p. 3).

> 우리가 선한 것과 악한 것을 알고 있다는 이런 믿음을 우리는 어디서 얻는가? ... 우리 모두는 단지 제한적인 인간 존재에 불과하며, 어떤 근본적인 의미에서도 특정한 경우에서의 선과 악을 알 수 없다. ... 구체적인 상황을 통해 바닥까지 볼 수 있는 것은 오직 신God의 일 뿐이다. ... 따라서 나는 젊은 심리치료사들에게 말한다: 최선을 배워라, 최선을 알아라- 그리고 나서 환자를 만날 때 모든 것을 잊어라(Jung, 1958a, paras 862, 882).

융에 의하면, 전체성wholeness으로 가는 길은 "운명적인 우회로와 잘못된 방향수정"으로 가득 차 있다(1952, para 6). 여백은 삶 속에서의 합리적이지 못한 것들, 적절하지 못한 것들, 적합하지 못한 것들을 위해 보존되어야 한다. 가장 단순한 차원에서, 환자가 아내를 배반하려고 하거나 분석을 파기하려고 할 때, 그가 "실수"를 저지르고 있다는 사실을 치료자가 알 수 없다는 것이다. 삶의 목표가 자기 자신이 되는 것이라면, 우리는 가장 고통스럽고 겸손한 방식으로 우리 자신을 만날 필요가 있다. 그것은 우리로 하여금 우리 자신의 가장 불편한 측면들과 대면하게 하는 어리석고 부끄러운 선택을 한 후에 이루어진다. 물론 우리는 보다 우아한 길이 발견될 수 있기를 바란다. 그러나 우리는 자신을 발견하기 위해 무엇을 참아내야 하는지 알 수 없다.

알지 못한다는 태도와 함께 진행되는 분석작업에 접근하려는 이러한 시도는 비온보다 앞선 융 외에도 많은 분석가들에 의해 회자되어 왔다. 예를 들면, 클래어 위니컷Clare Winnicott은 죽은 남편을 다음과 같은 사람으로 묘사한다:

> 그는 자신의 지식에 의해 무방비된 모든 상황으로 들어가는 것을 목표로 함으로써, 자신을 상황 그 자체의 영향에 가능한 한 충분히 노출시키는 사람이다. 그의 관점에서 볼 때, 이것은 그 자신에게나 환자에게나 발견과 성장이 가능했던 유일한 방식이었다. 이런 접근은 어떤 입장 이상이었다. 그것은 기본적 훈련이었고, 자신의 삶에 신선한 공기처럼 활력을 주는 새로운 차원을 추가했다(Winnicott, 1989, p. 2).

비온은 프로이트, 융, 위니컷 그리고 다른 이들에 의해 강조된 열린 태도를 탐구하고 묘사했다. 회기의 정서적 경험이 드러날 때, 2인1조의 두 멤버는 변화한다. 그리고 삶의 과정living process을 따라가는 것을 수용하는 한—삶의 과정을 지배하거나 조절하려는 노력을 포기하는 한—과거의 사건을 기억하는 능력은 감소한다. 위니컷(Winnicott, 1949)이 개인이 무의식적으로 외상적 사건들을 지금 발생하고 있는 것으로 정리(기억)하는 방식에 대해 말할 때, 그는 이와 반대된 측면에 대해 말한다. 그것은 정신이 그것을 기억한다는 자신의 경험을 그가 지닐 수 없기 때문이다. 그것은 미래의 어느 시점에서 상황은 발전되어, 누군가는 그를 충분하게 담아내서 그로 하여금 기억의 얼어있는 죽음 상태에서 그 외상을 붙잡고 있기보다는 자신의 경험을 새롭게 살려낼 것이라는 희망에서 나온 것이다. 기억의 갑옷을 벗음으로써 회기의 속도를 높일 수 있다. 50분은 영원하면서도 매우 빠르게,

그 둘은 동시에 존재한다. 어떤 질서 가운데 발생했던 것을 재구성하려는 시도는 경험의 생동감에 의해 약화된다. 그 생동감은 정신적으로 그 경험을 기록하는 것을 통해 회기를 지배하려는 시도를 분석가가 포기함으로써 지지된다.

우리 세계, 우리 자신들, 그리고 우리에게 친숙한 것들의 알려지지 않은, 알 수 없는 실제를 대면하는 것은 무서운 일이다. 융은 생각에 잠겨 꽃의 침대를 통과하는 쇼펜하우어에 대한 이야기를 전한다. 고통스런 정원은 이렇게 외친다:

> '이 봐요! 지금 뭐하시는 거죠...? 당신은 누구죠?' '아, 정확히 말한다면, 내가 알 수만 있다면!' 이렇게 쇼펜하우어는 말했다. 사람들은 이것이 나야 하는 안전한 페르소나를 더 선호한다. 그렇지 않으면 그들은 자신이 실제로 누구인지 알지 못한다. 무의식에 대한 주요 두려움은 우리가 우리 자신을 잊고 있다는 사실이다(Jung, 1984, p. 248).

그롯슈타인의 제안에 의하면, 알 수 없는 실제에 대한 보편적 공포는 우리 자신이 누구인지에 대해서, 그리고 다른 사람들의 신비, 우리 관계들의 신비, 대체로 세계의 신비에 대해 말한다(Culbert-Koehn, 1997, p. 26). 사실 그는 생각하기를, "정신분석 훈련의 장애요인은 실제로 우리 자신의 분명함을 추구하는 무의식적 중독"이라는 것이다(ibid., p. 30). 우리가 실제reality라고 부르는, 우리 자신을 감싸고 있는 위로하는 허구들 없이는, 우리는 우리가 서있을 단단한 토대가 없는 아무것도 아니라는 사실을 두려워한다. 우리의 인식들과 기억들이 얼마나 왜곡되었고, 믿을 수 없으며, 변화무쌍하는가를 진실되게 알아차린다는 것은 드문 일이며 매우 고통스럽다.

융은 합리주의를 다음과 같이 부른다:

> 그것은일종의 자아중심적 관점이다.－왜냐하면 내가 믿고 생각하기에, 사물들은 이런 법칙에 의해 행동해야하기 때문이다. 만약 돌이 중력의 법칙을 무시하고 갑자기 일어서기 시작한다면, ... 그 돌을 본 모든 사람은 정신병원으로 보내져야 할 것으로 생각한다. ... 인간의 경험은 단지 세 달 밖에 되지 않는다. 그 경험이 여섯 달이 될 때, 돌은 바닥에 떨어지는 것 대신에

> 올라설 것이다. 우주의 본질적인 비합리성에 대한 인식은 아직 우리 서구 세계관 안으로 스며들지 못했다(Jung, 1984, p. 448).

비온은 이렇게 말한다:

> 모든 과학법칙에 있어, 누구나 혹은 어떤 것이라도 그런 법칙들을 따라야 한다는 어떤 증거도 없다. 실제의 세계가 우리 이해의 범주 안에 있다면 편리할 것이다.-그러나 그렇지 못하며, 왜 그래야 하는지에 대한 어떤 이유도 없다(Bion, 2000, p. 237).

나는 이 두 말들이 오히려 극단적임을 발견했다. 그러나 그 때 나는 우주의 96%를 구성하는 알려지지 않은 어두운 에너지와 질료에 대한 뉴욕 타임지의 사이언스 타임 란에 기고된 한 편의 논문을 떠 올렸다(Overbye, 2006, p. D3). (우주의 76%에 달하는) 어두운 에너지는 별들과 은하수들을 밀쳐냄으로써 우주의 확장을 점화시키는 반-중력적인 힘이다. 저널리스트인 데니스 오버바이Dennis Overbye는 이렇게 기술한다: "어두운 에너지는 완전히 놀랍다. 당신은 얼마나 자주 한 줌의 자갈을 공기 중으로 던져서, 그 바위들이 당신의 손을 떠나 하늘로 사라질 때 얼마나 속도를 내게 하는가?" 사실 하늘과 땅에는 우리 철학이 꿈꾸는 것보다 더 많은 것들이 있다.

크리스토퍼 볼라스(Christopher Bollas, 2006)는 샌프란시스코에서 열린 한 공개 강연에서, 우리의 무의식을 환자의 무의식으로 향하게 하라는 프로이트의 조언에 대해 언급했다. 볼라스는 말하길, 그 영역은 이런 입장으로부터 크게 이동하여 분석가가 현재 진행되고 있는 사실을 *알게 되기를to know* 기대하는 입장으로 나아간다는 것이다. 분명히 우리의 무의식이 현재 진행되고 있는 것을 수용하고 의미를 부여하는 기관이라면, 우리의 의식은 종종 그것을 알 수 없다. 볼라스는 명확성에 대한 요구는 알지 못함을 위한 공간을 파괴한다는 방식을 묘사한다. 그런 방식은 분석가로 하여금 생각을 조직화하여 자신의 애완견을 상담실로 데리고 오게 하며, 자신을 알지 못함에 대한 거세불안으로부터 보호할 일종의 주물숭배fetish처럼 그 생각들에 매어있게 한다. 분석가는 환자가 말하는 실제 상황이 사랑이 없는 더욱 삐딱한 곳에서 그와 교제하고 있다고 상상한다. 주물숭배, 거세불안, 삐딱함과 같은 볼라스의 언어는 물론 그가 항의하고 있는 것에 대한 어떤 내용을 구현한다. 이것들은 묘사되고 있는 정서적 경험을 제안하는 일종의 환기적 은유들evocative metaphors이다. 그러나 마치 알지 못함의 불안이 "실제로" 신체적 통합에 대한 불안인 것처럼, 그 은유들은 분석 공동체에 의해 구체화되어 왔다. 많은 은유들은 알려지지 않은 것에 대한 두려움을 말한다. 그리고 가장 "정확한accurate" 것은 프로이트나 클라인과 같은 역사적으로 인정받는 사람들에게 말했던 것이 아니다. 그것은 불안한 사람들과 가장 깊이 공명한 것이다.

분석가의 과제는 키츠Keats가 소극적 능력negative capability이라고 불렀던, 알지 못하는 상태, 박해적 불안들이 없는 상태, 깊은 취약성으로 위로를 받는 경험 상태로 들어가는 것이다. 나는 이것이 가능하리라 생각하지는 않는다. 아마 우리는 그것에 근접할 수 있을 뿐이다. 우리가 알지 못한 것과 함께하는 것은 죽을 수밖에 없는 운명에 대한 이해할 수 없는 사실에 대한 반향을 불러일으킨다. 거기서 죽음Death은 항상 모든 사람의 어깨 위에 앉아있으며, 언제 죽음이 올 것인가에 대한 어떤 경고도 하지 않는다. 죽음은 그 사람이 없으면 살아갈 수 없는 어떤 대상을 낚아채면서, 시야나 움직임과 같은 인간의 신체적 존재의 어떤 생각할 수 없는 중요한 측면을 갑자기 파괴시킨다. 비록 알지 못하는 것에 문을 여는 것이 우리를 이런 궁극적인 수준에 취약하게 남겨두더라도, 임상시간에서는 그 치르는 댓가가 그리 심각해 보이지는 않을 수 있다. 임상회기에 알지 못함은 우리를 "오직only" 무시무시한 어리석음과 무기력감에 대한 경험에 노출시킨다. 자신을 높은 수준의 훈련된 전문가로 그 세계에 드러내는 것은 어려운 일이다. 그런 전문가는 고통당하는 인간 존재 앞에서 방향성을 잃고 해결책이 없는 상태를 견디는 능력에 대한 근본적인 대우를 받을 자격이 있는 사람이다.

비온의 생각은 이렇다: 우리가 공허한 상태에 접근할 수 있을 때, 우리는 그가 "선택된 사실selected fact"이라고 불렀던 정서적 섬광에 의해 관통될 수 있다. 비온이 말하는 선택된 사실은 대부분의 사람들이 "사실fact"보다는 "감정feeling"으로 부르기도 할 것이다. 그러나 비온의 문제 있는 언어는 우리에게 감정들은 사실들*이라는*are 점을 환기시켜주는 이점을 지닌다. 이런 사실fact은 확실히 단절된 분위기 속에 있는 분석 커플을 감싸고 있었던 서로 이질적인 작은 조각들을 구성한다. 선택된 사실은 그동안 놓쳤던 전체성이나 형태gestalt를 재축하여, 분석가로 하여금 분석시간에 관해 통합적인 어떤 것을 이해하게 한다. 선택된 사실의 부상은 "O가 되는becoming O" 경험의 한 측면이다. 그러나 이해가 성취되는 순간, 그것은 이런 새롭게 이해된 요소를 바로 초월하여 도사리고 있는 무한한 알려지지 않은 우주로부터 보호받으려고 매달리는 분석가와 환자의 방패가 될 수 있다.

사실, 분석커플은 알아감Knowing에 대한 환상에 잠시라도 머물 필요가 있다. 이것은 분석커플과 모든 개인에게 안정감과 지속성을 제공한다. 그것은 일종의 방어적이며 환각적인 자기와 짝에 대한 감각이다. 동시에 그것은 부분적으로 진실하며 전체적으로는 필요한 것이다. 이런 알아감은 자신의 연상을 자유롭게 떠다니게 할 수 있는 환자의 능력을 왜곡시키며, 환자와 임상가의 내부로부터 모두 출현하는 사고와 감정들 안에서 자신을 표현하는 새롭고도 신비한 영역에 자신을 열어 보이는 분석가의 능력을 왜곡한다. 최적의 상황에서, 두 개인은 점차적으로 새롭게 얻어서 이미 진부해진 알아감을 포기하고, 비움의 상태로 돌아간다. 이렇게 함으로써 그들은 두 사람의 자기를 우선 확장한 다음에, 더 이상의 드러냄을 가로막을 실제에 대한 신선한 관점을 야기시킬 새로운 선택된 사실을 기다린다.

이것은 우리가 3장에서 탐구했던 왔다 갔다 하는 일련의 PS↔D이다. 비온이 강조하기를, 의미 있는 해석이 도달할 수 있기 전에, 분석가는 "인내patience"의 기간 [편집-분열 PS의 파편화 단계]을 통과해서 "안전security" 국면으로 들어가야 한다 [우울D 자리에서 분열된 대극들은 함께 모아진다]. 알지 못한 채 조용히 앉아있는 경험은 약간의 박해 감정을 포함할 것이다. D로 들어가는 것은, 하나의 형태gestalt가 한 시간, 한 주, 혹은 한 달의 조각들을 함께 모아 해석을 가능하게 함으로써, 그 해석과 더불어 새로운 전체성을 위한 공간을 만들기 위해 희생해온 가능성들에 대한 약간의 우울을 가져올 것이다. 비온은 "인내"와 "안전" 사이의 이동은 의미 있는 작업의 특징hallmark이라고 제안한다(1970, pp. 123-4). 이런 왔다 갔다 하는 것으로부터 출현한 해석은 그가 성취의 언어the Language of Achievement라고 불렀던 것으로 구조화 될 것이다(ibid., p. 2). 그것은 알지 못함과 함께 머무르라는 진지한 요구로부터 출현하는 성취를 강조한다.

초월기능 The transcendent function

융(Jung, 1916)은 비정향적 통찰력의 불규칙적인 순서를 가로지르는 심리적 능력을 "초월적 기능transcendent function"이라고 불렀다. 오래 전에 기록되어서, 융의 형식들은 이제 원시적으로 보인다. "의식"과 "무의식"에 대한 그의 오히려 통합적인 이미지는 다차원적인 자기들에 대한 현대적 강조로 대체되어 왔다. 그 다차원적인 자기들은 현존하는 의식, 무한한 무의식적 측면들 그리고 가능성들을 구성한다. 전이관계에 대한 그의 상호주관적인 걸작품(1946)이 있기 30년 전에는, 융은 여전히 분석가와 환자를 각자가 개인의 심리를 지닌 독립된 사람들로 생각했다. 그는 2인1조의 각 사람은 상대방과 완전히 분리되지 않을 뿐만 아니라, 다른 환경 속에서도 서로 온전히 연결되어 있다는 방식을 달갑게 여기지 않았다. 융은 자신이 상상하기에 *환자*에게 속하는 *대극들*opposites에 대해서 말했지, 분석가도 환자도 아닌 두 사람 모두로부터 부상하는 분류되지 않은 조각들의 혼돈 덩어리로 그 대극들을 보지 않았다. 이런 대충 단순화된 관점에도 불구하고, 초월기능에 대한 그의 이론은 비온이 PS↔D로 묘사한 과정과 유사하다. 융이 말하는 초월기능은 자기의 갈등적 측면으로부터 파생된 요소들을 함께 묶어내는 작업을 하며, 인간이 삶을 향한 새로운 태도로 향하도록 돕는다.

융은 사회가 소위 "정상"으로 간주하는 조립식 틀에 편하게 적응할 수 없는 일반적 환자에 대해 말한다. 치료자를 찾는 사람은 자신의 특별한 문제에 대한 개인적 해결을 필요로 하는 사람이다. 융은 강조하기를, 그 문제는 논리적으로 해결될 수 없다는 것이다. 그는 정서적 갈등에 사로잡히는 친숙한 경험을 묘사한다:

> 논쟁들과 정동들을 오가는 것은 대극의 초월적 기능을 나타낸다. 두 입장의 대립은 에너지로 가득 찬 긴장을 생성해서, 살아있는 제3의 대상을 창

조한다–그-것은 어떤 논리적인 사산stillbirth이 아니라, ... 대극 사이의 보류로 인해 파생된 이동이다. 그것은 새로운 존재 차원, 새로운 상황을 인도하는 살아있는 탄생이다(Jung, 1916, para 189).

융의 태도는 "적어도 환자 안에서 잠재적으로 드러남으로써 의식화될 수 있는 통찰력을 전제한다"(ibid., para 145). 이런 통찰력들은 이론들이나 심지어 수십년의 경험을 한 분석가에 의해 축적된 경험에서도 발견되지 않는다. 각각의 통찰력은 한 환자에게 독특하기 때문에 특별한 순간에 밝혀져야 한다. 이전 이미지에 의해 전염되지 않은 눈으로 매 회기를 개별적으로 보는 것은 중간 현상에 대한 위니컷의 영역을 배치시킨다(constellate). 그 곳에서 역설들은 의심 없이 수용되어, 정신 안에서 발전할 수 있는 상징적 활동을 허용한다. 놀이가 지배하는 중간 영역은 고통스럽게 보이지 않지만, 대극 사이에서 끌려 다니거나 찢긴 상태는 그렇지 못하다. 그러나 정서적 놀이는 실제로 본질적으로 심각하다. 그것은 아동이 고통스러운 내면의 실제들과 작업하는 방식이다. 정서적 놀이의 "놀이적play" 측면은 그 자체의 변덕스러운 성향에 있다: 이 순간에 우리는 놀이의 토대가 되기 위해 그렇고 그런 것such-and-such을 선언한다. 그러나 다음 순간에 우리는 그것을 뒤집을 수 있다. 그리고 저렇고 그런 것thus-and-such이 사례가 될 것이다. 오늘 플라스틱 공룡은 장롱 속에서 무서운 괴물이다. 그러나 내일 그것은 엄마를 비웃어 울게 한 마가렛 이모를 공격하는 동맹자가 될 수 있다.

1916년 까지도 융은 내적 정신의 갈등은 분석가와 환자 사이의 투쟁으로 드러날 수 있으며, 초월 기능의 행위는 그 두 사람 사이의 화해rapprochment에서 보여 질 수 있다고 여겼다. 그러나 그의 개인적인 편견은 그로 하여금 개인 안에서의 초월적 기능에 집중하게 했다. 몇 년 후에, 1930년대 초기에, 그는 상징 형성은 초월기능에 의존한다는 방식을 지적했다(1976). 그것은 내가 위에서 지적한 중간 현상에 대한 위니컷의 (후기) 형식과의 유사점을 강화시킨다. 융은 또한 그와 동시에 자기the Self는 그 자체의 작용 안에서 초월 기능을 인도할 뿐만 아니라, 그 자체의 작용으로부터 출현한다고 말했다. 이런 맥락에서, 율라노프(Ulanov, 1997)는 다음과 같은 방식을 지적한다: 초월 기능은 "전체 분석 작업을 초월하면서도 근저를 이루는 것의 신비한 현존"–비온이 말하는 "O"의 무한한 실제 혹은 융의 집단무의식이나 자기the Self – 에 대한 깨달음을 의식으로 가져온다.

현재의 교착상태에 대한 "대답" – 모든 주어진 상황에 대한 통찰력, 전체성, 그리고 의미 – 은 환자의 존재에 어떤 형태를 부여하는 것이라는 융의 믿음에 반해, 비온은 분석가의 각성enlightment을 기대한다. 비온이 정서적 섬광이 그 순간의 잃어버린 형태를 떠올릴 때까지 분석가는 알려지지 않은 것과 함께 머무를 필요가 있음에 초점을 맞춘 반면에, 융은 환자를 향한 더 많은 것에 주목한다. 융에 의하면, 환자는 내면으로 향하여 지금 이런 저런 방식으로 자신을 끌어당긴 개인적으로 알려지지 않은 것과 함께 머무름으로써 자신의 의미를 발견할 것이다. 자신의 초월기능에 대한 이론을 통해, 융은 치료자의 중심 작업을 제공하고 유지하는 공간으로 묘사하는 모델을 제안한다. 그 공간 안에서 환자의 내적인 투쟁은 그 자체의 충만한 강렬함 속에서 부상할 수 있다. 초월 기능은, "나I"에 의해서가 아닌 무의식에 의해 조절되는 자연스러운 과정으로서, 기본 작업을 수행한다. 현대적 사고는 우리가 *분석커플the couple*을 의미의 원천으로 보아야 한다고 암시한다. 그러나 여기서 가장 중요한 것으로 보이는 것은 융이나 비온 모두가 "해결"을 위한 노력의 유일성을 강조하는 방식이다. 그 비합리적 본성, 그리고 그 도래를 기다리는 동안 인내가 필요하다는 것이 바로 그것이다.

분석 경험에 대한 이해, 혹은 인간 영혼의 불가해한 내적 작업에 대한 이해는 논리적 사고에 의해 결코 추론될 수 없을 것이다. 비온에게 있어 그것은 정서적으로 부과된 직관을 통해 도달하며, 융에게 있어 그것은 "일종의 살아있는 탄생a living birth"이다. 각각의 형식은 의식의 무익한 생각들의 죽은 종말을 고하고, 그 자체의 좋은 시간에 부상하는 새로운 관점으로 향한다. 그것은 어떤 것을 이전에 단절된 파편들의 전체로 만든다.

끔찍한 악마The frightful fiend

알려지지 않은 것은 항상 알려진 것보다 무한대로 더 위대하다는 것을 기억하라. 그리고 우리는 분석 회기에서 알려지지 않은 것과 접촉하기를 추구하고 있다는 사실을 기억하라. 그러나 분석가 자기의 두려움, 심지어 공포 가운데 많은 부분들은 잠재적으로 위험하고 불안정하게 하는 알려지지 않은 예측할 수 없는 것들과 접촉한다. 영원히 붙잡을 수 없는 우리의 정서적 정신적 실제의 진실을 추구하기보다는 통제와 안전을 갈망하는 우리 자기의 부분들은 콜러리지 Coleridge에 의해 다음과 같이 표현되었다:

> 외로운 길 위에 있는 어떤 사람처럼
> 두려움과 공포 속에서 걸어간다
> 그리고 한번 돌아다보고 다시 걷기를 계속한다
> 그리고 다시는 머리를 돌리지 않는다
> 왜냐하면 그는 끔찍한 악마가
> 자신의 뒤를 바짝 가까이 좇아오고 있는 것을 알기 때문이다(Bion, 1970, p. 46에서 인용).

이런 "끔찍한 악마"는 이중적이다. 그것은 우리가 멀리해야 할 심층으로부터 온 알려지지 않은 무시무시한 진실이다. 진실을 알지 않는 것이 바로 그 충격이다. 그것은 우리 자신을 거짓말과 회피로 감싸서 우리의 균형을 깨지 않고 통제 불가능한 상태에서 우리를 취약한 상태로 던져넣지 않게 하기 위함이다. 그 악마는 우리가 두려워하는 진실이다(그것은 두려움의 관점에서 보여질 때 악마적이다). 그리고 그것은 진실로부터 거짓으로 옮겨간 적극적인 도주다(그것은 악마적이다. 왜냐하면 거짓은 태생적으로 악마의 작업이기 때문이다). 우리가 기억에 의존하는 한-*어제까지만* 해도 진실이었던 것에 의존하는 한-우리는 어떤 알려지지 않은 것을 배울 가능성을 제거한다. 오늘의 진실은 애매하고 측량할 수 없는 우주의 소용돌이치는 신비 안에서 안전하게 남아 있기 위해 배우는 "사실들facts"을 잘 정돈하는 것을 방해한다.

분석가가 불안하면 할수록, "사실들"에 도달하기 위해 느낄 내적인 압력은 커진다. 환자가 위기에 처할 때, 겁에 질린 분석가는 자신의 내부에 있는 위협적인 재앙의 "원인cause"에 대한 기억을 추적함으로써, 결과적으로 현재 순간에 대한 자신의 마음을 닫아버린다. 그러나 정신은 원인과 결과에 의해 작용하지 않는다. 분석가가 위기를 촉발시킨 것을 찾기보다는 즉각적인 경험의 본질에 집중하고 무의식의 레브리에 자신을 열어둘 수 있다면, 놀라운 의미들이 출현한다. 예를 들면, 한 환자는 자신의 작업생활에서 갈수록 커지는 재앙적인 행동으로 치료자를 압박했다. 지각 있는 사람이라면 자신의 행동 방식이 직업을 잃게 하는 원인이 될 것이라는 것을 알 것이다. 치료자는 더욱 더 불안해져서 환자 행동의 유전적 뿌리, 성공에 대한 그의 두려움, 긍정적인 자기-이미지를 견딜 수 있는 능력의 부재에 대한 아이디어를 계속해서 제공했다. 분석가는 환자가 직업을 잃고 삶을 엉망으로 만들지 않게 하려는 욕망으로 *가득 찼다*. 치료자의 이론들은 환자의 내적 세계에 만연된 공포를 직접적으로 경험하는 것으로부터 자신을 보호하고 있었다. 환자의 자기 파괴적 행동은 치료자 내부에 자신의 공황panic을 배치시켰다constellated. 치료자의 해석들은 실제로 그 공황을 안아주기보다는 환자의 고통스런 내적 상태를 방출하려는 시도들이었다. 환자의 두려움은 위니컷이 드러나게 하려는 것 가운데 *하나one*다. 그리고 고난을 당하기보다는 오히려 제거하려는 치료자의 추동적 시도는 환자로 하여금 소란을 피우게 함으로써, 반복적으로 그 두려움을 초래한다.

신앙Faith

비온은 다음과 같이 제안한다: 분석가가 기억, 욕망 그리고 이해-그 모든 것은 완벽해 지려는 시도들을 반영한다-를 피할 수 있다면, 그녀는 하나의 공간을 남겨두며, 그 공간으로 신앙이 흐를 수 있다. 감각적 실제 세계(외부 세계)로부터 돌아섬으로써, 분석가는 "궁극적 실제와 진실 – 알려지지 않고, 알 수 없으며, '형태 없는 무한한' 것 – 이 있다"는 신앙으로 물든 마음 상태를 발견 할 수 있다(Bion, 1970, p. 31). 클라인의 언어로 이것은 좋은 내적 대상의 실존에 대한 믿음일 것이다. 융의 시에서 그것은 자기the Self에 대한 신앙이요, 정신의 실제에 대한 신앙이며, 그 초월적 기능에 대한 신앙이다. 위니컷은 이것을 중간영역에 대한 신앙이며, 해결되기보다는 보존되고 수용되어야 할 심리적 역설에 대한 신앙으로 부를 것이다. 옥덴은 분석적 삼자the analytic third와 정신-분석 과정에 대한 신앙으로 지칭할지도 모른다. 요구되는 것은 물질세계를 관통하는 힘들고 험난한 여정에서 우리를 지지해주는 불가해한 내적 세계에 대한 믿음이다. 그것은 고난의 의미와 기쁨의 가능성에 대한 믿음이다. 이전 시대에 그것은 하느님의 선함에 대한 신앙, 혹은 단순히 하느님에 대한 신앙으로 불려졌다.

기본적인 정신분석적 태도는 신앙 하나one of faith다. 기억, 욕망 그리고 이해가 사건을 통제해서, 그것을 지배하려는 곳에서, 점진적으로 전체성을 이루는 과정인 개성화는 자신one을 넘어서는 경험을 허용하는 것에 달려있다. 이런 방식으로 우리는 우리의 진실한 자기를 만난다. 그러나 아주 흔히 어떤 사람은 있는 그대로의 자기가 되려고 하기 보다는 자신이 높이 평가할 수 있는 자기를 창조하기를 원한다. 비온은 모든 해석의 중심적 관점은 "환자로 하여금 자신의 고유한 공포스런 자기에 대해 덜 두려워하도록 돕는 것"이라고 말한다(2000, p. 248).

아이건(Eigen, 1981)은 위니컷 작업에 대한 신앙 영역을 묘사하면서 과도기적 관계맺기transitional relating와 대상사용object usage 영역인 신앙 영역과 대상 관계적인object relating 영역을 대비시킨다. 대상관계object relating는 자신을 분열시키는 것을 포함하며, 자기의 부분들을 다른 사람에게 투사하여, 다른 사람의 부분들을 자신의 자기 안에 내사하는 것을 포함한다. 분열은 거짓말들의 토대다. 그것은 개인으로 하여금 자신에게 익숙한 이상화되거나 평가절하된 자기-이미지를 방해해왔던 자신의 측면들을 알지 못하게 한다. 분열은 또한 일종의 근본적으로 유아적인 활동성이다: 개인은 자신의 전능한 환상들이 다른 사람들을 조절한다고 상상한다. 다른 사람은 중요하다. 그러나 정말 실제적이지 않으며, 자신의 고유한 권리에 있어서도 주체가 아니다. 대상관계의 분열/투사/내사 활동은 일종의 상황을 지배하려는 시도를 반영한다. 이런 투사/내사 활동은 일종의 기억(내사)과 욕망(다른 사람을 조절하려는 투사)의 측면이다(Eisold, 2005). 그것은 조절에 대한 환상을 지속적으로 추진함으로써 분리 외상들을 제거하려는 것으로서, (무의식적으로) 개인의 실제 창조성을 막는 진실하지 못한 활동이다. 개인이 우울자리, 즉 관심 능력에 대한 위니컷의 견해에 도달 할 때, 다른 사람은 보다 온전하게 보인다. 그것은 마치 선하기도 하며 동시에 악하기도 한 사람과 같으며, 그런 사람에게 우리는 동시에 선하고 악한 의도를 가진다. 그러나 개인에게 신앙과 같은 어떤 것을 가져오기보다는, 이런 인식이 자신의 고유한 악함이 항구적인 감시를 요구하는 방식에 대한 영원한 불안을 창조한다. 그것은 마치 개인이 항상 불안하게 남아있는 것과 같다: 나의 증오하는 감정들이 나의 행동을 이끌고 있는가? 나의 시기심이 나로 하여금 그녀를 평가절하하게 하는가? 나는 내 연인에게 몰입하고 있으며, 승리에 대한 나의 소망에 빠져있는가? 개인이 배려능력을 발달시켰을 때, 그의 *목표goal*는 관계적이 된다. 그러나 위니컷이 대상관계의 역동성을 분석했을 때, 우리는 그것이 어떻게 *반관계적against* relatedness으로 작용하는 지를 본다. 왜냐하면 진실한 관계성은 다른 사람에게 상처를 줄 수 있는 가능성뿐만 아니라 양육할 수 있는 가능성을 포함해야 하는 다른 사람에 대한 비방어적인 개방성을 요구하기 때문이다.

반면에 대상사용은 환상 속에서 다른 사람을 파괴하는 것을 포함하며, 그것은 환상들이 대상을 파괴할 수 *없다는not* 중요하고도 놀라운 발견으로 이어진다. 다른 사람은 *실제real* 사람이 된다. 주체는 대상을 믿을 수 있다. 대상은 자신 내부의 정신활동들에 의해 통제될 수 있는 자기 자신의 확장이 아니다. 대상관계 안에 내재된 왜곡들은 초월된다. 협상의 여지가 없는 자신의 전체 자기가 되는 가능성은 강화되며, 진실한 관계는 가능해진다: 다른 사람은 그 자신의 고유한 자기에 의해 평가될 수 있다. 사랑의 세계는 창조되기 시작한다. 왜냐하면 죄책감을 느낄 필요가 없어졌기 때문이다. 우리는 우리의 악함을 치장하기 위해 선해질 필요가 없다. 그래야 그 자체에 대한 사랑이 가능해진다.

대상 사용은 자신의 자기로부터 떨어져 존재하는 외부 현실을 발견하게 한다. 우리는 세상에 대한 신앙faith을 가질 수 있다: 그것은 실제적이다 – 다른 사람들은 *존재한다exist* – 그리고 이런 진실은 주체에게 자신과 내면세계의 실제성에 대한 더욱 즉각적인 감각을 부여한다. 실제 외부 현실을 인식하는 것은 신앙을 충분히 생산하기에 안전한 실제적 내부 현실의 발견과 함께 진행된다. 두 세계는 본질적으로 알 수 없다. 그롯슈타인이 언급한 대로, "실제reality"에 대한 우리의 생각들은 실제로 우리가 살고 있는 방대한 무지로부터 우리를 보호해주는 신화들이다(Culbert-Koehn, 1997). *살아남은*[2] 또 다른 사람을 온전히 *사용하는 것using*은 자신의 고유한 파괴성에 대한 개인의 공포를 누그러뜨린다. 삶을 지배하려는

2) 기억해야할 중요한 것은 생존survival은 자신의 역할(분석가, 부모 등)에 계속해서 적절하게 기능하는 것을 의미하는 것이지, 단순히 계속해서 숨을 쉬는 것을 의미하지 않는다는 사실이다.

시도는 포기될 수 있다. 왜냐하면 관계의 가능성이 존재하게 되었기 때문이다. 우리의 상호적 실제성realness은 중심 단계를 차지함으로써, 우리로 하여금 우리 상호적 생동감의 발전에 함께 참여할 수 있게 한다.

중간 영역에 대한 신앙은 대상 사용에 대한 신앙과 다른 성향을 지닌다. 그것은 상호 인격적 세상에서 주체의 활동에 더 의존하는 것이 아니라, 친절하고 사랑스러운 환경에 대한 자신의 경험에 더 의존한다. 아기의 요구에 대한 양육자의 충분히 좋은 적응은 아기로 하여금 개입된 한 사람(대상관계 안에서처럼)뿐만 아니라 두 사람(대상 사용 안에서처럼) 역시 존재하지 않는다는 상상을 하도록 허용한다. 그 대신 그곳에 충분히 잘 들어맞는 상호침투적인 영역[3]이 있다. 아기의 창조적인 제스처는 반응적인 동작과 더불어 충족되어진다. 세상의 선과 안전에 대한 신앙은 대상 사용에 대한 추후 시도를 위한 준비작업에 있다.

비온은 O의 형언할 수 없는 우주에 대한 신앙을 가지고 있다. 그의 신앙은 다른 유형의 영적 신앙들과 현저하게 다르게 보이지 않는다. 그는 신앙을 실제를 이해하려는 모든 과학적 시도에 있어 중요하게 간주한다. 그 시도는 어려운 과학에 대한 시도를 포함한다. 분석에서 신앙은 순간의 인식에 대해 자신을 여는 것을 포함한다. 비록 그런 인식들이 분석가의 전이해적 이론들을 지지하거나 혹은 대립되더라도 말이다. 신앙을 통해 치료자는 환자 생각의 비감각적인 활동을 자신의 고유한 것과의 상호작용 속에서 "보거나 느낀다sees or feels". 신앙에 자신을 집중한다는 것은 주저함 없이 자신의 가슴과 영혼을 이 사람과 이 순간의 알 수 없는 실제에 전적으로 열면서 앞으로 나아간다는 것을 의미한다. 비온에 따르면, 이것이야말로 정신분석의 핵심 방법이며, 그것은 그 어떤 종류의 지식보다도 훨씬 더 중요하다.

융은 신앙에 대한 이런 동일한 영역을 다른 용어로 본다.

> 분석작업이 성공적이라면, [그가 말하길], 그것은 종종 기적처럼 작용한다. 그리고 우리는 연금술사들이 진심어린 *신의 의지Deo concedente*, God willing를

3) 사실, 개인들의 절대적 분리에 대한 더욱 성인다운 감각보다는 오히려 이런 경험이 보다 진실에 가깝게 보인다.

자신들의 취향에 삽입하도록 독려했던 것을 이해할 수 있다. 우리는 혹은 연금술사들로 하여금 다음과 같은 사실을 허용하게 한 것을 이해할 수 있다: 신이 기적을 초래하기만 한다면, 연금술사들의 과정은 성공적인 결론을 가져올 것이다(Jung, 1946, para 385).

O에 대한 신앙보다는, 융은 개인 안에 있으면서도 개인을 초월한 자기the Self의 의도적인 에너지에 대한 신앙을 표현하고 있다. 인간이 자신을 통제하지 않고 자신을 자기에게로 돌린다면, 그 에너지는 자신의 관계능력의 발전을 용이하게 함으로써 추구하는 전체성 – 실제성 – 을 야기할 수 있다. 자기의 개념은 무의식-O-의 선천적인 생동감에 대해서, 그리고 인간 세계에서 전체적으로 살아있는 인간을 자신의 내부에서와 마찬가지로 상호 인격적으로 통합하려는 무의식의 적극적인 시도에 대해 말한다.

신앙에 대한 신뢰는 실제의 불가지성에 대한 믿음이 비로소 일치와 통합을 가져올 것을 확증한다. 모든 인간은 *내I*가 우주라고 주장하면서 이런 신앙을 거부하는 자신의 일부를 지니고 있다. 거기에는 어떤 내부나 외부도 없다. 거기에는 오직 *내me*가 있으며, 나만이 *책임자다in charge*. 이 점이 비온이 무서워했던 악마적 요소다.

분석적 관점The analytic perspective

기억, 욕망 그리고 이해의 구명수단을 버릴 때, 분석가는 정신분석적 관계의 형언할 수 없는 실제에 대해 자신을 열게 된다. 우리가 탐구해온 일련의 대극의 완벽한 조합인 신앙에 있어서, 분석가는 신앙에 집중하여 알아가거나 형성하기보다는 듣고 수용하는 방향으로 나간다. 분석가는 이제 그 자체의 특별한 배치constellation 안에서 직접적이고 비방어적인 접촉을 찾고 있다. 그녀는 오늘 저녁 혹은 내일 다른 사람이 될 두 사람으로 구성된 치료커플의 현재 정서의 진실 안으로 들어간다. 프로이트가 분석가들에게 어두운 무의식을 보기 위해 "모든 빛을 어두운 한 곳에 집중하기 위해" 인위적으로 자신을 모른 체 하라고 말했을 때[로우 안드레아스-살로메Lou Andreas-Salome에게 보낸 편지, Bion, 1970, p. 43에서 인용], 그는 신앙행위를 묘사하고 있다. 그 신앙행위를 통해 우리는 현재적인 비감각적인 심리적 진실을 "보고," "듣고" "느낀다."

치료자들과 심지어 분석가들조차도 종종 이런 입장을 수용하는 것은 환자를 상실하는 결과를 초래할 것이라는 두려움을 표현한다. 그들의 상상에 의하면, 환자들은 점차적으로 분석 경험 안으로 빨려 들어가야 하며, 그들은 단순히 분석적 접촉과 만나기보다는 "분석이 작용하는 방식"에 대해 교육받아야 한다. 그것은 순진한 환자에게는 너무 막연해서 놀라게 될 것이라고 여겨진다. 치료자가 환자가 오늘 가지고 온 특별한 요소를 들으려고 노력하면서 깊이 경청할 때, 치료자는 보다 조용해지고 환자를 위한 여지space를 더 많이 남기게 된다. 보다 깊고 보다 놀라운 자료가 떠오른다. *치료자*들은 너무도 방대한 여지에 대해 놀라는 경향이 있다. *환자들이* 이런 관대한 담는 것container을 견딜 수 없을 것이라는 환상은 일종의 합리화가 되어, 자신의 왜소함과 취약성을 경험하는 고통을 인정하는 것으로부터 치료자를 보호한다. 부분적으로, 환자에게 무언가(해석)를 *주고자 하*는 분석가의 추동적 욕구는 우리가 탐구해왔던 물질적 자료에 대한 일종의 탐욕 기능이다. 왜냐하면 하나의 해석은 일종의 사물thing인 반면, 관계적 연결link은 본질적으로 일시적이다. 분석가의 탐욕은 임상가로 하여금 환자에게 제공하기 위해 무언가 구체적인 것에 초점을 맞추게 한다. 그것은 치료에 보다 근본적인 비물질적인 주의와 배려를 평가절하하기 위함이다 (Sullivan, 1989).

(환자는 물론 이런 탐욕에 대한 자신의 방식을 가지고 있다. 그리고 그것은 그로 하여금 해석이나 과제 같은 어떤 것들을 원하게 한다. 왜냐하면 그 탐욕은 제공되는 배려의 가치를 확인하는 자신의 능력을 압도한다. 이런 경우에는, 어떤 "교육적인" 반응이 요구될 수 있다: "당신이 나로 하여금 유지할 만한 구체적인 무언가를 당신에게 제공하기를 얼마나 원하는가를 나는 들을 수 있습니다. 그러나 지금 당장 우리 둘 모두는 당신 내부에서 올라오는 것을 듣는 것에 동참할 필요가 있습니다. 당신이 당신 자신에게 계속적인 연상을 허용할 수 있다면, 우리는 당신의 혼돈스러움에 의미를 부여할 이해에 도달할 것입니다." 이것은 교육적이라고 상상되는 보다 비인격적인 주석과는 아주 다르다: "분석은 당신이 바로 연상하게 될 때 최선으로 작용합니다. 내가 무언가 말할 가치가 있는 것을 가질 때, 나는 말할 것입니다. 그리고 그것은 바로 지금의 경우가 아닙니다.")

분석가들은 수많은 무의식적인 이유들로 인해 해석에 눈을 돌린다. 하나의 해석이 무언가 *실제적인* 것을 제공한다는 느낌 너머에 임상가의 자기애가 놓여 있다. 우리 대부분이 조용하고 신중하게 되기는 어렵다. 그것은 마치 우리가 직접적인 주의attention를 수용하지 못하고 있을 때, 어떤 헌신도 하지 못하는 것과 같다. 그리고 물론 부상하게 될 예상하지 못한 원시적 에너지들을 위한 여지를 남겨두는 것은 본질적으로 위험하다. 우리는 어떤 유아적인 욕구나 요구가 발생할지 알 수 없다. 그것은 우리 자신의 유아적 욕망들의 알려지지 않은 측면들을 배치하기 때문이다.

기억해야 할 중요한 것은 침묵하는 것은 회피하는 것과 동일하지 않다는 점이다. (말하기를 선택하는 것과는 반대되는) 말하고자 하는 *충동은* 가끔 치료자 측에서의 연이은 불안을 반영할 것이다. 뭔가를 제기하는 것에 대한 *두려움은* 환자에게 자기표현을 위한 최대한의 공간을 제공할 기회와는 완전히 다른 일종의 동물적인 것이다. 임상가가 자신이 뭔가를 부각시키는 것을 회피하고 있다는 것을 안다면 – 그녀가 자신의 회피를 사려 깊은 선택으로 바꾸는 합리주의에 사로잡히지 않게 할 수 있다면 –, 그녀는 그 회피를 지향 원리an orienting principle로 사용할 수 있다. 어떤 주제가 너무 과열되어 말하기 어려울 때, 그것은 확실히 그 주제가 이런 저런 방식으로 접근될 필요가 있다는 것을 의미한다. 이것은 열어 보이기에 아직 성숙하지 못하게 보이는 어떤 주제와는 다르다. 비록 이런 두 경험들이 쉽게 혼동될 수 있더라도 말이다.

뭔가를 피하는 것과 조용히 편안하게 경청하는 것 사이의 차이를 글로 쓰는 것은 개략적으로 기법을 논의하는 어려움을 보여준다. 내가 제시하고자 하는 차이는 실제적이며 중요하다. 왜냐하면 우리의 인식과 판단의 도구는 무의식의 흐름에 의해 너무 깊이 왜곡되어 있기 때문에, (확실히 나 자신을 포함해서) 어떤 개인이라도 독립된 제 삼자의 개입 없이는 이런 차이들을 만들어내기는 지극히 어렵다. 아마 자신의 두려움이 자주 무언가를 제기하는 것을 회피하게 만드는 치료자는 자신을 단순히 더욱 활동적이도록 강요하는 두려움과 더불어 일할 수 있다. 비록 이것이 그녀가 환자에게 제공할 수 있는 공간에 끼어드는 것을 의미할지라도 말이다.

그러나 비온의 충고가 창조한 과격한 개방적 입장에 대한 대부분의 반대들은 치료자의 알지 못함에 대한 두려움이 투사된 것들이다. 즉각적 순간에 대한 수용성으로 배치된 깊은 친밀감은 우리를 다른 사람에 대해 취약하게 남겨둔다. 그것은 환자를 "교육시키는 것educating"이 결코 효과적일 수 없는 방식이다. 알지 못하는 접근이 제공하는 여지로부터 도망가는 환자들이 확실히 있는 반면, 그 영역을 즐기고 그것을 가득 채우려고 확장하는 사람도 있다. 하나의 진실한 자기가 되려는 충분한 여지를 갑자기 발견하는 것은 우리를 놀라게 하거나 안도감을 준다.

그리고 어떤 경우라도 기억, 욕망 그리고 이해에 의존하는 것을 포기하는 것이, 제공된 놀라울 정도로 확장된 담는 것container에 대한 환자의 공포에 분석가가 응답할 수 없다는 것을 의미하지 않는다. 정신분석가들이 필요하다고 믿는 몇몇 고전적인 결점들deprivations은 즉각적으로 드러난 알려지지 않은 것에 대한 자신의 두려움을 환자에게 투사하려는 분석가 측의 무의식적인 시도들이다. 질문에 대답하기를 거부하는 어떤 이유도 없다. 비록 그 대답이 대답할 수 없는 우리의 무능력에 관한 하나의 공감적 진술이라고 할지라도 말이다. 공포에 질린 아동의 부모가, 심지어 객관적으로 위험한 상황 안에서라도, 자신의 항구적인 강인함과 사랑을 전하는 부드러운 말로 그를 위로하기 위해 아동의 대답할 수 없는 질문에 *대답할* 필요는 없다. 우리는 환자의 공포를 완화하는 공감과 배려로 반응하기 위해, 증세를 알려주어야 한다거나 대답이 주어져야 한다는 환자의 요구를 따를 필요는 없다:

> "당신이 무엇을 말할 것인가를 모른다는 것이 얼마나 놀라운 일인가를 나는 들을 수 있습니다. 그러나 나는 이렇게 생각합니다: 당신이 생각나는 것은 무엇이든지 바로 큰 소리로 계속해서 외칠 수 있다면, 심지어 그것이 합당하지 않거나 어리석게 보일지라도, 우리가 집중할 필요가 있는 것은 떠오를 것입니다."

> "당신이 그 중요한 모임을 잊어버렸다는 사실이 무엇을 의미하는 지를 얼마나 필사적으로 알려고 하는가를 나는 듣습니다. 그리고 나는 왜 이런 일이 발생했는가를 당신에게 바로 *말할tell* 수 있기를 소망합니다. 그러나 나의 예감들은 여전히 너무 알려져 있지 않습니다. 당신이 마음에 떠오르는

것을 큰 소리로 말하는 것을 참아낼 수 있다면, 당신의 정신은 당신이 가야 할 필요가 있는 곳으로 우리를 안내할 것입니다."

"당신은 내가 전문가가 되기를 바라고, 당신이 당신의 꼬마 소녀에게 책을 읽어줄 때 왜 성적으로 상기된 느낌을 받았는가를 내가 말해주기를 원한다는 것을 들어 알고 있습니다. 그러나 우리는 오직 당신의 정신이 말해야 하는 것을 들음으로써만 그것을 발견할 수 있을 것입니다. 마음에 떠오르는 것을 말하려고 노력하십시오. 그러면 우리 모두는 지난밤에 당신 안에 있는 자기self를 표현하려했던 것을 들으려고 노력할 것입니다."

모든 사람은 환자를 잃는다. 임상가가 얼마나 유연하냐(혹은 엄격하냐)에 관계없이, 그녀가 가지고 있지 않은 어떤 것을 필요로 하는 사람들은 항상 존재한다. 그러나 사람들은 자기 자신들의 놓친 부분을 찾고 그것들과 연결된 결과로 인해 성장한다고 치료자가 믿는다면—중요한 것은 아직 *알려지지 않은* 것이라고 치료자가 믿는다면, 그리고 치료자가 자기the Self에 대한 신앙, 즉 어디로 가야하며 어떻게 치료할 필요가 있는가에 대해 정신이 알고 있다는 사실에 대한 신앙을 가지고 있다면—, 분석적 입장을 취하기 전에 환자를 "교육시킬educate" 이유는 없다. 임상가의 어떤 행동 요인(혹은 분명한 비행동 요인)이 환자를 괴롭힐 때, 왜 분석가가 이런 방식으로 행동하는가를 설명하는 것이 도움이 된다. 나는 취약한 환자를 공포스럽게 두는 것에 어떤 가치를 두지 않는다. 그 공포가 진실하게 완화될 수 있다면 말이다. 그러나 설명은 인격적이고 즉각적이라야 한다. 필요한 것은 분석(혹은 치료)이 어떻게 작용하는가를 설명하는 것이 아니다. 요구되는 것은 왜 이 특별한 임상가가 바로 이 순간에 이런 방식으로 작업하고 있는가에 대한 설명이다. 그 작업이 어떤 효과를 드러낼지에 대해서 환자에게 가르칠 이유는 없다. 왜냐하면 특별히 아무도 실제로 그 효과를 알지 못하기 때문이다. 그러나 분석가의 확실히 특이한 행동을 이해가능하게 하는 것이 환자를 잘못 인도하거나 놀라게 하는 것보다 더 중요한 순간들이 종종 있을 수 있다. 그 과정은 마치 부모가 아동에게 고통스런 의료과정을 설명할 때, 꼬마 아이가 그것을 견디는 것과 같다. 고통을 설명하는 것은 그 과정을 박해적으로 만들지 않고 의미 있고 참을 만하게 만든다.

우리는 사실 대부분의 강력한 개입들이 거의 무계획적이라는 사실을 알고 있다. 환자가 자신의 연상을 큰 소리로 말할 때 자신이 생각한 것을 알게 되는 것과 마찬가지로, 치료자는 *그에 대해 말하는 도중에* 그 순간의 의미를 깨달을 수 있다. 그것은 현재 작용하는 분석가의 의식적 기억이나 이해가 아니다. 그것은 자기the Self이자 O의 강력한 힘이다. 그것은 치료실 안의 두 사람을 놀라게 할 수 있는 진실을 초래한다. 결국 거트루드와 함께 한 나의 작업(3장을 보라)을 변형시켰던 폭발적인 해석은 내가 말하기 전까지는 *알지 못했던* 진실을 표현했다. 콜타르트의 갑작스런 분출(5장을 보라)은 그와 마찬가지로 매우 어려운 상황을 해결했다(아마 내가 한 것보다도 더 빠르게). 이런 것들은 환자에게 제공된 순간과 동시에 말하는 사람에게도 그 상황의 의미를 알려주었던 자유행위들이었다.[4)]

우리가 감각적 현실로부터 떨어져 신앙으로 향할 때, 그에 수반되는 정서는 실로 끔찍하다. 무장을 해제함으로써 우리는 환자와/나 치료자에게 고통스럽고 어려운 경험들에 문을 열게 된다. 우리가 감각적 힘과 통제를 필요로 하는 한, 그것은 너무 위험해서 순수하게 임상적 만남 속으로 들어갈 수 없다. 우리는 방대한 전망을 조사하고 그 본질을 의미 있게 할 수 있는 전문가들이 되기를 원한다. 융은 이것을 "페르소나 메디치"(*persona medici*: 15-18세기 이탈리아 피렌체 공화국에서 가장 영향력 있었던 메디치 가문의 사회적 역할을 지칭하는 용어 - 역자 주) 뒤에 감추고자 하는 분석가의 자기애적 열망narcissistic urge으로 불렀다(1946, para 365). 위니컷(Winnicott, 1971)은, 나이 들어 회고하면서, 자신은 실로 대단한 즐거움을 환자가 자기 자신의 고유한 이해로 들어오는 것을 보는 것으로부터 얻었지, 젊은 분석가로서 환자에게 해석을 제공하는 것으로부터 얻지 않았다고 했다.

---

4) 모든 감각적인 사고자들이 지적해 왔듯이, 기법에 대한 어떤 긍정적인 안내를 제공한다는 것은 불가능하다. 우리가 말해야 하는 어떤 억압적 충동을 따르는 것을 피해야 한다는 것은 진실한 것이다.

변화에 대한 두려움Fear of change

거의 모든 인간은 자신들이 변화하기를 원한다고 상상한다. 확실히 모든 분석가들과 환자들은 의식적으로 발전하기를 희망한다. 그들은 보통 변화를 보다 "좋아지거나" "향상되거나" 아마 "치료되기를" 원하는 것으로 생각한다. 그러나 사람들은 과거 패턴에 매달리고 변화에 저항한다. 변화는 느리며, 나쁜 습관들은 우리를 그 통제 안에 둔다. 페어베언(Fairbairn, 1952)은 애착이론의 예시에서, 우리가 나쁜 대상에게 어떻게 매달리는 가에 대해 말한다. 비온은 변화야말로 인격에 재앙으로 경험된다고 제안한다. "재앙적인catastrophic"이라는 용어는 우리가 상황을 조망하는 관점을 뒤집어 생각하게 한다. 변화가 얼마나 바람직한가에 대해, 그리고 변화를 방해하는 그런 사악한 저항들을 쳐내는 것에 집중하는 대신, 우리는 갑자기 그 변화가 얼마나 무시무시하며, 이미 알려진 것에 매달리면서 변화를 미루려는 가련한 사람의 시도에 동감하고 있다. 왜냐하면 특별히 의심스러운 그 가련한 사람은 아마도 자기 자신일 것이기 때문이다.

변화에 대한 두려움은 적어도 탄생과 더불어 시작한다는 많은 증거가 있다. 탄생은 살아있는 피조물이 짧은 죽음을 경험하는 가장 커다란 변화다. 태어나는 것은 보통 장황한 과정이며 강력한 감각 투성이다. 그 가운데 적어도 몇몇은 아마 유쾌하지 못하다. 그리고 말이 없는 유아는그 과정이 얼마나 길어질 것인가에 대한 개념이 없다. 유아 관점에서 보면, 이 과정은 새로운 상태로의 전환시점과 마찬가지로 물론 감당해야 할 일의 새로운 상태가 될 수 있다. 위니컷(Winnicott, 1949)은 외상적일 뿐만 아니라 정상적인 출생경험을 가정한다. 그러나 나는 그것이 제왕절개 분만일지라도 외상적이지 않은 탄생을 상상할 수 없다.

그리고 출생은 많은 놀라운 것들을 가져올지라도, 처음에 그것은 우리가 알고 있던 안전한 물 같은 실존상태에서 기체로 된 외부 세계로 추방된 자신을 발견하기에는 단지 무섭고 이해할 수 없을 뿐이다. 그동안 발달해온 모든 신체 조직들은 갑자기 행동으로 옮겨져야 한다. 그 조직들은 유아의 체온을 정상적으로 유지하고, 음식을 소화하고 배설물들을 제거해야 한다. 유아는 숨을 쉬고, 빨고, 울어야 한다. 새로 탄생한 아이와 더불어 모든 시간을 보낸 그 누구도 이런 전환이 얼마나 힘들며, 아기가 첫 수개월을 가로질러 삶에 정착할 때까지 얼마나 많은 고난을 겪는가를 모를 수 없다. 이후 아기는 일상적인 충분히 좋은 가족 상황 안에 있는 유용한 많은 쾌락들에 마음을 연다. 나중의 모든 변화는 그가 처음 경험한 놀라운 변천을 향해 반향을 불러일으켜, 좁은 질을 통해 빛의 세계로 방출된 무기력한 유아의 공포를 다시 상기시킨다.

비온이 이런 변화에 대한 두려움을 탐구한 방법은 신비주의자와 집단에 대한 그의 작업에 있다(1970). 영국 정신분석협회에서 자신의 경험에 의지하여, 그는 자신의 생각들이 혼란스런 방식으로 실제에 대한 친숙한 개념들을 변화시키는 혁신가innovator와 자신이 속한 집단을 함께 묶어내는 세계관을 유지함으로써 그 통합성을 보존하기 위해 노력해야 하는 집단 사이의 긴장에 대해서 글을 썼다. 이런 긴장을 내적 세계로 번역하는 것은 진실을 대면하려는 소망과 이미 알려진 안전한 현재의 상황을 유지하려는 소망과는 대조적으로 전체성을 향한 성장 사이의 보편적인 내부정신의 갈등을 조명한다. 비록 의문 가운데 있는 안전성은 감옥이나 무덤의 안전성과 유사할지라도 말이다. 내적 "천재"는 새로운 사고를 지닌다. 그것은 이전의 이해를 방해하는 하나의 새로운 인식이다. 내적 집단-인격 구조로서, 모두가 자신의 힘을 유지하기를 원하는 내적 인물들의 소란스런 국회와도 같은-은 새로운 것을 수용하는 것이 수반할 방향상실과 혼돈에 저항한다.

임상관계적 상황에서 비온의 통찰력을 사용함으로써, 우리는 그 상황에 내재된 반-관계적 압력들을 볼 수 있다. 하나의 창의적인 생각은 하나 혹은 현재의 다른 생각들로부터 나온다. 그 생각은 과거의 확신들과 안정성들에게 도전한다. 붕괴, 알지 못함, 그리고 혼돈의 고통을 두려워하는 두 사람 모두가 속한 그 "집단"은 이미 형성된 인식, 사고, 그리고 존재 방식을 유지하려고 투쟁한다.

듣기에 대한 비온의 충고는 우리에게 살아있는 관계수립을 위한 방안을 제공한다. 기억, 욕망 그리고 이해를 버리라고 말할 때, 비온은 우리에게 우리가 감당하고 있는 대상에 맞서는 모든 보호장치들을 제거하라고 말한다. 우리의 정체성을 형성해온 삶의 사실들은 우리의 관계가 깊은 의미를 지닐 때 변할 것이다. 고착화시킨 채, 이 사실들을 기억하는 것은 이런 과정을 거의 용이하게 하지 못할 것이다. 우리의 욕망은 확실히 어느 정도는 다른 사람의 욕망과 조화를 이루지 못한다. 그리고 우리 관계가 발전하면, 이전에 한번 도 상상할 수 없었던 긍정적이고 부정적인 가능성들이 부상할 것이다. 정신의 본질과 작용에 대한 우리의 이해는 확실히 재작업될 것이다. 그 일은 아마 급진적으로 다음 일이십년 안에 일어날 것이다. 그리고 우리가 사람들에 대해 일반적으로 알고 있는 것은 어떤 특별한 사람의 독창성에 의해 어떤 방식으로든 수정될 것이다. 우리는 우리 자신이나 다른 사람을 포함한 어떤 인간도 결코 알 수Know 없다. 분석을 위한 비온의 공식formula은 실제로 관계를 위한 형식이다.

임상시간에 우리는 우리 자신을 심리학적 이론들로 무장시킨다. 우리는 환자에 대해 알고 있는 방대한 자료목록을 포함하는 큼직한 기억들로, 그리고 환자를 인도하고 형성시키고자 하는 치료적 욕망으로 무장한다. 그렇지 않을 때 우리가 확신하는 방식의 회기는 적절하게 된다. 우리는 알지 못함의 무기력함에 대항하여 우리 자신을 방어할 수밖에 없다. 분석가들은 거의 항상 자신에게 환자를 위한 의제 없이도 자신은 존재한다고 말한다. 그러나 나는 그런 완벽하게 순수한 상태를 얻을 가능성에 대해 회의적이다. 매 순간 임상가는 기억, 욕망 그리고 이해의 유혹으로부터 눈을 돌려야 한다. 그 투쟁은 결코 승리할 수 없다.

그리고 내가 말한 모든 것에도 불구하고, 환자에 대해 *신경쓰는care* 것은 바람직하지 못할 것이다. 돌봄은 환자가 잘되기를 바라는 욕망을 반드시 불러일으킨다. 여기서 우리는 단순히 수용되어야 할 역설을 가진다. 분석가는 욕망을 제거해야 한다. 그것이 비록 돕고자 하는 욕망일지라도 말이다. 동시에 분석가는 환자를 위한 최선을 바라면서, 자신이 관련되어 있으며 염려하고 있는 상태로 남아 있어야 한다.

7. 변형 Transformation

우리의 희망은 분석경험이 환자의 변형을 용이하게 할 것이라는 것이다. 이런 일이 발생할 때, 분석가의 변화 또한 포함될 것이라는 것을 우리는 알고 있다. 그러나 "변형transformation"이 무엇을 의미하는 가를 우리는 말할 수 있을까?

내가 앞으로 사라Sarah라고 부를 환자가 분석을 받기 위해 왔다. 그녀는 이전에 거의 10년간 남성 분석가와 작업을 했는데, 그는 큰 도움이 되었다. 그녀는 자신이 사랑했던 남성과 결혼을 해서 이제 건강한 아이가 된 아기를 낳았다. 그녀의 경력은 번창하고 있었다. 그러나 그녀에게 지속적인 고통스런 증상이 있었다: 그것은 자신을 자르고, 태우고, 빨리 달리는 차 앞에서 자신을 내던지거나 다리 아래로 뛰어 내리는 등 자신을 학대하는 환상들이었다. 그녀의 분석은 그녀로 하여금 환상들이 드러날 때 그 환상들을 "차단하게switch off" 했다. 그녀의 이전 분석가는 축음기 이미지를 제공했으며 다음과 같이 제안했다: 축음기가 작동하기 시작했을 때, 그녀가 바늘을 들어 올려 다른 판에 옮겨 놓을 수 있다는 것이다. 그녀는 그렇게 할 수 있었고, 나에게 이렇게 말했다: 그 격렬한 이미지들은 당초 유래한 빈 공간void 속으로 후퇴하곤 했다는 것이다. 그녀의 삶은 좋았다. 그러나 그녀는 그 축음기를 더 이상 변화시키기를 원하지 않았다. 그녀는 그 축음기가 그 자체를 그녀에게 더 이상 드러내지 않는 곳으로 가기를 원했다. 그녀는 결과적으로 더 많이 성취된 것 보다는 더욱 깊은 차원의 변형을 원했다.

비온의 용어로 변형은 어떤 상태에서 다른 상태로의 이동이다. 그가 제시한 중심적 사례(1965)는 양귀비밭 그림이다: 밭의 채소 문제가 화판 위에서 그림으로 변했다. 그의 개념은 무언가 자기의 안정성에 대한 것을 암시한다. 순진한 환자는 심리치료 작업을 "치료가 될 때" 새로운 사람이 될 것이라는 것을 종종 암시하는 것 같은 희망으로 접근한다. 예를 들면 그는 자신의 불안전성과 분노를 "제거할" 것이다. 반면에 경험 있는 치료자는 자기의 모든 측면들은, 심지어 가장 무시된 것들이라도, 전체성을 위해 필요하다는 것을 안다. 모든 내적 요소는 소중하다. 왜냐하면 자기가 택한 각각의 형태는 잠재적으로 무언가 가치 있는 것으로 변형될 수 있는 에너지 조직이기 때문이다. 연금술사들은 그들이 찾는 금은 오물과 배설물 안에서 발견될 것이라고 믿었다. 복음서들은 거부된 모퉁이 돌들이 건물의 주춧돌이 될 것이라고 우리에게 말한다. 치료자들은 자기의 고통스럽고 힘든 측면들을 절단해 내는 것이 아니라 구제하기를 기대한다.

심리적 변형에 대한 비온의 지배적 개념은 이제 시작 단계인 "무언가 something"가 O로부터 진화하고, 의식에 의해 파악된 다음, 유한한 형태를 취하게 되는 것을 의미한다. 그 시작단계인 "무언가"는 구술로 변화된다. 얼핏 보기에 비온과 사라는 "변형 transformation"이라는 용어를 다른 방식으로 사용하고 있는 것처럼 보일 수 있다. 그녀는 자신을 병들게 했던 환상들을 제거하기를 원했다. 그리고 비온에 의하면, 그 격렬한 환상들은 이미 변형들이었다: 알려지지 않았고 알 수 없는 내적 실제는 이미지로 바뀌었다. 그러나 사라는 자신의 알 수 없는 내적 실제를 더욱 더 구체적인 모양으로 변형시키기를 원했다. 그녀는 자신의 환상 속에 포함된 정서적 에너지를 해방시켜 그것이 새로운 형태를 취할 수 있기를 원했다.

우리는 사라의 환상들이 그녀의 무의식적인 자기-혐오를 그려냈다고 말할지 모른다. 아마 우리는 그녀가 직접적으로 도저히 경험할 수 없는 정서적 고통에 대해서 말할 수 있다. 그것은 자신의 몸을 자르고, 태우고, 산산이 부셔버리는 성난 자화상이다. 세 번째 가능성은 그 환상들은 어떤 유형의 내적 죽음상태 deadness를 돌파하려는 자기 the Self의 시도로서, 사라에게 더욱 깊은 생동감을 가져온다는 점이다. 이런 모든 가능성들과 더 많은 것들은 그녀를 박해했던 시나리오들을 창조하기 위해 함께 몰려들었다. 이런 해석들은 사라의 증세에 대한 어떤 의미를 제공한다. 그러나 그것들은 그녀가 나를 알기 전에 발전시켰던 생각들을 반영한다. 그것들은 언어로 변형된 이제 막 시작단계의 정서적 경험들이었다. 그것들은 그녀와 그녀의 이전 분석가가 함께 영향을 끼쳤던 변형들이었다. 이런 이해나 해석들은 그녀의 증세가 사라진 것을 통해 표현되곤 했던 내적 우주에로의 근본적인 변천으로 인도하지 못했다. 증세에 대한 그녀의 해석은 비온이 "K 안에서의 변형들transformations in K"이라고 부른 것이다. 그것은 그가 "변형들transformations"과 대조시킨 변화changes다. 이런 두 종류의 발달 사이의 차이를 보자. 그리고 그것들이 사라가 추구했던 변화와 어떻게 관련될 수 있는지를 보자.

이전 장에서 내가 논의한 바와 같이, 치료적 과제는 가능한 *온전하게fully* 현존하는 존재가 됨으로써 순간의 O에게 자신을 열어 보이는 것이다. 그것은 그렇게 함으로써 오늘 살려져야 할 필요가 있는 환자 경험의 아직 태어나지 않은 측면을 엿볼 수 있는 희망을 가지는 것이다. 프로이트의 유명한 명언인 "이드가 있는 곳에, 자아가 있어야 한다"는 말은 무한으로부터 어떤 것을 획득해서 그것에 형태를 부여하는 이미지다. 심층심리학적 치료사들의 근본적인 목표는 환자의 의식을 확장시키는 것이었다(여기서 이것은 외부에 정해진 환자뿐만 아니라 치료자 내부의 환자를 포함한다). 치료자들은 환자가 뭔가를 볼 때, 그는 또한 그것을 경험할 것이라고 상상해왔다. 따라서 널리 인정된 소위 "통찰insight"에 대한 집중이 치료작업의 목표가 되었다. 왜냐하면 분석작업의 초기에는 지적인 통찰력은 환자에게 거의 영향을 미치지 못했을 것이기 때문에, 통찰은 상황에 대한 지적인 *그리고 정서적인* 인식으로 정의되었다. 그러나 치료자들이 마음대로 활용할 수 있는 우선적 행동은 여전히 환자에게 환자에 대한 무언가를 설명하는 구술이었다. 너무 자주 이런 종류의 설명 결과로 환자가 획득한 그 "통찰"은 인격에 거의 영향을 미치지 못했거나 심지어 아무런 영향도 주지 못했다.

통찰이 환자에게 해석형태로 *주어졌을given* 때, 이것은 특별히 그 결과였다. <놀이와 현실*Playing and Reality*, 1971>에서 위니컷은 그 주변에 창조성을 형성하는 비지시적인 놀이 사례를 들면서, 다음과 같이 제안한다:

> 오랜 동안 나는 해석을 유보한다. ... 나는 종종 내가 실제로 유보한 해석을 글로 옮김으로써 내 마음을 진정시킨다. 해석을 유보한 나의 보상은 아마 한 두시간 후에 환자가 스스로 해석할 때 이루어진다. 내 묘사는 모든 치료자가 분석작업에서 환자가... 창의적이 되는 능력을 허용하라는 요구에 이른다. 환자의 창의성은 너무 많이 알고 있는 치료자에 의해 너무 쉽게 도둑맞을 수 있다(Winnicott, 1971, p. 57).

위니컷은 여기서 비온의 생각, 즉 빈공간과 형태 없는 무한으로부터 "쟁취하는 winning" 무언가를 말하고 있다. 환자에게 환자 자신에 대한 무언가를 말하는 *것은telling* 무의식으로부터 파생된 자신에 대한 인식과 씨름하는 것과는 매우 다른 과정을 촉발한다. 개인이 빈 공간에서 무언가를 쟁취할 때, 그는 그것을 *가지게has* 된다. 그것이 주어질 때, 그는 그것을 알게 될 것이다. 그러나 그 앎은 아마 피상적이 될 것이며, 자신의 보다 깊은 차원에 이르지 못한다. 무언가를 얻는 것은receiving 종종 그것을 쟁취하는 것winning과는 상당히 다른 효과를 지닌다.

비온이 묘사한 인격의 두 건설적 변화, 즉 "K 안에서의 변형"과 "O 안에서의 변형"은 O로부터 어떤 것을 얻기보다는 쟁취에 달려있다. 시작단계는 K안에서 존재하기 위해 온다. "O 안에서의 변형들" 에서 그것은 O 안에서 경험된다. 이에 대해 설명하고자 한다.

K는 앎의 세계다. 비록 우리가 살펴본 대로 "알아감knowing"이 사실에 관한 것이 아닐지라도 말이다. K 안에서의 변형은 개방성과 비움의 알지 못하는 입장으로부터 부상한 의식적 인식("지식") 안에서 성장한다. 그것은 무의식 안에 있는 알 수 없는 형태로 존재하는 어떤 것이 의식에 의해 성취되어, 언어로 묘사되고, 그런 과정에서 변화되었다는 의미에서 일종의 변형transformation 이다. 사라가 마음에 품은 질문을 간직하고, K 안에서의 변형이 무엇과 같은 것인지 이해하기 위해 다른 환자인 페니(4장을 보라)와 함께한 경험으로 방향을 돌리자.

K 안에서의 변형 : 임상 사례Transformation in K: clinical example

페니Penny는 자매인 패트Pat에 대해 말하는 것으로 상담회기를 시작한다. 패트는 남편이 10년 동안 신실하지 못했다는 사실을 이제야 발견했다. 그동안 남편은 내연녀와 딸을 갖기도 했다. 패트는 심한 격분 속에 있다. 페니는 패트로 하여금 상황의 두 측면을 조절하도록 강한 압력을 가해야 하는 것에 대해 말한다. 페니는 자신의 태도가 합리적이지 못하다는 것을 알고 있다 – 패트의 분노는 페니의 "균형 잡힌balanced" 관점보다는 오히려 더욱 건강한 반응이다 –. 그러나 페니는 어쩔 도리가 없다.

페니는 나에게 패트가 아이가 된 것과 같은 경험의 방치neglect에 대해 말한다. 그리고 나서 페니는 *자신*에 대한 엄마의 방치에 대해 말하기 시작한다. 나는 새로운 이야기를 듣는다: 페니가 네 달이 되었을 때, 과학자 어머니는 집에서 5시간 떨어진 연구기관에서 일하는 동안 두 달 동안 그녀를 보모에게 맡기고 떠나있었다. 페니는 언젠가 어머니에게 그 두 달 동안 자신을 본적이 있느냐고 물었다. 아마 아버지가 방문했을 때, 유아였던 페니를 데리고 왔다고 그녀는 생각했다. 오, 아니. 어머니는 대답했다. 페니는 너무 아파서 움직일 수 없었다.

그 때 페니는 자신의 청소년기 동안에 있었던 어머니의 자살 시도에 대해 이야기한다. 어머니가 방에서 문을 걸어 잠그고, 큰 병에 있는 알약을 삼킨 후에 이모를 불렀을 때, 페니와 어머니는 방에 홀로 있었다는 것을 나는 알게 된다. 아버지가 급히 집으로 왔다. 소방서에서 와서 문을 부셨다. 그리고 열네 살 난 페니는 홀에서 아무것도 보지 못한 채 웅크리고 있었다.

나는 두 이야기에 격분으로 가득 찼다. 나는 페니의 어머니를 살해하는 상상을 한다. 페니는 눈물을 흘리며 어머니의 외로움에 대해 말한다. 갑자기 그 시절이 온통 내 머리에 다가온다. 페니는 어머니에 대한 자신의 분노에 대해 두려워하기 때문에 패트의 격분을 조절하기 원한다고 말한다. 그녀는 그 생각에 깜짝 놀랐으나, 그것은 그녀에게 의미가 있다.

돌연 일관성 있는 그 시간에 대한 나의 경험은 일종의 K 안에서의 변형이다.[1] 그것은 재미있는 것이다. 왜냐하면 내가 제공했던 해석은, 진실하게 되는 것 외에, 물론 우리 작업에 대한 일종의 -K 공헌이기 때문이다: 내가 며칠 후에 대기실에 있는 페니를 보았을 때를 갑자기 깨달았을 때, 문제는 *이제* 어머니에 대한 페니의 분노가 아니라, 나에 대한 격노였다. 그녀는 무의식적으로 나의 두 주간의 휴가를 극도로 적절하지 못한 시간에 어머니가 유아를 떠나간 것으로 경험하고 있었다. 그녀가 어머니에 대해 여전히 온전하지 못한 상태의 의식적 분노에 내가 집중할 때, 나는 우리를 즉각적 상황을 확인하는데 더욱 가까이 인도했다. 그것은 나에 대한 페니의 분노가 있고 난 며칠 후에 나의 즉각적인 확인으로 인도했다. 그러나 첫 시간에, 그것은 그 순간에 대한 우리의 이해를 확장시켰다. 그리고 그것은 더욱 즉시 고통스런 정서들을 완전히 덮어버렸다.

1) 어떤 선택된 사건과 마찬가지로

사실 그 *어떤*any 새로운 지식이라도 그것이 말로 설명되는 순간 -K가 된다. 내가 페니의 연상들에 대한 작금의 암시를 즉시 확인했을지라도, 나의 해석은 여전히 우리 관계의 한 측면에 대해 단지 말할 수 있었을 뿐이다. 이것이 비온이 K를 지식이 아닌 개방적 태도로 여기며, 지식의 어떤 "조각"도 토대를 약화시키는 알아감knowing이 *아닌* 것으로 여기는 이유다.[2)]

O 안에서의 변형들Transformations in O

이해와 일치하는 단절된 요소들에 대한 경험은 자신에 대한 감각을 요동시키지 않는다. 나의 사례에서 주관적 경험은 어느 정도 즐거움을 누릴만하다. 나에 대한 페니의 분노를 내가 느꼈다면, 나는 그 파괴적 힘에 놀랐을 것이다. 그리고 나는 페니가 유아였을 때 그녀의 어머가 떠나갔던 방식과 동일하게 내가 그녀를 떠났던 무정한 능력에 부끄러워했을 것이다. 그 경험은 일종의 O 안에서의 변형일 것이다.[3)]

K 안에서의 변형은 우리가 우리 자신을 *보는 것*을 의미한다. 반면에 O 안에서의 변형은자기 자신이 *되는*being 경험이다. 자신에게 속한 이전에는 형태 없는 작은 조각이 단순히 알려지기보다는, 알려지지 않은 것과 잠재적 자기의 무한한 대양으로부터 무언가를 획득하고, 생동감 있게 다가올 때, 이전의 균형은 깨진다. 개인은 자신에 대한 새로운 감각을 재구성해야 한다. O 안에서의 변형들은 안정감을 저해한다. 비온은 그것들을 "재앙적catastrophic"이라고 부른다. O

---

2) 비온은 "K"를 모순된 방식으로 사용한다. 그의 작업이 발전하고 O의 개념에 더욱 집중할 때, 그는 마치 K를 알아감에 대한 열린 태도라기보다는 오히려 지식 그 자체인 것처럼 더 많이 K에 대해 말하기 시작한다. 나에게 그의 초기 강조(1962)가 후기보다 더 가치 있게 보인다.

3) 페니와 맺은 나의 상호작용에 대한 사례는 복잡하다. 분석가로서의 내 관점으로부터, 회기 안에서의 나의 경험과 해석은 일종의 O 안에서의 변형이다. 나는 페니의 연상과 심리 안에 있는 다른 요소들에 대해 생각하는 것을 통해 내 해석에 이르지 않는다. 오히려 나는 그녀 내부의 실제, 즉 페니의 O에 대한 강한 육감적visceral 경험을 통해 해석한다. 나는 그녀의 O가 *되었다*. 그러나 한 인간으로서 나의 이해와 해석은 K안에서의 변형들이었다. 왜냐하면 나는 나의 새로운 O를 경험하지 않았기 때문이다. 그것은 나를 반드시 괴롭히고 혼란스럽게 하는 경험이다. 왜냐하면 그 경험은 나로 하여금 내가 진짜 누구인지에 대한 나의 이해를 수정하게 하기 때문이다.

안에서의 변형들의 정서 상태는... 몹시 두렵다(Bion, 1970, p. 46). 이전에 한번도 살아나지 못했던 자기의 일부가 부상하여 우리 존재의 우주를 괴롭힌다.

이런 가정이 있어 왔다: K 안에서의 변형에 대한 하나의 저항 -올바른 해석에 대한 저항- 원인은 통찰이 자기에 대한 이런 혼란스런 경험들로 인도할 것이라는 불안으로부터 유래한다는 것이다. O 안에서의 변형들은 무언가 새로운 것을 만들기 위해 수정되고 파괴되고 있는 이전의 자기 구조 관점에서 볼 때 재앙적이다. 새롭고, 더 크며, 더욱 발전된 구조는 보다 넓게 나눌 인간의 생동감을 위한 공간을 제공할 것이며, 인간으로 하여금 보다 많은 세상을 보다 정확하게 보게 할 것이다. 그러나 알려진 안전한 것을 떠나는 것은 항상 두려우며, 혼란스럽고, 우리의 이어지는 상실뿐만 아니라 탄생에 대한 가장 초기의 육체적 기억을 건드린다.

사라의 즉각적인 자해환상 증세로 돌아가서, 나는 그녀의 이전 분석작업이 내가 위에서 묘사했던 K 안에서의 변형들을 용이하게 했다고 생각된다. 그 증상의 의미에 대한 해석들이 (그 해석들이 처음에 분석가나 그녀 자신에 의해 표현된 것과는 관계없이) 그녀의 의식적 자기를 환상들로부터 돌아설 만큼 충분히 강해지도록 도왔다. (나는 이런 해석들이 그녀의 "나"를 강화시키는 주된 요인이라고 결코 생각하지 않는다. 내가 믿기에, 그것들은 그녀의 "나"가, 자신의 분석 경험에 의해 여러 다양한 방식들로 강화되는 과정에서, 사용할 수 있는 도구들로 기능했다. 그 환상들은 어느 정도 덜 폭력적이 된 것이 가능하기까지 했다고 그녀는 말했다. 비록 그녀는 그에 대한 확신은 없었지만 말이다. 그녀의 언어 감각으로 변형에 대해 생각하면서, 그녀의 내적 구조의 본질은 그녀가 보다 강해졌다는 의미에서 변화되었다. 그러나 그녀는 더욱 많은 것을 원했다. 여전히 부족했던 것은 환상들이 표현했던 내적 실제에 대한 경험이었다고 나는 생각한다. 그런 경험은 O 안에서의 변형일 것이다. 우리는 오직 그 자체를 경험함으로써만 우리의 내부 실제의 한 측면을 통합할 수 있다. 그 실존에 대한 인지적 인식은 안내서나 지도로 기능할 수 있다. 우리는 그 실제를 소화시킴으로써 그것을 변형시키기 위해 실제로 그 영역을 방문할 필요가 있다.

프로이트는 이 사실을 기법에 대한 논문을 통해 전한다. 그는 억압된 경험에 의해 변화되지 않으면서도 그것에 대해 알고 있는 환자의 가능성에 대해 말한다. 프로이트는 이것은 다음과 같은 경우에 발생한다고 제안한다.

> 사고가 억압된 회상들이 이런 저런 방식으로 포함된 곳과 어떤 연결도 되지 않을 때, (그런 현상은 발생한다). 의식적 사고-과정이 그곳을 관통하여 그곳에 있는 억압적 저항을 극복할 때까지 그 어떤 변화도 가능하지 않다(Freud, 1913, p. 142).

우리가 본바와 같이, 그는 하나의 "장소place"로서의 무의식에 대해 매우 많은 것을 상상하고 있으며, 그의 형식은 승리에 찬 영웅 콤플렉스에 (우리가 얽힌 문제를 "풀거나" "제안하기"보다는 "관통하고" "극복하는" 곳에서) 사로잡혀 있다. 그러나 그는 비온이 O 안에서의 변형들이라는 개념으로 전했던 것과 동일한 상황에 대해 말하고 있다.

전이현상에 대해 논의하면서, 융은 치료작업의 깊이 안에서 그 관점에 대해 말한다. 치료작업에서 "책은... 파괴되어야 한다. '그렇지 않으면 당신의 가슴은 산산이 조각날 것이다.' " 그는 환자가 상상하는 상황에 대해말하고 있다:

> 일단 무의식의 내용들이 의식화되어 이론적으로 평가되면, 환자들은 치료작업의 목표에 도달했다. ... 우리의 동료 인간들뿐만 아니라 무의식에 대한 정의를 수행하려는 태도는 지식에만 의존할 수는 없다. ... 지적인 이해와 심미주의는 모두 감정이 개입될 때, 쉽게 붕괴될 수 있는 자유와 우월성에 대한 기만적이고 위험한 감각을 생산한다. 감정feeling은 항상 우리를 상징적 내용들의 실제와 의미로 묶는다. ... [치료작업은] 독서, 명상 그리고 인내뿐만 아니라 사랑을[요구한다](Jung, 1946, paras 486-90).

요구되는 것은 사랑으로 물든 관계 상황 안에서의 자신에 대한 정서적 경험이지, 진공 속에서의 자신에 대한 "지식knowledge"은 아니다.

위니컷(Winnicott, 1960)은 이렇게 은밀하게 퍼지는 "이해understanding"에 대한 과대평가를 참자기와 거짓자기에 대한 자신의 작업에서 탐구한다. 거짓자기와 동일시하는 사람은 거의 항상 그러한 자기를 마음에 둔다. 정서적 삶과 몸에 뿌리를 둔 참자기와 단절된 상태에서, 거짓자기 구조의 덫에 걸린 개인은 지성과 함께 사는 문제를 해결하려고 노력한다. 가슴보다는 장기organ에 더욱 많이 의존하는 지성은 결코 담겨질 수 없거나 길러질 수조차 없다. 지성은 또한 매우 흔히 비합리적이며, "논리적 타당성logic"에 영원히 저항하기도 한다. 단지 어려운 점은 가슴heart보다는 생각mind으로부터 사는 것은 인간에게 죽은 감정보다는 거짓된 감정을 남긴다는 것이다. 인간은 다른 모든 포유동물처럼 무엇보다 정서적 피조물이다. 하나의 경험을 *가진having* 후에, 그 경험은 신중하게 고려된다. 문제가 되는 경험을 이해하기 위한 시도에서, 우선 사고하기는 하나의 일상적 접근이지 아주 풍성한 접근은 아니다.

융의 중심적 공헌 가운데 하나는 정신의 징후학에 대한 종합적 의미에 대한 그의 이해에 있다. 증상은 그 기원을 향해 과거로 추적될 수 있다. 그러나 그것은 또한 미래를 향해 지시한다. 증상은 외상적 원인을 가짐과 동시에, 그 외상을 통해 작업하는 자기the Self에 의한 건설적인 시도를 드러낸다. 사라의 증세에 대한 환원주의적인 분석은 그녀의 자기애적인 어머니가 사라의 자기를 파편화시켰던 방식에 대해서 말할지도 모른다. 어머니의 자기애는 자신의 전체성을 딸에게 반영하기보다는 딸을 개선시키고 올바르게 하려고 끊임없이 노력하는 것이었다. 그것은 그녀의 부모가 무의식적으로 딸의 분노에 대한 표현을 금지함으로써, 정서가 자신의 자기에 거슬려 내부로 향하도록 하는 방식에 초점을 맞출 수 있다. 그렇지 않으면 그것은 어머니의 연약함을 매우 일찍 인식함으로써 자신의 공격성에 대한 공포를 배치시켜, 그 공격성을 어떻게 사라 자신에게로 되돌렸는가에 대해 말할 수 있다. 내가 제시해왔던 사라 증세-자기-혐오, 내적 죽음상태, 느껴지지 않는 정서적 고통-에 대한 해석들은 모두 환원적인 해석들로 시작된다.

그러나 아동기 경험에 의해 초래된 손상을 요약하는 것 외에도, 사라의 증세는 무언가를 생산해내기 위한 그녀 정신에 의한 건설적인 시도였다. 그녀의 환상 이미지들은 그녀의 정신이 그녀를 치유로 옮기고 아직은 참아낼 수 없는 고통의 영역을 경험하는 쪽으로 옮기기 위해 노력하고 있었다. 그 이미지들은 그녀의 내적 죽음상태에 도전하여, 그녀의 생동감을 확장시키려고 노력했다. 그것들은 보다 희망적인 형태로 그녀 자신을 재구성하기 위해 그녀의 날것raw material으로 그녀를 축소시키려는 시도를 표현했다. 일찍이 나는 분석 초기단계에서, 혹은 자기self의 심리적 변형에 대한 모든 시도의 초기 단계에서, 환자를 정화시키는 일에 집중하는 꿈 이미지들이 나타날 수 있다는 사실을 언급했다. 입문자의 변형에 영향을 끼치기 위해 시도하는 원시적 혹은 샤먼적 제의들에서, 정화purification는 거의 항상 샤먼의 준비작업들 가운데 하나다. 사라의 자기-파괴에 대한 매우 고통스런 이미지들은 존 돈John Donne의 시, "내 가슴을 두드리세요, 삼위일체 하나님이시여"를 상기시킨다. 존 아담스John Adams의 최근작인 현대 오페라 닥터 아토믹Doctor Atomic에서, 로버트 오펜하임은 자신이 세상에 부추기고 있는 무시무시한 악과 투쟁하면서, 세상을 파괴하는 이런 계획에 참여하는 것으로부터 순수해지기를 간절히 바라면서 이 시를 노래한다. 시의 한 줄은 "시인을 새롭게 만들기" 위해 신에게 그를 "깨버리고, 구부리고, 태우기를" 요청한다. 건설적 차원에서, 사라를 박해했던 환상들은 그녀로부터 악을 제거하고 그녀를 가치 있는 변형으로 만들기 위한 시도였다.[4] 결국 그녀의 환상들은 자기the Self가 그녀를 비온이 O 안에서의 변형이라고 불렀던 경험 속으로 인도하기를 원했던 방식들을 드러냈다. 우리가 사라의 증세에 대한 이런 건설적인 측면을 얼마나 이해할 수 있는가를 설명하기 전에, 나는 이런 경험을 보다 온전하게 묘사하고자 한다.

변형에 대한 융의 탐구Jung's exploration of transformation

분석의 모험은 O 안에서의 변형을 추구하는 것이다. (K안에서의 변형을 통한) 통찰은 내적 성장을 이끌어 낼 수 있다. 그러나 그것은 또한 그 내적 성장에 대항하여 방어할 수 있다. 아, 그렇다고 말하면서 환자는 자신의 지각이 분석가의 중요성을 경험하는 것에 저항하는 것을 반영한다는 것을 이해한다. 그러나 아무것도 변함이 없다. 그는 계속해서 늦게 나타난다. 환자는 자신에 대한 경험에 저항하

4) 독자는 이런 형식에 저항할 수 있다. 왜냐하면 그는 그녀에게 이런 증상을 남겼던 나쁜 부모양육의 무죄한 희생자로 사라를 상상하기 때문이다. 그러나 우리가 4장에서 탐구한 바와 같이, 사람들은 권력 콤플렉스의 "사악한evil" 요소들로 구성된 일련의 반-이성적인 무장을 함으로써 상처를 주는 경험들에 응답한다. 사라는 변형될 수 있기 전에, 권력에의 의존을 제거해야 한다.

면서, 그에게 그 경험이 저항을 강화시키는데 사용될 수 있는지에 대해 말한다. "성패가 달려있는 것은 실제reality에 대한 지식이 아니다. ... 실제는 그 자체가 알려지기에 적합한 어떤 것은 아니다. ... 실제는 되어져야 하는 것이 되어야 한다(Reality has to be 'been'). ..."(Bion, 1965, p. 148). 실제는 달리 말해, 경험되어야 한다. 삶은 살아내져야lived 한다. 자신을 아는 것은 좋은 일이다. 그러나 분석의 목표는 우리 자신이 되기 위해 우리의 삶을 온전하게 살려내는 것이다. O 안에서의 변형은 인간이 보다 실제적으로 되는 것을 의미한다. 우리의 희망은 분석관계의 호된 시련의 장에서 각 사람은 보다 커지고 자신에 대한 보다 위대한 책임성을 떠맡는다. K 안에서의 변형들이 자신에 *대해about* 더 많은 것을 아는 것을 포함한다면, O 안에서의 변형들은 자신의 더 많은 것들이 *되어가는becoming* 것을 포함한다. 두 변형들은 개인을 확장시킨다. 그러나 전자의 확장은 잠재적이며potential, 후자의 확장은 실현적이다realized.

융(Jung, 1963)은 이런 두 단계로 된 의식의 확장을 자신의 연금술 연구에서 탐구했다. 비금속을 금으로 변화시키는 것 외에도, 연금술사들은 "합일coniunctio"을 배치시키기 위한 노력에 대해 기술했다. 그것은 하늘의 왕과 여왕의 결혼, 즉 대극의 연합union of opposites으로 표현된다. 심리적으로 이것은 의식적인 "나"를 무의식의 어떤 면과 관련을 맺는 것을 의미한다. 융학파는 이것을 "대극을 껴안는 것holding the opposites"으로 부르며, 클라인 학파에 의해 "우울적 자리the depressive position"라는 정서적 경험으로 묘사된다. 초월기능transcendent function의 작용을 통해, 새로운 탄생이 대극의 연합으로부터 부상한다. 그것은 새로운 태도요, 새로운 존재 방식이다. 개성화 혹은 정서적 발달은 일련의 연합으로서, "나"의 측면들과 보다 큰 정신을 함께 묶어내며, 점차적으로 분화된 개인의 지속적인 출현을 가능하게 한다. 비온이 성장에 포함된 정서적 발달을 그리는 영웅적 용어들로 말하는 곳에서, 융은 성관계, 임신과 출산이라는 생물학적인 이미지를 사용한 연금술사들을 따라, 그 경험에 대한 어찌할 수 없는 상태를 강조한다. 그 무기력한 경험에서 발달이 "일어나고happen", 통찰이 "부상하며emerge", 자신의 의지에 대항하여 새로운 존재 방식들이 자신을 붙잡는다.

연금술사들은 합일coniunctio을 세 단계의 발달로 그려냈다. 그 가운데 두 단계만 여기서 우리의 관심을 끈다. K 안에서의 변형들과 평행을 이루는 첫 번째 단계에서, 머리와 몸은 분리된다. 무의식에 의해 맹목적으로 이끌려서 알려지지 않은 정서들을 방출(행동화, 신체화, 자신의 사고를 넘어서려는 행위 등)하는 대신, 개인은 자신의 감정들에 대해 생각할 수 있게 되며, 자신의 행동들에 대해 의식적 결정을 하게 된다. 이것은 "그 본질이 영혼soul에 상해를 입히는 커다란 고난과 슬픔으로부터 온 '이해'의 분리다"(Jung, 1963, para 730).[5] 그것은 진실의 영spirit에 의해 "의식의 확장과 영혼운동을 관리하는 방식"을 포함한다(ibid., para 742). 우리는 이전의 합리적인 패턴들에 내맡긴 채, 세계에 대한 왜곡된 관점 안에서 맹목적으로 살기보다는 우리 자신의 콤플렉스에 대한 관점을 얻는다. 과거의 패턴들은 구현된 자기-기만들이 자기와 다른 사람들에 대한 객관적인 인식들이라고 상상하는 것이다.

이런 첫 단계를 성취하는 것은 외부 삶의 질을 향상시키지만, 육체와 세상을 죽게 한다. 개인은 자신의 탐욕을 안다. 아마 그래서 물질적이거나 비물질적인 소유물에 대한 끝없는 탐구를 실현하기 보다는, 그것을 조절하려고 할 것이다. 그러나 이런 부정적인 경험은 자기를 살려내기보다는 제한한다. "이제야 나는 나의 탐욕을 본다. 그리고 그것을 알고서야 나는 더 이상 단순히 그것을 행동으로 옮길 수 없다. 나는 '당신은 해서는 안된다Thou shalt not'는 율법으로 가득 차 있다." 육체의 취향은 예속되고 담기는 것이다. 위에서 언급된 영혼과 육체의 구별을 기억하는 동안, 영혼은 육체로부터 분리되었고, 영에 의해 정복당해 왔다. 영혼은 "무심한 투사를 철회함을 통해 육체의 노예상태로부터 해방되었다. 그 투사에 의해 우리는 우리 주변의 실제와 우리 자신의 고유한 성격에 대한 이미지를 형성해 왔다"(ibid., para 739). 인간은 이전의 편안한 환상들을 벗겨냄으로써 자기 자신과 다른 사람들을 알기 시작한다. 사라의 불평은 그녀의 핵심적 증상과 관련하여 첫 번째 단계가 완성되었다는 것을 보여주는 것 같다. 그러나 그것은 새로운 차원의 생동감을 가져오지 못했다. 그녀는 자신에 대해 무언

---

5) 융의 주장을 이해하기 위해, 영혼soul은 영spirit과 구별되어야 한다. 영혼은 상상, 열정, 환상의 세계 안에 산다. 그것은 정신병리와 고난의 자리다. 그것은 여성적이며, 밤, 죽음, 달과 연결되어 있다. 영은 빛, 불, 바람으로 채워져 있다. 그것은 빠르고, 남성적이며, 능동적이고, 분명한 구별을 지향하며, 초월성이며 순수성이다. 영혼이 경험의 육체적 세계에서 수영하면서, 그 자체의 우주 안에서 어둠, 쇄망, 신비-모든 것을 위한-의 장소를 찾는다면, 영은 물질을 초월하기 위해, 정신병리와 죄를 떨치고 순수해지려고 노력한다(Hillman, 1975).

가를 알았다. 그러나 그녀는 *실제로really* 변하지 않았다.

두번째 단계의 합일(O안에서의 변형)은 머리와 육체를 새로운 차원에서 다시 결합한다. 초월기능에 의해 말해진 소위 "살아있는 탄생living birth"이 공표된다. 영혼은 육체와 다시 결합하고, "만물세계"에 무조건 넘어가도록 해서는 안된다. 그러나 물질적 재산, 야망, 감각적 경험 등으로 구성된 만물세계는 포함되어야 한다. 이것이 삶에 묘미를 부여하는 양념이다. 물질은 첫 번째 단계에서 획득된 진실The Truth의 비전과 어우러져야 한다. 이제 정신의 *실제reality*는 흡수된다. 내가 나의 탐욕을 알아차리기 전에 그것을 담아내려고 했던 반면, 이제 나는 나의 내부에 있는 그 힘을 경험하고 겸손하게 된다. 첫 번째 단계에서 우리의 콤플렉스에 대한 통찰을 발달시켰다면, 두 번째 단계에서 우리는 그 통찰을 삶으로 가져와서 살려낸다. 콤플렉스의 요구들은 경험되고 담겨져서, 콤플렉스의 에너지로 하여금 보다 의미있는 방식으로 소통되게 한다. 이것이 사라가 추구했던 변형으로서, 그녀의 고통스런 이미지를 점화시켰던 에너지를 더욱 건설적으로 소통하게 하는 일종의 방향수정이다.

합일coniunctio을 여러 단계로 나누는 것은 인위적이다. 그 단계들은 지속적으로 상호작용을 한다. 작은 통찰이라도 얻어진다. 하나씩 하나씩 살려지기 시작한다. K 안에서의 작은 변형은 O 안에서의 작은 변형을 촉발한다. 나는 나의 탐욕에 대해 무언가를 확인한다. 나는 내 몸안에서 어떤 충격을 느낀다: 오 나의 주님이시어. 나는 탐욕스러워지고 있습니다! 자기-조절로 인도하지만 활력을 주지 못하는 단순한 확인은 죽일 수 있는 반면, 두 번째 단계는 살려 낸다. 탐욕스런 행동을 금하면서, 삶을 위한 에너지는 힘차게 나아간다. 자신의 분노에 대한 페니의 두려움과 함께 한 나의 경험으로 되돌아가서 말하자면, 첫 시간에서의 K 안에서의 나의 변형은 두번 째 시간의 보다 깊은 K 안에서의 변형을 위한 길을 포장했다. 두 번째 시간은 나로 하여금 휴가를 가도록 했던 무심한 역량을 내가 *느낄feel* 수 있는 곳, 즉 O 안에서의 변형을 위한 문을 열었다.

캐롤Carol이라고 부르는 비교적 최근의 환자는 한 인문학 분야의 젊은 대학교수였다. 그녀는 프로이트 작업의 대부분을 읽어 내면서 프로이트를 연구하고 있었다. 그녀는 융의 *인간과 그의 상징들*(*Man and His Symbols*, 1964)을 포함한 약간의 융학파 문헌을 읽었다. 그녀는 확실히 무의식의 실존에 대해 알고 있었다.

그녀가 어느 날 세상에 대한 사랑의 열망에 대해 말할 때, 나는 (대부분 이해 가능할 정도의) 더욱 이기적인 것들에 흥미를 지닌 그녀 내부의 다른 기류들에 대한 수많은 무의식적인 말들을 들었다. 그에 대해 내가 약간의 주석을 했을 때, 그녀는 나를 실망한 눈으로 봤다. 그녀는 짜증내면서 이렇게 물었다: "그것은 내가 알지 못하는 나의 일부를 의미하나요?" 깜짝 놀라 내가 대답하길, "물론 모든 사람이 그렇죠." 이런 매우 기본적인 사실이 그녀에게 알려지지 않았다는 것을 나는 결코 상상하지 못했다. 그리고 물론 그것은 그녀가 모르는 것은 *아니었다*. 또한 그것은 이 순간 이전에 그녀에게 실제로 *알려지지known* 않은 것이었다. 그리고 그 시간의 전체적 음조는 그 시점 이후 변했다. 이것은 일종의 O 안에서의 조용한 그리고 강력한 변형이었다.

그러나 발달은 이런 순서로 진행되지 않을 수 있다. 가끔 O 안에서의 변형은 K 안에서의 변형을 앞선다. 분석가가 볼에 한 작은 반창고를 대고 나타나자, 환자는 복부에 갑작스런 어지러운 공허감을 느낀다. 환자는 바로 직감했다: 그 상처는 조직검사의 결과이자 동시에 분석가는 자신이 알고 있는 것보다 자신에게 더 중요하다는 것을 신선하게 알려주는 공포의 결과다. 자신의 취약함에 대한 육체적/정서적 경험 – 다른 모든 것보다 더 알지 못하는 자신의 일부 – 은 그것을 기록할 구술적 통찰로 인도한다. 다시 우리 관심의 배경 안에 있는 사라를 염두에 두면서, 수잔Susan이라고 부르는 여성에 의해 경험된 O 안에서의 변형에 대한 더욱 세밀하고도 극적인 사례를 보자.

수잔Susan)

대학 교수인 35세인 수잔은 자신의 어머니가 불안 가운데 결코 머무를 수 없었다는 사실을 최근에 알았다. 최근 몇 달 동안 그녀는 이런 현상이 자신의 유아기에 반드시 상당한 역할을 했을 것이 틀림없다는 자신의 감각에 대해 말했다. 이런 것들은 그녀에게 자신이 이상화시킨 어머니의 잔재를 허물었던 새로운 생각들이었다. 이런 관점은 일종의 K 안에서의 변형을 표상했다. 그것은 어머니의 돌봄에 대한 통찰이지, 그녀 자기의 확장된 경험은 아니다. 그녀가 어머니의 한계성들에 대한 감정들을 가지고 있었지만, 그 감정들은 본질적으로 유아적은 아니었다. 그녀는 정서적으로 어머니의 눈에 띄지 않은 공포에 질린 유아처럼 느끼지는 않았다. 그녀는 그 유아에 대한 성인의 연민을 느꼈던 것이다.

일주일에 세 번 만나는 회기의 마지막 시간에, 수잔은 한 꿈에 대해 말했다: 그녀는 꿈 속 집 지하실로 내려갔다. 그녀가 올라왔을 때, 깜깜한 어둠 속에서 한 그림자 같은 여성이 그녀에게 틱을 치료하기 위해 탐색할 필요가 있다고 했다. 그 여인은 빛 쪽으로 향하여, 수잔의 몸 전면이 꿈틀거리는 용암, 달걀들 그리고 거미줄로 된 녹색을 띤 흰색 필름으로 덮여있는 것을 보여주었다. 수잔은 두려워서 깼다. 그 시간 마지막 즈음에 나는 그 꿈이 우리가 파헤치고 있었던 문제의 범위를 그리고 있다고 제안했다. 수잔은 고개를 끄덕이면서 나의 주석에 의해 담겨지는 것을 느낀 것 같았다. 그러나 다음 주 첫 시간에, 그 주간 내내 그녀는 내가 한 말을 기억했고, 내가 그녀를 이기고 있었음을 느꼈다고 했다. 그 말은 그녀가 나보다 열등하다는 것이었다. 이렇게 느꼈을 때조차도, 그녀는 자신의 감정을 약간 미친 것으로 생각했다고 말했다,

이 두 번째 주일 두 번째 시간에 수잔은 또 다른 꿈에 대해 말했다: 배경에 있는 어머니와 함께, 그녀는 "나를 보세요 !"라고 말하면서 깊은 호수로 뛰어들었다. 그녀는 단 하나 밖에 없는 7세된 딸을 연상해냈다. 그녀의 가장 친구인 베티는 물론 단 하나 밖에 없는 아이로 장애가 있었다. 그 두 아이들은 그들이 할 수 있는 방식으로 각각 어머니의 관심을 끌기 위해 경쟁하면서 스스로 자매관계를 잘 유지했다. "나를 보세요. 나를 보세요"라고 외치면서, "누구를 가장 사랑하시나요 ?" 묻곤 했다. 수잔이 장애인 아이를 아무리 좋아하려고 해도, 실패했다. 딸의 장애가 불쾌감을 주면서 그 애를 향한 거부와 증오 감정이 그녀를 공포에 질리게 했다. 이제 계속된 고통스런 상황에 대해 상당한 정동affect으로 말하면서, 수잔은 갑자기 자신의 어머니가 수용할 수 없었던 자신의 일부가 마치 베티처럼 상상되면서 몹시 불쾌하며 혐오스럽다고 생각했다. 그에 대해 말하면서 수잔은 통제 불가능할 정도로 소리 질러 울었다. 그녀는 격렬하게 전율을 느끼며 내 담요로 자신을 덮었다. 그럼에도 그녀는 내적 한기로 인해 계속해서 이를 갈았다.

나는 이렇게 제안했다: 내가 주말에 걸쳐 그녀를 떠나 있을 때, 어머니가 그

녀에게 한 것처럼 내가 그녀를 밀봉하고 있었던 것처럼 그녀가 느꼈다는 것이다. 그녀는 그 감정을 꿈에서 혐오스러운 거미줄과 벌레들로 그려진 문제의 범위에 대한 나의 주석과 일치시켰다. 이제 수잔은 더욱 격렬하게 몸을 흔들고 약간 일관성 없이 말하기 시작했다. 그녀는 이런 식으로 말했다: "오, 아니오. 아니에요. 그건 사실이 아니에요. 나는 확실히 그렇게 느끼지 않았어요. 나는 그와 같은 무언가를 생각한다는 것은 용납할 수 없어요. 내가 그렇지 않다는 것을 알고 있습니다." 이런 정신이 없고 무질서한 부인denial은 3-40초 동안 계속되었다. 다음날 그녀는 싸울 듯한 자신의 말에서 그 부인의 본질이 나의 해석을 확증한 것이라는 것을 깨달았다고 했다.

이 시간은 O 안에서의 일련의 두 가지 변형들을 담고 있다. 첫 째 안에서, 통찰(K안에서의 변형)과 심리적 성장(O안에서의 변형)은 함께 가면서, 서로를 강화하고 진척시키더라도, 성장은 그 반대보다는 더욱 많은 통찰을 촉발시키는 것처럼 보였다. 그녀가 베티에 대한 반감을 묘사할 때, 수잔의 고통은 그녀의 정서와 지성 사이의 전쟁을 표현했다. 그 아동은 육체적 정신적 장애가 그녀로 하여금 할 수 있는 한 최선으로 적응하게 한 단지 한 작은 소녀임을 그녀는 알고 있었다. 삶을 심각한 장애로 시작하면서, 베티는 부가적인 관심과 배려를 받아야 "했다should". 그러나 수잔이 제공해야 할 진정한 관심은 부정적이었다. 그녀는 아이가 "당연히 누려야 할deserved" 사랑의 감정을 *가지고have* 있지 않았다. 수잔의 내부 갈등은 마치 지진을 일으키는 지질학적 결점 같았다. 그녀가 베티에 대한 자신의 반응에 대해 속상함을 묘사할 때, 그것은 지진활동처럼 우르렁거렸다. 이런 격변 안에서 흔들리는 내부 구조는 붕괴되었다(O 안에서의 변형). 그 순간 수잔은 베티가 자기 어머니의 맹목성에 의해 말살된 자신의 보이지 않은 부분을 상징한다는 사실을 깨달았다. 이런 통찰은 결과적으로 내적 지진을 강화시켰다.

두 번째 변형은 본질적으로 더욱 재앙적일지라도 분명히 수잔의 통찰을 확장시켰던 전이 해석으로 이어졌다. 어머니가 돌본 자신의 유아 자기에 대해 그녀가 지난 수개월 동안 몰입하고 있었던 생각들은 자신이 이상화한 어머니 이미지를 약화시켰다. 나의 해석은 이제 그녀가 나를 이상화해온 이미지를 약화시켰다. 이런 두 종류의 이상화는 동일한 내부 구조를 반영한다: 그것은 분열에 기초하는 자기애적 구조물이다. (수잔의 "좋은" 부분은 그녀 어머니/분석가와 "완벽한" 짝을 이룬 반면, 베티가 구현한 "나쁜" 부분은 그녀 어머니/분석가에 대한 불완전하고 결국 무시된 측면과 연결된다. 완벽한 어머니/분석가는 신이며, 혐오스럽고 기형의 아동은 벌레다.) 이런 자기애적 구조는 완벽한 다른 쪽과의 일치를 통해 완벽함을 성취하고자 하는 수잔의 소망을 반영했다. 완전을 향한 그녀의 열망은 (그리고 그와 동반자로 보이는 강인함은) 내적 분열의 원인이 되면서 동시에 그것을 강화한다. 이는 다른 사람들이나 자신을 정확하게 인식하는 그녀의 능력을 왜곡한다.

이런 경험 후에, 수잔은 베티에 대한 무미건조함이 덜어졌다. 가끔은 그 소녀에 대한 사랑스런 감정들이 어색한 모양새를 만들기까지 했다. 수잔은 이전 수 십 년간 분열시켜왔던 자신의 일부를 이제 받아들였다.

사라 Sarah

이제 사라와 그녀의 자기-파괴적 환상들로 돌아가 보자. 8년간에 걸쳐 일주일에 세 번씩 하는 분석에서, 사라는 이전에 자신이 할 수 있었던 것보다 더 깊이 자신에게로 하강했다.[6] 나와 함께한 작업에서, 사라는 약 18개월 동안 지속되었던 깊은 차원의 자살 충동적 경험으로 풀려나갔다. 비록 그녀는 가족과 일터에서 지속적인 기능을 해왔을지라도, 그녀의 시간들은 자신의 삶을 끝내기 위한 강한 소망들로 가득 찼다. 그녀는 내 사무실로부터 한 만bay을 떨어져 살고 있기 때문에 약속시간을 지키기 위해 다리를 건너야 한다. 그녀는 차를 멈추고 뛰어내리고 싶은 충동들에 대해 말했다. 그것은 그녀가 다리를 건널 때마다 올라왔던 충동들이었다. 그녀의 삶에서, 그녀는 해안을 따라 달리는, 바람 많은 쭉 뻗은 고속도로 위를, 대양위에서 높이 날듯이 여행했다. 그녀가 일상적으로 운전했던 새 차보다는 가족의 오래된 차를 택하는 술책들이 그녀가 절벽에서 다이빙하는 것을 상상할 때 사라를 에워쌌다. 그녀가 자살함으로써 가족들에게 야기시킬 고통에 대한 분노는 결국 그녀로 하여금 사고로 쉽게 해석될 것이라

6) 내가 그녀의 이전 분석가보다 "더 좋은better" 분석가라고 생각하지 않는다는 점을 강조하고 싶다. 어떤 분석가라도 다른 이전의 분석가보다 더 깊어질 수 있다. 왜냐하면 그것은 이전의 작업을 토대로 건설되며, 이전의 분석가와 함께 시작할 때보다 더 성장한 환자와 더불어 시작하기 때문이다.

고 상상했던 방식으로 자신을 죽이는 계획을 세우게 했다. 그녀는 자신의 계획을 나에게 말하지 않았다. 그것은 확실히 나 역시 그녀의 죽음을 사고로 상상할 것이라는 (가장 비현실적인) 희망이다. 사라 인생에 있어 위험은 매우 실제적으로 보였으며, 이것은 나에게 매우 어려운 시기였다. 그러나 자신을 자르고, 태우거나 분쇄하는 지속적인 환상 아래 놓여있는 실망 속에서 그녀가 오랜 기간 몰입한 것은 시간이 흐르면서 효과가 떨어졌다. 그녀의 자기-파괴적 이미지는 자살 계획과 더불어 희미해졌다. 우리가 분석을 끝낸 지 8년 후에, 사라는 한 위기를 다루기 위해 잠시 되돌아왔다. 그때 그녀는 나에게 변화들을 견딜 수 있었다고 했다. 그녀는 종종 이전의 자기-파괴적인 형상이나 인생은 살 가치가 없다는 감정을 희미하게 되새겼다. 그러나 이런 정서들이 올라올 때, 그것들은 더 이상 도전적이거나 지속되지 않았다. 그녀가 추구했던 변형은 일어났다. 사라가 그 변형을 "성취했다"는 것을 상상하기보다, 나는 오히려 그녀가 자신의 증세를 가속화시켰던 커다란 고난에 복종했다고 말하고 싶다. 그것은 상징적으로 아이탄생의 고난으로 그려지는 고난이다. 그 고통을 통해, 사라는 더 충만한 자기를 탄생시켰다. 실망은 삶을 위한 에너지로 변형되었다.

내가 위에서 제안한 것은 진퇴양난에 빠져 있는 사라를 반복적 형태로 박해했던 자기-공격적 이미지들은 다른 것들 사이에서 사라를 발달시킬 수 있는 상위 수준의 자기 측면에서의 건설적인 시도들이었다. 그것들은 그녀 내부에 있는 이질적인 몸들처럼 잠복해있는 베타 요소들의 집합체를 철자화시키려는 시도들이다. 그러한 베타 개념을 O 안에서의 변형이라는 생각으로 통합시키는 것은 이제 가능하다.

베타 요소들은 인간의 상상력을 초월해 있는 경험들의 잔여물이다. 개인은 그것들을 수행할 수 없었다. 왜냐하면 개인은 충분히 큰 내적 담는 것container을 제공할 만족스러울 정도로 강력한 알파 기능이 없기 때문이다. 누군가 더 큰 담아내기 능력이 있다면, 그는 그 위대한 인간에게 의심 속에서 견딜 수 없는 경험을 부여하기 위해 투사적 동일시를 사용할 수 있다. 단순히 견딜 수 없는 경험을 의문 속에서 참아내고 그것으로부터 살아남으로써[7] 해석활동에 반드시

7) 여기서 "살아남기surviving"라는 말은 분석가로서 계속적으로 잘 기능한다는 것을 의미하는 것이지, 단순히 계속해서 숨을 쉰다는 것을 의미하지 않는다.

개입하지 않고, 분석가나 다른 도우미는 철자화가 전제하는 담아내는 능력을 확장한다. 그것은 결국 개인으로 하여금 다루기 힘든 베타 덩어리로부터 알파 요소들을 창조하기 시작하게 한다.

사라에게 그녀가 변형할 수 없었던 베타 요소들은 실망으로 포화된 유아기적 경험들의 잔여물이다. 그녀가 자살에 몰입했던 기간 동안, 자신에 대해 말해진 이야기가 올라왔다. 그녀의 여동생은 사라의 세 번째 생일 바로 다음에 태어났다. 그리고 새 아기는 첫 세 달 동안 심각한 복통을 앓았다. 사라의 어머니는 그녀에게, 새 아기는 쉴 새 없이 매일 열여섯 시간 동안 울었다고 했다. 다행스럽게도 유아는 매일 밤 아홉 시간을 잤다. 그러나 낮 동안은 꽉 찬 울부짖음이었다. 사라의 어머니는 그 기간 동안 사라에게 완전히 유용한 존재가 되지 않았음이 틀림없다. 그것은 부모의 관심이 새로운 경쟁자에 의해 대체된 어떤 아이에게서도 요동치는 일상적이고도 강력한 정동을 강화한다. 그에 더하여, 사라는 부모처럼 유아의 평온하지 못한 울부짖음으로 가득 찬 끝없는 시간들을 참아내도록 강요받았다.

어느 날 사라의 어머니는 여자청소부에게 그녀를 맡기고, 산보삼아서 새 아기를 유모차에 태웠다. 그녀가 돌아왔을 때, 사라가 높이 올라간 아파트 빌딩의 침실 창문을 넘어가려고 애쓰고 있었다. 거기서 사라는 난간에 쭈그리고 앉아 있었다. 보도 옆에는 많은 가게들이 있었다. 두 명의 경찰관을 포함한 군중들이 불안한 자세를 하고 있는 걸음마 아기를 보기 위해 모여들었다. 겁에 질린 사라 어머니는 아래층에 남아 아기가 "떨어지면" 받을 준비를 하면서, 경찰관에게 그 아파트로 올라가라고 했다. 경찰관이 꼬마 아기를 안전하게 잡아당겼다. 그러자 그녀의 부모는 심리적으로 순진한 여느 사람처럼 사라 행위의 정서적 의미를 숙고할 필요를 느끼지 않았다. 그러나 분석 상황에서, 그 사건은 중요한 반향을 불러 일으켰다. 그것은 삶의 가치에 대한 그녀의 실망이 아주 어린 시절, 아마 여동생이 출생하기 이전까지를 포함한 경험에 뿌리를 두고 있다는 것을 암시한다.

아래층에서 그녀를 붙잡으려는 어머니의 망상적 계획이 보여주듯이, 사라의 부모는 그녀를 분명히 사랑했다. 그러나 그와 같은 의도는 또한 어머니 자신의 알파 기능이 얼마나 제한적이었을까에 대한 무언가를 보여준다. 도로에서 멀리 떨어진 딸의 공포스런 광경을 접한 후에, 어머니는 아이를 구하기 위한 완벽한 계획들을 재분류했다. 적어도 대비책으로 경찰의 현실적인 개입이 실패하는 경우가 발생하더라도 말이다. 어머니에 대한 사라의 경험은 자녀의 고통스런 정서를 줄기차게 "제거하는disappeared" 사람에 대한 경험이다. 그것은 단순히 아이들에게 자신들이 "상상하기에imagined" 무엇을 느낀 것에 관계없이 아무것도 느끼지 않았다고 말하는 것이다. 이런 분위기 속에서, 삶의 가치에 대한 사라의 의심은 그것들을 지워버리려는 어머니에 의해서는 처리될 수 없다. 그런 어머니는 고난을 통해 아이의 관심을 변형시킬 수 있는 능력이 없다. 사라의 의심들이 처리되지 못한 채 유아적 자기로 내팽개쳐질 때, 그것들은 그동안 보여지고 유지된 그녀의 참자기의 가능성에 대한 실망으로 커나갈 것이다. 어머니의 공감적 공명이 가져올 지지의 결핍으로 인해, 사라는 어머니가 밀봉해버림으로써 실제로 확대시켜왔던 그 실망과 더불어 아무것도 할 수 없었다. 그 아기는 자신의 내부에 무력감을 단지 저장할 수밖에 없었다. 대체로 변형되지 않은 베타 요소들 형태로 말이다.

사라가 유용한 알파기능을 가지지 못한 것은 아니다. 환상적인 자기-공격은 다양한 요소들을 상상하는 것으로 보일 수 있다. 사라 어머니의 정서적 비투과성은 그녀(어머니)의 전능한 방어들로 유지되었다. 사라는 그런 방어들을 자신의 실제 존재에 대한 난타식 공격으로 경험한 것이 틀림없다. 사라가 어머니의 갑옷을 꿰뚫기 위해 시도했을 때, 아마 어머니의 무정한 조건이 격렬한 사라의 환상들을 배치시켰을 것이다. 그 환상들의 살인적인 격분은 어머니를 필요로 했고 또한 사랑했던 무기력한 아기와 아동에게는 무시무시했을 것이다. 이런 딜레마에 대한 가장 단순한 해법은 사라가 그 이미지들을 자신에게 되돌리는 것이다. 의문 가운데 있는 환상들은 결국 시작 단계의 정서들이 이미지로 변형되는 것을 나타낸다. 가공되지 않은 정서적 경험은 예비적 단계에서 철자화되었다. 그러나 대부분의 이미지들은 한 때 사라가 견딜 수 없는 감정을 처리하는데 도움을 주었다. 그것들은 이제 반복적이고 고착화되었다. 환상들은 현재 진실한 꿈이 아니다. 비록 한때는 그녀의 유아 자기로 하여금 참을 수 없는 상황을 견디도록 도와주었지만 말이다. 이제 그것들은 사라에게 인생의 실망뿐만 아니라 경이로움을 열어주기보다는, 그녀의 발전을 가로막음으로써, 어떤 심리적 효과도 성취하지 못했다. 그녀가 꿈작업에서 알파기능에 의해 생산된 파괴적 이미지들을 사용할 수 있기 전에, 그녀의 알파기능은 그 밖의 누군가의 지원으로 확장될 필요가 있었다. 우리가 사라의 실망 혹은 우리가 결국 도달했던 그 기원에 대한 확장된 이야기를 묘사하기 위한 명칭들을 발전시키기 전까지도, 나는 그녀의 알파기능 안에 있는 점진적인 성장을 지지하기 위해 공감적으로 그 실망을 공유했다. 그녀의 알파기능은 결국 이미지들의 기저를 이루는 죽음 소망이 완전하게 발달한 공포스런 18개월의 경험 기간으로 우리를 인도했다. 그 기간은 증상 뒤에 있는 절망감으로서 일종의 O 안에서의 기나긴 변형이었다. 사라는 이미 자신의 낙담한 자기에 *대해 알게* 되었다. 이제 그녀는 그것을 *살려냈다lived*.

그녀가 실망을 살려낸 것은 나의 안아주기가 강화시켰던 확장된 알파기능에 의해 가능했던 O 안에서의 변형이다. 내사를 통해 우리의 경험은 사라의 알파기능의 성장을 지지했다. O 안에서의 변형들과 정신의 꿈꾸는 능력은 그것들이 발달할 때 서로에게 의존하고 서로를 양육한다. 그것들은 비온이 공생적 관계로 부른 것으로서, 그 안에서 두 심리 기능은 함께 작용하면서 서로의 성장을 조성한다.

맺음말 Conclusion

정신의 꿈꾸는 기능과 O 안에서의 변형들에 대한 비온의 개념들을 염두에 둔다면, 치료자로서의 우리 역할에 대한 이해는, 치료는 환자에게 자기 자신에 대한 무언가를 말해주는 것으로부터 부상한다는 생각으로부터 멀어진다는 것이다. 단순히 무언가를 지적으로 의식화시키는 것은 의미 있는 활동은 아니다. 그리고 분석이 무언가를 제공할 수 있다는 우리의 희망 역시 변한다. 환자가 "더욱 의식적이" 되거나 "더 잘 적응하게" 되기를 기대하는 대신, 우리는 환자가 자신의 인생 경험의 충만함을 향해 개방적이길 기대할 수 있다. 분석작업이 효과가 있을 때, 환자는 더욱 생동감이 있을 것이며, 점차적으로 우리가 알고 있는 것보다도 훨씬 더 많은 것들이 항상 발생하고 있는 방식을 깨닫게 된다. 그리고 그는 점차 "그 더욱 많은 것들more"이 구성하고 있는 것을 조사하는 무시무시한 과정을 선택할 수 있다. 자신에 대해서 보다 많은 것을 단순히 앎으로써 자신과 세상에 대한 더욱 정확한 그림을 가지는 것 보다는, 경험의 질이 깊이를 더할 것이며, 옳고 그름의 문제들로부터 강조점과 충만함intensity and fullness의 문제들로 옮겨갈 것이다. 환자는 분석을 끝냈을 때 결코 "더 잘 적응하지" 않을 수 있다. 그는 더욱 변하게 될 수 있거나, 다른 사람의 의견으로부터 더 독립적이 될 수 있다. 희망적으로 그는 제 시간에 자신의 특별한 리듬으로 자신의 고유한 길을 가게 될 것이다.

알지 못함에 토대를 두고 즉각적인 순간의 충만함에 자신을 열어두기 위해 작업하는 치료자는 그와 동일한 변화를 경험할 것이다. "올바른" 해석을 만들어내기 위해 애쓰는 대신, 그녀는 자신의 고유한 생동감의 충만함 속으로 내려가기 위해 노력할 것이다. 그리고 치료자는 자신을 환자가 전하는 무의식에 열어두려고 노력할 것이다. 그녀의 치료작업은 활발해지고 더욱 흥미있을 것이다. 그녀의 삶이 그렇게 될 것처럼 말이다.

알아감Knowing의 세계를 대신할 수 있는 신앙Faith의 영역으로 돌아가서 말하면, 신앙은 다음과 같은 것을 포함한다.

> (신앙은) 알기 위한 투쟁뿐만 아니라, 어떤 점에서 자신의 참 자기true self가 되는 것, 현재의 자기와 앞으로 될 수 있는 자기의 모든 것과 더불어 여행하는 것, 자신을 통해 자신의 존재의 근원과 만나는 것을 (포함한다). 이것은 우리가 중간적 존재라는 사실과 더불어, 그리고 확실성은 분명한 접근을 초월하지만, 이런 시도가 부족한 모든 것은 재앙의 전조가 되며 자기-손상self-crippling이라는 지식과 더불어 시작된다. 그 자체를 감당하는 것은 지속적인 재-창조 안에 있는 것을 포함한다(Eigen, 1981, p. 425).

이것은 O 안에서의 변형들의 세계다.

O에 대한 비온의 개념은 정신의 신비에 대해 그가 탐구한 한 측면이다. 위니캇 또한 그의 글에서 그 신비를 맴돌았다. 코헛은 자기self의 정의할 수 없음

indefinability을 묘사할 때 정신의 신비를 향해 손짓한다(Kohut, 1977). 융은 정신분석 세계에서 격렬하게 거부당했다. 그것은 부분적으로 그의 반-프로이트 입장 때문이지만, 부분적으로는 그가 단도직입적으로 신비적이기 때문이다. 집단과 정신증에 대한 비온의 초기 작품에 대한 가치를 인정하는 정신분석가들은 알 수 없음unknowability의 영역을 캐내는 후기 작업을 피한다.

모든 인간들은 확실해지려는 -K 소망과 진실에 대한 호기심 사이에서, 자기-만족을 위한 자기애적 소망과 독립적 관계를 위한 원초적 열망 사이에서 찢기는 아픔을 겪는다. 진실은 *알려질known* 수 없다. 이런 진실은 삶의 근본적인 신비로서 오직 짧은 순간만 견딜 수 있으며, 단지 사랑하는 관계 상황에서만 용납될 수 있다. 우리는 본질적으로 세상에서 길을 잃고 방황하며, 심지어 우리 안에 속한 것과 외부에서 온 것을 분별할 수 없으며, 우리가 누구인지 그리고 다른 사람이 누구인지 구별해 낼 수 없다. 이것이 암시하는 취약성 수준은 엄청나다. 그리고 우리는 그에 대한 온전한 경험으로부터 우리 자신을 맹렬하게 보호한다. 근대 물리학이 우리에게 우주 본성의 근본적인 신비에 대해 가르쳤던 것은 아원자subatomic 입자뿐만 아니라 우리에게도 적용된다는 사실을 인정하는 것은 매우 혼란을 야기한다.

심층심리학의 세계에서, 자기애적 -K 에너지는 통찰에 대한 널리 확산된 집중에서 드러난다. 그것은 환자와 분석가가 서있는 토대를 전복하는 경험보다는 덜 위협적으로 느끼는 어떤 것이다. 방향감각이 없는 이런 경험들은, 오직 관계 상황에서만 나타날 수 있는 O 안에서의 변형들로서, 분석작업의 핵심이다. 그러나 그것들이 (분석가보다는 환자 안에서 더욱) 직접적이 아닌 더욱 간접적으로 경험될 때라도, 분석 커플의 존재방식 안에서의 통제 불가능한 변화성향은 2인1조의 두 사람 모두에 의해 두렵게 느껴진다. -K 에너지는 다음과 같은 것들을 부채질한다: "올바른" 해석을 위한 강박적 요구(확실히 "완전한" 분석으로서의 환상적 목표), 우리의 영역(논문, 학회 등)에서 파생된 산물을 수정하는 "과학적인" 이라는 용어 사용, 정신의 종교적 본능을 연구하는 것에 대한 거부, 그리고 내가 믿기에, 정신분석 집단이 융과 그의 작품을 과도하게 소멸시킨 점 등이다.

O에 대한 비온의 개념은 대부분의 융의 작업과의 연결link을 제공한다. 그리고 두 사람의 비전을 염두에 두면서, 우리는 세상에서의 우리의 위치position,

매우 취약한 위치에 대한 훨씬 온전한 모습에 도달한다. 그 취약성은 친밀한 관계 상황에서 우선적으로 경험된다. 개인적, 사회적 그리고 널리 퍼진 전문가 집단의 저항 때문에, 비온뿐만 아니라 융 역시 인간 동물human animal에 대한 그들의 이해 중심에서 서로 연결되고자 하는 우리의 필요성을 배치할 수는 없었다. 이런 발달 단계에서, 전문직으로서 그리고 한 공동체로서, 우리가 상호인격적 관계의 필요성이 얼마나 근본적인가를 견지하는 것과 그것을 정서적 건강의 기초로 수용하는 것이 이제야 가능하게 되었다는 것을 나는 믿는다.

참고문헌

Andrade de Azevedo, Ana Maria (2000) "Substantive Unconscious and Adjective Unconscious: The Contribution of Wilfred Bion", in *The Journal of Analytical Psychology*, 45: 75-91.

Anonymous (1985) *Tanakh: The Holy Scriptures*, Philadelphia and Jerusalem: The Jewish Publication Society.

Bainton, Roland (1950) *Here I Stand, New York*: Abingdon-Cokesbury.

Balint, Michael (1968) *The Basic Fault: Therpeutic Aspects of Regression*, New York: Brunner/Mazel.

Baranger, M., Baranger, W. and Mom, J. (1983) "Process and Non-Process in Analytic Work", in *International Journal of Psychoanalysis*, 64: 1-15.

Bion, W. R. (1959) "Attacks on Linking", in Second Thoughts (1967), New York: Jason Aronson, Inc.

_____ (1962) *Learning from experience*, in *Seven Servants: Four Works by Wilfred Bion*(1977), New York: Jason Aronson, Inc.

_____ (1962a) "A Theory of Thinking", in *International Journal of Psycho-Analysis*, 43.

_____ (1963) *Elements of Psycho-Analysis, in Seven Servants: Four Works by Wilfred Bion* (1977), New York: Jason Aronson, Inc.

_____ (1965) *Transformations, in Seven Servants: Four Works by Wilfred Bion* (1977), New York: Jason Aronson, Inc.

_____ (1967) "Notes on Memory and Desire", in Robert Langs (ed.) (1982) *Classics in Psychonalaytic Technique, New York and London*: Jason Aronson, Inc., pp. 259-61.

_____ (1970) *Attention and Interpretation, in Seven Servants: Four Works by Wilfred Bion* (1977), New York: Jason Aronson, Inc.

_____ (1977) *Seven Servants: Four Works by Wilfred Bion*, New York : Jason Aronson, Inc.

_____ (1979/2000) "Making the Best of a Bad Job", in Francesca Bion (ed.) *Clinical Seminars and Other Works*, London: Karnac Books.

_____ (1992) *Cogitations*, London: Karnac Books.

_____ (2000) Francesca Bion (ed.) *Clinical Seminars and Other Works*, London: Karnac Books.

_____ (2005) Francesca Bion (ed.) *The Tavistock Seminars*, London: Karnac Books.

Blatt, Sidney J. (2007) Letter to the editor of the *New York Times*, April 11, 2007.

Bollas, Christopher (2006) "The Escape from Free Association", paper presented at Laurel Heights Conference Center in San Francisco, June 17.

Campbell, Joseph (1949) *The Hero With a Thousand Faces*, New York: Bollingen Series, Pantheon Books.

Casement, Patrick J. (1991) *Learning From the Patient*, London: Guilford Press.

Chapman, Robert L. (ed.) (1992) *Roget's International Thesaurus*, New York: Harper Collins.

Cirlot, J. E. (1962) *A Dictionary of Symbols*, New York: The Philosophical Library.

Clark, Ronald W. (1971) *Einstein: The Life and Times*, New York and Cleveland: The World Publishing Company.

Coleman, Warren (2005) "Sexual Metaphor and the Language of Unconscious Phantasy", in *The Journal of Analytical Psychology*, 50: 641-60.

Coltart, Nina E. C. (1982) " 'Slouching Towards Bethlehem...' or Thinking the Unthinkable in Psychoanalysis", in Gregorio Hohon (ed.) (1989) *The british School of Psychoanalysis: the independent tradition*, New Haven: Yale University Press, pp. 185-99.

Culbert-Koehn, Joann (1997) "Between Bion and Jung: A Talk with James Grotstein", in *The San Francisco Jung Institute Library Journal*, 15, 4: 15-33.

Dehing, J. (1993) "The Transcendent Function: A Critical Re-evaluation", in *Journal of Analytical Psychology*, 38: 221-35.

Dieckmann, H. (1972) *Ego and Archetype: Individuation and the Religious Function of the Psyche*, Baltimore: Penguin Books Inc.

_____ (1976) "Transference and Countertransference: Results of a Berlin Research Group", in *Journal of Analytical Psychology*, 21 1: 25-36.

Edinger, Edward F. (1996) *The Aion Lectures: Exploring the Self in C. G. Jung's Aion*, Deborah A. Wesley (ed.), Toronto: Inner city Books.

Eigen, Michael (1981) "The Area of Faith in Winnicott, Lacan and Bion", in *International Journal of Psycho-Analysis*, 62: 413-33.

Eisold, K. (2005) "Using Bion", in *Psychoanalytic Psychology*, 22: 357-69.

Fairbairn, W. R. D. (1952) *Psychoanalytic Studies of the Personality*, London: Tavistock Publications Limited.

Ferro, Antonino (2002) *In the Analyst's Consulting Room*, trans. Philip Slotkin, Hove, UK/New York: Routledge.

_____ (2005) *Seeds of Illness, Seeds of Recovery*, trans. Philip Slotkin, Hove and New York: Brunner-Routledge.

_____ (2006) *Psychoanalysis and Therapy and Storytelling*, trans. Philip Slotkin, London and New York: Routledge.

Fordham, Michael (1978) *Jungian Psychotherapy: A Study in Analytical Psychology*, Chichester, New York, Brisbane, Toronto: John Wiley & Sons.

Fox, Everett (trans.) (1983) *The Five Books of Moses: Genesis, Exodus, Leviticus, Numbers, Deuteronomy*, New York: Schocken Books.

Feud, S. (1911) "The Handling of Dream-Interpretation in Psycho-Analysis", *SE XII*, pp. 91-96, London: Hogarth Press.

______ (1912) "Recommendations to Physicians Practicing Psycho-Analysis", *SE XII*, pp. 111-20, London: Hogarth Press.

_____ (1913) "On Beginning the Treatment", *SE VII*, pp. 121-44, London: Hogarth Press.

_____ (1914) "Remembering, Repeating and Working Through (Further Recommendations on the Technique of Psycho-Analysis II)", *SE XII*, pp. 143-56, London: Hogarth Press.

Gay, Peter (1988) *Freud: A Life for Our time, New York and London*: W. W. Norton & Company.

Gordon, Rosemary (1985) "Big Self and Little Self: Some Reflections", in *The Journal of Analytical Psychology*, 30: 261-71.

Gove, Philip Babcock, Ph.D., Editor in Chief and the Merriam-Webster Editorial Staff (1993) *Webster's Third New International Dictionary of the English Language Unabridged*, Springfield, MA: Merriam-Webster, Inc.

Greene, Brian (2004) *The Fabric of the Cosmos: space, Time and the Texture of Reality*, New York: Vintage Books.

Grinberg, Leon, Dario Sor and Tabak de Bianchedi, Elizabeth (1977) *Introduction to the Work of Bion*, New York: Jason Aronson, Inc.

Grotstein, James (2004a) " 'The Light Militia of the Lower Sky': The Deeper Nature of Dreaming and Phantasying", in *Psychoanalytic Dialogues*, 14, 1:99-118.

_____ (2004b) "The Seventh Servant: The implications of a Truth Drive in Bion's Theory of 'O' ", in *International Journal of Psycho-Analysis*, 85: 1081-101.

_____ (2007) *A Beam of Intense Darkness: Wilfred Bion's Legacy to Psychoanalysis, London*: Karnac Books.

Hillman, James (1975) *Re-Visioning Psychology*, New York, Evanston, San Francisco, London: Harper & Row.

Jacobi, Jolande (1959) *Complex/Archetype/Symbol in the Psychology of C. G. Jung*, Princeton, New

Jersey: Princeton University Press.
Jung, C. G. (1916) "The Transcendent Function", in *CW 8*, Princeton, New Jersey: Princeton University Press.
_____ (1926) "Spirit and Life", in *CW 8*, pp. 319-37, Princeton, New Jersey: Princeton University Press.
_____ (1936/37) "The Concept of the Collective Unconscious", in CW 9i, Princeton, New Jersey: Princeton University Press.
_____ (1937) *Psychology and religion, CW 11*, pp. 3-105, Princeton, New Jersey: Princeton University Press.
_____ (1938) "Psychological Aspects of the Mother Archetype", in *CW 9i*, pp. 75-112, Princeton, New Jersey: Princeton University Press.
_____ (1939) "Conscious, Unconscious, and Individuation", in *CW 9i*, pp. 275-89, Princeton, New Jersey: Princeton University Press.
_____ (1940/1954) "Transformation Symbolism in the Mass", in *CW 11*, pp. 201-96, Princeton, New Jersey: Princeton University Press.
_____ (1946) *The Psychology of the Transference, CW 16*, pp. 163-323, Princeton, New Jersey: Princeton University Press.
_____ (1948a) "The Phenomenology of the Spirit in Fairytales", in *CW 9i*, pp. 207-54, Princeton, New Jersey: Princeton University Press.
_____ (1948b) "A Psychological Approach to the Dogma of the Trinity", in *CW 11*, pp. 107-200, Princeton, New Jersey: Princeton University Press.
_____ (1950a) "Concerning Mandala symbolism", in *CW 9i*, pp. 355-84, Princeton, New Jersey: Princeton University Press.
_____ (1950b) "A Study in the Process of Individuation", in *CW 9i*, pp. 290-354, Princeton, New Jersey: Princeton University Press.
_____ (1950c) "Concerning Rebirth", in *CW 9i*, pp. 113-50, Princeton, New Jersey: Princeton University Press.
_____ (1952) *Psychology and Alchemy, CW 12*, Princeton, New Jersey: Princeton University Press.
_____ (1953) *Two Essays on Analytical Psychology, CW 7*, Princeton, New Jersey: Princeton University Press.
_____ (1956) *Symbols of Transformation, CW 5*, Princeton, New Jersey: Princeton University Press.
_____ (1958) "Jung and Religious Belief", in *CW 18*, Princeton, New Jersey: Princeton University Press.
_____ (1959a) "Good and Evil in Analytical Psychology", in *CW 10*, Princeton, New Jersey: Princeton University Press.
_____ (1959b) Letter to Valentine Brooke, November 16, 1959, in Gerhard Adler in collaboration with Aniela Jaffe (eds), trans. R. F. C. Hull (1975) *C. G. Jung: Letters*, Volume 2: 1951-61, Princeton, New Jersey: Princeton University Press.
_____ (1960) *The Structure and Dynamics of the Psyche, CW 8*, Princeton, New Jersey: Princeton University Press.
_____ (1963) *Mysterium Coniunctionis, CW 14*, Princeton, New Jersey: Princeton University Press.
_____ (1964) *Man and His Symbols, New York*: Bantam Doubleday, Dell Publishing Group.
_____ (1965) Memories, D*reams, Reflections*, Aniela Jaffe (ed.) New York: Vintage Books, a Division of Random House.
_____ (1971) *Psychological Types, CW 6*, Princeton, New Jersey: Princeton University Press.
_____ (1976) *The Visions Seminars: Notes of the Seminars in Analytical Psychology, 1930-1934*, Zurich: Spring Publications.
_____ (1984) *Dream Analysis: Notes of ths Seminar Given in 1928-1930*, William McGuire (Ed.), Princeton, New Jersey: Princeton University Press.
Kalsched, Donald (1996) *The Inner World of Trauma: Archetypal Defenses of the Personal Spirit*, London and New York: Routledge.
Klein, Melanie, Heimann, Paula and Money-Kyrle, R. E. (eds) (1995) *New Directions in Psychoanalysis*, New York: Basic Books.

Kohut, Heinz (1977) *The Restoration of the Self*, New York: International Universities Press.
Meltzer, Donald (1973) *Sexual States of Mind*, Perthshire, Scotland: Clunie Press.
_____ (1978/1998) *The Kleinian Development*, London: Karnac Books.
Milton, J. (1968) *Paradise Lost*, Clinton, MA: Colonial Press, Inc.
Ogden, T. H. (1994) "The Analytic Third: Working with Intersubjective Clinical Facts", in *International Journal of Psychoanalysis*, 75: 3-19.
_____ (1997) *Reverie and Interpretation: Sensing Something Human*, Northvale, New Jersey and London: Jason Aronson, Inc.
_____ (2001) *Conversations at the Frontier of Dreaming*, Northvale, New Jersey and London: Jason Aronson, Inc.
Overbye, Dennis (2006) "Knowing the Universe in Detail (Except for That Pesky 96 Per Cent Of It)", in *The New York Times Science Times*, October 24, p. D3.
Redfearn, J. W. T. (1983) "Ego and Self: Terminology", in *Journal of Analytical Psychology*, 28: 91-106.
Richardson, Tom (2006) Personal communication.
Rosenfeld, Herbert (1987) *Impasse and Interpretation*, Hove and New York: Brunner-Routledge.
Searles, Harold F. (1979) *Countertransference and Related Subjects*, New York: International Universities Press, Inc.
Siassi, Shahrzad (2007) "Forgiveness, Acceptance and the Matter of Expectation", in *International Journal of Psychoanalysis*, 88: 1423-40.
Steiner, J. (1993) *Psychic Retreats*, London: Routledge.
Sullivan, Barbara Stevens (1989) *Psychotherapy Grounded in the Feminine Principle*, Wilmette, Illinois: Chiron Publications.
Symington, Joan and Neville Symington (1996) *The Clinical Thinking of Wilfred Bion*, London and New York: Routledge.
Symington, Neville (1983) "The Analyst's Act of Freedom as Agent of Therapeutic Change", in Gregorio Kohon (ed.) (1989) *The British School of Psychoanalysis: The Independent Tradition*, New Haven: Yale University Press.
_____ (2002) *A Pattern of Madness*, London: Karnac Books.
_____ (2005) "Change Generated by Person to Person Contact", Unpublished paper.
_____ (2006) A Healing Conversation: *How Healing Happens*, London: Karnac Books.
_____ (2007) "A Technique for Facilitating the Creation of Mind", in *International Journal of Psychoanalysis*, 88: 1409-22.
Ulanov, A. B. (1997) "Transference, the Transcendent Function and Transcendence", in *The Journal of Analytical Psychology*, 42: 119-38.
Von Franz, M.-L. (1974) *Shadow and Evil in Fairytales*, Zurich: Spring Publications.
Winnicott, D. W. (1947) "Hate in the Countertransference", in D. W. Winnicott (1958) *Through Paediatrics to Psychoanalysis*, London: The Hogarth Press.
_____ "Birth Memories, Birth Trauma, and Anxiety", in *Through Paediatrics to Psychoanalysis* (1975), London: Basic Books, Inc.
_____ (1952) "Anxiety Associated with Insecurity", in D. W. Winnicott (1958) *Through Paediatrics to Psychoanalysis*, London: Hogarth Press.
_____ (1960) "Ego Distortion in Terms of True and False Self", in *The Maturational Processes and the Facilitating Environment* (1965), New York: International Universities Press, Inc.
_____ (1963) "Fear of Breakdown", in Clare Winnicott, Ray Shepherd and Madeleine Davis (eds) (1989) *Psychoanalytic Explorations*, Cambridge, MA: Harvard University Press.
_____ (1965) *The Maturational Processes and the Facilitating Environment*, New York: International Universities Press, Inc.
_____ (1971) *Playing and Reality*, London and New York: Tavistock Publications.
_____ (1989) *Psychoanalytic Explorations*, Clare Winnicott, Ray Shepherd, and Madeleine Davis (eds), Cambridge, MA: Harvard University Press.

찾기

ㄴ

ㄷ

ㄹ

ㅁ

ㅂ

ㅅ

ㅇ

ㅈ

ㅊ

ㅋ

ㅌ

ㅍ

ㅎ